COOPERATIVE COMPLIANCE E MEDIDAS DE REDUÇÃO DO CONTENCIOSO TRIBUTÁRIO

COOPERATIVE COMPLIANCE E MEDIDAS DE REDUÇÃO DO CONTENCIOSO TRIBUTÁRIO

DAS BOAS PRÁTICAS À CRIMINALIZAÇÃO DE CONDUTAS

2022

Coordenadores

Gisele Barra Bossa

Zabetta Macarini Carmignani

Gustavo Brigagão

Heleno Taveira Torres

ALMEDINA

COOPERATIVE COMPLIANCE E MEDIDAS DE REDUÇÃO DO CONTENCIOSO TRIBUTÁRIO
DAS BOAS PRÁTICAS À CRIMINALIZAÇÃO DE CONDUTAS

COORDENADORES: Gisele Barra Bossa, Zabetta Macarini Carmignani, Gustavo Brigagão e Heleno Taveira Torres

DIRETOR ALMEDINA BRASIL: Rodrigo Mentz
EDITORA JURÍDICA: Manuella Santos de Castro
EDITOR DE DESENVOLVIMENTO: Aurélio Cesar Nogueira
ASSISTENTES EDITORIAIS: Larissa Nogueira e Rafael Fulanetti
ESTAGIÁRIA DE PRODUÇÃO: Laura Roberti

DIAGRAMAÇÃO: Almedina
DESIGN DE CAPA: FBA

ISBN: 9786556276977
Dezembro, 2022

Dados Internacionais de Catalogação na Publicação (CIP)
(Câmara Brasileira do Livro, SP, Brasil)

Cooperative compliance e medidas de redução do contencioso tributário : das boas práticas à criminalização de condutas / coordenação Gisele Barra Bossa... [et al.]. -- São Paulo, SP : Almedina, 2022.

Vários autores.
Outros coordenadores: Zabetta Macarini Carmignani, Gustavo Brigagão, Heleno Taveira Torres.
Bibliografia.
ISBN 978-65-5627-697-7

1. Compliance e regulação 2. Arbitragem (Direito) 3. Direito tributário 4. Governança I. Bossa, Gisele Barra. II. Carmignani, Zabetta Macarini. III. Brigagão, Gustavo. IV. Torres, Heleno Taveira.

22-124959 CDU-34:336.2

Índices para catálogo sistemático:

1. Compliance : Direito tributário 34:336.2

Eliete Marques da Silva - Bibliotecária - CRB-8/9380

Este livro segue as regras do novo Acordo Ortográfico da Língua Portuguesa (1990).

EDITORA: Almedina Brasil
Rua José Maria Lisboa, 860, Conj.131 e 132, Jardim Paulista | 01423-001 São Paulo | Brasil
www.almedina.com.br

SOBRE OS COORDENADORES

Gisele Barra Bossa

Sócia Tributária no Demarest Advogados. Doutoranda, Mestre e Pós-Graduada *Lato Sensu* em Ciências Jurídico-Econômicas pela Universidade de Coimbra — FDUC. Ex-Conselheira Titular da 1ª Seção do Conselho Administrativo de Recursos Fiscais — CARF (2018-2021). Coordenadora de Projetos Técnico-Acadêmicos para Redução do Contencioso Tributário e Tributação e Novas Tecnologias. Palestrante e Professora em diversas instituições, em especial na ABDF, IBDT, ABRADT, USP| Ribeirão Preto e FGV Direto SP.

Zabetta Macarini Carmignani

Diretora Executiva do Grupo de Estudos Tributários Aplicados — GETAP. Pós-Graduada em Direito Tributário e Direito Processual Civil pelo Centro de Extensão Universitária — CEU e em Direito Empresarial pela Pontifícia Universidade Católica de São Paulo — PUC/COGEAE. Palestrante em diversas instituições, em especial na ABDF, ABRADT, IBET e FGV Direito SP.

Gustavo Brigagão

Presidente nacional do Centro de Estudos das Sociedades de Advogados (CESA); Presidente honorário da Associação Brasileira de Direito Financeiro (ABDF); Vice-Presidente do Fórum Permanente de Direito Tributário da Escola da Magistratura do Rio de Janeiro; membro do Conselho de Administração da Câmara Britânica (BRITCHAM); diretor da Federação das Câmaras de Comércio do Exterior (FCCE); membro do Conselho de Altos Estudos de Finanças e Tributação — CAEFT, da Associação Comercial de São Paulo; professor na pós-graduação em Direito Tributário da Fundação Getulio Vargas e sócio fundador do escritório Brigagão, Duque Estrada — Advogados.

Heleno Taveira Torres

Professor Titular de Direito Financeiro do Departamento de Direito Econômico, Financeiro e Tributário da Faculdade de Direito da Universidade de São Paulo (USP), Acadêmico da Cadeira 44 da Academia Paulista de Direito (APD); Presidente da ABDF, foi Vice-Presidente e membro do Comitê Executivo da International Fiscal Association (IFA), Advogado e Parecerista.

SOBRE OS AUTORES

Alexandre Naoki Nishioka

Professor Doutor de Direito Tributário da Faculdade de Direito de Ribeirão Preto da Universidade de São Paulo (FDRP/USP). Advogado.

Bruna Ferreira

Assistente Administrativo do UNOPS. MBA em Gestão Pública pela Escola Paulista de Direito. Bacharel em Direito pela Universidade Federal Fluminense.

Bruno Fajersztajn.

Mestre em Direito Econômico, Financeiro e Tributário pela Universidade de São Paulo (USP). Bacharel em Direito pela Pontifícia Universidade Católica de São Paulo — PUC/SP. Professor e Membro do Conselho Deliberativo do Instituto Brasileiro de Direito Tributário — IBDT. Advogado.

Caio Augusto Takano

Professor de Direito Tributário da Universidade Presbiteriana Mackenzie. Doutor e Mestre em Direito Tributário pela Universidade de São Paulo (USP). Advogado.

Cristiane de Oliveira Coelho Galvão

Mestre em Direito Econômico pela UnB, LL.M em Direito Tributário pela NYU, Doutora em Direito Econômico pela USP e *visiting researcher* pela Yale University. Professora do Instituto Brasileiro de Ensino,

Desenvolvimento e Pesquisa — IDP. Link para o Lattes: http://lattes.cnpq.br/7067164008036189

Daniel de Paiva Gomes

Doutorando (PUC) e Mestre (FGV Direito-SP) em Direito Tributário. Mestrando em Moedas Digitais e Blockchain (University of Nicosia). Especialista em Direito Tributário Nacional (PUC-SP) e Internacional (IBDT). Professor de cursos de extensão e pós-graduação. Sócio de Vieira, Drigo, Vasconcellos e Paiva Gomes Advogados.

Dayana de Carvalho Uhdre

Doutoranda pela Universidade Católica de Lisboa. Membro Associada da BABEL-Blockchains and Artificial intelligence for Business, Economics and Law (Universidade de Firenze). Procuradora do Estado, coordenadora do curso de pós-graduação em direito dos criptoativos da ESMAFE-PR, professora em cursos de pós-graduação, autora do livro "Blockchain, Tokens e Criptomoedas. Análise jurídica".

Doris Canen

Chefe de Gabinete da Secretaria Especial de Programas, Pesquisas e Gestão Estratégica do CNJ. LLM em Direito Tributário Internacional pela King's College London (Bolsista Chevening). Pós-Graduada em Direito Tributário pela FGV. Mestre e Bacharel em Direito pela UCAM.

Eduardo Coletti

Especialista em Direito Tributário pela Escola de Direito de São Paulo da Fundação Getúlio Vargas. Graduado em Direito pela Universidade Presbiteriana Mackenzie. Coordenador da Comissão de Assuntos Jurídicos do GETAP — Grupo de Estudos Tributários Aplicados. Advogado.

Eduardo Perez Salusse

Graduado em direito pela PUC/SP. Mestre em Direito Tributário pela FGV Direito SP. Doutor em Direito Constitucional e Processual Tributário pela PUC/SP. Pesquisador do NEF/FGV. Foi Juiz do Tribunal de Impostos e Taxas por 15 anos. Colunista do Valor Econômico. Presidente do Movimento de Defesa da Advocacia.

Eduardo Sousa Pacheco Cruz Silva

Doutorando em Direito Constitucional Tributário pelo Instituto Brasileiro de Ensino, Desenvolvimento e Pequisa — IDP. Mestre e Especialista em Direito Tributário pela mesma Instituição. Atualmente, é Assessor da Secretaria Especial de Programas, Pesquisas e Gestão Estratégica do Conselho Nacional de Justiça. É membro do Observatório da Macrolitigância Fiscal.

Flávia Gomes Santolin Perim

Graduanda em Direito na UFMG. Fundadora e Diretora acadêmico-científica na Liga Acadêmica de Direito Financeiro e Tributário (LAFT/UFMG).

Grace Perez Navarro

Deputy Director of the OECD's Centre for Tax Policy and Administration. She plays a key role in all of the OECD's tax work including the tax challenges of digitalisation, the Base Erosion and Profit Shifting (BEPS) Project, improving international tax cooperation, tackling illicit financial flows, tax policy and gender equality, promoting better tax policies and engaging developing countries in OECD tax work. Since joining the OECD in 1997, she has held several key positions, including having led the OECD's tax work on bank secrecy, e-commerce, harmful tax practices, money laundering and tax crimes, countering bribery of foreign officials, and strengthening all forms of administrative cooperation between tax authorities.

José Antonino Marinho Neto

Mestrando em Direito Público pela UFMG. Pós-Graduando em Direito Constitucional pelo IDP). Pesquisador do Observatório de Macrolitigância Fiscal (IDP/Brasília). Membro da Comissão de Direito Tributário da OAB/MG.

João Henrique Chauffaille Grognet

Coordenador-Geral de Estratégias de Recuperação de Créditos na Procuradoria-Geral da Fazenda Nacional.

José Barroso Tostes Neto

Ex-Secretário Especial da Receita Federal do Brasil e ex-presidente do Comitê Gestor do Projeto Confia.

Louise Dias Portes

Associada do Tauil & Chequer Advogados Associado a Mayer Brown. Graduada em Direito pela Fundação Getúlio Vargas.

Lucas Bevilacqua

Doutor e Mestre em Direito Tributário (USP), Professor permanente do Mestrado em Direito e Políticas Públicas (PPGDP/UFG), da Pós-graduação em Direito Tributário e Coordenador do Observatório da Macrolitigância Fiscal (IDP/ Brasília). Assessor de Ministro do Supremo Tribunal Federal (STF).

Luis Inácio Lucena Adams

Sócio do Tauil & Chequer Advogados Associado a Mayer Brown. Professor da Pós-Graduação Lato Sensu em Direito do UNICEUB. Ex-Advogado--Geral da União. Ex-Procurador da Fazenda Nacional.

Marcela Ladeira Nardelli

Bacharel em Direito pelo UniCeub/Brasília-DF. Especialista em Direito Tributário pelo COGEAE — PUC/SP. Mestre em Direito Tributário pela Fundação Getulio Vargas — Direito SP.
Diretora do Jurídico Tributário Corporativo & Gestão Corporativa do Contencioso na Braskem S/A. Advogada com mais de 17 anos de experiencia na área tributária, adquirida em escritórios de advocacia e mundo corporativo.

Marcus Livio Gomes

Secretário Especial de Programas, Pesquisas e Gestão Estratégica do CNJ. Professor de Direito Tributário nos programas de Mestrado e Doutorado da Universidade do Estado do Rio de Janeiro. Mestre e Doutor em Direito Tributário pela Universidade Complutense de Madrid. Pós-Doutor e Pesquisador no Institute of Advanced Legal Studies (IALS/University of London). Juiz Federal.

Micaela Dominguez Dutra

Advogada, Doutora em Direito Tributário pela UERJ — Universidade do Estado do Rio de Janeiro, Professora em diversas instituições de ensino.

Patricia Lamadrid

Auditora-Fiscal da Receita Federal do Brasil desde 2010, graduada em engenharia com duplo-diploma pela Universidade de São Paulo e pela École Centrale de Lyon, graduada em direito pela Universidade de São Paulo, mestre em direito tributário pela Fundação Getulio Vargas e pós-graduanda em Finanças e Mercados Financeiros pela Fundação Instituto de Administração.

Pedro Adamy

Professor da Escola de Direito da PUCRS. Vice-Presidente do Instituto de Estudos Tributários — IET. Doutorando em Direito na Faculdade de Direito da Universidade de São Paulo (USP). Doutorando em Direito na Universidade de Heidelberg, Alemanha. Mestre em Direito pela UFRGS. Advogado.

Pedro Grillo

Pós-graduado em Direito Tributário Internacional pelo Instituto Brasileiro de Direito Tributário (IBDT) e em Direito Fiscal pela Pontifícia Universidade Católica do Rio de Janeiro (PUC/RJ). Advogado de Brigagão, Duque Estrada — Advogados.

Pedro Guilherme Accorsi Lunardelli

Advogado. Mestre e Doutor em Direito Tributário pela Pontifícia Universidade Católica de São Paulo — PUC/SP.

Pedro Henrique Esteves Fonseca

Bacharelando em Direito e Monitor do Departamento de Direito Público da Faculdade de Direito da Universidade Federal de Minas Gerais. Conselheiro e Fundador da Liga Acadêmica de Direito Financeiro e Tributário da UFMG (LAFT-UFMG). Pesquisador.

Phelippe Toledo Pires de Oliveira

Senior visiting researcher na Universidade de Economia e Negócios de Viena (WU). Doutor e Mestre em Direito Econômico, Financeiro e Tributário pela USP. Mestre em Direito Tributário pela Universidade de Paris 1 — Panthéon Sorbonne. Professor da Pós-Graduação do IBMEC-Brasília. Procurador da Fazenda Nacional.

Priscila Faricelli de Mendonça

Advogada em São Paulo. Mestre em Direito Processual Civil pela FDUSP. Especialista em Direito Tributário. Membro do Centro Brasileiro de Estudos e Pesquisas Judiciárias (CEBEPEJ), do Centro de Estudos Avançados de Processo (CEAPRO), do Comitê Brasileiro de Arbitragem (CBAR) e do Instituto Brasileiro de Direito Processual Civil (IBDP).

Priscila Marto Valin

Advogada, especialista em Direito Tributário pelo Instituto Brasileiro de Estudos Tributários — IBET. Cursando MBA em Finanças e Controladoria na Esalq/USP. Possui passagem por escritórios de advocacia, empresas de auditoria (Big4), e há quinze anos atua no contencioso e consultoria de Departamentos Tributários de empresas multinacionais no setor do agronegócio, sendo, atualmente, Head de Tax de uma delas.

Roberto França Vasconcellos

Editor-chefe da Revista Direito Tributário Internacional Atual do Instituto Brasileiro de Direito Tributário (IBDT). Professor de Direito Tributário Internacional do Programa de Mestrado da Escola de Direito da Fundação Getúlio Vargas (FGV). Professor dos cursos de Graduação e Pós-Graduação da Escola de Administração de Empresas do Estado de São Paulo (EAESP) da FGV. Doutor em Direito Econômico, Financeiro e Tributário (USP) e Mestre em Direito Tributário Internacional (LLM) pela Universidade de Munique — Alemanha. Sócio de Vieira, Drigo, Vasconcellos e Paiva Gomes Advogados.

Rodrigo Cardozo Miranda

Mestre em Direito LL.M. pela Columbia University School of Law, Nova York, EUA. Bacharel em Direito e Contabilidade pela Universidade de Brasília — UNB. Ex-Conselheiro do CARF — Conselho Administrativo de Recursos Fiscais do Ministério da Fazenda (2007 a 2015). Advogado e Contador.

Rogério Campos

Mestre em Políticas Públicas e Governo — EPPG/FGV/DF. Procurador da Fazenda Nacional.

Tatyana Chiari Paravela

Mestranda em Direito pela Faculdade de Direito de Ribeirão Preto da Universidade de São Paulo (FDRP/USP). Advogada.

Theo Lucas Borges de Lima Dias

Coordenador-Geral da Dívida Ativa da União e do FGTS na Procuradoria-Geral da Fazenda Nacional.

Trícia Navarro Xavier Cabral

Pos-Doutora em Direito pela USP. Doutora em Direito Processual pela UERJ. Mestre em Direito Processual pela UFES. Juíza de Direito no TJES, atualmente no cargo de Juíza Auxiliar da Presidência do CNJ. Professora da Graduação e do Mestrado da UFES. Membro do Comitê Gestor da Conciliação do CNJ. Membro do Fórum Nacional de Mediação e Conciliação — FONAMEC. Membro do Instituto Brasileiro de Direito Processual — IBDP.

Valter de Souza Lobato

Professor de Direito Financeiro e Tributário da Universidade Federal de Minas Gerais (UFMG). Mestre e Doutor em Direito pela UFMG. Presidente da Associação Brasileira de Direito Tributário (ABRADT). Membro da Comissão de Juristas do Senado Federal/Supremo Tribunal Federal para a Reforma do Processo Administrativo e Tributário Nacional. Coordenador da Liga Acadêmica de Direito Financeiro e Tributário da UFMG (LAFT-UFMG). Advogado e Consultor.

NOTA DOS COORDENADORES

A presente obra pretende contribuir com efetivos avanços teóricos para o instituto do *cooperative compliance* em matéria tributária, na formulação de propostas e melhorias das medidas existentes para aprimorar as relações entre a administração tributária e os contribuintes.

No Brasil, a usual tensão entre Estado e cidadão acaba por ser incrementada em razão da complexidade legislativa, da falta de clareza entre o que se arrecada e a respectiva destinação em termos de gasto público e da crise de confiança entre os atores das relações jurídico-tributárias pré e pós-processuais.

Nesse sentido, a atividade de gerir conflitos na busca de soluções eficientes revela-se ainda mais desafiadora. O Estado deve impulsionar iniciativas colaborativas e, de igual modo, os agentes influenciadores devem atuar de forma responsiva.

Dentro dessa perspectiva, movimentos institucionais para adoção de métodos de solução pacífica de litígios que prestigiam a boa-fé do contribuinte e incentivam a conformidade fiscal em detrimento da tendência à criminalização de condutas, precisam ser louvados e ampliados em nível nacional.

Daí a importância desta iniciativa contar com a participação de representantes da advocacia pública, privada, gestores corporativos, acadêmicos e fóruns associativos. O diálogo, a transparência e o acolhimento são ferramentas-chave para mudança do paradigma relacional.

Nos últimos anos, houve grande esforço para direcionar a temática da redução do contencioso tributário brasileiro no âmbito das três esferas de poder e níveis federativos.

Infelizmente, a Comissão de Juristas da Desburocratização do Senado Federal, criada em 2015 e presidida com maestria pelo Ministro Mauro

Campbell Marques do Superior Tribunal de Justiça (STJ), acabou por ser descontinuada sem maiores resultados legislativos.

Provocações acadêmicas foram trazidas ao longo dos anos seguintes, em especial como reflexo da edição do então novo Código de Processo Civil, de 16 de março de 2015, mas parte das medidas sugeridas ainda estão sem direcionamento efetivo[1].

Tanto é verdade que, neste ano de 2022, dois grandes diagnósticos foram trabalhados no âmbito do Banco Interamericano de Desenvolvimento (BID) e da Receita Federal do Brasil (RFB) e do Conselho Nacional de Justiça (CNJ).

A Associação Brasileira de Jurimetria em parceria com o BID e a RFB publicaram o **Diagnóstico do Contencioso Tributário Administrativo**[2] e o INSPER em parceira com o CNJ o **Diagnóstico do Contencioso Tributário Judicial Brasileiro**[3].

Da análise deste material, assistimos nos últimos 5 anos o grande protagonismo da Procuradoria da Fazenda Nacional (PGFN) na implementação de assertivas inovações, dentre elas: o Regime Diferenciado de Cobrança de Créditos (RDCC, Portaria PGFN nº 396/2016); o ajuizamento seletivo das execuções fiscais e a adoção dos meios de cobrança extrajudiciais (Portaria PGFN nº 33/2018); a regulamentação do negócio jurídico processual (Portarias PGFN nºs 360/2018 e 742/2018) e a transação (Lei nº 13.988/2020) nas modalidades ordinária, extraordinária e excepcional (Portarias PGFN nºs 9917/2020, 9924/2020 e 14402/2020, respectivamente).

Os citados modelos de boas práticas têm sido avaliados positivamente no âmbito federal, a inspirar e motivar os Estados e os Municípios a adota-

[1] Ver BOSSA, Gisele Barra et al. (coord.). **Medidas de redução do contencioso tributário e o CPC/2015: contributos práticos para ressignificar o processo administrativo e judicial tributário**. São Paulo: Almedina, 2017. Tal estudo coletivo passou pela compreensão da problemática e das causas do contencioso tributário brasileiro, pela revisão das normas, das estruturas, organizações e competências institucionais. Foram reduzidos a termo ideias, debates e proposições de inovação.

[2] ASSOCIAÇÃO BRASILEIRA DE JURIMETRIA em parceria com o Banco Interamericano de Desenvolvimento (BID) e a Receita Federal do Brasil (RFB). **Diagnóstico do Contencioso Tributário Administrativo**. 2022. Disponível em: https://abj.org.br/cases/bid-tributario/. Acesso em 10 ago. 2022.

[3] INSPER em parceria com o Conselho Nacional de Justiça (CNJ). **Diagnóstico do Contencioso Tributário Judicial Brasileiro**. 2022. Disponível em: https://bit.ly/3LZki9H. Acesso em 10 ago. 2022.

rem alternativas análogas para redução em concreto do contencioso tributário respectivo.

Recentemente, foram protocolados no Senado os oito projetos de lei formulados pela Comissão de Juristas responsável pela elaboração de anteprojetos de proposições legislativas que dinamizem, unifiquem e modernizem o processo administrativo e tributário nacional[4,5], presidida pela Ministra Regina Helena Costa do STJ.

Dentre os temas de destaque, estão os alguns daqueles trabalhados pelos coautores desta obra, sendo que, muitos deles, participam ativamente em projetos sobre transação, mediação, arbitragem em matéria tributária, incidência e dosimetria das multas e aprimoramento do procedimento de consulta.

A partir desta breve retrospectiva histórica, pode-se dividir a questão em duas partes centrais: (i) *Cooperative Compliance* e Métodos Alternativos de Redução do Contencioso Tributário no Brasil; e (ii) Pontos Críticos relacionados ao Incremento do Contencioso Tributário Brasileiro.

O primeiro bloco contou com a participação de autoridades da OCDE, PGFN, RFB e CNJ que compartilharam suas experiências na construção de importantes pilares para um modelo de *cooperative compliance* para o Brasil e na consolidação de métodos alternativos de resolução de controvérsias em matéria tributária.

A contribuição do empresariado, do Grupo de Estudos Tributários Aplicados (GETAP) e da Associação Brasileira de Direito Financeiro (ABDF), fazem desta iniciativa ferramenta relevante para superação de potenciais conflitos de interesses que norteiam a administração fiscal e seus administrados e dão voz ao exercício da cidadania fiscal.

[4] Trabalhos da Comissão disponíveis em: https://bit.ly/3SyevtI. Acesso em 10 ago. 2022.

[5] Vale referenciar os citados projetos: (i) PL 2490/2022: Dá nova redação ao art. 11 do Decreto-Lei n. 401, de 30 de dezembro de 1968; (ii) PL 2489/2022: Dispõe sobre as custas devidas à União, na Justiça Federal de primeiro e segundo graus e dá outras providências; (iii) PL 2488/2022: Dispõe sobre a cobrança da dívida ativa da União, dos Estados, do Distrito Federal, dos Municípios e das respectivas autarquias e fundações de direito público, e dá outras providências; (iv) PL 2486/2022: Dispõe sobre a arbitragem em matéria tributária e aduaneira; (v) PL 2485/2022: Dispõe sobre a mediação tributária na União e dá outras providências; (vi) PL 2484/2022: Dispõe sobre o processo de consulta quanto à aplicação da legislação tributária e aduaneira federal; (vii) PL 2483/2022: Dispõe sobre o processo administrativo tributário federal e dá outras providências; e (viii) PL 2481/2022: Reforma da Lei nº 9.784/99 (Lei de Processo Administrativo).

Não há dúvidas que a abordagem escolhida pelos coautores para demonstrar a importância da análise quantitativa e qualitativa do contencioso tributário coloca em xeque a real observância dos valores eficiência, transparência, segurança jurídica, litígio responsivo e racionalidade, que se encontram enraizadas no âmago do valor da cooperação fiscal.

O segundo bloco da obra cuida da tendência a imputação excessiva de penalidades e a criminalização de condutas que, em última análise, desequilibram a já difícil relação Fisco-contribuinte e incrementam contencioso tributário.

Quando idealizamos um modelo de *cooperative compliance*, o verbo punir é substituído por construir. As regras de cooperação assumem um caráter quase contratual, vez que decorrem do compromisso de os contribuintes manterem comunicação constante com as autoridades fiscais informando possibilidades de riscos tributários (*uncertain tax positions*) e, de outra parte, o Fisco se incumbe de responder de forma ágil, eficiente e satisfativa as altas demandas dos administrados, considerando a velocidade dos novos modelos de negócio que se estabelecem e sopensando a importância da preservação da ordem econômica e da justa arrecadação[6].

É evidente que uma política de cooperação bem formulada impacta positivamente na redução de processos administrativos e judiciais, assegura o desempenho regular e previsível das atividades empresariais por meio da otimização dos custos de *compliance* tributário e dos gastos inerentes ao contencioso tributário, além de garantir a geração de valor reputacional na atração de investimentos.

Mais do que um "ganha-ganha", esperamos que todos esses trabalhos promovam estímulos positivos à doutrina e aos labores dos formuladores de *Tax Policy* das administrações tributárias do nosso federalismo, além de fomentar a especialização das novas gerações para que mais profissionais se tornem aptos a operar, a partir de critérios científicos seguros, com a experiência empírica e efetivo exercício da cooperação.

Votos de excelente leitura a todos e a todas.

GISELE BARRA BOSSA, ZABETTA MACARINI CARMIGNANI,
GUSTAVO BRIGAGÃO E HELENO TAVEIRA TORRES

[6] OWENS, Jeffrey. Tax administrators, taxpayers and their advisors: can the dynamics of the relationship be changed? Bulletin for International Taxation, IBFD, September 2012, p. 515-518, p. 516.

PREFÁCIO

Tenho elevada satisfação em prefaciar esta excelente obra, com estudos sobre o "*cooperative compliance*" em matéria tributária, coordenado com páginas que se dispõem a uma crítica da efetividade do ordenamento jurídico tributário na criação de instrumentos adequados para oferecerem ao contribuinte brasileiro meios adequados para uma melhor relação com as administrações tributárias do nosso federalismo fiscal.

O mundo mudou e com as relações tributárias não poderia ser diferente. Por isso, no propósito de salvaguardar o cumprimento das obrigações tributárias e dimensionar sua repercussão sobre as relações econômicas, o "*cooperative compliance*" propicia compromisso bilateral entre a Administração Tributária e os contribuintes. São capitais, nesse mister, os deveres de lealdade, cooperação e transparência entre as partes, que não podem se desvincular dos princípios da confiança recíproca e não-surpresa.

Muito além de oferecer segurança jurídica formal para que o contribuinte planeje suas atividades econômicas, a reciprocidade em boa-fé permite redução dos custos de "*compliance*", ao oferecer previsibilidade sobre as posições do Fisco. A amplificação da racionalidade e do planejamento das ações fiscais permite incremento na qualidade e firmeza das declarações emitidas, mormente quanto ao cumprimento da própria legislação tributária. A diminuição de erros, por conseguinte, tem o potencial de reduzir o contencioso tributário e acelerar o adimplemento das obrigações, com ganhos recíprocos e repercussões favoráveis sobre as contas públicas.

Desde 2008, a partir do "*Forum on Tax Administration's Study into the Role of Tax Intermediaries*", a OCDE orienta as Administrações Fiscais a distinguir os planejamentos tributários lícitos daqueles por ela denominados de "*agressive tax planning*". Ao mesmo tempo, surgem as orientações para uma diferenciação do tratamento dos contribuintes segundo a situação de cada um quanto ao adimplemento das obrigações principais ou acessórias.

Esta perspectiva foi ampliada pelo relatório "*Co-operative Compliance: A Framework – From Enhanced Relationship to Co-operative Compliance*", de 2013, elaborado por mais de 30 especialistas, sob a égide do princípio da boa-fé, para propiciar aos Estados condições para consequências negativas do "*non compliance*". Adicionalmente, a OCDE lançou, em 2016, o "*Co-operative Tax Compliance: Building Better Control Framework*" para confirmar que a voluntariedade deve pautar a adesão aos mecanismos de "*cooperative compliance*" como "*minimum standard*".

A opção é condição basilar fundada na espontaneidade e na boa-fé. Dispõe a Ação 7 do BEPS que o "*non-compliance*" deve ser acompanhado de sanções efetivas, aptas a obrigar os sujeitos passivos a cumprirem todas as obrigações cabíveis que estejam definidas pelo direito interno de cada Estado. A Ação 12, por sua vez, ancorada no dever de transparência, oferece um importante instrumento declaratório para que os contribuintes revelem planejamentos tributários válidos.

Para adequar a legislação interna a esta Ação 12, o Fisco brasileiro tentou criar o PRORELIT ("Programa de Redução de Litígios Tributários"), por meio da MP nº 685/2015, para instituir nova obrigação acessória de declaração ou consulta para informar as operações e atos ou negócios jurídicos que acarretassem supressão, redução ou diferimento de tributo. Por razões atinentes ao montante das multas, a matéria não avançou no Congresso Nacional.

A evolução dos instrumentos, como bem demonstra Phelippe Toledo Pires de Oliveira, exibe parte do esforço global para mitigar o estado de incerteza que paira sobre negócios que transcendem fronteiras estatais. Assim, primar pelo tratamento coerente com as características próprias dos contribuintes, é dever que emana do princípio da pessoalidade e se impõe sobre a Administração Tributária para favorecer a transparência, aumentar a arrecadação e estimular a governança e o "*compliance*".

Por buscarem uma otimização da atuação do contribuinte e da Administração Tributária frente ao ordenamento, as regras de "*cooperative compliance*" não são meras faculdades de incentivo, pois, enquanto autênticas normas jurídicas, são prescritivas e cogentes. Cabe, assim, ao Estado, promover discriminação positiva orientada aos grandes contribuintes, para os quais os mecanismos de controle sejam condizentes com suas estruturas e isso possa induzir eficiência e celeridade nas relações tributárias.

Nesse diapasão, a Portaria RFB nº 28/2021, a partir da experiência exitosa do Programa Brasileiro de Operador Econômico Autorizado (OEA), criou o "Programa de Conformidade Cooperativa Fiscal da Receita Federal" (CONFIA), desenvolvido em etapas minuciosas de efetiva execução com base nas orientações da OCDE e nos objetivos da Administração Tributária e das grandes empresas que auxiliaram em sua elaboração.

Dayana de Carvalho Uhdre e Gisele Barra Bossa observam com precisão que o sucesso da inciativa depende do uso de ferramentas de gerenciamento de risco ("*risk management*") para alocar recursos financeiros e humanos para abalizar as relações com os contribuintes. Neste mesmo sentir, destaca o ex-Secretário José Barroso Tostes Neto, que serviu ao Brasil em tantas posições internacionais de representação da Receita Federal, que será primordial o uso do "Fórum de Diálogo", com ampla participação de acadêmicos, entidades públicas e privadas e especialistas que intermedeiem a comunicação, para o aprimoramento dos instrumentos cooperativos.

Em função da estrutura do nosso federalismo, o "*cooperative compliance*", na visão acertada de Eduardo Perez Salusse e Pedro Guilherme Accorsi Lunardelli, deve pautar, igualmente, as relações dos contribuintes com os estados e municípios. De fato, projetos como o "Nos Conformes", de São Paulo, ainda são tímidos e merecem ação integrada entre os fiscos estadual e federal para reduzir e prevenir o uso de mecanismos de solução de litígios. São bem-vindas propostas de aprimoramento, como as propostas por Caio Augusto Takano, porquanto a relação com o Fisco deve ser acompanhada da possibilidade prévia de autorregularização para estimular novos ingressos.

Cumpre ressaltar, a exemplo das bem fundamentadas ponderações de Gustavo Brigagão e Pedro Grillo, que o Poder Judiciário se mostra cada vez mais célere para lidar com a redução da litigiosidade tributária e a busca de locais de consenso, ao mesmo tempo em que são utilizadas sistemáticas antideliberativas que reduzem a legitimidade dos processos executivos. O enriquecimento da transparência fiscal ativa, na linha esposada por Marcus Livio Gomes, Doris Canen e Bruna Ferreira, depende da criação de acordos e convênios que integrem no debate entes administrativos, judiciais e da sociedade civil. As formas alternativas de soluções de conflitos colaboram com essas medidas.

Alexandre Nishioka e Giulia Ramos, com rigor, recordam que uma das maiores contribuições que o setor privado oferece à sociedade é o pagamento de tributos. Por conseguinte, o ESG ("*Environmental, Social and Governance*") propicia um ambiente de fomento à governança em matéria tributária e compromisso com a sociedade que não pode prescindir de medidas alinhadas com o "*cooperative compliance*". As pessoas jurídicas, na cadeia econômica de suas atividades, para além de simples sustentabilidade ou boas práticas de governança, necessitam de condições aptas ao célere cumprimento das obrigações tributárias e todos os demais procedimentos de controle.

Em modo complementar, atingir o "*enhanced relationship*" que a OCDE postula desde 2008, adverte Patrícia Lamadrid, requer que a Administração Tributária esteja ciente do fluxo comercial ("*comercial awareness*") para compreender como o contribuinte opera e quais são as características do setor em que atua. Do contrário, corre-se o risco de que ações triviais no mercado sejam pugnadas irregulares ou abusivas.

Acautelam Valter de Souza Lobato e Pedro Henrique Esteves Fonseca, contudo, que o "*cooperative compliance*" deve adentrar em todos os contatos com o Poder Público, para promover segurança jurídica tanto ao contribuinte quanto ao Fisco. O contencioso tributário, por conseguinte, exige coerência de precedentes, consultas fiscais e dos mecanismos de transação, arbitragem e mediação.

Destarte, ao se discutir a temática da Reforma Tributária, urge debater a ação da fiscalização e o modelo de aplicação de eventuais penalidades, como bem reforçam Pedro Adamy, Bruno Fajerstazjn e Priscila Marto Valin, uma vez que punições arbitrárias e desconexas com a realidade não podem ser permitidas. São igualmente bem-vindas mudanças por meio de um sistema de justiça multiportas capaz de dinamizar as formas autocompositivas e heterocompositivas de solução de controvérsias no âmbito tributário.

Trícia Navarro Xavier Cabral e Eduardo Souza Pacheco Cruz Silva elucidam que essa mudança passa não só pela institucionalização de mecanismos de "*cooperative compliance*", mas exige, de igual modo, mudança na atuação jurídica para buscar a consensualidade em detrimento da litigiosidade. Nessa via, Patrícia Faricelli, Luis Inácio Lucena Adams e Louis Dias Portes são firmes em afirmar que a adoção da arbitragem tributária é urgente para discutir questões técnicas e findar a morosidade de processos complexos, sem que ocorra a mácula de direitos indisponíveis.

Como bem alude Rogério Campos, a adoção de métodos de solução pacífica de controvérsias, desde e fase extrajudicial, é essencial para incrementar a eficiência arrecadatória e mitigar a judicialização. Para tanto, impõe-se que as relações com o Fisco sejam capazes de trazer contornos mais robustos ao "*rating*" da Dívida Ativa da União, que categoriza os débitos conforme seu grau de recuperabilidade. A condensação dos dados permite que a PGFN atue de forma prioritária sobre casos com ampla possibilidade de êxito por meio de mecanismos alternativos e ágeis.

O reconhecimento do valor e do significado da aproximação entre o Fisco e os contribuintes permeia todos os artigos da presente obra. Contudo, como destacam Zabetta Macarini Carmignani Gorissen e Eduardo Coletti, esta ação não será atingida por caminho único, muito menos virá de súbito. As particularidades do cenário nacional exigem empreendimento múltiplo e custoso para gerar funcionalidade e potencializar o "*cooperative compliance*" brasileiro, em fina conexão com as diretrizes da OCDE e ampla participação dos contribuintes em sua construção e monitoramento.

Como preconiza Marcela Ladeira Nardelli, os modelos internacionais não podem ser implementados no Brasil sem que sejam levadas em consideração suas inúmeras distinções, mormente o excessivo volume do contencioso tributário. A parcela de 75% do PIB em dívidas tributárias, de fato, aponta como incontornável a alternativa do "*cooperative compliance*" para que o diálogo e a compreensão mútuas sejam suficientes para mitigar a escalada da litigiosidade em matéria tributária.

Não por outra razão, são fundamentais as propostas em trâmite no Congresso Nacional para reduzir a macrolitigância fiscal e o equilíbrio concorrencial, como expostas por Lucas Belivacqua, José Antonio Marinho Neto e Flávia Gomes Santolin Perim. Esclarecem, ainda, que a constitucionalidade de novos Regimes Especiais de Fiscalização depende de cada legislação específica, sempre guiada pela proteção dos direitos e garantias fundamentais dos contribuintes.

Por fim, no que concerne ao cumprimento das obrigações patrimoniais do Estado, Cristiane de Oliveira Coelho Galvão, em análise percuciente, bem destaca que as questões relativas a precatórios exigem tratamento infraconstitucional para respeitar a transparência e mitigar a discricionariedade da Administração Pública Federal para os credores de precatórios, terceiros que eventualmente os tenham adquiridos e para a própria União. Tudo a tutelar a titularidade e o conceito de créditos líquidos e certos já reconhecidos por decisão judicial ou pelo próprio ente federativo que sejam passíveis de utilização nas hipóteses do art. 100, § 11, I a V, da CF.

Por todos esses motivos de júbilo intelectual, esperamos que esta obra cumpra o desígnio nuclear de estimular as melhorias urgentes nas relações entre Fisco e contribuintes, mormente quanto ao atendimento, respostas às consultas e acessibilidade para redução de burocracias. Cientes de que somente reflexões ponderadas e que adensem a interlocução com o Fisco serão aptas a propiciar um melhor ambiente de negócios para todos, na construção do "*cooperative compliance*", esta obra deve ser de leitura obrigatória, para renovação e aprimoramento da legislação no Brasil.

Heleno Taveira Torres
Presidente da ABDF. Professor Titular de Direito Financeiro da Faculdade de Direito da USP. Advogado.

NOTA DO PRESIDENTE DO CONSELHO ADMINISTRATIVO DE RECURSOS FISCAIS (CARF)

Quando falamos em Programa de Compliance, a primeira palavra que vem à mente de executivos e empreendedores é custo. Custo com equipe dedicada, com implantação de políticas e diretrizes, com treinamento, com tecnologia, com auditoria, aumento de procedimentos que podem burocratizar e impactar no volume e velocidade dos negócios. Em tempos de pandemia e guerra, o que se busca de fato é a efetividade.

Atualmente, em busca de tornar cada vez mais consolidado o princípio da segurança jurídica quando se trata do contencioso tributário, adotam-se Programas de *Cooperative Compliance* nos quais os comportamentos esperados dos contribuintes e do Fisco são construídos de forma participativa, pautado na transação de informações que objetiva a facilitação do cumprimento das obrigações tributárias, mitigando o risco de multas e outras sanções punitivas, assim como a prática de crime de sonegação fiscal e crimes contra a ordem tributária.

Os programas da Receita Federal do Brasil denominados "Confia", para os tributos internos, e OEA (Operador Econômico Autorizado), na área aduaneira, atualmente em curso e integrantes do programa Receita Brasil, que visa fomentar a interação entre a Administração Tributária e a sociedade, são excelentes exemplos de compliance cooperativo, prestigiando uma relação pacífica de confiança e compromisso mútuos na qual se identifica a valorização da cultura da espontaneidade e da boa-fé.

Como resultado deste trabalho de cooperação fiscal entre fisco e contribuintes, percebe-se a redução de procedimentos administrativos e judiciais; assegura o desempenho regular e legal da atividade empresarial, reduzindo a aplicação de sanções; propicia um ambiente profissional saudável, que por sua vez fomenta o debate de ideias, estimulando, portanto, a inovação; estimula o sentimento de pertencimento, melhorando a performance dos profissionais; retém e atrai talentos; estimula a governança evitando conflitos de interesses; repudia fraudes e desvios, estimulando o desenvolvimento de atividades éticas e integras; fomenta parcerias e cooperações tecnológicas ou cientificas; e impulsiona o ambiente para o desenvolvimento de práticas ESG.

Tais prospecções positivas se concretizam na medida que agregam valor direto aos contribuintes que passam a contar com respaldo técnico e certo sobre as operações e planejamentos que pode executar. O mesmo se verifica para novas empresas e até mesmo nas hipóteses de fusão e aquisição de empresa (M&A). Neste último caso, sabe-se que as conformidades e o Programa de Compliance são analisados e impactam na viabilidade do negócio, nos custos das melhorias do referido programa a serem implantadas, assim como na cláusula de indenização a ser paga pela empresa vendida, portanto, na avaliação de mercado da empresa.

Além disso, as não conformidades e os custos com a necessidade de adaptação do Programa de Compliance, em geral, são abatidos do preço final ou descontados da cláusula de *earn out*. Entretanto, a exemplo dos impactos do ESG na geração de valor, no nosso ponto de vista, os impactos acima descritos podem acarretar a redução do custo médio ponderado de capital (Weighted Average Capital Cost – WACC), que é uma das etapas para o cálculo de avaliação de uma empresa pelo método de Fluxo de Caixa Descontado (FCD). À medida que o WACC de uma empresa diminui, há uma redução no risco e incremento na lucratividade, acarretando aumento no valor da empresa.

Com a adoção dessa metodologia de avaliação, além das mencionadas vantagens empresariais, os sócios ou acionistas têm a oportunidade de quantificar seu ganho em razão da adoção do Programa de Compliance. Empresa valorizada, tanto em seus aspectos financeiros quanto nas questões de imagem e compliance, pautada pela visão da administração moderna e reorganizada nos aspectos atuais de respeito ao ESG, é composta de stakeholders motivados e orgulhosos de pertencerem a uma empresa que contribui para a geração de riqueza sustentável e, portanto, com a melhoria da vida em sociedade.

Assim, muito nos honra participar da nota de abertura desta importante obra sobre "*Cooperative Compliance e Medidas de Redução do Contencioso*", que conta com profissionais de relevante espírito público que buscam juntos a constante evolução dos instrumentos que criam e regulam esses programas, em âmbito estatal e individual de cada empresa, foco em reduzir a insegurança jurídica no exercício da atividade empresarial em equilíbrio com a justa tributação.

O *compliance* é relevante instrumento de geração de valor operacional e reputacional para as organizações em geral, garante previsibilidade, eficiência e racionalidade em prol da redução do contencioso tributário no Brasil.

Por fim, agradeço a Dra. Cláudia Brasolin, amiga de longa data e profissional de larga experiência como executiva jurídica e de *compliance*, pela coautoria desta nota.

Carlos Henrique de Oliveira

SUMÁRIO

PARTE I
COOPERATIVE COMPLIANCE E MÉTODOS ALTERNATIVOS DE REDUÇÃO DO CONTENCIOSO TRIBUTÁRIO NO BRASIL

PARTE II
PONTOS CRÍTICOS RELACIONADOS AO INCREMENTO DO CONTENCIOSO TRIBUTÁRIO BRASILEIRO

PARTE I

Cooperative Compliance e Métodos Alternativos de Redução do Contencioso Tributário no Brasil

1.
CO-OPERATIVE COMPLIANCE: HISTORY AND EVOLUTION — AN OECD PERSPECTIVE

Grace Perez Navarro

Introduction

A constructive relationship between tax administrations and their taxpayers contributes to ensuring effective and efficient tax compliance and revenue collection. Different categories of taxpayers may encounter different types of challenges with tax compliance, which is why tax administrations should consider a range of approaches to facilitating compliance.

Co-operative compliance is one possible approach adopted by tax administrations to increase the timely and accurate tax compliance of taxpayers through the establishment of a relationship between the tax administration and taxpayer based on transparency, dialogue and clarity of expectations.

While co-operative compliance may not be a solution for every tax compliance problem, it presents an opportunity for good-faith taxpayers to engage in a transparent dialogue with the tax administration.

The concept of co-operative compliance has gradually evolved over time. The OECD, particularly through the work of its Forum on Tax Administration (FTA), has dedicated significant efforts to analysing this approach and collecting data on country practices. It also continues to play an important role in providing a platform to share experience between the tax administrations, developing and promoting such best practices in this area, while also contributing new ideas and pilot projects to further explore opportunities that may positively result in more effective tax compliance, enhanced tax certainty for the taxpayers and reduced administrative burdens.

Today, over 37 countries whose information is included in the OECD Tax Administration Series have some form of co-operative compliance programme in place and this includes both the developed and developing jurisdictions.[1]

The Brazilian tax administration (RFB), supported by the Ministry of Economy, has recently initiated several important projects for which the concept of co-operative compliance is very important. First, in 2018, the RFB and OECD launched a joint transfer pricing project, which considered the similarities and differences between the existing Brazilian Transfer Pricing Framework and that of OECD. In 2019, Brazil announced its plan to align to the OECD standard with a new transfer pricing system based on the arm's length principle. The key features of the new transfer pricing framework were presented on 12 April 2022,[2] which indicates reliance on some of the principles of the co-operative compliance concept, such as contributing towards more tax certainty and reduction of tax compliance burdens through the design of simplification measures in line with arm's length principle and in dialogue with taxpayers from affected industries, as well as preventing disputes through introducing the concept of Advanced Pricing Agreements.

Further, another RFB initiative (Confia) was launched in 2021, which specifically focuses on further study of the benefits of the co-

[1] Argentina, Australia, Austria, Belgium, Bulgaria, Chile, China, Colombia, Croatia, Denmark, Finland, France, Hungary, India, Indonesia, Ireland, Italy, Japan, Kenya, Latvia, Lithuania, Mexico, Morocco, Netherlands, New Zealand, Norway, Peru, Poland, Saudi Arabia, Singapore, Slovak Republic, Slovenia, Spain, Sweden, Turkey, United Kingdom and United States. For details see Annex A, Table A.49 in OECD (2021), *Tax Administration 2021: Comparative Information on OECD and other Advanced and Emerging Economies*, OECD Publishing, Paris, https://doi.org/10.1787/cef472b9-en.

[2] The OECD and Brazil's *Receita Federal* (RFB) held a joint high-level event on 12 April 2022 in Brasília to present the key features of Brazil's proposed new transfer pricing system: https://www.gov.br/receitafederal/pt-br/assuntos/noticias/2022/abril/novo-sistema-de-precos-de-transferencia-para-o-brasil-sera-apresentado-dia-12.

operative compliance concept and how they could be further implemented in Brazil.[3]

In the context of these recent developments, this article provides an overview of the evolution of this concept as well as other related work by the OECD, which may be relevant for experts seeking to develop broader awareness of the opportunities that exist for tax administrations and taxpayers to establish a constructive dialogue that helps to achieve a higher degree of tax compliance and efficiency of compliance processes.

1. Exploring the concept of co-operative compliance

1.1. Defining co-operative compliance

Co-operative compliance refers to the relationship between the taxpayers and the tax administration of a given jurisdiction based on continuing trust and co-operation. It aims at promoting better tax compliance and transparency by the taxpayers and through the relevant processes establishes a high degree of reassurance in relation to the control of tax risks and the absence of aggressive tax planning. Where the co-operative compliance is successful, it results in good tax governance, greater transparency of taxpayers towards the tax administrations and greater tax certainty for the taxpayers.[4]

While he concept of "co-operative compliance" evolved from the concept of "enhanced relationship",[5] the new term most accurately describes the approach, as it not only denotes the process of co-operation,

[3] On 20 April 2021, RFB issued Ordinance 28/2021 establishing the Committee responsible for defining the guidelines for the creation and operation of the Co-operative Compliance Programme (Confia) of the RFB and therefore officially setting the start of a co-operative tax compliance programme in Brazil, the so-called "*Projeto Confia*".

[4] OECD (2013), *Co-operative Compliance: A Framework, From Enhanced Relationship to Co-operative Compliance*, OECD Publishing, Paris, https://doi.org/10.1787/9789264200852-en.

[5] The concept of "enhanced relationship" is based on establishing and sustaining mutual trust between tax administrations and taxpayers who abide by the law and go beyond statutory obligations to work together co-operatively. It refers to a relationship that favours collaboration over confrontation and is anchored more on mutual trust than on enforceable obligations.

but it also demonstrates its purpose as an integral component of the overall strategy of risk management by tax administrations.[6]

Co-operative compliance is also defined by the OECD as a regulatory approach building on the idea that participating taxpayers disclose relevant information including their tax risks and are transparent with the tax administrations. In return, tax administrations are to provide real-time predictability and clarity on taxation issues of relevance for the taxpayers. In brief, co-operative compliance builds on the expression of "certainty in exchange for transparency".[7]

1.2. Target audience of co-operative compliance initiatives

While the underlying principles of co-operative compliance are relevant for all categories of taxpayers, such an approach can be most effective and efficient in relation to taxpayers where the complexities of the operations and the amounts involved create higher risks. This increased potential risk is the main reason why most of the resource-intensive cooperative compliance efforts of tax administrations are directed at large companies.[8]

This is particularly the case as regards multinational enterprises (MNEs) that carry out their global operations across various jurisdictions face the tax compliance challenge that they need to comply with the tax legislation in the different jurisdictions where they operate. The tax administrations in the different jurisdictions enforce their domestic tax laws in relation to the local operations of these MNEs. Such operations in different jurisdictions may be significantly interlinked and integrated. There may be instances, where the tax administrations enforcing their tax law on such local operations may not have the full picture, information or understanding of the global operations of such MNEs and may therefore miss part of the facts that may be critical for proper application of the national tax laws or identification of the relevant tax

[6] OECD, supra n. 4, p. 16., https://doi.org/10.1787/9789264200852-en.

[7] OECD (2016), *Co-operative Tax Compliance: Building Better Tax Control Frameworks*, OECD Publishing, Paris, https://doi.org/10.1787/9789264253384-en.

[8] Over 60% of the cooperative compliance programmes are targeted at large corporate taxpayers. For details see: OECD (2021), *Tax Administration 2021: Comparative Information on OECD and other Advanced and Emerging Economies*, OECD Publishing, Paris, p. 145, https://doi.org/10.1787/23077727

risks. Such important facts and information may also not be locally available with the specific legal entity, which is part of the MNE group and the transparent engagement of the rest of the MNE group may significantly contribute to the effective tax compliance in the different local tax jurisdictions.

Tax administrations generally face limitations of a geographic nature, as their competence is limited by national borders. This clashes with the reality that MNE groups organise their business operations in numerous jurisdictions and rely upon global value chains. Even though these limitations can be overcome with the help of multilateral tools, there is not yet a level playing field among jurisdictions in using these tools. In addition, several legal and procedural issues, as well as a need for administrative resources, must first be addressed for these mechanisms to be successfully implemented on a consistent basis.

Co-operative compliance programmes therefore tend to focus on MNE groups as such programmes may overcome some of the challenges described above in a non-confrontational manner. This is also why the co-operative compliance programmes tend to be a very useful complement to other specific types of tools and instruments that tax administrations may employ to deal with such challenges.

1.3. Relevance of co-operative compliance initiatives in the context of a changing international tax architecture

Two underlying issues are particularly relevant in this space.

First, transactions carried out in one jurisdiction will often interact and bring tax implications with one or more other jurisdictions. This creates a need from the tax administration's perspective for a holistic view and a thorough understanding of the MNE group's business operations in their entirety, irrespective of geographic borders. Where the tax administration does not have access to such information, the likelihood of identifying aggressive tax avoidance is significantly reduced. Further, it may prompt the tax administration to take a highly risk averse attitude to otherwise legitimate business operations, potentially creating excessive burdens and reducing tax certainty.

Second, in some cases MNE groups which, by definition, operate across borders have chosen to exploit the existence of diverging approaches taken by tax administrations in order to minimise their tax liability through various practices.

Much OECD work has therefore focussed on addressing aggressive tax planning practices, including base erosion and profit shifting. In particular, work has been undertaken to strengthen the international tax framework with the BEPS Project and also to enhance the transparency of the operations of the MNE groups, while also continuously reiterating the importance of tax certainty. Outcomes of this work include the introduction of the new Country-by-Country reporting framework, as well as consensus-based recommendations to refine the international tax rules at the global, multilateral level, with the objective of minimising opportunities for such behaviour. Implementation efforts are however required at the domestic level for these changes to take effect.[9] This approach is also present in the current work on addressing the tax challenges of the digitalisation of the economy.[10]

While increased transparency is already a significant result of the BEPS project, this transparency can be further increased in the relationship between the relevant taxpayer and tax administration. This is especially the case, when these new tools are combined with co-operative compliance initiatives in the form of open communication to explain in more detail any aspect of the business operations, provided clarifications where necessary, and complete the "picture" of the group operations, so as to ensure that the tax administration considerations are founded on accurate and reliable information.

[9] Members of the Inclusive Framework on BEPS commit in particular to the implementation of the four BEPS Minimum Standards, namely BEPS Actions 5, 6, 13 and 14.

[10] See OECD (2020), *Statement by the OECD/G20 Inclusive Framework on BEPS on the Two-Pillar Approach to Address the Challenges Arising from the Digitalisation of the Economy*, OECD Publishing, Paris, https://www.oecd.org/tax/beps/statement-by-the-oecd-g20-inclusive-framework-on-beps-january-2020.pdf.

2. Evolution of the co-operative compliance concept in the context of OECD initiatives

2.1. From Seoul Declaration towards the enhanced relationship concept

The OECD work on improving the tax compliance through an enhanced relationship with the different stakeholders of the tax compliance process dates back to the 2006 Seoul Declaration[11] of the OECD's FTA. The focus was placed on ensuring compliance by all taxpayers, including large multinationals. *"It is our duty as heads of our respective countries' revenue bodies to ensure compliance with our national tax laws by all taxpayers, including activities beyond our borders, through effective enforcement and by taking preventive measures that deter non-compliance. [...] Our discussions revealed continued concerns about corporate governance and the role of tax advisors and financial and other institutions in relation to non-compliance and the promotion of unacceptable tax minimization arrangements."*

Emergence of concept of enhanced relationship

In 2008, the OECD issued the *Study into the Role of Tax Intermediaries,*[12] which addressed the topic of aggressive tax planning and analysed the tripartite relationship between tax administrations, taxpayers and tax intermediaries.[13]

As advisers, tax intermediaries play a vital role in all tax systems, helping taxpayers understand and comply with their tax obligations in an increasingly complex world. However, some of them are also designers and promoters of aggressive tax planning, a role that has a negative impact on tax systems.[14]

[11] OECD (2006), *Final Seoul Declaration, Third Meeting of the OECD Forum on Tax Administration, 14-15 September 2006,* OECD Publishing, Paris, www.oecd.org/tax/administration/37415572.pdf.

[12] OECD (2008), *Study into the Role of Tax Intermediaries,* OECD Publishing, Paris, https://doi.org/10.1787/9789264041813-en

[13] *"Tax intermediaries is the collective term for advisers and financial institutions, which have the capacity to influence taxpayer behaviour, assist taxpayers in complying with their tax obligations and in dealing with revenue bodies."*

[14] OECD, supra n. 12, p.5.

The Study considered the different approaches OECD's FTA countries are using to respond to tax intermediaries' involvement in aggressive tax planning and highlighted that all tax administrations need robust strategies in this area.[15]

It concluded that there was significant scope to influence the "demand side" of aggressive tax planning arrangements in relation to large corporate taxpayers and encouraged taxpayers and tax administrations to engage in a relationship based on co-operation and trust, i.e. "the enhanced relationship".

The Study recognised that in addressing the demand side, risk management is an essential tool for tax administrations, assisting with the identification and treatment of risks. It allows them to assess the risk presented by taxpayers or groups of taxpayers and then allocate resources to respond to those risks.[16]

However, the information should be current, relevant and reliable for the risk management to be fully effective. Considering that the most comprehensive source of information is the taxpayer, the Study focused on exploring how to develop a relationship between tax administrations and large corporate taxpayers that would encourage the flow of information from taxpayers through early disclosure of potential tax issues and greater transparency.[17]

The Study thus introduced the enhanced relationship concept, which refers to a collaborative and trust-based relationship developed between tax administrations and large corporate taxpayers who abide by the law and go beyond statutory obligations to work together co-operatively. It is a relationship that favours collaboration over confrontation and is anchored more on mutual trust than on enforceable obligations.[18] The name "enhanced relationship" was chosen as a term that properly distinguished this approach from an obligation-based basic relationship.

It also identified the seven pillars of the enhanced relationship, five of which focus on the mode of operation by the tax administration and two on the conduct of taxpayers. These seven pillars remain relevant for co-operative compliance and they are briefly described below.

[15] Ibid.

[16] Ibid.

[17] Ibid.

[18] OECD, supra n. 12, p. 39.

Tax Administrations	Taxpayers
Commercial awareness — Understanding the taxpayers' business and the business environment in which they are operating.	**Disclosure** — Taxpayers are expected to broadly share information, beyond their regulatory obligations, and in a timely manner.
Impartiality — In the treatment of the taxpayers, by bringing a high level of consistency and objectivity to the issue-resolution process.	**Transparency** — It is expected from the taxpayers that they provide comprehensive responses, so the tax administration can understand the significance of issues, deploy appropriate resources, and reach the right tax conclusions.
Proportionality — The responses or reactions of tax administrations should be reasonable and balanced to the taxpayers' actions	
Openness through disclosure and transparency — Taxpayers want to see openness and transparency from tax administrations. First, in relation to rulings, which play a key role in providing taxpayers and their advisers with greater disclosure and transparency on particular transactions or issues. Second, taxpayers want to know more about how tax administrations approach risk management.[19]	
Responsiveness — Providing prompt, efficient and professional responses to the taxpayers.	

[19] The extent of the openness and transparency from tax administrations is a matter for each country to decide at both a conceptual level and on a case-by-case basis. In respect to the tax administrations' approach to risk management, the report provides three levels to disclosure: First, it refers to the risk-management strategy, in relation to which tax administrations should consider providing great transparency on their broad approach to risk management, including the types of behaviours or transactions they see as risky and how they will respond to them. The second level refers to the mechanisms by which taxpayers or issues are selected for audit, and in this regard the Study recommends that tax administrations should not publish full details of these since to do so could invite inappropriate behaviour by some taxpayers. Finally, it refers to the tax administration's assessment of a particular taxpayer, which the Study sees as an important element in building mutual trust under the enhanced relationship and recommends that individual countries decide whether and how to pursue this.

The report highlighted that if the tax administrations demonstrate these attributes and have effective risk-management process in place, this should encourage large corporate taxpayers to engage in a relationship with them based on co-operation and trust, with both parties going beyond their statutory obligations.[20].

The study also highlighted three possible mechanisms to be considered by the tax authorities, when introducing the concept of enhanced relationship:[21]

- A unilateral statement or declaration by the tax administration, setting out how it intends to work;
- A charter adopted jointly by the revenue authorities with or on behalf of all stakeholders, setting out how all participants intend to work together; and
- A formal or informal agreement between the tax administration and a specific taxpayer.

Further, the study recognised three steps that may need to be considered in designing these mechanisms:[22]

- **A statement of intent:** Whether or not the taxpayer and the tax administration intend the mechanism to apply in their relationship;
- **An assessment of capability:** Taxpayers and tax administrations should each consider whether they have capability to deliver. For example, tax administrations will need to consider whether they have available resources to engage in such relationship and whether the staff are appropriately trained, and the taxpayers will need to consider whether their tax-control processes are sufficiently robust;
- **High-level endorsement:** For lasting and successful engagement, the relationship needs to last despite changes in personnel in either the tax administration or the tax department of the large corporate taxpayer. This means that the decision to enter an enhanced relationship should be made at the institutional/corporate level, not just by the current operational personnel.

[20] OECD, supra n. 12, p.5.

[21] OECD, supra n. 12, p 43.

[22] Ibid.

Enhanced relationship with banks

Banks play a vital role both in the global economy, and in the functioning of many countries' tax systems. They also play an important role in tax compliance. The 2009 Report, *Building Transparent Tax Compliance by Banks*[23] identified the benefits to both tax administrations and banks from an enhanced relationship.

It provides the following recommendations for tax administrations considering enhanced relationships with banks:[24]

- Improve staff capabilities and their commercial understanding of financial markets and banking, including Complex Structured Financial Transactions (CSFTs), by:
  - o Seeking the assistance of their national banking association in providing training programmes for their staff;
  - o Developing initiatives with banks where it allows revenue staff to build understanding of business operations;
  - o Recruiting banking experts; and
  - o Embarking on exchange initiatives with other tax administrations where less-skilled revenue staff can be given opportunities to work with administrations that have greater experience with banks.
- Provide earlier certainty to banks, by:
  - o Working with banks as part of an enhanced relationship through guidance, rulings and real time discussion of issues; and
  - o Encouraging banks to be more transparent so as to better understand the commercial context and complex details of CSFTs.
- Improve risk assessment, by:
  - o Ensuring they have all necessary strategies in place to better prevent, detect and respond to aggressive tax planning and high risk behaviour;
  - o Seeking to understand CSFTs in the legal context of their own jurisdiction to identify those transactions which pose a significant tax risk;

[23] OECD (2009), *Building Transparent Tax Compliance by Banks*, OECD Publishing, Paris, https://doi.org/10.1787/9789264067851-en.

[24] Ibid, p. 9.

  - o Learning about control functions within banks to understand if they provide tax administrations with greater assurance of tax compliance; and
  - o Assessing the banks' risks and their transactions and products based on their own tax affairs and their activities as advisers using available information where banks are unwilling to offer enhanced disclosure and transparency.
- Improve transparent tax compliance, by:
  - o Bringing to the attention of their tax policy officials and tax policy makers and legislatures those situations where transactions are treated differently for tax purposes in alternate jurisdictions to determine whether they are comfortable with the existence of that arbitrage opportunity;
  - o Engaging with financial regulators to improve tax compliance as part of an overall corporate governance framework;
  - o Working co-operatively with overseas tax administrations and other relevant agencies in accordance with exchange of information (EOI) provisions available in various bilateral and multilateral treaties;
  - o Considering pursuing multilateral efforts to quickly identify, distinguish and respond to complex transactions; and
  - o Working more closely with enforcement agencies and regulatory bodies in dealing with offshore promoters and offshore tax evasion.
- Improve international co-operation, by:
  - o Jointly examining and removing the barriers to a more effective EOI on banking activities;
  - o Further exploiting the potential of some multilateral instruments such as the multilateral Convention on Mutual Administrative Assistance in Tax Matters;[25]
  - o Continuing the dialogue amongst FTA Commissioners on enhanced relationship;

[25] https://www.oecd.org/tax/exchange-of-tax-information/convention-on-mutual-administrative-assistance-in-tax-matters.htm.

- o Encouraging the development of the OECD Aggressive Tax Planning Directory and in particular to use this initiative to share experiences on measures taken to counter schemes; and
- o Exploring whether the FTA could provide a forum for dialogue between Commissioners and Bank Executives.

It also identifies a number of "good-practice" recommendations for financial institutions wishing to engage in the enhanced relationship, such as:[26]

- All banks should ensure that they have appropriately skilled and trained staff to perform their duties in relation to the review of CSFTs) approval process for clients and have the authority to challenge transactions if necessary;
- Banks' internal tax departments are encouraged to provide a greater degree of transparency to the bank's home tax administration in relation to the governance of CSFTs for clients and for the bank's own account;
- The bank's internal tax department's decision not to proceed with a transaction should not be overridden without escalation of a decision to the CEO or board, in order to ensure effectiveness in managing tax risk by the bank's governance and risk management systems;
- In setting their business strategy, banks should consider the benefits of an enhanced relationship with tax administrations including early certainty, reduced compliance costs, and reduced reputational risk; and
- As part of this relationship, banks should share their views with tax administrations on tax risk assessment for products or services where there is potential for uncertainty around the tax treatment.

Enhanced relationship with High Net Worth Individuals

Certain categories of individuals may face specific tax compliance challenges and may also present higher tax risks. The OECD therefore developed recommendations with respect to establishing enhanced relationships with High Net Worth Individuals (HNWI) in the 2009

[26] Ibid, p. 11.

Report, *Engaging with High Net Worth Individuals on Tax Compliance.*[27] In the context of this Report, the term "High net worth individuals" refers to the individuals at the top of the wealth or income scale, which pose significant challenges to tax administrations.

These recommendations are designed to improve the understanding by tax administrations of the HNWI taxpayer segment, the use of Aggressive Tax Planning (ATP) schemes by HNWIs, and the prevention, detection and response strategies that can be used to address these challenges.

The report contains the following "best-practice" recommendations for tax administrations to deal with HNWIs:[28]

- Understand the risks posed by the HNWI segment and subsets thereof, including the motivations of HNWIs and the wider marketplace for ATP;
- Establish an appropriate structure in tax administrations to deal with HNWIs;
- Improve international co-operation at both strategic and operational level;
- Create an appropriate legislative framework targeted at specific ATP risks;
- Explore how the concept of co-operative compliance could be applied to the HWNI segment.

The report concludes that the experience of countries that have implemented some or all of these best practices suggests that firm action when combined with good compliance activity and good service can significantly improve compliance by HNWIs. It also emphasises that the exact "mix" of these features will depend on each country's position.

The Report also provides some important prerequisites for such approaches to be developed, includings:[29]

- **A developed legal system:** Earning the trust of taxpayers requires that the legislative and administrative framework of a country is

[27] OECD (2009), *Engaging with High Net Worth Individuals on Tax Compliance*, OECD Publishing, Paris, https://doi.org/10.1787/9789264068872-en.

[28] Ibid, p. 9.

[29] Ibid, p. 67-69.

well established and sufficiently developed to ensure that the law is applied fairly and equally.

- **Respecting confidentiality:** The obligation to keep taxpayer information confidential and only release it in accordance with the law is a fundamental principle. While this principle of tax confidentiality applies equally to all taxpayers, the need to preserve it represents a key behavioural driver of many HNWIs, and in particular ultra-HNWIs. The consequences of information being inadvertently made public can be particularly detrimental to this category of taxpayer.
- **Impartiality, proportionality, responsiveness and competence:** To retain the trust of taxpayers, tax administrations need to demonstrate impartiality, proportionality, responsiveness and competence (including commercial awareness). At a practical level that means a tax administration needs to interact with taxpayers in the following ways: actions must be timely, consistent and objective, proportionate to the tax risk and clearly communicated. To achieve this, tax administration staff need to be competent with good commercial awareness, technical tax skills and professionalism. HNWIs also need to know that, if disagreements arise as to the tax position taken, they will be resolved objectively and consistently.

2.2. Co-operative compliance framework

2.2.1. *The shift from the enhanced relationship to the co-operative compliance*

Following the release of the 2008 Study as well as the subsequent studies addressing the benefits of developing enhanced relationships with various stakeholders in the tax compliance process, many jurisdictions have collected significant practical experience as well as conceptual understanding that has allowed further development of the enhanced relationship concept towards the co-operative compliance framework.

The 2013 Report, *Co-operative Compliance: A Framework (2013): From enhanced relationship to co-operative compliance,*[30] establishes that the "en-

[30] OECD, supra n. 4.

hanced relationship" is no longer an entirely accurate description of the optimal approach and adopts the term "co-operative compliance".

The new term "co-operative compliance" makes it clear that the more optimal approach is based on co-operation, with the purpose of assuring compliance, leading to payment of the right amount of tax at the right time.

The findings of the survey carried out in preparation of the report establish that most of the co-operative compliance programmes do rely on the seven pillars identified in the 2008 Study. The study also concluded that these pillars remain equally valid for co-operative compliance and are still considered as essential to effective co-operative compliance strategies.

This shift represents a change from the "traditional" control framework to a co-operative compliance framework, which in many cases is the result of the development of a compliance risk management strategy. The rationale for relationships of this kind is to create a joint approach to improving tax risk management and overall tax compliance, with benefits for both parties.

The development of wider compliance risk management strategies by several tax administrations focuses on effectively understanding, influencing and improving taxpayer compliance behaviour. The development of co-operative relationships with large businesses is embedded in these strategies.

Further, the modern compliance strategy focuses on giving each taxpayer category the appropriate attention. Compliant behaviours require a different response than non-compliant behaviours. Whereas compliant behaviour requires support, non-compliant behaviours may require severe action.

Therefore, compliance risk management strategies benefit the taxpayers who are willing and able to comply. As an example, while taxpayers who demonstrate "high-risk" characteristics can expect to attract greater scrutiny and enforcement attention, taxpayers who behave transparently and who do not have higher risk tax issues can reasonably expect support and lower compliance costs.[31]

[31] Ibid, p. 41.

On the other hand, tax administrations can also benefit from compliance risk management only if they distinguish areas that represent high risk from areas that represent low or negligible risk, and respond and influence them accordingly.[32]

At the same time, the need for internal governance within tax administrations was also emphasised in order to avoid problems that a close, direct, and long-term relationship between taxpayers and tax authorities could cause, such as misconducts, corruption, or political influences.[33]

2.2.2. *Importance of the risk control framework*

The currentco-operative compliance framework encompasses a systematic approach to tax risk: the tax control frameworks. The 2013 report highlights the central importance of these frameworks in bringing rigour to the co-operative compliance concept.

The Tax Control Framework (TCF) refers to the part of the internal controls dedicated to ensuring that the company is in control of all tax-related risks by taking measures aligned with its strategy in order to prevent, identify and/or treat such risks. When an enterprise can demonstrate that its TCF is effective, tax authorities have an incentive to trust that the output of tax-related information is free from material misstatements.

In other words, the report defines the focus of the TCF, as the internal control of all processes and transactions with possible tax consequences. The specific requirement to be "in control" of all tax issues means being able to detect, document and report any relevant risks to the tax administration in a timely way.[34]

A focus on the TCF provides a clear and objective basis on which the tax administration can base its assessment of the tax returns and associated disclosures made to it. It allows the tax administration to demonstrate that its relationship with the taxpayer is based on objective criteria and justified trust.

[32] Ibid.

[33] Ibid, p. 65-71.

[34] Ibid, p.59.

The 2013 Report also stressed the importance of the TCF as a necessary tool to realise the principles of transparency and co-operation, which are requirements to the emergence of trust.[35]

The report recognises that tax administrations need to decide how to assess TCFs and whether to provide guidelines for business.[36] In the survey, tax administrations report that co-operative compliance strategies often encourage discussion in advance with taxpayers about the risks that should be within the scope of the TCF. Ireland for example reported that:

> *"As part of co-operative compliance, Revenue, the business and, where necessary, its tax advisors, will draw up and agree a set of action points for each side, with timeframes, for a review of tax risk and the implementation of a set of compliance actions for each risk. The first step will involve the parties engaging in a risk review meeting, or meetings, at which Revenue will give an overview of its perspective on potential tax risks for the business and its sector, and the business will point up risk areas of which they are aware — essentially working towards an agreed view of an initial tax risk profile for the business. The business will then prepare and implement annual tax risk management plans focusing on agreed risk areas. Where risks are identified by a business they can make an unprompted voluntary disclosure, which reduces the amount of Penalties that will arise."*

The 2013 Report identified the need for more research and discussion of how TCFs can be best assessed and additional guidance to business about tax administrations' expectation of them.

2.2.3. *Focus on Building better Tax Control Frameworks*

Following up on this work, the 2016 Report, *Co-operative Tax Compliance: Building Better Tax Control Frameworks,*[37] brought guidance both for businesses to design and operate their TCF and for tax administrations to adjust the risk management strategy for an individual large business in the context of a (voluntary) co-operative compliance relationship.

[35] Ibid, p. 16.

[36] Ibid, p. 59.

[37] OECD, supra n. 7.

Six principles or essential building blocks were identified:[38]

Tax strategy established: This should be clearly documented and owned by the senior management of the enterprise, i.e. at board level.

Applied comprehensively: All transactions entered into by an enterprise are capable of affecting its tax position in one way or another, which means that the TCF needs to be able to govern the full range of the enterprise's activities and ideally should be embedded in day—to-day management of business operations.

Responsibility assigned: The management board of an enterprise is accountable for the design, implementation and effectiveness of the TCF of that enterprise. The role of the enterprise's tax department and its responsibility for the implementation of the TCF should be clearly recognised and properly resourced.

Governance documented: There needs to be a system of rules and reporting that ensures transactions and events are compared with the expected norms and potential risks of non-compliance identified and managed. This governance process should be explicitly documented and sufficient resources deployed to implement the TCF and review its effectiveness periodically.

Testing performed: Compliance with the policies and processes embodied in the TCF should be the subject of regular monitoring, testing and maintenance.

Assurance provided: The TCF should be capable of providing assurance to stakeholders, including external stakeholders such as a tax administration, that tax risks are subject to proper control and that outputs such as tax returns can be relied upon. This is accomplished by establishing the entity's "risk appetite" and then by ensuring that their risk management framework is capable of identifying departures from it with mechanisms for mitigating/eliminating the additional risk.

Assessing and testing the TCF is necessary to determine the effectiveness, so the report provides guidance on how this can be done. Further, mandatory disclosure regimes can assist tax administrations in obtaining greater assurance about the reliability of an enterprise's tax risk management system.

[38] Ibid, p. 15.

2.2.4. *Importance of good governance within tax administration*

The 2013 Report emphasises that good governance within the tax administration is also important, particularly in providing assurance to the wider community of stakeholders that the co-operative compliance approach is achieving its primary purpose, which is improved compliance. The report discusses this in some depth and describes a number of governance models and good practices.

The report identifies six categories that tax administrations should address when developing their systems of internal governance:[39]

- *Integrity rules and core values:* It includes formal measures and rules for filing documentation. These measures are essential so that professionals are aware of the ethical rules and expectations that the tax administration has. This category includes formal measures within a tax administration as well as those specifically applied to co-operative compliance cases which are applied generally. The rules of the game should be clear and professional staff should know what is expected from them.
- *Standardisation of work programmes and methodology:* These measures contribute to an unambiguous and predictable way of working and are designed to support the officers within tax administrations. Working programmes and guides are based on the legislation and on ethical rules and core values. If the working programmes and/or guides are shared with or even developed in consultation with large taxpayers and their representatives (such as tax advisors) and also publicised, the support offered by these products can be increased.
- *Second pair of eyes to ensure consistency and impartiality:* Experiences of the tax administrations differ, which may reflect cultural differences and differences in regulations. Some countries have a system of peer review, others build on joint decision-making and teamwork. Some countries have chosen escalation models in which senior management and specialist staff have important roles, and some have developed distinct tracks for giving certainty in advance. Most countries apply combinations of these measures.

[39] OECD, supra n. 4, p. 70.

- *Training programmes and programmes of regular contact between experts involved:* These programmes aim at enabling tax officers to learn together and to learn from each other. The topics of these programmes may involve social and communication skills, but also new phenomena such as knowledge about TCFs; they are also an opportunity to share best practices.
- *Rotation systems:* These measures ensure that from time-to-time new ideas emerge within the tax administration and thus the relationship with the large taxpayer.
- *Systematic review and quality monitoring:* These measures have a retrospective character. However, they also include the involvement of senior officials who are not party to the co-operative relationship with taxpayers in the decision-making process for large tax disputes. These measures give tax administrations insight in the way that an individual large taxpayer is treated but also in how this treatment relates to the treatment of other comparable, large taxpayers. This provides added assurance that the process is impartial and delivers consistent outcomes. It also helps tax administrations to have an overview of how their concept of co-operative compliance is working and to consider the need to make adjustments to the approach.

The Report recommends that countries consider all six categories when designing their internal governance framework. Some of the measures concern the design of the co-operative compliance programme and the concept (categories one and two), other measures relate to working with the programme (categories three and four), one is a preventive measure (category five) and some measures are needed to assess the quality, impartiality and effectiveness of the individual decision making and the programme as a whole (category six).

2.3. Benefits and challenges of co-operative compliance models

As the results of the 2013 Report demonstrated, tax administrations implement co-operative compliance models as part of their compliance risk management strategy to achieve improved taxpayer compliance behaviour. This should be the main objective and benefit of implementing such an initiative. Other benefits, and the associated challenges, are listed below.[40]

Benefits	**Challenges**
An enhanced relationship: A relationship based on justified trust, mutual understanding, openness and transparency, resulting in reduced uncertainties over tax positions.	Communicating the impact of the programme on taxpayers: Taxpayers in the programme may fear it will lead to increased audit attention. Others may fear they will get less attention and support due to their "low risk" status, as tax administration resources are diverted towards higher risk taxpayers.
Reputation: Meeting the public's expectations of legitimacy and fairness.	Taxpayer dissatisfaction.
Risk management: Ability to predict with reasonable confidence what the tax administration's position will be in relation to tax issues; a better understanding of the tax administration's approach and philosophy; an approach by the tax administration based on a better understanding of the business and a recognition of the distinction between business-driven and tax-driven decisions.	Cultural issues: Co-operative compliance programmes require changes in culture and behaviour by tax administrations and business. Work processes and attitudes need to change from working on past tax years to real time, taking a preventive approach with a problem solving attitude.
Certainty in advance: Working in real time decreases uncertainty about tax exposure, secures faster resolution of issues and reduces the need for lengthy correspondence and litigation.	Maintaining the level of contact required to successfully establish desired relationship: This requires commitment from both sides in both time and resources, particularly in the initial stages. While over time the model should reduce the costs of compliance for both taxpayers and tax administrations, making the initial commitment at a time of staff cutbacks for the tax administration and economic difficulties for businesses can be difficult. When the programme is running, continuous attention needs to be given to proper time management.
Trouble-shooting: The opportunity to highlight problems with the tax code or its administration.	Tax control: There is a need for maturity regarding TCFs and both businesses and tax administrations need to invest in high level expertise in this area.

[40] OECD, supra n. 4, p. 34-36.

Reduction of administrative burdens: Reduced compliance costs; less audit intrusion from the tax administration since the audit and enforcement focus will be biased towards those not committed to high compliance standards.	New metrics needed to assess benefits: Traditional metrics are of limited value since most of these metrics are calculated by comparing a filed return with the amount of tax due after adjustment. Existing metrics are principally focused on measures of non-compliance, in terms of the yield from interventions that correct non-compliance, or broader measures of the "tax gap". Compliance strategies that aim to increase voluntary compliance are less likely to give rise to intervention yield, although they do generate additional revenue as uncertain tax positions are resolved. The size of the tax gap will reduce as voluntary compliance increases but this tends to be a lagging indicator.

2.4. Compatibility of co-operative compliance with the principle of equality before the law

Since the 2008 Study was published some commentators have expressed concerns about the compatibility of the co-operative compliance approach and the principle that taxpayers are entitled to equal treatment before the law. The 2013 Report addresses that concern directly and sets out why there is no conflict with this fundamental principle.

In general, the principle of equality before the law does not amount to a principle of equal, in the sxense of exactly the same, treatment. If that were the case, tax administrations could either audit everyone, or no one. But what the principle does require is that any difference of treatment is justifiable by reference to objective criteria. The fact that co-operative compliance requires a readiness to be subject to additional requirements of disclosure and transparency that are objectively supported by a tax control framework, demonstrates how the approach meets that standard.

Increasingly, tax administrations also look for compliance with the "spirit of the law", as reflected in the 2011 *OECD Guidelines for Multinational Enterprises*.[41] Some concerns have been expressed about the defini-

[41] The concept of "spirit of the law" has achieved international currency since the 2011 revision of these Guidelines, which state the following with respect to the concept: "*An enterprise complies with the spirit of the tax laws and regulations if it takes reasonable steps to determine the*

tion of the spirit of the law and whether it affects the rights of taxpayers unduly. This issue is also addressed in the 2013 Report[42], and the need for taxpayers to be able to take a different view from the tax administration they are dealing with, even in the context of a co-operative relationship, is recognised.

3. Shift towards bilateral and multilateral initiatives to enhance compliance and tax certainty

Bilateral and multilateral co-operation between tax administrations may further enhance the effectiveness of tax compliance, including co-operative compliance programmes, as it can equip tax administrations with the necessary information and understanding that will enable them to operate even more effective co-operative compliance initiatives. Further, as demonstrated in this section, it may involve a constructive involvement of the taxpayers in the process. This section briefly introduces the opportunities arising from such enhanced co-operation between tax administrations and how they can also enhance tax certainty for taxpayers.

3.1. Tax certainty and the role of multilateral co-operative compliance programmes

From the taxpayers' perspective, reliable and stable tax policies and predictable behaviour of tax administrations are important factors for doing business in any country and tax certainty is thus crucial to stimulate economic growth and job opportunities.

Tax certainty refers to the predictability of tax regimes, but also to the certainty that taxpayers will be taxed appropriately. In this sense,

intention of the legislature and interprets those tax rules consistent with that intention in light of the statutory language and relevant, contemporaneous legislative history. Transactions should not be structured in a way that will have tax results that are inconsistent with the underlying economic consequences of the transaction unless there exists specific legislation designed to give that result. In this case, the enterprise should reasonably believe that the transaction is structured in a way that gives a tax result for the enterprise which is not contrary to the intentions of the legislature". OECD (2011), *2011 Update of the OECD Guidelines for Multinational Enterprises*, OECD Publishing, Paris, p. 60, https://www.oecd.org/corporate/mne/oecdguidelinesformultinationalenterprises.htm.

[42] OECD, supra n. 4, p. 48-50.

measures to increase tax certainty aim at the stabilisation of expectations of both taxpayers and tax authorities.

The *2017 IMF/OECD Report for the G20 Finance Ministers* on *Tax Certainty*[43] pointed out increasing evidence that various forms of tax uncertainty adversely affect investment and trade, especially in the context of international taxation. Thus, tax certainty represents an important consideration for taxpayers and tax administrations alike.

The key findings of the surveys conducted as part of that work, revealed the main causes of tax uncertainty for business and tax administrations.

The issues raised related to:

- Tax administration (bureaucracy to comply with tax legislation, including documentation requirements, compliance costs, and unpredictable or inconsistent treatment by the tax authority);
- International tax issues (inconsistency or conflict between two or more tax administrations in the application of international tax standards, lack of international experience within the tax administration, and the evolution of new business models);
- Dispute resolution mechanisms (lengthy processes, unpredictable or inconsistent application of international standards); and
- Legislative and tax policy design (complexity in tax legislation, unclear and poorly drafted legislation).

Nuances also exist between tax certainty from a domestic perspective and tax certainty from an international perspective. When national rules are drafted without considering the cross-border dimension of business activities, mismatches are likely to arise in the interaction between different national corporate tax regimes. Such mismatches may result in double taxation, from the imposition of comparable taxes by two or more jurisdictions on the same income or capital. This is a major obstacle for businesses, creating uncertainty, unnecessary costs and cash-flow problems, particularly where tax treaties are not in place to relieve such double taxation.

[43] The Report on Tax Certainty was first published in 2017, and updated in 2018 and 2019. OECD (2017), OECD/IMF 2019 Progress Report on Tax Certainty, OECD Publishing, Paris, www.oecd.org/ctp/g20-report-on-tax-certainty.htm

Therefore, inconsistent or unpredictable treatment by tax authorities and the lack of expertise in international taxation can lead to conflicts between tax authorities on their interpretations of international tax standards, and therefore be an important source of tax uncertainty.

While recognising that governments and tax administrations already take a wide range of measures in pursuit of tax certainty in both the domestic and international context, the report highlights the benefits of reducing or addressing uncertainty at the earliest stage possible. It outlines a set of concrete and practical approaches and solutions to enhance tax certainty in G20 and OECD countries, many of which are closely related or rely on the co-operative compliance concept, such as:

- Reducing complexity and improving the clarity of legislation through improved tax policy and law design;
- Increasing predictability and consistency by tax administrations through timely issuance of rulings and technical interpretations (proactive taxpayer engagement and education can also improve understanding of the legislation and its requirements, and of the practices of the administration);
- Effective dispute resolution mechanisms have a critically important role to play in establishing certainty (it should be fair and independent, accessible to taxpayers and effective in resolving disputes in a timely manner);
- Tackling tax uncertainty in the international context can be particularly important, including:
    1. Dispute prevention and early issue resolution programmes;
    2. Robust and effective international dispute resolution procedures;
    3. Updating of tax treaties through the use of the Multilateral Convention to Implement Tax Treaty Related Measures to Prevent BEPS;
    4. Making further progress towards simplified and effective withholding tax collection and treaty relief procedures;
    5. Co-operation and co-ordination on the development of coherent international standards and guidance.

3.2. Enhancing tax co-operation and improving tax certainty through joint audits

In 2019, the OECD released the *Joint-Audit Report: Enhancing Tax Co-operation and Improving Tax Certainty*,[44] which mainly aims to identify the benefits and challenges that can arise from the greater use of joint audits. This report builds on earlier work of the OECD and the FTA and in particular on the FTA's 2010 Joint Audit report where the idea of a "Joint Audit" was first articulated.

Joint Audits allow tax administrations to operate efficiently and effectively in an increasingly global environment, co-operating ever more closely and frequently with each other to ensure compliance, tackle BEPS, and minimise the probability of costly and time-consuming disputes.

In general, tax co-operation between tax authorities covers a wide range of different forms of international tax co-operation ranging from a simple request for information to a joint audit.

The 2019 Joint-Audit Report provides that the degree of co-operation between tax authorities in relation to audit activity can take the following forms: [45]

1. *The Exchange of Information:* Which covers information exchange upon request (EOIR), spontaneous, or automatic (AEOI);
2. *The Presence of Tax Officers Abroad:* Which involves the presence of tax officials of one jurisdiction in the territory of another jurisdiction to be present at the appropriate part of a tax examination of the host tax administration in that jurisdiction;
3. *The Simultaneous Tax Examinations (STE):* Which refers to an arrangement between two or more tax administrations to examine simultaneously, each in its own territory, the tax affairs of a person or persons in which they have a common or related interest, with a view to exchanging any relevant information which they so obtain.; and
4. *Joint Tax Audits:* Two or more tax administrations, coming together to examine an issue(s)/transaction(s), of one or more rela-

[44] OECD (2019), *Joint Audit 2019 — Enhancing Tax Co-operation and Improving Tax Certainty, Forum on Tax Administration*, OECD Publishing, Paris, https://doi.org/10.1787/17bfa30d-en.

[45] Ibid, p. 19-23.

ted taxable persons (both legal entities and individuals), with cross-border business activities, in which the tax administrations have a common or complementary interest, and where the tax administrations jointly engage with the taxpayer enabling to share jointly information.

Several key benefits of joint audits have been identified:[46]

- Avoid misunderstandings, different versions of reality and ensuring that there is one conversation, rather than several conversations with potentially different outcomes;
- Achieve a holistic overview of taxpayers' business structures as well as cross-border transactions due to a better quality of information that is exchanged during a joint audit procedure that allows more targeted examinations in the future;
- Ensure more efficient and faster processes compared to separate audits followed by a Mutual Agreement Procedures (MAP);
- Reduce burdens for taxpayers and tax administrations compared to separate audits, especially where they subsequently result in a MAP case; and
- Prevent the need to reverse decisions that have already been taken.

Further, joint audits offer the ability to leverage the auditing experience and expertise of other tax administrations that can also support the improvement of each tax administration's own case selection and auditing methods. They also provide a better understanding of the differences in legislation that can subsequently support better risk assessment and a better allocation of resources. Moreover, joint audits enhance the compliance of MNEs when early tax certainty can be achieved, and a higher tax risk posture becomes increasingly unattractive.

3.3. International Compliance Assurance Programme (ICAP)

The *OECD International Compliance Assurance Programme* (ICAP) is a voluntary risk assessment and assurance programme to facilitate open and co-operative multilateral engagements between MNE groups and tax administrations in jurisdictions where they have activities. It was desig-

[46] Ibid, p. 31.

ned as an efficient and co-ordinated approach to provide MNE groups willing to engage actively, openly and in a fully transparent manner with increased tax certainty with respect to certain of their activities and transactions. ICAP should reduce the resource burden on both MNEs and tax administrations and mean fewer disputes requiring resolution through mutual agreement proceedings.

The programme was tested in two pilots, commencing in 2018 and 2019 and announced as a full programme in December 2020.[47] The programme supports the effective use of transfer pricing documentation, including the MNE group's Country-by-Country (CbC) report providing a faster and more efficient route to improve multilateral tax certainty. ICAP also uses CbC reports and other relevant information to facilitate multilateral engagements between MNE groups and participating tax administrations, providing benefits for both, including:

1. Fully informed and targeted use of CbC reports and other information held for risk assessment;
2. An efficient use of resources;
3. A faster, clearer route to multilateral tax certainty;
4. Co-operative relationships between MNE groups and tax administrations;
5. Fewer disputes entering into MAP;
6. Well-established MNE group compliance framework;
7. Advances in international collaboration;
8. Better and more standardised information for transfer pricing risk assessment; and
9. Capitalising on greater opportunities for multilateral engagement to provide improved assurance for tax administrations.

The *Handbook for Tax Administration and MNE groups*[48] provides a detailed description of each stage of the ICAP process, the documentation and information an MNE group participating in ICAP will provide, the level of comfort they may achieve as a result of

[47] OECD (2019), *International Compliance Assurance Programme, Handbook for tax administrations and MNE groups*, OECD Publishing, Paris, https://www.oecd.org/ctp/administration/international-compliance-assurance-programme.htm.

[48] Ibid.

participation in the programme, and a comparison of ICAP with other possible routes to greater tax certainty.

4. Co-operative compliance and tax crimes

The implementation of co-operative compliance programmes ideally leads to improved taxpayer compliance behaviour through a constructive relationship.

However, some taxpayers will, by their own choice, be non-compliant and use different means to evade their tax obligations. Support and monitoring does not improve compliance by these taxpayers. As a result, criminal law may play an important role in changing their behaviour. Wherever dividing lines between non-compliant behaviour and criminal behaviour are drawn (and this can vary according to domestic circumstances), it is important that jurisdictions have the possibility of applying criminal sanctions in respect of, at least, the most serious violations of the tax law. From a preventive point of view, this will send a message about the fairness and integrity of the system (i.e., nobody is above the law), as well as act as a general and specific deterrent, indicating the actual punitive consequences of tax fraud or evasion. It will also discourage previous offenders from doing so again. Furthermore, the criminalisation tax fraud and evasion will ensure the availability of criminal investigative and enforcement powers, which may be necessary to prosecute the case regardless of the co-operation of the accused. In some jurisdictions, criminal investigations often act as a basis for deploying enhanced mechanisms of inter-agency co-ordination and international co-operation, which may be fundamental for a successful resolution of the case.

The OECD has developed international standards to tackle such crimes in the form of its "Ten Global Principles for Fighting Tax Crime". First published in 2017[49] and updated in 2021[50], this is the world's first guide covering the legal, strategic, administrative and operational aspects necessary for putting in place an efficient system to address

[49] OECD (2017), *Fighting Tax Crime: The Ten Global Principles*, OECD Publishing, Paris, https://doi.org/10.1787/63530cd2-en.

[50] OECD (2021). "Fighting Tax Crime: The Ten Global Principles, Second Edition, OECD Publishing, Paris, https://doi.org/10.1787/006a6512-en

tax crimes while ensuring taxpayers' rights are respected. The Principles describe aspects such as: ensuring tax offences are criminalised, devising an effective strategy against tax crime, investigative and asset recovery powers, and having adequate organisational structures and resources for investigators. Further, they recommend making tax crime a predicate offence for money laundering and developing effective frameworks for domestic inter-agency co-operation and international collaboration.

In the context of this article, Principle 2 on devising an effective strategy for addressing tax crimes acquires particular relevance. To be most effective in addressing tax crimes, tax authorities need to have a coherent strategy that encourages voluntary compliance while enforcing effective sanctions against those who fail to do so. A regular threat assessment should accompany the strategy, to actively map and consider the current, emerging and future risks. Such a process supports improved decision-making by setting improved priorities on how to address the full range of potential situations: from encouraging taxpayers to comply with their obligations, to dealing with inadvertent non-compliance, as well as those who intentionally commit tax crimes.[51]

Further, over the last decades the world has witnessed increasingly sophisticated financial crimes being perpetrated across borders, and often facilitated by "professional enablers". These enablers, who represent small segment of their professions (lawyers, accountants, financial institutions, etc.), help engineer the legal and financial structures seen in complex tax evasion and other financial crimes. Targeting professional enablers and disrupting their activities is a key avenue for addressing criminal activity at the source, as well as ensuring public confidence in the financial system and in their own professions, and the rule of law.[52] The OECD report "Ending the Shell Game: Cracking down on the Professionals who enable Tax and Other White Collar Crimes" sets out a range of strategies and actions to tackle professional enablers. These include legislative changes, deterrence mechanisms, enhanced inter-agency co-operation for detection, and the collaboration with the private sector and professional oversight bodies, among others.

[51] Ibid, p. 22-27.

[52] Ibid, p.15-16.

Conclusion

Voluntary tax compliance is at the heart of tax administration. Encouraging such compliance through a wide range of approaches tailored to the type of taxpayer as well as the behaviour exhibited by taxpayers will help tax administrations achieve the highest levels of voluntary compliance. Co-operative compliance programmes are proving to be effective in fostering compliance by large multinational enterprises interested in compliance and greater certainty. Tax administrations should consider such programmes as part of an overall, comprehensive strategy that facilitates compliance by those willing to comply as well as deters and penalises those who do not.

References

OECD (2006), *Final Seoul Declaration, Third Meeting of the OECD Forum on Tax Administration, 14-15 September 2006*, OECD Publishing, Paris, www.oecd.org/tax/administration/37415572.pdf.

OECD (2008), *Study into the Role of Tax Intermediaries*, OECD Publishing, Paris, https://doi.org/10.1787/9789264041813-en.

OECD (2009), *Building Transparent Tax Compliance by Banks*, OECD Publishing, Paris, https://doi.org/10.1787/9789264067851-en.

OECD (2009), *Engaging with High Net Worth Individuals on Tax Compliance*, OECD Publishing, Paris, https://doi.org/10.1787/9789264068872-en.

OECD (2011), *2011 Update of the OECD Guidelines for Multinational Enterprises*, OECD Publishing, Paris, p. 60, https://www.oecd.org/corporate/mne/oecdguidelinesformultinationalenterprises.htm.

OECD (2013), *Co-operative Compliance: A Framework, From Enhanced Relationship to Co-operative Compliance*, OECD Publishing, Paris, https://doi.org/10.1787/9789264200852-en.

OECD (2016), *Co-operative Tax Compliance: Building Better Tax Control Frameworks*, OECD Publishing, Paris, https://doi.org/10.1787/9789264253384-en.

OECD (2017), OECD/IMF 2019 Progress Report on Tax Certainty, OECD Publishing, Paris, www.oecd.org/ctp/g20-report-on-tax-certainty.htm.

OECD (2017), *Fighting Tax Crime: The Ten Global Principles*, OECD Publishing, Paris, https://doi.org/10.1787/63530cd2-en.

OECD (2019), *Joint Audit 2019 — Enhancing Tax Co-operation and Improving Tax Certainty, Forum on Tax Administration*, OECD Publishing, Paris, https://doi.org/10.1787/17bfa30d-en.

OECD (2019), *International Compliance Assurance Programme, Handbook for tax administrations and MNE groups*, OECD Publishing, Paris, https://www.oecd.org/ctp/administration/international-compliance-assurance-programme.htm.

OECD (2020), *Statement by the OECD/G20 Inclusive Framework on BEPS on the Two-Pillar Approach to Address the Challenges Arising from the Digitalisation of the Economy*, OECD Publishing, Paris, https://www.oecd.org/tax/beps/statement-by-the-oecd-g20-inclusive-framework-on-beps-january-2020.pdf.

OECD (2021), *Tax Administration 2021: Comparative Information on OECD and other Advanced and Emerging Economies*, OECD Publishing, Paris, p. 145, https://doi.org/10.1787/23077727.

OECD (2021), *Ending the Shell Game: Cracking down on the Professionals who enable Tax and White Collar Crimes*, OECD Publishing, Paris, https://www.oecd.org/tax/crime/ending-the-shell-game-cracking-down-on-the-professionals-who-enable-tax-and-white-collar-crimes.htm.

2.
A EVOLUÇÃO DOS TRABALHOS SOBRE CONFORMIDADE COOPERATIVA NO ÂMBITO DA OCDE

Phelippe Toledo Pires de Oliveira

Introdução

As administrações tributárias possuem várias funções, dentre as quais destacam-se a verificação da conformidade fiscal dos contribuintes e aplicação de sanções para aqueles que descumprirem suas obrigações. Os mecanismos tradicionalmente utilizados para tanto baseiam-se em um duplo pilar, idêntico ao utilizado para combater a criminalidade: identificar e punir a infração[1]. O foco exclusivamente nesses mecanismos tem se mostrado insuficiente.

O principal problema de continuar insistindo na identificação e punição dos contribuintes "infratores" é que essa abordagem acaba por gerar (e em alguma medida já o tem feito) efeitos não desejados, com o potencial aumento do custo de conformidade para os contribuintes (e administrativo para as autoridades fiscais). Mais importante, dete-

[1] Para Jeffrey Owens, o modo tradicionalmente utilizado pelas administrações tributárias é baseado no que ele denomina de "military analogy: identify the target (evaders), take them out". Nesse sentido, conferir: Owens, Jeffrey. The Role of Tax Administrations in the Current Political Climate. In: *Bulletin for International Taxation*. Amsterdam: IBFD, March 2013, p. 156.

riora ainda mais uma relação historicamente marcada pela adversidade entre eles.

Não à toa as administrações fiscais têm buscado mecanismos para melhorar sua relação com seus contribuintes. A melhoria da relação entre administração e contribuinte pode parecer contraditória. O aparente paradoxo decorre de estarem em lados diferentes: contribuintes buscando pagar menos tributos e a administração fiscal buscando arrecadar. Entretanto, embora em lados opostos, é possível estabelecer uma relação menos conflituosa e mais colaborativa.

De maneira geral, a administração fiscal federal (e também as estaduais e municipais) parece estar se esforçando para uma melhora da relação com os contribuintes. Diversas são as iniciativas nesse sentido, merecendo destaque a busca crescente pela melhoria dos serviços por ela prestados aos contribuintes e a introdução da transação em matéria tributária pela Medida Provisória nº 899/2019 (posteriormente convertida na Lei nº 13.988/2020)[2].

Não obstante, por mais que as iniciativas até então implementadas sejam louváveis, chegando-se a afirmar ter havido com a transação uma mudança de paradigmas, a relação entre administração fiscal e contribuinte é uma relação em desenvolvimento. Por essa razão, necessário o seu aprimoramento contínuo, não podendo autoridades fiscais e contribuintes acharem que já fizeram as mudanças necessárias para a melhoria da relação e pronto.

Nesse sentido, é importante ficarem sempre atentas para outras mudanças que podem ser efetuadas para além das conquistas recentemente implementadas, de maneira a consolidar essa "mudança de paradigma na relação fisco-contribuinte". Uma das alternativas para o aprimoramento da relação entre autoridades fiscais e contribuinte seria justamente a implementação dos denominados programas de "conformidade cooperativa" [3].

[2] Sobre as várias iniciativas para a melhoria da relação entre a administração tributária e os contribuintes nos últimos anos no Brasil, conferir: OLIVEIRA, Phelippe Toledo Pires de. Improving the relationship between tax authorities and taxpayers in Brazil. In: *Intertax*. Amsterdam: Wolters Kluwer, v. 50, Issue 3, March 2022, p. 218-230.

[3] Nesse artigo, optou-se pelo termo "conformidade cooperativa" para se referir ao "cooperative compliance" para se adequar à nomenclatura comumente utilizada pela literatura espe-

Programas de conformidade cooperativa vêm sendo implementados por diversos países, cada qual com características e nomes diferentes[4]. As administrações tributárias brasileiras demoraram um pouco, mas recentemente passaram a aderir à ideia[5]. Há alguns anos, o Estado de São Paulo criou o programa "Nos Conformes" e outros Estados seguiram os mesmos passos. Mais recentemente, a Receita Federal deu o pontapé inicial para o "Confia"[6].

Os programas de conformidade cooperativa, mais conhecidos como "cooperative compliance", são caracterizados pela maior transparência em troca de segurança jurídica[7]. Esses programas foram desenvolvidos ao longo dos últimos vinte anos, mas ganharam maior notoriedade com o endosso da Organização para a Cooperação e Desenvolvimento Econômico ("OCDE") e a elaboração de uma série de relatórios e outros documentos pelo órgão.

Nesse contexto, merecem destaque as seguintes etapas: (1) a criação do Fórum das Administrações Tributárias e a Declaração de Seul; (2) o estudo sobre os intermediários tributários e o desenvolvimento do que se denominou de "relação aprimorada"; (3) o desenvolvimento do conceito de conformidade cooperativa; e (4) o aprimoramento do marco de controle fiscal; e (5) outros trabalhos complementares posteriores.

1. A criação do Fórum das Administrações Tributárias e a Declaração de Seul

O Fórum das Administrações Tributárias ("*Forum on Tax Administration*" ou simplesmente "FTA") foi criado em 2002, no âmbito da OCDE, em

cífica no Brasil. Não obstante, o autor compreende que o termo "cooperação para o cumprimento da obrigação tributária" melhor identifica a iniciativa.

[4] Alguns dos nomes comumente utilizados para identificar esses programas são: "cooperative compliance", "compliance assurance programs", "compliance arrangements", "horizontal monitoring", etc.

[5] Para um panorama geral das iniciativas de conformidade cooperativa no Brasil, conferir: Oliveira, Phelippe Toledo Pires de. Improving the relationship between tax authorities and taxpayers in Brazil. In: *Intertax*. Amsterdam: Wolters Kluwer, v. 50, Issue 3, March 2022, p. 228-229.

[6] Portaria RFB No. 28/2021 posteriormente alterada pela Portaria RFB No. 83/2021. Disponível em: Port. RFB Nº 28 — 2021 (fazenda.gov.br). Acesso em: 04 mar. 2022.

[7] OECD. *Co-operative compliance: a framework — from enhanced relationship to co-operative compliance*. Paris: OECD Publishing, 2013, p. 29.

um contexto em que as administrações fiscais se deparavam com planejamentos tributários cada vez mais complexos, exercendo papel importante no combate a essas estruturas em nível global[8].

Esse fórum reúne dirigentes das administrações tributárias de diversos países, membros e não membros da OCDE. Tem como propósito identificar, discutir e influenciar tendências, bem como desenvolver novas ideias para aprimorar a justiça, a eficiência e a efetividade das administrações tributárias ao redor do mundo[9].

Em setembro de 2006, os dirigentes das autoridades tributárias de trinta e cinco países, que então compunham o Fórum, reuniram-se em Seul, na Coreia do Sul. A reunião teve como propósito compartilhar preocupações e trocar experiências para lidar com os desafios a serem enfrentados pelas administrações tributárias no século XXI.

A declaração final dessa reunião (conhecida por "Declaração de Seul") constatou a necessidade de se abordar o papel dos intermediários tributários (e.g. escritórios de advocacia, bancos e outras instituições) na promoção de estratégias de minimização tributária, o que viria a ser efetuado com o estudo sobre os intermediários tributários[10].

A Declaração de Seul não se referiu especificamente aos mecanismos para melhoria da relação com os contribuintes. Entretanto, reconheceu que o comportamento dos contribuintes em relação ao cumprimento de suas obrigações tributárias era influenciado por diversos fatores, entre os quais o nível de confiança entre os cidadãos e os seus respectivos governos[11].

[8] Owens, Jeffrey. Tax Administrators, Taxpayers and Their Advisors: Can the Dynamics of the Relationship Be Changed? In: *Bulletin for International Taxation. Amsterdam*: IBFD, September 2012, p. 516.

[9] Atualmente, o Fórum das Administrações Tributárias é composto por dirigentes de administrações tributárias de 53 (cinquenta e três) países, desenvolvidos e emergentes, incluindo todos os países membros da OCDE e do G20. Disponível em: Forum on Tax Administration — Forum on Tax Administration (oecd.org). Acesso em: 04 mar. 2022.

[10] Enden, Eelco van der; Bronzewska, Katarzyna. The concept of Cooperative Compliance. In: *Bulletin for International Taxation*. Amsterdam: IBFD, October 2014, p. 568.

[11] De acordo com trecho da Declaração de Seul: "[w]e also recognized that taxpayers' attitudes towards paying tax is influenced by other factors such as taxpayers' perception of the quality of public goods and services and the level of trust between citizens and their governments in general". Disponível em: Microsoft Word — FINAL Seoul Declaration ENGLISH.doc (oecd.org). Acesso em: 04 mar. 2022.

A criação do FTA e a Declaração de Seul foram os primeiros passos que permitiram, em um momento posterior, as discussões sobre a necessidade de desenvolvimento de uma relação de confiança mútua entre administrações tributárias e contribuintes, o que somente veio a ocorrer durante o estudo sobre os intermediários tributários.

2. O estudo sobre os intermediários tributários e o desenvolvimento da relação aprimorada

Em decorrência da Declaração de Seul, foi formado um Grupo de Estudo liderado pelo fisco do Reino Unido (*HM Revenue & Customs*) e o Secretariado da OCDE com a participação de outras autoridades tributárias integrantes do Fórum das Administrações Tributárias. O objeto de estudo desse grupo, que inicialmente compreendia somente o papel dos intermediários nos planejamentos tributários agressivos, evoluiu para abranger também a relação entre autoridades fiscais, contribuintes e intermediários tributários.

Em reunião do Fórum das Administrações Tributárias, em janeiro de 2008, na Cidade do Cabo, na África do Sul, o Grupo de Estudo divulgou o relatório "*Study into the role of tax intermediaries*" encomendado anos antes[12]. Esse relatório continha alguns dos principais aspectos relacionados aos intermediários tributários e recomendações de como as administrações tributárias dos países poderiam atuar para desencorajar a atuação desses intermediários no desenvolvimento e oferta de esquemas de planejamento tributário.

Em linhas gerais, referido relatório concluiu que: (1) determinados intermediários tributários desenvolviam e promoviam planejamentos tributários agressivos; (2) algumas autoridades tributárias já se utilizavam de mecanismos para desencorajar o envolvimento dos intermediários em planejamentos tributários agressivos; (3) a obtenção de informações atuais, confiáveis e relevantes em relação aos contribuintes permitiria uma melhor gestão de risco por parte das administrações; e (4) para obter essas informações, as autoridades tributárias deveriam

[12] OECD. *Study into the Role of Tax Intermediaries*. Paris: OECD Publishing, 2008.

estabelecer uma relação de cooperação e confiança com os contribuintes e intermediários[13].

O relatório "*Study into the role of tax intermediaries*" pode ser considerado um divisor de águas nas relações entre administrações tributárias e contribuintes. Incitava as autoridades fiscais a desenvolver uma melhora na relação com os contribuintes por meio de mecanismos de cooperação e confiança mútua. A essa nova relação denominou-se "relação aprimorada" ("*enhanced relationship*"), para distingui-la da relação de confronto então existente entre fisco e contribuintes, também denominada de "relação básica".

A diferença entre elas seria grande: (1) na relação básica: os contribuintes somente apresentariam informações em virtude de uma obrigação legal; essas informações seriam bastante limitadas e; existiria pouca confiança dos contribuintes em relação ao fisco; (2) na relação aprimorada: estabelecia-se uma relação de confiança mútua; haveria maior transparência e ampla divulgação de informações por parte dos contribuintes e; as autoridades fiscais conheceriam melhor os negócios dos contribuintes e estariam mais abertas ao diálogo[14].

O relatório destacou também as principais características que os contribuintes entendiam essenciais para o bom funcionamento dos programas de conformidade cooperativa: (1) consciência comercial: melhor compreensão das atividades dos contribuintes; (2) imparcialidade: consistência e objetividade na resolução de conflitos; (3) proporcionalidade: priorização dos contribuintes sujeitos à fiscalização; (4) abertura e transparência: aperfeiçoamento da consulta fiscal e transparência dos critérios utilizados para gestão de riscos; e (5) responsividade: maior rapidez e certeza nas respostas das autoridades fiscais[15].

Em síntese, esse relatório foi muito importante, pois propôs uma mudança de postura na relação entre autoridades tributárias e contribuintes, sugerindo o aprimoramento da relação então existente por

[13] OECD. 4th Meeting of the OECD Forum on Tax Administration, 10-11 January 2008, Cape Town Communiqué 11 January 2008, p. 2-3. Disponível em: 4TH MEETING OF THE FORUM ON TAX ADMINISTRATION (oecd.org). Acesso em: 04 mar. 2022.

[14] Owens, Jeffrey. Tax Administrators, Taxpayers and Their Advisors: Can the Dynamics of the Relationship Be Changed? In: *Bulletin for International Taxation*. Amsterdam: IBFD, September 2012, p. 516.

[15] OECD. *Study into the Role of Tax Intermediaries*. Paris: OECD Publishing, 2008, p. 33-38.

meio de mecanismos que incentivassem maior transparência e confiança mútua para o desenvolvimento do que então denominou "relação aprimorada". O relatório trouxe ainda algumas das características esperadas pelos contribuintes para a melhoria da relação então existente. Entretanto, o conceito de conformidade cooperativa propriamente dito somente foi desenvolvido alguns anos mais tarde.

3. O desenvolvimento do conceito de conformidade cooperativa

Em 2013, a OCDE deu continuidade ao estudo original sobre os intermediários tributários, aprimorando-o no relatório *"Cooperative Compliance: A framework, from enhanced Relationship to Cooperative Compliance"*. Esse relatório tratou da relação entre fisco e contribuinte não mais sob o viés de uma relação aprimorada, mas sim da conformidade cooperativa (*"cooperative compliance"*).

Uma das explicações para a mudança de nome era a de que a nomenclatura "relação aprimorada" possuiria uma conotação negativa. A uma, porque suscitava discussão em relação à igualdade de tratamento dos contribuintes[16]: aqueles contribuintes parte dessa relação aprimorada teriam um tratamento mais favorecido do que os demais contribuintes. A duas, porque sugeria a existência de uma relação básica com características negativas: uma "relação piorada" (*"worsen relationship"*)[17].

Optou-se assim pelo termo "conformidade cooperativa" (*"cooperative compliance"*), que significa cooperação para o cumprimento das obrigações tributárias. Esse nome foi escolhido por compreender não somente a necessidade de cooperação entre as partes envolvidas (autoridades tributárias e contribuintes), como também seu objetivo (estratégia na gestão de risco para o cumprimento das obrigações tributárias: isto é, o pagamento de tributos)[18].

A estratégia para gestão de riscos por parte das administrações tributárias ocorre da seguinte maneira: com base nas informações prestadas pelos contribuintes, as autoridades tributárias analisam uma série de

[16] OECD. *Co-operative compliance: a framework —from enhanced relationship to co-operative compliance*. Paris: OECD Publishing, 2013, p. 14.

[17] Enden, Eelco van der; Bronzewska, Katarzyna. The concept of Cooperative Compliance. In: *Bulletin for International Taxation*. Amsterdam: IBFD, October 2014, p. 567.

[18] OECD. *Co-operative compliance: a framework — from enhanced relationship to co-operative compliance*. Paris: OECD Publishing, 2013, p. 14.

indicadores que revelam a estratégia fiscal dos contribuintes. Essa análise permite a categorização dos contribuintes em diferentes grupos conforme o risco fiscal identificado e foco nos contribuintes que apresentam maior risco[19].

Os programas de conformidade cooperativa baseiam-se, sobretudo, na: (1) confiança e transparência — com o fornecimento de informações fiscais compreensivas e abrangentes, ainda que seu fornecimento não seja obrigatório; e na (2) previsibilidade e certeza — segurança quanto ao tratamento tributário a ser dado pelas autoridades fiscais às transações dos contribuintes[20].

Os contribuintes apresentam informações completas acerca das transações por eles efetuadas e de pontos considerados relevantes ("*full disclosure*"). Isso permite que as autoridades tenham uma ampla compreensão dos impactos tributários dessas transações[21]. Por outro lado, as autoridades fiscais auxiliam o contribuinte na aplicação da legislação tributária, o que lhes garante, de antemão, segurança acerca do posicionamento do fisco[22].

O relatório *"Cooperative Compliance: A framework, from enhanced Relationship to Cooperative Compliance"* destacou ainda algumas questões importantes esclarecendo a relação dos programas de conformidade cooperativa com: (1) a estratégia para o cumprimento das obrigações tributárias em geral; (2) a igualdade perante a lei; (3) o espírito da lei; e (4) a gestão de eventuais conflitos que surjam no âmbito dos programas de conformidade cooperativa[23].

[19] CARRERO, José Manuel Calderón; SEARA, Alberto Quintas. The Concept of "Aggressive Tax Planning" Launched by the OECD and the EU Commission in the BEPS Era: Redefining the Border between Legitimate and Illegitimate Tax Planning. In: *Intertax*. Amsterdam: Wolters Kluwer, v. 44, Issue 3, March 2016, p. 209.

[20] ENDEN, Eelco van der; BRONZEWSKA, Katarzyna. The concept of Cooperative Compliance. In: *Bulletin for International Taxation*. Amsterdam: IBFD, October 2014, p. 568.

[21] MANCA, Mauro. The New Italian Cooperative Compliance Regime. In: *European Taxation*. Amsterdam: IBFD, April 2016, p. 154.

[22] Para uma análise detalhada do papel da segurança jurídica e outros aspectos dos programas de conformidade cooperativa, conferir: OWENS, Jeffrey; PEMBERTON, Jonathan Leigh. *Cooperative Compliance: a Multi-stakeholder and Sustainable Approach to Taxation*. The Netherlands: Wolters Kluwer, 2021.

[23] OECD. *Co-operative compliance: a framework — from enhanced relationship to co-operative compliance*. Paris: OECD Publishing, 2013, p. 45-61.

Uma das razões desse relatório ter abordado em mais detalhes a questão da igualdade consiste no fato de os programas de conformidade cooperativa serem, então, frequentemente criticados por desrespeito ao princípio da igualdade na escolha dos contribuintes suscetíveis de participar desses programas, bem como o fato de as autoridades fiscais exercerem uma certa pressão para que as empresas "optem" por ingressar nesses programas.

O relatório da OCDE de 2013 sobre conformidade cooperativa esclareceu que diversos países já haviam implementado regimes de conformidade cooperativa quando de sua elaboração[24]. Todavia, não existiria um modelo único de conformidade cooperativa. Cada país teria desenvolvido uma versão desse modelo, com ênfase em elementos distintos ou com uma abordagem diferente.

4. O aprimoramento do marco de controle fiscal

A OCDE, entretanto, não parou por aí e, a partir de trabalhos anteriores, publicou, em 2016, o relatório *"Cooperative tax compliance: building better tax control frameworks"*[25]. Esse relatório forneceu diretrizes para a elaboração dos denominados marcos de controle fiscal, conhecidos como *"tax control frameworks"*, isto é, sistemas de validação interna que permitem assegurar a confiabilidade das informações prestadas pelos contribuintes.

A ideia do marco de controle fiscal para o funcionamento de programas de conformidade cooperativa já constava do relatório de 2013. Nele, havia um capítulo específico destacando a importância de uma ferramenta que assegurasse às autoridades tributárias que as informações prestadas pelos contribuintes eram confiáveis. No entanto, aquele relatório recomendou uma pesquisa mais aprofundada sobre como as

[24] Para verificar quais países haviam implementado regimes de conformidade cooperativa, conferir: OECD. *Co-operative compliance: a framework — from enhanced relationship to co-operative compliance.* Paris: OECD Publishing, 2013, p. 20-23. Por sua vez, para uma crítica dos programas então implementados na Austrália, Países Baixos, Itália e Estados Unidos, conferir: Enden, Eelco van der; Bronzewska, Katarzyna. The concept of Cooperative Compliance. In: *Bulletin for International Taxation.* Amsterdam: IBFD, October 2014, p. 569-571.

[25] OECD. *Co-operative tax compliance: building better tax control frameworks.* Paris: OECD Publishing, 2016.

empresas poderiam estruturar essa ferramenta, de maneira a atender as expectativas das administrações tributárias[26].

O relatório *"Cooperative tax compliance: building better tax control frameworks"* reforçou a importância desse marco de controle fiscal como ferramenta essencial para os programas de conformidade, trazendo recomendações para as empresas elaborarem e operarem os seus marcos de controle fiscal e as administrações tributárias ajustarem suas estratégias de gestão de riscos de acordo com os marcos estabelecidos[27].

Esse relatório destacou ainda uma série de requisitos para os marcos de controle fiscal, entre os quais: (a) a definição das estratégias tributárias por um nível hierárquico sênior; (b) a amplitude de seu escopo, de forma a abarcar todas as operações capazes de impactar o risco fiscal da empresa; e (c) a testagem e monitoramento regular da conformidade das operações com a política e processos estabelecidos no marco de controle fiscal[28].

Enfim, o marco de controle fiscal seria utilizado como importante ferramenta de gestão de riscos. Presente um sistema de controle interno robusto, que fosse capaz de assegurar a integridade das informações prestadas pelos contribuintes, as administrações tributárias poderiam reduzir significativamente auditorias e fiscalizações sobre informações que já teriam passado por esse controle interno.

5. Outros trabalhos complementares recentes

Os programas de conformidade cooperativa foram pouco a pouco ganhando espaço. No entanto, permaneciam algumas reclamações. Uma delas era de que, até então, esses programas eram normalmente restritos a uma única jurisdição. As autoridades tributárias analisavam os potenciais riscos fiscais apresentados pelos contribuintes de maneira unilateral. Em outras palavras, inexistiam programas multilaterais de conformidade cooperativa.

[26] OECD. *Co-operative compliance: a framework — from enhanced relationship to co-operative compliance*. Paris: OECD Publishing, 2013, p. 21, 57-63 e 88.

[27] OECD. *Co-operative tax compliance: building better tax control frameworks*. Paris: OECD Publishing, 2016, p. 11.

[28] OECD. *Co-operative tax compliance: building better tax control frameworks*. Paris: OECD Publishing, 2016, p. 15.

Com isso, era comum que empresas multinacionais permanecessem sujeitas a incertezas, notadamente quando as autoridades tributárias dos países envolvidos adotavam critérios distintos para análise de eventual risco fiscal (e.g. as autoridades fiscais do país A, onde estava localizada a subsidiária do grupo, aplicava critério diferente das autoridades do país B, em que situada a empresa matriz).

Isso fez com que o Fórum das Administrações Tributárias incentivasse projetos piloto para combater as limitações dos programas de conformidade cooperativa unilaterais. Após dois projetos piloto, a OCDE publicou, em 2021, uma espécie de manual denominado *"International Compliance Assurance Program: Handbook for tax administrations and MNE groups"*[29].

Esse manual examinou os programas multilaterais de conformidade cooperativa, que ficaram conhecidos pelas suas iniciais "ICAP". Nesse documento, analisou-se as especificidades das multinacionais que operam em várias jurisdições com a finalidade de promover a conformidade tributária em nível internacional de forma coordenada[30].

Tendo por base a experiência obtida nos dois projetos piloto, o manual inclui uma descrição das etapas do ICAP, a documentação e as informações que uma empresa multinacional participante do programa tem que apresentar, o nível de segurança jurídica que obtém com sua participação e um comparativo com os demais mecanismos então existentes[31].

O manual destacou ainda potenciais benefícios da adoção desses programas para as empresas multinacionais e as administrações fiscais, tais como: (1) a utilização direcionada das declarações país a país e outras informações na gestão de riscos; (2) a utilização eficiente de recursos; (3) maior rapidez e clareza no caminho para se obter certeza em nível multilateral; (4) uma relação cooperativa entre empresas mul-

[29] OECD, *International Compliance Assurance Program: Handbook for tax administrations and MNE groups*. Paris: OECD Publishing, 2021.

[30] MARTINI, Mario H.; RUSSO, Ronald. *The International Compliance Assurance Programme: Review of the Full Programme*. In: *Bulletin for International Taxation*. Amsterdam: IBFD, April 2021, p. 175.

[31] OECD, *International Compliance Assurance Program: Handbook for tax administrations and MNE groups*. Paris: OECD Publishing, 2021, p. 1-44.

tinacionais e administrações fiscais; e (5) menos disputas por meio da utilização do procedimento amigável[32].

Enfim, o manual sobre o ICAP complementa os demais relatórios da OCDE sobre conformidade cooperativa, com foco nas especificidades de grupos multinacionais que operam em diferentes países. Amplia-se, assim, o escopo da análise dos relatórios sobre conformidade cooperativa até então existentes, com foco em apenas uma jurisdição, para várias jurisdições.

Conclusões

Em conclusão, as iniciativas de conformidade cooperativa remontam a trabalhos anteriores do Fórum das Administrações Tributárias no âmbito da OCDE. Surgem no contexto de uma relação aprimorada, posteriormente renomeada para "conformidade cooperativa", que se baseia na maior confiança entre a administração tributária e os contribuintes, tendo como um de suas principais ferramentas os denominados marcos de controle fiscal.

Os programas de conformidade cooperativa são baseados em um duplo pilar: transparência e certeza. Transparência significa que os contribuintes voluntariamente apresentam as informações adicionais para as autoridades fiscais; em troca, a administração tributária assegura uma análise mais rápida dos potenciais riscos tributários e garante maior previsibilidade aos contribuintes.

A experiência dos países — e também a experiência obtida com os programas de conformidade cooperativa instituídos até então no Brasil — podem auxiliar no desenvolvimento dos trabalhos em andamento no âmbito do "Confia". Porém, importante ter em mente que não existe um modelo único desses programas cabendo a cada país adaptá-los de acordo com as suas necessidades e circunstâncias particulares.

Por fim, espera-se que os trabalhos realizados pela OCDE ao longo dos anos, relatando a experiência e as características dos programas de conformidade cooperativa, possam auxiliar no desenvolvimento e

[32] Martini, Mario H.; Russo, Ronald. *The International Compliance Assurance Programme: Review of the Full Programme.* In: *Bulletin for International Taxation.* Amsterdam: IBFD, April 2021, p. 175. Nesse sentido, conferir também: OECD, *International Compliance Assurance Program: Handbook for tax administrations and MNE groups.* Paris: OECD Publishing, 2021, p. 7-8.

aprimoramento desses programas no Brasil. Trata-se de mais um passo importante para consolidar uma relação mais aberta e transparente, de forma a reduzir a desconfiança e a conflituosidade na relação entre autoridades fiscais e contribuintes.

Referências

CARRERO, José Manuel Calderón; SEARA, Alberto Quintas. The Concept of "Aggressive Tax Planning" Launched by the OECD and the EU Commission in the BEPS Era: Redefining the Border between Legitimate and Illegitimate Tax Planning. In: *Intertax*. Amsterdam: Wolters Kluwer, v. 44, Issue 3, March 2016, p. 206-226.

ENDEN, Eelco van der; BRONZEWSKA, Katarzyna. The concept of Cooperative Compliance. In: *Bulletin for International Taxation*. Amsterdam: IBFD, October 2014, p. 567-572.

MANCA, Mauro. The New Italian Cooperative Compliance Regime. In: *European Taxation*. Amsterdam: IBFD, April 2016, 152-156.

MARTINI, Mario H.; RUSSO, Ronald. *The International Compliance Assurance Programme: Review of the Full Programme*. In: *Bulletin for International Taxation*. Amsterdam: IBFD, April 2021, p. 174-183.

OECD. *Study into the Role of Tax Intermediaries*. Paris: OECD Publishing, 2008.

OECD. *Co-operative compliance: a framework — from enhanced relationship to co-operative compliance*. Paris: OECD Publishing, 2013.

OECD. *Co-operative tax compliance: building better tax control frameworks*. Paris: OECD Publishing, 2016.

OECD, *International Compliance Assurance Program: Handbook for tax administrations and MNE groups*. Paris: OECD Publishing, 2021.

OLIVEIRA, Phelippe Toledo Pires de. Improving the relationship between tax authorities and taxpayers in Brazil. In: *Intertax*. Amsterdam: Wolters Kluwer, v. 50, Issue 3, March 2022, p. 218-230.

OWENS, Jeffrey. The Role of Tax Administrations in the Current Political Climate. In: *Bulletin for International Taxation*. Amsterdam: IBFD, March 2013, p 156-160.

OWENS, Jeffrey. Tax Administrators, Taxpayers and Their Advisors: Can the Dynamics of the Relationship Be Changed? In: *Bulletin for International Taxation. Amsterdam*: IBFD, September 2012, p. 516.

OWENS, Jeffrey; PEMBERTON, Jonathan Leigh. *Cooperative Compliance: a Multi-stakeholder and Sustainable Approach to Taxation*. The Netherlands: Wolters Kluwer, 2021.

VENTRY JR., Dennis J. Cooperative Tax Regulation. In: *Connecticut Law Review*, v. 41, n. 2, December 2008, p. 431-491.

3.
CONFIA! RECEITA FEDERAL INAUGURA NOVA ERA NA RELAÇÃO FISCO-CONTRIBUINTE

José Barroso Tostes Neto

Introdução

Quando no século XVII Jean-Baptiste Colbert[1] associou a tributação à "arte de depenar o ganso", retratou a difícil relação entre fiscos e contribuintes. Entretanto, a ilustração não coaduna com os dias atuais, em que a confiança deve ser a chave para que tanto fiscos como contribuintes atinjam suas metas com menores custos.

A conformidade cooperativa é caracterizada por uma mudança do paradigma de relacionamento entre o fisco e o contribuinte. Ela pressupõe o desenvolvimento de estratégias para uma relação transparente, fundamentada na boa-fé, na confiança legítima e no espírito de colaboração, que objetivam aos contribuintes maior segurança jurídica e redução de seus custos de cumprimento. Para o Estado, deve garantir maior previsibilidade para arrecadação de tributos, redução da brecha tributária (*tax gap*) e externalidades positivas sobre o crescimento econômico.

O modelo tradicional da relação tributária está fundamentado no controle, ou seja, o contribuinte deve tomar conhecimento da legislação

[1] Ministro de estado e da economia do rei Luís XIV de França.

tributária, interpretá-la, calcular e pagar os tributos que considera devidos, assim como apresentar as obrigações acessórias determinadas pela Administração Tributária. Posteriormente, durante o período de decadência dos tributos, a Administração Tributária analisa as informações apresentadas e verifica os tributos pagos, utilizando-se do conjunto de informações que obtém dos contribuintes e de terceiros. Ao constatar irregularidades, o fisco seleciona os contribuintes para auditoria e faz o lançamento tributário de débitos identificados no curso da inspeção, acompanhado das sanções pelo não cumprimento da legislação tributária.

A aplicação a todos os negócios desse modelo de autocumprimento pelo contribuinte e posterior controle por parte da Administração Tributária tem gerado alta taxa de litígios. Essa é uma externalidade indesejável, que eleva os custos para as empresas e para o Estado, gera insegurança jurídica e precisa ser tratada. Certamente, a construção da confiança na relação entre fiscos e contribuintes é urgente e necessária nessa transição da sociedade industrial para a sociedade digital contemporânea (Rocha, 2018).

É por essa razão que a Receita Federal do Brasil (RFB) estabeleceu um programa de conformidade cooperativa: o Projeto Confia (RFB, 2021). Programas de conformidade cooperativa já foram implantados em vários países desenvolvidos, como, por exemplo, Holanda, Austrália, Reino Unido e Itália. Desde o ano de 2013[2], a Organização para Cooperação e Desenvolvimento Econômico — OCDE — recomenda às administrações tributárias a adoção de programas de conformidade cooperativa para estimular a conformidade tributária a partir da construção de um relacionamento baseado no espírito de colaboração, na boa-fé e na transparência. Atualmente, cerca de um terço dos países da OCDE possuem programas de conformidade cooperativa, que aos poucos vai se firmando escala global (Owens & Penberton, 2021). Em 2020, a União Europeia lançou seu "Plano de Ação" para uma tributação justa e simples, que inclui a criação de um programa de conformidade cooperativa. Países em desenvolvimento, como Honduras, Nigéria, Rússia e Zâmbia, também estão implantando programas do gênero. Internamente, alguns

[2] (OCDE, 2013). *La relación cooperativa: Un marco de referencia: De la relación cooperativa al cumplimientocooperativo. OECD Publishing.* http://dx.doi.org/ 10.1787/9789264207547-es.

Estados brasileiros[3] foram pioneiros em programas de conformidade tributária, reconhecendo a importância dessa mudança para os contribuintes e para os fiscos brasileiros.

Este artigo apresenta o Projeto Confia à comunidade de especialistas, acadêmicos e demais interessados. Estabelecido seu Comitê Gestor pela Portaria RFB nº 28, de 15 de abril de 2021, o Confia nasce com a ousadia de estabelecer a confiança entre Fisco e contribuintes, reduzir litígios, baixar custos e contribuir para a melhoria do ambiente de negócios em nosso País. O projeto está em construção em modelo participativo, no qual Fisco e empresas dialogam, repetindo o modelo de sucesso que já foi adotado na construção do Sistema Público de Escrituração Digital[4] (SPED).

A seção seguinte trata brevemente da conformidade cooperativa fiscal, a fim de contextualizar o tema. Em seguida, descreve-se o Projeto Confia e os eventuais benefícios que o programa pode gerar para a sociedade brasileira. A seção final conclui que o Confia é uma oportunidade para inaugurar uma nova e melhor fase na relação fisco-contribuinte, com ganhos para ambas as partes.

Conformidade cooperativa fiscal

O modelo tradicional de controle pelos fiscos é decorrente de diversos fatores histórico-institucionais e dos recursos tecnológicos disponíveis. Para Villanueva (2006), a conformação das políticas públicas envolve um emaranhado de aspectos técnicos, administrativos e econômicos, e materializa-se na lei, na sentença, no ato administrativo, na norma disciplinadora de comportamentos. Já Skocpol (1997) realça o papel das políticas públicas anteriores e das instituições. Ora, os fiscos são organizações milenares, existentes desde tempos remotos e atuando para a

[3] São Paulo, Alagoas, Rio Grande do Norte, Ceará e Rio Grande do Sul.

[4] O Sistema Público de Escrituração Digital (SPED) proporciona às empresas um único ambiente informatizado para o cumprimento de suas obrigações acessórias perante os Fiscos da União e dos Estados. Entre seus módulosestão a Nota Fiscal Eletrônica (NF-e), Escrituração Contábil Digital (ECD) e a Escrituração Contábil Fiscal (ECF). No ambiente do SPED, as empresas emitem notas fiscais eletrônicas e documentos fiscais, além de desenvolver e organizar sua contabilidade. O projeto SPED contou não só com a participação da Receita Federal e das Secretarias de Fazenda dos Estados, mas também com a contribuição de empresas, reunindo os setores públicoe privado em torno da solução.

coleta dos ingressos públicos. Durante séculos, essa atuação foi coerciva, não apenas no Brasil, mas em vários países. Todavia, é notório que essa postura tem sido mitigada ao longo do tempo pela necessidade de obter a cooperação do contribuinte.

Exemplo disso é que o Código Tributário Nacional (Lei nº 5.172/1966), publicado em 1966, não preconizou apenas o lançamento de ofício (art. 149), mas estabeleceu também o lançamento por declaração (Art. 147) e por homologação (ar. 150), em que se permite ao contribuinte apurar e pagar os tributos devidos, sob a condição de verificação fiscal posterior em certo período, findo o qual, não havendo a intercessão do fisco, torna-se definitiva a apuração do contribuinte. Naquela época, não havia computadores pessoais (nem Internet) e muito menos tecnologia que assegurasse aos fiscos maior conhecimento sobre as operações econômicas sujeitas à imposição. Por isso, o legislador definiu a participação do contribuinte no lançamento, que se constituía necessária. Entretanto, apesar dessa participação, os fiscos mantiveram o controle tradicional, atuando após ocorrido o fato gerador e aplicando sanções quando diante de comprovadas incorreções.

Já neste século, o avanço da globalização e a complexidade das relações econômicas, que a cada dia dependem menos de meios físicos, trazem grandes desafios aos fiscos e contribuintes no cumprimento da norma fiscal pelo modelo de controle tradicional. Interpretar e aplicar a norma depende, em grande parte, de conhecimento especializado. Por outro lado, os avanços tecnológicos da Quarta Revolução Industrial[5], as transações pela Internet e o grande volume de dados em rede ampliaram a capacidade de controle pelo fisco, que em certas ocasiões dispõe dos elementos necessários para o lançamento tributário. As inovações produzidas pelas tecnologias digitais reduzem os entraves e os custos de acesso e tratamento de informações importantes e oportunas, e têm promovido mudanças profundas na forma como as administrações tributárias atuam e no grande potencial de que dispõem para aprimorar os resultados fiscais. Prova disso é o aumento das declarações pré-

[5] A Quarta Revolução Industrial teve início na virada do século e baseia-se na revolução digital. É caracterizada por uma internet mais ubíqua e móvel, por sensores menores e mais poderosos, que se tornaram mais baratos, e pela inteligência artificial e aprendizagem automática. Um mundo no qual os sistemas de fabricação virtuais e físicos cooperam entre si de maneira flexível, em nível global (Schwab, 2018).

-preenchidas[6], colocadas à disposição dos contribuintes pela Receita Federal, seguindo tendência das administrações tributárias de países desenvolvidos.

Surge assim a oportunidade para a revisão do modelo de controle para uma relação cooperativa, que, ao contrário da confrontação, fundamenta-se na transparência, na boa- fé, na confiança justificada e no espírito de colaboração. Como sintetiza Herrán Piñar (2020), a conformidade cooperativa busca mudar o modelo clássico, baseado em procedimentos de caráter contraditório, nos quais o controle se realiza depois do cumprimento por parte do contribuinte, pois a conformidade cooperativa está baseada numa relação colaborativa, com procedimentos fundamentados na transparência, confiança justificada, boa-fé, espírito de colaboração e controle em tempo real. Nas palavras de Rozas Valdez (2016), "*en definitiva, el objetivo es prevenir el conflicto más que castigar el equívoco*".

É certo que mudança desse gênero traz entusiasmo, mas também dúvidas e incertezas, naturais em qualquer mudança. É compreensível que alguns atores, familiarizados com o modelo de controle tradicional, vislumbrem na conformidade cooperativa um modo de fornecer tratamento mais benéfico a determinada empresa. Isso, porém, não se sustenta, pois como explica Almeida (2017): "*o objetivo desta mudança de paradigma é conclamar fisco e contribuinte à cooperação mútua, exatamente para garantir o pagamento do tributo devido de modo correto e no tempo exato*".

Breve contextualização das experiências nacionais e internacionais

Em 2008, estudo[7] seminal da OCDE deu visibilidade ao tema da conformidade cooperativa. De acordo com a OCDE, as primeiras iniciativas surgiram na Irlanda, Holanda e Estados Unidos. A Administração Tributária de Cingapura, IRAS[8], destacou-se ao introduzir o *Programa de Relacionamento Aperfeiçoado*, com características de um programa de conformidade cooperativa, e que alcançou reconhecimento internacional.

[6] Mesmo antes do lançamento do Confia, a Receita Federal vem introduzindo os princípios da conformidade tributária em várias ações e processos de trabalho. É o caso dos programas de autorregularização nas malhas IRPF e IRPJ, das ações de conformidade desenvolvidas junto aos grandes contribuintes e da declaração pré- preenchida do IRPF, que brevemente alcançará outras declarações.

[7] *The Study into the Role of Tax Intermediaries*, (OCDE, 2008).

[8] *Inland Revenue Authority of Singapore.*

A expressão "relacionamento aperfeiçoado" espalhou-se, mas logo foi substituída por "conformidade cooperativa" pelo *Forum of Tax Administrations* (FTA) da OCDE.

Dessa forma, os programas de conformidade cooperativa difundiram-se nos países da OCDE, que reconheceu as experiências de África do Sul, Austrália, Áustria, Canadá, Dinamarca, Eslovênia, Espanha, Estados Unidos, Finlândia, Holanda, Japão, Noruega, Nova Zelândia, Reno Unido (OCDE, 2013). No Canadá, por exemplo, confiança na Administração Tributária[9] e integridade do sistema estão estabelecidos claramente, tendo sido obtidos níveis de cumprimento de 93% entre os indivíduos e de 86% a 87% para as empresas, em termos da declaração e pagamento de impostos em dia (Almeida, 2017).

Nos estados brasileiros, São Paulo foi o primeiro a lançar seu programa de cumprimento cooperativo em 2018: "Nos Conformes"[10]. Seguiram-se os estados de Alagoas (2018), Rio Grande do Norte (2019), Ceará (2019) e Rio Grande do Sul (2020). Mesmo a Receita Federal havia iniciado a discussão para programa semelhante, denominado Pró-conformidade, que não foi implantado. Todos esses programas apresentam-se com a proposta de mudança na relação fisco-contribuinte, tornando-a mais cooperativa e incorporando alguns conceitos difundidos pela OCDE. A avaliação dos resultados, porém, carece de tempo para maturação dos programas e ajustes.

Mesmo assim, pode-se dizer que o sucesso desses programas depende, entre outros fatores, de rigoroso planejamento e da capacidade operacional da administração tributária para dar aos contribuintes o tratamento que lhes permita orientação quase em tempo real. Por isso, é recomendável o desenvolvimento em fases, a partir de estruturas simples e poucos contribuintes para, aos poucos, ir ampliando o escopo do programa. É também recomendável a construção participativa e a existência de foros de diálogo, como se verifica na experiência internacional.

O Projeto CONFIA

O CONFIA é um projeto estratégico da Receita Federal, que visa estabelecer um programa de conformidade cooperativa para o Brasil.

[9] *Canadian Revenue Agency* — CRA.

[10] Lei Complementar do Estado de São Paulo nº 1.320, de 6 de abril de 2018.

O projeto foi lançado para o público externo em abril de 2021, em um evento pela Internet (*webinar*), no qual se apresentaram acadêmicos estrangeiros, funcionários de administrações tributárias de outros países, contribuintes que vivenciam a experiência de participar desse tipo de programa fora do Brasil e servidores da RFB que atuam no Programa do Operador Econômico Autorizado[11] (OEA), iniciativa na área aduaneira que guarda certa semelhança com os princípios de conformidade cooperativa (RFB, 2021).

Verificou-se que os programas de conformidade tributária adotados por administrações estrangeiras não possuem uniformidade, tendo sido modelados de acordo com as características, necessidades e dinâmica de negócios de cada país. Todavia, todos têm em comum o diálogo entre as empresas e a administração tributária, com ganhos para ambos. Também apresentam como principais objetivos prover segurança jurídica; reduzir a litigiosidade; melhorar o ambiente de negócios e a conformidade tributária. As bases para esse tipo de programa são o gerenciamento de riscos por parte da RFB e as estruturas de controle fiscal das empresas.

Diferentemente do controle tradicional, que se realiza após a ocorrência do fato econômico que gera a incidência tributária, os programas de conformidade cooperativa atuam de forma prévia, contínua e sistêmica. Trata-se de mudança fundamental, pois o Fisco passa a contribuir com as empresas pela correta apuração e tempestivo pagamento dos tributos devidos. Isso somente é possível com o aumento da confiança e o aprimoramento do relacionamento do fisco-contribuinte. Por essa razão, a construção do Confia deve ter a participação direta dos contri-

[11] O Programa do Operador Econômico Autorizado (OEA) é uma inciativa da Receita Federal do Brasil para dar fluidez ao comércio exterior e contribuir para o desenvolvimento do País. A concepção do OEA está baseada na redução do risco aduaneiro do contribuinte que comprova o cumprimento dos requisitos do programa, após rigorosa verificação por parte da Receita Federal. A empresa participante do OEA goza de benefícios relacionados à agilidade de suas cargas, podendo esse benefício ser usufruído também nos países que firmaram Acordo de Reconhecimento Mútuo com o Brasil. Cerca de 600 certificados OEA já foram emitidos pela Receita Federal, contemplando empresas brasileiras que atuam no comércio exterior, dos quais 35% foram atribuídos a empresas importadores e exportadores, e 65% atribuídos a empresas que exercem outras funções (ex. transportador, agente de carga, depositário etc.). Informações sobre o Programa OEA podem ser encontradas em https://www.gov.br/receitafederal/pt-br/assuntos/aduana-e-comercio-exterior/importacao-e-exportacao/oea.

buintes desde a sua concepção. Para tanto foram previstos no programa Confia cinco fases:

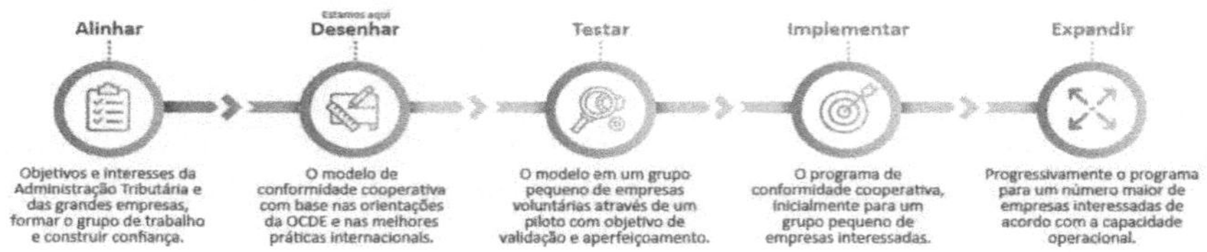

Hoje o projeto se encontra na fase Desenhar e para tal fim a Portaria RFB nº 71/2021, de 04 de outubro de 2021, instituiu o Fórum de Diálogo do Confia que abrigará as discussões em busca de consenso pelo melhor modelo a ser adotado para o Confia.

Estrutura e governança do Confia

O Confia é gerido pelo Comitê Gestor, instituído pela Portaria RFB nº 28/2021. O Comitê Gestor tem como atribuição deliberar sobre as propostas formuladas no Fórum de Diálogo para a solução de temas de interesse no âmbito do programa Confia.

Por sua vez, o Fórum de Diálogo é organizado e regido por um estatuto e composto por 3 (três) estruturas básicas:

1. a *Secretaria-executiva*, a quem incumbe organizar toda dinâmica de trabalho do Fórum de Diálogo, é composta por servidores da RFB e representantes das entidades participantes;
2. a *Assembleia de Representantes*, órgão deliberativo do Fórum, é composta por 10 representantes dos contribuintes e 5 representantes da RFB, todos com direito a voto e responsáveis por deliberar sobre a escolha de temas para estudo e sobre o encaminhamento de propostas ao Comitê Gestor do Confia; e
3. as *Câmaras Temáticas,* responsáveis pelo estudo dos temas e proposição de soluções. Sua composição é mais abrangente, além de integrantes das empresas participantes e da RFB, também poderão ser convidados especialistas, acadêmicos, entidades públicas ou privadas, e quaisquer outros especialistsas que tenham conhecimento dos temas debatidos e possam contribuir na construção de soluções.

ESTRUTURA DO CONFIA

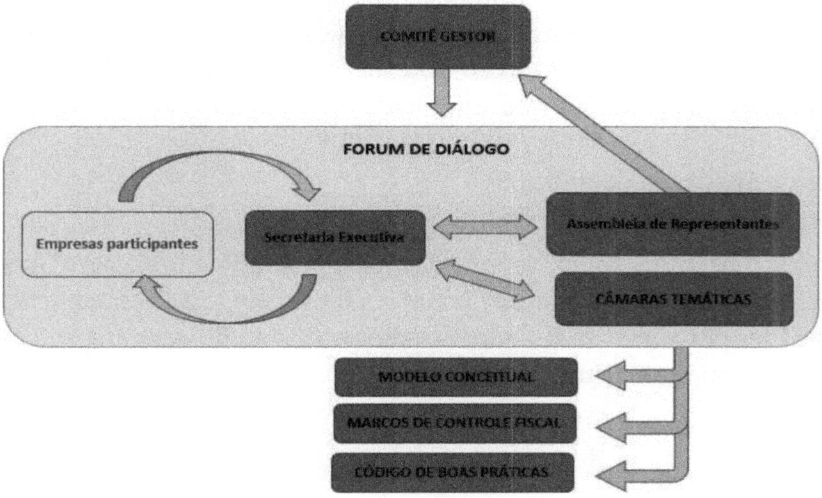

Fluxo de trabalho

Após a assinatura dos protocolos de cooperação, instrumentos jurídicos para a integração das empresas que participarão da fase de construção do programa ao Fórum de Diálogo, o primeiro desafio é obter um Modelo Conceitual para o Programa de Conformidade Cooperativa Fiscal da Receita Federal do Brasil — Confia. A proposta final do Modelo Conceitual do Confia será submetida à aprovação do Comitê Gestor.

O fluxo de trabalho do Fórum de Diálogo está estabelecido em seu estatuto e pretende garantir ampla participação, pluralidade de ideias e busca pelo consenso nas propostas apresentadas. Todos os integrantes do Fórum estão habilitados a propor temas para estudo. O tema de estudo proposto é submetido à aprovação da Assembleia de Representantes, que, como já mencionado, é uma estrutura composta por representantes da RFB e dos contribuintes. Se aprovado pela Assembleia, o tema é encaminhado à Câmara Temática constituída para esse fim.

As Câmaras Temáticas estudam os assuntos levados à análise, propondo soluções ou sugerindo aprimoramentos. O resultado desse estudo é consubstanciado em um relatório preliminar, que é submetido às empresas participantes do Fórum e a quem se faculta a apresentação de manifestações sobre o seu conteúdo, resultando em reanálise da solução apresentada pela Câmara Temática à luz das manifestações apresentadas e, por fim, em um relatório final, que será submetido à aprovação da Assembleia de Representantes. Apenas após essa aprovação, o relatório final é submetido à deliberação do Comitê Gestor do Confia. Se aprovado, a solução proposta é encaminhada à implementação.

Atores no fórum de diálogo

Além dos servidores da RFB e dos representantes das empresas participantes, o Estatuto do Fórum prevê ainda a possibilidade de participação de entidades convidadas, que podem colaborar em temas específicos, de entidades parceiras, desde que assinem protocolo de cooperação com a RFB para apoio logístico, e de acadêmicos, especialistas e mesmo entidades públicas.

Conclusão

O século XXI vai se distanciando do século passado pelo advento de novas tecnologias e novas formas de relacionamento. A multiplicidade de recursos da Internet, a transformação digital, a necessidade de transparência, o grande volume de informações disponíveis aos fiscos, a valorização do comportamento ético nas empresas e no Estado, tudo isso torna o ambiente adequado à mudança de paradigma do controle para a cooperação. Entretanto, o desafio é grande para essa mudança cultural. Para a Receita Federal, diversos eventos internos estão conscientizando os servidores de que cooperar com as empresas não é abdicar da possibilidade de aplicar sanções quando necessário. É, sim, garantir maior eficiência para o Fisco no cumprimento de sua missão institucional ao buscar maiores graus de conformidade fiscal, maior arrecadação e menos litígios. Para as empresas é necessária a implantação de estruturas de controle interno e o desenvolvimento da cultura da confiança nas relações com os fiscos.

Apesar das potenciais barreiras, a Receita Federal e as empresas parceiras estão apoiando o Projeto Confia. Desde sua concepção, a construção do projeto envolve representantes do Fisco e das empresas. O Fórum de Diálogo permite que os participantes atuem em busca de soluções e as câmaras temáticas buscam garantir o mais alto grau de qualidade no debate técnico das questões, evitando a controvérsia do litígio, antes de seu nascedouro. O Confia é vantajoso para o Fisco, que antecipando-se ao fato gerador, garante arrecadação precisa e tempestiva. É benéfico também às empresas, que passam a obter orientação e acompanhamento contínuos, maior segurança jurídica e menores custos de cumprimento. Para a sociedade, espera-se a redução da litigância, que ocupa os tribunais com causas tributárias milionárias, ou seja, a sociedade brasileira deve ser contemplada com uma economia significativa de recursos, que hoje se perdem na ineficiência do processo de recuperação de créditos. É a Receita Federal contribuindo para a redução do custo Brasil, melhoria do ambiente de negócios em nosso País e para atração de empresas e investimentos de qualidade. Sem dúvida, o projeto Confia inaugura nova era na relação Fisco-contribuinte, muito mais construtiva e sedimentada na confiança. A observação de Colbert ficará apenas nos livros de História.

Referências

ALMEIDA, C. F. (2017). Compliance Cooperativo: uma nova realidade entre administração tributária e contribuintes. *RDTI Atual*, 58-82.

HERRÁN PIÑAR, A. (2020). Un Nuevo Enfoque en el Modelo de Relación con el Contribuyente: el cumplimiento cooperativo. *Seminario Internacional sobre Política Fiscal y Administración Tributaria.* Antigua-Guatemala: IEF.

OCDE. (2008). *Study into the Role of Tax Intermediaries.* Paris: OCDE.

OCDE. (2013). *Co-operative compliance: a framework: from enhanced relationship to co -operative.* Paris: OCDE.

OWENS, J., & Penberton, J. (2021). Policy Brief. *Cooperative Compliance: A Multi-Stakeholder and Sustainabale Approach to Taxation* . Viena, Áustria: Universidade de Viena.

RFB. (27 de novembro de 2021). *Ministério da Economia — Receita Federal — Operador Econômico Autorizado.* Fonte: gov.br: https://www.gov.br/receitafederal/pt-br/assuntos/aduana-e-comercio-exterior/importacao-e-exportacao/oea

RFB. (novembro de 2021). *Ministerio da Economia — Receita Federal — Projeto Confia.* Fonte: GOV.BR: https://www.gov.br/receitafederal/pt-br/acesso-a-informacao/acoes-e-programas/confia

ROCHA, S. A. (2018). Reconstruindo a Confiança na Relação Fisco-Contribuinte. *Revista de Direito Tributário Atual, 39.* Acesso em 27 de novembro de 2021, disponível em https://ibdt.org.br/RDTA/reconstruindo-a-confianca-na-relacao-fisco-contribuinte/

Rozas Valdez, J. A. (2016). *Los Sistemas de Relaciones Cooperativas: Una perspectiva de Derecho Comparado desde el sistema tributario español.* Madri: IEF.

Schwab, K. (2018). *A Quarta Revolução Industrial.* Edipro.

Skocpol, T. (1997). Bringing the State Back: strategies of analysis in current research. Em P. R. Evans, *Bringing the State Back.* Nova Iorque: CAmbridge University Press.

Villanueva, L. F. (2006). Estudio introductorio. Em E. e. Saraiva, *Políticas Públicas: coletânea.* Brasília: ENAP.

4.
PROJETO CONFIA E AS DIRETRIZES DA OCDE EM MATÉRIA DE *COMPLIANCE* COOPERATIVO

Patricia Lamadrid

Introdução

Administrações tributárias de países desenvolvidos têm implementado programas diferenciados de relacionamento com contribuintes corporativos. Conhecido como *compliance* cooperativo, esse tipo de programa foi proposto no âmbito da OCDE, se afasta do paradigma tradicional de relacionamento entre fisco e contribuinte e adota uma filosofia de cooperação e de prestação de serviços. Com a proposta de seguir essa tendência internacional, em 2021 a Receita Federal do Brasil lançou o Projeto Confia. Na sequência, passamos a analisar a aderência do Confia às diretrizes da OCDE para programas de *compliance* cooperativo.

1. Como surgiu o *compliance* cooperativo

O desenvolvimento do conceito de *compliance* cooperativo está inserido em um contexto maior de mudança do paradigma de relacionamento entre fisco e contribuinte. Esse novo modelo de relacionamento entre fisco e contribuinte tem fundamento teórico nos conceitos da regulação responsiva e do gerenciamento de risco.

A teoria sobre regulação responsiva surgiu na década de 90, no contexto do debate mundial sobre a desregulamentação da economia.

Nesse momento, Ian Ayres[1] e John Braithwaite[2] propuseram que a regulação fosse responsiva à estrutura da indústria e que o governo estivesse sintonizado com as diferentes motivações dos atores regulados, de modo que a regulação adotasse estratégias de maior ou menor intervenção conforme a conduta da indústria ou de suas empresas. Na visão deles, a regulamentação responsiva poderia "*canalizar as transações do mercado para formas menos intrusivas e menos centralizadas de intervenção do governo [...] retendo, assim, muitos dos benefícios de um governo 'laissez-faire', sem abrir mão da responsabilidade governamental de corrigir falhas de mercado*".[3] A conhecida pirâmide de conformidade, que será abordada mais adiante, tem origem nesta teoria.

Mais ou menos na mesma época, em 1995, os Conselhos de Normas da Austrália e da Nova Zelândia aprovaram uma norma técnica regional sobre gerenciamento de risco, cuja essência subsiste até hoje na norma internacional ISO 31000:2018[4] na forma de "*um processo iterativo que consiste em etapas bem definidas, que, tomadas em sequência, auxiliam a tomar melhores decisões, pois contribuem para uma maior compreensão dos riscos e de seus impactos*". O risco é definido pela norma como "*a chance de algo acontecer que terá um impacto sobre objetivos*" e que "*é medido em termos de conseqüências e probabilidade*". As etapas do processo de gerenciamento de risco são: a) estabelecer o contexto; b) identificar os riscos; c) analisar os riscos; d) avaliar os riscos; e) tratar os riscos; f) monitorar e rever; e g) comunicar e consultar[5].

[1] Ian Ayres é um economista e advogado norte-americano.

[2] John Braithwaite é um criminólogo australiano.

[3] AYRES, Ian; BRAITHWAITE, John. **Responsive regulation:** transcending the deregulation debate. Oxford: Oxford University Press Incorporated, 1992, p. 5. Tradução nossa.

[4] A ISO é uma organização internacional independente, não governamental, criada em 1946, com sede em Genebra, Suíça, que conta com 164 organismos nacionais de normas técnicas como membros (https://www.iso.org/about-us.html). A Associação Brasileira de Normas Técnicas (ABNT) é um dos membros fundadores da ISO e sua representante no Brasil (http://www.abnt.org.br/abnt/conheca-a-abnt). A ISO 31000:2018 foi adotada pelo Brasil através da norma ABNT NBR ISO 31000:2018.

[5] JOINT TECHNICAL COMMITTEE OB/7 — RISK MANAGEMENT. **AS/NZS 4360:1999**. 1999, p. iii, 3 e 7-8. Disponível em: http://www.epsonet.eu/mediapool/72/723588/data/2017/AS_NZS_4360-1999_Risk_management.pdf. Acesso em: 23 jul. 2020. P. 7-8.

Ainda na última década do século XX, esses conceitos foram incorporados pela administração tributária da Austrália, conhecida como *Australian Taxation Office* (ATO) e aliados a uma compreensão mais ampla das causas por trás do comportamento de conformidade do contribuinte com a intenção de incentivá-lo na direção desejada da conformidade tributária e, ao mesmo tempo, obter maior eficiência na alocação dos recursos da administração tributária. A ATO partiu da premissa de que apenas uma minoria dos contribuintes está disposta a ir até as últimas consequências para evitar a tributação e investiu em orientar e tornar fácil para a maioria cumprir com as obrigações tributárias através da prestação de serviços desenhados para atender às necessidades dos contribuintes. Para isso, se aproximou, dialogou e colocou o contribuinte no centro de suas atividades, quebrando com o paradigma tradicional de distância, desconfiança e antagonismo entre fisco e contribuintes.

Essas novas práticas foram levadas ao conhecimento do Comitê de Assuntos Fiscais da OCDE, que em 2002 criou o *Forum on Tax Administration* (FTA) para liderar as discussões internacionais e a construção colaborativa de um novo modelo de relacionamento entre administração tributária e contribuintes.

Em 2004, o FTA propôs um processo de gerenciamento de riscos de conformidade tributária[6] (Figura 1) incluindo um sistema de avaliação de riscos baseado na consequência e na probabilidade da não-conformidade e no qual os riscos são priorizados através da matriz da Figura 2.

[6] ORGANISATION FOR ECONOMIC CO-OPERATION AND DEVELOPMENT — OCDE. Compliance Risk Management: Managing and Improving Tax Compliance. 2004. Disponível em: http://www.oecd.org/tax/forum-on-tax-administration/publications-and-products/compliance/33818656.pdf.

Figura 1 — Processo de gerenciamento de risco de conformidade tributária proposto pela OCDE em 2004

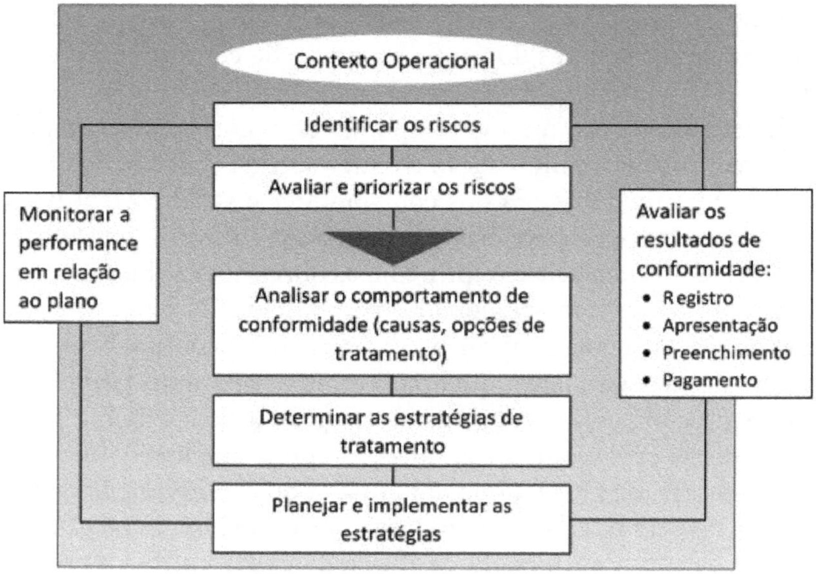

Fonte: Adaptado pela autora de ORGANISATION FOR ECONOMIC CO-OPERATION AND DEVELOPMENT — OCDE. ***Compliance*** **Risk Management**: Managing and Improving Tax Compliance. 2004, p. 9.

Figura 2 — Matriz de classificação de risco de conformidade

Consequência						
	Extrema	Alto	Alto	Severo	Severo	Severo
	Muito grande	Alto	Alto	Alto	Severo	Severo
	Grande	Significativo	Alto	Alto	Alto	Alto
	Média	Moderado	Moderado	Significativo	Significativo	Significativo
	Pequena	Baixo	Baixo	Moderado	Moderado	Significativo
		Rara	Improvável	Possível	Provável	Quase certa
		Probabilidade				

Fonte: Adaptado pela autora de ORGANISATION FOR ECONOMIC CO-OPERATION AND DEVELOPMENT — OCDE. ***Compliance*** **Risk Management:** Managing and Improving Tax Compliance. 2004, p. 28.

Esse sistema de avaliação de riscos passou a incluir as causas por trás dos comportamentos observados nos contribuintes, incluindo o perfil da empresa e da indústria; fatores econômicos[7], psicológicos/comportamentais[8], sociológicos e outros[9], conforme ilustra o modelo de influências do contribuinte da Figura 3.

FIGURA 3 — MODELO DE INFLUÊNCIAS DO CONTRIBUINTE

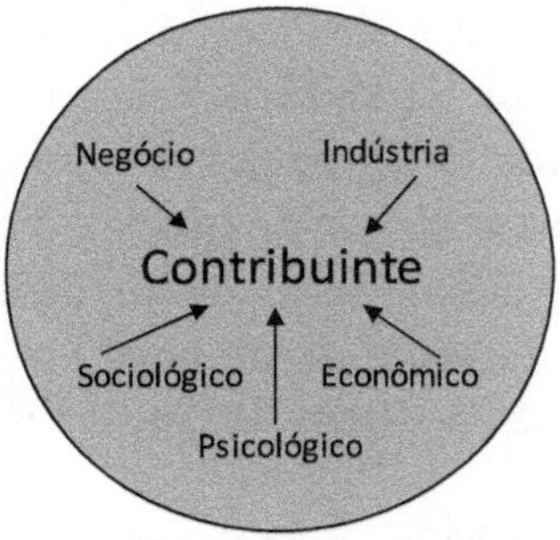

Fonte: Adaptado pela autora de ORGANISATION FOR ECONOMIC CO-OPERATION AND DEVELOPMENT — OCDE. Compliance Risk Management: Managing and Improving Tax Compliance. 2004, p. 39.

Além disso, o modelo incorporou a lógica da regulação responsiva, segundo o qual os riscos de conformidade deveriam ser tratados com estratégias equilibradas, conforme ilustra a pirâmide de conformidade reproduzida na Figura 4.

FIGURA 4 — PIRÂMIDE DE CONFORMIDADE TRIBUTÁRIA

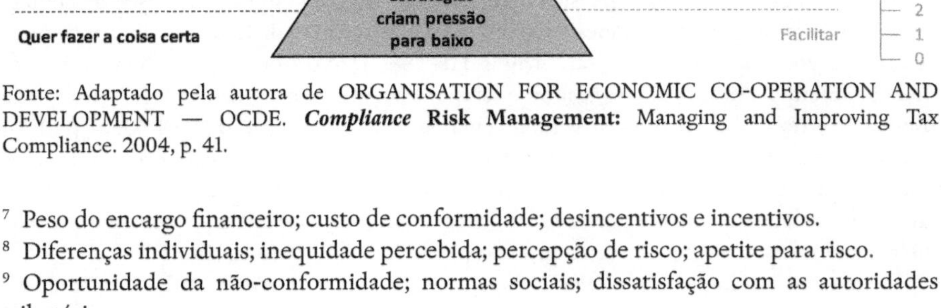

Fonte: Adaptado pela autora de ORGANISATION FOR ECONOMIC CO-OPERATION AND DEVELOPMENT — OCDE. ***Compliance*** **Risk Management:** Managing and Improving Tax Compliance. 2004, p. 41.

[7] Peso do encargo financeiro; custo de conformidade; desincentivos e incentivos.

[8] Diferenças individuais; inequidade percebida; percepção de risco; apetite para risco.

[9] Oportunidade da não-conformidade; normas sociais; dissatisfação com as autoridades tributárias.

Os programas de *compliance* cooperativo buscam aplicar essa nova lógica de relacionamento fisco-contribuinte ao segmento dos grandes contribuintes corporativos, especialmente multinacionais.

A primeira versão desse tipo de programa foi proposta pelo FTA em 2008, sob o nome de *enhanced relationship* (em português, relacionamento aprimorado)[10]. Baseado em experiências de programas piloto da Irlanda[11], Holanda[12] e EUA[13], o modelo foi desenvolvido com o objetivo de influenciar a demanda das grandes corporações pelo planejamento tributário agressivo[14] fornecido pelos intermediários tributários[15] e propõe um relacionamento mais colaborativo e baseado na confiança entre as administrações tributárias e os grandes contribuintes corporativos que cumprem a lei e que vão além das obrigações legais para trabalhar juntos em cooperação.

Em 2013, a OCDE publicou o relatório que difundiu o acrônimo BEPS, associado à expressão *Base Erosion and Profit Shifting*[16], em inglês; e que, em resumo, apontava que os governos perdiam uma parte substancial da receita da tributação sobre a renda por causa de planejamentos tributários destinados a transferir lucros para locais onde estão sujeitos a um tratamento fiscal mais favorável.

Nesse contexto, após a analisar a experiência prática de diversos países, a OCDE validou o valor e os princípios dos programas de *enhanced relationship,* mas acrescentou elementos ao modelo, que em inglês passou

[10] ORGANISATION FOR ECONOMIC CO-OPERATION AND DEVELOPMENT — OCDE. **Study into the role of tax intermediaries**. 2008. Disponível em: http://www.oecd.org/ctp/administration/39882938.pdf.

[11] Programa irlandês de **Abordagem co-operativa de conformidade tributária**.

[12] Programa holandês de **Monitoramento horizontal**.

[13] *Compliance Assurance Program* (CAP) dos EUA.

[14] O planejamento tributário agressivo foi então definido como um tipo de risco de conformidade tributária típico de grandes contribuintes, que pode ser dividido em dois tipos principais de preocupação: de que se faça mau uso da legislação tributária para obter resultados que não foram previstos pelo legislador; e de que os contribuintes não divulguem sua visão sobre a incerteza ou sobre o risco assumido em relação à "zona cinza" da lei. Ibidem, p. 11

[15] O estudo identifica dois tipos de intermediários tributários: os consultores tributários, que são escritórios de advocacia, de contabilidade ou outros que fornecem consultoria tributária sofisticada; e os bancos e outras instituições financeiras, que criam e viabilizam o uso de instrumentos financeiros e outros arranjos com objetivos tributários. p. 14.

[16] A expressão em inglês *base erosion and profit shifting* significa erosão da base tributária e transferência de lucros em português.

a ser chamado de *cooperative compliance*[17]. Frequentemente nos referimos a esse modelo, em português, como *compliance* cooperativo, pela falta de um termo em português que expresse adequadamente o sentido de *compliance*.

2. Diretrizes da OCDE para *compliance* cooperativo

A proposta básica de valor dos programas de *compliance* cooperativo é a troca entre transparência e segurança jurídica. Esse é o elemento básico que deve estar presente em qualquer programa desse tipo.

Além dessa proposta básica de valor, é possível identificar dez diretrizes principais da OCDE para os programas de *compliance* cooperativo.

Os sete pilares do *enhanced relationship* de 2008, apresentados na sequência, foram mantidos como diretrizes para o *compliance* cooperativo.

As administrações tributárias devem demonstrar, no trato com os contribuintes:

1) entendimento baseado em consciência comercial: inclui entender como os negócios são feitos no mercado, as características do setor da indústria em que o contribuinte opera e as características únicas do negócio do contribuinte em particular;
2) imparcialidade: significa resolver as questões de maneira consistente, objetiva e focada na quantidade certa de tributo, e não em maximizar a arrecadação;
3) proporcionalidade: envolve alocar recursos tendo em vista uma perspectiva ampla, priorizando as questões mais relevantes, minimizando auditorias especulativas, fazendo questionamentos apropriados e focados, descontinuando auditorias quando não parecem ser um bom uso dos recursos, discutindo as causas e soluções para as questões e ajudando o contribuinte a aprender com seus erros e reduzir o risco de recorrência;
4) abertura através da divulgação e transparência: Soluções de consultas a dúvidas dos contribuintes e audiências públicas sobre mudanças na política e na administração tributárias têm um

[17] ORGANISATION FOR ECONOMIC CO-OPERATION AND DEVELOPMENT — OCDE. La relación cooperativa: Un marco de referencia: De la relación cooperativa al cumplimiento cooperativo. 2013. Disponível em: http://www.oecd.org/tax/forum-on-tax-administration/publications-and-products/compliance/co-operative-compliance-a-framework-9789264200852-en.htm.

papel relevante para a abertura e transparência da administração tributária. Em geral, os contribuintes querem saber mais, também, sobre como a administração tributária aborda o gerenciamento de risco, o que envolve três níveis: estratégia geral; mecanismos de seleção para auditoria; e classificação individual de risco. A recomendação do FTA é que a administração tributária ofereça maior transparência em relação à estratégia geral, incluindo tipos de comportamento ou transações que enxerga como riscos e como responde a eles, mas que não forneça todos os detalhes sobre quais contribuintes ou questões são selecionados para auditoria. Quanto à divulgação da classificação individual de risco, o FTA afirma que algumas administrações tributárias tiveram experiências positivas, mas recomenda que cada país decida se e como fazer isso; e

5) capacidade de resposta: envolve reconhecer o valor da segurança jurídica e da resolução definitiva para o contribuinte e ajudá-lo a obtê-las sempre que possível, garantindo que decisões tomadas no nível operacional sejam consistentes com a orientação da gerência sênior. Além disso, envolve fornecer respostas rápidas, eficientes e profissionais às solicitações dos contribuintes.

De outro lado, para que a administração tributária possa realizar uma avaliação de risco totalmente informada, os contribuintes precisam oferecer-lhe:

6) transparência: ambiente dentro do qual atos de divulgação ocorrem; descreve a abordagem em relação a questões tributárias que dão origem a incerteza e tem três níveis interdependentes: individual, cultural e estrutural; e
7) divulgação das informações necessárias: vai além das informações que os contribuintes são legalmente obrigados a apresentar e inclui qualquer transação ou posição em que exista um grau significativo de incerteza ou imprevisibilidade tributária, ou em relação ao qual a administração tributária tenha indicado preocupação publicamente. A divulgação seria muito benéfica quando antecipada e em tempo real. Ela poderia ser oferecida, no mais tardar, na declaração tributária, mas seria de pouca ajuda depois disso.

Além disso, é uma diretriz específica do *compliance* cooperativo, acrescentada em 2013, que a relação entre o contribuinte e a administração tributária deve se basear em critérios objetivos e na confiança justificada por:

8) um sistema robusto de governança corporativa, que reforce a comunicação e a transparência; e
9) um sistema de controle e gestão de riscos fiscais, chamado em inglês de *tax control framework*.

A estrutura de controle fiscal, segundo a OCDE, consiste no controle interno de todos os processos e transações com possíveis consequências fiscais (e não somente os processos fiscais) e deve ser um dos elementos de um sistema de controle interno amplo da empresa, segundo os princípios da boa governança corporativa.

Por fim, segundo as diretrizes da OCDE, o *compliance* cooperativo:

10) deve ser um elemento dentro uma estratégia maior de conformidade, baseada no gerenciamento de risco, na regulação responsiva, na transparência e na compreensão da conduta tributária dos contribuintes como produto de diferentes fatores.

3. Projeto Confia

O Projeto Confia foi lançado pela Receita Federal do Brasil no início de 2021 e tem como objetivo criar um programa de *compliance* cooperativo para a administração tributária federal. O projeto inova, entre outras coisas, por estar sendo construído de maneira conjunta e cooperativa com os maiores grupos econômicos do Brasil e com as associações que os congregam. Essa construção prevê cinco etapas: alinhar; desenhar; testar; implementar; e expandir.

No momento em que este texto foi escrito, no final de 2021, o projeto iniciava sua segunda etapa já com um Comitê Gestor e um Fórum de Diálogo instituídos. O Comitê Gestor do Confia foi instituído pela Portaria RFB n. 28/2021. Já o Fórum de Diálogo do Confia foi instituído pela Portaria RFB n. 71/2021 e teve seu Estatuto aprovado pelo Comunicado CG/Confia n. 1/2021. Procuramos elementos relativos às diretrizes da OCDE para programas de *compliance* cooperativo nessa legislação e apresentamos os resultados na sequência.

Algumas diretrizes da OCDE já estão presentes na legislação do Confia.

É o caso da primeira diretriz da OCDE para programas de *compliance* cooperativo, segundo a qual a administração tributária deve procurar demonstrar entendimento do contribuinte baseado em consciência comercial. O Confia procura aprofundar esse entendimento de maneira estruturada, através da comunicação com os contribuintes no Fórum de Diálogo.

De acordo com seu Estatuto, o Fórum de Diálogo do Confia é composto pela Assembleia de Representantes, pela Secretaria-Executiva, pelas Câmaras Temáticas e pelas empresas participantes. Tanto a Assembleia quanto as Câmaras e a Secretaria são mistas, integradas por membros da RFB e das empresas, sendo que os representantes das empresas na Assembleia são eleitos por elas próprias, obedecendo à divisão por setor econômico.

O Estatuto do Fórum deixa claro que tanto a RFB quanto os contribuintes participantes podem apresentar assuntos de interesse comum para estudo e discussão nas Câmaras Temáticas. No curso dessas discussões, os contribuintes terão oportunidade de expor sua realidade e seus desafios para a administração tributária, que, por sua vez, terá oportunidade de adquirir uma maior consciência e entendimento dessas questões.

Ainda do Estatuto do Fórum de Diálogo do Confia, depreende-se que a construção do programa será conjunta com os contribuintes, sinalizando a abertura da RFB, que é outra diretriz da OCDE. Inicialmente, o Fórum de Diálogo tem por finalidade propor o modelo do Confia, o Código de Boas Práticas Tributárias (CBPT) e as diretrizes para o Marco de Controle Fiscal (MCF). As Câmaras Temáticas mistas elaborarão estudos e farão propostas sobre esses três temas. Essas propostas poderão ser avaliadas e comentadas por todas as empresas participantes. Após avaliar essas contribuições, as Câmaras Temáticas apresentarão suas propostas para a Assembleia de Representantes, que deliberará sobre elas, preferencialmente por consenso, senão por pelo menos dois terços dos votos dos membros presentes.

No art. 1º da portaria que criou o Fórum de Diálogo, encontra-se o conceito do programa Confia — transcrito abaixo — que traz elementos de outras diretrizes da OCDE: transparência, governança corporativa tributária, *tax control framework* e gerenciamento de risco.

> *"o relacionamento mais próximo, fundamentado na confiança e transparência, entre a RFB e os contribuintes que dispõem de estrutura consolidada de governança corporativa tributária, de controle fiscal e de gestão de risco, com o objetivo de firmar interesse de mútua cooperação para obtenção de benefícios para as partes e para a sociedade".*

Por fim, entendemos que o Confia é mais um elemento dentro de uma estratégia maior de conformidade da RFB, que conta com diversas outras iniciativas nesse sentido, desde as de educação fiscal, passando pelas de facilitação, como as declarações pré-preenchidas e as oportunidades de autorregularização, até as de *enforcement*, como as fiscalizações.

Conclusões

A proposta e o desenvolvimento atual do Projeto Confia da Receita Federal do Brasil estão de acordo com as seguintes diretrizes propostas pela OCDE para programas de *compliance* cooperativo: demonstrar entendimento do contribuinte baseado em consciência comercial; abertura; transparência; governança corporativa tributária; *tax control framework;* gerenciamento de risco; e ser mais um elemento dentro de uma estratégia maior de conformidade.

A observância das demais diretrizes da OCDE pelo Confia dependerá do desenho e da implementação do programa. Do lado da RFB, teremos que aguardar para verificar se de fato haverá a imparcialidade, a proporcionalidade e a capacidade de resposta recomendadas pela OCDE. E dos dois lados, tanto da RFB quanto dos contribuintes, se haverá a divulgação das informações objetivas necessárias para o funcionamento do *compliance* cooperativo.

Referências

AYRES, Ian; BRAITHWAITE, John. **Responsive regulation:** transcending the deregulation debate. Oxford: Oxford University Press Incorporated, 1992

BRASIL. Portaria RFB Nº 28, de 15 de abril de 2021. Institui o Comitê Gestor responsável pela definição das diretrizes para a criação e o funcionamento do Programa de Conformidade Cooperativa Fiscal (Confia) da Secretaria Especial da Receita Federal do Brasil (RFB). Brasília: 2021. Disponível em: http://normas.receita.fazenda.gov.br/sijut2consulta/link.action?visao=anotado&idAto=116970

BRASIL. Portaria RFB Nº 71, de 04 de outubro de 2021. Institui o Fórum de Diálogo do Programa de Conformidade Cooperativa Fiscal (Confia) da Secretaria Especial da Receita Federal do Brasil e dá outras providências. Brasília: 2021. Disponível em: http://normas.receita.fazenda.gov.br/sijut2consulta/link.action?visao=anotado&idAto=120970

BRASIL. Fórum de diálogo do programa Confia: Estatuto 2021-22. Disponível em: https://www.gov.br/receitafederal/pt-br/acesso-a-informacao/acoes-e-programas/confia/Estatutorepublicado29102021.pdf.

JOINT TECHNICAL COMMITTEE OB/7 — RISK MANAGEMENT. **AS/NZS 4360:1999**. 1999, p. iii, 3 e 7-8. Disponível em: http://www.epsonet.eu/mediapool/72/723588/data/2017/AS_NZS_4360-1999_Risk_management.pdf.

LAMADRID, Patricia Bacheschi Gomez de. **A mudança do paradigma das relações tributárias entre a Receita Federal e os contribuintes**. Dissertação (mestrado profissional) — Fundação Getulio Vargas, Escola de Direito de São Paulo: 2020. 264 f.

ORGANISATION FOR ECONOMIC CO-OPERATION AND DEVELOPMENT — OCDE. **Compliance Risk Management: Managing and Improving Tax Compliance**. 2004. Disponível em: http://www.oecd.org/tax/forum-on-tax-administration/publications-and-products/compliance/33818656.pdf.

ORGANISATION FOR ECONOMIC CO-OPERATION AND DEVELOPMENT — OCDE. **Study into the role of tax intermediaries**. 2008. Disponível em: http://www.oecd.org/ctp/administration/39882938.pdf.

ORGANISATION FOR ECONOMIC CO-OPERATION AND DEVELOPMENT — OCDE. **La relación cooperativa: Un marco de referencia: De la relación cooperativa al cumplimiento cooperativo**. 2013. Disponível em: http://www.oecd.org/tax/forum-on-tax-administration/publications-and-products/compliance/co-operative-compliance-a-framework-9789264200852-en.htm.

5.

GOVERNANÇA 4.0, *COOPERATIVE COMPLIANCE* E O PROJETO CONFIA: O INÍCIO DA CONSTRUÇÃO DE UM NOVO RELACIONAMENTO FISCO-CONTRIBUINTE?

Dayana de Carvalho Uhdre
Gisele Barra Bossa

Introdução[1]

Cooperative compliance ("conformidade cooperativa", em tradução livre) é, em última análise, uma estratégia que visa criar um modo de interação entre as administrações fiscais e os contribuintes baseado na confiança mútua, na transparência e na boa fé. Trata-se de conceito que começou a ser discutido em 2002, com a criação do *Forum on Tax Administration*,[2] e ganhou corpo com a publicação, em 2008, do primeiro relatório da OCDE a respeito do tema, *Study into the Role of Tax Intermediaries*,[3] documento que depois cristalizou o conceito de *Enhanced*

[1] Tanto o item 1 quanto item 2 foram elaborados com base no Relatório de Pesquisa "Diagnóstico do Contencioso Tributário Administrativo", de cuja coordenação as autoras participaram.

[2] Owens, Jeffrey. Tax Administrators, Taxpayers and Their Advisors: Can the Dynamics of the Relationship Be Changed? Bulletin for International Taxation, IBFD, p. 515-518, September 2012. p. 517.

[3] OECD. Study into the Role of Tax Intermediaries. Paris: OECD, 2008. Disponível em: http://dx.doi.org/10.1787/9789264041813-en. Acesso em: 03 out. 2021.

Relationship enquanto um novo paradigma de relacionamento entre Fisco e contribuinte. Foi constatado no referido estudo que dificuldades e altos custos para uma fiscalização eficiente abrem margem para estruturas de planejamento tributário, sendo que alguns contribuintes apresentarão maior predisposição a adotarem posturas fiscais mais agressivas.

Em tal contexto, deve a fiscalização utilizar-se de ferramentas de gerenciamento de risco (*risk management*) para alocar os seus recursos financeiros (e de pessoal) da forma mais eficiente possível: identificados os perfis de contribuintes que potencialmente ofereçam mais riscos, prioriza-se a alocação dos recursos de fiscalização neles. É dizer, erige-se uma fiscalização tributária baseada na gestão de riscos considerando o perfil daqueles que devem ser fiscalizados e daqueles que não serão fiscalizados.

Utilizando-nos das palavras de Eduardo Fernandes Arandes é esperado que uma política de fiscalização baseada em avaliação de riscos gerará retornos tanto às autoridades fiscais, ao priorizar a alocação dos recursos finitos, quanto benefícios aos contribuintes que, ao demonstrarem transparência e fundamentarem sua classificação como de baixo risco, certamente enfrentarão menor ônus de *Compliance*.[4] É nessa dinâmica de relacionamento, alicerçada em gestão de riscos, comunicação e transparência, restou desenhado o conceito de *Enhaced Relationship*.

Cinco anos mais tarde, em 2013, foi lançado pela OCDE o estudo *Co-operative Compliance: A Framework: From Enhanced Relationship to Co-operative*.[5] Nesse interregno, houve uma importante evolução na aplicação de gestão de risco para *compliance* e auditorias tributárias, por parte das autoridades, e também foram criados debates a respeito da utilização do termo *Enhanced Relationship*. A fim de deixar claro que o objetivo de programas dessa natureza é o de fomentar o adimplemento do imposto no montante e momento estabelecidos em lei, e não o de gerar qualquer benesse a alguns contribuintes em detrimento de outros, optou-se pela alteração do termo para *Cooperative Compliance*.

[4] ARANDES, Eduardo Fernandes. Compliance Tributário Cooperativo como instrumento de melhora do ambiente tributário: aspectos gerais. Revista Direito Tributário Atual, n. 39, p.111-127, 2018. p. 117.

[5] OECD. Co-operative Compliance: A Framework. From Enhanced Relationship to Co-operative Compliance. Paris: OECD, 2013. Disponível em: https://doi.org/10.1787/9789264200852-en. Acesso em: 03 out. 2021.

Da narrativa desse breve histórico fica evidente o papel central desempenhado pela OCDE[6] no avanço do tema, traçando suas características-chave como base para que as administrações fiscais nacionais pudessem estabelecer iniciativas dentro desse novo paradigma relacional.[7] No en-

[6] Tal centralidade, aliás, também é notada em outros debates também afetos a arena tributária, caso do Projeto Beps (Base Erosion Profit Shifiting) e das Diretrizes IVA/GST por exemplo. O protagonismo desse organismo internacional vai ao encontro de uma tendência mais macro, do que se tem identificado como "globalização do direito". Nesse sentido, Gustavo Binenbojm salienta que *a globalização embora não represente um completo esfacelamento do Estado, constitui verdadeira mola propulsora de reformas institucionais que, em que pese enfraquecerem, em certa medida, a soberania interna dos países, estimulam a redefinição de estratégias regulatórias para adaptação a uma nova realidade internacional, trazendo novos atores produtores de normas e fontes adicionais ao direito administrativo*. Defende o autor que estamos a testemunhar o crescimento de uma normatividade administrativa transacional, atrelada de forma íntima a criação, por parte de vários países, de inúmeras organizações internacionais voltadas à discussão de temas de interesse comum com relevância global. E segue salientando que essas organizações transnacionais consubstanciam verdadeiros fóruns de discussão voltados *a debater pautas mínimas de convergência ou concertação entre os respectivos membros, utilizando-se, essencialmente, de instrumentos de soft law, aptos a orientar políticas públicas ou recomendar a implementação de mudanças institucionais aos países delas integrantes, geralmente pela edição estruturada, por tema de interesse, de guidelines (diretrizes), list of general principle (princípios gerais), ou recommendations (recomendações). Binenbojm, Gustavo. O poder de polícia, ordenação, regulação Transformações político-jurídicas, económicas e institucionaoso do direito administrativo ordenador. São Paulo: Fórum, 2021, p. 335-338.* Concordamos com o supra-referido autor. Entendemos ser possível sim se detectar, nesse contexto de mudança paradigmática e conseguinte busca de adequação dos sistemas jurídicos, um processo de harmonização de sistemas jurídicos com tendência mesmo à uma homogeinização normativa, baseado na troca de experiências, equalização e difusão de informações entre participantes, que tem gerado, a partir de deliberações com ampla participação procedimental (de entes governamentais, partícipes do mercado e academia), documentos consensuais com diretrizes regulatórias compartilháveis, dotados de grau considerável de eficácia persuasiva. Trata-se mesmo de estratégia coerente a esse novo cenário de relações tendencialmente transnacionais. O olhar unicamente para (dentro) do seu sistema normativo já não responde de forma adequada à complexidade do relacionar-se (humano) em redes globais. Faz sentido, em uma realidade tão complexa, e de sistemas potencialmente interconectados — que sofrem a influência uns dos outros — arvorar-se, para fins de interpretação e/ou integração de seu próprio direito, das experiências estrangeiras.

[7] Direcionamentos sobre *cooperative tax compliance* no âmbito da OCDE em: OECD. Tax Morale: What Drives People and Business to Pay Tax? Paris: OECD, 2019. Disponível em: https://bit.ly/2OZR0e6. OECD. Co-operative Tax Compliance: Building Better Tax Control Frameworks. Paris: OECD, 2016. Disponível em: https://bit.ly/2WXqEhb. OECD. Compliance Risk Management: Managing and Improving Tax Compliance. Paris: OECD, 2004. Disponível em: https://bit.ly/301Nu9C. OECD. Measures of Tax Compliance Outcomes: A Practical Guide. Paris: OECD, 2004. Disponível em: https://bit.ly/3g3CrlR.

tanto, o *cooperative compliance* possui facetas muito diversas e, mesmo com essas características-chave, inexiste um consenso sobre quais características devem ter as iniciativas para serem catalogadas como afetas à implementação *do cooperative compliance* tal qual as diretrizes lançadas pela OCDE e FAT[8] em seus relatórios.

Sobre esse tema, o Centro Interamericano de Administrações Tributária (CIAT), em seu relatório *Cooperative Tax Relationship or Compliance: Current situation in CIAT member countries of Latin America, the Caribbean, Africa and Asia*, ao examinar um espectro mais lato de experiências dos países periféricos, faz referência a “iniciativas” de conformidade cooperativa, sem que, necessariamente, elas devam fazer parte de um programa específico e sistematizado de forma abrangente.[9] Para tanto, o CIAT define “iniciativa de conformidade cooperativa” como:

> aquela que surge da relação entre a administração tributária e o contribuinte, e através da qual se pretende obter melhorias significativas no nível de transparência mútua e, consequentemente, no nível de cumprimento voluntário, de forma a reduzir os custos de *compliance* ou administração e, na medida do possível, evitar polêmicas na relação jurídico-tributária.[10]

Trata-se, aliás, de delimitação que se alinha ao tripé de sustentação apresentado nos relatórios da OCDE, para essa forma de cooperação:

[8] O Fórum de Administração Tributária (FTA), criado em 2002, é um órgão único que reúne comissários de 53 administrações fiscais avançadas e emergentes de todo o mundo, incluindo todos os membros da OCDE e do G20, com o objetivo de compartilhar conhecimento e desenvolver novas abordagens para uma melhor administração tributária. Disponível em: https://www.oecd.org/tax/forum-on-tax-administration/. Acesso em: 25 abr. 2022.

[9] *“there is no total consensus at the regional level regarding the characteristics these initiatives should have to be considered under any of these concepts, according to the issues raised by the OECD and IFA publications.”* THE INTER-AMERICAN CENTER OF TAX ADMINISTRATIONS (CIAT). Cooperative Tax Relationship or Compliance: Current situation in CIAT member countries of Latin America, the Caribbean, Africa and Asia. CIAT, 2015. Disponível em: https://www.ciat.org/Biblioteca/DocumentosdeTrabajo/2015/2015_WP_2_cooperative_gonzalo_cremades_vargas.pdf. Acesso em: 25 mar. 2022. p. 6.

[10] No original: “*‘cooperative compliance’ initiative arises from the relationship between the tax administration and the taxpayer, and endeavors to achieve significant improvements in the level of mutual transparency and consequently in the level of voluntary compliance, having as objective the reduction of compliance and/or administrative costs and, if possible, the prevention of controversies in the juridical-tax relationship.*” Ibid. p. 9.

i) a confiança mútua; ii) a transparência; e iii) a compreensão.[11] Daí que, para os fins do presente artigo, será esta definição mais lata a usada, uma vez que seria ela mais coerente à própria advertência feita nos relatórios da OCDE de não ser recomendável o estabelecimento de um modelo-padrão de iniciativas de *cooperative compliance*, ante a imensa diversidade administrativa, cultural, dentre outras, dos sistemas tributários.[12] De toda forma, as diretrizes e orientações consolidadas sobretudo nos relatórios da OCDE, justamente por estruturarem de forma principiológica os pontos de atenção a serem considerados na construção de eventuais iniciativas ou programas de *cooperative compliance*, estabelecem um norte a ser seguido.

De se mencionar que vários países começaram a desenvolver programas de *cooperative compliance*, entre os quais Áustria, Bélgica, Croácia, França, Irlanda, Itália, Holanda, Polônia, Rússia, Espanha e Reino Unido.[13] Da mesma forma alguns países em desenvolvimento também implementaram iniciativas de *cooperative compliance*, dentre eles: Argentina, Equador, República Dominicana, México, Índia, Brasil.[14] Um tal movimento faz todo o sentido, dentro de um olhar mais atento a realidade

[11] OECD. Co-operative Compliance: A Framework. From Enhanced Relationship to Co-operative Compliance. Paris: OECD, 2013. Disponível em: https://doi.org/10.1787/9789264200852-en. Acesso em: 03 out. 2021.

[12] *"national tax administrations are faced with diverse environments in which to administer their tax system. Jurisdictions are in fact different in terms of their political and legislative environment, as well as their administrative practices and culture. For these reasons, a standardized tax administration approach would not be in itself practical or desirable in a particular case."* THE INTER-AMERICAN CENTER OF TAX ADMINISTRATIONS (CIAT). Cooperative Tax Relationship or Compliance: Current situation in CIAT member countries of Latin America, the Caribbean, Africa and Asia. CIAT, 2015. Disponível em: https://www.ciat.org/Biblioteca/DocumentosdeTrabajo/2015/2015_WP_2_cooperative_gonzalo_cremades_vargas.pdf. Acesso em: 25 mar. 2022. p. 6.

[13] Bronżewska, Katarzyna; Majdańska, Alicja. The New Wave of Cooperative Compliance Programmes and the Impact of New Technology. European Taxation Journal, Amsterdam, v. 59, n. 2/3, p.99-105, February/March 2019.

[14] THE INTER-AMERICAN CENTER OF TAX ADMINISTRATIONS (CIAT). Cooperative Tax Relationship or Compliance: Current situation in CIAT member countries of Latin America, the Caribbean, Africa and Asia. CIAT, 2015. Disponível em: https://www.ciat.org/Biblioteca/DocumentosdeTrabajo/2015/2015_WP_2_cooperative_gonzalo_cremades_vargas.pdf. Acesso em: 25 mar. 2022. p. 26.

atual que, para além de se nos mostrar cada vez mais global e complexa, desafia diutinarmente o *status quo* erigido.

Destarte, o fenômeno da globalização, viabilizado sobretudo pela revolução dos meios de transporte, e acelerado mais recentemente pelo desenvolvimento das tecnologias de comunicação e informação, alterou, de forma substancial, a lógica das relações sociais e trouxe evidentes repercussões nos sistemas jurídicos nacionais. Como disssemos, o "relacionar-se" humano não mais se circunscreve a um determinado limite territorial. O desenvolvimento e ampla adesão às ferramentas de comunicação e informação, notadamente da Internet, permitiu o "ser-se" no mundo, de modo que os relacionamentos sociais e econômicos hoje travados são, antes deu tudo, potencialmente mundiais. Daí que os desafios mais prementes que estão na ordem do dia de grande parte dos governos não mais se tratam de questões locais, mas antes globais, isto é, comum à generalidade dos países, e que se interconectam em uma grande rede de mútuas implicações, tal qual é a realidade atual socialmente posta ao convívio humano.

Tal mudança paradigmática exige, por óbvio, uma readequação institucional do Estado, tornando-o mais consetâneo aos novos desafios trazidos pelas novas relações globais. É dizer, as ideias tradicionais de sobrania, poder, competência, atreladas que eram à uma territorialidade específica, não mais fazem sentido no cenário hodierno, o que inevitavelmente traz consequências à atuação das Administrações Públicas nacionais. Fala-se em crise, ou mesmo fim, do Estado soberano, e por conseguinte da condição de possibilidade — e efetividade — da regulação das relações humanas.

Por outro lado, é inerente ao ser-humano a sensação de segurança, de modo que o acertamento das condutas sociais consoante diretrizes normativas que a garantam — segurança jurídica, no caso — é próprio imperativo à convivência em sociedade. Quer-se com isso dizer que, em que pese testemunharmos, de fato, a crise — e enfraquecimento — da soberania estatal, tal qual tradicionalmente a compreendíamos, isto é enquanto origem e garantia das normas jurídicas, novos *standards* estão — e vão — ser construídos, haja vista ser a segurança jurídica (previsibilidade e certeza das consequências dos agires) própria condição necessária ao conviver humano. No entanto, trata-se do erigimento de um novo modelo normativo, mais adequado a complexidade e globalidade das relações jurídico-sociais travadas.

Nesse sentido, aceitar essa complexidade e mesmo incapacidade de administrá-la, ao menos com a lógica ("*top-down*") e ferramentas normativas tradicionais, faz parte do processo de erigimento desses novos paradigmas relacionais. A busca por instrumentos e mecanismos mais adequados a lidar com cenários cada vez mais caóticos, e que refogem mesmo à capacidade de cognição (total) e fiscalização, é desafio imposto a todas as Administrações nacionais, provocando-as a se reinventarem em prol de uma governança mais consentânea às demandas de uma sociedade 4.0. Nesse interím, e já nos focando na administração fiscal, construir espaços de diálogos, de co-criação normativa baseada em análise de riscos, tal qual proposto pela política de *cooperative compliance*, não só parece ser útil, como se mostra aparentemente necessário a uma Administração que busca ser mais consentânea, eficiente e efetiva a essa nova realidade pujante.

Daí a proposta do presente artigo: trazer breves notas sobre o tema a fim de contribuir para e fomentar o debate no cenário brasileiro. Para tanto, buscaremos comentar as linhas mestras do projeto Confia, que está sendo desenvolvido no âmbito da Receita Federal do Brasil. No entanto, tendo em vista a ausência de experiências mais robustas *in solo brasilis*, parece interessante imiscuir-se, ainda que brevemente, em algumas experiências estrangeiras[15] que implementaram — ou visaram implementar — programas de cumprimento tributário voluntário. Nossas escolham recaíram sobre Austrália, Reino Unido e Espanha, em razão: i) de se tratarem de programas já há mais tempo em operação e, por conseguinte, mais consolidados (caso de Austrália e Reino Unido); ii) e/ou pela similitude cultural (Espanha, em razão de ser país latino).

Antes, porém, de ingressarmos nas experiências internacionais e no exame do projeto CONFIA, convém tecer breves comentários relativamente aos pilares, erigidos pela OCDE, como fundamentais à construção de iniciativas e/ou programas de *cooperative compliance*, posto ser diretriz comum — e núcleo duro — a todo e qualquer investida.

1. As diretrizes da OCDE em *cooperative compliance*

Pois bem, as diretrizes da OCDE alicerçam a implementação de *cooperative compliance* em sete pilares básicos, cinco dos quais incidem sobre

[15] Vide nota de rodapé nº 5.

o modo de atuação da administração tributária (*commercial awareness*; imparcialidade; proporcionalidade; abertura ao diálogo/transparência; e *responsiveness*), e dois sobre a conduta dos contribuintes (abertura e transparência no compartilhamento de informações). Faremos breve descrição a cada um desses pilares nas linhas seguintes, no entanto, digno de comentário a desproporção entre as mudanças comportamentais a serem levadas a efeito pela administração e/ou pelos contribuintes, fato esse a demonstrar estar a cabo muito mais da Administração — que dos administrados — o protagonismo e liderança no estabelecimento de modelos de relacionamento mais cooperativo.

O termo *commercial awareness* deve ser entendido como a real necessidade de o Fisco conhecer o mercado, a estrutura e os modelos de negócio do contribuinte. As autoridades fiscais devem ter condições de mapear potenciais desvios de ordem concorrencial, com impactos fiscais, nos controles internos, na implementação de estratégias de governança e na interface do departamento tributário com as demais áreas da companhia. O contribuinte que aderir ao programa (ou iniciativas) precisa transmitir ao Fisco, de forma transparente e compreensível, os motivos fiscais e comerciais (razões extratributárias relevantes) de determinadas transações.

A imparcialidade está diretamente ligada ao engajamento das autoridades fiscais na busca de solução eficiente para que o contribuinte arque com ônus fiscais devidos com base na lei. Isso deve ser feito sem subjetividades conceituais decorrentes de processo interpretativo capaz de potencializar a exigência fiscal para maximizar a arrecadação.

A proporcionalidade diz respeito à ponderação nas escolhas que serão feitas pelas autoridades fiscais com relação ao planejamento e a execução dos seus procedimentos de fiscalização. É um juízo de necessidade e de adequação nas escolhas relativas ao que fiscalizar e a como fazê-lo. O objetivo é que o contribuinte tenha certo grau de previsibilidade quanto aos itens que serão analisados, com o fim de minimizar eventuais externalidades negativas em suas rotinas, e que ele conte com o apoio da autoridade fiscal para "calibrar" eventual autuação, bem como evitar futura operação que possa repercutir em nova fiscalização e provável contencioso administrativo.

A capacidade de resposta do Fisco (*responsiveness*), assim compreendida como a apresentação de soluções satisfativas e céleres, dotadas de alto grau de certeza e comprometimento, figura como elemento essencial para convergência de propósitos entre a atuação do Fisco e as ativas demandas do ambiente corporativo.

A abertura, por parte do contribuinte, ao compartilhamento de informações consubstancia expectativa de amplo compartilhamento de informações por parte dos administrados. Mais detidamente, é deles esperado que as informações e dados fornecidos o sejam pontualmente, assim como para além do que suas obrigações legais exigiriam.

A transparência, exigida de ambos os partícipes da relação, é vista sobre a perspectiva do diálogo efetivo. Espera-se o mútuo compartilhamento de posicionamentos e interpretações, especialmente com relação a assuntos que impactem diretamente os negócios do contribuinte. Sugere-se a disponibilização por parte da administração tributária da estratégia de gestão de risco, das operações consideradas "abusivas" e a segmentação dos contribuintes por perfil de risco.

A transparência deve ser trabalhada em três níveis distintos: i) individual: refere-se a relação contínua do Fisco com determinado contribuinte de forma a facilitar a comunicação entre as partes, estreitar a confiança e trazer familiaridade quanto ao *modus operandi* da empresa fiscalizada; ii) cultural: implica na mudança de pensamento no que concerne ao aspecto institucional, como a administração tributária enxerga os contribuintes e vice-versa; e iii) estrutural: clareza na dinâmica procedimental de forma a contemplar meio protocolar apto a viabilizar a comunicação efetiva entre as partes.

2. Algumas experiências estrangeiras de *cooperative compliance*

2.1. Austrália

A Austrália, por meio de sua administração tributária (*Australian Taxation Office*, doravante ATO), foi pioneira na implementação, em 2001, de um programa de *cooperative compliance*. Para alcançar os melhores resultados, desenvolve estratégias diferenciadas de relacionamento cooperativo e práticas de *compliance* com grandes empresas e com pequenos e médios contribuintes.[16]

[16] Ibid., p. 38.

O modelo de conformidade cooperativa australiano é baseado na demonstração de boa governança corporativa e processos de gestão de riscos tributários das empresas. Para tanto, o ATO apresenta diretrizes práticas e critérios objetivos para que o modelo de governança fiscal das empresas lhes imprima "confiança justificada", situação que proporcionará um atendimento personalizado ao contribuinte.[17]

Relativamente às grandes empresas, há um enfoque estratégico nas 100 maiores, com as quais se utiliza uma abordagem multitarefa de engajamento desses contribuintes-chave (doravante KTE).[18] O modelo busca trabalhar com as operações significativas desses principais contribuintes em tempo real, para garantir que elas obtenham resultados fiscais consistentes com a lei e as diretrizes da ATO. O modelo KTE usa uma metodologia de confiança justificada (*justified trust*),[19] por meio da análise da gestão corporativa de riscos fiscais dos empreendimentos. Aliás, a ATO fornece aos contribuintes um guia de revisão de governança e gestão de riscos tributários,[20] com orientações práticas que visam ajudar grandes empresas multinacionais[21] a entender como se

[17] "*[the model] is characterized by the use of tailored responses to different taxpayer groups based on their compliance risk levels and histories.*" Bronzewska, Kataryna. Cooperative Compliance: A New Approach to Managing Taxpayer Relations. IBFD Doctoral Series n. 38. Amsterdam: IBDF, 2016. p. 109.
Vide: AUSTRALIAN TAXATION OFFICE. Reviewing tax governance for large public and multinational businesses. Disponível em: https://www.ato.gov.au/business/large-business/compliance-and-governance/reviewing-tax-governance-for-large-public-and-multinational-businesses/. Acesso em: 02 out. 2021.

[18] Em inglês: *Key Taxpayer Engagement.*

[19] AUSTRALIAN TAXATION OFFICE. Justified trust. Disponível em: https://www.ato.gov.au/Business/Large-business/Justified-Trust/ Acesso em: 02 out. 2021.

[20] AUSTRALIAN TAXATION OFFICE. Tax risk management and governance review guide. Disponível em: https://www.ato.gov.au/business/large-business/in-detail/key-products-and-resources/tax-risk-management-and-governance-review-guide/. Acesso em: 02 out. 2021.

[21] Além dos 100 maiores contribuintes, o ATO aplica a revisão do governo tributário às 1000 maiores empresas. A sua avaliação pela ATO evidenciará como estará catalogado relativamente aos seus riscos fiscais, com base na análise de suas operações, da acurácia dos cálculos de impostos e das declarações apresentados, fatores que podem permitir a redução da intensidade das intervenções da administração fiscal.
Campos, Flávio Vilela. El Cumplimiento Cooperativo en Brasil: un análisis comparado. 2020. 118 f. Dissertação (Mestrado) — Curso de Administración Tributaria y Hacienda Pú-

classificam em relação à governança tributária aos olhos da Administração Fiscal.

Aos contribuintes que desejam construir um relacionamento transparente e cooperativo com o ATO é oferecido o Acordo Anual de Conformidade (doravante ACA), instrumento utilizado para a adesão do contribuinte ao programa de *cooperative compliance*. No ACA,[22] a ATO constrói um plano com o contribuinte, discriminando os processos e impostos pactuados, oferecendo um conjunto de vantagens para a empresa, entre as quais a existência de um único interlocutor, modelos para a solução de consultas precoces e resolução de problemas emergentes, prazos diferenciados para cumprimento de obrigações formais, penalidades e juros diferenciados para correção das inconsistências verificadas, e não sujeito a revisão de risco ou fiscalização após entrega da declaração de situações e impostos atingidos pelo ACA. Durante o desenvolvimento do ACA, o relacionamento entre administração e contribuintes é caracterizado pelo diálogo e revisão conjunta e em tempo real dos riscos tributários relevantes, alinhando compressões e expectativas quanto ao cumprimento tributário. É prevista no ACA, uma reunião de revisão anual, a fim de se estruturar um novo acordo sobre as ações futuras e prazo para levá-las a efeito.[23]

Os 100 maiores contribuintes recebem uma carta anual do Comissário de Tributação (líder máximo da ATO), informando-os sobre sua categorização de risco (contribuinte-chave; contribuinte-chave com preocupações significativas; ou contribuintes de risco aumentado), feita consoante um modelo denominado Estrutura de Ações Diferenciadas

blica, Instituto de Estudios Fiscales (IEF), Universidad Nacional de Educación A Distancia de España (UNED), Madrid, 2020. p. 40.
Ainda, sobre o programa: AUSTRALIAN TAXATION OFFICE. Top 1,000 Tax Performance Program. Disponível em https://www.ato.gov.au/Business/Large-business/Top-1,000-Tax-Performance-Program/. Acesso em: 02 out. 2021.

[22] Sobre ACA: AUSTRALIAN TAXATION OFFICE. Annual compliance arrangements — what you need to know. Disponível em: https://www.ato.gov.au/Business/Large-business/In-detail/Compliance-and-governance/Annual-Compliance-Arrangements-what-you-need-to-know. Acesso em: 21 set. 2021.

[23] Bronzewska, Kataryna. Cooperative Compliance: A New Approach to Managing Taxpayer Relations. IBFD Doctoral Series n. 38. Amsterdam: IBDF, 2016. p. 113.

(ADF).[24] Nessa carta são descritos claramente a categorização do contribuinte, os critérios de avaliação relativamente a cada imposto a ele aplicável, o que essa classificação significa para os contribuintes, e como a ATO pretende se envolver com ele nos próximos 12 meses. Assim, esses contribuintes sabem, de forma mais específica, o que precisam fazer para reduzir sua classificação de risco.[25] Ainda, as grandes empresas são obrigadas a informar seus posicionamentos fiscais mais questionáveis e significativos, inclusive planejamentos tributários (RTP[26]).

Por meio do RTP, a ATO i) personaliza a abordagem do contribuinte com base em cronogramas complexos e de alto risco; ii) identifica áreas nas quais a administração tributária precisa fornecer mais esclarecimentos e certeza sobre o tratamento correto de transações e planejamentos tributários complexos de alto risco; iii) melhora a compreensão do risco fiscal para contribuintes, setores e mercado; iv) melhora o diálogo com o contribuinte em relação ao seu perfil de risco e governança tributária; v) permite ao contribuinte tomar decisões conscientes sobre as posições que tomou ou está pensando em assumir que são consideradas de alto risco pela administração fiscal.

Relativamente às entidades de pequeno e médio porte, a ATO aplica um conjunto de medidas específicas de gestão de riscos, com o objetivo de reduzir a tolerância ao não cumprimento das obrigações fiscais e de criar um ambiente de concorrência leal. Realiza uma análise comparativa das empresas para avaliar seu desempenho em relação ao do seu setor, bem como utiliza o cruzamento de dados de outros contribuintes, instituições financeiras, além de um sistema de divulgação de paga-

[24] Mais informações: AUSTRALIAN TAXATION OFFICE. Action Differentiation Framework. Disponível em: https://www.ato.gov.au/Business/Large-business/Action-Differentiation-Framework/. Acesso em: 21 set. 2021.

[25] Campos, Flávio Vilela. El Cumplimiento Cooperativo en Brasil: un análisis comparado. 2020. 118 f. Dissertação (Mestrado) — Curso de Administración Tributaria y Hacienda Pública, Instituto de Estudios Fiscales (IEF), Universidad Nacional de Educación A Distancia de España (UNED), Madrid, 2020. p. 40.

[26] Mais informações: AUSTRALIAN TAXATION OFFICE. RTP schedule expansion to large private companies. Disponível em: https://www.ato.gov.au/Business/Large-business/Compliance-and-governance/Reportable-tax-positions/RTP-schedule-expansion-to-large-private-companies/. Acesso em: 25 mar. 2022.

mentos tributáveis (TPRS),[27] pelo qual as fontes pagadoras são obrigadas a fornecer informações sobre os pagamentos efetuados, com as quais se pretende identificar omissões de rendimentos ou declarações, ausência de registro ou uso de registros falsos.

Ainda, no curso de um processo preparatório de revisão de lançamento ou de auditoria, além de as circunstâncias individuais de seu negócio serem levadas em consideração pela autoridade fiscal, é oferecido ao contribuinte a oportunidade de prestar esclarecimentos relativamente à sua situação pessoal, podendo ainda resolver eventuais problemas de forma rápida, transparente e cooperativa. Tais análises conjuntas ajudam a determinar se há questões tributárias que requerem um exame mais aprofundado e resposta a demandar a realização efetiva de uma auditoria. O objetivo da ATO é trabalhar em cooperação com os contribuintes para construção de relacionamentos que visem melhorar o processo de resolução de disputas e minimizar custos para seus negócios. Daí que, se o contribuinte errar ou omitir alguma coisa na entrega da declaração, é oferecida a oportunidade de o mesmo reportar voluntariamente o problema, com possibilidade de adequação de sua situação tributária.

Em síntese, o modelo de *compliance cooperativo* australiano é estruturado de forma diferenciada de acordo com o porte e o perfil dos contribuintes. Para as 100 maiores empresas, possui um modelo com caráter personalizado, baseado na avaliação de governança corporativa e gestão de riscos tributários da empresa, disponibilizando um único canal de acesso (junto a ATO), segurança jurídica com resolução de dúvidas em tempo real e transparência (de modo que o contribuinte sabe claramente onde precisa melhorar sua governança fiscal).[28] Com as PMEs, atua com assessoria e transparência de informações, oferecendo a expectativa de recolhimento do imposto que a ATO espera do contri-

[27] AUSTRALIAN TAXATION OFFICE. Work out if you need to lodge a TPAR. Disponível em: https://www.ato.gov.au/Business/Reports-and-returns/Taxable-payments-annual-report/Work-out-if-you-need-to-lodge-a-TPAR/. Acesso em: 21 set. 2021.

[28] Em um modelo semelhante, mas com um nível inferior de personalização, funciona com os 1000 maiores contribuidores. AUSTRALIAN TAXATION OFFICE. Top 1,000 Tax Performance Program. Disponível em https://www.ato.gov.au/Business/Large-business/Top-1,000-Tax-Performance-Program/. Acesso em: 02 out. 2021.

buinte, buscando incentivá-los ao adimplemento voluntário das obrigações fiscais.

Como medida de performance, a ATO utiliza-se do conceito de "imposto assegurado" (*tax assured*). Trata-se de uma estimativa da proporção de impostos reportados que a ATO tem grande confiança de estarem corretos. Tal indicador ajuda a demonstrar a confiança da ATO de que o sistema tributário está funcionando bem no geral, além de demonstrar os pontos fortes de partes específicas do sistema tributário, e auxiliar na detecção de ameaças potenciais.

Dois terços das estimativas (*tax assured*) são feitas por meio de comparação de dados coletados de terceiros com os impostos relatados pelos contribuintes individuais. O terço restante é feito por meio dos dados coletados no relacionamento direto com os maiores contribuintes. Em 30 de junho de 2021, estimou-se que 45,5% dos impostos declarados para o ano fiscal de 2018-19 podem ser garantidos como corretos. Durante 2020-21, a ATO assegurou como imposto garantido um adicional de 2% para o ano fiscal de 2017-18, elevando para 49,6% a estimativa total de *tax assured* de 2017-18.[29]

2.2. Reino Unido[30]

A administração tributária do Reino Unido (*Her Majesty's Revenue and Customs*, doravante HMRC) possui um modelo de supervisão para cerca de 2.000 maiores e mais complexas empresas, que se enquadram nos programas de *cooperative compliance*.[31] A principal característica do programa é a utilização de um modelo estruturado de *Compliance Risk Management* (GRC), com a aplicação de diferentes estratégias em função

[29] AUSTRALIAN TAXATION OFFICE. Tax assured: gaining confidence the right amount of tax is reported. https://www.ato.gov.au/About-ATO/Research-and-statistics/In-detail/General-research/Tax-assured---gaining-confidence-the-right-amount-of-tax-is-reported/. Acesso em: 25 mar. 2022.

[30] HM REVENUE & CUSTOMS. HMRC's compliance approach for Large Business. Disponível em: https://www.gov.uk/guidance/large-business-strategy. Acesso em: 25 set. 2021.

[31] HM REVENUE & CUSTOMS. Customer compliance: how HMRC's compliance yield is split by business area and our approach to tax compliance and large businesses. Corporate Report. Disponível em: https://www.gov.uk/government/publications/hmrc-annual-report-and-accounts-2019-to-2020/customer-compliance-how-hmrcs-compliance-yield-is-split-by-business-area-and-our-approach-to-tax-compliance-and-large-businesses Acesso em: 05 out. 2021.

do perfil de risco do contribuinte. A participação no programa de *cooperative compliance* é estabelecida por critérios de porte, trabalhando-se com grandes empresas de perfis de riscos diversos, o que distingue o modelo inglês de outros programas internacionais que têm como foco apenas contribuintes de baixo risco. De toda forma, e à semelhança de outros modelos, baseia-se na "confiança justificada" (*justified trust*) em contribuintes abertos e transparentes, que apresentam a sua estratégia fiscal e outros assuntos relevantes em tempo real.

As principais estratégias do programa inglês são, além da aplicação do GRC, foco em tempo e recursos onde haja maior risco de não cumprimento das obrigações tributárias; gestão intensiva do relacionamento por meio da figura do interlocutor e ponto de contato da empresa, denominado *Customer Compliance Manager* (CCM);[32] ênfase nas atividades de prevenção, ou seja, com trabalho em tempo real, antes da apresentação das declarações; e em serviço de assistência que promova a segurança jurídica, especialmente em situações complexas.

O gerente de relacionamento da empresa (CCM) é um especialista tributário (auditor da HMRC) altamente treinado em *cooperative compliance*, e que conta com o apoio de equipes de especialistas em sua atuação. O CCM é o ponto de contato da empresa com a Autoridade Tributária, sendo o funcionário[33] que acompanha de forma exaustiva o contribuinte, o que inclui sua participação na avaliação e revisão dos riscos de *compliance* desse contribuinte. Além disso, realiza reuniões periódicas e trabalha os riscos relevantes em tempo real, buscando proporcionar segurança e agilidade na resolução de problemas, sempre procurando orientar e direcionar o contribuinte para que o mesmo cumpra as obrigações tributárias de forma voluntária.

O CCM realiza a avaliação do perfil de risco do contribuinte de forma conjunta e colaborativa, orientando para que saiba o motivo de não ser classificado como de baixo risco, possibilitando ao contribuinte sua

[32] O número de *Customer Compliance Managers*, trabalhando na Diretoria de Grandes Contribuintes, era, em 20 de março de 2020, 170. Ibid.

[33] Consoante Kataryna Bronzewska, o CCM não necessariamente é uma única pessoa, podendo ser um time de especialistas tributários, que varia de 1 até 12 (consoante o perfil de risco do contribuinte). Bronzewska, Kataryna. Cooperative Compliance: A New Approach to Managing Taxpayer Relations. IBFD Doctoral Series nº 38. Amsterdam: IBDF, 2016. p. 166.

eventual readequação — a categorias de menores riscos — de forma mais eficaz. O modelo de gestão de risco de *compliance*, denominado *Business Risk Review* + (BRR +),[34] é composto pela avaliação pelo CCM i) do perfil ou estrutura empresarial do contribuinte, bem como ii) de indicadores comportamentais. Como resultado, os contribuintes são classificados em quatro perfis de riscos: baixo, moderado, moderado-alto e alto.

Relativamente ao perfil ou estrutura empresarial,[35] são analisados o tamanho, a complexidade das estruturas comerciais e tributárias, as transações no exterior, o grau de estabilidade e as mudanças nos negócios e a composição acionária. Já os indicadores comportamentais estão distribuídos em três dimensões. Uma primeira, em que é avaliada a capacidade do contribuinte de entregar pontualmente o imposto correto, considerando o porte e a complexidade dos negócios, seu histórico de conformidade e estrutura fiscal e contábil. Uma segunda, em que o modelo de governança fiscal do contribuinte é avaliado, bem como sua abertura e cooperação com o HMRC. E uma terceira, em que a estratégia tributária do contribuinte e sua transparência são avaliadas, além do exame de indícios de atividades agressivas de planejamento tributário e/ou de declarações falsas.

O resultado dessa classificação de risco define a abordagem do contribuinte. Aqueles considerados de baixo risco, reavaliados a cada três anos, recebem apenas ações de suporte e orientação voltadas ao cumprimento voluntário, não sendo objeto, normalmente, de iniciativas fiscalizatórias. Para as demais classificações, reavaliadas anualmente, as atividades de supervisão e fiscalização são mais intensas. São estruturados programas específicos, podendo-se, inclusive, aplicar medidas sancionatórias especiais, sempre com o objetivo de realçar os contribuintes em categoria de mais baixo risco. De se pontuar que a classificação do perfil de risco BRR + não é objeto de divulgação externa, exceto para o

[34] HM REVENUE & CUSTOMS. Tax Compliance Risk Management. Disponível em: https://www.gov.uk/hmrc-internal-manuals/tax-compliance-risk-management/tcrm3000. Acesso em: 05 out. 2021.

[35] Flávio salienta que a avaliação do perfil de negócios (estrutura) não faz parte do processo de pontuação BRR +, mas fornece o contexto em que as pontuações de risco comportamental serão aplicadas. CAMPOS, Flávio Vilela. El Cumplimiento Cooperativo en Brasil: un análisis comparado. 2020. 118 f. Dissertação (Mestrado) — Curso de Administración Tributaria y Hacienda Pública, Instituto de Estudios Fiscales (IEF), Universidad Nacional de Educación A Distancia de España (UNED), Madrid, 2020. p.48.

próprio contribuinte, que, ao receber a avaliação de baixo risco, costuma divulgá-la como forma de fortalecer sua reputação perante a sociedade (responsabilidade social).

Desde 2004, o HMRC exige informações sobre planejamentos tributários tanto das empresas quanto dos profissionais fiscais que os produzem, com previsão de penalidades para ambos pela falta de transparência das informações. Além disso, há previsão legal de responsabilização do Conselho de Administração da empresa pela sua estratégia fiscal.[36] Ademais, o HMRC atua preventivamente para fornecer orientações claras e dar segurança jurídica aos contribuintes, possuindo centros de consultas, publicações informativas (de manuais a atos interpretativos vinculativos) e consultas escritas com efeito vinculativo — consulta essa a que o HMRC se compromete em responder em até 28 dias para empresas no programa de conformidade cooperativa. Além disso, possui uma unidade especial (Unidade de Acordos Antecipados) para negociar questões interpretativas relevantes e controversas.[37]

Recentemente, em janeiro de 2019, a HMRC's lançou um novo programa, o *Profit Diversion Compliance Facility* (PDCF), com foco em preços de transferências. As empresas multinacionais são incentivadas a utilizar as orientações publicadas pela HMRC a fim de avaliar se a metodologia de preços de transferência usada por elas para calcular seus lucros para fins de imposto corporativo estaria correta ou incorreta. Estando incorreta, os interessados devem preparar e apresentar relatório com proposta para liquidação das obrigações devidas.[38]

Ainda no campo preventivo, a autoridade fiscal desenvolve uma estratégia de mitigação de litígios (*HMRC's Litigation and Settlement*

[36] VALDÉS, José Andrés Rozas. Los Sistemas de Relaciones Cooperativas: Una perspectiva de Derecho Comparado desde el sistema tributario español. Documentos, Instituto de Estudios Fiscales (IEF), n. 6/2016. Disponível em: https://www.ief.es/docs/destacados/publicaciones/documentos_trabajo/2016_06.pdf. Acesso em: 25 mar. 2022. p.59.

[37] Ibid., p.51.

[38] HM REVENUE & CUSTOMS. Customer compliance: how HMRC's compliance yield is split by business area and our approach to tax compliance and large businesses. Corporate Report. Disponível em: https://www.gov.uk/government/publications/hmrc-annual-report-and-accounts-2019-to-2020/customer-compliance-how-hmrcs-compliance-yield-is-split-by-business-area-and-our-approach-to-tax-compliance-and-large-businesses Acesso em: 05 out. 2021.

Strategy — LSS),[39] por meio da qual avalia o perfil dos litígios de forma a evitá-los em situações de baixa possibilidade de sucesso. Além disso, antecipa acordos e mediações[40] antes da liquidação e notificação do débito, iniciando auditoria apenas na hipótese de o contribuinte não regularizar o imposto, com pagamento de juros e multas[41] (quando aplicável).

O HMRC possui diversos fóruns de diálogo e de aperfeiçoamento do sistema tributário, com grandes contribuintes e profissionais tributários, inclusive e especificamente com as quatro grandes empresas de auditoria fiscal, chamadas de *"big four"*,[42] e com as cinco maiores bancas de advogados tributaristas. Realiza também consultas à sociedade antes da publicação da nova legislação, além de pesquisas anuais de satisfação com grandes contribuintes.[43]

Os resultados de performance da HMRC's são divulgados em relatórios anuais (*Annual Report and Accounts*), disponíveis no site da própria autoridade fiscal.[44] Consta no último relatório disponibilizado, relativo ao ano 2019-2020, a estimativa de £ 36,9 bilhões em receitas geradas por impostos adicionais, por meio do combate à evasão e outras não conformidades.[45]

[39] HM REVENUE & CUSTOMS. Litigation and Settlement Strategy (LSS). Disponível em: https://www.gov.uk/government/publications/litigation-and-settlement-strategy-lss. Acesso em: 05 out. 2021.

[40] HM REVENUE & CUSTOMS. Use Alternative Dispute Resolution to settle a tax dispute. Disponível em: https://www.gov.uk/guidance/tax-disputes-alternative-dispute-resolution-adr. Acesso em: 05 out. 2021.

[41] Informações sobre essa abordagem nas revisões de *compliance* tributário podem ser obtidas em: HM REVENUE & CUSTOMS. Tax compliance checks. Disponível em: https://www.gov.uk/tax-compliance-checks. Acesso em: 05 out. 2021.

[42] Seriam elas: Deloitte, PriceWaterhouseCoopers, Ernest&Young e KPMG.

[43] CAMPOS, Flávio Vilela. El Cumplimiento Cooperativo en Brasil: un análisis comparado. 2020. 118 f. Dissertação (Mestrado) — Curso de Administración Tributaria y Hacienda Pública, Instituto de Estudios Fiscales (IEF), Universidad Nacional de Educación A Distancia de España (UNED), Madrid, 2020. p.49.

[44] HM REVENUE & CUSTOMS. Annual reports and accounts published by HMRC. Disponível em: https://www.gov.uk/government/collections/hmrcs-annual-report-and-accounts. Acesso em: 25 set. 2021.

[45] HM REVENUE & CUSTOMS. Annual Report and Accounts 2019 to 2020. Londres: HMRC, 2020. Disponível em: https://assets.publishing.service.gov.uk/government/uploads/system/uploads/attachment_data/file/932874/HMRC_Annual_Report_and_Accounts_2019_to_2020__Print_.pdf. Acesso em: 25 set. 2021.

2.3. Espanha

A Administração Tributária da Espanha (doravante AEAT) instituiu em 2009 dois fóruns de diálogo para aproximar contribuintes e sociedade: o Fórum de Grandes Empresas[46] e o Fórum de Associações e Entidades de Profissionais Tributários.[47] O objetivo foi o de constituir espaços para o desenvolvimento de uma relação de cooperação entre a AEAT e os contribuintes.[48]

De se pontuar, aliás, ser a tônica da construção do programa espanhol justamente o engajamento na mudança cultural. É dizer, apesar de se tratar de um sistema de *civil law*, o erigimento de políticas de *cooperative compliance* pautou-se não em mudança legislativas,[49] mas sobretudo em *soft laws*, os chamados códigos de boas práticas, em grande parte resultantes dos diálogos travados naqueles fóruns para tal desiderato criados. Trata-se, aliás, de um bom exemplo de que a principal mudança necessária para o sucesso dos programas de *cooperative compliance* é no modelo mental. Daí porque a ênfase deve ser em medidas aptas a efetivamente aproximar administração e administrados para que em conjunto construam uma relação baseada no diálogo e na cooperação e não no conflito.

[46] AGENCIA TRIBUTARIA DE ESPAÑA. Foro de Grandes Empresas. Disponível em: https://sede.agenciatributaria.gob.es/Sede/colaborar-agencia-tributaria/relacion-cooperativa/foro-grandes-empresas.html. Acesso em: 25 mar. 2022.

[47] AGENCIA TRIBUTARIA DE ESPAÑA. Foro de Asociaciones y Colegios de Profesionales Tributarios. Disponível em: https://sede.agenciatributaria.gob.es/Sede/colaborar-agencia-tributaria/relacion-cooperativa/foro-asociaciones-colegios-profesionales-tributarios.html. Acesso em: 25 mar. 2022.

[48] CAMPOS, Flávio Vilela. El Cumplimiento Cooperativo en Brasil: un análisis comparado. 2020. 118 f. Dissertação (Mestrado) — Curso de Administración Tributaria y Hacienda Pública, Instituto de Estudios Fiscales (IEF), Universidad Nacional de Educación A Distancia de España (UNED), Madrid, 2020. p.53.

[49] Corral Guadaño relata que na Espanha o único dispositivo legal alterado foi a criação em 2015 de uma menção no art. 92.2 da LGT, que prevê a possibilidade de a AEAT firmar convênios com entidades privadas e organizações representativas para promover o cumprimento cooperativo. CORRAL GUADAÑO, Ignacio. La gestión del IRPF: ¿es hora de una revisión basada en la relación cooperativa? Revista de Contabilidad y Tributación, Madrid, n. 449-450, p.111-140, agosto-septiembre 2020.

No âmbito do Fórum de Grandes Empresas,[50] o Código de Boas Práticas Tributárias (doravante CBPT),[51] construído de forma cooperativa, contém recomendações para o aprimoramento do sistema jurídico tributário, aumentando a segurança jurídica, reduzindo o contencioso e a cooperação recíproca, com base nos princípios da transparência, confiança mútua e boa-fé. Trata-se de documento a cuja adesão, pela AEAT e pelas empresas, é voluntária.

Por outro lado, o Fórum das Associações e Entidades de Profissionais Tributários possibilitou o estabelecimento de um novo quadro de relacionamento com os intermediários fiscais, profissionais que integram a AEAT e os contribuintes, muitos dos quais pequenos e médios empreendimentos (PME). Foram aprovados dois códigos de boas práticas, um para as entidades coletivas (associações, entidades de classe, etc.)[52] e outro para a categoria dos profissionais fiscais.[53] Ambos são voluntários e trazem um conjunto de princípios, valores, normas e diretrizes de boas práticas fiscais na relação entre os intermediários fiscais, seus clientes (contribuintes) e a AEAT. Já as Associações e Entidades de Profissionais Tributários assumem o compromisso de promover e facilitar essa relação,

[50] São consideradas grandes empresas, e sujeitas a Delegacia Central de Grandes Contribuintes da AEAT, aquelas que possuam volume de operações superior a 200 milhões de euros. AGENCIA TRIBUTARIA DE ESPAÑA. Delegación Central de Grandes Contribuyentes. Disponível em: https://sede.agenciatributaria.gob.es/Sede/empresas/grandes-empresas/delegacion-central-grandes-contribuyentes/contribuyentes-adscritos-delegacion-central.html. Acesso em: 25 mar. 2022.

[51] AGENCIA TRIBUTARIA DE ESPAÑA. Código de Buenas Prácticas Tributarias. Disponível em: https://sede.agenciatributaria.gob.es/Sede/colaborar-agencia-tributaria/relacion-cooperativa/foro-grandes-empresas/codigo-buenas-practicas-tributarias.html. Acesso em: 25 mar. 2022.

[52] AGENCIA TRIBUTARIA DE ESPAÑA. Código de Buenas Prácticas de Asociaciones y Colegios de Profesionales Tributarios. Disponível em: https://sede.agenciatributaria.gob.es/Sede/colaborar-agencia-tributaria/relacion-cooperativa/foro-asociaciones-colegios-profesionales-tributarios/codigo-buenas-practicas-asociaciones-colegios.html. Acesso em: 25 mar. 2022.

[53] AGENCIA TRIBUTARIA DE ESPAÑA. Código de Buenas Prácticas de Profesionales Tributarios. Disponível em: https://sede.agenciatributaria.gob.es/Sede/colaborar-agencia-tributaria/relacion-cooperativa/foro-asociaciones-colegios-profesionales-tributarios/codigo-buenas-practicas-profesionales-tributarios.html. Acesso em: 25 mar. 2022.

além de colaborarem com a administração tributária na promoção do combate às condutas fraudulentas na área tributária.[54]

A adesão ao programa formaliza-se por meio de expressa manifestação de vontade junto a AEAT dos interessados em observar o CBPT.[55] No caso de grandes contribuintes, é prevista a divulgação no próprio site da AEAT, da relação de empresas aderentes ao programa de *compliance*, medida essa que dá publicidade positiva aos empreendimentos (por indicar responsabilidade social dos mesmos). Atualmente 166 empresas espanholas participam do programa de conformidade cooperativa.[56]

Ainda relativamente às grandes empresas, os compromissos de confiança e transparência assumidos materializam-se no "Informe Anual de Transparência Fiscal", por meio do qual as empresas aderentes ao CBPT devem apresentar informações completas sobre suas estratégias fiscais, preferencialmente antes da declaração do imposto sobre as empresas. O relatório de transparência é um instrumento fundamental do modelo de *compliance cooperativo*, uma vez que nele as empresas voluntariamente esclarecem sua forma de organização e sua estratégia tributária, permitindo à AEAT entender antecipadamente como estão estruturadas e as razões de seus planejamentos. As informações recebidas são passíveis de avaliação pelos órgãos de controle, possibilitando à AEAT promover orientação e segurança jurídica às empresas, reduzindo o contencioso, além de subsidiar a gestão de risco de *compliance*.[57]

[54] Campos, Flávio Vilela. El Cumplimiento Cooperativo en Brasil: un análisis comparado. 2020. 118 f. Dissertação (Mestrado) — Curso de Administración Tributaria y Hacienda Pública, Instituto de Estudios Fiscales (IEF), Universidad Nacional de Educación A Distancia de España (UNED), Madrid, 2020. p.54.

[55] Procedimentos de adesão acessíveis nos mesmos endereços URL mencionados para os Códigos de Boas Práticas. Vide notas n. 51, 52, 53.

[56] AGENCIA TRIBUTARIA DE ESPAÑA. Adhesiones al Código de Buenas Prácticas Tributarias. Disponível em: https://sede.agenciatributaria.gob.es/Sede/colaborar-agencia-tributaria/relacion-cooperativa/foro-grandes-empresas/codigo-buenas-practicas-tributarias/adhesiones-codigo-buenas-practicas-tributarias.html. Acesso em: 25 mar. 2022.

[57] A gestão do risco de *compliance* realiza a avaliação e segmentação dos contribuintes por perfil de risco de compliance, embora não exista divulgação pública desta classificação de risco do contribuinte, sendo um instrumento interno de gestão da atuação da administração tributária. Campos, Flávio Vilela. El Cumplimiento Cooperativo en Brasil: un análisis comparado. 2020. 118 f. Dissertação (Mestrado) — Curso de Administración Tributaria y Hacienda Pública, Instituto de Estudios Fiscales (IEF), Universidad Nacional de Educación A Distancia de España (UNED), Madrid, 2020. p. 55.

O CBPT também prevê a aprovação e a responsabilidade do Conselho de Administração da empresa pela sua política tributária, em linha tanto com disposições da Lei das Sociedades de Capitais espanhola, quanto com outros modelos de *compliance* cooperativo internacional.[58] No campo processual, e a fim de reduzir conflitos, está prevista a realização de ata de acordo durante o procedimento tributário quando em pauta situações que dependam da aplicação de conceitos jurídicos indeterminados,[59] ou seja, que não possam ser quantificados diretamente, com a redução das sanções em 65% (sessenta e cinco por cento).[60]

Em suma, o modelo de *compliance cooperativo* espanhol foi desenvolvido por meio de fóruns de diálogo, tanto com grandes contribuintes como com associações e entidades de profissionais do imposto, em que foram aprovados códigos de boas práticas fiscais, documentos de *soft law*, cujas adesões pela AEAT, empresas, associações e entidades de profissionais tributários e profissionais tributários se dão de forma voluntária. Trata-se de modelo que se baseia no anseio de mudança da relação tradicional para a relação cooperativa, mais do que em determinações jurídicas (*top-down*). No que se refere à gestão de risco de *compliance*, o ponto-chave do programa é o "Relatório Anual de Transparência Fiscal", instrumento pelo qual as empresas informam voluntariamente sua estratégia tributária à AEAT, materializando os princípios do modelo cooperativo.

[58] Caso do Reino Unido, por exemplo.

[59] Conforme art. 155 da Lei Geral Tributária espanhola, verbis: *Artículo 155. Actas con acuerdo. 1. Cuando para la elaboración de la propuesta de regularización deba concretarse la aplicación de conceptos jurídicos indeterminados, cuando resulte necesaria la apreciación de los hechos determinantes para la correcta aplicación de la norma al caso concreto, o cuando sea preciso realizar estimaciones, valoraciones o mediciones de datos, elementos o características relevantes para la obligación tributaria que no puedan cuantificarse de forma cierta, la Administración tributaria, con carácter previo a la liquidación de la deuda tributaria, podrá concretar dicha aplicación, la apreciación de aquellos hechos o la estimación, valoración o medición mediante un acuerdo con el obligado tributario en los términos previstos en este artículo.*

[60] Conforme art. 188,1, a da Lei Geral Tributária espanhola: *Artículo 188. Reducción de las sanciones. 1. La cuantía de las sanciones pecuniarias impuestas según los artículos 191 a 197 de esta Ley se reducirá en los siguientes porcentajes: a) Un 65 por ciento en los supuestos de actas con acuerdo previstos en el artículo 155 de esta Ley.*

2.4. Síntese dos modelos descritivos

O quadro abaixo visa condensar e descrever as principais característica de cada um dos quatro programas acima referidos:

País	Síntese	Breve descrição
AUSTRÁLIA	Estratégia Grandes Contribuintes, mas também modelos mais amplos para PME	- Diferentes estratégias a depender do porte e perfil do contribuinte. - Para as 100 maiores empresas: modelo mais personalizado, baseado na avaliação de governança corporativa e gestão de riscos tributários da empresa. Disponibiliza um único canal de acesso (junto a *Australian Taxation Office*/ ATO), garantindo segurança (jurídica) com resolução de dúvidas em tempo real e transparência (de modo que o contribuinte sabe claramente onde você precisa melhorar sua governança fiscal). Firmado um ACA (Acordo Anual de Conformidade). - Revisão da governança tributária das 1000 maiores empresas. A avaliação pela ATO pode permitir a redução da intensidade das intervenções da administração fiscal. - Com as PMEs, atua com assessoria e transparência de informações, oferecendo a expectativa de recolhimento do imposto que a ATO tem relativamente contribuinte (comparativamente a média do setor), buscando incentivá-los ao adimplemento voluntário das obrigações fiscais.
REINO UNIDO	Estratégia Grandes Contribuintes e nos que têm maior risco de inadimplemento	- A Administração Tributária do Reino Unido (*Her Majesty's Revenue and Customs*, doravante HMRC) possui um modelo de supervisão para cerca de 2.000 maiores e mais complexas empresas. - Utiliza-se de um modelo estruturado de *Compliance Risk Management* (GRC). - Diferentes estratégias em função do perfil de risco do contribuinte: trabalhando-se com grandes empresas de perfis de riscos diversos (peculiar ao modelo inglês). - Avaliação do risco feito de forma colaborativa. - Regime: foco onde haja maior risco de não cumprimento das obrigações tributárias; gestão do relacionamento por meio da figura do *Customer Compliance Manager* (CCM); ênfase nas atividades de prevenção (trabalho em tempo real, antes da apresentação das declarações; e em serviço de assistência que promova a segurança jurídica, especialmente em situações complexas).

País	Síntese	Breve descrição
ESPANHA	Ênfase na mudança cultural	- A Administração Tributária de Espanha (AEAT) instituiu em 2009 dois fóruns de diálogo para aproximar contribuintes e sociedade: o Fórum de Grandes Empresas e o Fórum de Associações e Entidades de Profissionais Tributários. - Objetivo: Co-construção de *soft laws* para aprimoramento do sistema, os chamados códigos de boas práticas. Um foi resultado do Fórum de Grandes Empresas e outros dois do Fórum de Associações e Entidades de Profissionais Tributários. - A adesão ao programa formaliza-se através de expressa manifestação de vontade junto a AEAT dos interessados em observar o CBPT. - Exige-se o "Informe Anual de Transparência Fiscal", por meio do qual as empresas aderentes ao CBPT devem apresentar informações completas sobre suas estratégias fiscais. - Trata-se de modelo que se baseia no anseio de mudança cultural da relação tradicional para a relação cooperativa, mais do que em determinações jurídicas (*top-down*).

Fonte: ABJ. Diagnóstico do Contencioso Tributário Administrativo.

Em suma, é possível verificar que a par de cada um dos três países ter desenvolvido um *design* específico, em razão de suas especificidades culturais e/ou mesmo estrutura administrativa, todos tiveram por norte os pilares erigidos pela OCDE. É dizer, todos os programas descritos tem em foco desenvolver um relacionamento dialógico em que os contribuintes fornecem informações sobre seus modelos negociais de forma ampla e transparente, ao passo que as Administrações buscam compreender a vicissitudes e peculiaridades de cada um deles, e dar respostas céleres, transparentes e construídas de forma colaborativa. Percebe-se, ainda, uma forte tendência em se concentrar nos grandes empreendimentos e de se oportunizar a adequação voluntária, por parte dos contribuintes aderentes aos programas, de seus deveres fiscais às interpretações oficias preventivamente (e previamente) a aplicação de qualquer sanção.

E tais movimentos não são sem razão. De um lado, embora os princípios subjacentes aos programas de *cooperative compliance* sejam relevantes para todas as categorias de contribuintes, tal abordagem pode ser mais eficaz e eficiente em relação aos contribuintes em que a complexidade das operações e os montantes envolvidos criam riscos mais elevados. Esse "risco potencial mais elevado" é a principal razão pela qual a maioria dos esforços de conformidade cooperativa de recursos intensivos das administrações tributárias são direcionados a grandes empresas. Este é particularmente o caso de empresas multinacionais (MNEs) que realizam suas operações globais em várias jurisdições que enfrentam o desafio de conformidade fiscal de que precisam cumprir a legislação tributária nas diferentes jurisdições em que operam.

E, de outro, erigir uma nova forma de se relacionar, mais cooperativo, dialógico e transparente, exige a mudança da postura tradicional das Administrações Fiscais, alicerçada em grande medida no viés punitivo, de modo a se incentivar e estimular a adesão dos contribuintes a tal *modus operandi*. Com tais notas em mente, passemos a última parte do presente artigo, qual seja a de se analisar o cenário brasileiro a partir do Projeto Confia, cujo escopo é implementar o programa de *Coopeative Compliance* em âmbito nacional.

3. Projeto Confia[61]

Trata-se de projeto, levado a efeito pela Receita Federal do Brasil, que visa instituir programa de *cooperative compliance* de forma pioneira no âmbito federal. O projeto ainda está em em seu nascedouro, estando atualmente em uma fase prévia de modelagem conjunta, e dialogada com os contribuintes, a fim de se erigir seus contornos iniciais. Apertada síntese, o plano de trabalho — macro — do projeto perpassa as seguintes etapas: (i) alinhar; (ii) desenhar; (iii) testar; (iv) implementar; e (v) expandir. As primeiras a fases visam aproximar os interesses e objetivos das Administrações Fiscais e dos grande contribuintes[62], instaurando-se um grupo de trabalho, que prime pela construção de relações de confiança mútuas, e pela instauração de espaços de convergência, a fim de desenhar (com base nos princípios-base da OCDE) o modelo de *cooperative compliance* que será implementado no Brasil. A etapa de testes visa validar e/ou aperfeiçoar, no âmbito de projetos pilotos levados a efeito com reduzidíssimo número de empresas voluntárias, o modelo desenhado na etapa anterior. Uma vez validado o desenho proposto, a

[61] RECEITA FEDERAL DO BRASIL. CONFIA — Programa de Conformidade Cooperativa Fiscal da Receita Federal do Brasil. Disponível em: https://www.gov.br/receitafederal/pt-br/acesso-a-informacao/acoes-e-programas/confia. Acesso em: 26 set. 2021.

[62] Escolhidos consoante maturidade da governança tributária que a empresa possui, seu porte e seu posicionamento econômico.

ideia é que o programa seja de fato implementado, inicialmente a um número mais restrito de partícipes, e expandido à medida da capacidade operacional da RFB *vis a vis* o aumento do interesse das empresas em aderi-lo[63].

Nota-se desde já que, desde o seu *design* inicial, o projeto se arvora de experiências levadas a efeito no programa espanhol, e também nos programas australiano e inglês. Desse últimos, o foco inicial nos grande contribuintes, e mais detidamente do australiano a ênfase em empresas que apresentem maior maturidade de governança tributária (e quiçá menores riscos). Já do regime espanhol, vemos a iniciativa de co-contruir as diretrizes normativas a que se sujeitarão — voluntariamente — as empresas aderentes, medida essa em todo consentânea a construção de uma cultura mais colaborativa e dialogada em realidades que não as são.

Até o momento, são as fases (i) e (ii) que de alguma forma avançaram. Foi instituído, pela Portaria RFB n. 28, de 15 de abril de 2021, um Comitê Gestor da Receita Federal, responsável pela definição das diretrizes para a criação e o funcionamento do Programa de Conformidade Cooperativa Fiscal (CONFIA). Destaca-se, dentre as atribuições do Comitê, a de aprovar a criação do Fórum de Diálogo. O Fórum de Diálogo, a seu turno, é um espaço de diálogo da administração com os contribuintes, com caráter propositivo. Competirá ao Comitê Gestor da Receita Federal aprovar as propostas encaminhadas por este Fórum, propondo edição de atos normativos. De se ressaltar, aliás, que a previsão de co-participação dos contribuintes na construção dos programas de conformidade fiscal está alinhada às mudanças necessárias identificadas em experiências internacionais que mostraram as desvantagens em se levar um modelo pronto aos contribuintes.[64]

O Fórum de Diálogo foi criado, tendo sido celebrados Protocolos de Cooperação Técnica entre a União, por intermédio da RFB, e empresas

[63] Informações disponíveis em: <https://www.gov.br/receitafederal/pt-br/acesso-a-informacao/acoes-e-programas/confia>. Acesso em: 10 maio 2022.

[64] Vide o caso da Suécia. Sobre: HAMBRE, Anna-Maria. Cooperative Compliance in Sweden: A Question of Legality. Journal of Tax Administration, [S.l.], v. 5, n. 1, feb. 2019. ISSN 2059-190X. Disponível em: http://jota.website/index.php/JoTA/article/view/216/151. Acesso em: 27 set. 2021.

convidadas[65], objetivando a construção do Programa de Conformidade Cooperativa Fiscal (Confia). Mais detidamente, terá como objetivo propor medidas para o desenho de um modelo de *cooperative compliance* operativo, o que significa definir quatro pontos principais:

- Elementos básicos do programa de *compliance*: isto é, formas de adesão do contribuinte e análise de risco;
- Código de Boas Práticas Tributárias;
- Marco de Controle Fiscal: diretrizes para que o contribuinte saiba o que ele tem que fazer para mostrar que contribuiu corretamente;
- Contrapartidas.

Tratam-se todos de assuntos cujos debates já foram endereçados a três Câmaras Temáticas específicas (de Construção do Modelo do Confia, do Marco de Controle Fiscal, e do Código de Boas Práticas Tributárias), pertencentes ao Fórum de Diálogo, consoante Atos de Constituição nº 1, nº 2 e nº 3, de 16 de Dezembro de 2016. A última atualização disponível na página dedicada ao projeto consta a notícia de que foram aprovados os planos de trabalho a serem levados a efeito em cada uma das Câmaras Temáticas, de modo que por ora o que tem-se de concreto é o início do erigimento (ou tentativa de) de um relacionamento administração-administrado mais dialogado.

3.1. Um passo atrás: qual o nosso contexto?

O ponto que nos parece ser interessante ter em conta para fins de análise crítica das estratégias levadas a efeito no projeto proposto — ou quiçá formulação de outras — é compreender a realidade atual de relacionamento Fisco-contribuintes. Nos parece lógico concluir que apenas cientes e conscientes do atual "estado de arte"- digamos assim — desse assunto, é que será possível ter uma vislumbre mais real das dificuldades a serem enfrentadas a fim de erigir um programa de *compliance cooperativo*, cuja tônica seja a dominância da voluntariedade no cumprimento dos deveres fiscais.

[65] Consoante critérios objetivos disponíveis em: <https://www.gov.br/receitafederal/pt-br/acesso-a-informacao/acoes-e-programas/confia/CRITRIOSSELEOGRUPOSECONMICOSCONVIDADOSFDCONFIA.pdf>. Acesso em 10 maio 2022.

Não há como se negar que a realidade brasileira atual é de extrema conflituosidade entre a Administração Fazendária e os administrados, fato esse que impacta a própria arrecadação fiscal. Consta no Anexo V da proposta de Lei de Diretrizes Orçamentárias para 2022, como estoque de dívida ativa da União, o montante de R$ 2,5 trilhões de reais[66], com crescimento de 3,7% em relação ao ano anterior[67]. Já a arrecadação estimada para o ano de 2021 fora de R$ 24.892.400,00. Em que pese os esforços dos procuradores da fazenda nacional, a verdade é que a recuperação deste passivo de dívidas tributárias ainda está muito aquém do esperado.

Relatório da OCDE (Tax Administration), de 2015, relativo ao tema de contencioso tributário revela que o Brasil além de ser, dentre os países pesquisados, o segundo com maior número de processos pendentes de julgamento, é o que tem, proporcionalmente ao PIB (Produto Interno Bruto), maiores valores em discussão. Mais especificamente, representam 2,4% do PIB[68] os valores dos créditos em discussão, seja na esfera administrativa ou na judicial[69]. Uma tal magnitude de valores — comparativamente ao que ordinariamente se verifica em outros países —, como bem salientado de forma direta e contundente, por Vasco Branco Guimarães, em evento de lançamento do Diagnóstico do Processo Administrativo Tributário "demonstra que algo não está a andar bem"[70].

Ainda, relativamente ao contencioso administrativo, levantamento efetuado pela RFB em 31/03/2017, demonstra que somente no âmbito da Receita Federal do Brasil, 63,4% (R$ 1,06 trilhão de reais) do total dos créditos ativos (que perfaziam R$ 1,67 trilhão) estão com exigibi-

[66] Disponível em: <https://meet.google.com/vew-czdq-xwv?hs=224>. Acesso em 11 maio 2022.

[67] Disponível em: <https://www.gov.br/pgfn/pt-br/assuntos/divida-ativa-da-uniao/estudos-sobre-a-dau/boletim-de-acompanhamento-gerencial-dezembro-2020.pdf>. Acesso em 11 maio 2022.

[68] Na maioria dos países pesquisados, essa proporção fica abaixo de 1%.

[69] Lopes, Ana Teresa Lima Rosa; Campedelli, Laura Romano. Dados do Contencioso Tributário no Brasil e o Novo Código de Processo Civil: a importância da pesquisa empírica para o aprimoramento da atividade jurisdicional. In: Bossa, Gisele Barra et alli. Medidas de Redução do Contencioso Tributário e o CPC/2015. São Paulo: Almedina, 2017, p. 86-87.

[70] Evento disponível em: <https://www.youtube.com/watch?v=lfQLoVaWcx8>; Acesso em 16 maio 2022.

lidade suspensa em decorrência de processo administrativo[71]. Quanto à celeridade de julgamentos, tampouco se têm dados positivos. Segundo o Relatório "Justiça em Números", do Conselho Nacional de Justiça (CNJ), os processos de execução fiscal perfazem aproximadamente 38% do total de casos pendentes, e 75% dos casos de execução, sendo os principais responsáveis pela alta taxa de congestionamento do Poder Judiciário, que é de 91%. É dizer, consoante indicado no Relatório, de cada 100 processos de execução fiscal que tramitaram no ano de 2016, apenas 9 foram baixados[72].

É certo que tal problemática tem sido objeto de estudos[73] e propostas[74], como são exemplos os recentes relatórios elaborados pela ABJ e pelo INSPER, que visaram diagnosticar os pontos nevrálgicos do contencioso tributário e lançar luzes para se atingir uma maior eficácia e eficiência do iter processual — e procedimental — tributário. No entanto, ousamos pontuar, fazendo coro a inúmeras outras vozes que se manifestaram em recente evento de lançamento do estudo "Diagnóstico do Contencioso Administrativo Tributário", que o problema nos parece ser anterior e mais profundo, inerente à própria estruturação da relação Fisco *versus* contribuinte.

É fato que o debate sobre uma maior eficácia e eficiência da atividade administrativa financeira (arrecadação e gestão das receitas públicas[75], e notadamente as de origem tributária) é um dos desafios inafastáveis que nos é hodiernamente imposto. Porém, e sem desmerecer tais discussões, elas ainda estão ambientizadas em uma concepção de Estado moderno, e do "relacionamento tradicional" entre o Fisco e os contribuintes.

[71] Levantamento feito por ocasião da MP 783/2017 (PERT). Disponível em: <http://www.planalto.gov.br/ccivil_03/_ato2015-2018/2017/Exm/Exm-MP-783-17.pdf>, acesso em 22.04.2020.

[72] BRASIL.CONSELHO NACIONAL DE JUSTIÇA. Justiça em números, disponível na URL: <http://www.cnj.jus.br/programas-e-acoes/pj-justica-em-numeros>.

[73] Sobre o assunto: Filipo, Luciano Gomes. A performance no direito tributário. São Paulo: Almedina, 2016. Ainda: Alink, Matthijs; Kommer, Victor van. Manual de Administração Tributária. Amsterdã: IBFD, 2011. Bossa, Gisele Barra et alli. Medidas de Redução do Contencioso Tributário e o CPC/2015. São Paulo: Almedina, 2017.

[74] Discussões interessantes têm sido travadas no âmbito de projeto de pesquisa acerca da macrovisão do crédito tributário. Maiores informações disponíveis na URL: <https://direitosp.fgv.br/node/133606>.

[75] De que as facetas procedimental e processual fazem parte.

Como ventilamos na introdução, identificada a mudança paradigmática das relações sociais, bem como o erigimento de um Estado pós-moderno[76], em que as noções de territorialidade, tangibilidade dos bens econômicos mostram-se em certa medida ultrapassadas, o relacionamento Administração Fiscal- administrado não mais parece poder se sustentar nos moldes tradicionais.

É dizer, em tal conjuntura de disruptura ao *status quo*, em grande medida engendrada pelo avanço tecnológico, parece-nos imprescindível uma mudança profunda na relação Fisco-contribuinte[77]. De uma relação de conflituosidade exacerbada, alicerçada em um Estado centralizador, exigente, fiscalizador, e sancionador, para uma relação cooperativa, fundamentada em um Estado mais colaborador e co-responsável pelo desenvolvimento socio-econômico.

O desafio não é pequeno. Sobretudo em um contexto, como o nosso, em que a tônica desse relacionamento ainda é a beligerância, e a desconfiança mútua. *Pela lente da administração, veem-se sonegadores a mancheias, enquanto pela dos contribuintes identificam-se autoridades vingativas e oportunistas, sempre à espreita para produzir novas interpretações da norma que resultem em autuações fiscais*[78]. Ademais, muitos outros problemas decorrem da natureza de uma relação adversarial, instaurada em um sistema jurídico tributário que a partida já é extremamente complexo. Excesso de burocracia, altos custos de conformidade[79], variedade de ritos proce-

[76] Segundo Ana Carolina de Faria Silvestre, "o momento atual — quer se designe como momento pós moderno ou não — está fortemente cunhado pela transição, fragmentação e pelo dissenso". E, prossegue salientando que a expressão "pós-modernidade" é controversa, e mesmo dentre os que adotem a expressão, dissentem quanto ao marco inicial desse período. Citando Eduardo Bittar (O direito na pós-modernidade), destaca que a primeira característica da pós-modernidade é justamente a sua incapacidade de gerar consensos. Silvestre, Ana Carolina de Faria. O contribuinte e o fisco — ou pela necessária assunção das emoções no âmbito das relações entre o contribuinte e o fisco. In: Santos, António Carlos dos; Lopes, Cidália Maria da Mota (coord.). Fiscalidade — Outros Olhares. Porto: Vida Económica, 2013, p. 334.

[77] Até porque dada a falência do sistema atualmente erigido, tal mudança torna-se mesmo *conditio sine qua non* à própria manutenção da arrecadação tributária.

[78] Almeida, Carlos Otávio Ferreira de. *Compliance* cooperativo: uma nova realidade entre administração tributária e contribuintes. Revista Direito Tributário Internacional Atual. nº 02, p. 73.

[79] THE WORLD BANK. Doing business: measuring business regulations. 2019. Disponível em: <http://www.doingbusiness.org/rankings>, acesso em 26.04.2020.

dimentais, demoradados litígios administrativos ou judiciais[80], ausência de uniformidade jurisprudencial, elevado volume de créditos tributários insatisfeitos, planejamentos tributários agressivos são alguns exemplos.

Seria de se questionar — como se questiona — se diante de tão indesejáveis consequências, prejudiciais a ambas as partes, não seria mais racional reduzir o ambiente conflitivo e torná-lo mais harmônico? A resposta parece ser positiva, afinal todos, e principalmente o país, têm a ganhar com o desenvolvimento de uma relação mais cooperativa entre Fisco e contribuinte. O ponto central, no entanto, é como "virar o jogo". E, nos parece aqui que o percurso não é simples ou rápido, afinal é de mudança cultural que se está a tratar. Assim é que além de se exigir do fisco a implementação de medidas que redundem na modificação da mentalidade reinante na administração, este novo paradigma exigiria também a implantação de amplo e efetivo programa de educação fiscal, dotando o cidadão brasileiro de consciência contributiva. Ainda, é de se reconhecer que olhar apenas a via dos ingressos não é suficiente. A reiterada irresponsabilidade nos gastos públicos acabam por frustrar os esforços de agentes arrecadadores e contribuintes pagadores.

Contudo, uma vez iniciado o processo, de forma consciente e focada, nos parece sim ser possível melhorar a relação de confiança entre fisco e contribuinte, o que a seu turno tende a desencadear outros fatores positivos quanto à conformidade, num autêntico ciclo virtuoso, de estímulo e mudança paradigmática. E, nesse interím, o ponto central a ser desenvolvido pelo programa Confia (assim compostos semelhantes levados a efeito por outras esferas), em que se fundamenta e sob o qual se erige o relacionar-se entre administração e administrado, é a confiança. Assim é na construção de um ambiente confiável — e não punitivo — que as Administrações devem investir.

Conclusão

Considerando as ponderações trazidas no presente artigo, em especial à luz da experiencia comparada e dos pilares da OCDE, vale olhar o projeto Confia sopesando em que medida bem iniciamos a jornada rumo ao efetivo *cooperative compliance*. Uma vez identificado ser a "confiança" o ponto central a que deve o projeto Confia se voltar, para que se ini-

[80] IMF/OECD. Tax certainty: report for the G20 finance ministers. 2017, p. 32. Disponível em: <http://www.oecd.org>, acesso em 26.04.2020.

cie a trilha da construção de um relacionamento mais cooperativo entre a Administração Fiscal Federal brasileira e os contribuintes, a principal reflexão que nos parece pertinente de ser feita é se as medidas preliminares adotadas, até o momento, seriam propícias a fomentar uma cultura de confiança.

A fim de responder a tal indagação, pautaremo-nos pelos pilares OCDE vocacionados à Administração Fiscal, isto é, se as medidas até então tomadas estão em consonância — ou ao menos não ofensivas — a eles.

Pilares OCDE/Administração	Medidas inicias CONFIA
Commercial awareness	A criação do Fórum de Diálogo é medida que, aparentemente, visa erigir a construção de espaço de debates a fim de que a Administração busque compreender as peculiaridades, e dificuldades dos empreendimentos (grandes). Medida essa que vai ao encontro do presente princípio.
Imparcialidade	Relativamente a esse princípio é de se ponderar em que medida o fato de o Comitê Gestor, órgão responsável pela definição das diretrizes e aprovação das propostas encaminhadas pelos Fórum de Diálogo, ser composto apenas de representantes do Fisco, permitirá tomadas de decisões imparciais, desde a concepção de *design**. Ainda que esse pilar, consoante as diretrizes OCDE, refira-se à Administração dar tratamento fiscal, às situações analisadas, sem subjetividades conceituais decorrentes de processo interpretativo capaz de potencializar a exigência fiscal para maximizar a arrecadação, e que, portanto, estaria conectado a momento logicamente posterior que o de mera estruturação do modelo, nos parece de todo salutar dar-lhe uma feição a mais lata possível. É dizer, até por uma questão de se exercitar a adesão, pela Administração, dos princípios-chave necessários nesse novo paradigma relacional, aqui que a representação unilateral dos interessados no órgão decisório é ponto que nos parece merecer maiores reflexões e quiçá aprimoramento.
Proporcionalidade	Vimos que a proporcionalidade diz respeito a ponderação nas escolhas que serão feitas pelas autoridades fiscais com relação ao planejamento e a execução dos seus procedimentos de fiscalização. É um juízo de necessidade e de adequação nas escolhas relativas ao que fiscalizar e a como fazê-lo. Por se tratar de pilar que está em todo conexo a definição de critérios que autorizem a tomada de decisão em um e/ou outro sentido vis a vis previsibilidade deles por parte dos contribuintes, não parece se adequar nesse momento inicial de estruturação. No entanto, deve conduzir os debates e a propositura dos diplomas normativos regentes do modelo brasileiro.

Abertura ao diálogo e transparência	Talvez resida nesse ponto algumas oportunidades de reflexões. É que em que pese, de um lado, ter-se medidas que visam inauguram foros democráticos de debates — e aproximação — entre os partícipes da relação jurídica tributária (caso do Fórum de Diálogo) e, de outro, há espaços em que a replicação do modelo "top-down" de relação Fisco-contribuinte parece persistir. Por exemplo, relativamente a abertura ao diálogo, poderíamos nos referir ao fato de apenas representantes do Fisco comporem o Comitê Gestor, responsável pela definição das diretrizes e aprovação das propostas encaminhadas pelos Fórum de Diálogo. E mais, não há qualquer previsão de oitiva ou mesmo pedido de esclarecimentos e/ou recurso em favor dos administrados*, que eventualmente pudessem tornar mais dialógica a tomada de decisão sobre o programa de *cooperative compliance*. Outro exemplo, afeto à transparência, é quanto a notícia, veiculada na parte do site da Receita Federal do Brasil destinada ao projeto Confia, de que fora realizada pesquisa com servidores e contribuintes a fim de se estabelecer um diagnóstico do relacionamento atual entre a RFB e as grandes empresas. Apesar de ser medida em todo salutar, não foram os resultados apresentados e/ou divulgados pelos órgão envolvidos. Há apenas uma menção genérica de que existiam pontos tanto de convergência quanto problemáticos no relacionamento, porém sem elencar quais seriam eles — ou ao menos os principais.
Responsiveness	Trata-se de princípio conexo à ideia de apresentação de soluções satisfativas e céleres, por parte da Administração, dotadas de alto grau de certeza e comprometimento. Já nesse momento preliminar de erigimento do regime, é possível de se o exercitar, prevendo-se, por exemplo, obrigação de se motivar de forma expressa e adequada a tomada de decisões relativas a cada uma das propostas levadas pelo Fórum de Diálogo ao Comité Gestor, assim como prazos máximos de respostas a elas. Tais previsões ainda não constam no Estatuto do Comitê, consubstanciando oportunidade de aprimoramento do próprio procedimento de *design* do modelo de *cooperative compliance* a ser implementado. Ademais, trata-se de pilar a ser levado em consideração no desenho dos diplomas normativos regentes do modelo brasileiro, mormente no que se refira a definição de prazos a solução de consultas e/ou provocações de outra natureza neles (diplomas) previstos.

* A única previsão que consta no art.4º, I, d) do Regimento Interno do Comitê Gestor (Portaria RFB nº 28, de 15 de abril de 2021) é a possibilidade de o presidente "convidar, para participar das reuniões, terceiros que possam contribuir para o esclarecimento das matérias a serem apreciadas.

A partir das percepções trazidas neste breve estudo e da sistematização supra, é possível inferir que ainda há um longo caminho pela frente para que os agentes envolvidos se sintam confortáveis com esse novo paradigma relacional.

Não há dúvidas quanto ao valor da conformidade sobre o prisma operacional, reputacional e concorrencial das companhias no Brasil e no exterior na atração e manutenção de investimentos. Contudo, a administração tributária deve estar aberta para implementar alternativas que fomentem a adesão ao programa e, talvez a principal delas, seja substituir o ônus arrecadatório e punitivo (imputação de penalidades) pelo valor cooperação. Cooperar é responder com empatia (compreensão quanto aos aspectos negociais e efetivo diálogo), celeridade, previsibilidade e transparência.

Repita-se, só a cooperação gera confiança e só a confiança é capaz garantir o sucesso dessa inciativa.

Referências

ACA: AUSTRALIAN TAXATION OFFICE. Annual compliance arrangements — what you need to know. Disponível em: https://www.ato.gov.au/Business/Large-business/In-detail/Compliance-and-governance/Annual-Compliance-Arrangements-what-you-need-to-know. Acesso em: 21 set. 2021.

AGENCIA TRIBUTARIA DE ESPAÑA. Foro de Grandes Empresas. Disponível em: https://sede.agenciatributaria.gob.es/Sede/colaborar-agencia-tributaria/relacion-cooperativa/foro-grandes-empresas.html. Acesso em: 25 mar. 2022.

____________________. Foro de Asociaciones y Colegios de Profesionales Tributarios. Disponível em: https://sede.agenciatributaria.gob.es/Sede/colaborar-agencia-tributaria/relacion-cooperativa/foro-asociaciones-colegios-profesionales-tributarios.html. Acesso em: 25 mar. 2022.

____________________. Delegación Central de Grandes Contribuyentes. Disponível em: https://sede.agenciatributaria.gob.es/Sede/empresas/grandes-empresas/delegacion-central-grandes-contribuyentes/contribuyentes-adscritos-delegacion-central.html. Acesso em: 25 mar. 2022.

____________________. Código de Buenas Prácticas Tributarias. Disponível em: https://sede.agenciatributaria.gob.es/Sede/colaborar-agencia-tributaria/relacion-cooperativa/foro-grandes-empresas/codigo-buenas-practicas-tributarias.html. Acesso em: 25 mar. 2022.

____________________. Código de Buenas Prácticas de Asociaciones y Colegios de Profesionales Tributarios. Disponível em: https://sede.agenciatributaria.

gob.es/Sede/colaborar-agencia-tributaria/relacion-cooperativa/foro-asociaciones-colegios-profesionales-tributarios/codigo-buenas-practicas-asociaciones-colegios.html. Acesso em: 25 mar. 2022.

______________________. Código de Buenas Prácticas de Profesionales Tributarios. Disponível em: https://sede.agenciatributaria.gob.es/Sede/colaborar-agencia-tributaria/relacion-cooperativa/foro-asociaciones-colegios-profesionales-tributarios/codigo-buenas-practicas-profesionales-tributarios.html. Acesso em: 25 mar. 2022.

______________________. Adhesiones al Código de Buenas Prácticas Tributarias. Disponível em: https://sede.agenciatributaria.gob.es/Sede/colaborar-agencia-tributaria/relacion-cooperativa/foro-grandes-empresas/codigo-buenas-practicas-tributarias/adhesiones-codigo-buenas-practicas-tributarias.html. Acesso em: 25 mar. 2022.

ALINK, Matthijs; KOMMER, Victor van. Manual de Administração Tributária. Amsterdã: IBFD, 2011.

ALMEIDA, Carlos Otávio Ferreira de. *Compliance* cooperativo: uma nova realidade entre administração tributária e contribuintes. Revista Direito Tributário Internacional Atual. nº 02.

ARANDES, Eduardo Fernandes. Compliance Tributário Cooperativo como instrumento de melhora do ambiente tributário: aspectos gerais. Revista Direito Tributário Atual, n. 39, p.111-127, 2018.

ASSOCIAÇÃO BRASILEIRA DE JURIMETRIA. *Diagnóstico do Contencioso Tributário Administrativo*. Disponível em: https://abj.org.br/cases/bid-tributario/. Acesso em 29 abr. 2022.

AUSTRALIAN TAXATION OFFICE. Top 1,000 Tax Performance Program. Disponível em https://www.ato.gov.au/Business/Large-business/Top-1,000-Tax-Performance-Program/. Acesso em: 02 out. 2021.

______________________. Action Differentiation Framework. Disponível em: https://www.ato.gov.au/Business/Large-business/Action-Differentiation-Framework/. Acesso em: 21 set. 2021.

______________________. RTP schedule expansion to large private companies. Disponível em: https://www.ato.gov.au/Business/Large-business/Compliance-and-governance/Reportable-tax-positions/RTP-schedule-expansion-to-large-private-companies/. Acesso em: 25 mar. 2022.

______________________. Work out if you need to lodge a TPAR. Disponível em: https://www.ato.gov.au/Business/Reports-and-returns/Taxable-payments-annual-report/Work-out-if-you-need-to-lodge-a-TPAR/. Acesso em: 21 set. 2021.

______________________. Tax assured: gaining confidence the right amount of tax is reported. https://www.ato.gov.au/About-ATO/Research-and-statistics/In-detail/General-research/Tax-assured---gaining-confidence-the-right-amount-of-tax-is-reported/. Acesso em: 25 mar. 2022.

____________________. Reviewing tax governance for large public and multinational businesses. Disponível em: https://www.ato.gov.au/business/large-business/compliance-and-governance/reviewing-tax-governance-for-large-public-and-multinational-businesses/. Acesso em: 02 out. 2021.

____________________. Justified trust. Disponível em: https://www.ato.gov.au/Business/Large-business/Justified-Trust/ Acesso em: 02 out. 2021.

____________________. Tax risk management and governance review guide. Disponível em: https://www.ato.gov.au/business/large-business/in-detail/key-products-and-resources/tax-risk-management-and-governance-review-guide/. Acesso em: 02 out. 2021.

BINENBOJM, Gustavo. O poder de polícia, ordenação, regulação Transformações político-jurídicas, económicas e institucionaoso do direito administrativo ordenador. São Paulo: Fórum, 2021.

BOSSA, Gisele Barra et alli. Medidas de Redução do Contencioso Tributário e o CPC/2015. São Paulo: Almedina, 2017.

BRASIL.CONSELHO NACIONAL DE JUSTIÇA. Justiça em números, disponível na URL: <http://www.cnj.jus.br/programas-e-acoes/pj-justica-em-numeros>

BRONZEWSKA, Kataryna. Cooperative Compliance: A New Approach to Managing Taxpayer Relations. IBFD Doctoral Series nº 38. Amsterdam: IBDF, 2016.

____________________; MAJDAŃSKA, Alicja. The New Wave of Cooperative Compliance Programmes and the Impact of New Technology. European Taxation Journal, Amsterdam, v. 59, n. 2/3, p.99-105, February/March 2019.

CAMPOS, Flávio Vilela. El Cumplimiento Cooperativo en Brasil: un análisis comparado. 2020. 118 f. Dissertação (Mestrado) — Curso de Administración Tributaria y Hacienda Pública, Instituto de Estudios Fiscales (IEF), Universidad Nacional de Educación A Distancia de España (UNED), Madrid, 2020.

CORRAL GUADAÑO, Ignacio. La gestión del IRPF: ¿es hora de una revisión basada en la relación cooperativa? Revista de Contabilidad y Tributación, Madrid, n. 449-450, p.111-140, agosto-septiembre 2020.

FILIPO, Luciano Gomes. A performance no direito tributário. São Paulo: Almedina, 2016.

HAMBRE, Anna-Maria. Cooperative Compliance in Sweden: A Question of Legality. Journal of Tax Administration, [S.l.], v. 5, n. 1, feb. 2019. ISSN 2059-190X. Disponível em: http://jota.website/index.php/JoTA/article/view/216/151. Acesso em: 27 set. 2021.

HM REVENUE & CUSTOMS. HMRC's compliance approach for Large Business. Disponível em: https://www.gov.uk/guidance/large-business-strategy. Acesso em: 25 set. 2021.

____________________. Customer compliance: how HMRC's compliance yield is split by business area and our approach to tax compliance and large businesses. Corporate Report. Disponível em: https://www.gov.uk/government/publications/hmrc-annual-report-and-accounts-2019-to-2020/customer-compliance-how-hmrcs-compliance-yield-is-split-by-business-area-and-our-approach-to-tax-compliance-and-large-businesses Acesso em: 05 out. 2021.

____________________. Tax Compliance Risk Management. Disponível em: https://www.gov.uk/hmrc-internal-manuals/tax-compliance-risk-management/tcrm3000. Acesso em: 05 out. 2021.

____________________. Litigation and Settlement Strategy (LSS). Disponível em: https://www.gov.uk/government/publications/litigation-and-settlement-strategy-lss. Acesso em: 05 out. 2021.

____________________. Use Alternative Dispute Resolution to settle a tax dispute. Disponível em: https://www.gov.uk/guidance/tax-disputes-alternative-dispute-resolution-adr. Acesso em: 05 out. 2021.

____________________. Tax compliance checks. Disponível em: https://www.gov.uk/tax-compliance-checks. Acesso em: 05 out. 2021.

____________________. Annual reports and accounts published by HMRC. Disponível em: https://www.gov.uk/government/collections/hmrcs-annual-report-and-accounts. Acesso em: 25 set. 2021.

____________________. Annual Report and Accounts 2019 to 2020. Londres: HMRC, 2020. Disponível em: https://assets.publishing.service.gov.uk/government/uploads/system/uploads/attachment_data/file/932874/HMRC_Annual_Report_and_Accounts_2019_to_2020__Print_.pdf. Acesso em: 25 set. 2021.

IMF/OECD. Tax certainty: report for the G20 finance ministers. 2017. Disponível em: <http://www.oecd.org>, acesso em 26.04.2020

Lopes, Ana Teresa Lima Rosa; Campedelli, Laura Romano. Dados do Contencioso Tributário no Brasil e o Novo Código de Processo Civil: a importância da pesquisa empírica para o aprimoramento da atividade jurisdicional. In: Bossa, Gisele Barra et alli. Medidas de Redução do Contencioso Tributário e o CPC/2015. São Paulo: Almedina, 2017.

OECD. Compliance Riso Management: Managing and Improving Tax Compliance. Paris: OECD, 2004. Disponível em: https://bit.ly/301Nu9C.

____________________. Measures of Tax Compliance Outcomes: A Practical Guide. Paris: OECD, 2004. Disponível em: https://bit.ly/3g3CrlR.

____________________. Study into the Role of Tax Intermediaries. Paris: OECD, 2008. Disponível em: http://dx.doi.org/10.1787/9789264041813-en. Acesso em: 03 out. 2021.

______________________. Co-operative Compliance: A Framework. From Enhanced Relationship to Co-operative Compliance. Paris: OECD, 2013. Disponível em: https://doi.org/10.1787/9789264200852-en. Acesso em: 03 out. 2021.

______________________. Co-operative Tax Compliance: Building Better Tax Control Frameworks. Paris: OECD, 2016. Disponível em: https://bit.ly/2WXqEhb.

______________________. Tax Morale: What Drives People and Business to Pay Tax? Paris: OECD, 2019. Disponível em: https://bit.ly/2OZR0e6.

OWENS, Jeffrey. Tax Administrators, Taxpayers and Their Advisors: Can the Dynamics of the Relationship Be Changed? Bulletin for International Taxation, IBFD, p.515-518, September 2012.

RECEITA FEDERAL DO BRASIL. CONFIA — Programa de Conformidade Cooperativa Fiscal da Receita Federal do Brasil. Disponível em: https://www.gov.br/receitafederal/pt-br/acesso-a-informacao/acoes-e-programas/confia. Acesso em: 26 set. 2021.

SILVESTRE, Ana Carolina de Faria. O contribuinte e o fisco- ou pela necessária assunção das emoções no âmbito das relações entre o contribuinte e o fisco. In: SANTOS, António Carlos dos; LOPES, Cidália Maria da Mota (coord.). Fiscalidade — Outros Olhares. Porto: Vida Econômica, 2013.

THE INTER-AMERICAN CENTER OF TAX ADMINISTRATIONS (CIAT). Cooperative Tax Relationship or Compliance: Current situation in CIAT member countries of Latin America, the Caribbean, Africa and Asia. CIAT, 2015. Disponível em: https://www.ciat.org/Biblioteca/DocumentosdeTrabajo/2015/2015_WP_2_cooperative_gonzalo_cremades_vargas.pdf. Acesso em: 25 mar. 2022.

THE WORLD BANK. Doing business: measuring business regulations. 2019. Disponível em: <http://www.doingbusiness.org/rankings>, acesso em 26.04.2020.

VALDÉS, José Andrés Rozas. Los Sistemas de Relaciones Cooperativas: Una perspectiva de Derecho Comparado desde el sistema tributario español. Documentos, Instituto de Estudios Fiscales (IEF), n. 6/2016. Disponível em: https://www.ief.es/docs/destacados/publicaciones/documentos_trabajo/2016_06.pdf. Acesso em: 25 mar. 2022.

6.
PROJETOS DE *COOPERATIVE COMPLIANCE* NO BRASIL NA VISÃO DO EMPRESARIADO

Marcela Ladeira Nardelli

Introdução

1. Os desafios para redução da excessiva litigiosidade

A excessiva litigiosidade é fato incontroverso nas relações jurídicas tributárias no Brasil. O contencioso tributário nos âmbitos administrativo e judicial, nas esferas federal, estadual e municipal ultrapassa R$ 5,4 trilhões, o que representa aproximadamente 75% do Produto Interno Bruto (PIB) brasileiro[1, 2]. Se considerado apenas o montante em discussão no âmbito administrativo federal, o percentual corresponde a 15,9% do PIB enquanto a média dos países da Organização para a Cooperação e

[1] INSTITUTO DE PESQUISA E ENSINO — INSPER. Observatório do Contencioso do Núcleo de Tributação. *Contencioso tributário no Brasil. Relatório 2020 — Ano de referência 2019.* Disponível em: https://www.insper.edu.br/wp-content/uploads/2021/01/Contencioso_tributario_relatorio2020_vf10.pdf. Acesso em: 09 jun. 2022.

[2] O relatório da Ernst Young apontou números ainda mais gritantes que, ao final de 2018, o estoque do contencioso tributário federal era responsável, por si só, pelo valor de R$ 3,44 trilhões, atingindo 50,4% do PIB. INSTITUTO BRASILEIRO DE ÉTICA CONCORRENCIAL — ETCO; Ernest & Young Global. Desafios do Contencioso Tributário Brasileiro. 2019. Disponível em: https://www.etco.org.br/noticias/contencioso-tributario-brasileiro-ultrapassa-50-do-pib/. Acesso em: 09 jun. 2022.

Desenvolvimento Econômico (OCDE) é de 0,28% e dos países da América Latina é ainda menor, de 0,19% do PIB[3].

Esses dados revelam, por si, o enorme desafio que o Brasil terá que enfrentar, sendo a mudança desse cenário essencial para o desenvolvimento econômico e social que o país tanto necessita. Identificar as origens dessa excessiva litigiosidade é então providência urgente para serem trilhados os caminhos para tanto.

Na realidade, muitos são os motivos para o litígio excessivo. Sem muita reflexão por não ser este objeto desse trabalho, pode-se apontar brevemente (i) a complexidade do sistema tributário, (ii) grande quantidade de tributos, (iii) edição desenfreada de normas, (iv) diversos regimes especiais e exceções aos gerais de apuração, além de (v) submissão ao lançamento por homologação da maior parte dos tributos de relevante arrecadação.

Se não há uma norma clara para definir qual tributo deve ser pago e em qual montante, emergem "oportunidades" para o Fisco exigir mais (ou de forma diferente) e para o contribuinte pretender pagar menos (interpretação diversa). Daí surge uma relação de desconfiança, que presume falta de transparente e de boa-fé, abrindo espaço para a punição.

Se, por um lado, as Autoridades Fiscais parecem aplicar a interpretação que ensejaria maior arrecadação, por outro, o contribuinte parece buscar brechas para se sujeitar ao menor recolhimento possível. E entre eles não existe diálogo, mas sim polarização.

Essa dinâmica contribui para uma avalanche de processos e a movimentação da pesada engrenagem do contencioso[4], além de envolver enorme custo para a sociedade brasileira, não é capaz de tornar eficaz os instrumentos de cobrança. Não obstante a existência de avanços signi-

[3] Dados referentes ao ano de 2013, extraídos do relatório Tax Administration 2015 da OCDE.

[4] Fiscos, Tribunais Administrativos, diversas Procuradorias de todas as esferas, Justiça em todas as suas instâncias, garantias, custas processuais, auditorias, advogados externos, laudos técnicos, pareceres, peritos, departamentos tributários para apuração dos tributos, departamentos jurídicos, sistemas de apuração de tributos e de controle, dentre outros.

ficativos[5, 6, 7], o volume do contencioso segue crescente[8] e a recuperabilidade dos créditos fiscais ainda é baixa[9, 10, 11], atestando a ineficiência do sistema como um todo.

Uma mudança cultural disruptiva se faz necessária para alterar essa instabilidade da relação jurídico-tributária entre contribuintes e fisco, em busca de um ambiente tributário com mais segurança.

[5] A PGFN tem trabalhado para (i) fortalecimento da cobrança (acordo de cooperação, serviços auxiliares na cobrança e sistema PUMA para protesto); (ii) transação tributária (Leis nº 13.988/2020 e nº 14.375/2022); (iii) negócios jurídicos processuais; (iv) ajuizamento seletivo, arquivamento em massa de execuções sem potencial de recuperação; (v) robô MARI para identificação de inscrições prescritas; (vi) dispensa de contestações, recursos e até desistência (Portaria Conjunta RFB/PGFN nº 1/2014 e Portaria PGFN nº 502/2016); (vi) portal 100% digital do Regularize e *chat bot* IZE, dentre outras providências.

[6] Avanços da RFB são notórios: (i) reestruturação administrativa para visão integrada; (ii) delegacias especiais; (iii) jurisdição nacional; (iv) atendimento e fiscalização virtuais, dentre outros.

[7] Alterações legislativas relevantes para redução da sobrecarga das cortes superiores: (i) Emenda Constitucional nº 45/2004 — súmula vinculante e princípio constitucional da duração razoável do processo; (ii) Lei nº 11.418/2006 — repercussão geral para admissibilidade de recurso extraordinário e possibilidade de sobrestamento; (iii) Lei nº 11.672/2008 — recursos repetitivos; (iv) Código de Processo Civil de 2015; (v) modulação dos efeitos da decisão.

[8] Só a PGFN aponta um total de R$ 2,7 trilhões como estoque da dívida ativa. PGFN em números: Edição de 2022. Dados 2021. Disponível em: https://www.gov.br/pgfn/pt-br/acesso-a-informacao/institucional/pgfn-em-numeros/pgfn_em_numeros25042022-compressed.pdf. Acesso em: 25 jun. 2022). Note-se que a edição inaugural, de 2014, desde relatório indicava um estoque de aproximadamente R$ 1,27 trilhão (Disponível em: http://www.pgfn.fazenda.gov.br/noticias/arquivos/2018/pgfn_em_numeros_final_2_web.pdf/view. Acesso em: 29 jun. 2022).

[9] PGFN em Números: Edição de 2022 indica a recuperação de R$ 31,7 bilhões de crédito tributário, o que significa pouco mais de 1,1% do estoque em dívida ativa, sendo que 39,1% desse resultado advém da concessão de benefícios fiscais para liquidação. Disponível em: https://www.gov.br/pgfn/pt-br/acesso-a-informacao/institucional/pgfn-em-numeros/pgfn_em_numeros25042022-compressed.pdf. Acesso em: 25 jun. 2022).

[10] O Diagnóstico do Contencioso Judicial Tributário Brasileiro indica que apenas 12,6% das execuções fiscais são garantidas e apenas 1,1% ensejam a satisfação do crédito executado (dado geral, não considerando o "recorte" da realidade dos grandes contribuintes). Disponível em: https://www.cnj.jus.br/wp-content/uploads/2022/02/relatorio-contencioso-tributario-final-v10-2.pdf. Acesso em: 25 jun. 2022).

[11] De acordo com o Diagnóstico do Contencioso Tributário Administrativo, além da demora na tramitação, os principais problemas desse contencioso giram em torno da falta de: diálogo, acessibilidade, transparência e uniformidade na legislação aplicável.

2. O *cooperative compliance* como oportunidade para mudança do paradigma de relacionamento de fisco e contribuintes

Em busca de harmonia do sistema, alavancagem da conformidade fiscal e aumento tanto da eficiência da coleta do crédito tributário quanto da segurança jurídica, surgem os programas de conformidade fiscal, pregando novos padrões de transparência, simplificação, estabilidade de interpretações legais, trazendo esperança para a prevenção de disputas fiscais, tão custosas ao país.

Nesse contexto, apesar de a conformidade forçada seguir tendo seu espaço (especialmente para aqueles que deixam de cumprir suas obrigações), há ganhos relevantes no investimento em ações que voluntariamente[12] motivem a conformidade tributária — em linha com os objetivos buscados pela OCDE, que, em uma série de oportunidades, já se manifestou pelo estreitamento do relacionamento (de confiança) entre o fisco e contribuintes[13], mediante apoio mútuo e interação efetiva.

Considerando os dados analisados é inevitável concluir que programas de *cooperative compliance* no Brasil têm potencial para alterar a realidade posta, desde que se revelem com real comprometimento de superar o defasado paradigma que pune (monetária e criminalmente) o contribuinte[14, 15], enxergando-o além da perspectiva econômica e com o objetivo de com ele dialogar, dentro de uma estratégia moderna de cooperação em que, a partir de transparência, esse relacionamento ultrapasse o que é exigido puramente pela legislação[16].

[12] Greco, Marco Aurélio. Planejamento tributário, 2. Edição. São Paulo: Dialética, 2008. p. 111.

[13] Study into the role of tax intermediaries (OCDE, 2008), Statement of Tax Principles for International Business (OCDE; BIAC, 2013), Co-operative Compliance — A Framework: From Enhanced Relationship to Co-operative Compliance (OCDE, 2013), Co-operative Tax Compliance: building better tax control frameworks (OECD, 2016).

[14] Rocha, Sérgio André. Reconstruindo a confiança na relação fisco-contribuinte. Revista Direito Tributário Atual, n. 39, p. 507-527, 2018.

[15] O Plano Anual da Fiscalização de 2021 — Resultados de 2020 da RFB indica a elaboração de 2.094 representações fiscais para fins penais (27,8% do total de ações fiscais encerradas). Disponível em: https://receita.economia.gov.br/dados/resultados/fiscalizacao/arquivos-e-imagens/plano-anual-de-fiscalizacao-resultados-de-2020-e-plano-para-2021.pdf. Acesso em 01 jun. 2022.

[16] IFA initiative on the Enhanced Relationship. Key Issues Report, IFA, 2012, p. 18.

Mais que isso, a nova dinâmica busca trazer compreensão sobre a realidade de cada um (fisco e contribuintes), suas necessidades e obrigações, resultando em um ambiente tributário mais equilibrado, com devolutivas céleres e assertivas, onde existe uma efetiva cooperação, melhor interpretação da legislação tributária e aplicação dos recursos públicos, evitando, não apenas fiscalizações desnecessárias, mas, também, o contencioso.

Do ponto de vista do contribuinte, o valor dessa mudança é a criação de um ambiente favorável para investimentos[17], com maior grau de certeza quanto aos seus resultados e impactos tributários no planejamento e execução de seu *business plan.*

Para tanto, consciente de seu papel e responsabilidade na sociedade, o contribuinte deve se comprometer com o fornecimento de informações relevantes |(não apenas fiscais, mas também de estrutura e controle) sobre sua operação e riscos tributários que pretende assumir, incluindo elementos que potencialmente poderiam gerar conflitos (mas podendo confiar ao fisco esse tipo de informação).

Sob a perspectiva do fisco, abandonar a relação conflituosa mira assegurar, de maneira estável e no montante correto, o recolhimento dos tributos devidos, através de uma dinâmica de gerenciamento de risco (normalmente focada nas grandes empresas[18] dado que a arrecadação nelas se concentra[19]) e otimização (de tempo, de recursos e de capital humano), que minimize a necessidade de permanente fiscalização e autuação sistemática dos contribuintes.

Por sua vez, sua tônica de atuação deve ser de maior abertura quanto às interpretações possíveis da norma, buscando compreender não

[17] Sobre as percepções acerca da origem das incertezas tributárias por parte das corporações e empresários são mencionadas no relatório Tax Certainty: imprevisibilidade e inconsistência do tratamento conferido pelas autoridades tributárias, excessiva burocracia para se estar em conformidade com a legislação tributária, falta de clareza da legislação. OCDE. Tax Certainty. OECD: Paris, 2018.

[18] OCDE. Study into the role of tax intermediaries. 2008. p. 11 e 21.

[19] Menos de 0,01% do total de empresas inscritas no Cadastro Nacional das Pessoas Jurídicas responderam, em 2020, por 60% da arrecadação total. Plano Anual da Fiscalização de 2021 e Resultados de 2020, indica a elaboração de 2.094 representações fiscais para fins penais (27,8% do total de ações fiscais encerradas). Disponível em: https://receita.economia.gov.br/dados/resultados/fiscalizacao/arquivos-e-imagens/plano-anual-de-fiscalizacao-resultados-de-2020-e-plano-para-2021.pdf. Acesso em 01 jun. 2022.

apenas as razões fiscais, mas também as comerciais e de organização dos negócios em si, que levaram o contribuinte a adotar determinada estrutura. A expectativa é de que o faça de maneira consistente, ponderada e objetiva (com distanciamento da ideia de arrecadação no maior patamar possível), avaliando as posições fiscais com razoabilidade e justiça.

O investimento na conformidade dos contribuintes que já atuam de maneira regular permite, dentre outras coisas, que o fisco concentre esforços no combate a informalidades e fraudes. Ao evitar assim a sonegação, o Fisco viabiliza, inclusive, equilíbrio concorrencial, especialmente porque a carga tributária no Brasil é excessivamente vinculada aos tributos incidentes sobre o consumo e qualquer vantagem tributária obtida ilicitamente gera desequilíbrios entre os contribuintes que atuam no segmento afetado.

Além dos pontos acima, o pandêmico ano de 2020 (COVID-19) colocou em evidência as desigualdades sociais, culturais e econômicas, trazendo mais luz para a necessidade de realização da justiça e da igualdade.

Traduzidas pela tendência mundial de *Enviromental, Social and Governance* (ESG) — tendência essa alinhada aos Objetivos do Desenvolvimento Sustentável (ODS)[20] indicados como valores inegociáveis pelo Pacto Global da Organização das Nações Unidas (ONU)[21] — essas questões acentuam a pressão para que o mundo corporativo espelhe tais princípios, investindo em debates mais honestos e responsáveis, na linha de cidadania fiscal e responsabilidade social das empresas e organizações, impactando, em última instância, seu valor de mercado, imagem e reputação.

[20] Objetivos do Desenvolvimento Sustentável das Nações Unidas. Disponível em: https://brasil.un.org/pt-br/sdgs. Acesso em: 16 abr. 2022.

[21] A iniciativa voluntária do Pacto Global da ONU é uma chamada para as empresas alinharem suas estratégias e operações aos dez princípios universais nas áreas de Direitos Humanos, Trabalho, Meio Ambiente e Anticorrupção, bem como desenvolverem ações que contribuam para o enfrentamento dos desafios da sociedade. É hoje a maior iniciativa de sustentabilidade corporativa do mundo, com mais de 16 mil membros espalhados por 160 países. Quem integra o Pacto Global também assume a responsabilidade de contribuir para o alcance dos dezessete Objetivos de Desenvolvimento Sustentável. Disponível em: https://pactoglobal.org.br/a-iniciativa. Acesso em: 10 mai. 2022.

2.1. Sugestões para programas de *cooperative compliance* atrativos para os contribuintes

Diante da realidade de um mundo de negócios globalizado, economicamente integrado (com intensa circulação de capital, pessoas e meios de produção), influenciado pela alta tecnologia, permanentemente em evolução e sem que a legislação consiga necessariamente acompanhar tantas mudanças a tempo, a adoção de um relacionamento transparente e que permita certeza quanto às posições tributárias adotadas pelos contribuintes e previsibilidade das receitas tributárias necessárias à manutenção do Estado é realidade que se impõe.

Dentro de um programa de conformidade fiscal, alguns pilares devem ser sempre observados, merecendo destaque a já mencionada transparência mútua na relação entre fisco e contribuintes, tendo como contrapartida básica a inversão da lógica da punição, substituindo-a pela lógica da cooperação.

Com essa premissa em mente, nas situações em que o contribuinte tenha agido de forma transparente, expondo seus riscos fiscais, observando a governança estabelecida e, ao final, haja divergência interpretativa com o fisco, deverá ser respeitado o direito de se recorrer às esferas cabíveis[22].

O desafio, nesse caso, para evitar o litígio, é instituir uma forma eficaz de solução que seja célere e, ao mesmo tempo, garanta o seu cumprimento posterior, porém com afastamento da penalidade[23] (e inclusive de seus reflexos penais) para aquele contribuinte que agiu de boa-fé e de modo transparente. É viabilizar a discordância, preservando a possibilidade de convergência, sem a implantação da punição como meio de coerção para recolhimento.

Idealmente, um órgão externo e independente deveria decidir sobre a interpretação correta a ser adotada. Porém, pensando em explorar

[22] Arandas, Eduardo Fernandes. Compliance tributário cooperativo como instrumento de melhora do ambiente tributário: aspectos gerais. Revista de Direito Tributário Atual, n. 39, p. 111-127, 2018. Disponível em: https://ibdt.org.br/RDTA/wp-content/uploads/2018/06/Eduardo-Fernandes-Arandas.pdf/. Acesso em: 02 jul. 2022.

[23] A atual metodologia aplicável às multas federais, nos termos do art. 44 da Lei 9.430/96, prevê a aplicação de multa de ofício de 75% sobre o valor do débito, a qual pode, inclusive, ser majorada para 150%, quando comprovada falsidade ou fraude, e ser, ainda, respectivamente, de 112,5% ou 225%, caso constatado embaraço à fiscalização.

os institutos e instituições já existentes, investir para que o Conselho Administrativo de Recursos Fiscais tenha, além da função de solução dos litígios, a de se pronunciar nessas situações de impasse tributário, pode ser um caminho.

Concluindo-se que a interpretação do contribuinte era a correta, a divergência estaria resolvida em definitivo (tal como atualmente já ocorre nos litígios decididos contrariamente à Fazenda Nacional, que está impedida de judicializar a demanda nessa hipótese).

Decidindo-se favoravelmente ao fisco e diante da inafastabilidade da jurisdição, poderia o contribuinte prosseguir para a discussão perante o Judiciário, novamente não sofrendo a aplicação de penalidades, desde que garantido o débito previamente.

Essa providência, por si só, já reduziria ao menos uma fase do litígio: a da execução do crédito tributário (etapa responsável pelo maior volume de processos no Judiciário[24]), a qual, não raras as vezes, fica prejudicada quando da decisão final de mérito (com o passar do tempo a recuperabilidade da dívida pública cai drasticamente).

Caso o contribuinte opte por não judicializar, o fisco prosseguirá com a necessidade de lançamento para evitar a decadência, valendo aqui a reflexão sobre o cabimento da aplicação de penalidade nessa hipótese, mas em percentual reduzido, se comparado à multa regular, de modo que não seja financeiramente interessante o contribuinte sempre discordar de todos os posicionamentos do fisco, sustentando seu interesse pelo litígio por uma questão de cálculo de valor presente líquido[25].

É o que parece adequado, inclusive impedindo impactos financeiros ou criminais para seus administradores, para que se diferencie o contribuinte que abriu suas informações, implementou a governança esperada

[24] O Poder Judiciário contava com um acervo de 75 milhões de processos pendentes de baixa no final do ano de 2020, sendo que 52,3% desses processos se referia à fase de execução. 68% desse estoque eram execuções fiscais. Justiça em Números 2021. Disponível em: https://www.cnj.jus.br/wp-content/uploads/2021/09/relatorio-justica-em-numeros2021-12.pdf. Acesso em 13 jul. 2022.

[25] Isso porque não deve o estímulo à voluntariedade do contribuinte em discutir posicionamentos com o fisco se resumir ao possível afastamento da multa qualificada (ao se presumir a inexistência de fraude diante da revelação de sua organização fiscal e, consequentemente, afastando-se a responsabilização pessoal criminal dos dirigentes), pelo simples fato de ter declarado seu arranjo fiscal, deixando de contar com a sorte de não ser descoberto ou atingido pela decadência ante o transcurso natural do tempo.

e cumpriu o rito prévio de discussão, daquele que sonegou, se manteve informal, oculto ou arruinou seu patrimônio.

Ademais, num contexto de *cooperative compliance*, é importante avaliar periodicamente o grau de risco dos contribuintes envolvidos no programa, verificando sua estrutura de governança, histórico de *compliance* e de regularidade fiscal, como forma de lhes atribuir o perfil adequado, destinando, assim, os recursos de fiscalização de maneira mais eficiente, podendo focar em combater mais pesadamente aqueles que realmente são contumazes sonegadores

Criar critérios para classificação do contribuinte, conforme seus respectivos potenciais de risco à conformidade fiscal — já na partida e não apenas ao final da ação exacional de cobrança — certamente otimizará o recebimento do que é devido à Administração.

Nesse contexto de convívio mais harmônico, viabilizar a autorregularização é medida salutar que prestigia aqueles contribuintes que escolhem o caminho da conformidade. Tendo a autoridade fiscal identificado inconsistências na apuração do tributo, ao invés de abrir fiscalização ou já autuar o contribuinte, seja ele previamente notificado para correção e ajuste do que for necessário, sem aplicação de penalidades, muitas vezes desproporcionais.

Isso porque o que se deve buscar, como efeito da adesão a um programa de conformidade, é a convergência espontânea e o recolhimento do tributo previsto, devendo a autuação ser encarada como um fracasso de todas as etapas que lhe precedem, voltadas para evitar o litígio.

2.2. Características interessantes de um programa de conformidade cooperativa, na perspectiva dos contribuintes, atento à realidade do nosso país e com real comprometimento para a redução de litígios

Conforme já mencionado, característica essencial de programas de conformidade fiscal mundo afora, a transparência mútua deve ser um algo realmente exaltado. No entanto, nessa ideia de cooperação, deve haver um verdadeiro *trade off* para que a abertura de informações realmente traga vantagens e faça sentido, sob pena de não adesão pelos contribuintes.

Dessa forma, além da redução da insegurança quanto às intepretações do fisco, dos custos de conformidade fiscal e de administração de contencioso, considerando-se a realidade brasileira, o valor da transparência também deve permear os universos de elaboração, interpretação e alteração da legislação tributária.

Por que não se pensar em elaboração conjunta com os contribuintes de normas pela Administração Pública, incluindo debate prévio sobre seu conteúdo? Ou então considerar que, na hipótese de mudança de entendimento sobre determinado tema, haverá divulgação das razões que a fundamentam (especialmente se for mais restritiva[26]) com possibilidade de consulta pública e concessão de prazo para adaptação dos contribuintes à nova interpretação[27]?

Outra medida interessante e transparente é a divulgação quanto ao critério de escolha e preferência das empresas a serem submetidas à fiscalização[28] (abertura das linhas mestras da estratégia de gestão, mas com atenção para que essas informações não sejam utilizadas para a prática de planejamentos tributários que fiquem abaixo do radar do fisco).

Para viabilizar o diálogo é pertinente, ainda, a disponibilização aos participantes de canais de simples acesso e atendimento diferenciado do fisco, que otimizem, quiçá em tempo real, as discussões de pontos controvertidos, sem prejuízo da figura do "ponto focal" dentro do órgão fazendário, detentor de conhecimentos mais profundos quanto ao mundo corporativo e com certo poder para a solução ao menos de questões pontuais.

Outrossim, a ampliação do escopo do instrumento da Consulta, com a possibilidade de discussão prévia sobre o objeto a ser consultado, debate técnico sobre seu conteúdo e fatos, pode ser providência que incentive sua utilização[29].

[26] Exemplo dessa hipótese foi a Lei 13.670/2018 que trouxe restrições relevantes à possibilidade de compensação, impactando de imediato os contribuintes.

[27] Exemplo concreto para ficar clara a intenção dessa sugestão: quando foi a definição, por parte da RFB, que "empresas veículo" eram instrumentos condenáveis? Quais foram as razões para essa avaliação? A partir de quando foi alterado o entendimento que, antes, era favorável aos contribuintes?

[28] O critério dos maiores pagadores está claro e faz sentido na medida em que podem oferecer maior risco à arrecadação. O ponto aqui é questionar, por exemplo, se entre contribuintes equiparáveis o fato de um deles estar em um cenário de lucro seria ou não um critério para sua eleição à fiscalização; se é razoável determinado contribuinte estar, de maneira recorrente, sob fiscalização sem que seu concorrente viva essa mesma realidade ou intensidade.

[29] O modelo atual de consulta fiscal no âmbito federal não atende: (i) o prazo para manifestação da autoridade administrativa é longo e sua inobservância não produz nenhum efeito; (ii) alto percentual de decisões atribuindo ineficácia à consulta formulada; (iii) não há uni-

Redução do prazo para liberação da resposta das consultas (o qual deve ser breve o suficiente para que o resultado da consulta não deixe de ser útil ao contribuinte, mas com adequada profundidade de avaliação) é um grande ponto de atenção, devendo, aliás, haver um momento de diálogo sobre a resposta a ser emitida, antes de sua disponibilização pelo fisco.

Vale mencionar a possibilidade de uma postura mais compreensiva por parte do fisco em relação a pequenos equívocos cometidos, pois, além de serem evitadas multas desnecessárias e alocação de recursos em atividades improdutivas, a tolerância para pequenas desconformidades escusáveis não prejudica regularidade fiscal do contribuinte, sendo providência simples e que não expõe o Erário[30].

No mais, para que se evite duplicação de frentes de trabalho, múltiplas solicitações de documentação em volume e se viabilize uma programação para atendimento eficiente do fisco, faz sentido que os contribuintes aderentes ao programa tenham a possibilidade de discutir previamente o cronograma e o tempo de duração do atendimento das fiscalizações.

As solicitações dos auditores fiscais, inclusive, devem ser razoáveis e proporcionais ao grau de risco identificado como adequado para o contribuinte em questão. Nessa calibragem também há de serem considerados os esforços e o histórico do contribuinte no cumprimento de suas obrigações tributárias.

Ademais, ao final da auditoria fiscal, deve ser considerada a apresentação ao contribuinte de um "pré-auto de infração", onde seja possível uma breve verificação das premissas adotadas pelo fisco quanto à operação fiscalizada, exposição prévia dos principais temas que serão objeto de lançamento e indicação dos valores, ainda que estimados.

Além de permitir a correção de possíveis inconsistências de cálculo, esta é uma oportunidade de quitação do débito pelo contribuinte, dando-

cidade entre decisões proferidas, previsibilidade ou segurança jurídica; (iv) inexiste diálogo com o contribuinte durante sua análise. Para uma análise detida sobre esses pontos, confira-se: LANDI, Roberta Bordini Prado. Medidas Alternativas de Diminuição do Contencioso Fiscal: Inspiração no Direito Internacional. 2020. 185 f. Tese (Doutorado em Direito Econômico e Financeiro) — Faculdade de Direito, Universidade de São Paulo, São Paulo, 2020.

[30] Uma possibilidade para uso facultativo dos contribuintes é a existência de uma "conta garantida" que possa neutralizar impacto de valores não relevantes.

-se maior importância ao efetivo recebimento dos valores de fato devidos, sem a geração de litígio desnecessário, com o atrativo de não aplicação das penalidades, quaisquer que sejam elas.

Por fim, mas não menos importante, trazer dentro de um programa de conformidade fiscal a possibilidade de serem celebrados de acordos (como se regimes especiais ou *rulings* fossem) através dos quais possa ser tomada uma posição aceitável em termos de risco e segurança quanto à interpretação e aplicação da lei feita pelo contribuinte[31], prestigiando o contexto da operação, sócioeconômico e jurisprudencial da época em que essa decisão foi tomada[32] é providência eficaz para reduzir significativamente as disputas administrativas e judiciais.

2.3. Considerações finais sobre programas de *cooperative compliance* no Brasil

Se, por um lado, a semente da conformidade cooperativa já foi plantada, por outro, será preciso que haja verdadeiro empenho para que ela possa germinar.

O grande ganho de um programa cooperativo está em se estabilizar previamente a relação entre fisco e contribuinte para garantir o recolhimento correto e eficiente do que é devido, permitindo que nesse espaço de diálogo e presunção de transparência e de boa-fé[33] exista um ambiente seguro ao ponto de não serem aplicadas penalidades (quanto menos aquelas agravadas e qualificadas).

Para viabilizar esse tipo de relevação parece que será preciso não se limitar à legislação posta, mas provocar ajustes, novas e inovadoras

[31] Arandas, Eduardo Fernandes. Compliance tributário cooperativo como instrumento de melhora do ambiente tributário: aspectos gerais. Revista de Direito Tributário Atual, n. 39, p. 111-127, 2018. Disponível em: https://ibdt.org.br/RDTA/wp-content/uploads/2018/06/Eduardo-Fernandes-Arandas.pdf/. Acesso em: 02 jul. 2022.

[32] Como exemplo, mencione-se a ocorrência de uma incorporação de pessoa jurídica, realizada sem a trava de 30% para utilização de seus prejuízos fiscais e base de cálculo negativa da CSLL, em uma época que essa operação era amplamente aceita pela jurisprudência, inclusive com posicionamento da Câmara Superior do Conselho Administrativo de Recursos Fiscais (acórdão 01-04.258, de 02/12/2002) favorável aos contribuintes, e que, anos mais tarde, é objeto de autuação, inclusive com a acusação de ocorrência de fraude pelo contribuinte.

[33] Rubinstein, Flavio. Boa-fé Objetiva no Direito Financeiro e Tributário. Série Doutrina Tributária, v. III. São Paulo: Quartier Latin, 2010, p. 179-180.

soluções, promover mudanças através dos Poderes Executivo e Legislativo para que os ganhos da alteração de comportamento sejam reais, efetivos e seguros.

Ou seja, será preciso aprovar, seja via proposta do Poder Executivo seja por meio de emendas em projetos que estão tramitando no Congresso, um marco regulatório para os programas de conformidade, de modo a listar quais medidas podem ser adotadas pela Administração Tributária como forma de garantir a atração dos contribuintes para a conformidade fiscal[34].

Permitir, por exemplo, que os auditores fiscais tenham a liberdade de não autuar sem que possam ser responsabilizados por isso[35]; que sua bonificação não seja um interesse conflitante com sua atuação profissional; que haja proteção (sigilo) da comunicação sem que isso infrinja o dever de informação a que estão submetidos; que o auto de infração seja lavrado sem penalidades pelo simples fato de que não se chegou a um consenso (*agree to desagree*) são medidas a serem conquistadas conforme a curva de crescimento dos programas for evoluindo, mirando um modelo de excelência.

Uma mudança cultural nessas proporções pode levar algum tempo para sua plena implementação, mas, com isso em mente, fisco e contribuintes devem estar dispostos a revisitar seus acordos, buscando aplicar o que o aprendizado da prática lhes trouxer de informação (necessidade de revisitar o modelo, após seus primeiros anos de vida).

Isso porque começar uma nova forma de se relacionar é importante, mas implementar o novo com parcimônia, proporcionalidade e mediante a análise do que de fato funciona para a nossa realidade brasileira é essencial, especialmente para que o programa não seja esvaziado pela absoluta falta de equilíbrio entre os benefícios oferecidos e obrigações assumidas de parte a parte.

Outra necessidade será a de equilibrar as novas demandas decorrentes dos programas de conformidade com aquelas já existentes de modo que não se sobreponham fiscalizações nem haja aumento dos custos de

[34] Algo parecido com o conseguiu a PGFN na criação do Cadastro Fiscal Positivo com a previsão do artigo 18 da Lei nº 14.195/2021.

[35] Responsabilidade funcional — art. 142, § único, do Código Tributário Nacional. CTN.

conformidade e burocracia para o cumprimento das obrigações já atribuídas.

2.4. O início da criação de programas de conformidade tributária no Brasil

Além de iniciativas interessantes como o caso do Cadastro Positivo da PGFN, por todo o país é possível verificar iniciativas voltadas à conformidade fiscal e programas cooperativos para indução de comportamentos rumo à regularidade fiscal.

Há diversos programas estaduais buscando, com certa dose de bom humor, a revisitação do antigo paradigma de relacionamento. Alguns exemplos: Contribuinte Arretado (Alagoas); Pai D'Égua (Ceará); Bom Pagador (Minas Gerais); Contribuinte Legal (Piauí); Contribuinte Exemplar (Rio Grande do Norte); Nos Conformes (Rio Grande do Sul); Fisconfome (Rondônia); Nos Conformes (São Paulo).

Exemplo mais recente é o CONFIA — Programa de Conformidade Cooperativa Fiscal[36], anunciado pela RFB em 2022, que pretende, a partir da identificação dos principais gargalos da relação fisco e contribuinte propor medidas que incentivem a conformidade fiscal[37].

A partir de um Fórum de Diálogo estruturado para debate com a sociedade e contando com o apoio de relevantes entidades[38], o projeto se propôs a definir as diretrizes para a execução de um modelo adequado à realidade brasileira, além de estudar as margens para criação de um Código de Boas Práticas Tributárias e elaboração de diretrizes para um Marco de Controle Fiscal federal no país.

Conclusões

As peculiaridades da realidade brasileira, especialmente em termos de cultura e complexidade da legislação, não podem deixar de ser levadas em consideração no desenho de um programa de conformidade fiscal.

[36] Portaria RFB nº 28/2021, de 20/4/2021.

[37] Disponível em: https://www.gov.br/receitafederal/pt-br/acesso-a-informacao/acoes-e-programas/confia. Acesso em 15 jul. 2022.

[38] Grupo de Estudos Tributários Aplicados — GETAP, Associação Brasileira das Companhias Abertas — Abrasca e da Federação Brasileira de Bancos — Febraban.

O volume do contencioso tributário — disfunção do sistema brasileiro — não é um fato desconhecido, existindo relevantes esforços direcionados à sua redução (tanto da Receita Federal do Brasil, das Secretarias de Fazenda dos Estados, Procuradorias e Conselho Nacional de Justiça quanto dos Poderes Legislativo e Judiciário), buscando-se evitar o colapso do atual formato de cobrança do crédito tributário.

No entanto, sozinhas, essas providências não são suficientes e, mesmo depois de avanços importantes, o crescimento da litigiosidade segue sendo uma tendência e a recuperabilidade dos créditos fiscais está aquém dos índices desejáveis.

Se, historicamente, os dados apontam para um contencioso que equivale a 75% do PIB do país, em que há condenação de planejamentos tributários e posições fiscais incertas (com aplicação de multas que chegam — e podem ultrapassar — 150% do valor do principal e são acompanhadas de responsabilização pessoal e criminal de representantes e administradores dos contribuintes), o grande ganho do programa estará na possibilidade de que essas situações se refiram a hipóteses absolutamente excepcionais.

Discutir sobre a estabilização das controvérsias em matérias tributárias para que se evite a instauração do litígio, portanto, é, além de uma tendência internacional, uma absoluta necessidade para nosso país, onde não há diretrizes objetivas (legislativas ou jurisprudenciais) e muito menos estáveis quanto às estruturas de planejamentos tributários admitidas ou, ao menos, aquelas não consideradas abusivas.

Nesse contexto têm lugar os programas de *cooperative compliance* para alavancagem da conformidade fiscal e harmonia das relações jurídico tributárias, com foco na estabilização interpretativa no momento da ocorrência do fato gerador, através de uma relação de confiança, norteada pelo diálogo e pela transparência, sempre mirando a composição prévia e a regularização voluntária por parte do contribuinte.

Ao se evitar o distanciamento entre os momentos da ocorrência do fato, instauração da controvérsia e verificação acerca do adequado tratamento tributário dispensado ao fato (que pode ocorrer apenas algumas décadas depois de sua ocorrência, com a finalização da discussão judicial), na verdade, se elevará os padrões de transparência fiscal em detrimento ao aumento do contencioso.

Com a mitigação do risco de interpretações divergentes, a partir da correta compreensão do fato tributável e de maneira antecipada[39], estar-se-á inaugurando um novo paradigma de relacionamento entre fisco e contribuintes, com menor margem para discricionariedades, de parte a parte.

Os programas de *cooperative compliance* surgem então como ferramentas úteis para a administração pública (federal, estadual ou municipal) discutir as estruturas e temas tributários em um novo patamar de compreensão do mundo corporativo, devendo estar preparada para tanto — mesmo porque, diante de uma pluralidade de possibilidades, o contribuinte deve ter o direito de escolher o caminho que lhe for menos oneroso, desde que lícito, organizando seu negócio em busca de eficiência fiscal (lucro e redução de custo), em função do melhor interesse dos acionistas — o que faz parte da dinâmica empresarial e não deve ser algo condenável pelo simples fato de não ser adotada sempre a opção que apresenta a tributação mais elevada.

Explorar esse caminho do diálogo e da compreensão mútua facilitado pelos programas de *cooperative compliance* é, em última instância, garantir segurança jurídica e previsibilidade a todos os interessados, através do equilíbrio entre a liberdade do contribuinte se planejar fiscalmente e a necessidade de financiamento do Estado (legítima expectativa de entrada de caixa), alcançado a partir da justa aplicação e interpretação da lei fiscal.

Esta nova dinâmica da relação — fortificada na discussão verdadeiramente construtiva e compreensiva, na aplicação da lei fiscal com razoabilidade e tolerância, com sua justa interpretação, foco na segurança jurídica e na alocação eficiente dos recursos públicos e privados — abandona o paradigma exclusivamente punitivo, beneficiando a todos e, essencialmente, a sociedade.

No entanto, é notória a necessidade de um ganho de confiança recíproco e maior maturidade das discussões (inclusive com realização de críticas honestas quanto aos modelos do direito comparado já existentes, resistindo à tentação de simplesmente "importa-los" para o

[39] NARDELLI, Marcela Ladeira. *Planejamento tributário e segurança jurídica: estabilidade da interpretação jurídica de planejamentos tributários submetidos previamente à análise do fisco.* Dissertação (mestrado profissional) — Fundação Getulio Vargas, Escola de Direito de São Paulo. Orientador: Flávio Rubinstein. 2021.

desenho de nossa jabuticaba) para que seja possível a criação de projetos que não se percam no tempo, sejam aderentes à realidade brasileira e possam ser capazes de implementar as medidas que realmente farão diferença para o sucesso da conformidade fiscal.

Sendo certo que a tendência de programas assim é mundial e que sua instituição traz ganhos importantes para todos, o desafio agora é transformar o jogo de tênis, que marca a relação atual, em que dois jogadores são divididos por uma rede, em campos distintos e se enfrentam com o objetivo de tirar a bola do alcance do oponente, em um jogo de frescobol, em que não há rede de separação, não há campos distintos e o objetivo é jogar a bola ao alcance das mãos do outro, para que esse a devolva, mantendo-a sempre no alto.

Referências

ASSOCIAÇÃO BRASILEIRA DE JURIMETRIA. *Diagnóstico do Contencioso Tributário Administrativo*. Disponível em: https://abj.org.br/cases/bid-tributario/. Acesso em 29 abr. 2022.

ARANDAS, Eduardo Fernandes. *Compliance tributário cooperativo como instrumento de melhora do ambiente tributário: aspectos gerais*. Revista de Direito Tributário Atual, n. 39, 2018. Disponível em: https://ibdt.org.br/RDTA/wp-content/uploads/2018/06/Eduardo-Fernandes-Arandas.pdf/. Acesso em: 02 jul. 2022.

BRASIL. Ministério da Economia. Receita Federal. *Plano Anual da Fiscalização da Secretaria da Receita Federal do Brasil para o ano-calendário de 2021 e resultados de 2020*. https://receita.economia.gov.br/dados/resultados/fiscalizacao/arquivos-e-imagens/plano-anual-de-fiscalizacao-resultados-de-2020-e-plano-para-2021.pdf. Acesso em 01 jun. 2022.

BRASIL. Procuradoria Geral da Fazenda Nacional. PGFN em números: Edição de 2014. Dados 2013. Disponível em: http://www.pgfn.fazenda.gov.br/acesso-a-informacao/institucional/pgfn-em-numeros-2014/pgfn_numeros_2014.pdf. Acesso em: 29 jun. 2022.

BRASIL. Procuradoria Geral da Fazenda Nacional. PGFN em números: Edição de 2022. Disponível em: https://www.gov.br/pgfn/pt-br/acesso-a-informacao/institucional/pgfn-em-numeros/pgfn_em_numeros25042022-compressed.pdf. Acesso em: 25 jun. 2022.

GRECO, Marco Aurélio. Planejamento tributário, 2. Edição. São Paulo: Dialética, 2008.

INTERNATIONAL FISCAL ASSOCIATION. *IFA initiative on the Enhanced Relationship*. Key Issues Report, IFA, 2012.

INSTITUTO BRASILEIRO DE ÉTICA CONCORRENCIAL — ETCO; Ernest & Young Global. *Desafios do Contencioso Tributário Brasileiro.* 2019. Disponível em: https://www.etco.org.br/noticias/contencioso-tributario-brasileiro-ultrapassa-50-do-pib/. Acesso em: 08 jul. 2022.

INSTITUTO DE PESQUISA E ENSINO — INSPER. Diagnóstico do Contencioso Judicial Tributário Brasileiro. Disponível em: https://www.cnj.jus.br/wp-content/uploads/2022/02/relatorio-contencioso-tributario-final-v10-2.pdf. Acesso em: 25 jun. 2022.

INSTITUTO DE PESQUISA E ENSINO — INSPER. Observatório do Contencioso do Núcleo de Tributação. *Contencioso tributário no Brasil. Relatório 2020 — Ano de referência 2019.* Disponível em: https://www.insper.edu.br/wp-content/uploads/2021/01/Contencioso_tributario_relatorio2020_vf10.pdf. Acesso em: 09 jun. 2022.

LANDI, Roberta Bordini Prado. *Medidas Alternativas de Diminuição do Contencioso Fiscal: Inspiração no Direito Internacional.* 2020. 185 f. Tese (Doutorado em Direito Econômico e Financeiro) — Faculdade de Direito, Universidade de São Paulo, São Paulo, 2020.

NARDELLI, Marcela Ladeira. *Planejamento tributário e segurança jurídica: estabilidade da interpretação jurídica de planejamentos tributários submetidos previamente à análise do fisco.* Dissertação (mestrado profissional) — Fundação Getulio Vargas, Escola de Direito de São Paulo. Orientador: Flávio Rubinstein. 2021.

ORGANIZAÇÃO DAS NAÇÕES UNIDAS. *Objetivos do Desenvolvimento Sustentável das Nações Unidas.* Disponível em: https://brasil.un.org/pt-br/sdgs. Acesso em 16 abr. 2022.

ORGANIZAÇÃO DAS NAÇÕES UNIDAS. *Pacto Global.* Disponível em: https://pactoglobal.org.br/a-iniciativa. Acesso em: 10 mai. 2022.

ORGANIZAÇÃO PARA A COOPERAÇÃO E DESENVOLVIMENTO ECONÔMICO. OCDE. *Study into the role of tax intermediaries*, 2008.

ORGANIZAÇÃO PARA A COOPERAÇÃO E DESENVOLVIMENTO ECONÔMICO. OCDE. BUSINESS AND INDUSTRY ADVISORY COMMITEE TO THE OECD — BIAC. *Statement of tax principles of international business*, 2013. Disponível em: http://biac.org/wp-content/uploads/2014/12/BIAC-Statement-of-Tax-Principles-2016-format-update.pdf. Acesso em: 19 nov. 2020.

ORGANIZAÇÃO PARA A COOPERAÇÃO E DESENVOLVIMENTO ECONÔMICO. OCDE. *Co-operative Compliance — A Framework: From Enhanced Relationship to Co-operative Compliance*, 2013.

ORGANIZAÇÃO PARA A COOPERAÇÃO E DESENVOLVIMENTO ECONÔMICO. OCDE. *Co-operative Tax Compliance: building better tax control frameworks*, 2016.

ORGANIZAÇÃO PARA A COOPERAÇÃO E DESENVOLVIMENTO ECONÔMICO. OCDE. INTERNATIONAL MONETARY FUND — IMF. *Tax Certainty: IMF/OECD Report for the G20 Finance Ministers*, 2017.

ROCHA, Sérgio André. *Reconstruindo a confiança na relação fisco-contribuinte*. Revista Direito Tributário Atual, n. 39, 2018.

RUBINSTEIN, Flavio. Boa-fé Objetiva no Direito Financeiro e Tributário. Série Doutrina Tributária, v. III. São Paulo: Quartier Latin, 2010.

VASCONCELOS, Breno; MATTHIESEN, Maria Raphaela. *Ideias para um cadastro positivo de contribuintes*. Jota. Disponível em: https://www.jota.info/especiais/ideias-para-um-cadastro-positivo-de-contribuintes-27112018. Acesso em: 02 jul. 2022.

7.
MEDIDAS PARA REDUÇÃO DO CONTENCIOSO E MELHORIA DO AMBIENTE TRIBUTÁRIO

Gustavo Brigagão
Pedro Grillo

Introdução

A temática central da presente obra não poderia ser mais oportuna: identificar as principais mazelas que atualmente assolam o contencioso tributário judicial e administrativo, bem como oferecer soluções práticas para a redução da litigiosidade e a criação de espaços de consenso entre Fisco e contribuintes.

De acordo com relatório[1] publicado em julho de 2020 pelo Núcleo de Tributação do Insper, no âmbito da linha de pesquisa "Observatório do Contencioso Tributário", o contencioso administrativo[2] e judicial

[1] Vasconcelos, Breno Ferreira Martins; Messias, Lorreine Silva; Longo, Larissa Luzia. Contencioso tributário no Brasil: Relatório 2019 — ano referência 2018. Núcleo de Tributação. São Paulo: Insper, 2020. Disponível em: <https://www.insper.edu.br/wp-content/uploads/2020/07/Contencioso_tributario_Relatorio2019_092020_v2.pdf.>. Acesso em 09.03.2022.

[2] O relatório do Insper acima referido apontou que, em 2018, o contencioso tributário administrativo federal correspondeu a 16,39% do PIB brasileiro, percentual muito acima dos padrões mundiais. Para efeitos de comparação, em 2013, o Insper apontou que a mediana do contencioso administrativo em relação ao PIB foi de apenas 0,28% para nove países-membros da OCDE (Canadá, Chile, Coréia do Sul, Estados Unidos, Itália, Hungria,

brasileiros na esfera tributária correspondeu, em 2018, a 73% do Produto Interno Bruto (PIB) nacional.

Em relatório ainda mais recente[3], publicado em dezembro de 2020, o Insper analisou dados relativos ao ano-base de 2019 e constatou aumento do percentual acima referido de 73% para 75%. Ou seja, em 2019, o contencioso tributário administrativo e judicial brasileiro representou ¾ do PIB nacional, o que equivale a inacreditáveis R$ 5,44 trilhões!

A alta litigiosidade em matéria tributária acarreta efeitos econômicos profundamente negativos. Como bem assinalou o Fundo Monetário Internacional (FMI)[4], em estudo publicado em 2017, quanto maior o volume de créditos tributários em discussão, maior será o estoque de capital improdutivo[5], pois os recursos que poderiam estar sendo empregados na qualificação de mão de obra ou na melhoria de processos produtivos e/ou de gestão terão que ser alocados na tentativa de resolução das disputas instauradas entre Fisco e contribuintes[6].

México, Portugal e República Tcheca) e ainda inferior — míseros 0,19% — para grupo de cinco países da América Latina (Argentina, Chile, Colômbia, Costa Rica e México). E a distância do Brasil em relação às medianas dos dois grupos analisados — países da OCDE e da América Latina — parece estar crescendo. Basta ver que, segundo os dados mais recentes divulgados pelo próprio CARF (https://carf.economia.gov.br/dados-abertos/dados-abertos-202202-final.pdf.), os valores dos processos que aguardam julgamento no Tribunal aumentaram de R$ 764 bilhões (em dezembro de 2020) para R$ 941 bilhões (em setembro de 2021).

[3] Messias, Lorreine Silva et al. Contencioso tributário no Brasil: relatório 2020: ano referência 2019. São Paulo: Insper, Núcleo de Tributação, 2020. Disponível em: https://www.insper.edu.br/wp-content/uploads/2020/07/Contencioso_tributario_Relatorio2019_092020_v2.pdf. Acesso em: 09.03.2022.

[4] FUNDO MONETÁRIO INTERNACIONAL. *Upgrading the tax system to boost productivity: world economic and financial surveys*, 0258-7440. *Fiscal Monitor: Achieving More with Less*, Washington, DC, p. 45-88, 1 abr. 2017. Disponível em: <https://www.imf.org/en/Publications/FM/Issues/2017/04/06/fiscal-monitor-april-2017.>. Acesso em: 09.03.2022.

[5] No Brasil, o cenário de improdutividade do capital a que se referiu o FMI é substancialmente agravado pela demora excessiva na resolução dos litígios tributários, que coloca em xeque o princípio constitucional da razoável duração do processo. De acordo com pesquisa recente do Instituto Brasileiro de Ética Concorrencial (ETCO), em 2017, a conclusão de um processo tributário levava, em média, 18 anos e 11 meses, incluindo as fases administrativa e judicial. Esse estudo está disponível em: <https://www.etco.org.br/publicacoes/revista-etco/como-enfrentar-os-desafios-do-contencioso-tributario/>. Acesso em 09.03.2022.

[6] CONSELHO NACIONAL DE JUSTIÇA. Diagnóstico do contencioso judicial tributário brasileiro: relatório final de pesquisa/Conselho Nacional de Justiça; Instituto de Ensino e Pesquisa. — Brasília: CNJ, 2022. Acesso em 09.03.2022.

As cifras alarmantes apontadas acima decorrem, em larga medida, da exagerada complexidade do sistema tributário brasileiro. Embora sejam múltiplas as causas da disfuncionalidade do modelo atual, uma das principais, a nosso ver, resulta da atribuição de competência para a instituição dos vários tributos que compõem a tributação indireta no Brasil (IPI, ICMS, ISS, PIS e COFINS) às três esferas de tributação (federal, estadual e municipal)[7].

De acordo com o Instituto Brasileiro de Pesquisas Tributárias (IBPT), desde a data em que foi editada a Constituição Federal de 1988 até outubro de 2021, foram editadas 443.236 normas que regulam matéria tributária nas três esferas de tributação (36.483 federais, 146.849 estaduais e 259.904 municipais). Isso equivale a 37 novas normas tributárias por dia, ou a 1,5 novas normas por hora.

Tamanho número de normas, aliado à pouca clareza, inexatidão e complexidade das regras por elas veiculadas, faz com que, segundo aquele instituto, sejam gastos R$ 181 bilhões por ano para manter pessoal, sistemas e equipamentos para o acompanhamento das modificações dessa legislação[8].

E também coloca o país em um nada honroso, para não dizer vergonhoso, primeiro lugar na competição relativa ao número de horas gastas por contribuintes no cumprimento de obrigações tributárias principais e acessórias.

Estudo divulgado em meados do ano passado pelo Banco Mundial (*Doing Business* Subnacional Brasil 2021[9]) alçou o Brasil ao pódio dessa disputa, ao apontar que são despendidas até 1.501 horas por ano no exercício dessas atividades.

[7] Com efeito, a forma como constitucionalmente repartidas as competências tributárias entre as unidades da federação, aliada à má elaboração e complexidade das normas que regem essas incidências, faz com que ocorram diversas situações de conflito de competência entre os entes políticos tributantes, nem sempre resolvidas a contento por lei complementar — que é a norma constitucionalmente eleita para exercer esse papel — ou pela jurisprudência

[8] Informações extraídas do site do IBPT: <https://ibpt.com.br/estudo-do-ibpt-quantidade-de-normas-editadas-no-brasil-desde-1988/>. Acesso em 09.03.2022

[9] BANCO MUNDIAL. 2021. *Doing Business* Subnacional Brasil 2021. Washington, DC. Disponível em: <https://subnational.doingbusiness.org/content/dam/doingBusiness/media/Subnational/DB2021_SNDB_Brazil_Full-report_Portuguese.pdf>. Acesso em 09.03.2022.

Entre as 191 economias analisadas pelo referido estudo, apenas no Brasil e na Bolívia, as empresas de médio porte levam mais de mil horas por ano[10] para cumprir com as obrigações tributárias[11].

É igualmente impactante a conclusão do Banco Mundial no sentido de que algumas das 27 unidades da federação brasileira– se pudessem ser tratadas como economias isoladas — estariam entre as 10 piores economias analisadas pelo *Doing Business* no que diz respeito à facilidade de pagamento de impostos.

Mas, se o dispêndio de todas aquelas horas, que poderiam ser dedicadas a atividades efetivamente produtivas[12], pelo menos conferisse ao contribuinte o conforto e a certeza de que as obrigações tributárias estariam sendo cumpridas de forma adequada aos mandamentos da legislação aplicável, seria bem menos danoso.

Contudo, não é isso que ocorre. Pelo contrário, o cenário em que se dão as relações jurídicas entre o fisco e os contribuintes é de extrema insegurança jurídica, o que acaba por inibir o desenvolvimento econômico nacional, na medida em que afugenta investimentos e, consequentemente, elimina oportunidades de geração de empregos[13].

Diante do cenário desalentador exposto acima, a necessidade de reforma tributária se tornou consenso entre aqueles que a discutem.

[10] Não desconhecemos o fato de que a Receita Federal contesta os dados apresentados pelo Banco Mundial e afirma que o tempo médio anualmente gasto pelas empresas para o pagamento de impostos no Brasil seria de 474 horas. Mesmo que se pudesse aceitar como válidos os números apresentados pelo Fisco em detrimento daqueles divulgados pelo Banco Mundial, fato é que o Brasil seguiria em posição vexatória no ranking *Doing Business,* atrás de países como El Salvador, San Marino e Santa Lucia, e pouco à frente do Nepal e das Filipinas.

[11] Em termos comparativos, consomem-se menos de 300 horas para cumprir com as obrigações tributárias em grandes estados organizados sob a forma federativa (tais como México, Índia e a Rússia) e 156 horas em média nas economias de alta renda da OCDE.

[12] Arnold, Jens Matthias; Grundke, Robert. *Raising productivity through structural reform in Brazil*". *OECD Economics Department Working Papers,* nº 1660, 2021, Paris. Disponível em: <https://doi.org/10.1787/84e6fbeb-en.> Acesso em 09.03.2022.

[13] O relatório "*Tax uncertainty: economic evidence and policy responses*", publicado pela Comissão Europeia em 2017, faz alusão a diversos estudos econômicos que demonstram, a partir do exame de evidências empíricas, que a incerteza no ambiente tributário é fator que interfere negativamente no desenvolvimento econômico de países. EUROPEAN COMISSION. Tax Uncertainty: Economic Evidence and Policy Responses. Taxation Papers, Working Paper n. 67, 2017. Disponível em: <https://op.europa.eu/s/sDrS.>. Acesso em 09.03.2022.

Ocorre, no entanto, que, em vez de uma reforma ampla e modernizante do Sistema Tributário Nacional, como ocorreu em 1965, o que se tem visto é que o Congresso Nacional vem se debruçando sobre projetos que propõem alterações retrógradas e desconexas entre si.

Além de as possíveis mudanças do sistema tributário nacional estarem sendo examinadas e ponderadas de forma isolada (e não abrangente, como seria de rigor), deve-se ter presente que o momento em que as mudanças estão sendo propostas é absolutamente inoportuno.

De fato, a situação atual, em que somos obrigados a enfrentar uma pandemia e os efeitos deletérios dela decorrentes, não é, definitivamente, própria para a discussão de reforma tributária, não só pelo período atípico em que isso se dá, como também pelo fato de que é mandatório que as mudanças nas regras tributárias somente ocorram após a tomada de medidas que propiciem reequilíbrio fiscal, em que os gastos públicos sejam encolhidos e a carga tributária necessária ao seu enfrentamento, reduzida à menor possível. Decisões definitivas não devem ser tomadas em tempos de crise.

Isso não quer dizer, contudo, que devamos nos manter inertes enquanto não atingidas as condições mínimas para seguir adiante com a reforma tributária. Pelo contrário: a impossibilidade de prosseguirmos de imediato com a tão desejada reestruturação ampla do sistema tributário nacional torna imperiosa a intensificação da discussão em torno de medidas que tenham o condão de reduzir, com maior imediatez, a litigiosidade entre Fisco e contribuintes.

Nesse contexto, e sem a pretensão de sermos exaustivos — até mesmo porque diversas das questões que serão aqui levantadas serão objeto de artigos específicos no decorrer da presente obra —, buscaremos, nesta oportunidade, explorar o assunto sob dois enfoques distintos e não diretamente relacionados.

Inicialmente, demonstraremos que o esgotamento do sistema de cobrança judicial do crédito tributário tornou patente a necessidade de criação de modelo "multiportas" de solução de litígios tributários[14] e impulsionou a implementação de métodos alternativos de resolução

[14] Expressão cunhada pelo professor Frank Sander, da Faculdade de Direito de Harvard, que mencionava, já em 1976, a necessidade de existir um Tribunal Multiportas, ou "centro abrangente de justiça".

de conflitos entre Fisco e contribuintes, alguns dos quais serão pontualmente analisados.

Em seguida, criticaremos a atual tendência do Supremo Tribunal Federal (STF) de julgar casos tributários paradigmáticos no âmbito do Plenário Virtual, ambiente infértil para debates do qual resultam precedentes sem *ratio decidendi* clara, que colocam em risco a integridade, estabilidade e coerência da jurisprudência do Tribunal e potencializam o risco de contenciosos circulares em torno de matérias supostamente já pacificadas.

1. A falência do modelo executivo de cobrança de créditos tributários: necessário fomento e aprimoramento dos métodos alternativos de resolução de conflitos em matéria tributária

Intensificaram-se, nos últimos anos, as críticas ao modelo de cobrança de créditos tributários previsto na Lei 6.830/80 (Lei de Execuções Fiscais). Estudos recentes demonstram que o processo executivo é meio absolutamente ineficiente e que não atinge o desiderato de recuperar créditos tributários inscritos na dívida ativa da União, Estados e Municípios.

Em 2011, o Instituto de Pesquisa Econômica Aplicada (IPEA) divulgou estudo[15] em que concluiu que a duração média de um processo de execução fiscal ajuizado perante a Justiça Federal era de longos 9 anos, 9 meses e 16 dias, com uma probabilidade de apenas 25,8% de obter a recuperação integral do crédito perseguido.

Dados mais atuais — e igualmente alarmantes — constam do relatório "Justiça em Números 2021"[16], elaborado pelo Conselho Nacional de Justiça (CNJ) com base em informações coletadas no ano imediatamente anterior (2020).

[15] *Custo e Tempo do Processo de Execução Fiscal promovido pela Procuradoria Geral da Fazenda Nacional*. Nota técnica do Instituto de Pesquisa Econômica Aplicada, sob a responsabilidade dos pesquisadores Alexandre dos Santos Cunha (coordenador), Isabela do Valle Klin e Olívia Alves Gomes Pessoa. Brasília, novembro de 2011. Disponível em <http://repositorio.ipea.gov.br/bitstream/11058/5751/1/NT_n01_Custo-tempo-processo-execucao_Diest_2011-nov.pdf>. Acesso em 01.12.2020.

[16] *Justiça em Números 2021*: ano-base 2020/Conselho Nacional de Justiça — Brasília: CNJ, 2021. Disponível em: <https://www.cnj.jus.br/wp-content/uploads/2021/11/relatorio-justica-em-numeros2021-221121.pdf >. Acesso em 09.03.2022.

O relatório em questão evidencia a falência da execução fiscal como mecanismo de cobrança do crédito tributário. Basta ver que os executivos fiscais representam 36% do total de casos pendentes no Poder Judiciário brasileiro e 68% das execuções pendentes no Poder Judiciário, com taxa de congestionamento de 87%[17]. Ou seja, de cada cem processos de execução fiscal que tramitaram no ano de 2020, apenas 13 foram baixados.

Diante do inegável anacronismo e obsolescência da atual sistemática de cobrança do crédito tributário, é perfeitamente natural — e até mesmo desejável — que sobrevenham iniciativas tendentes a modernizá-la e racionalizá-la, como de fato tem ocorrido.

Os últimos anos foram marcados por elogiável esforço conjunto dos Poderes Executivo e Legislativo na tentativa de inaugurar uma mudança de paradigma no relacionamento entre Fisco e contribuinte, de modo a torná-lo mais colaborativo e menos conflagrado, propiciando, assim, ganhos de escala na recuperação de créditos tributários.

Há diversas medidas que ilustram a atual tendência de aproximação e cooperação entre Fisco e contribuinte, como a criação do regime de ajuizamento seletivo de execuções fiscais (art. 20-C da Lei 10.522/02 e Portaria PGFN 33/18) e a autorização de celebração de negócios jurídicos processuais (NJP) em sede de processos executivos (Portaria PGFN 742/2018).

No entanto, a mais emblemática delas talvez tenha sido a regulamentação do instituto da transação tributária. Embora expressamente prevista no Código Tributário Nacional (CTN) como modalidade extintiva do crédito tributário (art. 156, III), a transação permanecia inutilizada até muito pouco tempo, em razão da pendência de lei que estabelecesse os seus contornos gerais, conforme exigido pelo art. 171 do CTN.

Na esfera federal[18], a letargia do legislador foi finalmente interrompida com a edição da Medida Provisória 899, de 16.10.2019, posteriormen-

[17] De acordo com o CNJ, não fossem as Execuções Fiscais, a taxa de congestionamento do Poder Judiciário em 2020 cairia 6,1 pontos percentuais, passando de 73% para 66,9%.

[18] É alentador constatar que o pioneirismo dos Poderes Executivo e Legislativo federal parece ter despertado o interesse dos entes políticos subnacionais na transação tributária, o que se comprova a partir da recente regulamentação do instituto no Estado de São Paulo (Lei Estadual/SP 17.293, de 16.10.2020) e no Município do Rio de Janeiro (Lei 7.000, de 23.07.2021).

te convertida na Lei 13.988, de 14.04.2020, que delimitou as diretrizes gerais para a celebração de transação resolutiva de litígios relativos à cobrança de créditos da Fazenda Pública.

Com base na autorização legal que lhe foi concedida, a Procuradoria Geral da Fazenda Nacional (PGFN) prontamente criou diferentes modalidades de transação[19], cada qual com as particularidades que lhe são próprias, mas sempre baseadas em concessões recíprocas entre os participantes. O resultado dessa experiência, até o momento, é extremamente positivo.

De acordo com dados[20] divulgados pela Procuradoria-Geral da Fazenda Nacional (PGFN), até fevereiro de 2022, já haviam sido formalizados cerca de 981 mil acordos de transação junto ao referido órgão, que permitiram a regularização de R$ 232,7 bilhões em débitos inscritos em dívida ativa. Apesar do inegável sucesso da transação tributária federal, o instituto ainda carece de aprimoramentos e aperfeiçoamentos.

Registre-se, por exemplo, que as modalidades de transação atualmente existentes se aplicam tão somente a débitos inscritos em dívida ativa. Essa restrição obriga os contribuintes que possuem débitos perante a Receita Federal (ainda não inscritos) a impetrarem mandados de segurança com pedidos de liminares para determinar às autoridades fiscais que promovam as diligências necessárias à remessa dos débitos à PGFN para fins de inscrição em dívida ativa. A liminar nem sempre é deferida nesses processos e, em caso de negativa de concessão da tutela de urgência, os contribuintes ficam impossibilitados de transacionar os seus débitos.

[19] Na data em que elaborado o presente artigo, 15 modalidades de transação já haviam sido implementadas pela PGFN, quais sejam: (i) Transação de Pequeno Valor do Simples Nacional; (ii) Programa de Regularização do Simples Nacional; (iii) Transação na Dívida Ativa do FGTS; (iv) Transação destinado a débitos do Funrural; (v) Transação Extraordinária; (vi) Transação Excepcional; (vii) Transação Excepcional para débitos rurais e fundiários; (viii) Transação para dívida ativa de pequeno de valor; (ix) Programa Emergencial de Retomada do Setor de Eventos (PERSE); (x) Transação por proposta individual do contribuinte; (xi) Transação por proposta individual do contribuinte em recuperação judicial; (xii) Transação por proposta individual da PGFN; (xiii) Transação do Contencioso Tributário "PLR-Empregados — PLR-Diretores"; e (xiv) Transação da Dívida ativa suspensa por decisão judicial há mais de 10 anos; e (xv) Transação por adesão.

[20] Disponível em: <https://www.gov.br/pgfn/pt-br/assuntos/noticias/2022/prazo-para-adesao-para-acordos-de-transacao-e-prorrogado-ate-29-de-abril>. Acesso em 09.03.2022.

Da mesma forma, a Portaria PGFN 9.917/20, que regulamenta a transação individual (cuja vantagem é a de permitir maior liberdade aos contribuintes para efetivamente negociar com a PGFN as exatas condições em que se darão as concessões recíprocas entre as partes) atualmente estabelece que essa modalidade transacional somente se aplica aos devedores que possuam dívida ativa com valor consolidado superior a R$ 15 milhões.

Essa limitação também vem sendo questionada em juízo pelos contribuintes, sob o argumento de que o ato infralegal teria criado restrição não prevista em lei. A PGFN, por sua vez, defende que a norma seria válida e que não teria desbordado dos limites da delegação legislativa que lhe foi concedida.

Independentemente do desfecho da discussão judicial acerca da legalidade, ou não, da restrição promovida pela PGFN, fato é que o tratamento diferenciado entre contribuintes com base exclusivamente no valor da dívida nos parece absolutamente inadequado, eis que ausente a correlação lógica entre o fator de discrímen e a discriminação procedida.

De fato, a prevalecer esse cenário, enquanto o contribuinte com débito superior a R$ 15 milhões disporá de via vantajosa para o equacionamento do seu passivo tributário, outro, possivelmente em situação financeira muito mais penosa, não poderá lançar mão da modalidade individual de transação simplesmente pelo fato de o seu débito não alcançar o referido patamar[21].

Os casos destacados acima demonstram claramente que a legislação de regência da transação contém disposições que contrariam a finalidade do instituto. Com efeito, o propósito declarado da transação é o de permitir que os agentes públicos "concentrem esforços noutras causas, litígios ou cobranças, promovendo incremento na arrecadação, a prevenção e a redução de litigiosidade, e ganhos de celeridade, eficiência e economicidade"[22].

Está-se diante de manifesto contrassenso: a transação — enquanto instrumento cujo objetivo precípuo é o de desafogar o Poder Judiciário

[21] Gianneti, Leonardo Varella; Mascitto, Andréa. Transação tributária, delegação legislativa e controle dos critérios. In: JOTA. Disponível em: <https://www.jota.info/opiniao-e-analise/colunas/pauta-fiscal/transacao-tributaria-delegacao-legislativa-e-controle-dos-criterios-01072021>. Publicado em 01.07.2021. Acesso em 09.03.2022.

[22] Item 08 da Exposição de Motivos da Medida Provisória 899, de 16.10.2019, posteriormente convertida na Lei 13.988/2020.

de demandas desnecessárias — não deveria depender do ajuizamento de ações judiciais para ver a sua aplicabilidade assegurada e as restrições indevidas afastadas.

Outra crítica que merece ser feita à transação é que a modalidade "por adesão no contencioso tributário de relevante e disseminada controvérsia jurídica" vem sendo explorada muito aquém do seu potencial.

Em junho de 2021, o Ministério da Economia editou a Portaria 247, que estabeleceu os critérios e procedimentos para a elaboração de proposta e de celebração de transação por adesão no contencioso tributário de relevante e disseminada controvérsia jurídica.

No entanto, até o momento em que elaborado o presente artigo[23], havia sido lançado apenas um edital com proposta de transação dessa espécie, relativo aos "débitos de contribuições previdenciárias e contribuições destinadas a outras entidades ou fundos incidentes sobre a participação nos lucros e resultados (PLR), por descumprimento da Lei n. 10.101, de 19 de dezembro de 2000" (Edital 11/2021), que, nos termos em que elaborado, gerou bastante insegurança jurídica.

De fato, embora cada plano de PLR tenha suas especificidades, o edital tratou todas as discussões de forma genérica, dividindo-as apenas em duas grandes teses — denominadas de "PLR-Empregados" e "PLR-Diretores" —, além de determinar que, ao aderir à transação de uma das teses, todos e quaisquer débitos previdenciários relacionados àquela tese estariam abarcados pela transação[24].

Percebe-se, assim, que o edital não oportunizou aos contribuintes a análise detalhada e individualizada dos processos administrativos, tampouco a escolha daqueles em relação aos quais a adesão seria vantajosa, eis que tratou todos os débitos de forma indistinta. A generalidade com que o assunto foi tratado reduziu a atratividade da transação em questão.

Note-se, inclusive, que a insegurança em torno da referida proposta de transação foi tamanha que a PGFN se viu obrigada a editar o Parecer SEI 10.177/2021, por meio do qual buscou esclarecer algumas das diversas dúvidas geradas pela redação lacônica do edital, tais como aquelas relativas

[23] Abril de 2022.

[24] PAIVA, Mariana Monte Alegre; DIAS, Henrique Wagner de Lima. Aspectos polêmicos da nova transação de PLR. In: Valor Econômico. Disponível em: <https://valor.globo.com/legislacao/noticia/2021/08/13/aspectos-polemicos-da-nova-transacao-de-plr.ghtml>. Publicado em 13.08.2021. Acesso em 09.03.2022.

aos impactos da transação no que se refere aos fatos geradores passados (que ainda não tinham sido objeto de autuação) e futuros, bem como no que diz respeito à possibilidade de desistência parcial diante da presença de teses autônomas. Outros pontos polêmicos, porém, ficaram sem resposta, o que certamente afugentou diversos contribuintes que poderiam ter aderido ao programa caso não houvesse tantas incertezas.

Espera-se, portanto, que as autoridades fiscais extraiam as lições necessárias dessa primeira experiência imperfeita com a transação "por adesão no contencioso tributário de relevante e disseminada controvérsia jurídica", aperfeiçoem as minutas de editais — para evitar que as matérias passíveis de transação sejam nele descritas de forma genérica e sem considerar as nuances fático-jurídicas que tornam as situações independentes entre si e merecedoras de tratamento autônomo — e passem a explorar essa modalidade com maior frequência.

Afinal, há diversos temas controversos em relação aos quais o contencioso existente poderia ser substancialmente mitigado pela instauração de transação dessa natureza, com ganhos evidentes tanto para o Fisco quanto para os contribuintes.

Citem-se, por exemplo, as discussões relativas ao aproveitamento fiscal do ágio envolvendo empresas-veículos (quando uma empresa controlada pela investidora original é criada apenas para gerar o ágio e posteriormente ser incorporada pela investida)[25].

Por fim, sugerimos que as modalidades de transação passem a autorizar a quitação de parte dos créditos tributários transacionados (tributo, multas, juros de mora e/ou encargo-legal) com prejuízos fiscais e/ou base de cálculo negativa da CSLL.

Como se sabe, essa possibilidade constou de diversos programas de parcelamento especiais (REFIS) instituídos em favor dos contribuintes no passado recente[26]. Considerando que a transação foi idealizada

[25] Gasperin, Carlos Eduardo. Limites na descrição das hipóteses transacionáveis: o caso do ágio. In: JOTA. Disponível em: <https://www.jota.info/opiniao-e-analise/colunas/pauta-fiscal/limites-na-descricao-das-hipoteses-transacionaveis-o-caso-do-agio-30102020#sdfootnote1anc>. Publicado em 30.10.2020. Acesso em 09.03.2022.

[26] Vejam-se, a título exemplificativo: Lei 9.964/00 (art. 1º, §7º); Lei 11.941/09 (art. 1º, §7); Medida Provisória 470/09 (art. 2º, §2º); Lei 13.043/14 (art. 33); Medida Provisória 766/17 (art. 2º); e Lei 13.496/17 (art. 2º).

justamente para substituir os programas acima referidos, entendemos que ela também deveria assegurar essa prerrogativa aos contribuintes.

Perfilhamo-nos, nesse aspecto, ao entendimento de Mary Elbe Queiroz e Antonio Carlos F. de Souza Júnior[27], para quem, "no bojo da lei de transação, a utilização de um ativo fiscal não representa (...) benefício fiscal ou redução de tributos, mas sim mecanismo para efetivação dos direitos creditórios da União e solução rápida de litígios".

De fato, a nosso ver, o uso dos "estoques" de prejuízos fiscais no contexto da transação facilitaria a quitação do passivo fiscal pelos contribuintes, impulsionaria o soerguimento das suas atividades empresariais e os recolocaria no caminho da geração de receita/lucro, trazendo ganhos arrecadatórios para o Fisco.

Para além da transação, nos últimos anos, outros métodos alternativos de resolução de conflitos vêm ganhando tração na seara tributária, tais como mediação/conciliação (no campo da autocomposição) e arbitragem (na esfera da heterocomposição).

Basta ver que, em outubro de 2021, o CNJ editou a Recomendação 120/2021, por meio da qual "recomendou aos(às) magistrados(as) com atuação nas demandas que envolvem direito tributário que priorizem, sempre que possível, a solução consensual da controvérsia, estimulando a negociação, a conciliação, a mediação ou a transação tributária".

Especificamente no que se refere à mediação, destacamos que, em março de 2022, o município de Porto Alegre se tornou a primeira capital brasileira a implementá-la em matéria tributária, por meio da promulgação da Lei Municipal 13.028, de 14.03.2022.

A nova legislação em questão surgiu de projeto piloto capitaneado por Ricardo Almeida e desenvolvido pelo Município de Porto Alegre em parceria com a Associação Brasileira de Direito Financeiro (ABDF) e a Associação Brasileira dos Secretários de Finanças (ABRASF) — com o qual também tivemos a satisfação de colaborar — e prevê a criação de Câmaras de Mediação e Conciliação Tributária no âmbito da Secretaria Municipal da Fazenda (SMF) e da Procuradoria-Geral do Município (PGM).

[27] Queiroz, Mary Elbe; Júnior, Antonio Carlos F. de Souza. Utilização do Prejuízo Fiscal na Transação Tributária. Disponível em: <https://www.ibet.com.br/wp-content/uploads/2021/07/Artigo-Mary-Elbe-e-Antonio-Carlos.pdf>. Publicado em 12.07.2021. Acesso em 09.03.2022.

O objetivo é que as referidas Câmaras sejam espaços de formação de consensos preventivos e resolutivos de conflitos entre o Fisco e os contribuintes. Qualquer dívida, judicializada ou não, poderá ser a elas submetida, com especial ênfase para a possibilidade de a mediação ocorrer antes mesmo da autuação ou inscrição em dívida ativa.

A instauração de mediação em fase anterior ao lançamento para fins de elucidação de fatos e cooperação das partes de forma prévia ao litígio é extremamente salutar e tem o potencial de suprir enorme lacuna existente no modelo "pré-contencioso" atual, sobretudo como meio de resolução de casos complexos em que as soluções de consulta são vistas com desconfiança pelos contribuintes ou simplesmente não possuem a aptidão para produzir os resultados desejados[28]. Espera-se, portanto, que o bom exemplo dado pelo município de Porto Alegre seja reproduzido país afora (assim como vem ocorrendo com a transação).

Já a arbitragem tributária é objeto de diversos projetos de lei em tramitação no Congresso Nacional, entre os quais destacamos os PLs 4.257/19 e 4.468/20.

O PL 4.257/19 tem por objeto a resolução de controvérsias travadas em embargos à execução fiscal, ação anulatória de débito fiscal e ação consignatória. Já o PL 4.468/20 pretende prevenir conflitos — mediante a solução de questões "fáticas" — antes da formalização do lançamento tributário. De acordo com a sua exposição de motivos, o propósito desse segundo PL é "dirimir conflitos que sejam anteriores aos créditos tributários constituídos" em duas hipóteses que "envolvem matérias fáticas e técnicas: (i) consulta fiscal e (ii) quantificação de crédito reconhecido judicialmente e passível de compensação."

Em caráter ainda mais recente, o PLP 17/2022, que tem por objetivo central a criação de Código de Defesa do Contribuinte, também propõe alterações no Código Tributário Nacional, que passaria a prever que a instauração da arbitragem é hipótese de suspensão da exigibilidade do crédito tributário (art. 151, VII) e, ainda, que a sentença arbitral é causa de extinção do crédito tributário (art. 156, XII), o que nos parece absolutamente oportuno.

[28] PANISSON, Isabella Fochesatto. A mediação tributária como instrumento de mudança de cultura. In: Consultor Jurídico. Disponível em: <https://www.conjur.com.br/2021-nov-08/panisson-mediacao-tributaria-instrumento-mudanca-cultura.> Publicado em 08.11.2021. Acesso em 09.03.2022.

Ainda há diversas questões pendentes de definição no que se refere ao modelo de arbitragem tributária a ser implementada no Brasil. Conforme assinalam Conrado, Mascitto e Piscitelli[29], remanescem dúvidas acerca: (i) da natureza da norma (se necessária) de instituição da arbitragem tributária; (ii) do momento adequado para a instauração da arbitragem, isto é, quais tipos de créditos seriam por ela abrangidos; (iii) da necessidade de apresentação de garantia na via arbitral; (iv) da possibilidade de reconhecimento, via arbitragem, de indébito tributário; (v) da extensão e limites das matérias arbitráveis; (vi) da natureza da instituição arbitral competente e seu critério de eleição; (vii) dos critérios para formação do Tribunal arbitral e eleição de árbitros; (viii) da aplicação subsidiária da lei da arbitragem comercial ou da autonomia absoluta da arbitragem tributária; (ix) da definição das hipóteses (se for o caso) que permitirão posterior ingresso em juízo.

Seja como for, é alentador constatar que a compreensão dos estudiosos do tema evoluiu no sentido de superar o dogma — que até pouco tempo atrás parecia absoluto e intransponível — no sentido de que o princípio da indisponibilidade do interesse público/do crédito tributário inviabilizaria a instituição de arbitragem em matéria tributária.

Portanto, embora ainda haja muito por fazer em relação à definição do modelo arbitral a ser adotado no Brasil, ao menos os especialistas no assunto formaram um relativo consenso no sentido de que a sua implementação em matéria tributária é juridicamente viável, com a devida vênia daqueles que ainda não conseguiram se desprender das falsas amarras resultantes da adoção das premissas ultrapassadas destacadas acima.

Note-se, contudo, que a implementação isolada de métodos alternativos de resolução de controvérsias, por mais relevantes que sejam, não será suficiente para combater satisfatoriamente as patologias do contencioso tributário brasileiro se não forem acompanhadas de medidas tendentes ao aprimoramento do processo jurisdicional.

É justamente sob esse enfoque que examinaremos a ampliação do alcance dos julgamentos virtuais no âmbito do STF, medida que nos

[29] Conrado, Paulo Cesar; Mascitto, Andréa; Piscitelli, Tathiane. Reflexões sobre a criação da Arbitragem Tributária no Brasil. In: Jota. Disponível em: <https://www.jota.info/opiniao-e-analise/colunas/pauta-fiscal/reflexoes-sobre-a-criacao-da-arbitragem-tributaria-no-brasil-06072019>. Publicado em 06.07.2019. Acesso em 09.03.2022.

parece ir na contramão do que seria necessário para assegurar a higidez, estabilidade e coerência da jurisprudência constitucional.

2. Impactos negativos dos julgamentos virtuais de causas constitucionais tributárias pelo supremo tribunal federal

Com o advento da edição do novo Código de Processo Civil (CPC/15), em 2015, internalizou-se na legislação algo que já era tendência no Brasil e no mundo: a tomada de uma posição intermediária entre o Civil Law, que privilegia os comandos da lei escrita e é originário do direito continental europeu, e o denominado Common Law, proveniente do direito anglo-saxão e caracterizado por conferir extraordinária relevância aos precedentes judiciais como forma de definição dos exatos contornos do direito aplicável.

Foi com base nessas premissas, que o CPC/15 internalizou no Direito Brasileiro normas internacionalmente preconizadas pela teoria dos precedentes, mediante a aplicação de instrumentos e valores próprios do Common Law. Entre eles, a determinação de que os tribunais devem manter a sua jurisprudência estável, íntegra e coerente, daí decorrendo a necessidade de que determinados aspectos sejam incondicionalmente observados, entre os quais os de que: (a) as superações totais ou parciais de precedentes (*overruling/overriding*) somente se deem em situações extremas, em que tenha havido a alteração de pressupostos fáticos e/ou do ordenamento jurídico aplicável, ressalvada e preconizada a necessidade de que seja feito o *distinguishing*, em todos as situações em que haja precedente sobre a matéria em julgamento cujas características específicas do caso demonstrem a inaplicação do precedente ou a necessidade de que entendimento diverso seja adotado; (b) os fundamentos do precedente (*ratio decidendi*) sejam acordados mediante exaustiva deliberação dos julgadores, de forma a que reste configurado, com segurança, o núcleo dos pressupostos jurídicos a serem observados pelas decisões proferidas *a posteriori*; e (c) os efeitos da decisão sejam modulados no tempo, sempre que, da decisão proferida, possa decorrer qualquer ameaça à segurança jurídica.

Configurou-se, assim, enorme progresso da legislação brasileira no que diz respeito ao adequado tratamento a ser dado aos precedentes, tendo em vista a importância que têm na manutenção dos jurisdicionados em um ambiente de plena segurança jurídica.

E o que resultou dos julgamentos realizados pela Suprema Corte no atual período pandêmico, a maioria deles em plenário virtual[30]? O oposto disso tudo.

Nessa sistemática de julgamento (em plenário virtual), não há debates formais entre os ministros julgadores. Eles simplesmente postam os seus votos, em um período determinado de tempo — sete dias —, sem que haja efetiva deliberação entre eles sobre os elementos que devem formar a *ratio decidendi*, nem sobre a conveniência jurídica e factual de precedentes existentes sobre a matéria em julgamento serem total ou parcialmente superados. Os ministros simplesmente postam os seus votos e, ao final, verifica-se o placar para a determinação da parte vencedora, como se se tratasse de uma competição desportiva.

Não há também, nessa sistemática de julgamento, efetiva sustentação oral feita pelos advogados das partes envolvidas. Há mera remessa, por parte deles, de vídeos gravados com essas sustentações, cuja probabilidade de serem vistos pelos ministros, convenhamos, é bastante reduzida, até pela sua quantidade. A probabilidade de os assessores dos ministros escutarem essas sustentações é maior, mas, em que pese a relevância da atuação desses profissionais nos julgamentos realizados pelo Tribunal, o propósito da sustentação oral é o de convencer diretamente o julgador, no momento em que o julgamento se dá!

O "olho no olho", só presente nos julgamentos presenciais ou naqueles realizados por videoconferência, é fundamental para que o advogado possa efetivamente exercer o seu mister e defender adequadamente a parte que representa. Não há isso no plenário virtual, como também não há a possibilidade de o advogado corrigir, pela ordem, um encaminhamento equivocado que esteja sendo dado ao julgamento. Disso decorre que, no principal momento da prestação jurisdicional, a participação do defensor se torna absolutamente nula.

A prova da inadequação desse sistema veio, de forma inconteste, com a verificação do teor de dos julgados proferidos sob a sua égide, desde o início da pandemia, em matéria tributária. Só em 2020, foram julgados

[30] O número de decisões no Plenário Virtual do Supremo Tribunal Federal aumentou de 80,3% antes da pandemia da Covid-19 (de 19.06.2019 a 19.03.2020) para 97,6% no período inicial da pandemia (de 20.03 a 31.12.2020). O dado está no relatório final da primeira pesquisa empírica realizada pelo STF sobre o uso da ferramenta.

mais de uma centena de casos em repercussão geral (quebrando todos os recordes até então vigentes).

Desses casos, 52 trataram de matéria tributária, sendo que vários deles: (a) promoveram a mudança do entendimento do Tribunal acerca de várias questões que, até então, eram jurisprudência pacífica no STF — overrulings — ou no STJ (são exemplos disso a decisão sobre a incidência do ICMS na importação realizada por não contribuintes; sobre a incidência desse imposto na revenda de carros por locadoras de veículos; incidências de contribuições sobre terço de férias, entre várias outras), ou (b) apresentaram votos contraditórios, a ponto de não ser possível definir a *ratio decidendi* que prevaleceu na decisão (como ocorreu no julgamento relativo à incidência do ISS sobre os contratos de franquia, em que os dois únicos votos formalmente apresentados apresentam fundamentos diversos), ou, ainda, (c) modularam efeitos de forma absolutamente não usual e imparcial, normalmente de forma favorável à Fazenda Pública.

Outra característica que marcou as decisões proferidas pelo STF nesse período pandêmico foi o quanto fazendárias elas foram. Segundo informações divulgadas na imprensa, só no que diz respeito à União (sem contar estados e municípios), os julgados do STF desfavoráveis aos contribuintes asseguraram arrecadação da ordem de R$ 563 bilhões, sendo que, desse total, R$ 225 bilhões foram alcançados às custas de mudança na jurisprudência (do próprio tribunal, ou do STJ).

E, na maior parte desses casos, como dito acima, a modulação de efeitos adotada ou consolidou cobranças inconstitucionais feitas pelo fisco, ou postergou a eficácia de decisões favoráveis ao contribuinte para (até mesmo) o exercício seguinte em que proferidas.

É indiscutivelmente louvável a celeridade conferida aos julgamentos realizados nesse período pela Suprema Corte — que ainda se vê às voltas com o julgamento de questões pendentes há mais de duas décadas —, bem como a preocupação com a garantia de que os cofres públicos sejam abastecidos de forma a que os entes federativos possam fazer face a todos os investimentos e despesas necessárias ao enfrentamento dos momentos calamitosos que estamos tendo que enfrentar.

Contudo, esses valores e princípios devem ser defendidos à luz da sobrevivência das empresas que criam empregos e fazem a economia girar, e, o mais importante, sem comprometer aquilo que é mais valioso para a relação fisco-contribuinte: a segurança jurídica. Esse resultado só será obtido se tudo isso for feito com a preocupação de que a jurisprudência que nos guia se mantenha estável, íntegra e coerente, conforme preconiza o CPC/15.

Conclusões

Extremamente bem-vindas e auspiciosas quaisquer medidas, que, de forma similar àquelas abordadas acima (transação, mediação, arbitragem etc.) busquem diversificar e otimizar a cobrança da dívida ativa. No entanto, a necessidade de superar o atual estado de crise que assola o processo executivo jamais poderá servir de pretexto para a criação de mecanismos oblíquos de cobrança que desbordem dos limites constitucionais e legais rigidamente impostos.

Há que distinguir as medidas verdadeiramente inovadoras e alvissareiras (como as destacadas acima — transação, mediação e arbitragem) daquelas outras que, embora se autoproclamem modernas, sejam incompatíveis com o arcabouço constitucional e infraconstitucional e configurem sanções políticas. De fato, o assoberbamento do Poder Judiciário e a necessidade de desjudicialização da cobrança do crédito tributário não podem servir de pretexto para o cometimento de arbitrariedades.

Além disso, há que se ter em mente que, independentemente de quantos métodos alternativos de resolução de conflitos vierem a ser criados, o modelo jurisdicional jamais será integralmente substituído e, portanto, deve ser preservado.

Essa preservação depende da defesa intransigente da higidez da jurisprudência dos Tribunais Superiores. Portanto, é absolutamente preocupante a atual predileção do STF pela realização de julgamentos no âmbito do Plenário Virtual.

Trata-se de terreno árido para o debate, que impede o amadurecimento das discussões entre os sujeitos processuais sobre os temas submetidos a julgamento. Não surpreende que a adoção dessa técnica de julgamento esteja gerando a formação de uma profusão de precedentes relativos à matéria tributária que provocam dúvidas e controvérsias em vez de solucioná-las.

A experiência dos últimos meses revela que os julgamentos virtuais vêm contribuindo para a deterioração do nosso sistema de precedentes.

De fato, constata-se a superação de entendimentos jurisprudenciais até então consolidados no âmbito da Corte em favor da adoção de teses de constitucionalidade duvidosa, não raro lastreadas em argumentos puramente econômicos e consequencialistas, sem o prévio confronto de ideias e posições jurídicas antagônicas.

O déficit deliberativo inerente ao Plenário Virtual permite a proliferação de situações de incoerência, contradição e inconsistência da jurisprudência constitucional, que terão como consequência inarredável o prolongamento do contencioso acerca de matérias que já deveriam estar pacificadas, na contramão das múltiplas soluções que vem sendo implementadas para diminuir a litigiosidade entre Fisco e contribuintes.

Referências

Arnold, Jens Matthias; Grundke, Robert. *Raising productivity through structural reform in Brazil*". *OECD Economics Department Working Papers*, nº 1660, 2021, Paris. Disponível em: <https://doi.org/10.1787/84e6fbeb-en.> Acesso em 09.03.2022.

BANCO MUNDIAL. 2021. *Doing Business* Subnacional Brasil 2021. Washington, DC: Banco Mundial. Disponível em:<https://subnational.doingbusiness.org/content/dam/doingBusiness/media/Subnational/DB2021_SNDB_Brazil_Full-report_Portuguese.pdf>. Acesso em 09.03.2022.

Conrado, Paulo Cesar; Mascitto, Andréa; Piscitelli, Tathiane. Reflexões sobre a criação da Arbitragem Tributária no Brasil. In: Jota. Disponível em: <https://www.jota.info/opiniao-e-analise/colunas/pauta-fiscal/reflexoes-sobre-a-criacao-da-arbitragem-tributaria-no-brasil-06072019>. Publicado em 06.07.2019. Acesso em 09.03.2022.

CONSELHO NACIONAL DE JUSTIÇA. Diagnóstico do contencioso judicial tributário brasileiro: relatório final de pesquisa/Conselho Nacional de Justiça; Instituto de Ensino e Pesquisa. — Brasília: CNJ, 2022. Acesso em 09.03.2022.

CONSELHO NACIONAL DE JUSTIÇA. Justiça em Números 2021: ano-base 2020/Conselho Nacional de Justiça — Brasília: CNJ, 2021. Disponível em: <https://www.cnj.jus.br/wp-content/uploads/2021/11/relatorio-justica-em-numeros2021-221121.pdf>. Acesso em 09.03.2022.

EUROPEAN COMISSION. *Tax Uncertainty: Economic Evidence and Policy Responses. Taxation Papers, Working Paper* n. 67, 2017. Disponível em: <https://op.europa.eu/s/sDrS.>. Acesso em 09.03.2022.

FUNDO MONETÁRIO INTERNACIONAL. *Upgrading the tax system to boost productivity: world economic and financial surveys*, 0258-7440. *Fiscal Monitor: Achieving More with Less,* Washington, DC, p. 45-88, 1 abr. 2017. Disponível em:

<https://www.imf.org/en/ Publications/FM/Issues/2017/04/06/fiscal-monitor-april-2017.>. Acesso em: 09.03.2022.

GASPERIN, Carlos Eduardo. Limites na descrição das hipóteses transacionáveis: o caso do ágio. In: JOTA. Disponível em: <https://www.jota.info/opiniao-e-analise/colunas/pauta-fiscal/limites-na-descricao-das-hipoteses-transacionaveis-o-caso-do-agio-30102020#sdfootnote1anc>. Publicado em 30.10.2020. Acesso em 09.03.2022.

GIANNETI, Leonardo Varella; MASCITTO, Andréa. Transação tributária, delegação legislativa e controle dos critérios. In: JOTA. Disponível em: <https://www.jota.info/opiniao-e-analise/colunas/pauta-fiscal/transacao-tributaria-delegacao-legislativa-e-controle-dos-criterios-01072021>. Publicado em 01.07.2021. Acesso em 09.03.2022.

INSTITUTO DE PESQUISA ECONÔMICA APLICADA. Custo e Tempo do Processo de Execução Fiscal promovido pela Procuradoria Geral da Fazenda Nacional. Nota técnica elaborada sob a responsabilidade dos pesquisadores Alexandre dos Santos Cunha (coordenador), Isabela do Valle Klin e Olívia Alves Gomes Pessoa. Brasília, novembro de 2011. Disponível em <http://repositorio.ipea.gov.br/bitstream/11058/5751/1/NT_n01_Custo-tempo-processo-execucao_Diest_2011-nov.pdf>. Acesso em 09.03.2020.

MESSIAS, Lorreine Silva et al. Contencioso tributário no Brasil: relatório 2020: ano referência 2019. São Paulo: Insper, Núcleo de Tributação, 2020. Disponível em: https:// www.insper.edu.br/wp-content/uploads/2020/07/Contencioso_tributario_Relatorio2019_092020_v2.pdf. Acesso em: 09.03.2022.

PAIVA, Mariana Monte Alegre; DIAS, Henrique Wagner de Lima. Aspectos polêmicos da nova transação de PLR. In: Valor Econômico. Disponível em: <https://valor.globo.com/legislacao/noticia/2021/08/13/aspectos-polemicos-da-nova-transacao-de-plr.ghtml>. Publicado em 13.08.2021. Acesso em 09.03.2022.

PANISSON, Isabella Fochesatto. A mediação tributária como instrumento de mudança de cultura. In: Consultor Jurídico. Disponível em: <https://www.conjur.com.br/2021-nov-08/panisson-mediacao-tributaria-instrumento-mudanca-cultura.> Publicado em 08.11.2021. Acesso em 09.03.2022.

QUEIROZ, Mary Elbe; JÚNIOR, Antonio Carlos F. de Souza. Utilização do Prejuízo Fiscal na Transação Tributária. Disponível em: <https://www.ibet.com.br/wp-content/uploads/2021/07/Artigo-Mary-Elbe-e-Antonio-Carlos.pdf>. Publicado em 12.07.2021. Acesso em 09.03.2022.

SUPREMO TRIBUNAL FEDERAL (STF). O plenário virtual na pandemia da Covid-19 [recurso eletrônico] / Supremo Tribunal Federal. — Brasília: STF, Secretaria de Altos Estudos, Pesquisas e Gestão da Informação, 2022. 60 p.

VASCONCELOS, Breno Ferreira Martins; MESSIAS, Lorreine Silva; LONGO, Larissa Luzia. Contencioso tributário no Brasil: Relatório 2019 — ano referência 2018. Núcleo de Tributação. São Paulo: Insper, 2020. Disponível em: <https://www.insper.edu.br/wp-content/uploads/2020/07/Contencioso_tributario_Relatorio2019_092020_v2.pdf.>. Acesso em 09.03.2022.

8.
MEDIDAS PARA REDUÇÃO DO CONTENCIOSO TRIBUTÁRIO BRASILEIRO

Zabetta Macarini Carmignani
Eduardo Coletti

Introdução

Buscar soluções para o contencioso tributário tornou-se, no Brasil, assunto rotineiro entre aqueles que atuam na área, os centros estudos, academia, associações, Congresso Nacional, Poder Judiciário e os órgãos fazendários.

A preocupação com o tema é justificável. Ano após ano, o relatório "Justiça em Números" do Conselho Nacional de Justiça (CNJ) mostra que os processos de execução fiscal são os principais responsáveis pela morosidade do Poder Judiciário. No levantamento divulgado em 2021, os executivos fiscais representavam 36% do universo de casos pendentes no Judiciário, com tempo médio de tramitação de 8 anos e 1 mês e taxa de congestionamento de 87%, sendo que a cada 100 processos dessa espécie que tramitaram em 2020, apenas 13 foram baixados[1].

[1] BRASIL, Conselho Nacional de Justiça. **Justiça em Números: 2021**. Brasília: CNJ, 2021. Disponível em: https://www.cnj.jus.br/wp-content/uploads/2021/11/relatorio-justica-em-numeros2021-221121.pdf. Acesso em 18/11/2021.

Ao analisar os valores absolutos que estão em discussão nas vias administrativas e judiciais, com dados das esferas federal, estaduais e municipais, o Insper divulgou estudo em que estima que o contencioso tributário brasileiro, em 2019, somava 5,44 trilhões de reais, montante equivalente a 75% do PIB do país[2].

Diante dos impactos econômicos da crise causada pela pandemia do coronavírus, o cenário que se vislumbra é ainda pior[3]. Não sem razão, portanto, que o CNJ elegeu o **contencioso tributário** como um de seus objetos de estudos na 5ª edição do projeto "Justiça Pesquisa", que culminou com a realização de diagnósticos do contencioso administrativo e judicial[4], bem como com a instituição de Comissão de Juristas no Senado Federal, responsável pela elaboração de anteprojetos de proposições legislativas "que dinamizem, unifiquem e modernizem o processo administrativo e tributário nacional"[5].

Sensível às mazelas do sistema tributário brasileiro, dentre as quais se incluem a excessiva litigiosidade e o volume do contencioso, o Grupo de Estudos Tributários Aplicados (GETAP), associação sem fins lucrativos, desde 2011, vem se dedicando a auxiliar no aperfeiçoamento da legislação tributária, nas esferas federal, estadual, distrital e municipal, por meio de estudos e pesquisas que resultem em sugestões de cunho técnico, objetivando a justiça, simplificação e a racionalização do sistema tributário do Brasil, sobretudo para conferir maior segurança jurídica aos contribuintes.

[2] INSPER, Núcleo de Tributação do Insper. **Contencioso Tributário no Brasil. Relatório 2020, ano de referência 2019**. São Paulo: 2020. Disponível em: https://www.insper.edu.br/wp-content/uploads/2021/01/Contencioso_tributario_relatorio2020_vf10.pdf. Acesso em 09/11/2021.

[3] Conforme matéria veiculada no portal JOTA — "Para especialistas, com a pandemia tendência é de aumento do contencioso tributário". Disponível em: https://www.jota.info/coberturas-especiais/contencioso-tributario/para-especialistas-com-a-pandemia-tendencia-e-de-aumento-do-contencioso-tributario-17052021. Acesso em 09/11/2021.

[4] ASSOCIAÇÃO BRASILEIRA DE JURIMETRIA em parceria com o Banco Interamericano de Desenvolvimento (BID) e a Receita Federal do Brasil (RFB). *Diagnóstico do Contencioso Tributário Administrativo*. Brasília, 2022. Disponível em: https://abj.org.br/cases/bid-tributario/. Acesso em 29 abr. 2022.

BRASIL, Conselho Nacional de Justiça. **Diagnóstico do contencioso judicial tributário brasileiro: relatório final de pesquisa**. Brasília: CNJ, 2022.

[5] Conforme Ato Conjunto dos Presidentes do Senado Federal e do Supremo Tribunal Federal nº 1/2022.

Cientes das diversas inciativas que têm sido adotadas e muitas outras que estão sugeridas na presente obra, este artigo pretende destacar aquelas que, na nossa visão, podem ser priorizadas e que possuem o potencial de contribuir, de forma efetiva, para a redução do contencioso tributário existente e para evitar o surgimento de novos litígios.

1. Ampliação da transação tributária federal e adoção de outros métodos adequados de solução de litígios

Em primeiro lugar, acreditamos que a base para a solução do contencioso tributário brasileiro, notadamente para redução dos casos acumulados, deve seguir o caminho da **consensualidade**, proposto pelo Código de Processo Civil de 2015, que incentiva, sempre que possível, o consenso entre as partes litigantes[6] e que já vem sendo sedimentado com sucesso, no âmbito federal, por exemplo, pelas iniciativas adotadas pela Procuradoria da Fazenda Nacional, desde a edição da Portaria PGFN nº 33/2018, que trouxe também medidas de atuação estratégica para gerenciamento do contencioso[7]; com a implementação do Negócio Jurídico Processual (Portarias PGFN nº 360/2018 e 742/2018) e, com maior impacto, a regulamentação da Transação Tributária no âmbito federal — Lei nº 13.988/2020.

Ainda que publicada há cerca de 2 anos, a regulamentação da transação federal vem demonstrando resultados expressivos. Até 2021, R$ 221 bilhões de créditos tributários foram negociados na transação, em cerca de 876 mil acordos celebrados[8]. Na modalidade da Transação no Contencioso Tributário de Relevante e Disseminada Controvérsia Jurídica, que em seu primeiro edital tratou das controvérsias acerca da incidência das contribuições previdenciárias sobre pagamentos de Participação

[6] Art. 3º, § 2º e §3º, CPC:
"(...)
§ 2º O Estado promoverá, sempre que possível, a solução consensual dos conflitos.
§ 3º A conciliação, a mediação e outros métodos de solução consensual de conflitos deverão ser estimulados por juízes, advogados, defensores públicos e membros do Ministério Público, inclusive no curso do processo judicial."

[7] Controle de legalidade dos créditos inscritos em dívida ativa; Oferta antecipada da garantia; pedido de revisão da dívida inscrita, etc.

[8] PGFN. **PGFN em Números 2022** — Dados de 2021. Disponível em https://www.gov.br/pgfn/pt-br/acesso-a-informacao/institucional/pgfn-em-numeros/pgfn_em_numeros25042022-compressed.pdf. Acesso em 1º/07/2022.

nos Lucros e Resultados — PLR, foram regularizados R$ 820 milhões de débitos[9].

A regulamentação de novas modalidades de transação e a promoção do instituto no âmbito federal vem contribuindo para que os contribuintes tenham à disposição uma nova alternativa de regularização da situação fiscal que, cabe mencionar, contribuiu para aliviar o impacto causado pela crise econômico-financeira agravada pela pandemia.

Apesar dos números divulgados, é fato que a nova porta aberta pela Transação Tributária para a solução do contencioso é ainda recente e que a implementação plena e mais ampla do instituto virá com o tempo, a partir das situações experimentadas, ajustes e avanços necessários — como os realizados, por exemplo, em relação ao contencioso tributário administrativo pela Lei nº 14.375/2022 e outros mais, que só serão possíveis com constante diálogo entre o Fisco e os contribuintes.

Não é demais lembrar, contudo, que as limitações acerca da transação tributária federal é apenas uma escolha do legislador ordinário e, que, portanto, pode e merece ser aprimorada, eis que o Código Tributário Nacional (CTN) não impôs qualquer impedimento neste sentido. Ao analisar o artigo 171 do referido diploma, Heleno Taveira Torres afirma:

> Como se vê, essa disposição normativa não pôs qualquer limite material para o exercício da transação. Por isso, o modo lógico de alcançar a solução entre as partes será sempre aquele que se evidencia por aproximação consensual e bilateral, mediante concurso de vontade das partes, com mútuo sacrifício de expectativas. [...].[10]

Nesse sentido, importante aprimoramento da Transação Tributária com vistas à diminuição do acervo de processos tributários e, neste caso, com influência também na prevenção de novos litígios, pois obje-

[9] Conforme divulgado no portal da PGFN: https://www.gov.br/pgfn/pt-br/assuntos/noticias/2021/transacao-no-contencioso-tributario-regularizou-r-820-milhoes. Acesso em 09/11/2021.

[10] TORRES, Heleno Taveira. Conciliação, Transação e Arbitragem em Matéria Tributária. *In*: BOSSA, Gisele Barra *et al* (Coord.). **Medidas de Redução do Contencioso Tributário e o CPC/15: contributos práticos para ressignificar o processo administrativo e judicial brasileiro.** São Paulo: Almedina, 2017. p. 320.

tiva estancar a discussão jurídica sobre determinada tese[11] e veda que o contribuinte questione a matéria posteriormente, diz respeito à modalidade de Transação no Contencioso Tributário de Relevante e Disseminada Controvérsia Jurídica — "Transação no Contencioso".

Ao tratar da Transação no Contencioso, a Lei nº 13.988/2020 acabou limitando os possíveis descontos que podem ser concedidos aos contribuintes a, no máximo, 50 % do valor consolidado do débito transacionado. Essa limitação foi inserida pelo Congresso Nacional, quando da tramitação legislativa da Medida Provisória nº 899/2019, comprometendo, em nossa visão, uma maior efetividade do instituto. Válido notar, que a proposta original do Poder Executivo determinava apenas a observância do prazo máximo de parcelas que podiam ser aplicadas[12].

Isso porque não é o grau de recuperabilidade do crédito tributário que justifica a oferta de Transação no Contencioso, mas a sua natureza, conforme a própria exposição de motivos da Medida Provisória, que deu origem à Lei nº 13.988/2020: "A proposição prevê, ainda, modalidade de transação voltada à redução da litigiosidade no contencioso tributário, afastando-se do modelo meramente arrecadatório. (...)" com "redução de custos e correto tratamento dos contribuintes (...) aqueles que foram autuados, não raro, pela complexidade da legislação que permitia

[11] Conforme destacado por Paulo César Conrado: "Usando outros termos: se é certo concluir que a transação na cobrança, dada a distinção antes apontada, é instrumento eficacialmente dependente de arrecadação, a transação no contencioso está dissociada desse resultado; vale dizer: seu propósito é genuinamente conclusivo do estado de conflituosidade, haja ou não arrecadação (...). Pois é justamente esse ponto que nos habilita a reconhecer a transação no contencioso, voltando à conclusão já apresentada, como potente instrumento alternativo à jurisdição tributária, constatação que se superlativiza quando reconhecemos na transação no contencioso o perfil de 'transação de tese'. Afinal, quando é a tese jurídica — não apenas os créditos — que se põem como alvo do regime de concessões mútuas a que se refere o multicitado art. 171, todas as lides são potencialmente atingidas, evitando-se, mais ainda, a formação de novos conflitos.". Transação antiexacional (contencioso) e sua possível incidência sobre a tese jurídica de fundo *In:* ARAÚJO, Juliano Furtado Costa; CONRADO, Paulo César (Coord.). **Transação Tributária na Prática da Lei nº 13.988/2020**. São Paulo: Thomson Reuters Brasil, 2020. p. 295.

[12] MP 899/2019:
"Art. 12...
§ 1º O edital definirá as exigências a serem cumpridas, as reduções ou concessões oferecidas, os prazos e as formas de pagamento admitidas, observadas:
I — as vedações previstas nas alíneas "a" e "b" do inciso III do § 2º do art. 5º; e
II — os limites previstos no inciso I do § 3º do art. 5º."

interpretação razoável em sentido contrário àquele reputado adequado pelo fisco." [13]

O objetivo para este tipo de transação, como destacado, é, uma vez reconhecida que determinada tese tributária apresenta controvérsia interpretativa razoável, envolve vultuosa quantia e está presente em diversos tribunais, ofertar a possibilidade de transação para eliminar o litígio. Nesse sentido, o Edital de Transação, conforme autorização que venha a ser dada pela lei, é que deveria estipular quais os descontos podem ser concedidos, após sopesadas pelo Fisco as peculiaridades do tema, os argumentos em discussão, os valores e processos envolvidos e aqueles que potencialmente venham a ser ajuizados, de modo que a negociação seja interessante para o contribuinte e eficiente para a Administração Tributária Federal.

O limite trazido na Lei nº 13.988/2020 reduz o interesse na modalidade e pode não justificar estrategicamente a adesão dos contribuintes[14] merecendo, pois, aprimoramento[15], para que se configure em verdadeira medida de composição entre as partes sobre débitos controversos.

Se a Transação Tributária federal, em que pese os necessários aperfeiçoamentos apontados, superou o ceticismo inicial e já faz parte da prática tributária, outros caminhos indicados pelo Código de Processo Civil merecem ser explorados.

Referimo-nos à adoção de métodos consensuais de solução de conflitos, de promoção preferencial (art. 3º, § 2º, CPC), por todos os atores processuais (art. 3º, § 3º, CPC), em observância ao dever de cooperação das partes, visando a duração razoável dos processos e a solução justa e efetiva (art. 6º, CPC).

[13] A Exposição de Motivos pode ser acessada em: http://www.planalto.gov.br/ccivil_03/_ato2019-2022/2019/Exm/Exm-MP-899-19.pdf

[14] De fato, são condições para adesão, por exemplo, renunciar às alegações de direito, inclusive em relação aos fatos geradores futuros, de um tema reconhecidamente controverso — portanto que possa a vir ser favorável ao contribuinte, em troca de um desconto máximo de 50% do total do crédito tributário.

[15] Importante destacar que o limite contestado no presente artigo já é objeto de proposições legislativas. O Projeto de Lei nº 4.728/2020, aprovado no Senado Federal, que reabre o prazo de adesão do PERT, traz também medidas de relativas à transação tributária, como a ampliação do limite de desconto de 50% para até 70% do total dos créditos a serem transacionados.

Apesar do mito da indisponibilidade do crédito tributário[16] ter feito com que os meios autocompositivos, como a mediação e a conciliação, fossem, até recentemente, descartados em matéria tributária, o CNJ, com o objetivo de superar as barreiras práticas e doutrinárias sobre a questão, instituiu Grupo de Trabalho[17], que culminou com a edição da Recomendação nº 120/2021, aprovada em novembro/2021, indicando aos magistrados a priorização de soluções consensuais da controvérsia, **como negociação, conciliação, mediação ou transação tributária, inclusive com a adoção da audiência de conciliação**, sempre que possível, e a criação de Centros Judiciários de Solução de Conflitos Tributários.

Os benefícios para a prática dos métodos autocompositivos é justificada no voto do Ministro Luiz Fux, que resultou na Recomendação:

> A solução dos processos tributários por meio de mecanismos de autocomposição desdobra-se em duplo benefício. De um lado, garante-se a isonomia e segurança jurídica ao tratamento de demandas repetitivas que tratam da temática, beneficiando os contribuintes. De outro, ampliam-se as fontes de receitas públicas para as unidades federativas.
>
> (...)
>
> Notou-se, com base nas reuniões do referido Grupo de Trabalho, ser uníssona a vontade de se estimular a solução consensual das controvérsias tributárias. O interesse em priorizar a negociação, a conciliação, a mediação, a arbitragem ou a transação tributária, com vistas a garantir tramitação mais célere e uniforme dos processos, é um movimento que permeia todas as esferas, sendo, também, um movimento global, do qual o Brasil não pode ficar na contramão.[18]

De fato, a orientação do CNJ está em linha com bem-sucedida experiência internacional de países que dispõem de métodos alternativos,

[16] Filiamo-nos a corrente que entende ser disponível o crédito tributário, como defende, por exemplo, Priscila Faricelli de Mendonça no artigo "A Arbitragem em Matéria Tributária e o Sistema Normativo Brasileiro" *In*: Bossa, Gisele Barra *et al* (Coord.). **Medidas de Redução do Contencioso Tributário e o CPC/15: contributos práticos para ressignificar o processo administrativo e judicial brasileiro**. São Paulo: Almedina, 2017. p. 335-339.

[17] Portaria CNJ nº 206/2021.

[18] Acórdão Ato Normativo nº 0007696-82.2021.2.00.0000.

seja de forma preventiva ou incidental[19]. Vale destacar também a iniciativa pioneira do município de Porto Alegre, que recentemente promulgou lei instituindo a mediação tributária, na qual um terceiro, imparcial, pode ajudar na resolução e prevenção de um conflito tributário[20].

A adoção de tais métodos, além de desafogar o Poder Judiciário, pode propiciar uma solução mais célere e adequada ao tipo da controvérsia e promover a tão desejada aproximação e diálogo entre Fazenda Pública e contribuintes.

Outro método alternativo à tradicional solução estatal da lide que vem ganhando tração no Brasil, graças aos trabalhos e estudos produzidos pela doutrina especializada[21] e a partir de bem-sucedidas experiências internacionais, é a **arbitragem tributária.**

Com a arbitragem, as partes podem optar, dependendo das particularidades da situação concreta, que a matéria, objeto da lide, seja analisada por julgadores técnicos e especializados no assunto ou, ainda, se entenderem que a corte arbitral entregará uma solução mais rápida que a via convencional, o que, a depender do caso, será mais eficiente à questão em disputa[22]. Neste ponto, com a resolução mais célere dos conflitos tributários, espera-se também maior previsibilidade e segurança jurídica aos contribuintes, com impactos positivos ao ambiente de negócios e investimentos no Brasil[23].

[19] TORRES, Heleno Taveira. Conciliação, Transação e Arbitragem em Matéria Tributária. *In*: BOSSA, Gisele Barra *et al* (Coord.). **Medidas de Redução do Contencioso Tributário e o CPC/15: contributos práticos para ressignificar o processo administrativo e judicial brasileiro**. São Paulo: Almedina, 2017. p. 317.

[20] Lei nº 13.028/2022 — Institui a Mediação Tributária no Município de Porto Alegre, cria a Câmara de Mediação e Conciliação Tributária da Secretaria Municipal da Fazenda (CMCT/SMF), vinculada à estrutura da Superintendência da Receita Municipal na SMF, e altera a Lei nº 12.003, de 27 de janeiro de 2016 — que institui a Central de Conciliação e dá outras providências —, criando a Câmara de Mediação e Conciliação Tributária da Procuradoria-Geral do Município (CMCT/PGM) e a incluindo no rol das Câmaras da Central de Conciliação.

[21] De forma não exaustiva, cita-se a produção doutrinária de Priscila Faricelli de Mendonça, Tathiane Pisictelli, Andréa Mascitto e Heleno Taveira Torres.

[22] No Brasil, as arbitragens em geral levam em média até 2 anos, conforme levantamento do Centro de Estudos das Sociedades de Advogados — CESA. Disponível em: http://www.cesa.org.br/media/files/Anuario2018Arbitragem.PDF. Acesso em 23/11/2021.

[23] Conforme apontado no relatório *Tax Certainty* — 2017 (FMI/OCDE), acerca da ausência de mecanismos de rápida resolução de litígios e o impacto nos negócios e investimentos:

Saliente-se, que o que se defende, como medida de possível redução do contencioso tributário, é que os contribuintes possam optar pelo tribunal arbitral, de acordo com as circunstâncias que estão em debate. É dizer, que exista uma alternativa a mais disponível, nos termos e limites da lei, da forma de resolução do litígio.[24]

Pendente de regulamentação a nível nacional, destacam-se dois projetos de lei que tramitam no Congresso Nacional sobre o tema. O PLS nº 4.257/2019, em seu texto original, prevê a possibilidade de o executado optar pela arbitragem para julgamento de seus Embargos à Execução, caso a execução fiscal correlata esteja garantida por depósito judicial, fiança bancária ou seguro garantia. A seu turno, o PLS nº 4.468/2020 propõe a "arbitragem tributária especial", que poderá ser instaurada no curso da fiscalização, "para prevenir conflitos mediante solução de controvérsias sobre matérias de fato".

Sem adentrar o mérito dos projetos destacados e possíveis adequações necessárias[25], fato é que a arbitragem tributária tem grande potencial para contribuir com a redução de litígios, a julgar pela experiência de Portugal no assunto, que em 2011 editou o Regime Jurídico de Arbitragem Tributária (Decreto-Lei nº 10/2011).

Desde então, a arbitragem fiscal portuguesa vem desafogando os Tribunais[26] e entregando, com qualidade, decisões mais céleres à sociedade

"A lack of clear and timely dispute resolution mechanisms and processes is likely to generate ongoing uncertainty. Lingering, unresolved tax questions may not only cause commercial difficulty in themselves when they occur but the possibility of their arising may, the evidence cited above suggests, deter investment. This, it should be stressed, is not only a matter for cross-border investments; backlogs of domestic dispute cases can be substantial, to the extent of being in some cases effectively unmanageable.". p. 22. Disponível em: https://www.oecd.org/tax/tax-policy/tax-certainty-report-oecd-imf-report-g20-finance-ministers-march-2017.pdf. Acesso em 12/07/2022.

[24] MENDONÇA, Priscila Faricelli de. A Arbitragem em Matéria Tributária e o Sistema Normativo Brasileiro. *In*: BOSSA, Gisele Barra *et al* (Coord.). **Medidas de Redução do Contencioso Tributário e o CPC/15: contributos práticos para ressignificar o processo administrativo e judicial brasileiro.** São Paulo: Almedina, 2017. p. 341-342.

[25] Nesse sentido, os apontamentos de Tathiane Piscitelli, Andrea Mascitto e André Luiz Fonseca Fernandes no artigo "Um Olhar para a Arbitragem Tributária: Comparativo das Propostas no Senado Federal, Provocações e Sugestões". Disponível em: https://ibdt.org.br/RDTA/um-olhar-para-a-arbitragem-tributaria-comparativo-das-propostas-no-senado-federal-provocacoes-e-sugestoes/. Acesso em 23/11/2021.

[26] Conforme entrevista de Nuno Villa Lobos, presidente do Centro de Arbitragem Administrativa (CAAD) — "Fisco está a reduzir conflitualidade com os contribuintes". Dinheiro

— em média, em 4 meses, ante 5 anos na via judicial. Tal celeridade, além dos ganhos financeiros dela decorrentes, permite que, por exemplo, o Fisco reveja determinada conduta que vinha tomando, contrariada pela decisão arbitral, possibilitando a pronta correção de eventuais equívocos, sem insistir na condução, por anos a fio, de uma autuação até o pronunciamento judicial definitivo, quando o eventual reparo a ser conferido aos contribuintes será bem maior[27].

2. Reforma do Processo de Consulta Fiscal

Outra iniciativa que pode reduzir a litigiosidade é a reformulação do procedimento de Consulta Fiscal, tanto na esfera federal, quanto na estadual e municipal.

Com efeito, a atual sistemática do processo de Consulta, instrumento que deveria se prestar ao esclarecimento de dúvidas dos contribuintes sobre a aplicação da legislação tributária, é demasiada limitada e não permite a explicação mais ampla da situação e o esclarecimento dos fatos que se pretende obter a orientação da Autoridade Fiscal.

Em detido exame sobre o tema, Roberta Bordini Prado Landi constatou a problemática relativa à falta de interação do Fisco e contribuintes no processo de consulta fiscal federal:

> [...]. Isto porque, só é permitido ao contribuinte (ou quem possui interesse na correta interpretação da legislação fiscal) a provocação e instauração do processo, não lhe sendo permitida qualquer participação em momento posterior ou questionamento do entendimento proferido pela autoridade administrativa.
>
> Ao longo do processo não é permitida qualquer participação do contribuinte ou esclarecimentos adicionais, mesmo se houver dúvidas pelo órgão julgador ou interpretação incorreta dos dados e dos fatos apresentados pelo consulente.[28]

Vivo. Disponível em: https://www.dinheirovivo.pt/economia/fisco-esta-a-reduzir-conflitualidade-com-os-contribuintes-12686106.html. Acesso em 10/11/2021.

[27] Conforme entrevista de Nuno Villa Lobos, presidente do Centro de Arbitragem Administrativa (CAAD) "Ter uma decisão de qualidade em 4 meses é uma enorme vantagem". Dinheiro Vivo. Disponível em https://www.dinheirovivo.pt/economia/ter-uma-decisao-de-qualidade-em-4-meses-e-uma-enorme-vantagem-12807431.html. Acesso em 10/11/2021.

[28] Landi, Roberta Bordini Prado. **Medidas Alternativas de Diminuição do Contencioso Fiscal: Inspiração no Direito Internacional**. 2020. Tese (Doutorado — Programa de Pós-

Tal limitação e a impossibilidade de se realizar diálogo com a Autoridade Fiscal, notadamente para prestação de esclarecimentos e explicações detalhadas, faz com que o instituto acabe sendo subutilizado, preferindo os contribuintes recorrer às assessorias terceirizadas quando necessitam de alguma orientação.

Ademais, além da excessiva morosidade, em grande parte das vezes a Consulta sequer é respondida pela Autoridade Fiscal[29], o que frusta ainda mais as expectativas dos contribuintes em ter uma orientação formal do Fisco sobre a questão posta em análise. E, infelizmente, esse cenário é comum nas Administrações Tributárias de todos os entes.

Com o objetivo de conferir à Consulta Fiscal maior efetividade, como autêntico instrumento de diálogo entre Fisco e contribuintes e importante medida preventiva de litígios tributários, entendemos que seu aprimoramento irá proporcionar aos contribuintes previsibilidade necessária para o desenvolvimento das atividades econômicas e segurança jurídica.

Dada a complexidade do nosso ordenamento tributário, é fato que boa parte do contencioso hoje existente discute a aplicação da legislação tributária com base em interpretações jurídicas divergentes entre Fisco e contribuintes. A nosso ver, é justamente aqui que a Consulta pode ser um importante veículo de entendimento mútuo sobre a correta aplicação da norma tributária à questão posta em discussão, antes mesmo de qualquer fiscalização ou autuação fiscal, pois provoca o posicionamento formal da Administração Tributária sobre o tema.

O recentre estudo realizado pela Associação Brasileira de Jurimetria (ABJ) e Banco Interamericano de Desenvolvimento (BID), "Diagnóstico do Contencioso Tributário Administrativo", sobre os principais pontos de geração de contencioso administrativo e as possíveis soluções a serem implementadas, sugeriu o aprimoramento do instituto da Consulta Fiscal:

Graduação em Direito. Direito Econômico, Financeiro e Tributário). Faculdade de Direito. Universidade de São Paulo, 2020. p. 144.

29 Conforme constatado na tese de Roberta Landi Prado, entre 2013 e 2019, 56,83% das consultas realizadas para a RFB foram declaradas ineficazes e o prazo médio para resposta à consulta é de 322 dias. Medidas Alternativas de Diminuição do Contencioso Fiscal: Inspiração no Direito Internacional. 2020. Tese (Doutorado — Programa de Pós-Graduação em Direito. Direito Econômico, Financeiro e Tributário). Faculdade de Direito. Universidade de São Paulo, 2020. p. 29 e 162.

> Compreender o instrumento da consulta como instrumento de colaboração entre os partícipes (ainda que potenciais) ou interessados diretos da relação jurídico-tributária mostra-se em todo consentâneo à construção de uma cultura mais dialógica e preventiva de litígios, no âmbito administrativo. Deve-se buscar dar a maior amplitude possível ao instituto, a fim de se atingir tal cultura.[30]

Em linhas gerais, visando a efetividade do instituto da Consulta Fiscal, sugere-se, portanto, que sua regulamentação avance para: *a)* estipular prazo célere de resposta, em consonância com as necessidades dos contribuintes; *b)* ampliar seu escopo, de modo que possa ser utilizada em relação às operações ou modelo de negócios a serem implementados; e *c)* possibilitar esclarecimentos prévios ou complementares, inclusive com a promoção de reuniões de entendimentos ou audiências com os contribuintes, se for o caso.

Espera-se, assim, em razão das medidas sugeridas e em linha com a constatação realizada no "Diagnóstico do Contencioso Tributário Administrativo", que a Consulta Fiscal possa servir de importante ferramenta de orientação aos contribuintes, viabilizando entendimentos e conferindo segurança jurídica às partes.

3. Programas de *cooperative compliance* como práticas de redução do contencioso

Para solução do contencioso não bastam medidas que ataquem o estoque acumulado de processos do contencioso tributário administrativo e judicial. É preciso também encontrar soluções para evitar o surgimento de novos litígios ou mesmo para reduzir o antagonismo na relação entre o Fisco e os contribuintes.

Nesse sentido, fundamental papel tem a adoção, pela Administração Tributária, de programas de *cooperative compliance*, um dos principais temas da presente obra.

[30] ASSOCIAÇÃO BRASILEIRA DE JURIMETRIA em parceria com o Banco Interamericano de Desenvolvimento (BID) e a Receita Federal do Brasil (RFB). *Diagnóstico do Contencioso Tributário Administrativo*. Brasília, 2022, p. 175. Disponível em: https://abj.org.br/cases/bid-tributario/. Acesso em 29 abr. 2022.

Conforme nos ensinam Jeffrey Owens e Jonathan Leigh Pemberton[31]:

> O *cooperative compliance* é um método eficaz de garantir bons resultados de conformidade fiscal em ambos os níveis, nacional e internacional. É uma alternativa viável aos métodos tradicionais para garantir a conformidade fiscal e leva à uma melhor comunicação entre os contribuintes e a administração fiscal. A má comunicação é um dos motivos do desconhecimento da administração tributária sobre a natureza das grandes operações empresariais e suas complicadas estruturas e transações. (tradução nossa)

O modelo de *cooperative compliance*[32] pode ser sintetizado como uma estratégia de estímulo à conformidade tributária, baseada na colaboração mútua entre fisco e os contribuintes. Para tanto, propõe-se a substituição da tradicional busca pelo cumprimento das obrigações fiscais por meio exclusivamente de medidas de controle e punição, para um novo tipo de abordagem, ancorada na confiança e no conhecimento da realidade econômica do contribuinte, que irá conferir à Administração Tributária transparência e informação e receber dela estímulos, suporte e recompensas.

Não significa dizer que ações punitivas sejam abandonadas, mas propõe-se um modelo de regulação responsiva, onde medidas sanciona-

[31] No original: "Cooperative Compliance is now recognized as an effective method of securing good tax compliance outcomes at both the national and international levels. It is a viable alternative to adversarial methods of securing tax Compliance and leads to an improved communications between taxpayers and tax administration. Poor communication is one of the reason for tax administration´s lack of understanding about the nature of the large business operations and their complicated structures and transactions. (...)" Owens, Jeffrey; Pemberton, Jonathan Leigh. **Cooperative Compliance — A Multi-stakeholder and Sustainable Approach to Taxation**. Alphen aan den Rijn: Kluwer Law International, 2021. p. 6.

[32] Os estudos relacionados ao *cooperative tax compliance* podem ser consultados nos relatórios da OCDE: OECD (2013), Co-operative Compliance: A Framework: From Enhanced Relationship to Co-operative Compliance, OECD Publishing, Paris. Disponível em: https://doi.org/10.1787/9789264200852-en. Acesso em 12/11/2021 e OECD (2016), Co-operative Tax Compliance: Building Better Tax Control Frameworks, OECD Publishing, Paris. Disponível em: https://doi.org/10.1787/9789264253384-en. Acesso em: 12/11/2021.

doras coexistam com bonificações[33], de acordo com o que o comportamento do contribuinte exige. Aqueles que atuam com boa fé, transparência e buscam cumprir com as obrigações fiscais é recompensado, com estímulos e auxílio, ao passo que aqueles atuam em desconformidade com a legislação tributária merecem uma ação mais severa por parte do Fisco.

Em termos práticos e trazendo as lições para a realidade brasileira, é dizer que, neste modelo, a Administração Tributária não deve agir da mesma forma quando examina um contribuinte que tenha um histórico positivo de cumprimento de obrigações fiscais, é transparente com a fiscalização e que eventualmente seja autuado em razão de alguma desconformidade encontrada pelo agente fiscal ou por uma divergência razoável de interpretação da legislação tributária, em comparação com aquele que, reiteradamente, possui débitos em aberto, não apresenta ou mantém controle de documentos que dão suporte às suas operações e age, comprovadamente, para se furtar de suas obrigações e, com isso, atuar em vantagem no mercado. Quanto ao primeiro caso, são preferíveis a conscientização, a orientação e o auxílio necessário para que saneie a inconformidade, ao passo que, quanto ao *devedor contumaz*, espera-se a adoção de medidas sancionadoras, desestimulando sua conduta.

O objetivo maior desses programas de conformidade fiscal cooperativa continua sendo o pagamento correto dos tributos, todavia, como apontado, por meio de uma estratégia diferente, que dispensa aos contribuintes um tratamento adequado, de acordo com o seu comportamento. É tratar situação diferentes, de forma diferente — ou adequada, atendendo ao princípio da eficiência, que rege a Administração Pública (art. 37, CF) e não violando o princípio da isonomia tributária (art. 150, II, CF).

Em relação aos potenciais efeitos quanto à redução do contencioso, objeto do presente artigo, a adoção de programas de conformidade fiscal cooperativa, se bem elaborados e adequadas à realidade do ambiente tributário brasileiro, podem ter relevante papel. Embasado na relação de confiança e espírito colaborativo, em um modelo regula-

[33] Vitalis, Aline. Compliance fiscal e regulação fiscal cooperativa. **Revista Direito GV**, v. 15, n. 1, jan/abr. 2019, e 1904. p. 20. doi: http://dx.doi.org/10.1590/2317-6172201904. Acesso em 07/12/2021.

tório cooperativo, espera-se que a Administração Tributária privilegie o atendimento às dúvidas e o diálogo, ao invés de optar pelo lançamento tributário[34].

E o impacto no contencioso não se dá apenas porque o programa oferece a oportunidade de esclarecimentos ou a autorregularização, por exemplo, mas sobretudo se resulta, verdadeiramente, na mudança de comportamento e mentalidade das partes, que deixarão de lado a animosidade existente e a escolha, quase que automatizada, pela imposição de sanções e o ajuizamento de ações, para priorizarem a busca por soluções preventivas e consensuais.

Sobre esse aspecto, Patrícia Bacheschi Gomez de Lamadrid[35] pontua que:

> Apesar de a conformidade cooperativa não garantir que não haja conflitos, segundo a OCDE ela reduz sua quantidade e ajuda a resolvê-los de maneira mais eficiente graças à transparência. Além disso, segundo a OCDE ela seria compatível com meios alternativos de solução de conflitos, como a mediação e a arbitragem, que também contribuiriam para a eficiência e imparcialidade na resolução de conflitos tributários.

A adoção de programas que levam em consideração os princípios do *cooperative compliance* começa a ser discutida de forma mais estruturada no Brasil, não apenas em razão da percepção da necessidade de aprimoramento do relacionamento entre as partes, mas também em vista do interesse do país no ingresso na OCDE[36].

No âmbito federal, por exemplo, a Lei nº 14.195/2021 autorizou a criação, sob a governança da Procuradoria Geral da Fazenda Nacional,

[34] VITALIS, Aline. Compliance fiscal e regulação fiscal cooperativa. **Revista Direito GV**, v. 15, n. 1, jan/abr. 2019, e 1904. p. 15. doi: http://dx.doi.org/10.1590/2317-6172201904. Acesso em 07/12/2021.

[35] LAMADRID, Patrícia Bacheschi Gomez de. **A mudança do paradigma das relações tributárias entre a Receita Federal e os Contribuintes.** 2020. Dissertação (Mestrado Profissional). Escola de Direito de São Paulo. Fundação Getúlio Vargas, 2020. p. 102.

[36] Nesse sentido as notícias "OCDE aprova plano de adesão do Brasil e de outros países no grupo". Disponível em https://agenciabrasil.ebc.com.br/economia/noticia/2022-06/ocde-aprova-plano-de-adesao-do-brasil-e-de-outros-paises-ao-grupo e "A OCDE e o Brasil: Uma relação mutuamente benéfica". Disponível em https://www.oecd.org/latin-america/paises/brasil-portugues/. Acessos em 15/07/2022.

de **Cadastro Fiscal Positivo.** Mesmo que não possa ser classificado como um autêntico modelo de *cooperative compliance,* pois relativo a temas em discussão judicial, o programa busca, entre outros objetivos, a construção de relação permanente de confiança entre contribuintes e administração, com foco de redução de custos de contencioso, a melhor compreensão das atividades empresariais e a criação de condições para a solução consensual dos conflitos, com incentivo à redução da litigiosidade (art. 17).

Ainda aguardando regulamentação, a lei que dá suporte à criação do Cadastro Fiscal Positivo já traz os possíveis benefícios que podem ser concedidos, como flexibilização de regras para aceitação de garantias; antecipação de garantias para débitos futuros e a não sujeição à execução antecipada da garantia nos processos de execução fiscal (art. 18), o que demonstra o grande potencial do programa na redução de custos e no contencioso originado, principalmente, das discussões sobre as garantias do crédito tributário.

Por sua vez, como fiel exemplo de criação de um robusto programa de conformidade com base nas diretrizes da OCDE, a Receita Federal do Brasil caminha para implementar seu programa de *cooperative compliance* com o Programa de Conformidade Cooperativa Fiscal (CONFIA).

Nos termos da Portaria RFB nº 28/2021, o programa tem por base a confiança e busca um melhor relacionamento entre a administração tributária e contribuintes, com cooperação, prestação de serviços para prevenção de inconformidades e transparência, em troca de segurança jurídica (artigo 1º).

Entre os resultados esperados, acredita-se que o CONFIA possa proporcionar a melhoria do relacionamento entre a Administração Tributária Federal e Contribuintes e o fomento às boas práticas de gestão fiscal, resultando em simplificação e facilitação do cumprimento voluntário de obrigações fiscais e, por meio da racionalização de procedimentos, na redução de custos de *compliance* e de litigiosidade[37].

Outro aspecto importante da adoção de modelos de regulação fiscal cooperativa diz respeito à participação dos contribuintes na construção e monitoramento desses programas.

[37] Conforme se infere das Finalidades do Fórum de Diálogo do Programa CONFIA. Disponível em https://www.gov.br/receitafederal/pt-br/acesso-a-informacao/acoes-e-programas/confia/Estatutorepublicado29102021.pdf Acesso em 07/12/2021.

A colaboração entre Fisco e contribuintes, característica do modelo, deve ser observada inclusive na elaboração do quadro normativo que será aplicado. Essa colaboração dos contribuintes proporciona uma visão mais abrangente das medidas que irão compor o programa[38], pois a Administração Tributária conhecerá melhor a atividade do contribuinte, seu ramo de atuação, o mercado em que está inserido, a sua governança tributária e as dificuldades rotineiras que enfrenta, sugerindo soluções e contrapartidas que possam ser adequadas e eficazes, de acordo com as particularidades e complexidades da atividade empresarial.

O protagonismo e atuação dos contribuintes nas práticas de Administração Tributária é, inclusive, altamente recomendável pela OCDE, como aponta Roberta Bordini Prado Landi:

> Segundo a OCDE, o estabelecimento de uma parceria entre os contribuintes e o fisco apresenta inúmeras vantagens, visto que cria uma relação de confiança. A confiança é destacada, pela OCDE como o princípio fundamental para a simplificação de processos, assunção de riscos e para a busca de conformidade fiscal de forma voluntária pelos contribuintes.
>
> A OCDE ainda sugere duas ferramentas para o estabelecimento dessa parceria entre o fisco e o contribuinte: (i) criação conjunta de novas soluções, o que dá ao contribuinte um senso de dono *(ownership)*, garante que a solução final implementada atenda as necessidades dos contribuintes *(taxpayer-centric)*, melhorando a relação do fisco e do contribuinte; e sugere, ainda, (ii) criação de canal de comunicação efetivo com os representantes dos contribuintes, com a inclusão de *feedbacks* regulares, criando uma relação de confiança e melhorando a relação do fisco com o contribuinte.[39]

Nesse sentido, importante mencionar que o Cadastro Fiscal Positivo é uma iniciativa que merece ser aplaudida não somente pelo seu conteúdo, mas sobretudo por ter sido precursor na criação de um diálogo

[38] VITALIS, Aline. Compliance fiscal e regulação fiscal cooperativa. **Revista Direito GV**, v. 15, n. 1, jan/abr. 2019, e 1904. p. 15-16. doi: http://dx.doi.org/10.1590/2317-6172201904.. Acesso em 07/12/2021.

[39] LANDI, Roberta Bordini Prado. **Medidas Alternativas de Diminuição do Contencioso Fiscal: Inspiração no Direito Internacional**. 2020. Tese (Doutorado — Programa de Pós-Graduação em Direito. Direito Econômico, Financeiro e Tributário). Faculdade de Direito. Universidade de São Paulo, 2020. p. 52.

construtivo com os contribuintes[40] (dentre os quais o GETAP) e no desenvolvimento de um programa que objetiva gerar ganhos significativos para ambas as partes.

A concepção do programa foi precedida de Consulta Pública[41] e Audiência Pública[42] em 2018. Posteriormente, com as contribuições recebidas da sociedade, a PGFN realizou encontros e discussões com representantes da advocacia e do setor empresarial, com o intuito de colher subsídios e dados para estruturação do projeto, que integraram a Análise de Impacto Regulatório (AIR)[43].

A seu turno, o Programa CONFIA está sendo construído por meio de Fórum de Diálogo[44], que conta com a participação da Receita Federal do Brasil, grandes contribuintes, convidados em razão da estrutura de governança tributária e do posicionamento no mercado, e associações (entre elas o GETAP). Os integrantes desse Fórum vêm estudando e debatendo os modelos internacionais adotados em outros países, boas práticas de governança, requisitos e contrapartidas que devem compor o programa.

Importante mencionar ainda, que os contribuintes possuem papel de destaque na Assembleia de Representantes, órgão máximo de deliberação do Fórum de Diálogo do CONFIA, com o dobro de integrantes em relação aos membros da Receita Federal do Brasil[45]. A ênfase conferida

[40] Merece nosso reconhecimento e agradecimento a liderança dos Procuradores da Fazenda Nacional Daniel Saboia Xavier e Cristiano Neuenschwander Lins de Moraes na concepção, criação e discussão do projeto em parceria com os contribuintes.

[41] Edital de Consulta Pública PGFN nº 13/2018. DOU 13/07/2018. Disponível em: https://www.gov.br/pgfn/pt-br/acesso-a-informacao/consultas-publicas/edital_consulta-publica_cadastro-fiscal-positivo-da-pgfn.pdf. Acesso em 07/12/2021.

[42] Nesse sentido a notícia veiculada pela PGFN: https://www.gov.br/pgfn/pt-br/assuntos/noticias/2018/confira-os-principais-pontos-debatidos-na-audiencia-publica-sobre-o-cadastro-positivo-fiscal-da-pgfn. Acesso em 07/12/2021.

[43] BRASIL, Ministério da Economia. Relatório Análise de Impacto Regulatório — Tema: Incentivo à Conformidade Fiscal na Dívida Ativa da União. Brasília: ME, 2021. Disponível em https://www.gov.br/economia/pt-br/assuntos/air/relatorios-de-air/relatriofinal_air_pgfn_04-21_semlogo.pdf. Acesso em 09/12/2021.

[44] A propósito a seção "Conheça o Fórum de Diálogo do CONFIA" no *site* da RFB: https://www.gov.br/receitafederal/pt-br/acesso-a-informacao/acoes-e-programas/confia/conheca-o-forum-de-dialogo-confia Acesso em 07/12/2021.

[45] Conforme Cláusula 4 do Estatuto do Fórum de Diálogo, responsável pela construção do programa CONFIA. Disponível em: https://www.gov.br/receitafederal/pt-br/acesso-

aos contribuintes permitirá, acredita-se, também por meio da melhoria do relacionamento e da comunicação direta entre as partes, que eventuais dificuldades e melhorias sejam apontadas e discutidas antecipadamente com a Receita Federal, prevenindo divergências e desconfortos, que possam frustrar as boas expectativas criadas para o lançamento do programa.

A constituição de um Fórum de Diálogo, que congrega os maiores interessados no tema, está, inclusive, alinhada às melhores práticas na construção dos programas dessa natureza, conforme destacado no relatório do "Diagnóstico do Contencioso Tributário Administrativo":

> Esses fóruns e estratégias conjuntas potencializam a comunicação da administração tributária com os contribuintes, tanto pela ampliação das vias de acesso, quanto pela credibilidade que as instituições agregam com seus participantes, além da participação da mídia na sensibilização. A ampliação do conhecimento e dos dados mantidos pelos *stakeholders* pode contribuir para a **identificação de padrões e a construção de soluções e produtos**, tanto em novos serviços quanto em estratégias de gestão tributária. A participação na construção dos regulamentos promove uma **melhor aceitação**, tanto para o procedimento perante o parlamento, como também para uma maior aceitação pelos contribuintes da aplicação dos regulamentos, **reforçando comportamentos positivos e discriminando comportamentos indesejados.**[46] (grifos nossos)

Necessário frisar, porém, em que pese a participação dos contribuintes na construção de programas de conformidade fiscal seja motivo de celebração, deve-se assegurar que suas opiniões sejam de fato consideradas pelo Fisco, reconhecendo-se no contribuinte verdadeiramente a posição de "sócio" do projeto, conforme as recomendações da OCDE.

A implementação dos programas de conformidade fiscal cooperativa ajustados para o Brasil é, portanto, medida recomendável para redução do contencioso tributário, com potenciais impactos que transcendem os

a-informacao/acoes-e-programas/confia/Estatutorepublicado29102021.pdf. Acesso em 07/12/2021.

[46] ASSOCIAÇÃO BRASILEIRA DE JURIMETRIA em parceria com o Banco Interamericano de Desenvolvimento (BID) e a Receita Federal do Brasil (RFB). *Diagnóstico do Contencioso Tributário Administrativo*. Brasília, 2022, p. 201. Disponível em: https://abj.org.br/cases/bid-tributario/. Acesso em 29 abr. 2022.

participantes desses programas. Pautados no diálogo e a na busca de soluções de conformidade, sem aplicação de penalidades, os efeitos desse novo relacionamento podem beneficiar a sociedade como um todo, na medida em que visam conferir maior segurança jurídica aos contribuintes e melhoria do ambiente de negócios, como apontado por Flavio Vilela Campos, Auditor Fiscal coordenador do Projeto CONFIA:

> A implementação de modelo de conformidade cooperativa, além de brindar benefícios para as empresas e para as Administrações tributárias, proporciona benefícios aos países e à sociedade, já que a transparência e uma maior segurança jurídica, com a redução dos litígios e riscos fiscais por parte das empresas, promovem uma melhora do ambiente de negócios, fundamentais para atração de investimentos. [...].[47]

4. Participação dos contribuintes na formulação das normas tributárias

A participação dos contribuintes, tal qual apontada no desenvolvimento de programas de conformidade, também deve ser prestigiada quando da formulação das normas tributárias.

Ao examinar a questão do cumprimento das obrigações tributárias, o Tribunal de Contas da União (TCU) apontou a elevada complexidade do sistema tributário brasileiro como uma das causas de insegurança jurídica, trazendo também, como fundamento do acórdão, o estudo realizado pelo GETAP acerca do elevado tempo dispendido pelos contribuintes na etapa de apuração dos tributos[48].

[47] CAMPOS, Flávio Vilela. **A Conformidade Tributária no Brasil: uma análise comparada.** Dissertação (Mestrado). Instituto de Estudos Fiscales. Universidad Nacional de Educación a Distancia, Madrid, 2020. p. 29.

[48] "(...) Diante do exposto, resta demonstrado que a competência tributária comum, a elevada quantidade de normativos vigentes em matéria tributária e a constante edição de normativos tributários podem elevar a complexidade para se cumprir todas as obrigações tributárias, já que há 5.597 entes com competência tributária, mais de 26 mil normativos tributários vigentes e edição praticamente diária de normas tributárias. (...) 65. (...) estudo do Grupo de Estudos Tributários Aplicados (Getap), concluiu que o monitoramento de alterações legislativas apresentou peso relevante no tempo despendido pelos contribuintes na etapa de apuração. O elevado volume de modificações normativas e também a ausência de fontes estruturadas que possam propiciar acesso a informações oficiais de forma célere e segura fazem com que as empresas busquem diversas fontes externas de informações e invistam tempo para avaliar sua qualidade, de modo a evitar eventuais riscos devido à elaboração

Não se desconhece que a regulamentação, por vezes, necessita ser ágil, o que inviabilizaria a consulta rotineira aos contribuintes, nem se está pregando a relativização do poder regulamentar inerente do Estado. O que se espera aqui, como recomendação de boa prática, é que a Administração Tributária, sempre que possível e, principalmente, ao elaborar normas com grande impacto ou de relevância para determinado segmento econômico, possibilite a participação dos contribuintes na formulação dessas normas infralegais, para que sejam antecipadas à Administração Tributária, por exemplo, particularidades da atividade econômica e de dados de realidade, que podem contribuir para uma regulamentação mais adequada e eficiente. Além disso, a participação prévia dos contribuintes pode ajudar a identificar eventuais divergências interpretativas sobre a norma ou eventuais violações à preceitos legais e constitucionais, que poderão ser resolvidos de antemão, prevenindo a instauração de litígios[49].

E, se na grande maioria dos casos, ao contribuinte é atribuída a responsabilidade de interpretar a legislação tributária, avaliar a ocorrência do fato gerador, apurar o tributo devido, preencher a obrigação acessória e realizar o correto pagamento, parece lógica a necessidade, inclusive

de obrigações com inconformidades." TCU — Acórdão nº 1105/2019 — Plenário. Relator Vital do Rêgo. Processo nº 015.289/2018-4. Data da sessão: 15/05/2019.

[49] Conforme o trabalho acadêmico de Antonio Carlos de Almeida Amendola — "Participação do contribuinte na edição de regulamentação tributária". O autor identifica e enumera os potenciais benefícios nessa participação dos contribuintes: "A participação do contribuinte permite que ele colabore na produção da regulamentação tributária para que se alcance resultado de melhor qualidade. Diante da proposta de regulamentação de um dado tema, o contribuinte pode provocar a Administração Tributária a: (a) observar os termos da lei e a respeitar os direitos fundamentais do contribuinte; (b) tratar, na regulamentação, de hipóteses não consideradas originalmente; (c) considerar aspectos técnicos e práticos não levados em consideração pela Administração Tributária; (d) demonstrar, com clareza e de forma explícita, a razão pela qual o fisco pretende regulamentar uma matéria de um certo modo, o critério eleito, etc.; (e) adotar, para situações equivalentes, tratamento isonômico; (f) explicar os motivos do conteúdo de um dado dispositivo regulamentar diante dos termos da lei, de modo a permitir a verificação do caráter inventivo ou não do referido dispositivo infralegal; (g) justificar a instituição de um dever instrumental, tendo em vista as alternativas que alcançam o mesmo objetivo de forma mais econômica; etc."*In*: **Participação do contribuinte na edição de regulamentação tributária.** 2010. Dissertação (Mestrado em Direito Econômico e Financeiro) — Faculdade de Direito, Universidade de São Paulo, São Paulo, 2010. p. 130-131. doi:10.11606/D.2.2010.tde-07022011-151855. Acesso em: 11/11/2021.

como forma de antever dificuldades e evitar questionamentos, que a ele seja conferido papel fundamental no processo de regulamentação.

O "Diagnóstico do Contencioso Judicial Tributário Brasileiro", elaborado pelo Insper/CNJ, inferiu, com base nos dados colhidos, que "(...) não há, no país, ente federativo que possua alguma iniciativa estruturada com a participação de especialistas em direito tributário e da sociedade para revisar e propor alterações na legislação tributária (...)"[50].

Em que pese a constatação acima, é possível citar excelentes práticas da Administração Tributária Federal quanto à participação de contribuintes e especialistas na construção de normas tributárias. Cita-se, por exemplo *(i)* as discussões e estudos da RFB em parceria com os contribuintes, que culminaram com a publicação da Lei 12.973/2014; *(ii)* as Consultas Públicas efetuadas por ocasião da regulamentação das iniciativas do B.E.P.S *(Base Erosion and Profit Shifting)* no Brasil e *(iii)* o recente processo de discussão da reforma do sistema de *Transfer Pricing,* para convergência da legislação brasileiras às recomendações da OCDE.

Ainda no âmbito da Administração Pública Federal, recente iniciativa tem o potencial de aumentar a qualidade das normas e, para isso, prevê a participação dos interessados. A Lei da Liberdade Econômica (Lei nº 13.874/2019), em seu artigo 5º, dispõe que normas de interesse geral de agentes econômicos ou de usuários de serviços prestados devem ser precedidas pela realização de Análise de Impacto Regulatório (AIR). O Decreto nº 10.411/2020, que regulamenta o dispositivo, define a AIR como procedimento de avaliação prévia à edição de ato normativo, com informações sobre o problema regulatório e os possíveis efeitos da norma projetada, a fim de se verificar a razoabilidade e subsidiar a tomada de decisão pela edição ou alteração da norma.

O Decreto nº 10.411/2020 traz as metodologias (art. 7º)[51] para aferição do impacto econômico e os requisitos da AIR, dentre os quais se destacam *(i)* a identificação do problema que se busca solucionar; *(ii)* os sujeitos afetados; *(iii)* os objetivos a serem alcançados *(iv)* as alternativas possíveis para enfrentamento do problema; *(v)* informações sobre participação social ou recebimento de subsídios das partes interessadas na

[50] BRASIL, Conselho Nacional de Justiça. **Diagnóstico do contencioso judicial tributário brasileiro: relatório final de pesquisa**. Brasília: CNJ, 2022. p. 277.

[51] Análise multicritério; análise de custo-benefício; análise de custo-efetividade; análise de custo; análise de risco ou análise risco-risco.

matéria; *(vi)* mapeamento de experiência internacionais sobre a medida que se pretende adotar e *(vii)* justificativa para a escolha da medida, dentre as alternativas apresentadas (art. 6º).

Ainda que a participação das partes interessadas ou da sociedade em geral não seja imperativa, ela é altamente recomendada no âmbito do Ministério da Economia, onde a realização da AIR para a expedição de novas normas passou a ser obrigatória em abril de 2021 (art. 24, I, *a*). De acordo com as orientações expedidas pelo órgão "os processos de participação social podem não só reduzir a assimetria de informação, como embasar e legitimar a tomada de decisão."[52]

Quanto à Administração Tributária da União, embora o Decreto exija a avaliação prévia apenas para atos normativos que instituam ou modifiquem obrigação acessória (art. 3º, § 1º), a PGFN e Ministério da Economia realizaram estudo de Análise de Impacto Regulatório, na forma da nova legislação, para conceber o citado programa Cadastro Fiscal Positivo[53].

Espera-se, portanto, que a avaliação criteriosa para formulação de novos normativos tributários, com a participação dos contribuintes, seja cada vez mais presente na prática da administração tributária, de modo que a exigência do procedimento avance para além das obrigações acessórias e seja adotada também pelos demais entes federados[54], com vistas

[52] BRASIL, Ministério da Economia. Participação Social no Âmbito do Decreto de Análise de Impacto Regulatório — AIR. Documento Orientador para Unidades do Ministério da Economia — Abril/2021. Brasília: ME, 2021. p. 3. Disponível em: https://www.gov.br/economia/pt-br/assuntos/air/o-que-e-air/2.AIRManualdeParticipacaoSocial.pdf. Acesso em 09/12/2021.

[53] Na página 57 do Relatório de Análise de Impacto Regulatório é descrito "Conforme supramencionado, a opção regulatória sugerida para alcançar o objetivo desejado versa sobre a implementação do Cadastro Fiscal Positivo e respectiva campanha de comunicação. Assim, essa identificação não é obrigatória, pelo citado normativo, mas considerou-se a importância de realizar este levantamento de modo a auxiliar no próprio plano de implementação, buscando a eficácia da ação sugerida." BRASIL, Ministério da Economia. Relatório Análise de Impacto Regulatório — Tema: Incentivo à Conformidade Fiscal na Dívida Ativa da União. Brasília: ME, 2021. Disponível em https://www.gov.br/economia/pt-br/assuntos/air/relatorios-de-air/relatriofinal_air_pgfn_04-21_semlogo.pdf. Acesso em 09/12/2021.

[54] Nesse sentido, o artigo de Jorge Mussa Guerra Demes: "Análise do Impacto Regulatório no contexto tributário", Disponível em https://www.jota.info/opiniao-e-analise/artigos/analise-de-impacto-regulatorio-no-contexto-tributario-25042022. Acesso em 13/07/2022.

a conferir maior qualidade e legitimidade às normas, evitando desconfianças e futuros litígios.

Trazer o contribuinte para pensar junto com a Administração Tributária a criar soluções para os gargalos tributário, elevando-o à protagonista da mudança da realidade é reconhecer nele, contribuinte, o papel de cidadão, como parte ativa da dinâmica da tributação, abandonando de vez a outrora concepção de Estado espoliador e contribuinte súdito.

Essa participação, que, ressalta-se, deve ser efetiva, consagra, sob uma ótica mais ampla, o exercício da democracia, na medida em que possibilitará aos contribuintes formularem e terem suas preferências consideradas pela Administração Pública[55].

Assim como apontado em relação ao desenvolvimento dos programas de conformidade fiscal cooperativa, as benfeitorias da colaboração ativa dos contribuintes na edição de normas tributárias são projetadas para a sociedade em geral. Estudos empíricos já evidenciaram que há maior confiança no sistema tributário e conformidade quando se permite maior participação dos contribuintes[56].

Vê-se, pois, que a promoção da participação efetiva do cidadão na edição de normas tributárias, em prestígio ao Estado Democrático de

[55] A propósito, Sidney Stahl ao citar Robert Dahl, cientista político norte-americano: "Robert Dahl aponta alguns requisitos para o exercício da democracia. Segundo ele, é fundamental que o cidadão possa formular, exprimir e ter suas preferências consideradas, (...)". Redução do Contenciosos Administrativo Fiscal: Alteração na Estrutura do CARF, Imparcialidade e o Novo CPC. *In*: BOSSA, Gisele Barra *et al* (Coord.). **Medidas de Redução do Contencioso Tributário e o CPC/15: contributos práticos para ressignificar o processo administrativo e judicial brasileiro**. São Paulo: Almedina, 2017. p. 143.

[56] Conforme Patrícia Lamadrid ao analisar o estudo *Trust breeds trust: how taxpayers are treated* de Lars Feld e Bruno Frey: "(...). Estudos empíricos realizados na Suíça demonstraram a existência de um contrato psicológico implícito na relação entre fisco e contribuintes, baseado em uma relação de confiança, especialmente nos cantões com maior direito de participação direta. Esses estudos concluíram que fatores institucionais como a democracia direta e a autonomia local aumentam a motivação intrínseca dos contribuintes para pagar tributos, pois esses instrumentos lhes possibilitam influenciar na destinação da receita arrecadada pelo fisco." (...) "Ademais, há uma correlação entre a moral fiscal e a confiança no Estado, no Poder Judiciário e no sistema legal. A percepção das pessoas sobre como são tratadas pelas instituições afetam sua predisposição em cooperar com essas. Cidadãos que consideram as leis e as autoridades justas e respeitosas tendem mais à conformidade do Estado" *in* **A mudança do paradigma das relações tributárias entre a Receita Federal e os Contribuintes.** 2020. Dissertação (Mestrado Profissional). Escola de Direito de São Paulo. Fundação Getúlio Vargas, 2020. p. 55 e 56.

Direito, é capaz de gerar enormes benefícios, proporcionando o desenvolvimento de um ambiente tributário com mais segurança jurídica, legitimidade, clareza e confiança.

Conclusões

Não há caminho único a ser percorrido para que o estoque do contencioso tributário brasileiro seja reduzido ou solução milagrosa que reverta de forma rápida o quadro atual. No presente artigo, buscamos elencar, de maneira não exaustiva, algumas práticas que, em nossa visão, podem contribuir efetivamente para a mudança desse cenário.

Foram apontadas medidas de redução de litígios, como aprimoramentos necessários à transação tributária e o estímulo à adoção de métodos consensuais e adequados de solução de controvérsias, além de práticas com potencial preventivo ao surgimento de contencioso, como a ampliação da Consulta Fiscal, a adoção de programas de *cooperative compliance* e a necessária participação dos contribuintes na construção e monitoramento desses programas, bem como na regulamentação de normas tributárias.

Pode-se constatar que, felizmente, várias iniciativas já têm sido estruturadas e que os impactos do problema do contencioso tributário estão cada vez mais sendo estudados e discutidos com toda a sociedade, possibilitando que visões e ideias, outrora antagônicas, sejam compartilhadas e congregadas, bem como que antigas percepções e "dogmas" sejam abandonados.

Em todas as ações sugeridas é possível identificar uma característica comum: a necessidade da aproximação e diálogo entre Fisco e contribuintes, com a reconstrução e fortalecimento da confiança que, acreditamos, resultará em maior *compliance,* eficiência e segurança jurídica.

Referências

AMENDOLA, Antonio Carlos de Almeida. **Participação do contribuinte na edição de regulamentação tributária**. 2010. Dissertação (Mestrado em Direito Econômico e Financeiro) — Faculdade de Direito, Universidade de São Paulo, São Paulo, 2010. doi:10.11606/D.2.2010.tde-07022011-151855.

ASSOCIAÇÃO BRASILEIRA DE JURIMETRIA em parceria com o Banco Interamericano de Desenvolvimento (BID) e a Receita Federal do Brasil (RFB).

Diagnóstico do Contencioso Tributário Administrativo. Brasília, 2022. Disponível em: https://abj.org.br/cases/bid-tributario/. Acesso em 29 abr. 2022.

BRASIL, Conselho Nacional de Justiça. **Diagnóstico do contencioso judicial tributário brasileiro: relatório final de pesquisa**. Brasília: CNJ, 2022.

BRASIL, Conselho Nacional de Justiça. **Justiça em Números: 2021**. Brasília: CNJ, 2021. Disponível em: https://www.cnj.jus.br/wp-content/uploads/2021/11/relatorio-justica-em-numeros2021-221121.pdf. Acesso em 18/11/2021.

BRASIL, Ministério da Economia. **Participação Social no Âmbito do Decreto de Análise de Impacto Regulatório — AIR**. Documento Orientador para Unidades do Ministério da Economia — Abril/2021. Brasília: ME, 2021. Disponível em: https://www.gov.br/economia/pt-br/assuntos/air/o-que-e-air/2.AIRManualdeParticipacaoSocial.pdf. Acesso em 09/12/2021.

BRASIL, Ministério da Economia. **Relatório Análise de Impacto Regulatório — Tema: Incentivo à Conformidade Fiscal na Dívida Ativa da União**. Brasília: ME, 2021. Disponível em https://www.gov.br/economia/pt-br/assuntos/air/relatorios-de-air/relatriofinal_air_pgfn_04-21_semlogo.pdf.

BRASIL, Procuradoria Geral da Fazenda Nacional. **PGFN em Números 2022** — Dados de 2021. Disponível em https://www.gov.br/pgfn/pt-br/acesso-a-informacao/institucional/pgfn-em-numeros/pgfn_em_numeros25042022-compressed.pdf. Acesso em 1º/07/2022.

CAMPOS, Flávio Vilela. **A Conformidade Tributária no Brasil: uma análise comparada.** Dissertação (Mestrado). Instituto de Estudos Fiscales. Universidad Nacional de Educación a Distancia, Madrid, 2020.

CONRADO, Paulo César. Transação antiexacional (contencioso) e sua possível incidência sobre a tese jurídica de fundo *In:* ARAÚJO, Juliano Furtado Costa; CONRADO, Paulo César (Coord.). **Transação Tributária na Prática da Lei nº 13.988/2020**. São Paulo: Thomson Reuters Brasil, 2020.

DEMES, Jorge Mussa Guerra. Análise do Impacto Regulatório no contexto tributário. **JOTA**. Disponível em: https://www.jota.info/opiniao-e-analise/artigos/analise-de-impacto-regulatorio-no-contexto-tributario-25042022. Acesso em 13/07/2022.

FERNANDES, André Luiz Fonseca; MASCITTO, Andrea; PISCITELLI, Tathiane. Um Olhar para a Arbitragem Tributária: Comparativo das Propostas no Senado Federal, Provocações e Sugestões. **Revista Direito Tributário Atual**. n. 48, 2021. Disponível em: https://ibdt.org.br/RDTA/um-olhar-para-a-arbitragem-tributaria-comparativo-das-propostas-no-senado-federal-provocacoes-e-sugestoes/. Acesso em: 23/11/2021.

INTERNATIONAL MONEY FUND — IMF; ORGANISATION FOR ECONOMIC CO-OPERATION AND DEVELOPMENT — OCDE. **Tax Certainty 2017: IMF/OECD Report for the G20 Finance Ministers.** [S.L]: FMI; OECD,

2017. Disponível em: https://www.oecd.org/tax/tax-policy/tax-certainty-report-oecd-imf-report-g20-finance-ministers-march-2017.pdf. Acesso em 12/07/2022.

INSPER, Núcleo de Tributação do Insper. **Contencioso Tributário no Brasil. Relatório 2020, ano de referência 2019**. São Paulo: 2020. Disponível em: https://www.insper.edu.br/wp-content/uploads/2021/01/Contencioso_tributario_relatorio2020_vf10.pdf. Acesso em 09/11/2021.

LAMADRID, Patrícia Bacheschi Gomez de. **A mudança do paradigma das relações tributárias entre a Receita Federal e os Contribuintes.** 2020. Dissertação (Mestrado Profissional). Escola de Direito de São Paulo. Fundação Getúlio Vargas, 2020.

LANDI, Roberta Bordini Prado. **Medidas Alternativas de Diminuição do Contencioso Fiscal: Inspiração no Direito Internacional**. 2020. Tese (Doutorado — Programa de Pós-Graduação em Direito. Direito Econômico, Financeiro e Tributário). Faculdade de Direito. Universidade de São Paulo, São Paulo, 2020.

MENDONÇA, Priscila Faricelli de. A Arbitragem em Matéria Tributária e o Sistema Normativo Brasileiro. *In*: BOSSA, Gisele Barra *et al* (Coord.). **Medidas de Redução do Contencioso Tributário e o CPC/15: contributos práticos para ressignificar o processo administrativo e judicial brasileiro**. São Paulo: Almedina, 2017.

ORGANISATION FOR ECONOMIC CO-OPERATION AND DEVELOPMENT — OECD (2013). **Co-operative Compliance: A Framework: From Enhanced Relationship to Co-operative Compliance**, OECD Publishing, Paris. Disponível em: https://doi.org/10.1787/9789264200852-en. Acesso em 12/11/2021.

ORGANISATION FOR ECONOMIC CO-OPERATION AND DEVELOPMENT — OECD (2016). **Co-operative Tax Compliance: Building Better Tax Control Frameworks**, OECD Publishing, Paris. Disponível em: https://doi.org/10.1787/9789264253384-en. Acesso em: 12/11/2021.

OWENS, Jeffrey; PEMBERTON, Jonathan Leigh. **Cooperative Compliance — A Multi-stakeholder and Sustainable Approach to Taxation**. Alphen aan den Rijn: Kluwer Law International, 2021.

STAHL, Sidney. Redução do Contencioso Administrativo Fiscal: Alteração na Estrutura do CARF, Imparcialidade e o Novo CPC. *In*: BOSSA, Gisele Barra *et al* (Coord.). **Medidas de Redução do Contencioso Tributário e o CPC/15: contributos práticos para ressignificar o processo administrativo e judicial brasileiro**. São Paulo: Almedina, 2017.

TORRES, Heleno Taveira. Conciliação, Transação e Arbitragem em Matéria Tributária. *In*: BOSSA, Gisele Barra *et al* (Coord.). **Medidas de Redução do Contencioso Tributário e o CPC/15: contributos práticos para ressignificar o processo administrativo e judicial brasileiro**. São Paulo: Almedina, 2017.

VITALIS, Aline. Compliance fiscal e regulação fiscal cooperativa. **Revista Direito GV**, v. 15, n. 1, jan/abr. 2019, e 1904. doi: http://dx.doi.org/10.1590/2317-6172201904. Acesso em 07/12/2021.

9.
O CONTENCIOSO TRIBUTÁRIO BRASILEIRO DO DIAGNÓSTICO À REFORMA DO SISTEMA PROCESSUAL: RELAÇÕES INSTITUCIONAIS TRIBUTÁRIAS E *COMPLIANCE*

Valter de Souza Lobato
Pedro Henrique Esteves Fonseca

Introdução

O temário da Reforma Tributária é perene e persistente no Brasil. Não é exagero dizer que desde a consolidação do sistema constitucional tributário pela Assembleia Nacional em 1988, e das subsequentes emendas no processo revisional, o assunto tem figurado em debate.

Para além da reforma material do sistema, que já ostenta intrincada complexidade, múltiplas ideias e variados interesses, o sistema processual tributário também dá sinais muito claros de esgarçamento. O desarranjo processual, é bem verdade, não se separa do material, mas tem origem nele. É que *a qualidade de um Sistema Tributário necessariamente compreende a sua legislação processual. Ainda que se alcance o paradigma de uma tributação ideal, sem defeitos quanto à não-cumulatividade, em plena consonância com o federalismo fiscal e promotora de uma perfeita justiça social, o Sistema não funcionará perfeitamente se as regras do processo forem falhas ou pouco eficientes.*[1]

[1] Cf. Lobato, Valter de Souza; Marinho Neto, José Antonino. **Da necessidade de reforma do processo tributário brasileiro**. In: Costa, Alexandre Freitas; Bernardes, Flávio Couto.

O contencioso tributário brasileiro (judicial e administrativo), segundo os dados mais recentes do Insper[2], alcança o aterrador importe de 5,44 trilhões de reais. Trata-se de situação sem paralelo em nações minimamente competitivas. Em relação a OCDE, por exemplo, o contencioso administrativo médio é de 0,28% do PIB. Na América Latina (excluindo o Brasil) a mediana fica em 0,19% do PIB. No Brasil, apenas o contencioso tributário administrativo federal está em 15,9% do PIB[3].

Por consequência lógica, níveis elevados de contencioso tributário são sintomáticos de insegurança jurídica e, ao mesmo tempo, ajudam a agravá-la. Se as discussões administrativas e judiciais se avolumam, é certo que a confiança sistêmica é tragicamente mitigada, pois a relação entre contribuinte e fisco passa a se resolver pelo litígio e pela desconfiança.

De relevo as contribuições da Professora Misabel Derzi[4], firme em Luhman[5], para quem a confiança sistêmica representa não mera esperança, mas expectativa confiável (neste caso, no Estado). É que, para Derzi, somente a manutenção da confiança, da segurança e das estabilidades nas relações sociais pode fazer com que o Direito sobreviva, caso contrário ele se misturará com outros ambientes sociais e será imprestável para planificar comportamentos[6].

Níveis elevados de contencioso tributário demonstram que os atores (Contribuinte e Estado) do sistema estão em permanente desacordo sobre a sua própria aplicação e intepretação. Não é que o desacordo, *per se*, fragilize a confiança sistêmica: mas o conjunto persistente de litígios, de duração desarrazoada, sem pacificação judicial — que, a propósito,

(Org.). Reforma tributária e o futuro da tributação no Brasil. 1ed.Belo Horizonte: Arraes Editores, 2022, v. , p. 191-207, p. 194.

[2] BRASIL, Conselho Nacional de Justiça. **Contencioso tributário no Brasil: Relatório 2020 — Ano de Referência 2019**. Brasília: CNJ, 2020.

[3] Ibidem.

[4] Derzi, Misabel Abreu Machado. **Modificações da Jurisprudência no Direito Tributário: proteção da confiança, boa-fé objetiva e irretroatividade como limitações constitucionais ao poder judicial de tributar**. São Paulo: Editora Noeses, 2009, p. 48.

[5] Luhmann, Niklas. *Confianza*. Barcelona, Anthropos, 1996, p.21.

[6] Conforme registrado, anteriormente, em: Lobato, Valter de Souza. **O princípio da confiança estampado art. 146 do Código Tributário Nacional sob as perspectivas dogmática e jurisprudencial: um estudo em homenagem a Misabel de Abreu Machado Derzi**. Direito Tributário: uma visão da escola mineira — em homenagem a Misabel de Abreu Machado Derzi. Casa do Direito; Coleção de Direito Tributário e Financeiro. p. 659-696, 2020.

afasta investidores e tornam o *compliance* tributário uma missão cada vez mais hercúlea.

À conta desta preocupação, e em boa hora, os Presidentes do Senado Federal e do Supremo Tribunal Federal editaram o Ato Conjunto nº 01/2022, que instituiu "*Comissão de Juristas responsável pela elaboração de anteprojetos de proposições legislativas que dinamizem, unifiquem e modernizem o processo administrativo e tributário nacional*".

Este ensaio, ainda que de modo proemial, busca sintetizar pontos essenciais dos **diagnósticos** empreendidos no âmbito do **(I)** BID/RFB[7] e do **(II)** INSPER/CNJ[8], apresentando propostas que possam subsidiar os debates em torno de uma reforma eficaz do sistema.

Destaque-se, entretanto, que embora um dos autores deste seja, honrosamente, membro da referida Comissão, as reflexões ora postas são apenas de nossa responsabilidade, e não representam posicionamento institucional daquele eminente grupo de juristas.

1. Dos diagnósticos do contencioso: dados e gatilhos.

1.1. Diagnóstico do contencioso administrativo.

O "*Diagnóstico do contencioso tributário administrativo: relatório final de pesquisa*", produzido pela Associação Brasileira de Jurimetria (ABJ), em colaboração com o Ministério da Economia e Receita Federal, com financiamento do Banco Interamericano de Desenvolvimento[9] é, muito provavelmente, a pesquisa mais completa e atualizada sobre o contencioso administrativo fiscal brasileiro de que se tem notícia.

Em síntese, aquele estudo buscou verificar a efetividade do processo administrativo tributário no Brasil; e analisar a arquitetura e funcionamento do contencioso administrativo tributário nos três níveis de governo.

De início, quanto à arquitetura institucional do contencioso, constatou-se que *o tempo* médio de tramitação dos processos no CARF é de 6 anos e 3 meses (até a instância recursal) e de 9 anos e 8 meses (até a

[7] BRASIL, Conselho Nacional de Justiça. **Diagnóstico do contencioso judicial tributário brasileiro: relatório final de pesquisa**. Brasília: CNJ, 2022.

[8] BRASIL, Banco Interamericano de Desenvolvimento. **Diagnóstico do contencioso tributário administrativo: relatório final de pesquisa**, Brasília, 2022.

[9] BRASIL, Banco Interamericano de Desenvolvimento. **Diagnóstico do contencioso tributário administrativo: relatório final de pesquisa**, Brasília, 2022.

instância superior). Destarte, os litígios levados a instâncias superiores, em regra, demoram para ser finalizados, em média, mais de 55% do tempo transcorrido até a instância recursal.

Ainda no CARF, em 57,46% dos processos, há êxito fazendário. Cingindo-se a análise por espécie de recurso, tem-se que nos Recursos Voluntários o êxito reparte-se em 64% fazendário e 36% do contribuinte; enquanto nos Recursos de Ofício a proporção é de 10% êxito fiscal para 90% êxito do contribuinte.

Quanto à composição das decisões, concluiu-se que 77,6% dos processos no CARF são decididos à unanimidade, enquanto 15,9% são decididos por maioria e apenas 6,5% eram por voto de qualidade.

Analisando-se comparativamente os tributos de maior arrecadação e de maior contencioso, verificou-se que o IRPF, no âmbito do CARF, representa o maior estoque de litígios administrativos (14,6%) enquanto corresponde a 4,8% da arrecadação tributária federal.

Sob a égide da litigiosidade administrativa, o relatório indica que, *na competência de* janeiro de 2021, havia 239.110 processos em julgamento na DRJ'S, totalizando R$ 146.097.723.298,40. Destes, 95.650 versavam sobre IRPF — que, em valores, representavam "apenas" R$ 6.766.336.156,53. Lado outro, 25.928 tratavam de IRPJ, que abarcava impressionantes R$ 58.115.081.604,45.

Em se tratando dos meios alternativos de resolução de conflitos, o estudo centra-se em analisar os impactos das transações administrativas (instituídas pela Lei Federal nº 13.988/2020), embora teça considerações sobre os demais métodos.

Neste ponto, cuida-se de avaliar as referências e métricas da PGFN e RFB, pelo que se demonstra que, desde a regulamentação da transação em âmbito federal, foram deferidas transações para cerca de R$221 bilhões de créditos inscritos em dívida ativa da União (tributários e não tributários).

Deste montante, R$ 15,7 bilhões correspondem às transações individuais, em regime de transparência ativa, sendo que o restante corresponde às transações excepcionais e de pequeno valor. Salienta, ainda, que com as diversas modalidades de transação já implantadas, em 2020 e 2021, a PGFN arrecadou cerca de R$7,8 bilhões. Em 2021, a arrecadação fruto das transações celebradas representou cerca de 20% do total arrecadado pela PGFN ao longo do ano.

Também no âmbito da RFB, em regime de transação mais estreito e subsidiário, verificou-se arrecadação de cerca R$ 141,8 milhões — por meio de edital de adesão de débitos de PLR; somados mais R$ 6,4 milhões — referente às transações de pequeno valor.

Por derradeiro, e talvez mais relevante para o escopo deste ensaio, é imperativo destacar os aportes que a pesquisa traz para analisar o cenário de conformidade tributária no âmbito administrativo mineiro, especialmente sob a perspectiva do compliance cooperativo.

A lógica de cooperação e conformidade entre o fisco e o contribuinte está inserida no estudo, corretamente, no âmbito das medidas preventivas de litígio tributário — toca a premissa de que parte do contencioso tributário abarca litígio administrativos potencialmente evitáveis, mediante postura fiscal dialógica.

Na análise da formação do contencioso administrativo, constatou-se: "o maior volume financeiro das dívidas sem execução fiscal — valores inscritos na Dívida Ativa da União (DAU) e que não, necessariamente, buscaram a via do contencioso tributário administrativo — é representado pelo Simples (64,85%), seguido do IRPJ (9,37%) e da COFINS (8,58%)."[10]

A partir desta estatística, pondera a pesquisa que a implementação de programas de *Cooperative Compliance*, especialmente voltados para as empresas do Simples Nacional, em regra em menor condição de litigar e com menos estrutura contábil tributária. Neste ponto, também o aprimoramento das consultas fiscais — serviria a um só tempo à redução da litigiosidade, à melhor eficiência na defesa do erário e ao atendimento do mandamento constitucional do tratamento diferenciado às micro e pequenas empresas. Mais do que isso, voltando ao alerta inicial, tais procedimentos aproximam administração fiscal dos contribuintes, restabelecendo a necessária confiança sistêmica.

E o relatório vai além, especificamente quanto às consultas fiscais e *cooperative compliance*. É ver que a raspagem de dados identificou apenas oito legislações pátrias (dentre os vários entes) específicas sobre consultas fiscais — e mais doze diplomas regentes do processo administrativo geral que tangenciam a matéria.

[10] BRASIL, Banco Interamericano de Desenvolvimento. **Diagnóstico do contencioso tributário administrativo: relatório final de pesquisa**, Brasília, 2022, p. 97.

No âmbito federal, sabe-se, existem os Decreto nº 70.235/72 e a Lei Federal nº 9.430/1996, extremamente tímidos. Em maior ou menor medida, as normativas subnacionais acompanham as normas-paradigma federais supracitadas, variando quanto à possibilidade de recurso, momento da formulação de consulta e legitimados para a sua formulação.

De mais a mais, não é desarrazoado afirmar que as consultas fiscais podem ser, elas próprias, instrumento de *cooperative compliance*. Quanto aos programas de *conformidade (strictu sensu)* no âmbito tributário, inseridos em contexto de boas práticas da OCDE[11], identificou-se apenas sete, entre Estados e Municípios, no país.

Mesmo o mais antigo, o "Nos Conformes" paulista, instituído pela Lei Complementar Estadual nº 1.320/2018, tem escopo bastante limitado, restrito ao ICMS. Nele, em síntese, os contribuintes recebem conceitos de classificação de risco (os *ratings* variam de "A+" a "E"), a partir de critérios pré-estabelecidos referentes ao adimplemento prévios das obrigações tributárias. A partir da classificação, os contribuintes passam a poder gozar de determinados benefícios, tais como renovação de regimes especiais e permissão para apropriação de créditos acumulados por meio de procedimentos simplificados, além direito à análise fiscal prévia sem prejuízo de autorregularização e espontaneidade, dentre outros. Os demais programas de conformidade listados, em maior ou menor medida, tendem a replicar o modelo paulista.

O *compliance* cooperativo é medida de prevenção do litígio que beneficia tanto o contribuinte quanto o erário — e os receios quase dogmáticos que "rondam" a indisponibilidade do crédito tributário não tem o condão de afastar a sua pertinência. É ver o que aponta INSPER[12], cujo relatório se estuda em seguida:

> No âmbito da OCDE, são propostas medidas de *cooperative compliance*, que convergem com as conclusões alcançadas em pesquisas que indi-

[11] OECD. **Study into the Role of Tax Intermediaries**. Paris: OECD, 2008. Disponível em: http://dx.doi.org/10.1787/9789264041813-en. Acesso em: 20 mai. 2022.
ORGANIZAÇÃO PARA A COOPERAÇÃO E DESENVOLVIMENTO ECONÔMICO. **Co-operative compliance: a framework — From enhaced relationship to co-operative compliance.** OECD, 2013. Disponível em: https://read.oecd-ilibrary.org/taxation/co-operative-compliance-a-framework_9789264200852-en#page1. Acesso em: 20 mai. 2022.

[12] BRASIL, Conselho Nacional de Justiça. **Diagnóstico do contencioso judicial tributário brasileiro: relatório final de pesquisa**. Brasília: CNJ, 2022, p. 31.

> cam que, quanto mais o Fisco presta assistência, aja com transparência, seja responsivo às necessidades dos contribuintes, esteja aberto a uma relação mais cooperativa e menos coercitiva, mais se conseguirá desenvolver o *tax compliance*3. Nesse contexto, além das necessárias medidas preventivas à formação de contencioso, é importante a análise também dos impactos de possíveis medidas alternativas de resolução consensual de conflitos (arbitragem, mediação e transação, p.ex.).

É importante, entretanto, que as balizas gerais dos programas estejam definidas em lei — de modo a homenagear a legalidade e segurança jurídica e modular a isonomia no tratamento dos contribuintes.

Quando a modelação é adequada, a propósito, as relações institucionais (ou governamentais) entre fisco e contribuinte têm transparência ativa bastante mais eficaz do que a zona cinzenta dos infinitos regimes especiais tributários.

1.1.1. Diagnóstico do contencioso judicial.

Além de todo o fitado concernente ao contencioso administrativo tributário brasileiro, o INSPER — Instituto de Ensino e Pesquisa, por demanda do CNJ — Conselho Nacional de Justiça, também produziu valorosa radiografia do contencioso nacional, desta vez o judicial. No **"Diagnóstico do Contencioso Judicial Tributário Brasileiro — 5ª Edição"**[13], o instituto busca responder 74 (setenta e quatro) perguntas, agrupadas em 12 (doze) hipóteses. A exemplo do que se procedeu quando da análise do contencioso administrativo, convém o destaque de alguns dados — sobejamente desassossegadores. Registre-se o essencial:

> A partir da análise do fluxo e das etapas de tramitação dos processos tributários existentes no sistema judicial brasileiro, foi possível identificar que o tempo médio de tramitação das execuções fiscais é de 771 dias[14], com tempo médio de 201 dias entre o ajuizamento e o despacho

[13] BRASIL, Conselho Nacional de Justiça. **Diagnóstico do contencioso judicial tributário brasileiro: relatório final de pesquisa**. Brasília: CNJ, 2022.

[14] O dado contrasta com a pesquisa Justiça em Números do CNJ, que identificou trâmite alargado em 8 anos e 1 mês. Ver: BRASIL, **Conselho Nacional de Justiça. Justiça em Números: 2021**. Brasília: CNJ, 2021.

> inicial, 508 dias entre o ajuizamento e a penhora e 218 dias entre a penhora e a expropriação dos bens.

Constatou-se ainda a baixa efetividade do instituto da penhora de bens nas execuções fiscais, aclarando que apenas 0,5% das inscrições em dívida ativa da União está integralmente garantidas e, se considerado o valor exigido, apenas 12% do valor foi integralmente garantido.

Ainda no que toca à efetividade das execuções fiscais, importa destacar que apenas em 2% destes feitos ocorre a expropriação de bens, à proporção que ocorre a decretação de indisponibilidade de bens em 12,6% delas e apenas 9% são julgadas extintas pela satisfação do débito.

A partir da análise dos meios de defesa, denotou-se que os embargos à execução fiscal representam 5,4% dos processos judiciais tributários, dos quais 8,2% foram precedidos por exceção de pré-executividade — o que, tendencialmente, indica a baixa utilização das exceções, por estreito que é o seu cabimento.

Não obstante, foi possível inferir também que 22% das exceções de pré-executividade com mérito apreciado foram julgadas procedentes em primeira instância. Corretamente, constata-se que, como "as EPE'S veiculam matérias cognoscíveis de ofício ou que não demandam dilação probatória, são processos que poderiam ter sido evitados caso houvesse meios de diálogo entre as partes, na esfera administrativa, sem a provocação do Judiciário"[15].

No universo das ações antiexacionais, verificou-se que o contribuinte prestigia os mandados de segurança (por sua notória celeridade), que atinge o importe de 21% dos meios de defesa distribuídos, seguido pelas repetitórias (13%), pelas declaratória (12%) e pela anulatória (6%).

A análise qualitativa acerca da elaboração, interpretação e aplicação da legislação tributária, traz também dados temerários aptos a gerar contencioso tributário desnecessário, inepto e em esperdício: (apenas três órgãos de setenta e dois declaram ter instituído mecanismos que publicizem, independente de requerimento do contribuinte, notas, estudos e pareceres internos que norteiem atos preparatórios — quanto à interpretação e aplicação das normas tributárias).

[15] BRASIL, Conselho Nacional de Justiça. **Diagnóstico do contencioso judicial tributário brasileiro: relatório final de pesquisa**. Brasília: CNJ, 2022, p. 287.

Em se insistindo nesta perspectiva de relações institucionais entre fisco e contribuinte, sobreleva consignar a notada ineficiência da administração tributária na prevenção de litígio e no contato cidadão com os contribuintes.

É que a pesquisa identificou número elevado (variável de tribunal a tribunal) de ações que indicam deficiências por parte das administrações tributárias para solucionar administrativamente questões que não envolvem diretamente o crédito tributário, tais como medidas relativas à renovação de certidões de regularidade fiscal e de liberação de mercadorias. Na média, caso esses temas fossem resolvidos de modo cooperativo, potencialmente reduziriam cerca de 30,78% de novos processos judiciais.

Ainda sobre este aspecto, verificou o estudo que 51,4% das decisões proferidas em processos de primeira instância confirmam a decisão administrativa, enquanto 48,6% modificam o resultado definido administrativamente. Ademais, no universo dos processos judiciais tributários, em 50,9% o mérito foi apreciado, contra 49,1% de processos em que não houve a apreciação do mérito.

Ainda nesta seara, demonstrou-se também que os fiscais que responderam ao instituto declararam autuar o contribuinte antes que a interpretação de uma nova legislação seja conferida pelo órgão máximo do órgão pertencente à administração tributária — mesmo em caso de potenciais controvérsias.

Cingindo-se a controvérsia à competitividade global inserta no nosso "manicômio tributário", apurou-se que em relação ao faturamento anual das empresas, é de 57% no Brasil e de 3,33% em todos os outros países em que atuam; e do total de processos tributários das empresas, em média, 98,7% são brasileiros e 1,3% é de outros países.

Ampliando o contencioso pelas espécies tributárias, foi possível inferir a proporção seguinte: IPTU (65,78%), ISS (9,07%), Taxa de Licenciamento de Estabelecimento (7,97%), ICMS (6,74%) e IPVA (3,02%). Por sua vez, os dados obtidos via Regex informam que os cinco tributos mais frequentes em processos judiciais são IPTU (24,98%), ICMS (16,46%), Contribuição previdenciária (8,24%), ITCMD (7,28%) e PIS (5,81%).

Sob a ótica dos precedentes judiciais, o enquadramento também preocupa: constatou-se que apenas nove estados possuem normas que vinculam à administração tributária à precedentes judiciais. Quando se restringe os atos vinculativos aos precedentes vinculantes repetitivos (nos termos do art. 927 do CPC), excluídas as ações de controle de constitucionalidade e súmulas vinculantes, restam apenas 36% dos órgãos que possuem ato normativo vinculativo.

A par de todo o exposto, o INSPER dirige recomendações que podem nortear o aprimoramento do sistema, na perspectiva do Executivo, Legislativo e Judiciário, ora selecionadas e transcritas, limitadas à proporção do escopo deste ensaio:

> ➔ *Diante da constatação de que há milhares de processos de execução fiscal cujo valor cobrado é bastante reduzido, deve ser proposta alteração para fixação, em lei nacional, de obrigatoriedade de observância de regra de ajuizamento seletivo, estabelecendo critérios objetivos relacionados à recuperabilidade do crédito, evitando-se que o processo custe mais do que o crédito exigido.*
>
> ➔ *Criação de lei que uniformize a competência para a prática de atos de elaboração e interpretação de normas tributárias, e, caso se opte pela existência de mais de um órgão, estabeleçam-se regras claras de governança entre eles.*
>
> ➔ *Criação de lei que estabeleça a transação federal prevista na Lei n. 13.988/2020 aos demais entes públicos, bem como institua ou regulamente a todos os entes a arbitragem, a conciliação e o negócio jurídico processual com envolvimento da Fazenda Pública.*
>
> ➔ *Criação de lei que estenda aos demais entes públicos a dispensa de constituir créditos tributários, contestar e recorrer em processos judiciais tributários, prevista no art. 19 e seguintes da Lei n. 10.522/2002, nos casos de julgamentos proferidos em controle concentrado de constitucionalidade e recursos repetitivos definitivos proferidos pelo STF e STJ.*
>
> ➔ *Criação de lei que autorize os agentes fiscais das três esferas federativas a constituírem os créditos tributários apenas quando o órgão máximo aos quais estão vinculados já tenham pronunciamento a respeito da interpretação da legislação tributária a ser aplicada ao caso.*
>
> ➔ *Aprimoramento e ampliação dos sistemas internos de controle de informações, em especial com relação aos dados que refletem o contencioso tributário e a efetividade das medidas adotadas para a arrecadação.*
>
> ➔ *Aprimoramento da legislação vigente a fim de prever prazo para que os órgãos da administração tributária divulguem proativamente em*

seus sítios eletrônicos os estudos, os pareceres e as notas técnicas editados, sob pena de suspensão de sua eficácia enquanto o ato normativo não for disponibilizado ao acesso dos contribuintes.

➔ *Alteração da legislação para assegurar que a alegação de matérias de ordem pública como fundamento de defesa em execução fiscal possa ser suscitada, em preliminar, sem a necessidade de prestação de garantia. Assim, evita-se a superposição de exceção de pré-executividade e embargos à execução fiscal, cujas matérias mais frequentemente suscitadas são semelhantes.*

➔ *Criação de ato infralegal para regulamentar o julgamento célere dos recursos repetitivos, em observância ao art. 1.037, § 4º, do CPC, por representarem uma forma eficiente de redução da litigiosidade. Paralelamente, seja investigado o porquê de a redução do acervo nos Tribunais Superiores não ter se refletido no estoque das instâncias inferiores. Nesse contexto, recomenda-se a criação e o aprimoramento de mecanismos de gestão e de integração de dados da sistemática de recursos repetitivos nos Tribunais de segunda instância para que processos não permaneçam desnecessariamente sobrestados e julgados com maior celeridade.*

➔ *Criação de setores estruturados, compostos por especialistas, com competência para realizar a revisão da legislação tributária de maneira abrangente e perene.*

2. Das conclusões.

2.2. Racionalização e simplificação do processo tributário administrativo.

Os dados alinhavados no diagnóstico do contencioso tributário administrativo[16] demonstram o desgaste inequívoco de nosso processo administrativo tributário, sobretudo quando considerada a sua ineficiência em termos de morosidade. A racionalização e simplificação do processo administrativo tributário devem partir da correção de rumos dos gargalos identificados *supra*, por óbvio sem que isso signifique qualquer retrocesso em direitos fundamentais já concretizados.

[16] BRASIL, Banco Interamericano de Desenvolvimento. **Diagnóstico do contencioso tributário administrativo: relatório final de pesquisa**, Brasília, 2022.

Trata-se tanto de reformar o processo administrativo tributário federal (Decreto nº 70.235), espelho dos processos administrativos subnacionais quanto de avaliar a pertinência de inclusão/reforma de dispositivos de hierarquia complementar (no CTN). Tem-se, por essencial, neste ponto, restaurar e solidificar a confiança sistêmica entre fisco e contribuinte, desde a apuração fiscal, passando pelo lançamento e pelos julgamentos administrativos[17].

Alguns caminhos sugeridos podem ser facilmente perseguidos (sem risco de exaurir): (I) racionalização do escopo e obrigatoriedade dos recursos voluntários, considerada a baixa taxa de reversão das decisões por este meio; (II) aprimoramento do contato fisco-contribuinte pré-lançamento tributário; (III) avanço no sistema de precedentes administrativos, considerando a viabilidade de processamento de recursos repetitivos administrativos, nos moldes do CPC; (IV) aprimoramento do processamento de recursos em rito sumário e ordinário consignando o valor dos créditos em discussão; e (V) admissão de instrução probatória para além da fase da impugnação;

Também na fase administrativa, a priorização da consensualidade tributária, como se verá em tópico próprio deve ser vetor prioritário para desoprimir o contencioso administrativo.

2.2.1. *Racionalização e simplificação do processo tributário judicial.*

A racionalização do processo judicial tributário passa necessariamente por atualização legislativa da Lei de Execuções Fiscais (LEF — Lei Federal nº 6.830/80), especificamente para aprimorar o feito executivo fiscal — que hoje padece de total ineficiência como demonstrado no relatório do INSPER. E são justamente as execuções fiscais que mais afogam o judiciário. Conforme levantamento do CNJ[18]:

[17] Em boa hora, por exemplo, viria inspiração do legislador para a regulamentação do parágrafo único do art. 116 do CTN, nos moldes determinados pelo STF na ADI nº 2.446/DF. Cf. LOBATO, Valter de Souza; FONSECA, Pedro Henrique Esteves. **A ADI nº 2.446/DF: impactos potenciais no processo administrativo tributário e na norma geral antielisiva mineiros**. In: FEITAL, Thiago Alvares; PAIXÃO, Luciana Mundim de Mattos; DINIZ, Erika Morrealc. (Org.). Direito e indústria: contribuições ao I Congresso de Direito Empresarial da FIEMG. 1ed.Belo Horizonte: Casa do Direito, 2022, v. , p. 101-116.

[18] BRASIL, Conselho Nacional de Justiça. **Justiça em Números: 2021**. Brasília: CNJ, 2021.

Os processos de execução fiscal representam, aproximadamente, *36% do total de casos pendentes e 68% das execuções pendentes no Poder Judiciário, com taxa de congestionamento de 87%.* Ou seja, de cada cem processos de execução fiscal que tramitaram no ano de 2020, apenas 13 foram baixados. Desconsiderando esses processos, a taxa de congestionamento do Poder Judiciário cairia em 6,1 pontos percentuais, passando de 73% para 66,9% em 2020.

Assim, dentre as propostas, destacam-se (também sem exaurimento): (I) criação e ampliação de varas especializadas para julgar unicamente feitos tributários; (II) avaliação da possibilidade admissão de embargos à execução fiscal independente de garantia; (III) limitação da liquidação de garantias somente após o trânsito em julgado; (IV) permissão da compensação tributária em sede de embargos executivos; (V) obrigatoriedade de que o crédito tributário constituído seja encaminhado para inscrição em dívida ativa, pelo órgão competente, em prazo determinado; (VI) obrigatoriedade de que a Fazenda priorize o uso de métodos de autocomposição e consensualidade, sob pena de indeferimento da inicial; e (VII) dispensa de ajuizar o feito executivo quando o crédito tiver fundado em matéria decidida pelos tribunais superiores no rito repetitivo ou de controle de constitucionalidade.

2.2.2. *Reforço do sistema de precedentes tributários.*

O tema dos precedentes no direito brasileiro é um dos mais estudados pela academia[19], sobretudo após a sistemática inaugurada pelo CPC/15. Como visto, no âmbito do Direito Tributário, a gestão de precedentes é tema que tangencia e gera interrogações tanto no contencioso judicial quanto no contencioso administrativo.

Especificamente sobre o contencioso judicial, há contributo bastante relevante no relatório do INSPER[20]:

> Desde a introdução da sistemática de recursos repetitivos, foram afetados 556 temas tributários pelos Tribunais Superiores (STF e STJ), e

[19] É ver: MITIDIERO, Daniel. **Precedentes**. São Paulo: RT, 2016; MARINONI, Luiz Guilherme. **Precedentes obrigatórios**. 2. ed. São Paulo: RT, 2011

[20] BRASIL, Conselho Nacional de Justiça. **Diagnóstico do contencioso judicial tributário brasileiro: relatório final de pesquisa**. Brasília: CNJ, 2022, p. 296.

> julgados, 427. Nesse período foram sobrestados 487.476 processos, dos quais foram julgados apenas 127.510 processos anteriormente sobrestados. Assim, apesar de os Tribunais Superiores terem julgado 77% dos temas tributários repetitivos, apenas 26,2% dos processos sobrestados foram julgados.
>
> (...)
>
> Paradoxalmente, também conforme dados obtidos via LAI, os estoques de processos tributários em Tribunais a quo mantiveram-se estáveis. Os dados coletados na pesquisa estão em consonância com a percepção apresentada pela Ministra Regina Helena Costa, que, ao analisar as iniciativas vigentes de redução do contencioso, afirmou: "No âmbito do Judiciário, os mecanismos de coletivização de julgamentos, como a repercussão geral e os recursos repetitivos são instrumentos positivos, mas que precisam ser aperfeiçoados".
>
> Essa constatação permite sugerir um encaminhamento para a hipótese apresentada: em vez de investir em novas regras processuais que limitem o acesso dos jurisdicionados aos Tribunais Superiores, seria recomendável que esses Tribunais julgassem com mais celeridade os recursos repetitivos, por representarem uma forma eficiente de redução da litigiosidade, ou que se investigue o porquê de apenas 26,2% dos processos sobrestados terem sido julgados, enquanto foram julgados 77% dos temas repetitivos reconhecidos nos últimos 15 anos.

Pela via judicial faz-se imperiosa a investigação das razões pelas quais o processamento e julgamento definitivo de temas repetitivos pelos tribunais superiores não têm espelhado a redução dos acervos dos processos sobrestados nos tribunais de segunda instância — em que pese ser este o objetivo lógico almejado[21].

Pela via administrativa, o problema é de fácil solução, tamanha a irracionalidade do arranjo atual. Conforme se sabe, no âmbito do CARF, as decisões definitivas de mérito, proferidas pelo Supremo Tribunal Federal e pelo Superior Tribunal de Justiça em matéria infraconstitucional na sistemática de repetitivos são obrigatoriamente reproduzidas pelos

[21] BECHO, Renato Lopes. **A aplicação dos precedentes judiciais como caminho para a redução dos processos tributários**; Revista da Faculdade de Direito da UFMG, n. 71, p. 499-530, 2017.

conselheiros (artigo 62, § 2º, do Anexo II do Regimento Interno do Conselho Administrativo de Recursos Fiscais — Portaria 343/2015 e alterações).

Ocorre que no âmbito estadual, conforme salientado anteriormente, apenas oito entes possuem regra similar. Significa dizer que na maioria dos tribunais administrativos-tributários do país, mesmo que a questão esteja pacificada pelo Judiciário, com vinculação a qualquer juízo, o pleito do contribuinte será indeferido administrativamente.

É certo que, caso a caso, o crédito passa por controle de legalidade das procuradorias e eventual dispensa de ajuizamento de execução fiscal — mas a sistemática atual é de tolice persistente. Não beneficia a Fazenda Pública. Pelo contrário: trata-se de verdadeiro desperdício de tempo dos servidores públicos, de expediente que homenageia a ineficiência.

Mesmo por isso, é imperativo acréscimo de dispositivo ao CTN para determinar que o trânsito em julgado de controvérsia tributária decidida pelo Supremo Tribunal Federal, sob a sistemática da repercussão geral em matéria constitucional, ou pelo Superior Tribunal de Justiça, sob a sistemática dos recursos repetitivos em matéria infraconstitucional, favoravelmente a contribuintes ou responsáveis, terá eficácia vinculante para a Administração Tributária.

Essencial, ainda, a determinação — na norma geral competente — de prazo para que a Fazenda Pública passe a cumprir efetivamente a decisão precedente, operacionalizando a dispensa de recurso e de ajuizamento de ação quando o crédito esteja fundado em controvérsia por ela superada.

3. Prestígio da consensualidade tributária na resolução de conflitos.

A necessidade de prestigiar os métodos alternativos (ou autocompositivos)[22] é tendência não só no *métier* tributário, mas no Direito como um todo. O fato é que o contencioso judicial vai mal em todas as áreas, e o movimento de desjudicialização tem tomado força à medida em que alternativas ao litígio clássico vão se estruturando.

[22] Ou "métodos adequados", como defendeu a Professora Tathiane Piscitelli em audiência pública da Comissão de Juristas para Reforma do Processo Tributário.

No âmbito do Direito Tributário, a chamada consensualidade tributária não é conceito propriamente recente[23]. As alternativas ao contencioso clássico e engessado, de todo modo, ganharam contornos concretos e normativos a partir da edição (autorizada há muito pelo CTN, somente agora foi regulamentada) da Lei Federal nº 13.988/2020, que instituiu a transação em âmbito federal em três modalidades: (i) por proposta individual ou por adesão, na cobrança de créditos inscritos na dívida ativa da União, de suas autarquias e fundações públicas, ou na cobrança de créditos que seja competência da Procuradoria-Geral da União; (ii) por adesão, nos demais casos de contencioso judicial ou administrativo tributário; e (iii) por adesão, no contencioso tributário de pequeno valor, que se aplica a débitos que tenham por valor até o limite de 60 salários-mínimos.

Os resultados, como se demonstra até aqui, indicam o potencial da medida para reduzir o estoque contencioso federal. Ao lado da transação, deve estar a arbitragem[24] e mediação[25] — que podem e devem estar inseridas na competência legislativa complementar e geral do legislador federal, de modo a balizar o sistema a nível nacional e evitar que "a emenda torne o soneto ainda mais complexo".

Ao lado dos institutos referidos, as consultas fiscais (consoante o sustentado retro) também se inserem no contexto de construção de uma consensualidade tributária. Ricardo Almeida[26], bastante a propósito, sustenta com maestria que as consultas fiscais devem servir a encerrar o "diálogo de surdos" entre fisco e contribuintes — porquanto estejam estruturadas como meio de prevenir e solucionar conflitos, com balizas legais claras.

[23] Buíssa, Leonardo; Bevilacqua, Lucas. **Consensualidade na Administração Pública e transação tributária. Fórum Administrativo-FA**, Belo Horizonte, ano, v. 15, p. 46-54, 2015.

[24] Há, no Senado, dois PLs nº 4.257/19 e 4.468/20 que visam a sua instituição.

[25] Em Porto Alegre, houve a edição recente da Lei Municipal 13.028/2022, pioneira entre as capitais no Brasil em termos de mediação, por iniciativa excepcional da ABDF — Associação Brasileira de Direito Financeiro. Em Blumenau, também há experiência similar, consistente na Lei Municipal 8532/2017.

[26] Silva, Ricardo Almeida Ribeiro da. **Prevenção dos litígios tributários: uma nova proposta: efetividade do consenso ao tributo**. Revista Brasileira de Direito Público — RBDP, Belo Horizonte, ano 16, n.60, p. 43-57, jan/mar. 2018.

Por conseguinte, entendemos que o legislador complementar pode reformar o CTN para (I) determinar que a administração priorize método preventivos para possibilitar a autorregularização do contribuinte, com eventual redução de penalidades; (II) determinar que os entes instituam e regulamentem os institutos da consulta fiscal, programas de conformidade tributária, audiências dialogais, mediação, transação e arbitragem; (III) balizar normas gerais para a padronização dos mecanismos de consulta fiscal, versando sobre a possibilidade de recurso e necessidade motivação e publicização ampla das respostas; (IV) estabelecer efeitos *erga omnes* das consultas fiscais para contribuintes situação fática e jurídica idêntica à do consulente, (V) indicar a sentença arbitral como causa extintiva do crédito tributário; (V) estabelecer normas gerais para a transação, mediação e arbitragem tributária.

3.1. Prestígio dos mecanismos de *compliance* nas relações institucionais tributárias.

A partir da adoção de mecanismo que animem a consensualidade tributária, inaugura-se vertente na prática tributária que extrapola o contencioso clássico — até então formatado em processo rígido de heterocomposição. Mais do que isso, inaugura uma nova relação entre Fisco e contribuinte baseada, essencialmente, na confiança, como sempre defendido por Misabel Derzi.

A possibilidade de autocomposição diretamente com o fisco, antes e depois da constituição do crédito e da conformação do conflito tributário significa a possibilidade de influenciar a autoridade administrativa (nos termos da lei) a adotar determinada interpretação ou expediente.

Se instituído um paradigma em que as consultas fiscais deixam de ser meras respostas protocolares da autoridade fiscal e passam a servir de mecanismo cooperativo e dialogado na construção de aplicação e interpretação das normas, estamos a tratar de campo autônomo a ser estudado: o das **relações institucionais tributárias**.

Trata-se, pura e simplesmente, da representação de interesses do contribuinte frente ao fisco — sem a intervenção judicial. Daí a necessidade de se pensar em métodos de *cooperative compliance*, não só relacionados aos programas de conformidade que incentivam a adimplência tributária, mas como estruturação de procedimentos que norteiem o próprio contato entre os particulares e a autoridade tributária, prestigiando a isonomia, legalidade e segurança jurídica.

Frise-se: não se está mais a falar de *compliance* tributário como se convenciona estudar até aqui[27], mas de *compliance* nas relações institucionais tributárias — no contato com o poder público[28]. É que o *compliance* caminha lado a lado das relações institucionais/governamentais lícitas e saudáveis — como mecanismo de combate à corrupção, tanto melhor se regulamentado em lei.

Trata-se, aqui, de antever a "abertura" gerada pelos novos métodos de solução de conflitos que se pretende inaugurar e aprimorar — criando um sistema que possa trazer segurança tanto para o contribuinte quanto para o agente público, que deverão ter amparo e modulação legal na tomada de decisões afetas ao erário público que não podem se confundir com renúncia fiscal e/ou vantagem indevida.

Referências

BECHO, Renato Lopes. **A aplicação dos precedentes judiciais como caminho para a redução dos processos tributários**; Revista da Faculdade de Direito da UFMG, n. 71, p. 499-530, 2017.

BEVILACQUA, Lucas; MARINHO NETO, José Antonio. **Macrolitigância Fiscal: Perspectivas de Reforma do Processo Tributário.** In: FEITAL, Thiago Álvares; PAIXÃO, Luciana Mundim de Mattos; DINIZ, Erika Morreale. (Org.). Direito e indústria: contribuições ao I Congresso de Direito Empresarial da FIEMG. 1ed. Belo Horizonte: Casa do Direito, 2022, p. 80-92.

BRASIL, Banco Interamericano de Desenvolvimento. **Diagnóstico do contencioso tributário administrativo: relatório final de pesquisa**, Brasília, 2022.

BRASIL, Conselho Nacional de Justiça. **Contencioso tributário no Brasil: Relatório 2020 — Ano de Referência 2019**. Brasília: CNJ, 2020.

BRASIL, Conselho Nacional de Justiça. **Diagnóstico do contencioso judicial tributário brasileiro: relatório final de pesquisa**. Brasília: CNJ, 2022.

[27] LOBATO, Valter de Souza; TEIXEIRA, Tiago Conde. **Aplicação do Compliance ao Direito Tributário**. In: TEIXEIRA, Alessandra Machado Brandão; MELO, João Paulo Fanucchi de Almeida; FRATTARI, Rafhael; LOBATO, Valter de Souza. (Org.). A reforma tributária que queremos. 1ed.Belo Horizonte: Arraes Editores, 2021, v. , p. 233-250.

[28] NOHARA, Irene Patrícia; **Compliance e negociações com o poder público**. In: BRITTO, Lucas Galvão; DIAS, Karem Jureidini (org.). Compliance no Direito Tributário. São Paulo: Thomson Reuters Brasil, 2018, p. 225- 242.

BRASIL, **Conselho Nacional de Justiça. Justiça em Números: 2021**. Brasília: CNJ, 2021.

Buíssa, Leonardo; Bevilacqua, Lucas. **Consensualidade na Administração Pública e transação tributária**. Fórum Administrativo-FA, Belo Horizonte, ano, v. 15, p. 46-54, 2015.

Derzi, Misabel Abreu Machado. **Modificações da Jurisprudência no Direito Tributário: proteção da confiança, boa-fé objetiva e irretroatividade como limitações constitucionais ao poder judicial de tributar**. São Paulo: Editora Noeses, 2009.

Dias, Karem Jureidini; Silveira, Francisco Secaf Alves. **O compliance e o exercício da fiscalização tributária**. In: Britto, Lucas Galvão; Dias, Karem Jureidini (org.). Compliance no Direito Tributário. São Paulo: Thomson Reuters Brasil, 2018, p. 171-196.

Lobato, Valter de Souza. **O princípio da confiança estampado art. 146 do Código Tributário Nacional sob as perspectivas dogmática e jurisprudencial: um estudo em homenagem a Misabel de Abreu Machado Derzi.** In: Direito Tributário: uma visão da escola mineira — em homenagem a Misabel de Abreu Machado Derzi. Casa do Direito; Coleção de Direito Tributário e Financeiro. p. 659-696, 2020.

Lobato, Valter de Souza; Fonseca, Pedro Henrique Esteves **A ADI nº 2.446/DF: impactos potenciais no processo administrativo tributário e na norma geral antielisiva mineiros**. In: Feital, Thiago Alvares; Paixâo, Luciana Mundim de Mattos; Diniz, Erika Morrealc. (Org.). Direito e indústria: contribuições ao I Congresso de Direito Empresarial da FIEMG. 1ed.Belo Horizonte: Casa do Direito, 2022, v. , p. 101-116.

Lobato, Valter de Souza; Marinho Neto, José Antonino. **Da necessidade de reforma do processo tributário brasileiro**. In: Costa, Alexandre Freitas; Bernardes, Flávio Couto. (Org.). Reforma tributária e o futuro da tributação no Brasil. 1ed.Belo Horizonte: Arraes Editores, 2022, v. , p. 191-207.

Lobato, Valter de Souza; Teixeira, Tiago Conde. **Aplicação do Compliance ao Direito Tributário**. In: Teixeira, Alessandra Machado Brandão; Melo, João Paulo Fanucchi de Almeida; Frattari, Rafhael; Lobato, Valter de Souza. (Org.). A reforma tributária que queremos. 1ed.Belo Horizonte: Arraes Editores, 2021, v. , p. 233-250.

Luhmann, Niklas. ***Confianza***. Barcelona, Anthropos, 1998.

Marinoni, Luiz Guilherme. **Precedentes obrigatórios**. 2. ed. São Paulo: RT, 2011

Mitidiero, Daniel. **Precedentes**. São Paulo: RT, 2016.

Nohara, Irene Patrícia; **Compliance e negociações com o poder público**. In: Britto, Lucas Galvão; DIAS, Karem Jureidini (org.). Compliance no Direito Tributário. São Paulo: Thomson Reuters Brasil, 2018, p. 225- 242.

OECD. **Study into the Role of Tax Intermediaries**. Paris: OECD, 2008. Disponível em: http://dx.doi.org/10.1787/9789264041813-en. Acesso em: 20 mai. 2022.

ORGANIZAÇÃO PARA A COOPERAÇÃO E DESENVOLVIMENTO ECONÔMICO. **Co-operative compliance: a framework — From enhaced relationship to co-operative compliance.** OECD, 2013. Disponível em: https://read.oecd-ilibrary.org/taxation/co-operative-compliance-a-framework_9789264200852-en#page1. Acesso em: 20 mai. 2022.

SILVA, Ricardo Almeida Ribeiro da. **Prevenção dos litígios tributários: uma nova proposta: efetividade do consenso ao tributo**. Revista Brasileira de Direito Público — RBDP, Belo Horizonte, ano 16, n.60, p. 43-57, jan/mar. 2018.

10.
O DIAGNÓSTICO DO CONTENCIOSO TRIBUTÁRIO JUDICIAL: BREVES COMENTÁRIOS

Marcus Livio Gomes
Doris Canen
Bruna Ferreira

Introdução

Dados obtidos pelo Relatório Justiça em Números 2021 (ano base 2020) do Conselho Nacional de Justiça mostram que tramitam atualmente no Poder Judiciário cerca de 77 milhões dos processos, dos quais aproximadamente 40% são de natureza tributária. Os processos de execução fiscal representam mais de 70% das execuções pendentes, com taxa de congestionamento de 87%.

O tempo médio de tramitação do processo de execução fiscal baixado nos tribunais é de 8 anos e 1 mês, o que remete à conclusão de que há desafios enfrentados na aplicação do princípio constitucional da razoável duração do processo.

Para Marcos Lisboa (2020, p. 28), presidente do Instituto de Ensino e Pesquisa (Insper), o alto volume do contencioso brasileiro é derivado de um sistema "extremamente confuso e disfuncional", que se torna ainda mais complexo em razão da chamada "microrregulação" e contribui para ser "um dos principais motivos para que investidores estrangeiros estejam deixando o País".

José Barroso Tostes Neto (2020, p. 16), ex-Secretário Especial da Receita Federal, evidencia que o alto grau de litigiosidade administrativa é um elemento complexo e aponta ainda que as obrigações adicionais vinculadas à legislação tributária e à "falta de previsibilidade das decisões administrativas e judiciais" são elementos cruciais para entender a complexidade tributária no Brasil.

Assim, nota-se elevado grau de litigiosidade em nosso país, efeito de uma cultura do processo judicial como principal artifício de solução de controvérsias, o que representa um dos grandes achaques da Justiça.

De acordo com o Relatório sobre Contencioso Tributário no Brasil, realizado pelo Insper, tendo como base o ano de 2019, o nível de litigiosidade na União, nos estados, no Distrito Federal e nos municípios, considerando-se tanto os tribunais administrativos quanto os judiciais, foi monitorado, alcançando 73% do PIB brasileiro em 2018.

Entre as conclusões evidenciadas no estudo, a economista Lorraine Messias apontou que o contencioso tributário administrativo na esfera federal respondeu por 16,4% do PIB, ante 0,28% e 0,19% de mediana nos países da Organização para a Cooperação e o Desenvolvimento Econômico (OCDE) e da América Latina, respectivamente, de acordo com dados da OCDE para o ano de 2015.

Assim, o tema foi enquadrado no eixo de garantia da segurança jurídica e melhora do ambiente de negócios, um dos cinco eixos prioritários de trabalho da gestão da Ministro Luiz Fux à frente da Presidência do Conselho Nacional de Justiça (CNJ) biênio 2020/2022[1].

Ao explorar o eixo da garantia da segurança jurídica e da melhoria do ambiente de negócios, que almeja criar medidas destinadas à desburocratização do Poder Judiciário e focadas na prestação jurisdicional eficiente, o CNJ pôde identificar que o contencioso tributário atual é caracterizado por um elevado número de processos tributários administrativos e judiciais pendentes de julgamento.

Está expresso no art. 5º, LXXVIII, da CF/88 que a todos, no âmbito judicial e administrativo, são assegurados a razoável duração do processo e os meios que garantam a celeridade de sua tramitação.

[1] Os cinco eixos são: direitos humanos e do meio ambiente; garantia da segurança jurídica e da melhoria do ambiente de negócios; combate à corrupção e ao crime organizado; incentivo ao acesso à justiça digital; e uniformização e melhor capacitação dos magistrados e servidores.

Tem início então uma série de medidas que ansiaram identificar os problemas com o intuito de propor possíveis soluções. O CNJ firmou acordos e parcerias técnico-científicas com órgãos como a Receita Federal do Brasil (RFB)[2] e Procuradoria-Geral da Fazenda Nacional (PGFN)[3] a fim de desenvolver pesquisas e trocar acessos a bases de dados. O diálogo colaborativo entre representantes de órgãos do sistema de justiça, da administração tributária, das procuradorias, de especialistas da Academia, evidencia os esforços constantes voltados a aprimorar a atuação do Judiciário no contencioso tributário.

Do Acordo de Cooperação Técnica (ACT n. 43/2020), celebrado entre a Receita Federal do Brasil e Conselho Nacional de Justiça, surgiu o Comitê de Apoio Técnico à realização do Diagnóstico do Contencioso Tributário Administrativo e Judicial e à elaboração de estudos e pareceres sobre a ampliação da eficácia e efetividade do referido contencioso, instituído pela Portaria SEP/RFB n. 1/2021.

O Insper foi o vencedor de uma licitação para desenvolver pesquisa empírica com levantamento de dados estatísticos e qualitativos, em relação ao tema "Diagnóstico sobre o Contencioso Tributário no Poder Judiciário Brasileiro", a ser utilizada como subsídio para formulação de políticas públicas. A análise dos dados relativos às decisões judiciais resultou, entre outras informações, nas proporções de quem são os litigantes, quais os assuntos intrincados nos processos tributários, qual a relação entre as pendências judiciais e a resolução de conflitos na esfera administrativa, qual a efeito dos mecanismos de vinculação jurisprudencial, como a constituição dos juízes(as) pode influenciar no processo decisório e quais regras processuais podem influenciar, positiva ou negativamente, na gênese de contencioso.

Tais dados permitiram a exploração das causas do contencioso tributário brasileiro e quais recursos de curto, médio e longo prazos podem ser empregados para garantir não só uma redução na quantidade de processos e mais agilidade nos julgamentos, mas, principalmente, diminuir a necessidade de acessar o Poder Judiciário em matéria tributária.

Os resultados do trabalho técnico-científico foram apresentados na 5ª edição da série Justiça Pesquisa almejando o desenvolvimento de

[2] Cf. Acordo de cooperação técnica n. 043/2020. CNJ/RFB.

[3] Cf. Acordo de cooperação técnica n. 52/2020. CNJ/PGFN.

estudo empírico sobre o tema "Diagnóstico sobre o Contencioso Tributário no Poder Judiciário Brasileiro" para subsidiar políticas públicas do Poder Judiciário com a finalidade primordial de promoção dos direitos e garantias fundamentais[4].

Igualmente, o Banco Interamericano de Desenvolvimento (BID) e a Receita Federal do Brasil (RFB) uniram esforços para realizar trabalho análogo capaz de investigar os problemas e indicar soluções para os gargalos existentes no contencioso tributário administrativo. Ambos os diagnósticos, o do judicial e o do administrativo, foram organizados durante o ano de 2021. Os objetivos traçados na pesquisa do contencioso judicial tributário assentaram-se na identificação de soluções de litígios na área tributária, buscando qualificar a prestação jurisdicional de acordo com os princípios constitucionais da celeridade, duração razoável do processo, contraditório e ampla defesa.

As conclusões da pesquisa serão brevemente resumidas no presente artigo.

Eventuais propostas legislativas que decorram desse diagnóstico do contencioso tributário nacional terão os fundamentos jurídicos e a arquitetura institucional baseados na realidade brasileira, nas grandes tendências e nas melhores práticas nacionais e internacionais, contemplando a análise objetiva de números, causas, problemas e desafios.[5]

A pesquisa resultou em ações concretas como (i) o Ato Conjunto Senado-STF n. 1/2022 de fevereiro de 2022[6], que institui a Comissão de Juristas responsável por modernizar, dinamizar e unificar os processos administrativo e tributário e designou a Subcomissão do Processo Tributário e a Subcomissão do Processo Administrativo em abril de 2022 e (ii) A Recomendação n. 120/2021 do CNJ, acerca do tratamento

[4] Pesquisa disponível em: https://www.cnj.jus.br/wp-content/uploads/2022/02/relatorio-contencioso-tributario-final-v10-2.pdf.
Evento de apresentação disponível em: https://www.youtube.com/watch?v=da7qLoq7wos.

[5] Cerioni, Clara. Para conter processos, coordenador do CNJ não descarta novo código tributário. **JOTA**, 2021. Disponível em: https://www.jota.info/coberturas-especiais/contencioso-tributario/para-conter-processos-coordenador-do-cnj-nao-descarta-novo-codigo-tributario-13092021. Acesso em: xx

[6] Disponível em: https://static.poder360.com.br/2022/02/ato-conjunto-stf-senado-comissao-contencioso.pdf.

adequado de conflitos de natureza tributária, quando possível pela via da autocomposição.[7]

1. Principais achados do diagnóstico do contencioso tributário judicial

Conforme salientado, o Diagnóstico teve como objetivo promover pesquisa empírica acerca do Contencioso Tributário no âmbito do Poder Judiciário, identificando causas e fatores que impactam na alta litigiosidade, bem como encontrar possíveis alternativas de solução.

O Insper executou a pesquisa utilizando-se de metodologia mista, de análise quantitativa e qualitativa, abrangendo dados do Conselho Nacional de Justiça, do Supremo Tribunal Federal e do Superior Tribunal de Justiça, dos cinco Tribunais Regionais Federais e dos Tribunais de Justiça dos Estados de Alagoas, Amazonas, Bahia, Ceará, Distrito Federal, Mato Grosso, Minas Gerais, Pará, Pernambuco, Piauí, Rio de Janeiro, Rio Grande do Norte, Rondônia, Roraima, Rio Grande do Sul, Sergipe, São Paulo e Tocantins, com o recorte temporal de dez anos, de 2011 a 2021, a fim de garantir tanto as heterogeneidades regionais quanto a alteração de dados ao longo do tempo.

No tocante à coleta da dados, foram utilizadas três diferentes metodologias, a extração de dados de forma automatizada, por meio de algoritmos e técnicas de ciências de dados, dos repositórios de jurisprudência dos tribunais superiores, tribunais regionais federais e tribunais estaduais, utilizando programas para *download* de dados (*crawlers*); a transmissão de pedidos de acesso à informação, nos termos da Lei n. 12.527/2011 (LAI), nos casos em que as informações necessárias à pesquisa não estiverem disponíveis em bancos de dados públicos; e pesquisa de campo, com a realização de entrevistas e aplicação de questionários eletrônicos com atores-chave vinculados às instituições abrangidas, estruturadas com o objetivo de compreender quais são as principais origens dos litígios e as deficiências do sistema de resolução de conflitos tributários.

Foram também somados aos dados pesquisa e à análise da jurisprudência doutrina, relatórios e estudos nacionais e internacionais a respeito de aspectos jurídicos, socioeconômicos, orçamentários, fiscais e de

[7] https://atos.cnj.jus.br/files/original2329372021110361831b61bdfc3.pdf

políticas públicas para assim realizar o confronte entre informações e experiências pesquisadas.

O objeto da pesquisa foi dividido em oito hipóteses consolidadas sobre as quais serão apresentados os principais achados.

1.1. O processo tributário e a arquitetura institucional do contencioso[8]

A primeira hipótese da pesquisa averiguou eventual existência de relação de causalidade entre a excessiva litigiosidade tributária do Brasil e a estrutura do processo tributário (fluxos, etapas, instrumentos e trâmites processuais etc.), associando a arquitetura institucional do contencioso fiscal e o modelo de federalismo fiscal. Foram constatados, em suma, (i) a deficiência de atos normativos vinculando os servidores a decisões judiciais proferidas por tribunais superiores, em especial no âmbito municipal; (ii) as decisões administrativas têm significativo percentual de modificação na primeira instancia judicial (48,2%), havendo, por outro lado, baixo percentual de reforma entre a primeira e segunda a instância judicial (apenas 7%); (iii) ainda incipiente existência de convênios de cooperação ou intercâmbio de informações celebrados entre tribunais de justiça e tribunais regionais federais e tribunais administrativo; e (iv) mesmo que restrito a cada ente federativo, a construção de conceitos constitucionais que decorrem da rígida repartição de competências tributárias tem potencialidade de geração de contencioso tributário.

1.2. A complexidade tributária[9]

Com relação à presente hipótese, analisou-se de que maneira a complexidade da legislação fiscal brasileira e as dificuldades de harmonização interpretativa contribuem para o incremento da litigiosidade tributária, verificando-se que os tributos que mais geram processos no Poder Judiciário são IPTU, ICMS, PIS/COFINS e contribuição previdenciária, em que o primeiro deles é o que apresenta maior percentual de processos (25% do total do acervo).

[8] CNJ. Sistematização do diagnóstico do contencioso judicial tributário: aportes iniciais — Brasília: CNJ, 2022. p. 10-11.

[9] Cf. CNJ, 2022. p. 12-13.

Ademais, interessante dado apontado pela pesquisa foi a grande presença de pessoa jurídica no polo ativo das ações mandamentais, totalizando quase metade dessas. Entre esse número, quase 80% informaram ser microempresa (ME) ou empresa de pequeno porte (EPP).

A deficiência na transparência e gestão fiscal foram identificadas como fatores que corroboram com o incremento da litigiosidade tributária. Por outro lado, outros fatores, a princípio cogitados como possíveis causadores de litigiosidade, demonstraram não interferir nesse quesito de maneira significativa, como é o caso da compensação tributária e da realização de perícias e diligências complementares.

1.3. Causas da litigiosidade tributária[10]

A respeito da hipótese, estudou-se o comportamento dos contribuintes em relação aos incentivos de natureza econômica, financeira, jurídica e negocial do nosso processo tributário.

Nessa esteira, foi demonstrado o aumento no ajuizamento de ações em decorrência de risco de modulação de uma decisão de mérito proferida em relação à inconstitucionalidade de uma determinada exação.

Quanto à onerosidade processual, constatou-se que o mandado de segurança é o tipo de ação mais utilizado pelos contribuintes, porém há outros fatores que podem influenciar nessa escolha que não apenas a ausência ou reduzida onerosidade. A exceção de pré-executividade antes dos embargos à execução fiscal, por sua vez, apesar da reduzida onerosidade, tem baixo percentual de utilização, o que pode ser influenciado pelas restrições processuais para sua utilização.

1.4. A especialização dos julgadores tributários[11]

O diagnóstico dedicou-se, aqui, a verificar a contribuição da especialização dos julgadores tributários se referindo não só aos magistrados, mas à especialização dos órgãos julgadores para a qualidade e celeridade das decisões.

Aferiu-se que a especialização das varas contribuiu significativamente para a celeridade processual, tendo em vista que as varas especializadas, em comparação com as generalistas, demandam, aproximadamente,

[10] Cf. CNJ, 2022. p. 13-16.
[11] Cf. CNJ, 2022. p. 16-17.

metade do tempo necessário para prestar a mesma atividade jurisdicional. Não se constatou, entretanto, número expressivo de julgadores com formação especializada em direito tributário.

1.5. Os meios adequados de solução de conflitos tributários[12]

A quinta hipótese, a princípio, buscou averiguar a correlação entre a utilização de meios adequados de solução de conflitos na redução dos estoques processuais, na celeridade processual e, ainda, na arrecadação tributária.

Entretanto, os dados obtidos na pesquisa demonstraram a ainda baixa implementação e utilização de meios adequados de solução de conflitos no âmbito tributário.

Entre os poucos dados obtidos, pode-se destacar a utilização do negócio jurídico processual, instituto que tem previsão no Código de Processo Civil (art. 190), e também na Lei n. 10.522/2002, para a cobrança administrativa ou judicial da dívida ativa da União, o que pode ter contribuído para a replicação do instituto pelos demais entes federativos.

Também pode-se averiguar a utilização da transação tributária no âmbito da PGFN, concluindo por resultados positivos na regularização dos contribuintes, ainda que seja necessário mais tempo para avaliação do impacto na redução do estoque dos créditos inscritos em dívida ativa.

Os magistrados, por sua vez, em resposta à pesquisa, demonstraram crer que a utilização de meios adequados de resolução de conflitos é possível solução para o elevado contencioso tributário brasileiro.

Está evidenciado, portanto, o ainda necessário movimento de implementação de meios adequados de solução de conflitos no âmbito tributário, emparelhando-se com o movimento já iniciado pelo Conselho Nacional de Justiça que, a partir da criação de um grupo de trabalho, sob coordenação da ministra Regina Helena Costa, do Superior Tribunal de Justiça, com o escopo de auxiliar na implementação da autocomposição tributária no âmbito do Poder Judiciário, editou a Recomendação n. 120/2021, que recomenda o tratamento adequado de conflitos de natureza tributária, quando possível pela via da autocomposição.

Na citada Recomendação, definiu-se que os tribunais pátrios deverão seguir como diretriz a priorização da solução consensual da contro-

[12] Cf. CNJ, 2022. p. 18-20.

vérsia, pelos magistrados, sempre que possível; que não seja dispensada a audiência prevista no art. 334 do CPC nas demandas que versem sobre direito tributário; que sejam criadas varas especializadas com competência exclusiva para processar e julgar demandas tributárias antiexacionais; que sejam celebrados protocolos institucionais com os entes públicos; e que sejam implementados pelos tribunais os Centros Judiciários de Solução de Conflitos Tributários (Cejusc Tributário).

Dessa forma, o Conselho Nacional de Justiça se coloca como "impulsionador da democratização e modernização do acesso à Justiça" (Gomes; Cabral; Canen, 2021), fomentando a autocomposição tributária no Judiciário, em alinhamento com as tendências internacionais.

1.6. As medidas preventivas do litígio tributário[13]

Analisando as medidas que promovem mais cooperação, confiança e transparência nas relações entre fisco e cidadão, em relação à diminuição da litigiosidade tributária, constatou-se que ainda há espaço para as administrações tributárias e as procuradorias atuarem de forma mais ativa em relação à transparência e ao fortalecimento no diálogo com o contribuinte.

No tocante à transparência, a atuação do Estado é reativa, aguardando a provocação do contribuinte e os portais das administrações tributárias não são vistos como simples e amigáveis por este. Já quanto aos mecanismos encontrados como indutores de satisfação do crédito pelo contribuinte são, em regra, sancionatórios, não havendo significativo montante de programas de premiação de contribuintes regulares.

Também foi constatado serem deficientes mecanismos de soluções administrativas de questões que não envolvem crédito tributário, como medidas relativas à renovação de certidões de regularidade fiscal e de liberação de mercadorias.

1.7. Os impactos econômicos da litigiosidade tributária[14]

Diversas etapas de tramitação dos processos judiciais tributários foram analisadas na presente hipótese, no intuito de aferir seu impacto na litigiosidade tributária, entre as quais estão citação, penhora, expropriação

[13] Cf. CNJ, 2022. p. 20-22.
[14] Cf. CNJ, 2022. p. 22-25.

de bens, perícias e diligências complementares, embargos à execução, exceção de pré-executividade e incidente de desconsideração da personalidade jurídica. Isoladamente, porém, concluiu-se que as citadas etapas não podem ser consideradas fator de demora na tramitação processual.

Há, no entanto, melhorias que podem ser desenvolvidas, com é o caso da penhora de bens, tendo em vista a constatação de sua pouca eficácia, bem como a necessidade de aperfeiçoar os institutos da exceção de pré-executividade e dos embargos à execução fiscal, comumente utilizados no mesmo processo, com a mesma finalidade, sendo interessante se pensar em soluções para evitar sua sobreposição.

A execução fiscal, por sua vez, foi considerada uma das causas do elevado contencioso judicial tributário, tendo em vista seu elevado tempo de tramitação e sua baixa eficácia.

De outro lado, avaliando a sistemática de recursos repetitivos, constatou-se que esse filtro de admissibilidade foi importante fator de redução do acervo dos tribunais superiores. Desde a sua introdução, o estoque de processos tributários do STF foi reduzido em 49,1% (de 6.654, em 2017, para 3.390, em 2020) e o estoque de processos tributários do STJ foi reduzido em 37,3% (de 46.610, em 2016, para 29.211, em 2021).

Por fim, analisou-se comparativamente o número de processos tributários no Brasil e o montante em discussão em outros países, constatando-se que em relação ao faturamento das empresas, os valores em litígio no Brasil remontam 57%, já nos demais países em que as mesmas empresas atuam os valores são apenas de 3,33%, desse total de processos tributários das empresas, 98,7% são brasileiros.

1.8. A compensação e restituição tributária[15]

Nesta hipótese pretendeu-se averiguar o impacto do volume de processos de compensação e restituição tributária no contencioso tributário judicial. Porém, foi constatado na pesquisa apenas 0,77% de processos judiciais que envolve a compensação com créditos tributários, indicando que esse não é um assunto potencial causador de litigiosidade.

A despeito de tal constatação, é importante salientar que, no âmbito dos tributos federais, é significativo o volume de valores envolvidos em

[15] CNJ. Sistematização do diagnóstico do contencioso judicial tributário: aportes iniciais — Brasília: CNJ, 2022. p. 25-26.

discussão de compensação, podendo indicar que a questão estaria concentrada nos grandes contribuintes.

Conclusões

Diante do ineditismo do trabalho realizado, com a coleta, análise e sistematização dos dados empíricos acerca da litigiosidade tributária, é viável ao Conselho Nacional de Justiça o desenvolvimento de políticas públicas com base em evidência, a fim de angariar esforços para combater o histórico problema nacional.

Como visto, a principal constatação da pesquisa foi a necessidade urgente de mudança de cultura no trato fiscal, a fim de propiciar a atuação cooperativa entre o Fisco, os contribuintes e o Poder Judiciário.

Mostrou-se imperiosa a necessidade de enriquecer a atuação pública nas práticas de transparência ativa, de acordos e convênios de integração entre órgãos administrativos e judiciais e nos meios autocompositivos de resolução de conflitos e é no atendimento a tais anseios, baseando-se nos dados apresentados pela pesquisa, que o Conselho Nacional de Justiça poderá desenvolver novas políticas públicas para tratar adequadamente a alta litigiosidade do contencioso tributário no âmbito do Poder Judiciário.

Paralelamente, a Comissão de Juristas formada pelo Ato Conjunto Senado-STF n. 1/2022 de fevereiro de 2022, está trabalhando na criação de Anteprojetos de Lei a respeito do processo administrativo tributário federal, execução fiscal, mediação, arbitragem, consulta fiscal e custas federais e o CNJ apresentou a Recomendação n. 120/2021, acerca da autocomposição tributária.

Diante dos esforços realizados no desenvolvimento deste trabalho e seus desdobramentos, almeja-se fortalecer os laços entre contribuinte e Estado e, consequentemente, restabelecer a confiança às instituições democráticas, por meio da transformação na cultura jurídica-fiscal. A ambição é, portanto, ousada, mas as consequências a que se pretende chegar poderão ser observadas não apenas na redução da litigiosidade, mas também no fortalecimento do ambiente de negócios do país.

Referências

CERIONI, Clara. Para conter processos, coordenador do CNJ não descarta novo código tributário. JOTA, 2021. Disponível em: https://www.jota.

info/coberturas-especiais/contencioso-tributario/para-conter-processos-coordenador-do-cnj-nao-descarta-novo-codigo-tributario-13092. Acesso em: 24 jul. 2022

CNJ. **Relatório Justiça em Números 2020**: ano-base 2019. Brasília, DF: CNJ, 2020. Disponível em: https://www.cnj.jus.br/wp-content/uploads/2021/08/rel-justica-em-numeros2020.pdf. Acessado em: 24 jul. 2022.

CNJ. **Sistematização do diagnóstico do contencioso judicial tributário**: aportes iniciais. Brasília: CNJ, 2022. Disponível em: https://www.cnj.jus.br/wp-content/uploads/2022/02/sistematizacao-do-diagnostico-do-contencioso-judicial-tributario-aportes-iniciais-v10-2.pdf. Acessado em: 24 jul. 2022.

CNJ/RFB. **Termo de Cooperação Técnica n. 043/2020**. Processo n. 10329/2020. Objeto: desenvolvimento de cooperação técnico-científica entre o CNJ e a RFB para o desenvolvimento de pesquisas e atividades voltadas à eficácia e eficiência do contencioso tributário administrativo e judicial. Diário Oficial da União: seção 3, Brasília, DF, nº 227, p. 142, 27 nov 2020.

CNJ/PGFN. **Termo de Cooperação Técnica n. 052/2020**. Processo n. 10924/2020. Objeto: intercâmbio de dados, informações, conhecimentos e colaboração mútua em ações voltadas à automatização do fluxo de processos judiciais e processos de trabalho relacionados à redução da litigiosidade e ao incremento da eficiência na recuperação de créditos inscritos em dívida ativa da União e do FGTS. Data de assinatura 15/12/2020. Diário Oficial da União: seção 3, Brasília, DF, nº 242, p. 184, 18 dez 2020.

CNJ. **Recomendação n. 120/2021**. Recomenda o tratamento adequado de conflitos de natureza tributária, quando possível pela via da autocomposição, e dá outras providências. Brasília, DF: CNJ, 2021. Disponível em: https://atos.cnj.jus.br/files/original2329372021110361831b61bdfc3.pdf. Acesso em: 26 jul. 2022.

DADONA. Honorários de sucumbência no NCPC: risco, escolha e aposta no contencioso judicial tributário. *In*: Bossa, Gisele Barra *et al.* (Coord.). **Medidas de redução do contencioso tributário e o CPC/2015**. São Paulo: Ed. Almedina, 2017, pp. 581-597.

EDITAL DE CONVOCAÇÃO PÚBLICA. **5ª Edição da Série "Justiça Pesquisa". Convocação n. 1/2020**. Disponível em: https://www.cnj.jus.br/wp-content/uploads/2020/12/Edital_VFinal.pdf. Acesso em: 24 jul. 2022

ETCO, Revista. **Causas e soluções para o problema do contencioso: Nomes do Executivo, do Legislativo, do Judiciário, do setor privado e da academia dizem o que é preciso fazer para reduzir os litígios e aumentar a segurança jurídica do nosso sistema tributário**. Revista ETCO. Ed. 25. Ago, 2020. p. 24-77. Disponível em: https://www.etco.org.br/wp-content/uploads/WEB_Revista-ETCO_Agosto-2020_02.pdf. Acesso em: 24 jul. 2022.

GOMES, Marcus Livio; CABRAL, Trícia Navarro Xavier; CANEN, Doris. **A inovadora recomendação do CNJ sobre autocomposição tributária**. Consultor Jurídico, 2021. Disponível em: https://www.conjur.com.br/2021-nov-07/opiniao-recomendacao-cnj-autocomposicao-tributaria. Acesso em: 25 jul. 2022.

INSTITUTO DE ENSINO E PESQUISA. **Relatório sobre Contencioso Tributário no Brasil**. São Paulo: Insper, 2020. Disponível em: https://www.insper.edu.br/ wp-content/uploads/2021/01/Contencioso_tributario _relatorio2020_vf10.pdf. Acesso em: 24 jul. 2022.

NETO, José Barroso Tostes. **Contencioso administrativo tributário federal: diagnóstico e perspectivas**. Revista ETCO. Ed. 25. Ago, 2020. p. 16. Disponível em: https://www.etco.org.br/wp-content/uploads/WEB_Revista-ETCO_Agosto-2020_02.pdf. Acesso em: 24 jul. 2022.

SENADO/STF. **Ato Conjunto Senado-STF n. 1/2022 de fevereiro de 2022**. Disponível em: https://static.poder360.com.br/2022/02/ato-conjunto-stf-senado-comissao-contencioso.pdf. Acesso em: 24 jul. 2022.

11.
JUSTIÇA MULTIPORTAS E O CONTENCIOSO TRIBUTÁRIO

Trícia Navarro Xavier Cabral
Eduardo Sousa Pacheco Cruz Silva

Introdução

A concepção de acesso à justiça vem passando por uma necessária releitura, a fim de reconhecer que a pacificação social pode ser alcançada em diferentes ambientes e por variados métodos. É o que chamamos de Justiça Multiportas, em que as características dos conflitos são consideradas atentamente quando da escolha da via mais adequada de solução. Mais do que reduzir o acervo processual do Poder Judiciário, o novo paradigma busca uma mudança de cultura[1] e uma maior satisfação do jurisdicionado.

Isso implica na ampliação no conceito de jurisdição, que passa a contemplar a justiça estatal, a justiça arbitral e a justiça conciliativa[2]. Não obstante, inverte-se a lógica da priorização da judicialização, para torná-la a última e extremada opção, devendo o jurisdicionado conhecer essas ferramentas de forma a utilizá-las apropriadamente.

[1] Watanabe, Kazuo. **Cultura da sentença e cultura da pacificação.** In: **Estudos em homenagem à professora Ada Pellegrini Grinover.** Coord. YarshelL, F. L.; Moraes, M. Z.. São Paulo: DPJ, 2005, p. 986-987.

[2] Grinover, Ada Pellegrini. **Ensaio sobre a processualidade.** Brasília: Gazeta Jurídica, 2016, p. 76.

Da sociedade complexa em que vivemos atualmente emana uma diversidade de conflitos, que, por muitas vezes, poderiam ser solucionados no campo extrajudicial, mas que, na maioria das vezes, desaguam no Poder Judiciário, comprometendo a eficiência da prestação jurisdicional.

Nessa perspectiva, o acesso à justiça deixa de ser reduzido à compreensão de acesso ao Poder Judiciário, para compreender uma nova forma de tutela de direitos, que contempla diferentes "portas"[3], todas direcionadas à pacificação do conflito entre as partes, preferencialmente de forma consensual.

Como consequência, avançou em todo o mundo, e igualmente no Brasil, as chamadas vias alternativas de resolução de disputas (*alternative dispute resolution*). Mais do que isso, corporificou-se a percepção da tutela mais adequada para cada tipo específico de conflito, transformando a maneira de se enxergar institutos como a arbitragem, a conciliação e a mediação, que, de meios sucedâneos, equivalentes ou meramente alternativos à jurisdição estatal, ascenderam à estatura de instrumentos mais adequados de solução de controvérsias[4].

Precursor do denominado *Multidoor Courthouse System*, Tribunal Multiportas, *Frank Sander* idealizou, a ideia de que o sistema judiciário americano deveria oferecer diferentes métodos de resolução de conflitos. O modelo concebido tinha como fulcro central oferecer soluções mais congruentes às peculiaridades de cada demanda, de forma mais efetiva, célere e de custeio razoável. O conceito tinha a premissa de que há vantagens e desvantagens em cada caso específico ao usar um ou outro processo de resolução de disputas[5]. Assim, após a realização de uma triagem, o conflito seria direcionado para método mais apropriado à sua resolução[6].

[3] Cabral, Trícia Navarro Xavier; Zaneti Jr., Hermes. **Justiça multiportas: mediação, conciliação, arbitragem e outros meios de solução adequada para conflitos**. Salvador: JusPodivm, 2016.

[4] Grinover, Ada Pellegrini. **Ensaio sobre a Processualidade**. Brasília: Gazeta Jurídica, 2016, p. 61-62.

[5] Sales, Lilia Maia de Morais; Sousa, Mariana Almeida de. **O Sistema de Múltiplas Portas e o Judiciário Brasileiro**. In: Direitos Fundamentais & Justiça — Ano 5, nº 16, p. 204-220, Jul./Set. 2011.

[6] Hernandez Crespo, Mariana. **A construção da América Latina que queremos: complementando as democracias representativas através da construção de consenso**. In: Almeida, Rafael Alves de; Almeida, Tania.; Hernandez Crespo, Mariana. (org.). Tribunal

Essa concepção de Poder Judiciário foi amplamente divulgada à época e até hoje é objeto de estudos, o que serviu para estimular a introdução de ferramentas consensuais no tratamento dos conflitos, o que tem sido cada vez mais crescente em diversos ordenamentos jurídicos.

Portanto, resta identificar como foi o impacto dessas ideias no Brasil, com especial ênfase no Direito Tributário, disciplina que, em razão de seu caráter público, resistiu em absorver essas tendências, mas que o legislador se encarregou de transformar a postura prioritariamente adversarial, introduzindo a consensualidade no tratamento adequado do contencioso tributário[7].

1. Justiça multiportas no Brasil

No Brasil sempre predominou a cultura da judicialização, que tem sofrido uma verdadeira transformação legislativa para contemplar outros métodos e ambientes de resolução de disputas.

Há, também, uma forte tendência à desjudicialização dos conflitos, inclusive com Projetos de Lei sobre a desjudicialização da execução civil e da execução fiscal, que hoje representa um grande gargalo para o Poder Judiciário.

E o marco normativo de toda essa transformação foi a Resolução CNJ n. 125/2010 que criou a Política Judiciária Nacional de tratamento adequado dos conflitos de interesses no âmbito do Poder Judiciário imputando aos tribunais a responsabilidade de difundir a política.

Essa política foi incorporada pelo Código de Processo Civil de 2015, o qual, para além de prever outras técnicas inovadoras, tais como o sistema de precedentes qualificados disposto em seus arts. 926 e 927, promoveu significativa contribuição no aprimoramento dos meios adequados de resolução de conflitos.

multiportas: investindo no capital social para maximizar o sistema de solução de conflitos no Brasil. Rio de Janeiro: FGV, 2012, p. 188.

[7] A intervenção colaborativa, presente no modelo multiportas, representou uma virtude necessária no cenário da cultura do litígio; fortaleceu os ritos e as instituições democráticas, reconhecendo que as experiências das decisões participativas têm a capacidade de permitir que os cidadãos também participem da vida pública; e pôde significar um instrumento para a produção de reformas judiciárias. MACHADO, Carlos Henrique. **Modelo Multiportas no Direito Tributário Brasileiro**. Tese (Doutorado em Direito), Universidade Federal de Santa Catarina, 2020, p. 117. Disponível em: <https://repositorio.ufsc.br/handle/123456789/216592>. Acesso em: 03-04-2021.

Não obstante, a Lei n. 13.129/2015 alterou a Lei n. 9.307/1996 para aperfeiçoar o uso da arbitragem, admitindo o procedimento arbitral inclusive para a solução de conflitos envolvendo o Poder Público.

Posteriormente, foi publicada a Lei n. 13.140/2015, que tratou da mediação entre particulares e, também, no âmbito da Administração Pública.

A partir de então, o legislador passou a inserir a possibilidade da consensualidade e de formas extrajudiciais de solução de conflitos em diversas temáticas, em uma clara demonstração de que o Poder Judiciário não configura a via exclusiva de tratamento de controvérsias.

Como exemplo, a Lei n. 14.133/2021, que dispõe sobre a nova Lei de Licitações e Contratos Administrativos, previu a conciliação, a mediação, a arbitragem e até mesmo comitês de resolução de disputas (*dispute board*) como meios de prevenção e resolução de controvérsias decorrentes de contratos administrativos.

A evolução legislativa chegou ao Direito Tributário. No âmbito federal, os caminhos encontrados pelo fisco para melhorar os números apresentados têm sido: (i) disseminar a ruptura de um modelo de relação adversarial com o contribuinte, abrindo espaço para um relacionamento baseado na confiança, no qual se busca verificar o histórico de dívida dele e o que o levou ao endividamento, e (ii) adotar mecanismos capazes de promover mais racionalidade na cobrança dos créditos tributários e não tributários, tais como o ajuizamento seletivo de demandas judiciais, a atuação processual por demandas geradas com base em análise de *big data*, a dispensa para contestar e recorrer em casos específicos, bem como o desenvolvimento de instrumentos *alternativos* extrajudiciais de cobrança da dívida ativa, a exemplo do Cadastro Informativo de Créditos não quitados do Setor Público Federal, do Protesto das Certidões de Dívida Ativa e da recente autorização legislativa para instituição do Cadastro Fiscal Positivo, previsto no art. 17, da Lei n. 14.195/2021. Além dessas medidas, vale destacar a utilização da denominada averbação pré-executória, com previsão na Lei n. 13.606/2018 e regulamentação na Portaria PGFN n. 33/2018, e cuja constitucionalidade foi confirmada, quando do julgamento pelo STF da ADI n. 5881/DF[8].

[8] BRASIL. Supremo Tribunal Federal. **Ação Direta de Inconstitucionalidade n. 5881/DF.** Relator Min. Marco Aurélio, julg. 9/12/2020, DJe 30/03/2021.

Após o advento da Lei n. 13.988/2020, foi regulamentada a transação tributária, prevista no art. 171 do CTN, que inspirado no modelo orgânico dos Juizados Especiais, abriu a porta do contencioso de pequeno valor, previu a transação do contencioso judicial ou administrativo tributário, bem como a transação dos créditos inscritos na dívida ativa da União.

Fruto da conversão da MP n. 899/2019, a popularmente chamada "MP do Contribuinte Legal", a mencionada Lei veio para suprir lacuna que tem impedido mais efetividade da recuperação dos créditos inscritos em dívida ativa da União, por um lado, e para combater excessiva litigiosidade relacionada a controvérsias tributárias, por outro[9].

Dessa forma, percebe-se que o Direito Tributário passou a contar com relevantes ferramentas de resolução de conflitos, o que, certamente, contribuirá para o alcance da eficiência do sistema tributário nacional.

2. CNJ e o contencioso tributário

Atento à questão da litigiosidade tributária, o Conselho Nacional de Justiça tem promovido ações no intuito de contribuir para as discussões em torno do enfrentamento do contencioso judicial tributário.

Inicialmente, foi contratada uma pesquisa pelo Insper, objetivando a realização de um amplo diagnóstico acerca das principais questões envolvendo o contencioso tributário judicial. A pesquisa foi publica em 2022, na 5ª edição do Justiça Pesquisa, contendo os achados.[10]

Em paralelo, a Receita Federal do Brasil, em parceria com o Banco Interamericano de Desenvolvimento (BID) contratou uma pesquisa pela ABL, acerca do contencioso administrativo tributário.

Analisando comparativamente as pesquisas do contencioso judicial tributário (Insper) e administrativo (ABL), observa-se aos seguintes pontos de convergência: a) necessidade de reforçar o incentivo e implementação dos métodos adequados de solução de conflitos como forma de enfrentamento à litigiosidade tributária no Brasil; e b) necessidade

[9] BRASIL. **Exposição de Motivos Interministerial (EMI) n. 268/2019/ME/AGU**. Disponível em: https://legis.senado.leg.br/sdleg-getter/documento?dm=8026798&ts=1612516607048&disposition=inline. Acesso em: 22 abr. 2021.

[10] Disponível em: relatorio-contencioso-tributario-final-v10-2.pdf (cnj.jus.br). Acesso em 20 jul. 2022.

de maior cooperação entre as esferas judiciais e extrajudiciais, possibilitando o necessário intercâmbio de informações em prol da consensualidade.

O CNJ também participou de eventos para discutir os achados das hipóteses pesquisadas, contribuindo, assim, para os debates sobre o contencioso tributário no Brasil.

Ademais, em 2021 foi criado, por meio da Portaria CNJ n. 206 de 27/08/2021, um Grupo de Trabalho para auxiliar na implementação da autocomposição tributária no Poder Judiciário.

Como produto do GT, composto por especialistas de diferentes seguimentos, foi editada a Recomendação CNJ n. 120/2021 que, em larga síntese: (i) incentiva os magistrados a buscarem a solução consensual dos conflitos tributários; (ii) estimula os tribunais a criarem o CEJUSC Tributário — inclusive digital; (iii) exige a capacitação adequada dos conciliadores e mediadores; (iv) acentua a possibilidade de cooperação entre os órgãos judiciais e administrativos para garantir efetividade no tratamento adequado das demandas tributárias; e (v) prevê o tratamento adequado de demandas tributárias repetitivas.

Atualmente, o CNJ estuda a criação de uma Política Judiciária Nacional de Tratamento Adequado à Alta Litigiosidade Tributária no Poder Judiciário.

Integrantes do CNJ também integram a Comissão de modernização do contencioso tributário e administrativo, como o Dr. Marcus Livio Gomes (Secretário Especial de Programas, Pesquisas e Gestão Estratégica) e o Dr. Valter Shuenquener de Araújo (Secretário-Geral).

Dessa forma, observa-se que o CNJ tem sido um ator de grande relevância no cenário nacional para o aperfeiçoamento do contencioso tributário, como impulsionador da democratização e modernização do acesso à justiça, contribuindo para que o Poder Judiciário reduza a litigiosidade tributária e, por consequência, se torne mais eficiente.

3. Métodos de tratamento adequado dos conflitos tributários

O contencioso tributário tem sido objeto de estudos e de busca de soluções adequadas. Atualmente, após as reformas legislativas já mencionadas, as controvérsias tributárias podem se valer de métodos autocompositivos e heterocompositivos, tanto na esfera judicial quanto no âmbito extrajudicial.

Essas potencialidades ampliam sobremaneira as formas eficiência do sistema tributário, que tende a arrecadar mais, reduzir custos de judicialização, e possibilitar a regularização fiscal pelo contribuinte.

Diante disso, serão analisadas a seguir algumas importantes ferramentas de tratamento dos conflitos tributários.

3.1. Conciliação e mediação

Superada a concepção de que a consensualidade não poderia ser implementada no âmbito tributário, atualmente a conciliação e a mediação são importantes instrumentos de autocomposição, que contam com a facilitação de um terceiro imparcial, que atua promovendo o diálogo entre as partes, auxiliando-as na construção de uma solução que atenda ambas as partes.

A conciliação é mais apropriada a conflitos mais simples, enquanto a mediação se destina a controvérsias mais complexas, com maior envolvimento entre as partes, e que demandam o uso de técnicas mais refinadas pelo mediador. Importante ressaltar que, nos dois casos, mostra-se essencial que o facilitador seja devidamente capacitado, a fim de que tenha afinidade com a o tipo de questão controvertida e possa contribuir de forma profissional para o alcance do acordo.

Interessante notar que a Lei de Mediação regulamenta expressamente o uso da mediação como forma de prevenir ou terminar conflitos tributários, o que poderá ser viabilizado por meio de criação de câmaras especializadas (art. 42).

No âmbito judicial, um importante aliado é a audiência do art. 334, do CPC, perfeitamente aplicável em matéria tributária, mas que, em razão de exigir critérios e limites previamente estabelecidos, acaba não sendo designada. Para viabilizar o ato, mostra-se imprescindível que o fisco e o Poder Judiciário celebrem protocolos institucionais, a fim de que o juiz possa designar a audiência apenas nas hipóteses que comportem a autocomposição.

3.2. Arbitragem tributária

A arbitragem, instituída pela Lei n. 9.307/1996, alterada pela Lei n. 13.129/2015, constitui um método heterocompositivo de resolução de disputas, em que a solução para o conflito é fruto de uma decisão imposta por um árbitro ou por um colegiado de árbitros.

A escolha da via arbitral pelas partes implica na renúncia da jurisdição estatal, de modo que não haverá mais a possibilidade de recorrer ao Poder Judiciário para fins de solução da controvérsia.

No campo tributário, o uso da arbitragem é objeto de discussão doutrinária longínqua e ainda carecedora de ajustes legais, notadamente no Código Tributário Nacional (CTN), para conferir maior segurança jurídica na utilização do instituto, v.g, a instauração do procedimento arbitral como causa de suspenção da exigibilidade do tributo no art. 151, e a sentença arbitral transitada em julgada como hipótese de extinção do crédito.

Ainda não se tem muito delimitada a matéria que pode ser objeto da arbitragem tributária, embora se encaminhe para enfrentamento de questões complexas como indeterminações conceituais e classificação de tributos, possibilitando a realização de perícia técnica de maneira célere e a edição de laudo por árbitro especializado.

3.3. Negócio jurídico processual

O CPC/2015 promoveu significativa contribuição no aprimoramento dos meios adequados de resolução de conflitos para permitir que mais portas fossem instituídas dentro e fora do Poder Judiciário. Estabeleceu o dever de cooperação das partes, tornou obrigatória a realização de audiência inaugural de conciliação ou mediação, previu o dever de estimular soluções autocompositivas entre as partes e o dever do Estado de priorizar soluções consensuais.

A possibilidade de autocomposição pode ocorrer em relação ao direito material, mas também em relação ao direito processual. São as chamadas convenções processuais, — também difundidas como negócios jurídicos processuais — que são acordos processuais capazes estipular mudanças no procedimento para ajustá-lo às especificidades da causa e convencionar sobre os seus ônus, poderes, faculdades e deveres processuais, antes ou durante o processo. O CPC/15, além de ampliar as convenções processuais típicas, também instituiu as atípicas, autorizadas pelo art. 190, que constitui uma cláusula geral de convenção processual. Para tanto, é imprescindível que as partes cooperem entre si, nos termos do art. 6º, do Código.

Dessa forma, o instituto pode ter por objeto um ato do processo ou o próprio procedimento, ou ainda as situações jurídicas processuais.

Consubstancia maior flexibilização do procedimento e aumento dos atos de disposição das partes, partindo da premissa de as partes podem e devem contribuir na busca de um processo mais eficiente.

São exemplos, a fixação de calendário para a prática dos atos processuais (CPC, art. 191), a definição dos meios de produção de provas e de prazos para a prática de ato processual e o já consagrado *pactum de non petendo*.

Se, em um primeiro, questionava-se sobre a possibilidade de aplicação prática dos negócios jurídicos processuais em âmbito tributário, essa discussão acabou perdendo sentindo com as crescentes autorizações normativas versando sobre o tema.

O negócio jurídico processual busca a eficiência na resolução de conflitos tributários, ampliando a celeridade e a arrecadação pela Administração Pública. Isso rompe por completo o dogma da impossibilidade de consenso as matérias que envolvem elevado grau de interesse público, para compreender que o campo tributário é um ambiente fértil a contemplar o uso de ferramentas e ambientes que não se limitam à justiça estatal.

No âmbito federal, a Procuradora-Geral da Fazenda Nacional regulamentou o NJP pela Portaria PGFN n. 360/2018, aplicável em matéria de defesa do fisco em ação antiexacional de contribuinte, e pela Portaria PGFN n. 742/2018, publicada com vistas à regulamentação do negócio jurídico processual no âmbito da execução fiscal, possibilitando a elaboração de consenso sobre planos de amortização, a maneira de constrição e alienação de bens e o oferecimento de garantias.

A fim de promover mais transparência na sua atuação, o Órgão publica em sua página na internet todos os termos de acordos celebrados — até o momento, 62 acordos desta espécie, permitindo o equacionamento de discussões que superam R$10 bilhões[11].

Além disso, o NJP proliferou-se em âmbito estadual, sendo regulamentado, *v.g*, por meio da Resolução PGE n. 4.324/ 2019, no Estado do Rio de Janeiro, da Instrução Normativa n. 005/2020 de Roraima.

Com o advento da Lei n. 13.874/2019, a Lei da Liberdade Econômica, o art. 19 da Lei n. 10.522/2002 passou a prever os parágrafos 12 e 13,

[11] Disponível em: https://www.gov.br/pgfn/pt-br/assuntos/divida-ativa-da-uniao/painel-dos-parcelamentos/termos-de-negocio-juridico-processual. Acesso em 10 jun 2022.

com comando legal autorizando a prática de NJP em âmbito federal. Isso possibilitou, inclusive, acordo entre Órgãos Públicos, a saber, PGFN e Órgãos do Poder Judiciário com vistas à realização de mutirões para análise do enquadramento de processos ou de recursos.

Além dos mutirões, são espécies de NJP a calendarização da execução fiscal, o plano de amortização do débito fiscal, a aceitação, avaliação, substituição e liberação de garantias e bens penhorados, o modo de constrição ou alienação de bens e a citação dos contribuintes que celebrem parcelamento administrativo do crédito tributário.

A importância progressiva que se atribuiu à consensualidade administrativa no Direito Brasileiro, ao lado da reformulação do sentido de alguns conceitos centrais no Direito Administrativo, conferiu legitimidade à conclusão no sentido de que o art. 190 do CPC/2015 também se destina a regular a negociação processual envolvendo o Poder Público[12]. Essa competência, porém, é limitada. O negócio jurídico processual não pode implicar disposição, ainda que reflexa, do objeto litigioso do processo[13].

O NJP também encontra limitação nas normas constitucionais e naquelas próprias da ritualística civil, tais como os deveres de boa-fé, de cooperação e de probidade.

O NJP se afasta conceitualmente da transação tributária, uma vez que não é causa de extinção do crédito tributário, podendo ser realizado antes mesmo da instauração do litígio. A transação, de sua fez, é meio resolutivo de conflito, pressupondo a sua existência.

Essa limitação é importante, sobretudo, para o Direito Tributário, uma vez que o negócio jurídico tributário não deve extinguir o crédito tributário em si. Pode, entretanto, auxiliar na otimização do procedimento que envolve da controvérsia, a partir de sua customização.

Há, nesse ponto, um diálogo entre direito material e processual, o qual encontra limite nos termos do crédito constituído e objeto de discussão ou cobrança. Não se confunde com um negócio sobre o litígio em si. Mas mesmo o acordo versando sobre processo, existe indicativo de que houve queda no crescimento anual de créditos inscritos em dívida ativa[14].

[12] BARREIROS, Lorena Miranda Santos. **Convenções Processuais e Poder Público**. Salvador: JusPodvim, 2016, p. 30.

[13] *Ibidem*, p. 313.

[14] BRASIL. Conselho Nacional de Justiça. **Diagnóstico do contencioso judicial tributário brasileiro: relatório final de pesquisa** / Conselho Nacional de Justiça; Instituto de Ensino e

Registre-se que a inquietação com o uso ou a regulamentação indiscriminada do instituto, desemboca em uma moldura normativa que transpassa a natureza do NJP, confundindo-o com as figuras do parcelamento e da transação tributária. Faz-se, necessário, assim, compreender como se desenha os aludidos institutos.

3.4. Parcelamento

O parcelamento é causa de suspensão da exigibilidade do tributo desde o momento do deferimento da sua adesão até que o contribuinte pague integralmente todas as parcelas, após o que o débito é extinto — art. 151, inc. VI, c/c o art. 156, inc. I, ambos do CTN. É concedido na forma e condição estabelecidas em lei específica — 155-A do CTN.

Os termos são sempre impostos pelo Poder Público e as formas de financiamento, previamente definidas. Em outros termos, atos unilaterais da Fazenda Pública, com possibilidades previstas em lei, de forma rígida.

A concessão de benefícios de é feita de maneira linear, sem análise da situação específica em que se encontra cada contribuinte, sendo que, em razão disso, muitos contribuintes que não necessitariam de formas especiais de quitação das dívidas acabavam sendo favorecidos pelas benesses previstas nesses parcelamentos. Em outros termos, foram programas marcados pela sua amplitude, linearidade e ausência de avaliação individualizada quanto à situação econômica do devedor, o que permitiu que contribuintes com plena capacidade para pagar a dívida em sua integralidade também fossem contemplados com descontos e prazos alongados[15].

Como regra geral, não há descontos no parcelamento, apenas o diferimento do pagamento por meio de parcelas mensais, sendo possível, no entanto, uma previsão, na lei específica, de redução do montante total do débito (exclusão de multa e juros). Observe-se que, no parcelamento, não existe margem de discricionariedade da Administração Pública na análise do contribuinte e/ou do débito a ser parcelado, de modo que,

Pesquisa. — Brasília: CNJ, 2022, p. 100. Disponível em: https://www.cnj.jus.br/publicacoes/. Acesso em 10 jun 2022.

[15] BRASIL. SECRETARIA ESPECIAL DA RECEITA FEDERAL DO BRASIL. **Estudo sobre impactos dos parcelamentos especiais**, 2017. Disponível em: http://receita.economia.gov.br/dados/20171229-estudo-parcelamentos-especiais.pdf. Acesso em: 25 mar. 2021.

preenchidos os requisitos estabelecidos na lei instituidora do parcelamento, há o deferimento.

Diferentemente, a transação na cobrança da dívida ativa busca enxergar uma realidade "por trás dos números", levando em consideração a origem do endividamento, o histórico recente dos débitos do contribuinte, o perfil dominante da sua "carteira de dívidas", o comportamento das empresas concorrentes, para, então, definir a Capag daquele que busca transacionar com a RFB e com a PGFN e consequentemente as concessões que podem ser oferecidas pelo Fisco ao contribuinte[16].

3.5. Transação tributária

A transação encontrou previsão inicial no art. 156, III, combinado com o art. 171, ambos do CTN, que a definiu como meio de extinção do crédito tributário nas hipóteses em que lei regulamentadora possibilite a ocorrência de concessões mútuas, com vistas a pôr fim a litígio. Tem impacto, portanto, direto na essência do crédito tributário.

Não obstante a dicção legal, há na doutrina quem defenda que a transação não gera a extinção da obrigação tributária e do crédito que lhe é respectivo. Isso porque nos acordos apenas se estabelecem as condutas a serem adotadas pelo Fisco e pelo sujeito passivo, a fim de que se verifiquem os eventos que documentam os fatos jurídicos extintivos da obrigação tributária. Trata-se, nessa perspectiva, de mecanismo preparatório da extinção da obrigação tributária, que, em última análise, decorre do pagamento, após adimplidas as obrigações reciprocamente entabuladas entre as partes transigentes[17].

É a posição que parece se refletir no disposto no § 3º do art. 3º da Lei n. 13.988/2020, o qual dispõe que os créditos abrangidos pela transação

[16] PINHO, Mariana Corrêa de Andrade. Capacidade de pagamento como expressão do princípio da igualdade na transação tributária. *In*: CONRADO, Paulo Cesar; ARAUJO, Juliana Furtado Costa (coord.). **Transação Tributária na prática da Lei 13.988/2020**. São Paulo: Thomson Reuters Brasil, 2020, p. 162.

[17] SILVA, Lázaro Reis Pinheiro. Transação como mecanismo preparatório para a extinção da obrigação tributária. *In*: CONRADO, Paulo Cesar; ARAUJO, Juliana Furtado Costa (coord.). **Transação Tributária na prática da Lei 13.988/2020**. São Paulo: Thomson Reuters Brasil, 2020, p. 49-62; NETO JABUR, Mario. Breve paralelo entre parcelamento, plano de amortização convencionado em negócio jurídico processual e transação e seu denominador comum. *In*: CONRADO, Paulo Cesar; ARAUJO, Juliana Furtado Costa (coord.). **Transação Tributária na prática da Lei 13.988/2020**. São Paulo: Thomson Reuters Brasil, 2020, p. 182.

somente serão extintos quando integralmente cumpridas as condições previstas no respectivo termo.

A referida Lei regulamentou a transação tributária em âmbito federal e tem servido de modelo normativo para a sua implementação em outros entes da federação.

Ainda, quanto à natureza jurídica do instituto, existe quem veja na transação a figura jurídica do ato administrativo, que se sucede a uma etapa da negociação, fase anterior ao ato transacional, não compondo-o[18]. Por outro lado, existe quem defenda que a transação é uma espécie de contrato público[19].

A consideração do instituto como contrato reforça a característica da bilateralidade e destaca o fato de que a Fazenda Pública também é sujeito de deveres[20]. Parece ter sido essa a opção adotada pela lei regulamentadora do instituto em âmbito federal, a Lei n. 13.988/2020. Em que pese, na transação por adesão, as balizas para negociação dos termos do acordo de transação sejam menores, o que poderia levar ao entendimento de que se está diante de um ato administrativo a que o contribuinte adere, elas ainda existem, haja vista a necessidade de observar um de seus princípios orientadores, qual seja, o da autonomia de vontade das partes na celebração do acordo — art. 2º, VII, da Portaria PGFN n. 9.917/2020.

Com efeito, no âmbito da transação individual, forma que será descrita adiante, o próprio contribuinte pode apresentar a proposta de acordo, com os termos que reputa razoáveis, desde que observados os limites legais, destacando a bilateralidade do instituto, característica própria de um contrato.

A transação é um meio consensual e extrajudicial de solução de controvérsias. A eleição da transação como meio extintivo do crédito tri-

[18] DACOMO, Natalia. **Direito Tributário participativo**: transação e arbitragem administrativas da obrigação tributária. Tese (Doutorado em Direito). Pontifícia Universidade Católica de São Paulo, São Paulo, 2008, p. 115-116.

[19] OLIVEIRA, Phelippe Toledo Pires de. **A transação em matéria tributária**. Dissertação (Mestrado em Direito). Universidade de São Paulo, São Paulo, 2015, p. 38-42.

[20] PINHO, Mariana Corrêa de Andrade. Capacidade de pagamento como expressão do princípio da igualdade na transação tributária. *In*: CONRADO, Paulo Cesar; ARAUJO, Juliana Furtado Costa (coord.). **Transação Tributária na prática da Lei 13.988/2020**. São Paulo: Thomson Reuters Brasil, 2020, p. 163.

butário afasta a jurisdição, trazendo, para o campo administrativo, a solução do conflito. Enquanto a transação dispensa a solução jurisdicional, o negócio jurídico processual necessita da existência do processo para produzir seus efeitos[21].

A transação tributária, tal como conferida pela Lei n. 13.988/2020, buscou tratar dois grandes focos de litígios entre o Fisco e os contribuintes: i) o primeiro, é equacionar os conflitos que decorrem de divergência de interpretação da complexa legislação tributária, as chamadas "teses tributárias" (transação no contencioso de controvérsias relevantes e disseminadas); e ii) o segundo, os conflitos que derivam da resistência relacionada à ausência de capacidade de pagamento dos contribuintes com pendências na dívida ativa[22].

Formou-se, assim, três espécies de transação tributária constantes da Lei n. 13.988/2020 — a transação da cobrança dívida ativa da União, a transação de contencioso de relevante e disseminada controvérsia, e a transação do contencioso tributário de pequeno valor —, que se somam agora ao rol de instrumentos da Administração Pública Federal no tocante à recuperação do interesse público por intermédio da consensualidade.

A transação na cobrança da dívida ativa da União, das autarquias e das fundações públicas federais está prevista entre os arts. 10 e 15 da Lei n. 13.988/2020 e regulamentada, na PGFN, por meio da Portaria PGFN n. 9.917/2020.

Trata-se eminentemente de uma espécie de contrato fiscal de "subordinação". São acordos celebrados entre PGFN e contribuintes relativos ao montante de juros e multas a pagar, às formas de pagamento, à renúncia da judicialização da cobrança e etc[23].

[21] Costa Araujo, Juliana Furtado. Negócio Jurídico Processual e Transação Tributária como Instrumentos de Conformidade Fiscal. In: Conrado, Paulo Cesar (coord). **Transação Tributária na Prática da Lei nº 13.988/2020**. São Paulo: Revista dos Tribunais, 2020, p. 72.

[22] Morais, Cristiano Neuenschwander Lins de. **Cobrança e renegociação de tributos em atraso no Brasil: análise da estrutura de incentivos do programa de transação tributária da Lei nº 13.988, de 2020**. Dissertação (Mestrado MPPG), FGV, 2021, p. 29-31. Disponível em: <https://bibliotecadigital.fgv.br/dspace/bitstream/handle/10438/31338/Dissertacao_Mestrado_Cristiano_Versao_Final_revisada_biblioteca.pdf?sequence=5>. Acesso em: 22 jan 2022.

[23] Nabais, José Casalta. **Contratos Fiscais. Reflexões acerca da sua Admissibilidade**, nº 5 da série Studia Iuridica, Coimbra Editora, 1994, p. 129.

É uma modalidade que pode ser celebrada de forma individual ou por adesão, pela PGFN, pela PGF ou pela PGU em relação aos créditos de cada uma, ou, ainda, de forma individual se proposta pelo devedor ou por um desses Órgãos. Abrange a transação de créditos inscritos em dívida ativa da União, autarquias e fundações públicas federais e do FGTS — art. 10.

A adequação dos meios de cobrança à capacidade de pagamento dos devedores inscritos em dívida ativa da União é importante medida incorporada pela Lei n. 13.988/2020. Isso porque as restrições de liquidez ou de solvência podem afetar de maneira impactante a decisão quanto ao pagamento ou não do tributo devido. Trouxe, ainda, racionalidade à cobrança também para a PGFN, pois a probabilidade de êxito de uma cobrança forçada contra um devedor sem capacidade de pagamento é baixa e, ao propor um acordo, pode-se receber valor compatível com a capacidade de pagamento do contribuinte e, ao mesmo tempo, encerrar um procedimento de cobrança forçado, que é custoso ao Fisco e arriscado quanto ao seu êxito[24].

Assim, a oferta de um acordo para um contribuinte de baixa capacidade de pagamento, com o perdão de parte da dívida ou dos seus acessórios, é importante para a RGB e para a PGFN, já que poderá aumentar a sua utilidade, ao permitir o recebimento de parte da dívida e obter a conformidade fiscal, além de reduzir os seus custos. Aceitar um acordo também é interessante para um contribuinte com baixa capacidade de pagamento e proporcionar o aumento de sua utilidade, já que efetua o pagamento de parte da dívida, conforme as suas possibilidades financeiras, e é considerado "em conformidade", livrando-se de uma cobrança forçada no Poder Judiciário e dos custos financeiros e reputacionais decorrentes do não pagamento do tributo[25].

O estímulo à autorregularização e conformidade fiscal é outro princípio relevante para o modelo e está presente quando das exigências de

[24] Morais, Cristiano Neuenschwander Lins de. **Cobrança e renegociação de tributos em atraso no Brasil: análise da estrutura de incentivos do programa de transação tributária da Lei nº 13.988, de 2020**. Dissertação (Mestrado MPPG), FGV, 2021, p. 45. Disponível em: <https://bibliotecadigital.fgv.br/dspace/bitstream/handle/10438/31338/Dissertacao_Mestrado_Cristiano_Versao_Final_revisada_biblioteca.pdf?sequence=5>. Acesso em: 22/07/2022.

[25] Morais, Cristiano Neuenschwander Lins de, **Op. Cit**, p. 47.

diversas obrigações ao aderente, tais como a de regularização de todo o passivo fiscal, a exigência de *compliance* futuro, a abertura de sigilo bancário, a prestação de informações periódicas relacionadas à verificação da capacidade de sua capacidade de pagamento e a declaração de veracidade das informações prestadas, sob as penas da lei criminal[26].

Como objetivos da transação da cobrança da dívida ativa, a Portaria PGFN n. 9.917/2020 define a viabilização da superação da situação transitória de crise econômico-financeira do sujeito passivo, a asseguração de fonte sustentável de recursos para execução de políticas públicas, o alcance do equilíbrio entre os interesses da União e dos contribuintes e destes com os do FGTS, a realização da cobrança de créditos inscritos em dívida ativa de forma menos gravosa para União, para o FGTS e para os contribuintes, e, por fim, o estabelecimento de nova chance para retomada do cumprimento voluntário das obrigações tributárias e fundiárias correntes, no caso de contribuintes em dificuldades financeiras — art. 3º.

Percebe-se, portanto, que a transação tributária é reveladora de um interesse público que não necessariamente coincide com a recuperação imediata dos créditos fazendários. É, não obstante, a revelação de um meio capaz de conferir mais segurança jurídica, pacificação social e participação do cidadão na coisa pública[27]. Se existe a possibilidade de celebração de soluções que mais se ajustam ao desiderato de atendimento otimizado do bem comum, firma-se o dever/poder de transacionar, sempre que esta se constitua na melhor alternativa para o atendimento do bem comum[28].

Quanto aos benefícios, a transação poderá contemplar (i) concessões de descontos nas multas, nos juros de mora e nos encargos legais

[26] Morais, Cristiano Neuenschwander Lins de, **Op. Cit**, p. 68.

[27] Chrispin, Anna Carla Duarte. **Transação tributária no paradigma do estado democrático de direito socioeconômico cultural: o tênue limite entre a afronta ao dever fundamental de pagar tributos e a mutação da legalidade estrita rumo a juridicidade consensual dialógica**. Dissertação (Mestrado em Direito), Faculdade de Direito da Pontifícia Universidade Católica de Minas Gerais, 2009, p. 104. Disponível em: <http://www.biblioteca.pucminas.br/teses/Direito_ChrispimAC_1.pdf>. Acesso em: 01 abril 2021.

[28] Batista Júnior, Onofre Alves. **Transações administrativas: um contributo ao estudo do contrato administrativo como mecanismo de prevenção e terminação de litígios e como alternativa à atuação administrativa autoritária, no contexto de uma administração pública mais democrática**. São Paulo: Quartier Latin, 2007. p. 468.

relativos a créditos a serem transacionados que sejam classificados como irrecuperáveis ou de difícil recuperação, nos termos definidos pela autoridade fazendária; (ii) oferecimento de prazos e formas de pagamento especiais, incluídos o diferimento e a moratória; (iii) oferecimento, a substituição ou a alienação de garantias e de constrições. É vedado, no entanto, reduzir o montante principal do crédito, assim compreendido seu valor originário, ou reduzir, em percentual superior a 65% (sessenta e cinco por cento), o valor total dos créditos a serem transacionados — incs. I, II e III e §1º do art. 11 da Lei n. 13.988/2020.

Vale ressaltar que o percentual aumenta para 70% (setenta por cento), se envolver pessoa natural, microempresa empresa de pequeno porte, Santas Casas de Misericórdia, sociedades cooperativas, demais organizações da sociedade civil e instituições de ensino — §§ 3º e 4º.

Outra modalidade de transação presente na Lei n. 13.988/2020 é a que se realiza, no contencioso tributário de relevante e disseminada controvérsia jurídica, exclusivamente na forma por adesão, mediante proposta do Ministro de Estado da Economia, com base em manifestação da PGFN e da RFB — art. 16.

A ideia principal é lidar com os problemas inerentes à complexidade do Sistema Tributário e do agigantamento do contencioso a partir da premissa de que o custo do processo pode incentivar RFB, PGFN e contribuintes a não litigarem.

Essa figura de contrato se aproxima da denominada *transacção fiscal*, compreendida enquanto acordo cuja causa-função é prevenir ou terminar um litígio, por meio de concessões recíprocas[29].

Tal como a modalidade da cobrança da dívida ativa da União, a transação no contencioso de relevante e disseminada controvérsia tem como princípios: presunção de boa-fé do contribuinte; concorrência leal entre os contribuintes; economicidade e eficiência; isonomia e capacidade contributiva; supremacia do interesse público; moralidade administrativa; isonomia tributária; e publicidade e transparência ativa, ressalvada a divulgação de informações protegidas por sigilo –art. 2º da Portaria ME n. 247/2020.

[29] NABAIS, José Casalta. **Contratos Fiscais. Reflexões acerca da sua Admissibilidade**, nº 5 da série Studia Iuridica, Coimbra Editora, 1994, p. 108.

À transação no contencioso foi destinado papel especial tocante a um dos motivos que ensejaram o advento da Lei n. 13.988/2020, qual seja, redução de custos com contencioso e de estoque de processos.

Certamente, por isso, os objetivos da modalidade em apreço que em maior ou menor medida vão ao encontro do referido motivo, a saber: promover a solução consensual de litígios e extinguir os já instaurados sobre determinada controvérsia jurídica, relevante e disseminada; reduzir o número de litígios e os custos que lhes são inerentes; estabelecer novo paradigma de relação entre Administração Tributária e contribuintes, primando pelo diálogo e adoção de meios adequados de solução de litígio; e estimular a autorregularização e a conformidade fiscal — art. 3º da Portaria ME n. 247/2020.

Como já destacado, a transação tributária é reveladora de um interesse público que não necessariamente coincide com a recuperação imediata dos créditos fazendários. Revela um meio capaz de conferir mais segurança jurídica, pacificação social e participação do cidadão na coisa pública[30].

A proposta de transação deve, preferencialmente, versar sobre controvérsia restrita a segmento econômico ou produtivo, a grupo ou universo de contribuintes ou a responsáveis delimitados, sendo vedada a alteração de regime jurídico tributário. Com efeito, deve recair sobre questões tributárias que ultrapassem os interesses subjetivos da causa — é o que a Lei n. 13.988/2020 compreende como controvérsia jurídica relevante e disseminada — §§2º e 3º do art. 16. Preferencialmente, questões ainda não afetadas a julgamento pelo rito dos recursos repetitivos, nos moldes dos arts. 1.036 e seguintes do CPC — assim dispõe a segunda parte do art. 30 da Portaria ME. 274/2020.

A Portaria em apreço acresce novos critérios para identificação de uma controvérsia considerada disseminada, a saber: demandas judiciais envolvendo partes e advogados distintos, em tramitação no âmbito de, pelo menos, três Tribunais Regionais Federais; mais de cinquenta pro-

[30] Chrispin, Anna Carla Duarte. **Transação tributária no paradigma do estado democrático de direito socioeconômico cultural: o tênue limite entre a afronta ao dever fundamental de pagar tributos e a mutação da legalidade estrita rumo a juridicidade consensual dialógica**. Dissertação (Mestrado em Direito), Faculdade de Direito da Pontifícia Universidade Católica de Minas Gerais, 2009, p. 104. Disponível em: <http://www.biblioteca.pucminas.br/teses/Direito_ChrispimAC_1.pdf>. Acesso em: 01 abril 2021.

cessos, judiciais ou administrativos, referentes a sujeitos passivos distintos; incidente de resolução de demandas repetitivas cuja admissibilidade tenha sido reconhecida pelo Tribunal processante; ou demandas judiciais ou administrativas que envolvam parcela significativa dos contribuintes integrantes de determinado setor econômico ou produtivo — §1º do art. 30.

Como relevante, o normativo em questão elege aquelas controvérsias que têm: impacto econômico igual ou superior a um bilhão de reais, considerando a totalidade dos processos judiciais e administrativos pendentes conhecidos; decisões divergentes entre as turmas ordinárias e a Câmara Superior do CARF; ou sentenças ou acórdãos divergentes no âmbito do contencioso judicial — §2º do art. 30.

Além disso, a proposta é divulgada, na imprensa oficial e nos sítios dos respectivos órgãos na internet, mediante edital, o qual deve ser capaz de apresentar as hipóteses fáticas e jurídicas alcançáveis no contencioso tributário, as exigências a serem cumpridas, as reduções ou concessões oferecidas, os prazos e as formas de pagamento admitidas, definir o prazo para adesão e a necessidade de conformação do contribuinte ou do responsável ao entendimento da Administração Fazendária acerca de fatos geradores futuros ou não consumados, ressalvada a cessação de eficácia prospectiva da transação decorrente do advento de precedente persuasivo nos termos dos incisos I, II, III e IV do art. 927 do CPC ou nas demais hipóteses previstas no art. 19 da Lei nº 10.522/2002 — art. 17, *caput*, e §1º.

A ressalva feita pelo dispositivo quer dizer que as obrigações que eventualmente remanescerem serão automaticamente desfeitas quando do advento do precedente, ou do ato que vincule a Administração Fazendária, havendo de se aplicar, *pro futuro*, a nova orientação jurídica. Nessas circunstâncias, a partir da mudança paradigmática do entendimento, desfaz-se prospectivamente o elo obrigacional decorrente da transação, inclusive exonerando o contribuinte do compromisso de conformação ao entendimento da Administração Fazendária. Na hipótese de ter sido convencionado o pagamento parcelado do débito, o contribuinte restará desobrigado do pagamento das parcelas vincendas, haja vista a cessação da eficácia da transação. Porém, há de se reconhecer que a cessação de efeitos jurídicos propugnada na lei, a atingir a transação prospectivamente, não autoriza a pretensão de rescisão ou desfazimento retroativo da transação validamente acordada pelas partes, em respeito ao ato jurídico perfeito[31].

Promoveu-se um alinhamento entre o instituto ora regulamentado e o sistema de precedentes judiciais do CPC/2015, de maneira a garantir unicidade do sistema jurídico reservando aos Tribunais Superiores a última palavra sobre a interpretação e a aplicação do Direito[32]. Tal constatação pode ser confirmada também pelo art. 20 da Lei n. 13.988/2020, ao vedar a oferta de transação nas hipóteses: i) previstas no art. 19 da Lei nº 10.522/2002, quando o ato ou a jurisprudência for em sentido integralmente desfavorável à Fazenda Nacional; e ii) de precedentes persuasivos, nos moldes dos incisos I, II, III e IV do *caput* do art. 927 da Lei nº 13.105, de 16 de março de 2015 (Código de Processo Civil), quando integralmente favorável à Fazenda Nacional.

Não podia ser diferente. Sobretudo quando o caso concreto envolve matéria decidida integralmente em desfavor da Fazenda Pública pelo Poder Judiciário e firmada sob o rito de alguma espécie de precedente vinculante, a via adequada não é a transação, mas a prática de atos de disposição — desistência, renúncia ou reconhecimento do pedido, por exemplo.

Parece evidente, ademais, que o legislador estabeleceu certa conexão com a própria acepção de repercussão geral do art. 1.035, §1º, do referido Código, isto é, questão relevante do ponto de vista econômico, social ou jurídico[33], questão essa ainda não resolvida definitivamente por algum Tribunal Superior e sobre a qual repousa uma incerteza jurídica. Não se sabe ao certo se Fazenda Nacional ou contribuintes se sairão vencedor. Há uma dúvida. Rompe-se com a compreensão de que o Poder

[31] DINIZ, Geila Lídia Barreto Barbosa. **A transação na Lei n. 13.988/2020: o novo modelo de solução de conflitos tributários e suas interações com o sistema de precedentes do CPC/2015**. In: Comentários sobre transação tributária à luz luz da Lei n. 13.988/2020 e outras alternativas de extinção do passivo tributário/Coord.: Claudio Xavier Seefelder Filho... [et. al.]. São Paulo: Thomson Reuters Brasil, 2021, p. 212-213.

[32] DINIZ, Geila Lídia Barreto Barbosa. **A transação na Lei n. 13.988/2020: o novo modelo de solução de conflitos tributários e suas interações com o sistema de precedentes do CPC/2015**. In: Comentários sobre transação tributária à luz luz da Lei n. 13.988/2020 e outras alternativas de extinção do passivo tributário/Coord.: Claudio Xavier Seefelder Filho... [et. al.]. São Paulo: Thomson Reuters Brasil, 2021, p. 211.

[33] DINIZ, Geila Lídia Barreto Barbosa. **Op. Cit.**, p. 213.

Público só está disposto a negociar quando considera que as chances de perder são grandes.

A terceira modalidade de transação constante da Lei n. 13.988/2020 consiste nos acordos celebrados no contencioso tributário de pequeno valor, que também só pode ser realizada sob a forma de adesão.

Abrange créditos cuja inscrição em dívida ativa ou lançamento fiscal em discussão, compreendido principal e multa, não supere, por processo administrativo ou judicial individualmente considerados, sessenta salários mínimos. Abrange, também, créditos que tenha como sujeito passivo pessoa natural, microempresa ou empresa de pequeno porte — art. 23, I, e art. 24, parágrafo único, da Lei n. 13.988/2020 combinado com o art. 32, I e II, da Portaria ME n. 274/2020.

Com o acréscimo do art. 27-A na Lei n. 13.988/2020 conferido pela Lei n. 14.375/2022, estendeu-se a oferta da transação na modalidade do contencioso de pequeno valor, que passou a ser possível, inclusive, para dívida ativa da União de natureza não tributária cujas inscrição, cobrança e representação incumbam à Procuradoria-Geral da Fazenda Nacional; para os créditos inscritos em dívida ativa do FGTS; e para a dívida ativa das autarquias e das fundações públicas federais cujas inscrição, cobrança e representação incumbam à Procuradoria-Geral Federal, e aos créditos cuja cobrança seja competência da Procuradoria-Geral da União.

O capítulo IV da Lei n. 13.988/2020 é inaugurado com a concepção do contencioso administrativo fiscal de pequeno valor, instituindo-se microssistema próprio, à analogia do que ocorreu com os Juizados Especiais[34].

Norteiam a aludida modalidade de transação os princípios da racionalidade, da economicidade e da eficiência, além dos já mencionados princípios constantes no art. 2º da Portaria ME 274/2020, aqui também aplicáveis.

O trinômio principiológico não é novidade quanto ao tratamento adequado de processos de baixo valor. A Lei n. 10.522/2002, em seus arts. 19-C e 20-C, já se utilizava da construção para delinear medidas

[34] Campos, Rogério. Contencioso tributário de pequeno valor: microssistema de experimentação do novo paradigma de sistema multiportas em matéria tributária. *In*: Seefelder Filho, Claudio Xavier *et al.* (coord). **Comentários sobre transação tributária**: à luz da Lei 13.988/2020 e outras alternativas de extinção do passivo tributário. São Paulo: Thomson Reuters Brasil, 2021, p. 428.

que objetivavam a redução da litigiosidade e atuação pautada na eficiência econômica[35].

Uma peculiaridade é a autorização legal expressa para a adoção de métodos *alternativos* de solução de litígio, inclusive transação, que envolvem processos de pequeno valor. Outra fica por conta da última instância de julgamento no contencioso administrativo de pequeno valor, que passou a ser órgão colegiado da Delegacia da Receita Federal do Brasil de Julgamento da RFB, observados o contraditório, a ampla defesa e a vinculação aos entendimentos do Carf — parágrafo único e inciso II do *caput* do art. 23 da Lei n. 13.988/2020.

A essa instância a Portaria ME n. 340/2020, que disciplina a constituição das Turmas e o funcionamento das DRJs da Secretaria Especial da Receita Federal do Brasil e regulamenta o contencioso administrativo fiscal de pequeno valor, denominou Câmara Recursal de julgamento.

Conclusões

O aperfeiçoamento do ordenamento jurídico brasileiro no tocante aos métodos adequados de resolução de conflitos, tem impactos em diferentes temáticas, incluindo o contencioso tributário.

A ideia de consensualidade, de cooperação e de eficiência deve permear não só o direito material, mas também o direito processual, possibilitando que variadas ferramentas auxiliam no alcance de um resultado célere, adequado, e menos custoso.

Para tanto, o legislador vem ampliando o incentivo aos métodos de tratamento de conflitos, por meio da conciliação, da mediação, da arbitragem, das convenções processuais, entre outros.

Todas essas conquistas afetaram também o Direito Tributário, que passou a contar com formas autocompositivas e heterocompositivas de solução da controvérsia, dentro e fora do Poder Judiciário.

Como resultado, temos procedimentos tributários mais otimizados e possibilidades de consenso quanto à forma, modo, tempo e lugar de cumprimento da obrigação fiscal, ensejando, como consequência, uma maior arrecadação de tributos.

Dessa forma, resta pendente uma mudança de cultura, a fim de que sejam ampliados os instrumentos preventivos, preferencialmente

[35] *Ibidem*, p. 419.

consensuais e não judiciais de tratamento de conflitos tributários, o que refletirá também a melhora no ambiente de negócio no Brasil.

Faz-se necessária uma nova advocacia, pública e privada. Procuradores que compreendam a justiça multiportas e que em mente a consensualidade ao invés da litigiosidade. O litígio não pode ser a regra.

Referências

BARREIROS, Lorena Miranda Santos. **Convenções Processuais e Poder Público**. Salvador: JusPodvim, 2016.

BATISTA JÚNIOR, Onofre Alves. **Transações administrativas: um contributo ao estudo do contrato administrativo como mecanismo de prevenção e terminação de litígios e como alternativa à atuação administrativa autoritária, no contexto de uma administração pública mais democrática**. São Paulo: Quartier Latin, 2007.

BRASIL. Conselho Nacional de Justiça. **Diagnóstico do contencioso judicial tributário brasileiro: relatório final de pesquisa** / Conselho Nacional de Justiça; Instituto de Ensino e Pesquisa. — Brasília: CNJ, 2022, p. 100. Disponível em: https://www.cnj.jus.br/publicacoes/. Acesso em 10 jun 2022.

BRASIL. **Exposição de Motivos Interministerial (EMI) n. 268/2019/ME/AGU**. Disponível em: https://legis.senado.leg.br/sdleg-getter/documento?dm=8026798&ts=1612516607048&disposition=inline. Acesso em: 22 abr. 2021.

BRASIL. Secretaria Especial da Receita Federal do Brasil. **Estudo sobre impactos dos parcelamentos especiais**, 2017. Disponível em: http://receita.economia.gov.br/dados/20171229-estudo-parcelamentos-especiais.pdf. Acesso em: 25 mar 2021.

BRASIL. Supremo Tribunal Federal. **Ação Direta de Inconstitucionalidade n. 5881/DF**. Relator Min. Marco Aurélio, julg. 9/12/2020, DJe 30/03/2021.

CABRAL, Trícia Navarro Xavier; ZANETI JR., Hermes. **Justiça multiportas: mediação, conciliação, arbitragem e outros meios de solução adequada para conflitos**. Salvador: JusPodivm, 2016.

CAMPOS, Rogério. Contencioso tributário de pequeno valor: microssistema de experimentação do novo paradigma de sistema multiportas em matéria tributária. *In*: SEEFELDER FILHO, Claudio Xavier *et al.* (coord). **Comentários sobre transação tributária**: à luz da Lei 13.988/2020 e outras alternativas de extinção do passivo tributário. São Paulo: Thomson Reuters Brasil, 2021.

CHRISPIN, Anna Carla Duarte. **Transação tributária no paradigma do estado democrático de direito socioeconômico cultural: o tênue limite entre a afronta ao dever fundamental de pagar tributos e a mutação da legalidade estrita rumo a juridicidade consensual dialógica**. Dissertação (Mestrado em

Direito), Faculdade de Direito da Pontifícia Universidade Católica de Minas Gerais, 2009, p. 104. Disponível em: < http://www.biblioteca.pucminas.br/teses/Direito_ChrispimAC_1.pdf >. Acesso em: 01 abril 2021.

Costa Araujo, Juliana Furtado. Negócio Jurídico Processual e Transação Tributária como Instrumentos de Conformidade Fiscal. In: Conrado, Paulo Cesar (coord). **Transação Tributária na Prática da Lei nº 13.988/2020**. São Paulo: Revista dos Tribunais, 2020.

Dacomo, Natalia. **Direito Tributário participativo**: transação e arbitragem administrativas da obrigação tributária. Tese (Doutorado em Direito). Pontifícia Universidade Católica de São Paulo, São Paulo, 2008.

Diniz, Geila Lídia Barreto Barbosa. **A transação na Lei n. 13.988/2020: o novo modelo de solução de conflitos tributários e suas interações com o sistema de precedentes do CPC/2015**. In: Comentários sobre transação tributária à luz luz da Lei n. 13.988/2020 e outras alternativas de extinção do passivo tributário/Coord.: Claudio Xavier Seefelder Filho... [et. al.]. São Paulo: Thomson Reuters Brasil, 2021.

Grinover, Ada Pellegrini. **Ensaio sobre a processualidade**. Brasília: Gazeta Jurídica, 2016.

Hernandez Crespo, Mariana. **A construção da América Latina que queremos: complementando as democracias representativas através da construção de consenso**. In: Almeida, Rafael Alves de; Almeida, Tania.; Hernandez Crespo, Mariana. (org.). Tribunal multiportas: investindo no capital social para maximizar o sistema de solução de conflitos no Brasil. Rio de Janeiro: FGV, 2012.

Machado, Carlos Henrique. **Modelo Multiportas no Direito Tributário Brasileiro**. Tese (Doutorado em Direito), Universidade Federal de Santa Catarina, 2020, p. 117. Disponível em: <https://repositorio.ufsc.br/handle/123456789/216592>. Acesso em: 03-04-2021.

Morais, Cristiano Neuenschwander Lins de. **Cobrança e renegociação de tributos em atraso no Brasil : análise da estrutura de incentivos do programa de transação tributária da Lei nº 13.988, de 2020**. Dissertação (Mestrado MPPG), FGV, 2021, p. 45. Disponível em: <https://bibliotecadigital.fgv.br/dspace/bitstream/handle/10438/31338/Dissertacao_Mestrado_Cristiano_Versao_Final_revisada_biblioteca.pdf?sequence=5>. Acesso em: 22/07/2022.

Nabais, José Casalta. **Contratos Fiscais. Reflexões acerca da sua Admissibilidade**, nº 5 da série Studia Iuridica, Coimbra Editora, 1994.

Neto Jabur, Mario. Breve paralelo entre parcelamento, plano de amortização convencionado em negócio jurídico processual e transação e seu denominador comum. *In*: Conrado, Paulo Cesar; Araujo, Juliana Furtado Costa (coord.). **Transação Tributária na prática da Lei 13.988/2020**. São Paulo: Thomson Reuters Brasil, 2020.

OLIVEIRA, Phelippe Toledo Pires de. **A transação em matéria tributária**. Dissertação (Mestrado em Direito). Universidade de São Paulo, São Paulo, 2015.

PINHO, Mariana Corrêa de Andrade. Capacidade de pagamento como expressão do princípio da igualdade na transação tributária. *In*: CONRADO, Paulo Cesar; ARAUJO, Juliana Furtado Costa (coord.). **Transação Tributária na prática da Lei 13.988/2020**. São Paulo: Thomson Reuters Brasil, 2020.

SALES, Lilia Maia de Morais; SOUSA, Mariana Almeida de. **O Sistema de Múltiplas Portas e o Judiciário Brasileiro**. In: Direitos Fundamentais & Justiça — Ano 5, nº 16, p. 204-220, Jul./Set. 2011.

SILVA, Lázaro Reis Pinheiro. Transação como mecanismo preparatório para a extinção da obrigação tributária. *In*: CONRADO, Paulo Cesar; ARAUJO, Juliana Furtado Costa (coord.). **Transação Tributária na prática da Lei 13.988/2020**. São Paulo: Thomson Reuters Brasil, 2020.

WATANABE, Kazuo. **Cultura da sentença e cultura da pacificação**. In: **Estudos em homenagem à professora Ada Pellegrini Grinover**. Coord. YARSHELL, F. L.; MORAES, M. Z.. São Paulo: DPJ, 2005.

12.
MEDIDAS EFICIENTES À PREVENÇÃO DE CONFLITOS TRIBUTÁRIOS — O CONSENTIMENTO SOCIAL, A AUTORREGULARIZAÇÃO E A CONCILIAÇÃO

Eduardo Perez Salusse
Pedro Guilherme Accorsi Lunardelli

Introdução

Não é rara e tampouco foge do senso comum a afirmação de que o sistema tributário nacional vive um verdadeiro caos.

Parte-se, aqui, da premissa de que vivemos diante de uma carga tributária relativa elevada, leis que ignoram o dever de clareza preconizado pela Lei Complementar n. 95 de 1998, obrigações tributárias alçando o país dentre os campeões da burocracia, uma enxurrada inaceitável de novas normas, a grande quantidade de tributos complexos com competências fragmentadas, uma administração tributária que atropela a legalidade na busca por mais recursos e a percepção comum de incompetência administrativa, corrupção e má gestão do dinheiro público.

Tais elementos respondem pela alta litigiosidade que permeia a relação entre fisco e contribuintes.

É do preâmbulo da Constituição Federal de 1988 que o nosso Estado Democrático é "destinado a assegurar o exercício dos direitos sociais e individuais, a liberdade, a segurança, o bem-estar, o desenvolvimento, a igualdade e a justiça como valores supremos de uma sociedade fraterna, pluralista e sem preconceitos, fundada na harmonia social e comprometida, na ordem interna e internacional, com a solução pacífica das controvérsias (...)"[1].

A redução do contencioso tributário é valor constitucional, intimamente relacionado com a busca da paz social à luz dos referidos princípios.

Neste artigo, far-se-á uma breve identificação ao "status" da litigiosidade tributária no âmbito do processo administrativo tributário em tramitação no Estado de São Paulo, identificando problemas e debatendo tentativas de melhoria e novas possíveis iniciativas para reflexão, sempre com vistas à tão almejada redução do contencioso tributário.

1. Breve panorama do contencioso tributário no Estado de São Paulo

Incentivos importam. E mais do que nunca quando falamos do alto índice de litigiosidade tributária, os incentivos para seu aumento ou diminuição devem estar na pauta de qualquer política pública que tenha este assunto como objetivo.

O recém apresentado Diagnóstico do Contencioso Judicial Tributário Brasileiro — 5ª edição[2], elaborado pelo Instituto de Ensino e Pesquisa — INSPER, sob coordenação acadêmica da ilustre Professora Luciana Yeung Luk Tai e nos termos do Edital de Convocação Pública do Conselho Nacional de Justiça — CNJ, traz importantes conclusões a respeito deste tema da litigiosidade.

Não obstante o espectro de pesquisa tenha sido o panorama nacional da litigiosidade tributária, o Estado de São Paulo fez parte das investigações e as informações colhidas corroboram a necessidade de se instaurar políticas que realmente contribuam para a tomada de decisão mais racional a respeito de se litigar ou não.

Um bom exemplo disto pode ser visto no quão limitante está o cenário legislativo atual, no tocante a regras que vinculem decisões do

[1] BRASIL. Constituição Federal de 1988. Preâmbulo. Disponível em: http://www.planalto.gov.br/ccivil_03/constituicao/constituicao.htm.

[2] Disponível em: https://www.cnj.jus.br/wp-content/uploads/2022/02/relatorio-contencioso-tributario-final-v10-2.pdf. Acesso em 27.03.2022, às 16:45h.

Tribunal de Impostos e Taxas do Estado de São Paulo — TIT/SP àquelas emanadas do Poder Judiciário.

Em resposta às indagações apresentadas pelos mencionados pesquisadores do INSPER, sobre a existência ou não de normas que regulem a obrigatoriedade de esse tribunal administrativo seguir as orientações consolidadas no âmbito do Judiciário, a Secretaria de Fazenda e Planejamento do Estado de São Paulo — SEFAZ/SP manifestou-se[3] no sentido de que a vinculação da Administração Tributária Estadual se dá apenas nas hipóteses de decisões proferidas por Ação Direta de Inconstitucionalidade — ADIN, em controle concentrado, ou em controle incidental, no caso de haver resolução do Senado Federal para retirar a norma do sistema, ou ainda no caso de súmula vinculante.

É sabido, porém, que atualmente existem no âmbito processual novos regimes jurídicos que se destinam a consolidar o entendimento jurisprudencial judicial e, assim, contribuir para a diminuição do contencioso em geral e, por óbvio, do tributário. Neste sentido, os regramentos pertinentes aos julgamentos de Temas por recurso recebido em Repercussão Geral e Recurso Repetitivo (§3º, art. 102, CF/1988; e art. 1035 e segs., CPC/2015), os quais, infelizmente, ainda não são aplicados no âmbito das decisões administrativas do TIT/SP, conforme apontado acima.

Por esta razão, faz-se necessária a urgente aprovação pela Assembleia Legislativa do Estado de São Paulo — ALESP do Projeto de Lei nº 367 de 2020 que altera vários dispositivos da Lei Ordinária nº 13.457 de 2009, sendo o art. 28[4] aquele justamente que trata de

[3] Idem. Tabela 34. Página 88.

[4] Neste projeto de lei são incluídos ao art. 28 outros incisos e a redação legal passaria a ser a seguinte:
"Artigo 28 — No julgamento é vedado afastar a aplicação de lei sob alegação de inconstitucionalidade, ressalvadas as hipóteses em que a inconstitucionalidade tenha sido proclamada:
I — em ação direta de inconstitucionalidade;
II — por decisão definitiva do Supremo Tribunal Federal, em via incidental, desde que o Senado Federal tenha suspendido a execução do ato normativo.
III — em enunciado de Súmula Vinculante;
IV — em enunciado de súmula do Supremo Tribunal Federal em matéria constitucional e do Superior Tribunal de Justiça em matéria infraconstitucional;
V — em orientação do plenário ou do órgão especial do Tribunal de Justiça do Estado de São Paulo
VI — em acórdão do Tribunal de Justiça do Estado de São Paulo em incidente de assunção de competência ou de resolução de demandas repetitivas; e

vincular as decisões da Administração Fazendária àquelas proferidas pelos tribunais judiciais.

Outro dado de extrema relevância apresentado pelo Diagnóstico elaborado pelo INSPER foi o fato de inexistirem dados disponíveis no âmbito da Procuradoria Geral do Estado de São Paulo — PGE/SP sobre o número de ações judiciais ingressadas previamente ao julgamento de demandas repetitivas pelos Tribunais Superiores. Não obstante, a Procuradoria Geral da Fazenda Nacional — PGFN respondeu as indagações apresentadas pelos pesquisadores oferecendo informações relevantes sobre a quantidade de ações judiciais patrocinadas no âmbito federal contemporaneamente à eleição de Temas pela Suprema Corte. Vejamos os resultados apresentados[5]:

Tabela 31: Número de ações ajuizadas por tema, referente à PGFN

Tema/STF	(1)	(2)	(3)	(4)	(5)	(6)	Total
69	2051	956	303	159	1165	22523	27157
163	4399	8	2	0	344	1261	6014
20	1202	2	217	6	0	8850	10277
482	955	112	71	4	5316	1667	8125

(1) Antes da liberação para inclusão em pauta;
(2) Entre a liberação e a inclusão do processo na pauta;
(3) Entra a inclusão e o início do julgamento;
(4) Dia do julgamento;
(5) Entre o julgamento e a conclusão do julgamento;
(6) Após a conclusão do julgamento.
Fonte: Elaboração própria, com dados obtidos via LAI (2021).

Não nos parece que este cenário possa ser diferente se considerarmos as decisões que tenham por objetivo Temas estaduais, em particular aquelas relacionadas ao ICMS, principal tributo dos Estados. Especialmente pelo fato de o referido Diagnóstico elaborado pelo INSPER apontar que demandas relativas a este tributo estadual representam o percentual correspondente a 16,4575% do total de processos ajuizados no período analisado. Estes dados são apresentados na Tabela 5 do Diagnóstico, conjuntamente à Pergunta 2 — "*Qual o percentual de processos judiciais por tributo?*". Vejamos:

VII — em acórdão proferido pelo Supremo Tribunal Federal e Superior Tribunal de Justiça em julgamento de recursos extraordinário e especial repetitivos."

[5] Diagnóstico do Contencioso Judicial Tributário Brasileiro — 5ª edição. Tabela 31. Página 84.

Tabela 5: Recorrência de processos por tributos nos Diários Oficiais

Tributos	%	Processos
IPTU	24,9839	528175
ICMS	16,4575	347923
Contribuição Previdenciária	8,2366	174128
ITCMD	7,2767	153835
PIS	5,8119	122868
COFINS	5,5407	117135
IPVA	5,4820	115894
ISS	3,3630	71095
ITBI	2,2049	46613
Imposto de Produto Industrial	1,9484	41190
Imposto sobre Operações Financeiras	1,7334	36645
Imposto de Renda sobre Pessoa Física	1,6880	35685
Contribuição para FUNRURAL	1,3635	28826
Contribuição Social sobre Lucro Líquido	1,3392	28311
Imposto Territorial Rural	1,2580	26594
Taxa de fiscalização	1,2477	26378
Simples nacional	1,1976	25317
Taxa de funcionamento	1,0569	22344

É sabido que, conquanto o novel regime jurídico dos Temas derivados de julgamentos em repercussão geral e repetitivo tenha contribuído de forma significativa para a resolução de demandas que perdurariam anos a fio no Judiciário, há um dado inequívoco em tais informações de que haveria também um incentivo perverso para os contribuintes irem ao Judiciário, aumentando, assim, a litigiosidade tributária. Trata-se da possibilidade de os tribunais modularem os efeitos das respectivas decisões, nos termos do que dispõem o art. 27 da Lei Ordinária Federal nº 9.868/1999 e art. 927 do CPC/2015.

Considerando a possibilidade de os contribuintes terem seus direitos reconhecidos pelo Judiciário limitados no tempo, pelo efeito da modulação e, ainda, considerando que os tribunais ainda adotam critérios variados sobre o marco temporal que varia ao bel sabor do caso julgado, isto contribui para a sensação de risco dos contribuintes, levando-os à judicialização tão logo algum Tema seja eleito pelo Judiciário. Neste sentido novamente o Diagnóstico apresentado pelo INSPER é elucidador no sentido de indicar, com apoio em informações da própria PGFN, que houve significativo aumento de ações patrocinadas pelos contribuintes, tão logo a Suprema Corte julgou o mérito da conhecida "tese do século" — exclusão do ICMS da base de cálculo do Pis e da Cofins — nos autos do Recurso Extraordinário nº 574.706 (Tema 69 — RG).

Outro dado relevante a examinarmos diz respeito à evolução das cobranças administrativas feitas pelo Estado de São Paulo. Os números consolidados pela SEFAZ/SP[6] parecem indicar uma diminuição não apenas do número de cobranças, mas também dos respectivos valores exigidos.

Vejamos a evolução dos números apresentados pela SEFAZ/SP:

2018			Valor dos Autos de Infração Lavrados				Quantidade de Autos Lavrados
			Imposto (1)	Multa (2)	Juros (3)	Total (4) = (1) + (2) + (3)	
2018	ICMS	TOTAL 1º TRIM	2.045.467.173	4.905.482.086	954.943.351	7.905.892.609	2.655
		TOTAL 2º TRIM	1.263.614.137	2.800.008.986	557.043.328	4.620.666.452	2.769
		TOTAL 3º TRIM	1.962.434.640	3.107.342.797	844.916.028	5.914.693.465	2.348
		TOTAL 4º TRIM	2.009.146.826	3.957.728.304	857.400.552	6.824.275.682	2.344
		TOTAL ICMS	7.280.662.777	14.770.562.174	3.214.303.258	25.265.528.208	10.116
	IPVA	TOTAL 1º TRIM	0	0	0	0	0
		TOTAL 2º TRIM	0	0	0	0	1
		TOTAL 3º TRIM	0	0	0	0	0
		TOTAL 4º TRIM	0	0	0	0	0
		TOTAL IPVA	0	0	0	0	1
	ITCMD	TOTAL 1º TRIM	8.626.739	8.626.410	2.209.248	19.462.397	649
		TOTAL 2º TRIM	26.361.777	26.342.356	9.988.018	62.692.151	790
		TOTAL 3º TRIM	13.728.947	13.591.952	4.383.806	31.704.706	643
		TOTAL 4º TRIM	29.728.356	29.659.350	15.453.174	74.840.879	891
		TOTAL ITCMD	78.445.820	78.220.067	32.034.247	188.700.134	2.973
	TAXAS	TOTAL 1º TRIM	1.192.731	690.327	51.742	1.934.800	21
		TOTAL 2º TRIM	445.463	342.871	78.384	866.717	29
		TOTAL 3º TRIM	17.069.810	11.631.680	4.237.011	32.938.501	66
		TOTAL 4º TRIM	65.373.265	43.886.693	25.824.214	135.084.171	37
		TOTAL TAXAS	84.081.269	56.551.570	30.191.350	170.824.189	153
	TOTAL	TOTAL 1º TRIM	2.055.286.643	4.914.798.823	957.204.340	7.927.289.806	3.325
		TOTAL 2º TRIM	1.290.421.377	2.826.694.212	567.109.731	4.684.225.321	3.589
		TOTAL 3º TRIM	1.993.233.398	3.132.566.429	853.536.845	5.979.336.672	3.057
		TOTAL 4º TRIM	2.104.248.447	4.031.274.347	898.677.939	7.034.200.733	3.272
		TOTAL	7.443.189.865	14.905.333.811	3.276.528.855	25.625.052.531	13.243

Fonte: Secretaria da Fazenda do Estado de São Paulo (atualização trimestral).

[6] Disponível em: https://portal.fazenda.sp.gov.br/acessoinformacao/Paginas/Autos-de-Infra%c3%a7%c3%a3o-lavrados.aspx. Acesso em 29/03/2022, às 12:17h.

TABELA - Autos de Infração Lavrados

Estado de São Paulo: histórico até dez/2019, atualizado em jan/2020.

			Valor dos Autos de Infração Lavrados				Quantidade de Autos Lavrados
			Imposto (1)	Multa (2)	Juros (3)	Total (4) = (1) + (2) + (3)	
2019	ICMS	TOTAL 1º TRIM	1.776.265.800	2.522.484.948	560.462.742	4.859.213.490	1.833
		TOTAL 2º TRIM	1.020.598.631	1.834.143.413	313.347.079	3.168.089.123	2.080
		TOTAL 3º TRIM	1.315.098.498	2.475.674.904	339.725.429	4.130.498.831	2.142
		TOTAL 4º TRIM	2.204.876.726	5.645.877.262	735.231.791	8.585.985.779	2.427
		TOTAL ICMS	6.316.839.655	12.478.180.527	1.948.767.041	20.743.787.223	8.482
	IPVA	TOTAL 1º TRIM	0	0	0	0	0
		TOTAL 2º TRIM	0	0	0	0	0
		TOTAL 3º TRIM	0	0	0	0	0
		TOTAL 4º TRIM	0	0	0	0	0
		TOTAL IPVA	0	0	0	0	0
	ITCMD	TOTAL 1º TRIM	4.001.126	4.000.353	1.359.862	9.361.341	378
		TOTAL 2º TRIM	15.077.129	15.068.431	7.302.171	37.447.731	402
		TOTAL 3º TRIM	5.312.227	5.307.275	1.696.807	12.316.309	412
		TOTAL 4º TRIM	249.549.985	249.549.786	109.865.758	608.965.529	421
		TOTAL ITCMD	273.940.467	273.925.845	120.224.598	668.090.910	1.613
	TAXAS	TOTAL 1º TRIM	2.182.036	1.264.853	465.238	3.912.127	35
		TOTAL 2º TRIM	7.020.851	7.597.795	4.169.112	18.787.758	21
		TOTAL 3º TRIM	66.599	67.365	7.181	141.145	12
		TOTAL 4º TRIM	5.944.770	3.238.088	2.967.529	12.150.387	18
		TOTAL TAXAS	15.214.256	12.168.101	7.609.060	34.991.417	86
	TOTAL	TOTAL 1º TRIM	1.782.448.962	2.527.750.154	562.287.842	4.872.486.958	2.246
		TOTAL 2º TRIM	1.042.696.611	1.856.809.639	324.818.362	3.224.324.612	2.503
		TOTAL 3º TRIM	1.320.477.324	2.481.049.544	341.429.417	4.142.956.285	2.566
		TOTAL 4º TRIM	2.460.371.481	5.898.665.136	848.065.078	9.207.101.695	2.866
		TOTAL	6.605.994.378	12.764.274.473	2.076.600.699	21.446.869.550	10.181

Fonte: Secretaria da Fazenda do Estado de São Paulo (atualização trimestral).

TABELA - Autos de Infração Lavrados

Estado de São Paulo: histórico até dez/2020, atualizado em jan/2021.

			Valor dos Autos de Infração Lavrados				Quantidade de Autos Lavrados
			Imposto (1)	Multa (2)	Juros (3)	Total (4) = (1) + (2) + (3)	
2020	ICMS	TOTAL 1º TRIM	902.795.728	1.927.045.530	248.450.749	3.078.292.007	1.460
		TOTAL 2º TRIM	1.063.446.595	1.704.309.552	348.163.367	3.115.919.514	1.489
		TOTAL 3º TRIM	1.163.414.431	1.870.328.035	212.710.564	3.246.453.030	1.811
		TOTAL 4º TRIM	1.774.539.351	3.925.489.514	445.885.700	6.145.914.565	2.399
		TOTAL ICMS	4.904.196.105	9.427.172.631	1.255.210.380	15.586.579.116	7.159
	IPVA	TOTAL 1º TRIM	0	0	0	0	0
		TOTAL 2º TRIM	0	0	0	0	0
		TOTAL 3º TRIM	0	0	0	0	0
		TOTAL 4º TRIM	0	0	0	0	0
		TOTAL IPVA	0	0	0	0	0
	ITCMD	TOTAL 1º TRIM	3.215.276	3.209.804	1.452.147	7.877.227	354
		TOTAL 2º TRIM	2.294.418	2.293.308	1.221.582	5.809.308	145
		TOTAL 3º TRIM	3.174.422	3.174.320	1.423.910	7.772.652	206
		TOTAL 4º TRIM	15.887.389	15.549.693	7.775.028	39.212.110	190
		TOTAL ITCMD	24.571.505	24.227.125	11.872.667	60.671.297	895
	AINF	TOTAL 1º TRIM	103.117	86.655	14.634	204.406	4
		TOTAL 2º TRIM	804.243	1.589.283	280.344	2.673.870	2
		TOTAL 3º TRIM	908.882	904.674	193.166	2.006.722	5
		TOTAL 4º TRIM	0	0	0	0	0
		TOTAL AINF	1.816.242	2.580.612	488.144	4.884.998	11
	TAXAS	TOTAL 1º TRIM	4.241.585	2.655.271	973.447	7.870.302	24
		TOTAL 2º TRIM	115.011	98.299	14.729	228.039	18
		TOTAL 3º TRIM	1.256.534	819.787	732.376	2.808.697	31
		TOTAL 4º TRIM	1.277.857	917.102	615.467	2.810.426	25
		TOTAL TAXAS	6.890.987	4.490.459	2.336.019	13.717.464	98
	TOTAL	TOTAL 1º TRIM	910.355.706	1.932.997.260	250.890.977	3.094.243.943	1.842
		TOTAL 2º TRIM	1.066.660.267	1.708.290.442	349.680.022	3.124.630.731	1.654
		TOTAL 3º TRIM	1.168.754.269	1.875.226.816	215.060.016	3.259.041.101	2.053
		TOTAL 4º TRIM	1.791.704.597	3.941.956.309	454.276.195	6.187.937.101	2.614
		TOTAL	4.937.474.839	9.458.470.827	1.269.907.210	15.665.852.876	8.163

Fonte: Secretaria da Fazenda do Estado de São Paulo (atualização trimestral).

TABELA -Autos de Infração Lavrados

Estado de São Paulo: histórico até set/2021, atualizado em jan/2022.

			Valor dos Autos de Infração Lavrados				Quantidade de Autos Lavrados
			Imposto (1)	Multa (2)	Juros (3)	Total (4)=(1)+(2)+(3)	
2021	ICMS	TOTAL 1º TRIM	1.244.838.596	1.499.035.931	195.279.162	2.939.153.689	1.593
2021	ICMS	TOTAL 2º TRIM	1.570.888.676	2.075.429.393	241.979.228	3.888.297.297	1.571
2021	ICMS	TOTAL 3º TRIM	880.597.870	1.789.786.878	138.831.017	2.809.215.765	1.228
2021	ICMS	TOTAL 4º TRIM	2.162.535.228	3.186.969.848	448.729.532	5.798.234.608	1.097
2021	ICMS	TOTAL ICMS	5.858.860.370	8.551.222.050	1.024.818.939	15.434.901.359	5.489
2021	IPVA	TOTAL 1º TRIM	0	0	0	0	0
2021	IPVA	TOTAL 2º TRIM	0	0	0	0	0
2021	IPVA	TOTAL 3º TRIM	0	0	0	0	0
2021	IPVA	TOTAL 4º TRIM	0	0	0	0	0
2021	IPVA	TOTAL IPVA	0	0	0	0	0
2021	ITCMD	TOTAL 1º TRIM	411.693.939	411.693.854	116.797.732	940.185.525	196
2021	ITCMD	TOTAL 2º TRIM	4.023.849	4.023.774	1.659.157	9.706.780	171
2021	ITCMD	TOTAL 3º TRIM	5.917.856	5.917.955	2.803.068	14.638.879	87
2021	ITCMD	TOTAL 4º TRIM	3.170.965	3.171.011	1.885.429	8.227.405	86
2021	ITCMD	TOTAL ITCMD	424.806.609	424.806.594	123.145.386	972.758.589	540
2021	AINF	TOTAL 1º TRIM	26.912	30.276	4.959	62.147	1
2021	AINF	TOTAL 2º TRIM	0	0	0	0	0
2021	AINF	TOTAL 3º TRIM	0	0	0	0	0
2021	AINF	TOTAL 4º TRIM	0	0	0	0	0
2021	AINF	TOTAL AINF	26.912	30.276	4.959	62.147	1
2021	TAXAS	TOTAL 1º TRIM	4.181.795	2.414.559	1.985.851	8.582.205	11
2021	TAXAS	TOTAL 2º TRIM	8.421.568	335.898.725	2.492.415	346.812.708	16
2021	TAXAS	TOTAL 3º TRIM	31.459	38.312	6.931	76.702	17
2021	TAXAS	TOTAL 4º TRIM	489.229	313.059	141.610	943.898	12
2021	TAXAS	TOTAL TAXAS	13.124.051	338.664.655	4.626.807	356.415.513	56
2021	TOTAL	TOTAL 1º TRIM	1.660.741.242	1.913.174.620	314.067.704	3.887.983.566	1.801
2021	TOTAL	TOTAL 2º TRIM	1.583.334.093	2.415.351.892	246.130.800	4.244.816.785	1.758
2021	TOTAL	TOTAL 3º TRIM	886.547.185	1.795.743.145	141.641.016	2.823.931.346	1.332
2021	TOTAL	TOTAL 4º TRIM	2.166.195.423	3.190.453.917	450.756.571	5.807.405.911	1.195
2021	TOTAL	TOTAL	6.296.817.943	9.314.723.574	1.152.596.091	16.764.137.608	6.086

Fonte: Secretaria da Fazenda do Estado de São Paulo (atualização trimestral).

Não obstante esta aparente diminuição do número de autos de infração e valores cobrados administrativamente, ainda é surpreendente o estoque de dívida ativa do Estado de São Paulo. Segundo informações constantes na página eletrônica da *Internet* da PGE/SP[7], os 500 (quinhentos) maiores devedores do Estado possuem uma dívida total de R$ 166.458.906.002,14. Se compararmos com a receita tributária do Estado para o ano-base de 2021, conforme informações divulgadas pela SEFAZ/SP[8], como superior a R$ 220.000.000,00, podemos compreender a significância destes valores ainda em processo de cobrança pelo Estado de São Paulo.

[7] Disponível em: http://www.pge.sp.gov.br/acompanhe/maiores_devedores.pdf. Acesso em 29/03/2022, às 13:01h.

[8] Disponível em: https://portal.fazenda.sp.gov.br/acessoinformacao/Downloads/Relatorios-da-Receita-Tributaria/2022/janeiro/INTERNET_janeiro22.pdf. Acesso em 29/03/2022, às 13:15h.

Este pequeno esboço do contencioso paulista representa um dado que costumeiramente enfrentamos nos debates ou exposições de mídia. O panorama tributário brasileiro requer mudanças significativas e urgentes.

2. Medidas para prevenir o contencioso

2.1. Psicologia social da tributação — confiança e consentimento

O Brasil pouco se dedica ao tratamento preventivo do natural atrito na relação entre fisco e contribuinte. A sonegação fiscal é uma realidade em diversos países do mundo, tendo merecido destacados estudos para compreensão deste fenômeno e para mensuração do alcance econômico para os países. A título de exemplo, Marcelo Lettieri Siqueira e Francisco S. Ramos[9] indicam que "a aplicação de diversos métodos de mensuração sugere que nos países industrializados ocidentais a sonegação de impostos atinge entre 5% e 25% da arrecadação tributária potencial, dependendo da técnica adotada e do país, com percentuais mais elevados (até 30% a 40%) para países menos desenvolvidos (Tanzi e Shome, 1994)". O Brasil ostenta um contencioso tributário especialmente volumoso, sendo denunciado que 52,3% dos 75 milhões de processos que tramitavam em 2020[10] eram execuções, dentre as quais 68% de execuções fiscais. Em outras palavras, diz o Conselho Nacional de Justiça que "36% do total de casos pendentes são execuções fiscais, representando 87% da taxa de congestionamento do Poder Judiciário".

Muitas são as causas da elevada litigiosidade na esfera tributária. Iniciando por onde efetivamente nascem os naturais pontos de conflito entre o fisco e os contribuintes, chamamos a atenção a psicologia social do tributo.

[9] Siqueira, Marcelo Lettieri. Ramos, Francisco. A Economia da sonegação — Teorias e evidências empíricas. Revista Economia contemporânea, Rio de Janeiro, 9(3): 555-581, set./dez. 2005. Disponível em: https://www.scielo.br/j/rec/a/Y8L4LQBtX5L9gdjF46zLfhs/?format=pdf&lang=pt.

[10] BRASIL. Conselho Nacional de Justiça. Relatório Justiça em Números, 2021, p. 169. Disponível em: https://www.cnj.jus.br/wp-content/uploads/2021/09/relatorio-justica-em-numeros2021-12.pdf.

A compreensão de que o Estado arrecadador é um inimigo pronto a subtrair o patrimônio dos contribuintes com tributos exagerados, ilegais e permeados por má gestão é algo a ser combatido na origem do tributo.

Inicia-se com a própria imagem autodeclarada pelo próprio órgão arrecadador federal. A imagem do "leão" traumatizou a memória daqueles que associam o órgão fazendário nacional a um animal feroz pronto para impor a sua vontade com fundamento no medo e na força, preparado para destroçar os que ousarem enfrentá-lo. O leão, dizem os historiadores, é símbolo da Receita Federal desde uma propaganda divulgada em 1979 — em pleno regime militar que conhecidamente não tolerava opositores — assim permanecendo até os dias atuais.

Pelas mesmas razões que toda uma geração teme o tubarão de Spielberg ou o lobo devorador de criancinhas estigmatizado na obra da Chapeuzinho Vermelho, o leão bem provocou um trauma psicossocial que prega a obediência pelo medo e não necessariamente pelo respeito.

Mais do que as metafóricas figuras aterrorizantes, tem prevalecido a ideia de que ainda vivemos com o antigo receio de perseguições que se arrastaram mesmo após a redemocratização materializada na Constituição Federal de 1988. Assombraram os contribuintes os fantasmas do regime militar, somados a inúmeros episódios tornados públicos, como aquele revelado por Saulo Ramos na obra Código da Vida, quando relatou ter presenciado funcionários do então Ministério da Fazenda deliberando a implementação de exigência fiscal sabidamente ilegal ao argumento de que a maioria dos contribuintes não reclamaria e, os que reclamassem em juízo, demorariam cerca de dez anos para receber, adiando o problema para governos posteriores[11].

A ideia de que o tributo nunca será bem tolerado a partir da noção de que é injusto é bem demarcada por Gaston Jèze, quando afirma que "pode-se certamente afirmar que, em todos países do mundo, mesmo os mais civilizados e nos quais o nível moral é bem elevado, os contribuintes de esforçarão para dissimular perante o fiscal tudo o que puderem. Indivíduos honestos não fornecerão declarações exatas, mas a que lhe fizer pagar a soma que ele acredita ser sua justa parte do imposto; as torpezas não terão nenhum limite"[12].

[11] RAMOS, Saulo. Código da Vida, São Paulo: Planeta do Brasil, 2007, p. 297.

[12] JEZÉ. Gaston. Cours Élémentaire de Science des Finances et de Législation Financiére Française. 5. ed. Paris: M. Giard & Briere, 1912, p. 792.

A noção de tributação justa deve partir da aceitação da ideia de que o direito de não pagar tributos antecede o dever de pagar, de modo que a criação da norma abstrata de incidência deve ser antecedida de debate apto à sua aceitação prévia. Não se trata apenas o exercício do papel democrático do órgão legislativo, mas da conscientização social prévia de que determinado tributo deve ser instituído, é necessário e será bem gerido. Na perspectiva social, os parlamentares eleitos pelo povo não recebem uma "carta em branco" para fazerem o que bem entenderem. As leis aprovadas pelo Poder Legislativo passam a existir com os requisitos de validade, vigência e eficácia jurídica.

Resta-lhes, todavia, na perspectiva de que a sociedade tem a necessidade vital de progredir, a busca pela eficácia social ou efetividade, assim entendida como a observância e o rigoroso cumprimento da lei pela sociedade.

É neste contexto que o pré-consentimento é fundamental e pode ser posicionado como elemento essencial para a redução de litígio. No plano ideal, seria desejável que toda a instituição ou o aumento de tributos fossem submetidos a um referendo na forma do artigo 14, II, da Constituição Federal, de modo que a aferir a sua pré-aceitação social. É evidente que o esforço antinatural exigiria a elaboração de atencioso plano de comunicação e de demonstração da necessidade e da justiça da medida, antecipando e prevenindo a aprovação de exações aptas a causar ainda mais rejeição e mal estar social.

Há sempre a justa expectativa de que a permissão para a imposição de novos tributos será sempre rechaçada pela sociedade, razão pela qual se impõe a justa necessidade de implementar medidas para uma espécie de reconquista da confiança social. Nada que é exigido por quem desconfiamos será bem aceito. E aqui passa o tratamento da própria imagem do ente público, a começar pela troca do leão como insígnia, pois, afinal, para consentir, não se pode temer ou desconfiar. Além do mais, pelo respeito à legalidade e pela transparência, dever-se-ia demonstrar didaticamente a necessidade da medida, sempre acompanhada da demonstração permanente do atingimento das suas finalidades e do bom uso do dinheiro público. Não se ignora a dificuldade técnica de proceder a um referendo em matéria tributária, bem alertado por J. Millan[13]

[13] J. MILLAN, apud Luciano Gomes Filippo in Consentimento ao Imposto e Eficiência Tributária, Ed. Juruá, São Paulo, 2012, p. 121.

ao afirmar que o método seria um instrumento de rejeição ao aumento de tributos "no caso em que o referendo fiscal for transplantado brutalmente para uma nação que jamais o praticou".

A Lei "Nos Conformes", tratada em tópico específico, pretendeu figurar como um marco na relação entre fisco e contribuinte, tentando resgatar a confiança tão almejada em um primeiro grande passo no sentido de alterar o trauma psicossocial existente nesta relação. E sobre ela é dedicado o próximo tópico deste artigo.

2.2. Autorregularização no pioneiro programa "Nos Conformes" (LC n. 1.320/2018)

De acordo com o Ofício GS/CAT nº 857/2017[14] que embasou a Exposição de Motivos do Projeto de Lei que resultou no programa "Nos Conformes", introduzido por meio da Lei Complementar Estadual nº 1.320 de 2018 seu objetivo seria o de diminuir a assimetria de informações existentes no mercado que, segundo a administração tributária, contribuiria para a alegada concorrência desleal entre os contribuintes paulistas e também buscaria convergir com as diretrizes sugeridas pela OCDE sobre transparência fiscal e eficiência na alocação de recursos de fiscalização consoante o maior ou menor risco de adimplência de obrigações fiscais.

Este argumento parte da premissa de que existiriam falhas no mercado que prejudicariam a negociação entre os contribuintes paulistas, as quais exigiriam a intervenção do Poder Estatal para reduzi-las, buscando-se, assim, o melhor equilíbrio de mercado. Bem, em sendo assim, a crítica a ser feita diz respeito ao fato de que, desde sua apresentação, jamais houve por parte da SEFAZ/SP a apresentação das evidências fáticas da alegada falha de mercado e de que modo ela interferiria maleficamente nas negociações entre os contribuintes paulistas. Tampouco de que modo o programa "Nos Conformes" ajudaria a eliminar estas falhas.

A questão da ausência de dados a respeito do programa quer nos parecer que continua.

[14] Disponível em https://www.al.sp.gov.br/propositura/?id=1000168831. Acesso em 29/03/2022, às 15:30h

De qualquer forma vejamos o que pode ser analisado com base nas poucas informações atualmente disponíveis na respectiva página[15] da *Internet.*

Os dados relacionados ao incremento de receitas decorrentes do "Nos Conformes" são os seguintes:

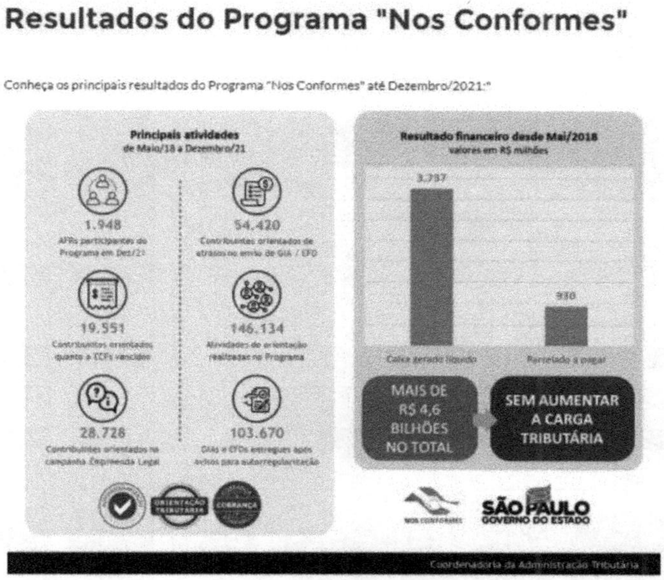

Sem dúvida que R$ 4,6 bilhões são valores relevantes. Todavia, colocado em perspectiva temporal verifica-se que em três anos e meio de vigência do programa os resultados apontam para a uma arrecadação menor do que R$ 1,5 bilhão/ano.

Outrossim, se compararmos então esta mesma cifra anual à já citada arrecadação tributária do Estado de São Paulo no aludido ano base de 2021 — mais de R$ 220 bilhões — pode-se afirmar que a regularização, em termos arrecadatórios, é pífia. Mesmo se compararmos tais montantes ao valor de estoque da dívida ativa estatal, que é da ordem de R$ 166 bilhões, pode-se concluir que este programa não tem gerado impactos relevantes.

[15] Disponível em: https://portal.fazenda.sp.gov.br/servicos/nosconformes/Paginas/Resultados-Programa.aspx. Acesso em 27/03/2022, às 16:00h.

Vejamos agora os dados relativos ao número de contribuintes atendidos pelo "Nos Conformes".

Considerando as informações apresentadas pela SEFAZ/SP na seguinte página da *Internet*[16], no ano de 2021 os contribuintes paulistas apresentarem o seguinte perfil:

2021 ▾

Indicadores de Efetivo de Fiscalização - Relação do número de contribuintes inscritos no ICMS / número total de fiscais

Histórico até 12/2021

2021	Número de contribuintes inscritos no ICMS				Número Total de Fiscais (5)	Total de contribuintes inscritos no ICMS / Total de Fiscais (6) = (4) / (5)
	RPA* (1)	SN + MEI** (2)	Produtor Rural (3)	Total (4) = (1) + (2) + (3)		
JAN	348.029	3.016.895	587.401	3.952.325	2.668	1.481
FEV	349.120	2.966.558	589.402	3.905.080	2.671	1.462
MAR	336.995	2.745.792	590.943	3.673.730	2.672	1.375
MÉDIA 1º TRIM	**344.715**	**2.909.748**	**589.249**	**3.843.712**	**2.670**	**1.439**
ABR	332.822	2.599.446	592.794	3.525.062	2.670	1.320
MAI	334.839	2.644.653	594.290	3.573.782	2.669	1.339
JUN	370.292	3.216.216	596.575	4.183.083	2.661	1.572
MÉDIA 2º TRIM	**345.984**	**2.820.105**	**594.553**	**3.760.642**	**2.667**	**1.410**
JUL	418.447	3.194.586	418.447	4.031.480	2.664	1.513
AGO	599.778	3.229.713	417.957	4.247.448	2.657	1.599
SET	610.560	3.264.617	417.530	4.292.707	2.654	1.617
MÉDIA 3º TRIM	**542.928**	**3.229.639**	**417.978**	**4.190.545**	**2.658**	**1.576**
OUT	603.809	3.327.877	418.486	4.350.172	2.646	1.644
NOV	604.213	3.389.356	418.092	4.411.661	2.643	1.669
DEZ	606.036	3.431.152	420.159	4.457.347	2.643	1.686
MÉDIA 4º TRIM	**604.686**	**3.382.795**	**418.912**	**4.406.393**	**2.644**	**1.667**
MÉDIA ANUAL	**411.209**	**2.986.497**	**533.927**	**3.931.633**	**2.665**	**1.475**

Fonte: Base de dados da Secretaria da Fazenda do Estado de São Paulo.

Observações:

* RPA = Regime Periódico de Apuração

** SN + MEI = Simples Nacional e Microempreendedor Individual

Considerando que no aludido período de 43 meses (maio/18 a dez/21) foram atendidos no "Nos Conformes" o total de 54.420 mil contribuintes obrigados a entregar a guia de informação e apuração do ICMS — GIA's podemos concluir que houve um atendimento médio de 1.265,59 contribuintes/mês.

Todavia, se consultarmos novamente a base de informações da SEFAZ/SP sobre o total de contribuintes sujeitos ao RPA e, portanto, obri-

[16] Disponível em https://portal.fazenda.sp.gov.br/acessoinformacao/Paginas/Indicadores%20de%20Efetivo%20de%20Fiscaliza%c3%a7%c3%a3o%20Rela%c3%a7%c3%a3o%20n%c3%bamero%20de%20contribuintes%20inscritos%20no%20ICMS%20-%20n%c3%bamero%20total%20de%20fiscais.aspx. Acesso em 28/03/2022, às 17:00h.

gados a entregar as GIA's, veremos que a média no ano de 2021 foi de 411.209 contribuintes.

Logo, pode-se ver que, em média, 34.267,42 contribuintes entregaram a GIA no aludido ano de 2021. Se dividirmos a média de contribuintes atendidos pelo "Nos Conformes" pela média de contribuintes que entregaram a GIA neste ano de 2021 verifica-se que o percentual de contribuintes atendidos por este programa não chega a irrisórios 3,70%.

Outro dado a considerar na possível sustentação da ineficiência do programa "Nos Conformes" pode ser visto se compararmos os índices de inadimplência divulgados pela SEFAZ/SP[17].

Com efeito, se compararmos o mesmo período de vigência do "Nos Conformes" (mai/2018 a dez/2021) e consultarmos os aludidos índices verificamos que os percentuais permanecem muito próximos. Vejamos:

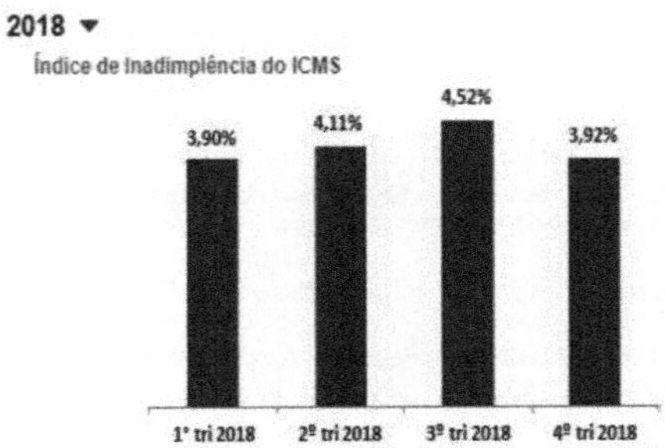

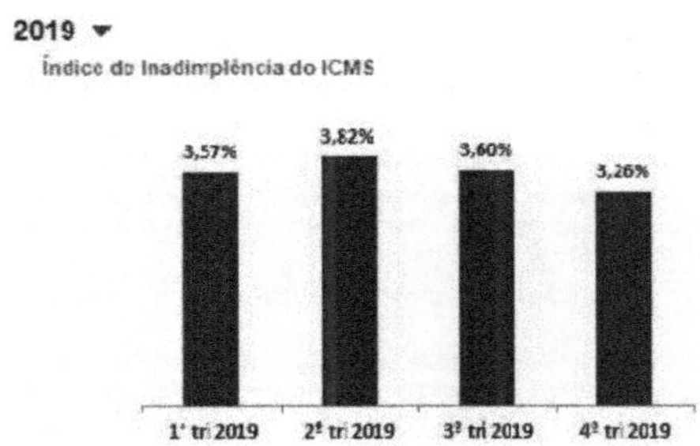

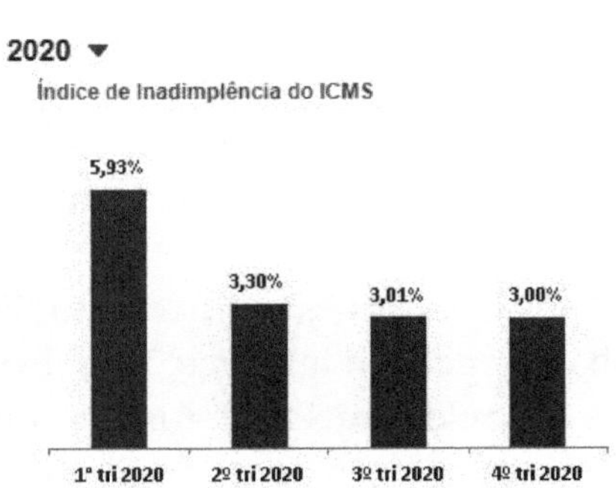

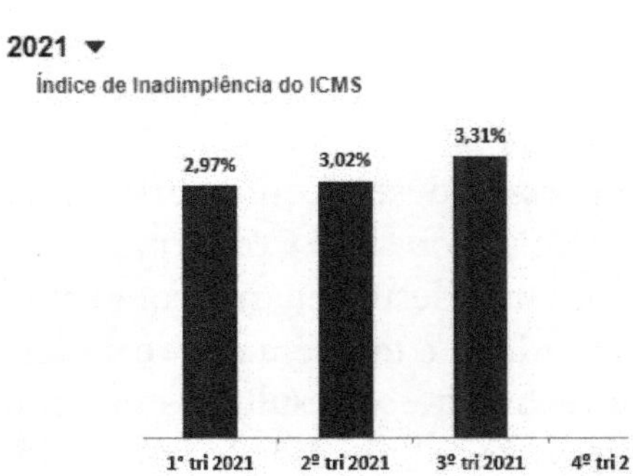

[17] https://portal.fazenda.sp.gov.br/acessoinformacao/Paginas/%c3%8dndice-de-Inadimpl%c3%aancia-ICMS.aspx.

Vale dizer, a SEFAZ/SP ainda não apresentou números que realmente apontem para a redução da inadimplência dos contribuintes paulistas e que tal redução tenha sido causada pelo atendimento das regras do "Nos Conformes". Lembremos que uma das metas visadas por este programa foi justamente melhorar o comportamento dos contribuintes no que diz respeito ao atendimento de regras tributárias ("*tax compliance*"). Uma delas, portanto, a do adimplemento da obrigação de pagar o tributo devido.

Outro ponto a considerar a respeito do "Nos Conformes" é de que a SEFAZ/SP[18] divulga que as respectivas contrapartidas dos contribuintes que se submetam a tais regras seriam as seguintes:

Quais serão as contrapartidas ao contribuinte?

De acordo com a classificação a ele atribuída, o contribuinte fará jus a contrapartidas, na forma e condições estabelecidas em regulamento.

Exemplos:

- Autorização para apropriação de crédito acumulado, observando-se procedimentos simplificados, na forma e condições estabelecidas em regulamento;
- Efetivação de restituição do imposto pago antecipadamente em razão da substituição tributária (artigo 66-B da Lei nº 6.374, de 1º de março de 1989), observando-se procedimentos simplificados, na forma e condições estabelecidas em regulamento;
- Autorização para pagamento do ICMS relativo à substituição tributária de mercadoria oriunda de outra unidade federada, cujo valor do imposto não tenha sido anteriormente retido, mediante compensação em conta gráfica, ou recolhimento por guia especial até o dia 15 do mês subsequente;
- Autorização para pagamento do ICMS relativo à importação de mercadoria oriunda do exterior, mediante compensação em conta gráfica;
- Renovação de regimes especiais concedidos com fundamento no artigo 71 da Lei nº 6.374, de 1º de março de 1989, observando-se procedimentos simplificados, na forma e condições estabelecidas em regulamento;
- Inscrição de novos estabelecimentos do mesmo titular no cadastro de contribuintes de que trata o artigo 16 da Lei nº 6.374, de 1º de março de 1989, observando-se procedimentos simplificados, na forma e condições estabelecidas em regulamento;
- Transferência de crédito acumulado para empresa não interdependente, observando-se procedimentos simplificados, na forma e condições estabelecidas em regulamento, desde que gerado em período de competência posterior à publicação desta lei complementar, respeitado o limite anual previsto em regulamento.

Todavia, não há qualquer informação disponível a respeito da efetiva concessão destas contrapartidas para os contribuintes que aderem aos incentivos do "Nos Conformes".

Diante deste cenário, conquanto o "Nos Conformes" seja repleto de boas ideias e também de ideais, ainda há carência de informações sobre se realmente os resultados pretendidos são relevantes e se atingem ou não os fins pretendidos e que justificaram a instituição de tal programa.

[18] Disponível em: https://portal.fazenda.sp.gov.br/servicos/nosconformes/Paginas/perguntas-frequentes.aspx. Acesso em 28/03/2022, às 15:10h.

2.3. Dispensa de lavratura de auto de infração, mediação e conciliação prévia

Dado o contexto até então explorado, tem-se que a tentativa de resgate da confiança entre o fisco e os contribuintes foi pioneiramente introduzida pela Lei Nos Conformes.

A solução pacífica de conflitos é valor constitucional que interage com a necessária busca pela paz social, especialmente com a prevenção de litígios.

O Código de Processo Civil de 2015 estratificou este comando de forma peremptória ao determinar que "o estado promoverá, sempre que possível, a solução consensual dos conflitos"[19]. Vale dizer, inexistindo óbices legais para a instituição de mecanismos que objetivem o atingimento desta finalidade, torna-se obrigatória a execução de medidas disponíveis à solução consensual de conflitos.

Dentre a gama de mecanismos abstratamente disponíveis, afigura-se a conciliação e a mediação, dentre outros métodos de solução consensual de conflitos. São iniciativas já relacionadas pelo legislador como passíveis de serem imediatamente executadas em qualquer fase em que desponte possível divergência entre interesses das partes. Nota-se que o §3, do artigo 3º, do Código de Processo Civil, indica o comando para tal iniciativa "inclusive" no curso do processo judicial.

A intepretação lógica e teleológica do comando conduz para o entendimento de que tais meios de solução consensual devem existir a qualquer tempo, antes ou após o ajuizamento de processos judiciais. Parece óbvio que a prioridade para a solução de conflitos é naturalmente identificada de forma preventiva — antes do ajuizamento de processos judiciais — por uma questão de economia, de segurança jurídica e da efetividade da paz social. É, ao final, decorrência do princípio jurídico da eficiência.

Como ensina Humberto Ávila[20] "a eficiência exige mais do que mera adequação. Ela exige satisfatoriedade na promoção dos fins atribuídos à administração. Escolher um meio adequado para promover um fim, mas

[19] BRASIL. Código de Processo Civil, artigo 3º, §2º.

[20] Ávila, Humberto. Moralidade, razoabilidade e eficiência na atividade administrativa. Belo Horizonte: Revista Brasileira de Direito Público, ano 1, n. 1, abr.-jun. 2003, p. 127.

que promove o fim de modo insignificante, com muitos efeitos negativos paralelos ou com pouca certeza, é violar dever de eficiência.".

Se há dois momentos possíveis para que a solução pacífica de conflitos possa ser atingida — antes e após o processo judicial — é lógica sistêmica que os esforços devam conduzir para aquele momento menos oneroso para o Estado, seja na perspectiva econômica, seja na busca pelos valores constitucionais consagrados pelo comando legal. E este momento é antes da instauração de um processo administrativo ou judicial entre as partes.

Quer-se defender que a realização da mediação ou, melhor dizendo, da prevenção ao litígio, é um dever da administração pública. Este dever é decorrente da própria priorização de valores prestigiados pelo comando. Não há necessidade de lei ou nova norma autorizativa. Há, sim, a necessidade de verificar se há alguma impossibilidade legal à iniciativa.

Na esfera tributária, objeto deste trabalho, a Lei Nos Conformes é apenas uma espécie de iniciativa aderente ao comando legal "solução consensual de conflitos" e, ainda, na seu mais privilegiado momento "antes" do curso de qualquer processo entre as partes envolvidas

Sendo possível, deve-se dispensar de lavratura de autos de infração, a teor do que ocorre no Estado de São Paulo com a autorregularização e com o próprio disposto na Portaria CAT n. 115/14, que disciplina o controle de qualidade antecedente à lavratura do auto de infração e, inclusive, a dispensa de lavratura de auto de infração em obediência aos princípios da eficiência administrativa e razoabilidade diante da ocorrência de determinados requisitos nela previstos.

A mediação e a conciliação caminham na mesma esteira da autorregularização prevista na "Lei Nos Conformes", da defesa prévia, do controle de qualidade e da dispensa de lavratura prevista na Portaria CAT 115/14.

O contribuinte pode e deve exercer irrestritamente o seu direito de petição previsto no artigo 5º, XXXIV, da Constituição Federal de 1988, por meio do qual pode requisitar a preservação dos seus direitos e da prevenção ao litígio, por meio de uma mediação ou tentativa de conciliação, se entender estar diante de ilegalidade ou abuso de poder.

O pedido para tentar solucionar uma divergência, por iniciativa do particular ou do próprio fisco não depende de nova norma autorizativa. É autorizado pelo Código de Processo Civil — que apenas veda em situações com expressas limitações legais — e pelos princípios da eficiência, da paz social, da segurança jurídica e da legalidade, dentre outros. A iniciativa transcende a pessoalidade e a vontade do próprio agente público encarregado pela fiscalização e pelo lançamento previstos no artigo 142 do Código Tributário Nacional.

A pretensão tributária, nas palavras de Paulo de Barros Carvalho[21], "sempre esbarra em dois primados caríssimos: a liberdade e o patrimônio". A tentativa de dirimir dúvidas, reivindicando, inclusive, que determinado agente funcionalmente superior ao agente fiscal formulador de determinada exação atue como uma espécie de mediador entre as partes, é inerente ao comando conciliatório antes do processo com a consequente instauração do conflito que se pretende evitar.

É, pode-se dizer, corolário da vinculação do ato administrativo tendente a verificar a ocorrência do fato gerador da obrigação correspondente, determinar a matéria tributável, calcular o montante do tributo devido, identificar o sujeito passivo e, sendo caso, propor a aplicação da penalidade cabível. É o impositivo dever de lançar delimitado pela liberdade e pelo patrimônio daquele contra quem se impõe a norma de incidência tributária.

Há de notar que o exercício da ampla defesa e do contraditório, previstos no artigo 5º, LV da Constituição Federal, não constituem privilégio exclusivo de litigantes em processo judicial ou administrativo. O próprio texto constitucional aponta o exercício deste direito "aos acusados em geral", o que, evidentemente, pela posição em que a assertiva foi inserida no texto legal, faz com que tais direitos sejam igualmente assegurados fora do processo judicial ou administrativo. É, sem dúvidas, um reforço à necessidade de tentar, como obrigação constitucional, a prevenção ao litigio.

A conciliação, naturalmente, não abrange a interpretação da lei tributária, sabidamente indisponível às partes. Mas não é apenas recomendável, mas comando da norma de prevenção aos litígios, que seja plenamente exercida na interpretação de fatos para, após, subsumi-los à hipótese de incidência tributária. A reconstrução dos fatos é processo mental, dependente das provas, devendo ser traduzido em linguagem

[21] CARVALHO, Paulo de Barros. Processo Administrativo Tributário. I Congresso Internacional de Estudos Tributários. 1. ed. São Paulo: Resenha Tributária, 1980.

para ganhar relevância jurídica. Fabiana Del Padre Tomé ensina que "só há realidade onde atua a linguagem, assim como somente é possível conhecer o real mediante enunciados linguísticos"[22]. A verdade, portanto, pode ser conhecida por elementos consensualmente definidos pelas partes e traduzidos em linguagem, como amparo em provas e elementos interpretativos. A autora, ao tratar da verdade por consenso, sustenta que "a verdade decorre de um acordo comum, ou consenso, entre indivíduos de uma mesma comunidade linguística e não decorre da relação entre enunciados linguísticos e realidade sensível. E sendo assim, uma determinada proposição é verdadeira quando assim for aceita por um determinado grupo social e logo, dentre vários enunciados, seria considerado verdadeiro aquele que possuir maior credibilidade."

O entendimento e a classificação de fatos como "boa-fé ou má-fé", compreensão de "atividade alheia", hipóteses fáticas de "responsabilização de terceiros", determinada operação negocial para o seu enquadramento dentro das materialidades tributárias, dentre outros aspectos de natureza puramente fáticas, podem e devem ser objeto de uma tentativa de conciliação, utilizando, se necessário, a figura de um mediador.

Esta atividade ganha especial importância neste século XXI, quando a sociedade adquiriu expoente de transformação, retratada por Manuel Castells[23] como uma sociedade em rede da era da informação. As atividades econômicas em nuvem, serviços digitais, criptomoedas, cessões de direitos de toda sorte, robôs, relações em redes sociais, transações em espaços indefinidos, trouxeram grande dificuldade aos intérpretes quando instigados a adequar estas realidades à norma jurídica e à sua eficiência intrínseca, em especial ao direito tributário.

3. Princípio jurídico da eficiência e o dever constitucional de correção de rumos

O princípio da eficiência, cujo comando permite chamá-lo de dever de eficiência — não é fruto de mera retórica legislativa. A lei — principalmente a Lei Maior — não comporta palavras inúteis. A inserção consti-

[22] TOME, Fabiana Del Padre. A Prova no direito tributário. São Paulo: Noeses: 2005, p. 03.

[23] CASTELLS, Manuel. Fronteiras do pensamento. Publicado em 11 maio 2015. Por Malu Fontes. Correio da Bahia. Disponível em: https://www.fronteiras.com/entrevistas/manuel-castells-a-comunicacao-em-rede-esta-revitalizando-a-democracia. Acesso em: 03 jun. 2021.

tucional do dever de eficiência deu-se no âmbito da aprovação da Proposta de Emenda Constitucional n. 173/1995, convertida na Emenda Constitucional n. 19/1998, no âmbito da reforma administrativa, de iniciativa do Poder Executivo sob a PEC n. 41/1997.

A visão da eficiência como princípio jurídico ganhou maior força com a obra de John Rawls que, inspirado pela ideia de Pareto, afirmou que "um sistema de direitos e deveres na estrutura básica é eficiente se e apenas se é impossível mudar as regras, para redefinir o esquema de direitos e deveres, de forma a que cresçam as expectativas de algumas (pelo menos uma) outras pessoas representativas"[24].

A eficiência como princípio jurídico impõe o dever de agir, transcendo a sua qualificação como princípio voltado à administração pública. Atinge e alcança todo o sistema, sendo um dever de busca permanente pela mais-valia dos valores constitucionais.

Não é apenas um princípio administrativo de natureza econômica, mas algo que abrange a relação entre Estado e cidadão de forma mais ampla, inclusive e especialmente nas atividades típicas dos poderes da República de legislar, administrar e julgar.

O dever de eficiência normativa pressupõe a exata compreensão daquilo que se deseja quando da edição de um texto legal. A busca da paz social, com a redução de litígios mediante utilização de meios para a solução consensual dos conflitos, é valor prestigiado pelo sistema.

O princípio da eficiência induz à ideia de melhoria e busca pela melhor relação de resultados. Nesta toada, se algo ineficiente — como o sistema de solução de conflitos tributários — é identificado, nasce o dever de agir. É o dever de eficiência.

Hely Lopes Meirelles ensina que o princípio da eficiência "impõe a todo agente público realizar suas atribuições com presteza, perfeição e rendimento funcional. É o mais moderno princípio da função administrativa, que já não se contenta em ser desempenhada apenas com legalidade, exigindo resultados positivos para o serviço público e satisfatório das necessidades da comunidade e de seus membros"[25].

[24] RAWLS, John. A theory of justice. Oxford: Oxford University Press, 1980, p. 70.

[25] MEIRELLES, Hely Lopes *apud* DI PIETRO, Maria Sylvia Zanella. Direito administrativo. 11. ed. São Paulo: Atlas, 2007, p. 83.

A motivação da norma que impõe a solução consensual de conflitos revela a realidade de que o sistema tributário gera mais conflitos do que o desejável, assim como uma insuficiente disponibilização de meios tendentes à solução destes mesmos conflitos. Há uma relação de flagrante ineficiência.

A execução destes mecanismos deixa de ser, portanto, uma mera recomendação legal. Impõe verdadeiro dever de agir por parte das autoridades administrativas integrantes de todos os poderes. Interfere, inclusive, na própria intepretação da norma jurídica, autorizando a sua imediata observância.

Conclusões

Em conclusão, tem-se que o cenário que permeia os litígios tributários no Estado de São Paulo não difere daqueles que assombram todo o país.

As iniciativas até então adotadas são tímidas e não exteriorizam resultados satisfatórios, sendo possível aferir uma ineficiência do sistema de prevenção e de solução de litígios.

Dada esta constatação, mecanismos voltados à melhoria da relação entre fisco e contribuintes, como o tratamento psicossocial da relação, a obtenção adequada de pré-consentimento ao tributo, a realização imediata de conciliação entre as partes naquilo em que não houver vedação legal, são elementos tendentes a melhorar o ambiente atual.

O princípio jurídico da eficiência não impõe faculdades às partes envolvidas. Por imposição dos valores constitucionais protegidos, torna-se dever sistêmico amparado na busca contínua por maior eficiência, a observância de alternativas disponíveis tendentes a melhores resultados.

13.
PROGRAMA NOS CONFORMES SP: REAL EXEMPLO DE BOA PRÁTICA EM *COMPLIANCE* COOPERATIVO? POTENCIAIS PROPOSTAS DE APRIMORAMENTO EM ÂMBITO ESTADUAL

Caio Augusto Takano

Introdução

A adoção de uma postura voltada à promoção de um maior nível de *compliance* tributário não é de iniciativa exclusiva das corporações, sendo objeto de política fiscal de diversos países, que têm buscado incentivar uma relação de confiança entre Administração Tributária e o contribuinte, com vistas a estimular o cumprimento voluntário da legislação tributária e a sua cooperação perante o exercício de atividades fiscalizatórias[1].

Nesse sentido, o relatório da OCDE "*Forum on Tax Administration Information Note General Administrative Principles: Corporate governance and tax risk management*" sugere que boas práticas de governança tributária e o aprimoramento da relação entre Fisco e contribuintes trazem diversos benefícios para o cumprimento de obrigações tributárias, inclusive por

[1] Sobre o conceito de "*enhanced relationship*" e os desafios para sua implementação, cf. Owens, Jeffrey. The "enhanced relationship": a challenge for revenue bodies and taxpayers. In *Bulletin for International Taxation: European Taxation*. Amsterdam: IBFD, July 2008, pp. 351-353.

intermédio do cumprimento voluntário (*voluntary compliance*). Esse objetivo só será alcançado, entretanto, pela definição de um novo paradigma da relação entre Fisco e contribuintes, que se tenha como compromisso segurança jurídica, transparência, equidade e simplificação.

Busca-se aqui a "conformidade cooperativa fiscal", que promove um relacionamento entre Fisco e contribuinte focado no diálogo e em ganhos mútuos com a o cumprimento voluntário da legislação tributária, prezando por um tratamento mais igualitário entre contribuintes[2].

No Brasil, tem prevalecido um paradigma da relação entre Fisco e contribuintes estruturada em torno de fiscalizações diferenciadas, mais efetivas e rigorosas de determinados contribuintes, sem que haja uma contrapartida positiva, de incentivos, para o contribuinte "conforme". Exemplo dessa política é a postura adotada pela Receita Federal do Brasil, que, instituiu na Portaria SRF nº 557/2004 o "programa de acompanhamento econômico-tributário diferenciado das pessoas jurídicas". Entretanto, esse programa não tem como foco diferençar entre contribuintes "conformes" e sonegadores, mas apenas atribuir um acompanhamento diferenciado aos grandes contribuintes, que representam, aproximadamente, 60% da arrecadação federal, como informa a própria Receita Federal do Brasil — RFB[3].

Não à toa que, diante desse cenário, mesmo medidas legislativas já consolidadas que visam à redução de litígios, como a transação e as consultas fiscais são vistas com desconfiança e ceticismos pelas empresas, na medida em que, sob o subterfúgio de promover a legalidade, a abertura para um diálogo é bastante reduzida e, por vezes, praticamente inexistentes.

No entanto, há um esforço recente por boa parte das Unidades Federativas, bem como pela própria União Federal, para modificar esse paradigma, com a instituição em suas legislações de um programa de conformidade tributário, com foco no incentivo ao cumprimento das normas tributárias pelos contribuintes, dentre os quais podemos citar o Progra-

[2] Sobre o tema, cf. SILVA, Fábio Pereira da; GUERREIRO, Reinaldo; FLORES, Eduardo. Voluntary versus enforced tax compliance: the slippery slope framework in the Brazilian context. *International Review of Economics*, v. 1, 2019, pp. 1-34.

[3] Ver: http://receita.economia.gov.br/noticias/ascom/2017/dezembro/receita-federal-estabelece-parametros-para-a-indicacao-dos-contribuintes-a-serem-submetidos-ao-acompanhamento-diferenciado-e-especial-no-ano-de-2018

ma "Nos Conformes" do Estado de São Paulo, instituída pela Lei complementar Estadual nº 1.320/18, que foi o programa pioneiro no tema.

Neste artigo, propomo-nos a examinar as principais características do programa de conformidade do Estado de São Paulo, analisando seus resultados até o momento e avaliando medidas adicionais que podem ser implementadas para aprimorar a legislação existente.

1. O programa "Nos Conformes"

No programa "Nos Conformes", a busca pelo aprimoramento na relação entre Fisco e Contribuinte é possível de se identificar em diversas passagens da Lei complementar Estadual nº 1.320/18, que já em seu art. 1º, de modo expresso, afirma que o programa tem como escopo a promover a simplificação do sistema tributário estadual; a boa-fé e previsibilidade de condutas; segurança jurídica pela objetividade e coerência na aplicação da legislação tributária; publicidade e transparência na divulgação de dados e informações; e concorrência leal entre os agentes econômicos. Vê-se, aqui, o claro intuito de se valer da norma fiscal dentro função estabilizadora referida por Richard Musgrave, pela qual busca-se proporcionar melhores níveis de empregos, estabilidade e crescimento econômico de um país[4].

O mesmo ocorre quando se analisam as diretrizes e ações indicadas no programa para promover os fins mencionados: (i) facilitar e incentivar a autorregularização e a conformidade fiscal; (ii) reduzir os custos de conformidade para os contribuintes; (iii) aperfeiçoar a comunicação entre os contribuintes e a Administração Tributária; (iv) simplificar a legislação tributária e melhorar a qualidade da tributação promovendo, entre outras ações, transparência na aplicação dos critérios de classificação de contribuintes, uniformidade e coerência na aplicação da legislação tributária e a divulgação do entendimento da Administração Tributária sobre a aplicação concreta da legislação; e (v) aperfeiçoar continuamente a Administração Tributária para atendimento dos princípios estabelecidos, inclusive, pelo desenvolvimento e aperfeiçoamento de sistemas de informação e melhoria da tecnologia aplicada nos processos e o treinamento e a capacitação dos servidores da Administração Tributária para atendimento ao disposto nesta lei complementar.

[4] Cf. Musgrave, Richard A. *Fiscal systems*. New Haven and London: Yale University Press, 1969, pp. 13-27.

Para além das boas intenções legislativas — que são inequivocamente relevantes para demonstrar o intuito de se promover uma maior aproximação entre Fisco e contribuinte, mas que pouco dizem sobre a real extensão e efetividade da legislação —, na prática, o Programa "Nos Conforme" conta com três focos de atuação: (i) convite ao contribuinte para participar de ações e projetos desenvolvidos pela Secretaria da Fazenda, em conjunto com instituições de ensino ou centros de pesquisa públicos ou privados, com o intuito de buscar "soluções de problemas relativos à tributação", (ii) segmentação dos contribuintes do ICMS por "perfil de risco" e aplicação de sanções premiais diferenciadas para cada grupo; e (iii) aplicação de regime especial para devedores contumazes.

Em relação ao convite ao contribuinte para participar de ações e projetos desenvolvidos pela Secretaria da Fazenda para buscar "soluções de problemas relativos à tributação", a ideia é proporcionar um espaço para um debate amplo e salutar sobre problemas estruturais existentes hoje em nosso sistema tributário, como a excessiva complexidade e burocracia, que elevam sobremodo os chamados "custos de conformidade" associados à tributação[5]. Assim, busca-se uma maior aproximação da sociedade para definir caminhos possíveis para se atingir maiores níveis de simplificação de obrigações acessórias, melhorias nas formas de apuração e pagamento de tributos, implementar medidas de estímulo à conformidade tributária, com o uso de inovações tecnológicas, da capacitação e o desenvolvimento de profissionais das áreas contábil, fiscal e financeira, dos setores privado ou público etc.

A nosso ver, trata-se de uma medida bastante interessante, no que tange ao *compliance* cooperativo, pois efetivamente modifica o paradigma então existente de relação entre Fisco e Contribuinte — chamado por alguns autores de "paradigma do crime"[6] — para uma relação mais próxima de respeito e confiança mútua, na busca de um fim comum.

[5] Sobre o tema, cf. TAKANO, C. A. Custos de Conformidade e Tributação. *EDUCAFOCO — Educação, pesquisa e formação continuada — Revista eletrônica interdisciplinar e internacional do Programa de Pós-graduação, pesquisa e extensão do Centro Universitário Ítalo Brasileiro., [S. l.]*, v. 3, n. 1, 2022. Disponível em: https://educafoco.italo.br/index.php/educafoco/article/view/83. Acesso em: 31 mar. 2022.

[6] Sobre o tema, cf. PINTO, Alexandre Evaristo; SILVA, Fabio Pereira da. Compliance tributário: em busca da adoção do paradigma do serviço. In. MARTINS, Ives Gandra da Silva; MARTINS, Rogério Vidal Gandra da Silva. (Org.). *Compliance no Direito Tributário*, v.7. São Paulo: Revista dos Tribunais, 2020, pp. 325-346.

No que tange à segmentação dos contribuintes do ICMS por "perfil de risco", na prática os contribuintes serão classificados de ofício, pela Secretaria da Fazenda, nas categorias "A+", "A", "B", "C", "D", "E" e "NC" (Não Classificado), com base nos seguintes critérios: (i) adimplência das obrigações tributárias principais vencidas e não pagas relativas ao ICMS; (ii) aderência entre escrituração ou declaração e os documentos fiscais emitidos ou recebidos pelo contribuinte; e (iii) perfil dos fornecedores do contribuinte, conforme enquadramento nas mesmas categorias e pelos mesmos critérios de classificação. Importante destacar que, à parte da discussão sobre a pertinência desse critério, este requisito não foi adotado por ocasião da regulamentação do programa pelo Decreto Estadual nº 64.453/19.

No que tange aos incentivos à conformidade, o programa conta com sanções premiais, que conferem um tratamento diferenciado e mais benéfico ao contribuinte que esteja em uma "categoria superior" de conformidade tributária, como o acesso ao procedimento de Análise Fiscal Prévia (em que se confere a possibilidade de o contribuinte se regularizar diante de um erro na apuração dos tributos ou entrega de obrigações acessórias), procedimentos simplificados e mais céleres para restituição ou ressarcimento do imposto, renovação de regimes especiais etc.

Por fim, referente à aplicação de regime especial para devedores contumazes, os arts. 19 e 20 dispõem que o devedor contumaz ficará sujeito a regime especial para cumprimento das obrigações tributárias, que poderá, considerando as especificidades do caso concreto e a necessidade de proteger a atividade de fiscalização e a cobrança do crédito tributário, consistir em: obrigatoriedade de fornecer informação periódica referente à operação ou prestação que realizar; (ii) alteração no período de apuração, no prazo e na forma de recolhimento do imposto; (iii) autorização prévia e individual para emissão e escrituração de documentos fiscais; (iv) impedimento à utilização de benefícios ou incentivos fiscais relativamente ao ICMS; (v) plantão permanente de Agente Fiscal de Rendas no local onde deva ser exercida a fiscalização do ICMS, para controle de operação ou prestação realizada, de documento fiscal e de outro elemento relacionado com a condição do contribuinte; (vi) exigência de comprovação da entrada da mercadoria ou bem, ou do recebimento do serviço para a apropriação do respectivo crédito; (vii) atribuição da responsabilidade pela retenção e recolhimento do

ICMS devido pelas operações subsequentes com mercadorias sujeitas ao regime de substituição tributária, ainda que previamente destacado ou informado o imposto no documento fiscal de aquisição da mercadoria, hipótese em que será admitida a apropriação, como crédito, do imposto comprovadamente recolhido nas operações anteriores; (viii) exigência do ICMS devido, inclusive o devido a título de substituição tributária, a cada operação ou prestação, no momento da ocorrência do fato gerador, observando-se ao final do período da apuração o sistema de compensação do imposto; (ix) pagamento do ICMS devido a título de substituição tributária, até o momento da entrada da mercadoria no território paulista, na hipótese de responsabilidade por substituição tributária atribuída ao destinatário da mercadoria; (x) centralização do pagamento do ICMS devido em um dos estabelecimentos; (xi) suspensão ou instituição de diferimento do pagamento do ICMS; (xii) inclusão em programa especial de fiscalização tributária; (xiii) exigência de apresentação periódica de informações econômicas, patrimoniais e financeiras; (xiv) cassação de credenciamentos, habilitações e regimes especiais.

Assim, verifica-se que, de uma forma geral, o desenho do Programa "Nos Conforme" atende a proposta de promover um aprimoramento da relação entre Fisco e contribuinte, incentivando os contribuintes adimplentes com suas obrigações tributárias principais e acessórias, bem como impondo um acompanhamento fiscalizatório mais próximo e rígido ao devedor contumaz, sem, entretanto, criar obstáculos ou impedir que ele tenha condições de continuar exercendo a sua atividade empresarial.

2. Programa "Nos Conformes" e seus resultados atuais

Para avaliar a eficiência do Programa "Nos Conformes" em atingir seus objetivos e diretrizes, é interessante analisar os dados divulgados pela própria Secretaria de Fazenda do Estado de São Paulo[7]:

[7] https://portal.fazenda.sp.gov.br/servicos/nosconformes/Paginas/Resultados-Programa.aspx

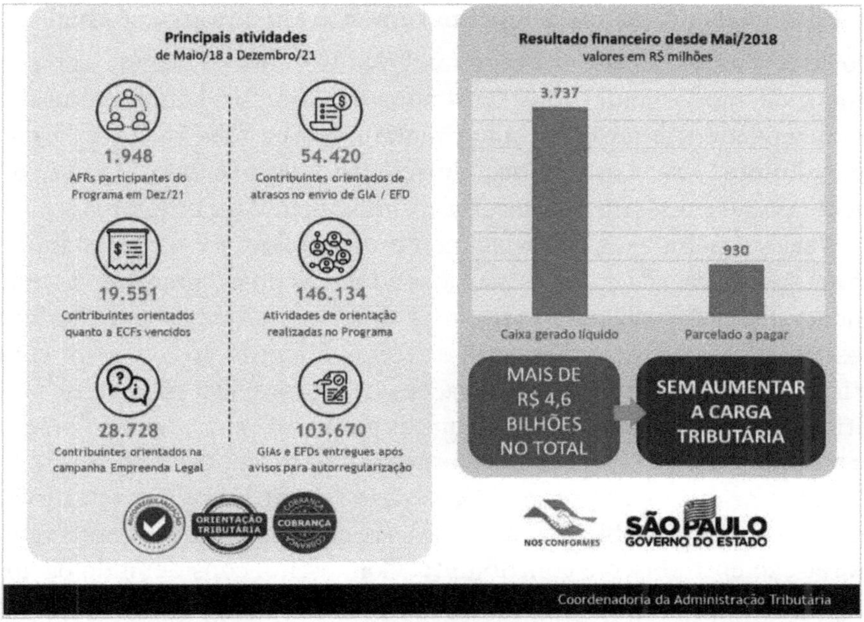

Embora os valores possam ser considerados tímidos, quando se pensa na totalidade de contribuintes no Estado de São Paulo e de autuações lavradas desde maio de 2018, os resultados distam de ser insignificantes ou desanimadores. Pelo contrário, considerando ser uma proposta inovadora, inserida num cenário hostil em que há um nível elevado de insegurança e desconfiança mútua entre Fisco e contribuinte, os números mostram um sucesso do programa de conformidade estadual, constatando-se uma crescente atividade de orientação fiscal, potenciais lavraturas de auto de infração que deram espaço a medidas de autorregularização e um aumento no volume de arrecadação tributária no período, decorrente estritamente do maior nível de *compliance* voluntário pelos contribuintes.

Contudo, ainda é cedo para avaliar de forma peremptória a eficiência do programa. Ao que tudo indica, os contribuintes têm se esforçado para compreender os critérios de classificação e estabelecer procedimentos internos de conformidade, visando a classificações positivas no programa, o que se reflete nos resultados apresentados e evidencia o potencial para dar um relevante passo para aprimorar a relação entre Fisco e contribuinte e estimular o *compliance* fiscal voluntário.

3. Potenciais propostas de aprimoramento em âmbito estadual

Dúvidas não há de que o Programa "Nos Conformes" esteja apresentando, de modo geral, bons resultados em direção a uma cultura de conformidade tributária e um aprimoramento na relação entre Fisco e contribuinte. Isso não significa, entretanto, que não haja espaço para medidas que consigam promover o aprimoramento do programa.

Uma primeira — e potencialmente mais relevante — questão que deve ser endereçada é que as medidas adotadas no programa de conformidade fiscal não sejam, elas mesmas, óbices para que os contribuintes possam adotar uma conduta mais aderente à legislação e possam cumprir adequadamente as suas obrigações tributárias. Daí porque, nos critérios de segmentação de contribuintes pelo seu "perfil de risco", merece atenção a eleição do perfil dos fornecedores do contribuinte.

Em relação a este critério, é necessário refletir sobre a sua pertinência e aderência aos objetivos do *compliance* cooperativo e aprimoramento da relação entre Fisco e contribuinte. Com efeito, considerando os dois primeiros critérios para definir o "ranking" do contribuinte (adimplência das obrigações tributárias principais e aderência às obrigações acessórias), uma empresa que esteja em dificuldades momentâneas para cumprir suas obrigações tributárias em face do cenário econômico atual muito provavelmente acabaria sendo classificado em um perfil ruim, e o programa "Nos Conformes" apenas agravaria sua situação, pois seus clientes evitarão fazer negócios com ela, sob pena de ter afetado o seu próprio ranking e, com isso, exsurgirem dificuldades negociais para ele (adquirente) também.

É importante recordar que a lei e a jurisprudência vedam terminantemente qualquer forma de cobrança coercitiva de tributos que cerceie a liberdade de exercício da atividade econômica e que não esteja prevista na Lei de Execuções Fiscais (Lei 6830/80). Nesse sentido, já foram editadas três súmulas pelo Supremo Tribunal Federal, de modo a tornar inequívoco o entendimento de que não é admitida nenhuma forma de cobrança coercitiva, entendendo-se cobrança coercitiva como qualquer forma não prevista na Lei de Execuções Fiscais para cobrança de tributos. Nesse sentido, podemos citar a Súmula nº 70 ("É inadmissível a interdição de estabelecimento como meio coercitivo para a cobrança de tributo"); a Súmula nº 323 ("É inadmissível a apreensão de mercadorias como meio coercitivo para pagamento de tributos"); e Súmula 547

("Não é lícito à autoridade proibir que o contribuinte em débito adquira estampilhas, despache mercadorias nas alfândegas e exerça suas atividades profissionais").

Estamos convencidos, pois, de que o "ranking" do fornecedor não deve ser utilizado como critério para a segmentação de contribuintes e definição do risco existente em relação a cada um desses contribuinte. Embora possa ser um critério eficiente para estimular que os próprios contribuintes fiscalizem e exijam a conformidade de seus parceiros comerciais, juridicamente a medida seria sobremodo restritiva à livre iniciativa, consistindo em verdadeira sanção política, vedada em nosso ordenamento jurídico.

Além disso, também merece crítica a escolha das sanções premiais atualmente positivadas na legislação estadual, uma vez que, na sua grande maioria, consistem em medidas de simplificação de procedimentos e regimes tributários que deveriam ser oferecidos a todos os contribuintes, sem distinção.

Isso porque medidas que visem à simplificação não podem ser tratadas como "prêmios", por consistirem em verdadeiro dever do Poder Público a sua implementação, na busca por maior transparência e racionalização do sistema tributário. Como sugerem Moody, Warcholik and Hodge, a performance da economia de um país é afetada "de forma dramática" pelo nível de complexidade da legislação tributária[8], tendo em vista seus efeitos: estímulo à informalidade e à evasão fiscal, óbices para que o contribuinte compreenda e consiga cumprir voluntariamente a legislação tributária, insegurança para a tomada de decisões pelo agente econômico racional dada a incerteza no cumprimento da legislação e da carga tributária suportada etc.

John Hasseldine é enfático ao afirmar que parte significativa do problema do não-cumprimento espontâneo e voluntária das obrigações tributárias pode ser atribuída à complexidade das legislações e aos custos de conformidade[9]. Eis porque a manutenção de um sistema complexo contribui diretamente para a manutenção do cenário que os programas de conformidade buscam justamente modificar.

[8] Cf. Moody, J. Scott; Warcholik, Wendy P.; Hodge, Scott A. The rising cost of complying with the Federal Income Tax. In. *Tax Foundation*: *Special Report n.138* (Dec. 2005), p. 2.

[9] Cf. Hasseldine, John. Linkages between compliance costs and taxpayer compliance research, in. *Bulletin for International Taxation*. IBFD: June, 2000, p. 303.

Simplificação não pode ser considerado um prêmio ao contribuinte, mas dever do Estado para com todos os contribuintes. Assim, em vez de meras medidas de simplificação, as sanções premiais devem se pautar em medidas mais benéficas e que tenham condições de aprimorar a relação entre Fisco e contribuinte, como é o caso do acesso ao procedimento de Análise Fiscal Prévia e a possibilidade de autorregularização, hoje só acessível aos contribuintes que tiverem rank "A" ou "A+", ou, ainda, entro de condições e limites estabelecidos na lei, permitir condições preferenciais para o ressarcimento ou a restituição de tributos.

Conclusões

O programa "Nos Conformes" do Estado de São Paulo se apresenta como importante e inovadora legislação em busca de um *compliance* cooperativo e de incentivo ao cumprimento das normas tributárias pelos contribuintes. Seus resultados econômicos evidenciam a importância da modificação do atual paradigma da relação entre Fisco e contribuinte — com elevado grau de litígio e desconfiança —, para um modelo propício ao desenvolvimento de uma cultura voltada ao cumprimento voluntário das obrigações tributárias pelos contribuintes.

Isso não significa, contudo, que não há pontos que devam ser objeto de maior reflexão pela comunidade jurídica. A começar, pela proposta de consideração do perfil dos fornecedores do contribuinte como critério de classificação no programa, na medida em que tal medida implica potencialmente uma sanção política (i.e., medida coercitiva de cobrança de tributos) que, sobre violar a livre iniciativa e garantias fundamentais do contribuinte, acaba por se afastar do próprio princípio norteador do programa que é o aprimoramento da relação entre Fisco e contribuinte. Outrossim, igualmente merece crítica a escolha das sanções premiais atualmente positivadas na legislação estadual, uma vez que, na sua grande maioria, consistem em medidas de simplificação de procedimentos e regimes tributários que deveriam ser oferecidos a todos os contribuintes, sem distinção.

É motivo de jubilo que as administrações tributárias brasileiras tiveram a coragem de dar o primeiro passo nessa importante missão de promover um ambiente propício ao *compliance* cooperativo. Cabe à comunidade jurídica e aos contribuintes contribuir com essa inciativa, buscando sempre aprimorar tais programas, cuja existência fortalece a consciência fiscal coletiva e favorece a toda a sociedade.

Referências

HASSELDINE, John. Linkages between compliance costs and taxpayer compliance research, in. *Bulletin for International Taxation*. IBFD: June, 2000, p. 303.

MOODY, J. Scott; WARCHOLIK, Wendy P.; HODGE, Scott A. The rising cost of complying with the Federal Income Tax. In. *Tax Foundation: Special Report n.138* (Dec. 2005).

MUSGRAVE, Richard A. *Fiscal systems*. New Haven and London: Yale University Press, 1969.

OWENS, Jeffrey. The "enhanced relationship": a challenge for revenue bodies and taxpayers. In *Bulletin for International Taxation: European Taxation*. Amsterdam: IBFD, July 2008, pp. 351-353.

PINTO, Alexandre Evaristo; SILVA, Fabio Pereira da. Compliance tributário: em busca da adoção do paradigma do serviço. In. MARTINS, Ives Gandra da Silva; MARTINS, Rogério Vidal Gandra da Silva. (Org.). *Compliance no Direito Tributário*, v.7. São Paulo: Revista dos Tribunais, 2020, pp. 325-346.

SILVA, Fábio Pereira da; GUERREIRO, Reinaldo; FLORES, Eduardo. Voluntary versus enforced tax compliance: the slippery slope framework in the Brazilian context. *International Review of Economics*, v. 1, 2019, pp. 1-34.

TAKANO, C. A. Custos de Conformidade e Tributação. *EDUCAFOCO — Educação, pesquisa e formação continuada — Revista eletrônica interdisciplinar e internacional do Programa de Pós-graduação, pesquisa e extensão do Centro Universitário Ítalo Brasileiro., [S. l.]*, v. 3, n. 1, 2022. Disponível em: https://educafoco.italo.br/index.php/educafoco/article/view/83. Acesso em: 31 mar. 2022.

14.
A ADOÇÃO DE MÉTODOS DE SOLUÇÃO PACÍFICA DE CONTROVÉRSIAS NA FASE EXTRAJUDICIAL E A RECUPERABILIDADE DO CRÉDITO TRIBUTÁRIO: IMPLICAÇÕES NA REDUÇÃO DA JUDICIALIZAÇÃO *VS* EFICIÊNCIA ARRECADATÓRIA?

Uma homenagem a Anelize Lenzi Ruas, Daniel de Saboia Xavier e Cristiano N. Lins de de Moraes

ROGÉRIO CAMPOS

Introdução

A Procuradoria-Geral da Fazenda Nacional, órgão responsável pelo assessoramento e consultoria jurídica do âmbito do Ministério da Economia, representação judicial da Fazenda Nacional nas causas de natureza fiscal e, no que interessa ao ensaio, responsável pela gestão e cobrança da Dívida Ativa da União — DAU (LC nº 73, de 10 de fevereiro de 1993, art. 12), ao longo da última década, empreendeu mudanças profundas em seus modelos de trabalho e forma de relacionamento com o contribuinte.

Especificamente no trato da DAU, mais precisamente a partir do denominado *"novo modelo de cobrança"*, levaram-se a cabo uma gama de medidas e alteração de procedimentos que, se sob o enfoque das teorias da agenda, especificamente do equilíbrio pontuado (True/Jones/Baumgartner, 2007), teriam desaguado na transação tributária, tiveram na sua origem a premissa de que a maior eficiência na arrecadação da DAU estaria vinculada à melhoria do ambiente ou relacionamento entre fisco e contribuinte, calcado no ideal de redução de litigiosidade.

Esse artigo pretende, a partir de estudos que culminaram na dissertação "*Transação Tributária: análise da agenda no ciclo de política pública*" fazer uma homenagem àqueles responsáveis, sem olvidar do papel relevantes de diversos outros atores, pela formulação e implementação (e, inclusive, monitoramento) pelo novo modelo de cobrança da DAU: *Anelize Lenzi Ruas, Daniel de Saboia Xavier e Cristiano N. Lins de de Moraes.*

Como se abordará no presente, sem a pretensão de levar a cabo efetiva avaliação de política pública, tampouco de atribuir eficácia causal entre o novo modelo de cobrança e a melhora dos indicadores de recuperação do crédito inscrito, os elementos coligidos podem representar ponto de partida para futura (e efetiva) avaliação relação de causa e efeito do novo modelo de cobrança, calcado na premissa da desjudicialização e redução da litigiosidade.

DO NOVO MODELO DE COBRANÇA: *da relação proporcionalmente inversa entre litigiosidade e eficiência na arrecadação*

Pois bem, qualquer diagnóstico ainda que superficial acerca do estoque da DAU ou do contexto da relação fisco-contribuinte antes das iniciativas que culminaram com o novo modelo de cobrança fatalmente levariam ao seguinte diagnóstico: *i)* excessiva litigiosidade e ausência de instrumentos ou mecanismos à solução adequada dos conflitos tributários, *ii)* aumento exponencial do estoque acumulado da dívida e *iii)* incentivos adversos decorrentes da edição, reiterada, de REFIS.

Em números aproximados, não muito diferentes daqueles experimentados hoje, estamos tratando de um estoque de DAU da ordem de R$ 2,4 trilhões e um contencioso administrativo, exclusivamente no âmbito do Conselho de Recursos da Administrativo Fiscal — CARF, da ordem de adicionais R$ 600 bilhões que, na oportunidade, somado às instâncias inferiores perfaziam R$ 1 trilhão, montante que segundo os últimos dados disponibilizado pelo CARF, em 2021, deverá corresponder ao estoque atualizado.

Naquela oportunidade, à semelhança do cenário atual, os índices de congestionamento do judiciário, igualmente, não mostravam melhor desempenho, nada obstante a introdução e aprimoramento de técnicas de julgamento, súmula vinculante, recursos repetitivos e, com o advento do novo Código de Processo Civil (Lei nº 13.105, de 2017), um sistema de precedentes. Com efeito as execuções fiscais representam atualmente estoque de 30 milhões de execuções fiscais em curso, respondendo por "*39% do total de casos pendentes e 70% das execuções pendentes no Poder Judiciário, com taxa de congestionamento de 87%*" (CNJ, 2020), sendo certo que, houvesse solução na linha da desjudicialização do processo de cobrança "*a taxa de congestionamento do Poder Judiciário cairia em 8,1 pontos percentuais, passando de 68,5% para 60,4% em 2019*" (CNJ, 2020).

Diante desse cenário, e inclusive diante das aspirações e pretensão de acessão à OCDE (OCDE, 2014), descortina-se o necessário avanço da *compliance tributária* e na introdução de um novo paradigma da relação entre fisco e contribuinte (Vitalis, 2019), e, no que relevante à abordagem, uma série de pequenas transformações nos processos de trabalho da Procuradoria-Geral da Fazenda Nacional que aperfeiçoariam o denominado *novo modelo de cobrança* e, mais adiante, inclusive culminaram na abertura da janela para a nova política pública: a transação tributária (Campos, 2021).

Para melhor compreensão das balizas desse novo modelo de cobrança, bem como dos impactos que sua implementação culminou nos indicadores de eficiência da arrecadação, serão a seguir abordados: o Regime Diferenciado de Cobrança do Crédito — RDCC (2016), o rating da Dívida Ativa da União (2017), a averbação pré-executória (2018/2019) e a regulamentação de negócios jurídicos processuais pela PGFN (2018).

1. Regime Diferenciado de Cobrança do Crédito — RDCC

O Regime Diferenciado de Cobrança do Crédito — RDCC foi instituído pela Portaria PGFN nº 396, de 20 de abril de 2016, e objetivava a concentração de esforços de cobrança em créditos mais relevantes, segundo corte de valor, promovendo-se o arquivamento de execuções fiscais que objetivavam créditos de valor inferior a R$ 1 milhão.

Com a proposta, esperava-se o arquivamento em massa de processos, volumosos e que perseguiam valores reduzidos (característica do estoque da DAU, alta concentração em poucos devedores), permitindo-se a dedicação àqueles processos de valor relevante, com potencial fiscal. Essa característica do estoque da DAU, já mencionada, está demonstrada no quadro abaixo. Depreende-se da figura que mais de 95% do estoque de inscrições em DAU, em quantidade, totaliza menos de 7% do estoque, em valores (ali com corte singelo de R$ 50 mil).

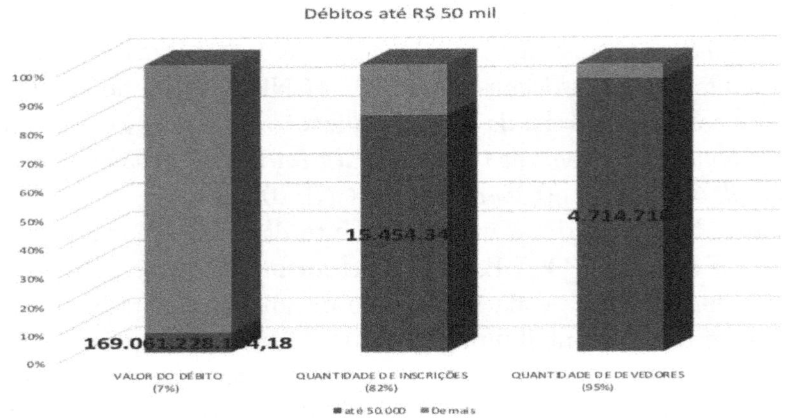

(Fonte: PGFN. Dados Públicos extraídos do DW. 2020)

O implemento da política resultou no arquivamento em massa de execuções fiscais, com baixa de cerca de 2 milhões de processos em curto espaço de tempo, contribuindo decisivamente, inclusive, para alguma melhora nos índices de congestionamento das varas de execução fiscal na justiça federal. Paralelamente, a arrecadação da PGFN saltou de cerca de R$ 15 bilhões, em 2016, para R$ 25 bilhões, no ano seguinte — 2017, mostrando a relação inversamente proporcional entre número de processos tramitando e efetividade da cobrança.

Os gráficos a seguir ilustram a relação mencionada, permitindo intuir a relação direta entre desjudicialização e melhoria na eficiência da arrecadação:

(Fonte: PGFN. Dados Públicos extraídos do DW. 2020)

Importante registar que estudo realizado em parceria entre Escola da AGU, Centro Brasileiro de Estudos e Pesquisas Judiciais e a Escola de Magistrados da Justiça Federal da 3ª. Região conclui[1], dentre diversas análises que "os dados acima sugerem que os casos desjudicializa-

[1] REDUÇÃO DE EXECUTIVOS FISCAIS E OS IMPACTOS ARRECADATÓRIOS DECORRENTES DO REGIME DIFERENCIADO DE COBRANÇA DE CRÉDITOINSTITUÍDO PELA PGFN: dados resultantes da pesquisa realizada em parceria pelo Centro Brasileiro de Estudos e Pesquisas Judiciais (CEBEPEJ), pela Escola da Advocacia-Geral da União na3ª Região, pela Procuradoria-Geral da Fazenda Nacional e pela Escola de Magistrados da Justiça Federal da 3ª Região (TRF 3ª Região) EMAG TRF 3ª Região: Des. José Marcos Lunardelli, Juiz Federal Erik Frederico Gramstrupe Juiz Federal Paulo Cesar Conrado; Escola da AGU 3ª Região e PGFN: Procurador-Geral Adjunto de Gestão da Dívida Ativa da União Cristiano Neuenschwander Lins de Morais, Procuradora da Fazenda Nacional Rita Maria Costa Dias Nolasco, Procurador da Fazenda Nacional Daniel de Saboia Xavier e Procurador da Fazenda Nacional Rogério Campos, CEBEPEJ: Priscila Faricelli de Mendonça. Disponível em: (https://www.conjur.com.br/2019-set-10/impactos-arrecadatorios-regime-diferenciado-cobranca-pgfn).

dos não impactaram [negativamente] a arrecadação fiscal decorrente de cobrança executiva, ou seja: quer por seu valor baixo, quer por ineficiência da atuação judicial, os valores arrecadados como consequência de cobrança judicial não sofreram qualquer redução em decorrência do RDCC, seguindo seu fluxo normal antes e depois da implementação".

Verificando-se especificamente os dados da arrecadação forçada, aquela atribuída à execução fiscal, por aplicação de filtros na extração de dados — excluindo aquele ingresso que pode ser atribuído a outras estratégias de cobrança, como o CADIN, CND, pode-se concluir com alguma tranquilidade que houve expressiva inclinação da reta de arrecadação a partir da implementação do RDCC. Ou seja, menos execuções fiscais representaram maior arrecadação no âmbito da execução fiscal, indicando falsa contradição que representam com precisão o aumento de eficiência:

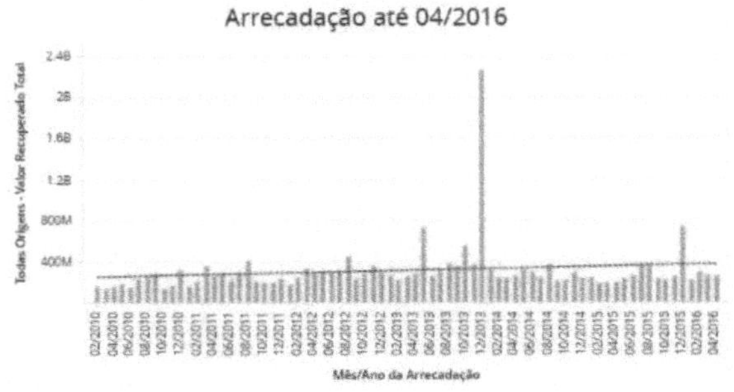

(Fonte: PGFN. Dados Públicos extraídos do DW. 2020)

Os resultados corroboram as diretrizes da OCDE no sentido dos benefícios à arrecadação decorrentes do fomento de um ambiente de *compliance* tributária, essencialmente marcado pelo tratamento adequado do contribuinte, ou seja, com adoção de instrumento e mecanismos segundo os perfis, o que se denota com a desjudicialização de processo de menor valor por suas características e custos envolvidos, amoldando-se à conclusão de que "*the best compliance strategies choose the most appropriate intervention for the risk or opportunity, rather than utilising one approach for all*" (OECD, 2014).

Sintetizando as diretrizes da OCDE (OCDE, 2014) relacionadas à avaliação e medidas de compliance tributária (Vitalis, 2019), reconhece-se que "entre os principais objetivos e resultados almejados pelas administrações tributárias, em geral, destacam-se os seguintes (OECD, 2014, p. 14-16): (...) (c) a redução dos custos de efetividade, ou seja, das despesas necessárias para o alcance dos resultados desejados, entre as quais é possível citar os gastos com a estrutura física e o corpo de funcionários, investimento tecnológico, atividades de auditoria, fiscalização, etc."

Tratando especificamente dessa necessidade de tratamento adequado ou individualizado segundo perfis, prossegue Aline Vitalis (Vitalis, 2019):

> *"Argumenta-se que os contribuintes não são iguais e não reagem sempre de maneira racional e pautada exclusivamente por critérios econômicos (homo economicus). Apesar das críticas e da insuficiência da teoria utilitarista econômica, insta ressaltar que tal teoria não deve ser desprezada, mas sim complementada, pois traz elementos conclusivos importantes e que permanecem aplicáveis em determinados casos de comportamento de inadimplemento deliberado e contumaz.*
>
> *No entanto, enquanto o enforcement, por meio da punição e aplicação efetiva de sanção (ou execução forçada), é mais eficaz em relação a contribuintes recalcitrantes e contumazes no comportamento de evasão fiscal, a conscientização, a educação, a simplificação do sistema e a prestação de informação adequada por parte da administração fiscal mostram-se mais efetivas em relação a contribuintes que intencionam cumprir regularmente as obrigações tributárias, pagando tempestivamente os impostos devidos.*
>
> *Em relação aos últimos contribuintes, sabidamente, é preferível a prevenção de eventuais erros que importem o pagamento do valor equivocado de tributo do que a correção ou cobrança contenciosa administrativa e judicial posterior.*

> *Em tais casos, um maior investimento na simplificação de sistemas e procedimentos ou mesmo na prestação de informações por parte da administração fiscal, estabelecendo-se uma relação de maior proximidade desta para com os contribuintes, pode se revelar suficiente e até mesmo mais eficiente para a obtenção do resultado de incremento do índice de compliance fiscal.*
>
> *Consoante aponta o relatório[10] da OCDE, não é recomendado às administrações fiscais que dispensem o mesmo tratamento a todos os contribuintes, independentemente do comportamento que apresentem.[11] Ao contrário, o estrategicamente mais adequado e efetivo é identificar os contribuintes que deliberadamente deixam de cumprir suas obrigações fiscais, de modo a serem selecionados como objeto de frequentes fiscalizações e imposição de sanções, forçando-os, assim, à modificação do comportamento. Além de servir como exemplo aos demais contribuintes, em um efeito indireto da atuação estratégica estatal, também seria atingido o resultado de aumento do nível de compliance, a partir da atuação direcionada e mais eficiente do Estado,[12] focada em uma estratégia regulatória."*

A medida, não apenas pelo alinhamento às melhores práticas dos países desenvolvidos, mas pelo feedback positivo, ensejou a alteração da Lei nº 10.522, de 19 de julho de 2002, mediante a inclusão no art. 20-C, por meio da Lei nº 13.606, de 9 de janeiro de 2018, concebendo o ajuizamento seletivo, ou seja, autorizando a PGFN a "*condicionar o ajuizamento de execuções fiscais à verificação de indícios de bens, direitos ou atividade econômica dos devedores ou corresponsáveis, desde que úteis à satisfação integral ou parcial dos débitos a serem executados*".

O ajuizamento seletivo acopla-se ao RDCC impedindo que as execuções fadadas ao insucesso cheguem ao judiciário, servindo de baliza qualitativa complementar aos critérios quantitativos de arquivamento do processo.

Assim, as medidas impactam diretamente os níveis de congestionamento do judiciário, retirando de tramitação execuções de valor determinado (abaixo de R$ 1 milhão) e impedindo o surgimento de novos processos, fadados ao arquivamento por ausência de bens (art. 40 da LEF).

1.2. *Rating* da dívida ativa da união

Avançando em iniciativas relacionadas ao tratamento adequado ou segundo o perfil do contribuinte, a partir daquela exitosa e elogiada premissa do RDCC, é instituído o rating ou classificação da DAU, medida que objetiva categorizar a dívida ativa conforme seu grau de recuperabilidade.

Com esse mecanismo foi possível atribuir sofisticação ao modelo inaugurado pelo RDCC, agregando-se, além daquela premissa quantitativa — fazendo recorte por valor de débito, o que tem a capacidade global de agrupar devedores com perfil similar —, características inerentes ao devedor, qual seja, a capacidade de pagamento, para definir estratégias de atuação, aperfeiçoando-se, portanto, os critérios qualitativos ou efetivamente individualizadores do contribuinte.

Fruto de grupo de trabalho instituído pela Portaria nº 956, de 21 de outubro de 2016, da Secretaria Executiva do MF, foi editada a Portaria nº 293, de 12 de junho de 2017, estabelecendo "*os critérios para classificação dos créditos inscritos em dívida ativa da União e institui[r] o Grupo Permanente de Classificação dos créditos inscritos em dívida ativa da União (GPCLAS)*.

Resultado desses trabalhos, a partir de diversas variáveis, relacionadas à antiguidade da inscrição, fatores econômicos do devedor, histórico de pagamento, patrimônio conhecido, dentre outros, concebe-se fórmula matemática, segundo as melhores práticas de mercado financeiro (Resolução CMN nº 2.682, de 21 de dezembro de 1999, que dispõe sobre critérios de classificação das operações de crédito e regras para constituição de provisão para créditos de liquidação duvidosa), permitindo a assim classificar a dívida segundo seu grau de recuperabilidade.

Nesse particular, a classificação dos créditos permitiu reconhecer, por evidência, percepção empírica no sentido de que a antiguidade do crédito é inversamente proporcional ao grau de antiguidade recuperabilidade:

(Fonte: Xavier, Daniel de Sabóia. Apresentação da Classificação dos Créditos inscritos em DAU. 2017)

A implementação do rating da DAU, para além da aderência àquela diretriz OCDE relacionada ao tratamento adequado, segundo perfis, dos contribuintes, permitiu desmistificar os números da DAU, que até então eram reputados no Balanço Geral da União — BGU ativos da ordem de R$ 2,4 trilhões, permitindo reconhecer parcela considerável como ativo contingente.

Com efeito, a classificação do crédito permitiu identificar que 53% (cinquenta e três por cento) do estoque da DAU era considerado "*irrecuperável*", além do equivalente a 14% (quatorze por cento) considerado como de difícil recuperação. Em suma: constatou-se que 67% da DAU, por diversos fatores, é caracterizado por ativo praticamente desprovido da capacidade de gerar resultado:

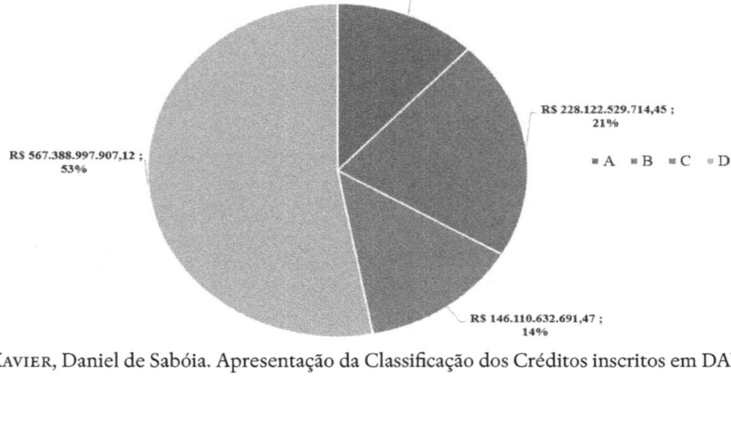

(Fonte: Xavier, Daniel de Sabóia. Apresentação da Classificação dos Créditos inscritos em DAU. 2017)

A partir desses novos elementos agregados aos seus processos de trabalho, a PGFN pode, para além de se dedicar à cobrança de créditos mais relevantes sob o prisma do valor, atuar de forma prioritária naqueles casos em que a possibilidade de êxito é mais presente, direcionando esforços e criando uma esteira de cobrança mais eficiente.

A medida trouxe ainda consequências positivas para a contabilidade pública, na esteira do atendimento de alertas dos órgãos de controle, considerando que os ativos classificados como irrecuperáveis ou de difícil recuperação foram desreconhecidos no Balanço Geral da União, enquadrando-se como ativo contingente, atribuindo maior transparência à contabilidade pública

Assim, dos R$ 2,4 trilhões, apenas cerca de R$ 800 bilhões permanecem como ativo — e ainda assim com provisão para perda de parcela desse montante —, sendo baixado o montante classificado como irrecuperável ou de difícil recuperação, com cuja expectativa de gerarem recurso é reduzidíssima ou inexistente, no expressivo montante de R$ 1,6 trilhão. A medida, portanto, ao lado de atender ao anseios da cobrança, é fortemente relacionada aos ideias de transparência e publicidade que devem nortear a administração, atribuindo maior fidedignidade à contabilidade pública.

Não por outro motivo, o rating ou classificação da DAU foi elogiada pelos órgãos de controle, com expresso reconhecimento no Relatório de Auditoria Anual de Contas de 2015 da Controladoria-Geral da União (CGU) como "*modelo*" na gestão do crédito público.

Se por uma lado as medidas anteriores tiveram o condão de racionalizar a atuação, também permitiram identificar e direcionar medidas de cobrança mais duras a segmentos específicos de contribuintes, notadamente aquele segmento denominado de *devedor contumaz*, assim considerados os agentes que se utilizam da sonegação, e falhas do sistema, como a litigiosidade excessiva, congestionamento do judiciário e reiterados REFIS, para praticar concorrência desleal e fazer da sonegação fator de determinação do preço de seus produtos e serviços (Frias, 2021).

1.3. Averbação pré-executória (Portaria PGFN n° 33, de 09 de fevereiro 2018)

Tendo como premissa o RDCC e o rating da DAU, alinhando-se às diretrizes da OCDE, não apenas aquelas já mencionadas, mas as contempladas no referencial "*working smarter in tax debt managment*"(OCDE, 2014), é concebida a averbação pré-executória, ferramenta de cobrança forçada modelo (*enforcement tools: seizure of assets* — OCDE, 2014), medida de endurecimento da cobrança, prevendo a indisponibilidade de bens em razão da inscrição em dívida ativa, aprovada pelo Congresso Nacional pela inserção, na Lei nº 10.522, de 19 de julho de 2002, do art. 20-B, § 3º, II por meio da Lei nº 13.606, de 9 de janeiro de 2018:

> *Art. 20-B. Inscrito o crédito em dívida ativa da União, o devedor será notificado para, em até cinco dias, efetuar o pagamento do valor atualizado monetariamente, acrescido de juros, multa e demais encargos nela indicados.*
>
> *§ 1o A notificação será expedida por via eletrônica ou postal para o endereço do devedor e será considerada entregue depois de decorridos quinze dias da respectiva expedição.*
>
> *§ 2o Presume-se válida a notificação expedida para o endereço informado pelo contribuinte ou responsável à Fazenda Pública.*
>
> *§ 3o Não pago o débito no prazo fixado no caput deste artigo, a Fazenda Pública poderá:*
>
> *I — comunicar a inscrição em dívida ativa aos órgãos que operam bancos de dados e cadastros relativos a consumidores e aos serviços de proteção ao crédito e congêneres; e*
>
> *II — averbar, inclusive por meio eletrônico, a certidão de dívida ativa nos órgãos de registro de bens e direitos sujeitos a arresto ou penhora, tornando-os indisponíveis.*

Em projeto de lei que inaugurou modalidade de REFIS setorial — agronegócio, foram introduzidas medidas de endurecimento da cobrança que permitiam, inclusive, instauração de processo administrativo de responsabilização por débitos inscritos (art. 20-D, III), atribuíam poderes requisitórios à PGFN (art. 20-D, II) ou inquisitoriais (art. 20-D, I), para além de autorizar a utilização de cadastros privados de proteção ao crédito, como SERASA e SPC, medidas alinhadas às melhores práticas internacionais (OCDE, 2014), concebendo ainda a averbação pre-executória (ou indisponibilidade de bens), medida bastante controvertida e questionado no Supremo Tribunal Federal, objeto de uma séria de Ações Diretas de Inconstitucionalidade (ADIs 5.881, 5.932, 5.886, 5.890, 5.925 e 5.931), ao final julgadas parcialmente procedentes, declarando a inconstitucionalidade da expressão "*tornando-os indisponíveis.*

A averbação pré-executória, como se vê, não é um instrumento isolado, estando inserida nesse macroprocesso do novo modelo de cobrança da DAU que parte da premissa da falência do modelo até então vigente e da necessidade de alinhamento às melhores práticas recomendadas pela OCDE, contemplando desde medidas singelas, como o atendimento aos advogados, até reformas estruturais, como o ajuizamento seletivo, rating e outras de endurecimento (Oliveira/Campos, 2020):

> *Inicialmente, cumpre estabelecer o contexto normativo no qual inserida a averbação pré-executória, ferramenta essencial à alteração dos paradigmas de cobrança da Dívida Ativa da União, pilar do ajuizamento seletivo, desjudicialização e racionalização dessa atividade essencial à manutenção do Estado de Direito.*
>
> ...
>
> *Nesse cenário, surge o art. 25 da Lei nº 13.606/2018, que acrescentou os arts. 20-B, 20-C e 20-E à Lei nº 10.522/2002, introduzindo um novo modelo de cobrança dos créditos tributários. Esse modelo incorpora mecanismos para, buscando racionalidade, eficiência e redução dos litígios judicializados, atribuir maior segurança jurídica e fortalecer a cobrança administrativa.*
>
> *A averbação pré-executória é apenas uma das engrenagens desse novo modelo de cobrança, paradigma que se alinha à Recomendação do Tribunal de Contas da União, proferida no Acórdão nº 1320/2017 — TCU Plenário (recomendação nº 3.1.9), relativo às contas da Presidência da República do ano de 2016, no sentido de propor medidas para incremento da eficiência da recuperação de créditos inscritos em DAU*[6] *[footnote 6:* TCU. **Acórdão nº 1320/2017**, Plenário, *Recomendação nº 3.1.9: "À Casa Civil da Presidência da República, em conjunto com o Ministério da Fazenda e a Advocacia-Geral da União, que apresente, no prazo de 90 dias, plano de ação, contemplando um conjunto de medidas com vistas a incrementar a arrecadação de receitas referentes à Dívida Ativa da União, em consonância com o princípio da eficiência da administração pública, consubstanciado no caput do art. 37 da Constituição Federal de 1988 (item 4.1.2.10)<http://www.tcu.gov.br/Consultas/Juris/Docs/CONSES/TCU_ATA_0_N_2017_23.pdf>. Acesso em: 18 fev. 2018].*
>
> *A medida está intimamente ligada, por esse contexto, com o ajuizamento seletivo, concebido pelo artigo de lei subsequente àquele que introduziu a averbação, que objetiva retirar dos escaninhos do Judiciário demandas fadadas ao insucesso, com elevado custo de manutenção e expressivo impacto no congestionamento do Judiciário, limitando o ajuizamento de executivos às hipóteses em que localizados bens, ao menos indícios de sua existência, direitos ou atividades econômicas, úteis à satisfação dos débitos.*

Mais relevante ao presente é reconhecer que a medida, ainda que pudesse ser compreendida como um descompasso (ou equívoco) na trilha da redução de litigiosidade em busca do incremento da eficiência na arrecadação, ao argumento de contextualizar o instituto no macroprocesso de cobrança (ou especificamente no novo modelo de cobrança), sua regulamentação, fruto de audiência pública, verdadeira consolidação de regras inerentes a todo o processo de cobrança administrativa, atribuindo ao contribuinte uma série de garantias em razão do caráter constritivo da medida recém concebida.

A consolidação (assim como a prévia audiência pública), igualmente alinhada às diretrizes da OCDE (OCDE 2014) de simplificação normativa e procedimental, inaugura o atendimento prévio (ou contraditório) ao contribuinte de forma a prevenir a adoção, indevida, de medida constritiva. A rigor "*a introdução da averbação pré-executória impôs que a Fazenda Nacional ampliasse o rol de medidas disponíveis ao devedor, que não mais se limitam ao pagamento ou parcelamento, mas também permitem a apresentação administrativa de garantia e/ou a impugnação do débito, impedindo a consumação da averbação (Portaria PGFN nº 33/2018, art. 6º)*" (Oliveira/Campos, 2020).

Nada obstante não implementada, mesmo no contorno atribuído pelo Supremo Tribunal Federal que em alguma medida reconhece a adequação do viés atribuído ao instituto pela Portaria PGFN nº 33, de 2018, a averbação inaugura, como dito, o atendimento prévio de contribuintes, e avança no que se denomina "*negócios jurídicos processuais*", passando a prevê-los expressamente em seu art. 38:

> *Art. 38. O Procurador da Fazenda Nacional poderá celebrar Negócio Jurídico Processual visando a recuperação dos débitos em tempo razoável ou obtenção de garantias em dinheiro, isoladamente ou em conjunto com bens idôneos a serem substituídos em prazo determinado, inclusive mediante penhora de faturamento, observado o procedimento disposto no regulamento expedido pela Procuradoria-Geral da Fazenda Nacional.*

1.4. Negócio jurídico processual e transação tributária

O negócio jurídico processual é instrumento introduzido pelo Código de Processo Civil (Lei nº 13.105, de 2015), em vigor desde março de 2016, que permite a flexibilização de atos e termos de determinado processo, por convenção das partes. Não se confunde com a transação tributária especificamente pelo seu campo de incidência: enquanto um se limita ao campo procedimental, processual, o outro trata de concessões acerca do direito material.

O instrumento, nada obstante controvérsia inicial acerca de sua aplicabilidade no âmbito da administração tributária, posto que seu escopo se restringia a "*direitos que permitem autocomposição*"(art. 190), mostrou-se aderente ao escopo de tratamento adequado inaugurado pelo novo modelo de cobrança, pautado no perfil das dívidas e devedores .

Reconhece-se no instituto a inserção da PGFN na seara da "negociação" — consensualidade ou autocomposição —, ainda que distante ainda da abrangência da transação tributária, mas assim considerada iniciativa que permitia alguma flexibilização de procedimentos em razão de ajuste entre as partes.

Inicialmente, pelo Parecer PGFN/CRJ nº 618/2016, reconheceu-se a possibilidade de inserção regrada nesse terreno. Ato contínuo, foram editadas as Portaria PGFN nº 502/16 prevendo a celebração de NJP típico, calendarização, dispensa de intimação e padronização temática, e a Portaria PGFN nº 985/16, com âmbito de aplicação no Juizado Especial Federal, admitindo NJP relativos à citação e contestação e autorização ampla em razão dos valores.

A partir de seminários e diversos estudos, foi editado o Parecer Conjunto PGFN/CRJ/CGR nº 06/2017, adaptando-se o instituto para ser amplamente utilizado no âmbito da execução fiscal e cobrança da DAU, inaugurando, assim, a consensualidade na administração tributária.

Em razão do mencionado parecer, foi editada, mais tarde, a já mencionada Portaria PGFN nº 33, de 2018, com autorização genérica de celebração para, mais tarde, a Portaria PGFN nº 742/2018, regulamentar especificamente a flexibilização de regras inerentes ao processo de cobrança.

Admitindo-se a celebração de NJP para fins de garantia da execução, inseriu-se a administração tributária na era da consensualidade, reduzindo litígio e, principalmente, custos inerentes ao processo, atribuindo-se tratamento adequado aos contribuintes que passaram a contar com a possibilidade de, mediante concessões procedimentais, discutirem a dívida de forma menos onerosa, com modalidades de garantia menos onerosas, gozando de certidão de regularidade fiscal, inclusive. Atacava-se um dos principais focos de litigiosidade nas execuções fiscais, a garantia, permitindo-se, ainda, modelos de "*equalização de passivo*" que já transcendiam a regra padrão de parcelamento em prazo máximo de 60 (sessenta) meses.

Os avanços da administração tributária coincidiram com a inserção do tema na agenda parlamentar, que em emenda à MP nº 881, de 2019, denominada Lei de Liberdade Econômica, fez inserir na Lei nº 10.522, de 2002, expressamente, a possibilidade de celebração de "*negócios processuais com fundamento no disposto no art. 190 da Lei nº 13.105, de 16 de março de 2015* (...) [e] *de negócios jurídicos processuais em seu âmbito de atuação, inclusive na cobrança administrativa ou judicial da dívida ativa da União*".

Por meio de dados abertos[2], é possível identificar que já foram celebrados mais de 60 (sessenta) NJP de grande monta para equalização de passivo tributário superior a R$ 10 bilhões de reais. Os números são expressivos.

Com efeito, o REFIS, no âmbito da DAU, considerando todas suas edições, aberturas e reaberturas, formatos e formas variadas, importaram na consolidação de R$ 255 bilhões em adesões, ao longo de quase 20 anos e cerca de 40 parcelamentos especiais, gerais ou setoriais, montante do qual 83%, do estoque submetido a parcelamentos ainda ativos eram, em 2018, classificados como recuperáveis (PGFN, 2018).

Desse montante (R$ 255 bi), R$ 82 bilhões permaneciam ativos em dezembro de 2018 relativos ao ultimo REFIS de grandes proporções (PERT), havendo cerca de R$ 40 bilhões adicionalmente consolidados em alguma modalidade de REFIS setorial ou programas passados (PGFN, 2018), já se tendo demonstrando, anteriormente, os impactos negativos dos reiterados programas na arrecadação corrente.

Ora, em pouco mais de algumas dezenas de negócios jurídicos, desprovidos das externalidades e efeitos deletérios à arrecadação causados pelo REFIS, logrou-se atribuir solução a passivo que responde a ¼ de todos os programas dessa natureza, excetuado o PERT.

A título ilustrativo, até o fim do primeiro semestre de 2021, a PGFN divulgou que a transação tributária, apenas em seu âmbito de abrangência e atuação, atingiu a marca de R$ 100 bilhões em negociações, perfazendo mais de 340 mil acordos, envolvendo cerca de 1 milhão de

[2] Disponível em: https://www.gov.br/pgfn/pt-br/assuntos/divida-ativa-da-uniao/painel-dos-parcelamentos/termos-de-negocio-juridico-processual

inscrições, número que "*representa montante maior do que qualquer outro programa especial de regularização*" (PGFN, 2021). Em divulgação mais recente[3], de outubro de 2021, divulgou-se a consolidação de R$ 165 bilhões de reais em acordos firmados, 1.8 milhões de inscrições totalizando 650 mil acordos.

Conclusões

Como se viu, o tratamento adequado dos contribuintes, que permitiu evoluir para a adoção de métodos de solução pacífica de controvérsias tributárias, tem no novo modelo de cobrança sua fundação, dele retirando os insumos ou premissas que levaram, inclusive, e segundo a perspectiva do equilíbrio pontuado (True/Jones/Baumgartner, 2007), à ruptura do *status quo* que culminaram no implemento da transação tributária.

Dos dados apresentados, ainda que não se pretenda atribuir ao presente os contornos de avaliação de política pública, há evidências ou indícios que corroboram os resultados positivos decorrentes da adoção do novo modelo de cobrança da DAU, prestigiando-se a desjudicialização, redução de litigiosidade, tratamento adequado do contribuinte segundo perfis, histórico e riscos, bem como a abertura ao diálogo e à consensualidade.

Pode-se reconhecer, por exemplo, a relação proporcional entre redução de estoque de processos em tramitação e melhoria nos resultados de arrecadação resultante de execução forçada (fruto do arquivamento em massa promovido pelo RDCC).

Reconhece-se, ainda, que a focalização e utilização de incentivos adequados, permitiu resultados expressivos na transação, eliminando o risco moral e os efeitos deletérios à arrecadação que decorriam da prática de sucessivos e reiterados REFIS. A transação permitiu atribuir benefícios maiores e mais expressivos aos segmentos mais impactados por crises econômicas ou financeiras, deixando de atender segmentos que se utilizavam do inadimplemento reiterado como estratégia de negócios e fator de composição de seu preço, em patente concorrência desleal.

[3] https://www.gov.br/pgfn/pt-br/assuntos/noticias/2021/transacao-regulariza-r-165-bilhoes-no-ambito-da-divida-ativa — ultimo acesso 25 de outubro de 2021.

Essa realidade que se descortina deve ser, em grande medida, atribuída aos responsáveis pela formulação e implementação pelo novo modelo de cobrança da DAU, *Anelize Lenzi Ruas, Daniel de Saboia Xavier e Cristiano N. Lins de de Moraes,* a quem esse artigo pretende prestar singela homenagem, ao demonstrar que o esforço, coragem e, acima de tudo, apego à causa pública para mudar o panorama da relação fisco contribuinte não foram em vão: hoje é possível reconhecer a efetividade do novo modelo de cobrança da DAU como política pública alinhada à melhores praticas internacionais e recomendações da OCDE que ensejaram o inserção da administração tributária na seara da consensualidade.

Ainda que se reconheça que há muito ainda a evoluir, seja na consensualidade, quer na desjudicialização, é evidente, pelo resultados já apurados que estamos diante de um caminho sem volta: a relação fisco contribuinte definitivamente se pautará pela consensualidade, onde a litigiosidade e o ranço histórico de uma relação pautada pela indissociável intervenção do poder judiciário, com os custos e tempo inerentes ao processo, cederá ao ganha-ganha, aumento da eficiência e redução dos custos aos envolvidos.

Referências

CAMPOS, Rogério. Transação Tributária e Refis: externalidades, incentivos e focalização. O dilema da dificil escolha entre o ótimo e o ruim. 27 de novembro de 2020. Portal JOTA. https://www.jota.info/opiniao-e-analise/artigos/transacao-tributaria-e-refis-externalidades-incentivos-e-focalizacao-27112020. Último acesso em 04 de agosto de 2021.

CAMPOS, Rogério [et al]. Microssistema de Recuperação do Crédito Fiscal: comentários às Leis de Execução fiscal e Medida Cautelar. São Paulo: Thompson Reuters, 2019.

____________________ Constituição e Código Tributário Comentados sob a ótica da Fazenda Nacional. São Paulo: Thompson Reuters, 2020.

____________________ Novo Código de Processo Civil Comentado na prática da Fazenda Nacional. São Paulo: Thompson Reuters, 2017.

____________________ Contencioso tributário de pequeno valor: microssistema de experimentação do novo paradigma de sistema multiportas em matéria tributária in Comentários sobre Transação Tributária à luz da lei 13.988/20 e outras modalidades de extinção do passivo tributário. 1ª ed, São Paulo: Thompson Reuters. 2021, pág. 417/434.

CARF. Dados Gerenciais do CARF. 2021. Disponível em: http://carf.economia.gov.br/dados-abertos/dados-abertos-202107-final-2.pdf. Acesso em: 2 de agosto de 2021.

CNJ. Justiça em números 2020. Disponível em: https://www.cnj.jus.br/wp-content/uploads/2020/08/WEB-V3-Justi%C3%A7a-em-N%C3%BAmeros-2020-atualizado-em-25-08-2020.pdf. Sumário executivo disponível em: https://www.cnj.jus.br/wp-content/uploads/2020/08/WEB_V2_SUMARIO_EXECUTIVO_CNJ_JN2020.pdf. Acesso em: 08 de agosto de 2021.

Domingos, Francisco Nicolau, Piscitelli, Tathiane. Os desafios da implementação da transação em matéria tributária nos ordenamentos português e brasileiro. Revista de Finanças Públicas e Direito Fiscal, v. 10, p. 223-246, 2018.

Excalibur, Yuri. Transação tributária, indisponibilidade do interesse público e a lei de responsabilidade fiscal: análise dos conceitos jurídicos à luz da eficiência na gestão tributária, *in* Seefelder, Claudio [et al]. Comentários sobre Transação Tributária à luz da lei 13.988/20 e outras modalidades de extinção do passivo tributário. 1ª ed, São Paulo : Thompson Reuters. 2021, pag. 475/488.

Frias, Achilles Linhares de Campos. O problema do devedor contumaz : identificação e política pública para combater. FGV. 2021.

Kingdon, John W. Agendas, Alternatives, and Public Policies. 3rd Edition. Harper Collins College Publishers. (2003 [1984]).

Kingdon, John W. Como chega a hora de uma idéia. In: Saravia, Enrique (Org.); Ferrarezi, Elisabete (Org.). Políticas Públicas — Coletânea Volume 1. 2007. p. 219-224.

Monteiro, Clóvis Ferreira da Silva Neto, A transação tributária nos Estados Unidos: estrutura normativa e análise econômica, *in* Comentários sobre Transação Tributária à luz da lei 13.988/20 e outras modalidades de extinção do passivo tributário. Coordenadores Seefelder, Claudio [et al. 1ª ed, São Paulo : Thompson Reuters. 2021, pág. 103/118.

Nabais, J. C. O Dever Fundamental de Pagar Impostos — Contributo para a compreensão constitucional do estado fiscal contemporâneo. 4. ed. Coimbra: Almedina, 2015.

OCDE. Relatórios Econômicos da OCDE: Brasil 2018OECD- Better poliies for better lives. [s.l: s.n.]. Disponível em: <http://dx.doi.org/10.1787/888933655130>. Acesso em: 28 maio. 2019.

________________________ Measures of tax compliance outcomes: a practical guide. OECD Publishing, 2014. Disponível em: http://www.oecd.org/ ctp/administration measures-of-tax-compliance-outcomes-9789264223233-en.htm Acesso em: 7 maio 2016.» http://www.oecd.org/ ctp/administration measures-of-tax-compliance-outcomes-9789264223233-en.htm.

__________________ *Working Smarter in Tax Debt Management*, OECD Publishing, Paris, 2014 https://doi.org/10.1787/9789264223257-en.

__________________ Update on voluntary disclosure programmes: a pathway to tax compliance. OECD Publishing, 2015.

Oliveira, Phelippe T. P., e Campos, Rogério. Averbação pré-executória: contextualização normativa e constitucionalidade. 2020. *in* Processo tributário / Leonardo Buissa, Lucas Bevilacqua (Coord.).– 2. ed. Belo Horizonte: Fórum, 2020.

Oliveira, Phelippe T. P. A transação em matéria tributária — Série Doutrina Tributária v. XVIII. São Paulo: Quartier Latin. 2015.

PGFN. Nota Conjunta SEI nº 2/2021/PGDAU-CGR/PGDAU/PGFN-ME. 2021 Disponível em: https://www.gov.br/pgfn/pt-br/assuntos/divida-ativa-da-uniao/estudos-sobre-a-dau/sei_me-17016922-nota-conjunta.pdf. Acesso: 2 de agosto de 2021.

______________ Nota SEI nº 58/2018/PGDAU-CDA-COAGED/PGDAU-CDA/PGDAU/PGFN-MF. 2018. Disponível em: https://www.gov.br/pgfn/pt-br/assuntos/divida-ativa-da-uniao/estudos-sobre-a-dau/nota-sei-n-58-2018-pgdau-cda-coaged-pgdau-cda-pgdau-pgfn-mf-analisa-efeitos-dos-parcelamentos-3.pdf. Acesso: 2 de agosto de 2021.

______________ PGFN em números. 2014 a 2021. Disponível em: https://www.gov.br/pgfn/pt-br/acesso-a-informacao/institucional/pgfn-em-numeros-2014. Acesso em: 2 de agosto de 2021.

RFB. Estudo Sobre os Impactos dos Parcelamentos Especiais. Brasília: [s.n.], 2017. Disponível em: <https://www.gov.br/receitafederal/pt-br/assuntos/orientacao-tributaria/pagamentos-e-parcelamentos/arquivos-e-imagens-parcelamento/estudo-sobre-os-impactos-dos-parcelamentos-especiais.pdf>. Acesso em: maio. 2021.

True, J.; Jones, B.; And Baumgartner, F., Punctuated-equilibrium theory: explaining stability and change in public policymaking, 2007.

Vitalis, Aline. Compliance fiscal e regulação fiscal cooperativa. Revista Direito GV [online]. 2019, v. 15, nº 1. Acessado em 9 Agosto 2021. Disponível em: https://doi.org/10.1590/2317-6172201904.

15.

A NOVA REDAÇÃO DO § 11 DO ART. 100 DA CONSTITUIÇÃO FEDERAL E AMPLIAÇÃO DO USO DE DIREITOS CREDITÓRIOS CONTRA A FAZENDA PÚBLICA COMO MECANISMO DE REDUÇÃO DE LITÍGIOS

CRISTIANE DE OLIVEIRA COELHO GALVÃO

Grande parte das alterações realizadas no regime de pagamento de precatórios pelas Emendas Constitucionais (EC) 113 e 114, ambas de 2021, é objeto de contestação perante o Supremo Tribunal Federal (STF).[1] Restou incólume[2], contudo, pelo menos até o momento, as inovações inseridas no § 11 do art. 100 da Constituição Federal (CF), que assim ampliou as possibilidades de uso de créditos decorrentes de condenações impostas à Fazenda Pública pelo Poder Judiciário:

> § 11. É facultada ao credor, conforme estabelecido em lei do ente federativo devedor, com auto aplicabilidade para a União, a oferta de créditos líquidos e certos que originalmente lhe são próprios ou adquiridos

[1] ADI 7064 e ADI 7047, ambas sob relatoria da Ministra Rosa Weber.

[2] Cabe pontuar que existe pedido de reconhecimento de inconstitucionalidade formal na tramitação da Emenda Constitucional n. 113, de 2021, o que levaria à inconstitucionalidade de todo o seu texto, inclusive dos referidos §§ 11 e 21 do art. 100 da Constituição Federal. Não há, contudo, reprimendas de mérito a tais dispositivos.

> de terceiros reconhecidos pelo ente federativo ou por decisão judicial transitada em julgado para:
>
> I — quitação de débitos parcelados ou débitos inscritos em dívida ativa do ente federativo devedor, inclusive em transação resolutiva de litígio, e, subsidiariamente, débitos com a administração autárquica e fundacional do mesmo ente;
>
> II — compra de imóveis públicos de propriedade do mesmo ente disponibilizados para venda;
>
> III — pagamento de outorga de delegações de serviços públicos e demais espécies de concessão negocial promovidas pelo mesmo ente;
>
> IV — aquisição, inclusive minoritária, de participação societária, disponibilizada para venda, do respectivo ente federativo; ou
>
> V — compra de direitos, disponibilizados para cessão, do respectivo ente federativo, inclusive, no caso da União, da antecipação de valores a serem recebidos a título do excedente em óleo em contratos de partilha de petróleo.

Algumas das previsões incluídas no texto acima podem parecer mera repetição do que já se havia previsto nos idos de 2009, quando outra extensa alteração no regime de pagamento de precatórios foi promovida pela EC no 62. Naquela oportunidade, adotaram-se três diferentes usos para tais créditos: (i) a compensação forçada com débitos fiscais constituídos contra o credor, na redação então conferida aos §§ 9º e 10 do art. 100 da CF; (ii) a entrega para a compra de imóveis públicos da entidade federativa devedora, na redação então conferida ao § 11 do art. 100 da CF; e (iii) a entrega para pagamento de tributos, na redação então conferida ao inc. II do § 10 do art. 97 do Ato das Disposições Constitucionais Transitórias (ADCT). O terceiro uso, contudo, ficava restrito ao Distrito Federal e aos Estados e Municípios que, à época da promulgação da EC 62/2009, estivessem em mora na quitação de seus precatórios e infringissem o dever de destinar valor mínimo da sua receita corrente ao pagamento dessas dívidas.

Ocorre que o primeiro e o terceiro usos, relacionados à utilização de precatórios para quitação de débitos fiscais, foram declarados inconstitucionais pelo STF[3], enquanto que o segundo uso, relacionado à entre-

[3] ADI 4357 e ADI 4425

ga de precatórios para compra de imóveis públicos, nunca foi colocado em prática. Daí não ser inexato qualificar como verdadeiras novidades as previsões inseridas pela EC 113/2021 no § 11 do art. 100 da CF, sendo de fundamental importância analisar em que medida tais dispositivos encerram comandos diferentes daqueles previstos na EC 62/2009 e em que medida tais diferenças podem contribuir para a redução da litigiosidade com a Fazenda Pública.

Da compensação forçada pela Fazenda Pública à compensação negociada

O mecanismo de compensação de valores de precatórios com dívidas fiscais foi assim regulamentado pela EC 62/2009:

> (CF) Art. 100. ....
>
> ....
>
> § 9º No momento da expedição dos precatórios, independentemente de regulamentação, deles deverá ser abatido, a título de compensação, valor correspondente aos débitos líquidos e certos, inscritos ou não em dívida ativa e constituídos contra o credor original pela Fazenda Pública devedora, incluídas parcelas vincendas de parcelamentos, ressalvados aqueles cuja execução esteja suspensa em virtude de contestação administrativa ou judicial.
>
> § 10. Antes da expedição dos precatórios, o Tribunal solicitará à Fazenda Pública devedora, para resposta em até 30 (trinta) dias, sob pena de perda do direito de abatimento, informação sobre os débitos que preencham as condições estabelecidas no § 9º, para os fins nele previstos.
>
> (ADCT) Art. 97. ....
>
> ....
>
> § 10. No caso de não liberação tempestiva dos recursos de que tratam o inciso II do § 1º e os §§ 2º e 6º deste artigo:
>
> ....
>
> II — constituir-se-á, alternativamente, por ordem do Presidente do Tribunal requerido, em favor dos credores de precatórios, contra Estados, Distrito Federal e Municípios devedores, direito líquido e certo, autoaplicável e independentemente de regulamentação, à compensação automática com débitos líquidos lançados por esta contra aqueles, e, havendo saldo em favor do credor, o valor terá automaticamente poder

> liberatório do pagamento de tributos de Estados, Distrito Federal e Municípios devedores, até onde se compensarem;

Com curta sobrevida, a sistemática dos §§ 9º e 10 do art. 100 da CF foi declarada inconstitucional pelo STF ao argumento de que ela embaraçaria a efetividade da jurisdição (CF, art. 5º, XXXV), desrespeitaria a coisa julgada material (CF, art. 5º, XXXVI), vulneraria a Separação dos Poderes (CF, art. 2º) e ofenderia a isonomia entre o Poder Público e o particular (CF, art. 5º, caput), cânone essencial do Estado Democrático de Direito (CF, art. 1º, caput). Assim justificou o Ministro Ayres Britto em seu voto, proferido na sessão de julgamento de 06/10/2011, na então qualidade de Relator das ADI 4.357 e 4.425:

> ..., a via-crúcis do precatório passou a conhecer uma nova estação, a configurar arrevesada espécie de terceiro turno processual-judiciário, ou, quando menos, processual-administrativo. Com a agravante da não participação da contraparte privada. É como dizer: depois de todo um demorado processo judicial em que o administrado vê reconhecido seu direito de crédito contra a Fazenda Pública (muitas vezes de natureza alimentícia), esta poderá frustrar a satisfação do crédito afinal reconhecido. E não se argumente que ao administrado é facultada a impugnação judicial ou administrativa dos débitos informados pela Fazenda Pública. É que o cumprimento das decisões judiciais não pode ficar na dependência de manifestação alguma da Administração Pública, nem as demandas devem se eternizar (e se multiplicar), porque 'a todos, no âmbito judicial e administrativo, são assegurados a razoável duração do processo e os meios que garantam a celeridade de sua tramitação' (inciso LXXVIII do art. 5º da CF).

Tem-se, portanto, que a inconstitucionalidade reconhecida pelo STF não fulminou de vez a possibilidade de compensação entre precatórios e dívidas fiscais. Desde o início do julgamento das ADI 4.357 e 4.425, nos idos de 2011, ficou claro que a mecânica seria condenada, mas não o mecanismo em si. Observe-se o aparte feito em nota de rodapé pelo Ministro Ayres Britto em seu voto:

> Nada a ver, portanto, com o que decidiu este Supremo Tribunal Federal na ADI 2.851. Naquela oportunidade, tratava-se de lei estadual

que facultava (não obrigava, portanto) ao contribuinte (e não em prejuízo deste) a compensação de crédito tributário com débito da Fazenda Pública decorrente de precatório judicial pendente de pagamento. Compensação que apenas se materializava mediante provocação do contribuinte e após a concordância da Fazenda Pública.

A possibilidade de compensação entre precatórios e dívidas fiscais foi com ainda maior assertividade chancelada pelo STF no julgamento de Questão de Ordem onde foram modulados os efeitos das declarações de inconstitucionalidade dos dispositivos da EC 62/2009. No bojo desse julgamento, os Ministros tanto reconheceram a utilidade do referido mecanismo que adotaram a então inédita determinação de delegar competência ao Conselho Nacional de Justiça (CNJ) para normatizar "a possibilidade de compensação de precatórios vencidos, próprios ou de terceiros, com o estoque de créditos inscritos em dívida ativa até 25.03.2015 [data do julgamento da Questão de Ordem], por opção do credor do precatório".

A dicção utilizada nesse pequeno trecho da parte dispositiva da modulação é reveladora de três importantes características da mecânica de compensação considerada apropriada pelo STF. A primeira, a de que o mecanismo da compensação deve ser utilizado por iniciativa do credor do precatório e não de forma automática pela Fazenda Pública; a segunda, a de que o mecanismo deve comportar o uso de precatórios próprios e de terceiros; e a terceira, a de que a compensação pode causar algum impacto sobre a expectativa de arrecadação por parte do ente público. Sobre esse último ponto, vale reproduzir as seguintes intervenções do Ministro Luís Roberto Barroso ao longo da sessão de julgamento:

> Porque, se nós permitíssemos a compensação de precatórios com tributos vincendos, com fluxo de caixa do ente estatal, nós provocaríamos um problema dramático. Evidentemente, ninguém deseja inviabilizar estados e municípios no cumprimento dos seus outros deveres constitucionais. Mas a dívida já inscrita não afeta, em rigor, o fluxo de caixa e, consequentemente, é uma alternativa que não prejudica ninguém.
>
> (...)
>
> A minha proposta, como Vossa Excelência diz, é a possibilidade de compensação de precatórios com dívida ativa inscrita até a data do

> julgamento da questão de ordem, para não se comprometer o fluxo de caixa de arrecadação dos Estados. Portanto, não são precatórios com créditos tributários futuros; são precatórios com dívida ativa inscrita até essa data.

Veja-se que o STF, embora não tenha se debruçado especificamente sobre a constitucionalidade da previsão de entrega de precatórios para pagamento de tributos vincendos (inc. II do § 10 do art. 97 do ADCT), acabou impedindo a aplicação desse dispositivo durante o período de vigência do regime especial de pagamento de precatórios instituído pela EC 62/2009 (5 anos a contar de primeiro de janeiro de 2016), na medida em que determinou ao CNJ que normatizasse a compensação unilateral, por iniciativa do credor do precatório, apenas com dívidas inscritas até 25/03/2015.

Acontece que tal prerrogativa foi inviabilizada pelo atraso do CNJ em normatizar o mecanismo. E com o advento da EC 94/2016, o órgão acabou perdendo a competência que lhe foi atribuída pelo STF, uma vez que o referido diploma, além de instituir novo regime especial de pagamento de precatórios para o Distrito Federal, Estados e Municípios, facultou aos credores de precatórios próprios ou de terceiros a compensação com débitos inscritos até 25/03/2015, desde que observados os requisitos definidos, não pelo CNJ, mas por lei própria do ente subnacional (ADCT, art. 105).

O curioso é que desde sempre, ou pelo menos desde o advento da Lei no 5.172, de 25 de outubro de 1966 (Código Tributário Nacional — CTN), a compensação é reconhecida como uma das modalidades de extinção do crédito tributário (CTN, art. 156, II), condicionada, contudo, à prévia existência de lei do ente federado para regulamentar as condições de seu processamento (CTN, art. 170). No fim das contas, portanto, a previsão do art. 105 do ADCT, na redação dada pela EC 94/2016, restringiu a possibilidade de compensação de precatórios distritais, municipais e estaduais com dívidas inscritas somente até 25/03/2015.[4]

[4] Essa foi a interpretação dada pelo TJDFT no julgamento de ADI nº 0000641-55.2019.8.07.0000, onde se reconheceu a inconstitucionalidade da expressão *"ou cujo fato gerador tenha ocorrido até 25 de marco de 2015"* incluída no artigo 3º, inciso ii, alínea "a", da Lei Complementar Distrital n. 938/2017, para ampliar as hipóteses de compensação de débitos tributários ou de outras naturezas com precatórios distritais. Na ocasião, os desembargado-

Assim, a única parte minimamente favorável ao credor do precatório, na medida em que incentivaria a regulamentação do mecanismo pelos entes subnacionais, ficou relegada à previsão de que a compensação entre precatórios e dívida ativa ficaria isenta da obrigação de transferência de valores a outros entes federados ou da destinação de recursos à educação, saúde ou outras finalidades (ADCT, art. 105, parágrafo único).

Esse incentivo parece, contudo, não ter sido suficiente. Por meio da EC 99/2017, o constituinte derivado acrescentou que a regulamentação da compensação entre precatórios e dívidas inscritas até 25/03/2015 deveria ser feita até 1º de janeiro de 2018, sob pena de que os credores passassem a poder exercer tal faculdade unilateralmente (ADCT, art. 105, §§ 2º e 3º).

Aqui vale um parênteses para pontuar que nada semelhante foi acrescentado à Constituição Federal para tentar fazer sair do papel a previsão de que precatórios poderiam ser utilizados na compra de imóveis públicos. Sem qualquer tipo de sanção como a acrescentada pela EC 99/2017, não se tem conhecimento de que os entes federados tenham suprido o requisito de editar lei para possibilitar tal uso, conforme estipulava o § 11 do art. 100 da CF, na redação dada pela EC 62/2009, que dispunha ser "facultada ao credor, conforme estabelecido em lei da entidade federativa devedora, a entrega de créditos em precatórios para compra de imóveis públicos do respectivo ente federado".

Voltando à temática da compensação com dívidas fiscais, a verdade é que mesmo anteriormente à EC 62/2009, a legislação subnacional, com arrimo nos já mencionados dispositivos do CTN, foi relativamente profícua em criar programas especiais de quitação de tributos por meio da compensação com precatórios. A EC 62/2009 (na verdade, sua modulação), a EC 94/2016 e a EC 99/2017 podem até ter contribuído para o incremento da legislação sobre o tema, mas também foram responsáveis por reduzir sua latitude, na medida em que, como já pontuado, limitaram a compensação de precatórios com dívidas inscritas até 03/2015.

No âmbito da União, o impacto legislativo da EC 62/2009 foi diferente. A autorização para a compensação forçada entre precatórios e

res entenderam que a compensação autorizada pelo regime especial de pagamento de precatórios previsto na Constituição Federal estaria restrita às inscrições realizadas, e não aos fatos geradores ocorridos, até 25 de março de 2015.

débitos fazendários, incluída nos §§ 9º e 10 do art. 100 da CF, motivou a adoção, pela primeira vez na história, de uma regulamentação federal sobre o tema: Lei no 12.431, de 24 de junho de 2011. A declaração de inconstitucionalidade dos referidos dispositivos constitucionais, contudo, levou a que a legislação ordinária simplesmente caísse no esquecimento, deixando de ser utilizada. Diante desse quadro, a Procuradoria-Geral da Fazenda Nacional (PGFN), órgão responsável pela cobrança da maior parte dos créditos fazendários federais, seguindo os ditames do voto do Ministro Ayres Brito nas ADI 4.357 e 4.425, abandonou a mecânica da compensação forçada e passou a concentrar esforços na "obtenção de penhora de eventual precatório existente em favor do administrado".

Dez anos depois, consolidando grande evolução dos mecanismos de arrecadação da Dívida Ativa, a União adotou, em conversão da Medida Provisória no 899, de 16 de outubro de 2019, a Lei no 13.988, de 14 de abril de 2020. Nessa Lei, que regulamentou a transação tributária, privilegiando soluções negociadas entre contribuinte e Fisco para a quitação de dívidas inscritas, previu-se a utilização de "*créditos líquidos e certos do contribuinte em desfavor da União, reconhecidos em decisão transitada em julgado*".

Dado que a limitação prevista nas EC 94/2016 e 99/2017 aplica-se apenas aos entes subnacionais, a Lei Federal no 13.988/2020, reconheceu a possibilidade de se compensar precatórios com quaisquer inscrições, independentemente da sua data de registro. Aliás, na regulamentação da Lei pela Portaria PGFN no 9.917, de 14 de abril de 2020, explicitou-se, inclusive, a autorização para o uso de créditos judiciais antes mesmo da expedição do precatório, exigindo-se apenas o trânsito em julgado da decisão que apura o montante a ser ofertado.

Apesar da amplitude dada ao mecanismo de compensação pela Lei de Transação, fato é que tal norma, nem de longe, significou o endosso à utilização irrestrita de precatórios para quitação dos débitos inscritos em dívida ativa da União. Como bem observaram Faro e Moreira, a hipótese de compensação entre precatórios e dívidas inscritas não foi ventilada em nenhum dos editais de transação já publicados pela PGFN[5], revelando que, até o momento, tal mecanismo dependeu de

[5] Faro, Maurício Pereira e Moreira, Bernardo Motta. "Transação: A Utilização de Precatórios e Créditos Tributários" In.: Seefelder Filho, Claudio Xavier et al. (Coord.). Comentários sobre transação tributária: à luz da Lei 13.988/20 e outras alternativas de extinção do passivo tributário. São Paulo: Revista dos Tribunais, Thomson Reuters, 2021, p. 329.

grande interação entre contribuintes e Fisco ao longo de negociações de termos de transação individual.

Essa aplicação casuística da permissão legal de compensação entre precatórios federais e dívida ativa da União não se coaduna, contudo, com a recente alteração constitucional promovida pela EC 113/2021 no texto do § 11 do art. 100 da CF. Tal dispositivo não só pretendeu promover novos usos aos créditos líquidos e certos reconhecidos contra a Fazenda Pública, como também buscou dotar tais usos de eficácia plena, com aplicabilidade direta e imediata, pelo menos em âmbito federal.

Da compensação negociada à compensação forçada pelo credor da União

O § 11 do art. 100 da CF, na redação dada pela EC 113/2021, previu um extenso rol de possíveis usos para os direitos creditórios oponíveis a quaisquer das Fazendas Públicas devedoras, estendendo tais usos não só aos chamados precatórios, mas também aos créditos líquidos e certos reconhecidos por decisão judicial transitada em julgado ou reconhecidos por mera decisão administrativa.

Cabe destacar, contudo, que essas importantes alterações afetaram de maneira diversa a União e os demais entes federados. Enquanto para os Estados, Municípios e Distrito Federal os novos usos aos direitos creditórios dependem de autorização e regulamentação por lei do ente devedor, para a União, o quanto disposto no novo § 11 do art. 100 da CF goza de "auto aplicabilidade". Para os entes subnacionais, portanto, a recente alteração constitucional importou em reduzida inovação, tendo apenas corrigido a inadequada restrição de compensação de precatórios com dívidas inscritas exclusivamente até 25/03/2015, conforme previsto pelas EC 94/2016 e 99/2017. Já no âmbito federal, o novo texto da CF representa grande novidade, uma vez que, por sua expressa dicção, conferiu-se aos diferentes usos listados para os direitos creditórios contra a União o atributo da eficácia plena.

Outra não pode ser a interpretação da locução inserida pelo constituinte derivado no § 11 do art. 100 da CF. O termo "auto aplicabilidade" é, de longa data, utilizado pela doutrina e jurisprudência constitucionais para qualificar as normas dotadas de aptidão para gerar efeitos jurídicos independentemente do legislador ordinário. Desde pelo menos 1870, o doutrinador norte-americano Thomas Cooley propôs diferenciar as normas constitucionais que estabeleceriam direitos passíveis de imediata fruição e proteção daquelas que indicariam meros princípios, sem força impositiva até que devidamente regulamentados.[6] Tal classificação foi alvo de incontáveis críticas por abrir espaço à interpretação de que existiriam textos constitucionais vazios de normatividade, mas, por outro lado, não houve doutrina ou jurisprudência que negassem a existência das chamadas normas constitucionais auto aplicáveis.

O Ministro Ayres Britto, em obra doutrinária dedicada especificamente ao tema, inclusive chamou atenção para uma possível subdivisão desse tipo de norma, que denominou *normas constitucionais de aplicação*[7]. Segundo ele, pode-se reconhecer na Constituição a existência de normas de aplicação irregulamentáveis — i.e., insuscetíveis de tratamento no nível infraconstitucional — e de normas de aplicação regulamentáveis — cuja atuação do legislador não pode servir à produção de mais ou de diferentes efeitos, mas simplesmente a uma melhor aplicação do comando constitucional.

A nova regra de compensação de precatórios com créditos da União Federal encerra, na classificação do Ministro Ayres Britto, típica *norma constitucional de aplicação regulamentável*, sendo que dessa categorização resultam importantes consequências. A primeira e mais óbvia, é a de que os usos previstos no texto constitucional independem de lei para serem aplicáveis; a segunda, a de que eventuais previsões legais em desacordo com o comando constitucional foram revogadas tacitamente; e, a terceira, a de que embora a aplicação do dispositivo sequer dependa de regulamentação, esta não só é possível como desejável, a fim de que fiquem claros os procedimentos a serem seguidos pela Administração e pelo administrado.

Sobre a releitura das normas infraconstitucionais, é de se observar, por exemplo, a necessidade de revisão da interpretação usual dada ao art. 170 do CTN, no sentido da existência de vedação à utilização de créditos tributários de terceiros na compensação. Isso porque o novo §11 do art. 100 da CF permite o encontro de contas com créditos próprios ou de terceiros reconhecidos pelo ente federativo — e não apenas pelo Poder Judiciário. De igual modo deve ser relida a Lei no 12.431, de 24 de

[6] Cooley, Thomas M. A Treatise on the constitutional limitations which rest upon the legislative power of the States of the American Union, Boston, Little, Brown, & Co., 1878.

[7] Bastos, Celso Riberio; Britto, Carlos Ayres. Interpretação e aplicabilidade das normas constitucionais. São Paulo: Ed. Saraiva, 1982, p. 62-63.

junho de 2011, que regulamentou a compensação de débitos perante a Fazenda Pública Federal com créditos provenientes de precatórios, na forma prevista nos §§ 9º e 10 do art. 100 da CF, com a redação conferida pela EC 62/2009. Nada obstante ela ter sido indireta e parcialmente atingida pela declaração de inconstitucionalidade nas ADI 4.357 e 4.425, em especial nos dispositivos que davam concretude ao encontro de contas compulsório por parte da Fazenda Pública, agora tal normativo também sofre os impactos da EC 113/2021, com a revogação tácita dos dispositivos que tratam do procedimento judicial para o encontro de contas (arts. 31 a 35, por exemplo).

Já no que diz respeito à regulamentação de procedimentos, tem-se que o Poder Executivo não pode editar normas que limitem o conteúdo material do direito inserto no §11 do art. 100 da CF. Embora o texto do dispositivo mencione que ao credor é conferida a faculdade de *ofertar* o crédito líquido e certo para compensação, tal não quer dizer, em contraposição, que à União é garantida discricionariedade para *recusar* a proposta.

O termo "oferta" usado no texto constitucional seguramente deve ser interpretado no sentido de haver alguma bilateralidade no processo de compensação, não sendo possível ao detentor do direito creditório proceder unilateralmente ao encontro de contas entre os seus créditos e débitos perante a Fazenda Nacional. Tal bilateralidade, contudo, não deve ter seu sentido alargado a ponto de dar espaço à discricionariedade da Administração Pública Federal. Sua abrangência restringe-se a autorizar a regulamentação dos requisitos procedimentais necessários à boa utilização da norma — com previsibilidade e segurança — por todas as possíveis partes envolvidas: pelo credor do precatório, pelo terceiro que o tenha adquirido e, também, pela própria União.

No âmbito federal, portanto, o conteúdo e o alcance do direito ao encontro de contas previsto no §11 do art. 100 da CF devem ser extraídos diretamente do texto constitucional, não sendo possível que os seus contornos sejam estabelecidos pelas normas regulamentadoras infralegais, cujo escopo é apenas o de veicular normas de caráter interpretativo e estabelecer procedimentos para responder, por exemplo, às seguintes questões:

- Serão utilizados procedimentos e parâmetros diferentes a depender do órgão federal responsável pela dívida a ser quitada com o crédito líquido e certo, ou será fixado um único procedimento a ser utilizado por toda a administração federal?

- Haverá um procedimento prévio e independente de certificação dos "créditos líquidos e certos [...] reconhecidos pelo ente federativo ou por decisão judicial transitada em julgado"? Ou tal certificação ocorrerá apenas quando da apresentação do crédito para um dos usos previstos na Constituição?
- O procedimento de certificação do crédito será feito de forma concentrada em um único órgão da Administração Federal? Qual órgão ficaria responsável por concentrar tal tarefa? Ou tal atividade deve ser desconcentrada/descentralizada a cada Ministério/Autarquia orçamentariamente responsável pela dívida fazendária? Ou desconcentrada/descentralizada a cada Ministério/Autarquia orçamentariamente responsável pelo crédito fazendário?
- Haverá um órgão responsável por certificar e acompanhar a titularidade e subsequentes cessões do "*crédito líquido e certo reconhecido pelo ente federativo ou por decisão judicial transitada em julgado*"? Ou essa avaliação deverá ser realizada somente quando da apresentação do crédito para um dos usos previstos na Constituição?
- A apresentação do crédito para um dos usos previstos no §11 do art. 100 da CF pode ou deve obstar a expedição ou o pagamento do precatório no âmbito do Poder Judiciário? Caso obste, em que posição deverá o crédito voltar à fila dos precatórios?
- Quais os critérios a se avaliar para que um crédito seja reconhecido como "líquido e certo reconhecido pelo ente federativo ou por decisão judicial transitada em julgado"?
- Quais os critérios a se avaliar para chancelar a titularidade do "crédito líquido e certo reconhecido pelo ente federativo ou por decisão judicial transitada em julgado"?
- Como garantir que um mesmo crédito não seja oferecido em pagamento de mais dívidas do que ele pode suportar? Como garantir a subsidiariedade do pagamento de dívidas da União vis-a-vis dívidas de autarquias? Um mesmo crédito pode ser oferecido para quitação de dívidas inferiores ao seu saldo? O que deve acontecer com o pedaço remanescente?
- Como identificar o valor do crédito passível de utilização? Haverá decote de impostos retidos na fonte?

A resposta a cada uma dessas perguntas deve ser cuidadosa, sob pena de esvaziamento e violação da norma constitucional. Isso porque as condições estipuladas não podem abrir margem a juízos de discricionariedade. A União tem o dever de aceitar os créditos ofertados, cabendo-lhe apenas verificar a presença dos requisitos estabelecidos no *caput* do §11 do art. 100 da CF, quais sejam: i) liquidez e certeza reconhecidas pelo órgão ou entidade competente da União ou por decisão judicial com trânsito em julgado e ii) titularidade do crédito. Trata-se de ato administrativo vinculado, de forma que nada obstante a necessidade do aceite pela Administração Federal, não é equivocado considerar que a EC 113/2021, alterando o §11 do art. 100 da CF, introduziu verdadeira hipótese de compensação forçada pelo credor da União.

E por que a Constituição Federal não deu ao credor subnacional a mesma prerrogativa? O trecho já destacado mais acima, da intervenção do Ministro Luís Roberto Barroso no julgamento da Questão de Ordem nas ADI 4.357 e 4.425, pode ser esclarecedor: "ninguém deseja inviabilizar estados e municípios no cumprimento dos seus outros deveres constitucionais". Como já se explicou, o STF entendeu naquele julgamento que a autorização para compensação de precatórios com dívidas inscritas não abalaria o fluxo de caixa dos entes subnacionais, prejudicando suas programações orçamentárias; ocorre que, logo em seguida, por meio da EC 94/2016, o constituinte derivado contradisse a Suprema Corte ao submeter tal encontro de contas, pela literalidade do art. 105 do ADCT, à prévia autorização de lei do ente federado. O Congresso Nacional preferiu atuar com cautela sobre o tema, talvez por entender que tal avanço poderia esbarrar em ofensa à forma federativa de Estado, algo que mereceria análise maior do que permite este breve artigo, ou talvez, simplesmente, por não ter condições de aquilatar os possíveis impactos sobre o orçamento de cada estado e município de se proceder a uma irrestrita autorização para uso forçado de direitos creditórios como moeda de pagamento de dívida ativa, outorgas, imóveis ou ações.

Nenhuma dessas preocupações se aplica ao âmbito federal: a Câmara dos Deputados e o Senado Federal são exatamente os órgãos legislativos competentes para normatizar as questões afetas à União, inclusive no que diz respeito a questões orçamentárias. O constituinte derivado, portanto, ao estipular a auto aplicabilidade dos usos previstos no §11 do art. 100 da CF, atuou dentro do seu plexo de competências, mesmo quando considerou irrelevantes para fins de concretização dos direitos ali atribuídos os seus possíveis impactos sobre despesa e receita públicas federais. Por meio da EC 113/2021 o constituinte derivado manifestou e sedimentou a preferência do Congresso Nacional pela frustração de despesas e receitas — já que a compensação leva ao não pagamento de uma dívida pública concomitantemente à não arrecadação de um crédito público — em lugar da realização apartada de uma despesa com o pagamento do precatório e de uma receita com o recolhimento do tributo, outorga ou preço devido pelo seu credor.

É certo que o Poder Executivo entendeu relevante marcar no orçamento a realização de uma despesa quando da utilização de um precatório para os fins do §11 do art. 100 da CF, como se vê das alterações propostas pelo Projeto de Lei do Congresso Nacional no 2/2022 no inc. II do §5º do art. 7º e no inc. XXXII do art. 12 da Lei no 14.194, de 20 de agosto de 2021, que dispõe sobre as diretrizes para a elaboração e a execução da Lei Orçamentária de 2022 (LDO/2022). Tal marcação pode ser importante para fins de transparência, a mas quaisquer que sejam os seus impactos sobre as metas fiscais, estes não podem ser usados como motivação para restringir o comando de auto aplicabilidade inserido no §11 do art. 100 da CF.

Conclusões

A auto aplicabilidade conferida pelo §11 do art. 100 da CF ao mecanismo de compensação em âmbito federal tem por antecedente duas relevantes justificativas.

No que diz respeito aos precatórios e créditos líquidos e certos reconhecidos por decisão judicial transitada em julgado, tem-se que tal auto aplicabilidade é um consentâneo lógico da necessidade de se reconhecer máxima eficácia à atividade jurisdicional. Como bem observou o Ministro Ayres Britto no julgamento das ADI 4.357 e 4.425, "a execução da sentença judicial e a consequente entrega, a quem de Direito, do bem jurídico objeto da demanda (ou seu correspondente em pecúnia) integra o próprio núcleo da garantia do livre e eficaz acesso ao Poder Judiciário". Quanto mais semelhante à moeda for o tratamento do crédito reconhecido judicialmente, maior aderência do ordenamento pátrio ao princípio da separação de poderes, que não pode prescindir do máximo respeito à função jurisdicional.

Já no que diz respeito aos créditos líquidos e certos reconhecidos pelo ente federativo, i.e., por decisão administrativa, tem-se que a auto aplicabilidade do §11 do art. 100 da CF possui não só a dimensão de conferir, em respeito ao Estado de Direito, liquidez ao crédito daquele que de alguma forma tenha sido lesado pela União, mas também a importante dimensão de propiciar a prevenção e o encerramento de litígios. Ao tornar mandatórias tanto a compensação quanto a regulamentação procedimental do tema, o constituinte derivado incentivou a promoção de soluções consensuais para os conflitos com a União, dentre eles o (infelizmente) abundante contencioso tributário. Há esperança de que o bom tratamento do tema em âmbito infralegal leve, por exemplo, à redução das discussões no âmbito do Conselho Administrativo de Recursos Fiscais (CARF), que, em janeiro de 2022, atingiu o montante de cerca de R$ 1 trilhão8 e no âmbito da cobrança do estoque da dívida ativa da União, que, em dezembro de 2020, já ultrapassava a quantia de R$ 2,5 trilhões.[9]

[8] https://carf.economia.gov.br/dados-abertos/dados-abertos-202202-final.pdf

[9] https://www.gov.br/pgfn/pt-br/acesso-a-informacao/institucional/pgfn-em-numeros/pgfn_em_numeros.pdf

16.
A TRANSAÇÃO TRIBUTÁRIA FEDERAL COMO FERRAMENTA DE TRANSFORMAÇÃO SOCIAL

João Henrique Chauffaille Grognet
Theo Lucas Borges de Lima Dias

Introdução

Há pouco mais de dois anos, a comunidade jurídica brasileira presenciou a regulamentação, no âmbito federal, do instituto da transação tributária, por meio da aprovação e posterior sanção da Lei nº 13.988, de 2020, fruto da conversão da Medida Provisória nº 899, de 16 de outubro de 2019.

Com o declarado objetivo de criar "*mecanismos indutores de autocomposição em causas de natureza fiscal*"[1] o normativo trouxe três gêneros de transação, todos concentrados sob o manto do instituto jurídico previsto no art. 171 do Código Tributário Nacional há décadas: (i) transação na

[1] Vide Exposição de Motivos EMI nº 00268/2019 ME AGU, disponível em http://www.planalto.gov.br/ccivil_03/_ato2019-2022/2019/Exm/Exm-MP-899-19.pdf. No item 6 do mesmo documento, sustenta-se, em adição, que em "*ambos os modelos a transação é instrumento de solução ou resolução, por meio adequado, de litígios tributários, trazendo consigo, muito além do viés arrecadatório, extremamente importante em cenário de crise fiscal, mas de redução de custos e correto tratamento dos contribuintes, sejam aqueles que já não possuem capacidade de pagamento, sejam aqueles que foram autuados, não raro, pela complexidade da legislação que permitia interpretação razoável em sentido contrário àquele reputado como adequado pelo fisco.*"

cobrança de créditos da União e de suas Autarquias e Fundações Públicas, (ii) transação por adesão no contencioso tributário de relevante e disseminada controvérsia jurídica e (iii) transação por adesão no contencioso tributário de pequeno valor.

Passados os meses, que coincidiram com um dos eventos que mais gravemente afetou e degradou a economia nacional e mundial, é fundamental a consolidação não só dos resultados, mas, também, do impacto e transformação social produzidos pela regulamentação no âmbito federal da transação.

Como política pública, orientada ao atendimento do interesse público (art. 1º, §1º da Lei nº 13.988, de 2020) e à observância dos princípios da isonomia, da capacidade contributiva, da transparência, da moralidade, da razoável duração dos processos e da eficiência e, resguardadas as informações protegidas por sigilo, o princípio da publicidade (art. 1º, §2º), a transação teve papel decisivo no aprimoramento da fiscalidade e na relação entre administração tributária e contribuintes, evidenciando que pode ser cooperativa por essência.

No presente artigo, portanto, pretende-se demonstrar os avanços reconhecidamente produzidos pelo normativo que estabelece os requisitos e as condições para que a União e contribuintes possam realizar transação.

1. A transação na cobrança de créditos da União

A transação na cobrança da dívida ativa da União, a que se dedica todo o Capítulo II da Lei nº 13.988/2020, permite regularização de débitos por meio da concessão de três benefícios: (i) a concessão de descontos nas multas, nos juros de mora e nos encargos legais relativos a créditos a serem transacionados que sejam classificados como irrecuperáveis ou de difícil recuperação, (ii) o oferecimento de prazos e formas de pagamento especiais, incluídos o diferimento e a moratória e (iii) o oferecimento, a substituição ou a alienação de garantias e de constrições.

O modelo, conforme explicitamente indicado na Exposição de Motivos correspondente *"possui bastante similaridade com o instituto do 'Offer in Compromise', praticado pelo Internal Revenue Service (IRS), dos Estados Unidos da América"*[2] o qual, segundo a doutrina, legitima o pagamento do

[2] Exposição de Motivos EMI nº 00268/2019 ME AGU.

tributo com descontos e alongamento extraordinário diante de genuína dúvida acerca da capacidade financeira de o contribuinte pagá-lo na sua integralidade.[3]

A transação na dívida ativa da União, portanto, apresenta-se, em primeiro lugar, como sucessor aprimorado dos programas de refinanciamento de dívidas que, por concederem alongamentos extraordinários e descontos agressivos de modo linear, desconsiderando absolutamente a capacidade e circunstâncias econômicas do contribuinte/devedor e graus de recuperabilidade do crédito, vulneram a igualdade, aguçam a injustiça[4] e geram, por consequência, mais desconformidade.[5] Não por outro motivo, entendeu o Tribunal de Contas da União, em auditoria recente[6], que:

[3] A propósito, vide WATSON, Camila E. *Tax Procedure and Tax Fraud in a nutshell.* 4ª Edição. Estados Unidos da América: Editora West, 2011, pp. 209-211 e PARISI, Fernanda Drummond. *A Transação Tributária no Brasil — Supremacia do Interesse Público e a Liquidação do Crédito Tributário.* 1ª Edição. São Paulo: Editora IOB SAGE, 2017, pp. 190-196.

[4] Sobre os efeitos do sentimento de injustiça no comportamento do contribuinte, o relatório de gestão de risco da conformidade fiscal da OCDE estabelece que "*Taxpayers who believe 'the system' is unfair or who have personal experiences of 'unfair' treatament are less likely to comply*". *In* ORGANIZAÇÃO PARA A COOPERAÇÃO E DESENVOLVIMENTO ECONÔMICO (OCDE), *Compliance Risk Management: Managing and Improving Tax Compliance,* 2004, p. 37, disponível em https://www.oecd.org/tax/administration/33818656.pdf. No mesmo sentido, John Rawls sustenta que "*Mesmo se todos os cidadãos estivessem dispostos a pagar o que lhes cabe, supõe-se que eles só o fariam se tivessem a certeza de que os outros também pagarão a sua quota. Assim, mesmo depois que os cidadãos concordaram em agir coletivamente e não como indivíduos isolados que tomam as ações dos outros como fatos dados, ainda resta a tarefa de garantir a aceitação. O senso de justiça nos leva a promover sistemas justos e a desempenhar neles a nossa parte quando acreditamos que os outros, ou pelo menos um número suficiente deles, farão também a sua.*" RAWLS, John, *Uma Teoria da Justiça,* Tradução de Almiro Pisetta e Lenita M. R. Esteves. São Paulo: Editora Martins Fontes, 2000, p. 295.

[5] Vide também SOUZA, Danielle Nascimento Nogueira de, *Neurodireito, Psicologia e Economia Comportamental no combate à evasão fiscal.* Rio de Janeiro: Lumen Juris, 2019, pp. 118-123 e RECEITA FEDERAL DO BRASIL (RFB), *Estudo sobre os Impactos dos Parcelamentos Especiais,* disponível em https://www.gov.br/receitafederal/pt-br/assuntos/orientacao-tributaria/pagamentos-e-parcelamentos/arquivos-e-imagens-parcelamento/estudo-sobre-os-impactos-dos-parcelamentos-especiais.pdf.

[6] TCU, *Processo 016.332/2017-2 (Acórdão nº 2497/2018),* Relator Min. José Mucio Monteiro, Julgado em 31/10/2018. Grifos nossos. Em outro Acórdão, entendeu o mesmo Tribunal de Contas, na linha de que os programas de refinanciamento concedidos sem critério algum baseiam-se na pura e desigual renúncia de receitas, que "*considerando o disposto no art. 167, inciso II, da Constituição da República, do art. 113 do ADCT, assim como a regulamentação prevista nos*

> 11. No que se refere ao vetor legislativo de análise, identificou-se que a oferta reiterada de *parcelamentos especiais tem causado distorções no sistema tributário*, ocasionando um impacto fiscal estimado de mais de R$ 23 bilhões, entre 2017 e 2020. O parcelamento tributário é um instituto previsto no art. 151 do Código Tributário Nacional — CTN, que trata das hipóteses de suspensão da exigibilidade do crédito tributário, podendo ser do tipo convencional ou especial.
>
> [...]
>
> 20. Para além dessa questão, a instituição sequencial desses *parcelamentos especiais, com reduções generosas de multas, juros e encargos legais, vem influenciando negativamente o comportamento dos contribuintes, criando uma verdadeira cultura de não pagamento de dívidas [...]*
>
> 22. *Esse é o comportamento que se tem estimulado e que deve ser coibido por gerar distorções.* Pessoas reagem a incentivos, que é um dos postulados clássicos da economia, e como, pelo princípio da legalidade, ao particular apenas é vedado fazer o que a lei lhe proíbe, considero importante conscientizar o poder Executivo da impertinência na reiteração da oferta de parcelamentos incentivados, já que não há qualquer irregularidade quando o particular simplesmente adere aos programas disponíveis que lhe convém.

A transação na dívida ativa da União por permitir a liquidação com descontos apenas dos débitos considerados irrecuperáveis ou de difícil recuperação concilia a necessidade de um permanente instrumento que viabilize a superação da situação transitória de crise econômico-financeira do contribuinte com a necessária Justiça Fiscal, que deve orientar as políticas públicas relacionadas à fiscalidade.[7]

arts. 14 a 16 da Lei Complementar 101/2000, as leis e demais normativos que instituírem benefícios tributários e outros que tenham o potencial de impactar as metas fiscais somente podem ser aplicadas se forem satisfeitas as condicionantes constitucionais e legais mencionadas". TCU, *Processo 012.691/2018-6 (Acórdão nº 2198/2020)*, Relator Min. Vital do Rêgo, Julgado em 19/08/2020.

[7] A PGFN, por meio de Nota Conjunta, fixou "*a transação como única política pública capaz de, com efetivo respeito aos princípios da Igualdade, da Justiça e da Livre Concorrência, permitir a regularização dos créditos com descontos de maneira equânime e coerente com a efetiva situação econômica do contribuinte (ao revés do que faziam os programas de regularização tributária até então instituídos) e, ainda, garantir a superação da dificuldade causada pela pandemia de Covid-19*". PGFN, *Nota Conjunta SEI nº 2/2021/PGDAU-CGR/PGDAU/PGFN-ME*, disponível em https://www.

Em recente divulgação, a Procuradoria-Geral da Fazenda Nacional noticiou que o valor consolidado de acordos de transação ativos cresceu 303% se compararmos os resultados de 2019 e 2020, o que representa, apenas no último ano, mais de R$ 135 bilhões de reais regularizados. A arrecadação com a política pública da transação, segundo mencionado Boletim, também acompanhou semelhante crescimento, tendo sido responsável pelo ingresso de R$6,391 bilhões em 2020 (crescimento de 264% em relação ao mesmo período do ano anterior).[8]

Com vantagens, portanto, a transação na dívida ativa passa a ocupar espaço da política pública de refinanciamento, antes concedida sem critério algum, com balizas referenciadas na necessidade de, dentre outros aspectos, "*assegurar aos contribuintes em dificuldades financeiras nova chance para retomada do cumprimento voluntário das obrigações tributárias e fundiárias correntes.*"[9]

> A capacidade contributiva não constitui apenas um critério de justiça fiscal capaz de fundamentar tratamento tributário diferenciado de modo que seja considerado como promotor e não como violador da isonomia. Configura verdadeiro princípio a orientar toda a tributação, inspirando o legislador e orientando os aplicadores das normas tributárias.[10]

A instituição recorrente de amplas modalidades especiais de parcelamento de débitos, com reduções pródigas e lineares de multas, juros, e também encargos legais cobrados quando da inscrição em dívida

gov.br/pgfn/pt-br/assuntos/divida-ativa-da-uniao/estudos-sobre-a-dau/sei_me-17016922-nota-conjunta.pdf.

[8] Informações conforme *Boletim de Acompanhamento Gerencial da dívida ativa da União e do FGTS — Edição anual — 2021* que arremata sustentando que o "*aumento expressivo de acordos de transação demonstram o acerto da PGFN na conformação dos devedores abrangidos, bem como os termos definidos, trazendo à regularização fiscal pessoas, físicas e jurídicas, permitindo-se a recuperação de créditos, ao mesmo tempo que possibilita o exercício das atividades econômicas pelos agentes privados de maneira a cumprir com as obrigações de manutenção das políticas públicas constitucionalmente asseguradas.*" PGFN, *Nota SEI nº 7/2022/PGDAU-CDA-COAGED/PGDAU-CDA/PGDAU/PGFN-ME*, disponível em https://www.gov.br/pgfn/pt-br/assuntos/divida-ativa-da-uniao/estudos-sobre-a-dau/boletim-de-acompanhamento-gerencial-da-divida-ativa-da-uniao-e-do-fgts-edicao-anual-2021.pdf.

[9] Conforme estabelece o Art. 3º, inc. V. da Portaria PGFN nº 9.917/2020.

[10] PAULSEN, Leandro. *Curso de direito tributário completo.* 11ª ed. São Paulo: Saraiva Educação, 2020.

ativa da União, vem influenciando de forma negativa o comportamento do contribuinte no cumprimento voluntário da sua obrigação, fomentando uma cultura de inadimplência baseada no planejamento tributário fundado na rolagem de débitos fiscais a partir da expectativa, reforçada no âmbito federal há pelo menos duas décadas, de que haja, a cada triênio[11], novo programa de parcelamento.

A transação tributária na cobrança da dívida ativa transporta o princípio da capacidade contributiva para a fase de cobrança e o aplica com elevada intensidade mesmo após a constituição do crédito.

E o faz de modo inédito ao viabilizar a customização da cobrança, permitindo que as partes envolvidas na relação fiscal decidam em conjunto, o nível de descontos, o prazo, as garantias, a progressão ou sazonalidade das parcelas, os destinos das demandas judiciais, a liberação ou troca de garantia, dentre outros inúmeros elementos relevantes que podem ser objeto da negociação.

As transações, mesmo quando na modalidade por adesão, conseguem, dada sua versatilidade, moldar-se à conjuntura econômica — dificultosa que seja — permitindo que o ente público responsável pela cobrança, segundo a realidade de cada devedor aderente, adeque a cobrança à realidade que se impõe.

Esse conceito teórico foi levado ao limite em razão da pandemia, quando a PGFN, valendo-se da nova legislação, editou não menos que 22 atos — entre editais e portarias — formatando instrumentos de negociação que se adequassem às diferentes necessidades e tipos de contribuintes, inclusive levando em consideração a atividade econômica por eles exercida.[12]

Foram celebrados, desde o início da crise sanitária, mais de 1.061.785 acordos[13], ofertando aos contribuintes, conforme tenham sido financei-

[11] São exemplos de leis instituidoras de amplos programas especiais de parcelamentos: Lei n. 9.964, de 10 de abril de 2000, Lei n. 10.684, de 30 de maio de 2003, Medida Provisória nº 303, de 29 de junho de 2006, Lei nº 11.941, de 27 de maio de 2009, Lei nº 12.865, de 9 de outubro de 2013, Lei nº 12.996, de 18 de junho de 2014, e Lei nº 13.496, de 24 de outubro de 2017.

[12] O Programa Especial de Retomada do Setor de Eventos é modalidade de transação que prevê parcelas progressivas até o terceiro ano do acordo; A transação voltada para os produtores rurais contempla a possibilidade de parcelas semestrais ou anuais, condizentes com a sazonalidade que caracteriza a produção agropecuária.

[13] Em valores que alcançam mais de 253 bilhões de reais divididos em 2,8 milhões de inscrições em dívida ativa que são objeto de 161 mil execuções fiscais.

ramente impactados pela pandemia, descontos médios de 34% (trinta e quatro por cento) do valor consolidado das dívidas negociadas, além da concessão de prazo que permita pagamentos menores durante os momentos mais agudos da crise.

2. Impactos na regularidade fiscal

Por oferecer ao contribuinte mecanismos modernos de celebração de acordo com o Estado para resolução de seu passivo fiscal, a transação não apenas induz positivamente a resolução dos conflitos consubstanciados nos débitos em cobrança como também desestimula o inadimplemento como forma de planejamento financeiro dos atores econômicos.

O desestímulo ao inadimplemento decorre de ser a manutenção da regularidade fiscal um dos compromissos necessariamente firmado pelo contribuinte com o Fisco quando da celebração do acordo, conforme art. 5º, IX, da Portaria PGFN n. 9.917, de 2020. Esse dispositivo — por vincular os favores concedidos à manutenção da regularidade fiscal do contribuinte — encarece e, por elevar o custo, inviabiliza, sob o aspecto econômico, a sonegação como estratégia de gestão financeira.

Dada sua vocação para solucionar contendas, a transação com a Fazenda não pode ser usada indiscriminadamente e não tem aptidão para servir à perpetuação de débitos, diferentemente dos clássicos programas de refinanciamentos fiscais: o contribuinte que tiver contra si rescindida uma transação tributária (por qualquer motivo, dentre os quais o inadimplemento do próprio acordo ou pela perda da regularidade fiscal) fica proibido, pelo prazo de 2 (dois) anos, de celebrar nova avença.

Das mais de 1 milhão de contas formalizadas, 108 mil já foram integralmente pagas.

3. Transparência

Esse sistema de diálogo fiscal atrai o dever de maximização da transparência, que, além do art. 37, *caput*, da Constituição, reveste-se de grande relevância quando presente a gestão de dinheiros públicos[14], sendo esse o caso da transação.

[14] CF, art. 70, parágrafo único.

Por esse motivo, a Lei n. 13.988, de 2020, impõe à administração tributária a obrigação de conferir aos acordos que a tem por base transparência ativa, definida pela LAI como o dever de promover, independentemente de requerimentos, a divulgação em local de fácil acesso, no âmbito de suas competências, de informações de interesse coletivo ou geral por eles produzidas ou custodiadas.

Todos os acordos de transação firmados pela Procuradoria-Geral da Fazenda Nacional inclusive aqueles na modalidade "por adesão" estão disponíveis na internet com a plenitude de seus dados essenciais[15].

Ao dar publicidade aos acordos, além de se desincumbir do dever de prestar contas, para as transações individuais, aquelas com maior margem de ajustes, a administração tributária clarifica para o contribuinte-devedor as possibilidades de acertamento e a praxe administrativa relativamente às negociações, criando, de antemão, mesmo antes da formalização das propostas, expectativas reais das margens de acordo, o que, em última análise, vai concretamente ao encontro do anseio perene de simplificação e barateamento da regularidade fiscal.

4. A transação no contexto da recuperação judicial

Outra transformação promovida pelo advento da transação na dívida ativa é percebida com o resgate da lógica da regularização dos débitos da sociedade requerente para concessão de recuperação judicial, sobretudo porque o crédito tributário não está sujeito a este procedimento de composição particular excepcional.

Historicamente, as decisões dos tribunais brasileiros sempre foram no sentido de que a interpretação dos artigos 57, da Lei nº 11.101/2005, e 191-A, do CTN, não deveria conduzir para um sepultamento do instituto da recuperação judicial em razão da exigência de regularidade fiscal para concessão de recuperação judicial. Neste sentido:

> Direito empresarial e tributário. recurso especial. recuperação judicial. exigência de que a empresa recuperanda comprove sua regularidade tributária. art. 57 da lei n. 11.101/2005 (lrf) e art. 191-a do código tributário nacional (ctn). inoperância dos mencionados dispositivos. inexistência

[15] Disponíveis em https://www.gov.br/pgfn/pt-br/assuntos/divida-ativa-da-uniao/painel-dos-parcelamentos/bem-vindo-ao-painel-dos-parcelamentos. Acesso em 31 de março de 2022.

> de lei específica a disciplinar o parcelamento da dívida fiscal e previdenciária de empresas em recuperação judicial.
>
> 1. O art. 47 serve como um norte a guiar a operacionalidade da recuperação judicial, sempre com vistas ao desígnio do instituto, que é "viabilizar a superação da situação de crise econômico-financeira do devedor, a fim de permitir a manutenção da fonte produtora, do emprego dos trabalhadores e dos interesses dos credores, promovendo, assim, a preservação da empresa, sua função social e o estímulo à atividade econômica".
>
> 2. O art. 57 da Lei n. 11.101/2005 e o art. 191-A do CTN devem ser interpretados à luz das novas diretrizes traçadas pelo legislador para as dívidas tributárias, com vistas, notadamente, à previsão legal de parcelamento do crédito tributário em benefício da empresa em recuperação, que é causa de suspensão da exigibilidade do tributo, nos termos do art. 151, inciso VI, do CTN.
>
> 3. O parcelamento tributário é direito da empresa em recuperação judicial que conduz a situação de regularidade fiscal, de modo que eventual descumprimento do que dispõe o art. 57 da LRF só pode ser atribuído, ao menos imediatamente e por ora, à ausência de legislação específica que discipline o parcelamento em sede de recuperação judicial, não constituindo ônus do contribuinte, enquanto se fizer inerte o legislador, a apresentação de certidões de regularidade fiscal para que lhe seja concedida a recuperação.
>
> 4. Recurso especial não provido.[16]

Embora um primeiro passo para a regularização dos débitos de empresas que solicitam o deferimento do processamento da recuperação judicial tenha se dado com as alterações promovidas pela Lei nº 13.043/2014 na Lei nº 10.522/2001[17], incorporando ao sistema jurídico um parcelamento próprio para empresas nesta circunstância, foi a Lei nº 14.112/2020, conhecida por promover uma reforma em todo o

[16] STJ. *Recurso Especial nº 1.187.404/MT*. Relator Ministro Luis Felipe Salomão. Julgado em 19 de junho de 2013.

[17] O Art. 10-A da Lei nº 10.522/2001, com redação dada pela Lei nº 13.043/2014, previa um interessante parcelamento com prestações crescentes e em até 84 meses. No entanto, para o devedor postulante do processamento da recuperação judicial, nosso ordenamento não autorizava nenhuma margem de descontos.

arcabouço legislativo relacionado às falências e recuperações judiciais, que, de fato, expandiu o horizonte para viabilizar verdadeiras recuperações, com composição integral dos passivos, inclusive o fiscal.[18]

Importante ressaltar que embora o volume de créditos de responsabilidade de empresas em recuperação judicial manteve-se estável ao longo de 2021, o volume daqueles regularizados, ou seja, garantidos, parcelados, transacionados ou com exigibilidade suspensa, quase dobrou, atingindo patamar histórico de quase 20% do total dos valores consolidados. Destaque para os valores em benefício fiscal, cujo montante era de R$11,4 bilhões em janeiro de 2021 e passou para R$23,5 bilhões em dezembro do mesmo ano.

Passivos históricos passaram a ser regularizados por meio da transação da dívida ativa da União de forma a viabilizar a concessão da recuperação judicial que contemple equacionamento de todo o passivo, inclusive o fiscal, a exemplo das transações celebradas com os Grupos Abril[19], IESA[20] e Maksoud[21].

Com a regulamentação da transação, ainda a propósito dos benefícios de seu advento para empresas em situação de crise econômico-financeira, não há mais justificativa jurídica ou fática para a desconsideração da exigência de regularidade fiscal para a concessão da recuperação, tal como demandam os artigos 57, da Lei nº 11.101/2005, e 191-A, do CTN. Vale apontar que os planos aprovados estabelecem, segundo estudo da Associação Brasileira de Jurimetria,[22] "*taxas de deságio médio de 47,2% para os credores titulares de créditos com garantias reais*" e

[18] Vide, sobretudo, o art. 10-C, da Lei nº 10.522/2002, que permite ao devedor postulante da concessão da recuperação judicial a apresentação de proposta de transação relativa a créditos inscritos em dívida ativa da União com condições mais benéficas do que as autorizadas aos devedores pessoas jurídicas em geral.

[19] Disponível em https://www.gov.br/pgfn/pt-br/assuntos/divida-ativa-da-uniao/painel-dos-parcelamentos/termos-de-transacao/termo-de-transacao-individual-abril-x.pdf

[20] Disponível em https://www.gov.br/pgfn/pt-br/assuntos/divida-ativa-da-uniao/painel-dos-parcelamentos/termos-de-transacao/termo-de-transacao-individual-iesa.pdf

[21] Disponível em https://www.gov.br/pgfn/pt-br/assuntos/divida-ativa-da-uniao/painel-dos-parcelamentos/termos-de-transacao/termo-de-transacao-individual-hm-hoteis-e-turismo.pdf

[22] ASSOCIAÇÃO BRASILEIRA DE JURIMETRIA, *Processos de recuperação judicial distribuídos nas Comarcas do Estado de São Paulo entre janeiro de 2010 e julho de 2017*, disponível em https://abj.org.br/cases/2a-fase-observatorio-da-insolvencia/

"*pagamento dos credores quirografários, com deságio médio de 70,8%*", percentuais compatíveis com aquele estabelecido no Art. 10-C, inc. II, da Lei nº 10.522/2002.

Neste sentido, têm decidido os tribunais de justiça brasileiros, a exemplo dos sediados nos Estados de São Paulo e Rio de Janeiro:

> Recuperação judicial — plano de recuperação judicial — p&p indústria de plásticos e transportes eireli — decisão homologatória do plano controle judicial de legalidade exigência de certidão negativa de débito fiscal arts. 57 e 58 da lei nº 11.101/2005; art. 191-a, ctn — A Lei nº 14.112/2020 veio revigorar a posição do crédito fiscal. Conferiu maior autonomia à execução fiscal (art. 6º, § 7º-B, LRE), deu maior elasticidade ao parcelamento do débito fiscal na recuperação judicial (art. 68, LRE, c.c. art. 10-A, 10-B e 10-C da Lei nº 14.112/2020) e novo tratamento à Fazenda Pública nos procedimentos falimentares (arts. 7º-A, 83, III, e 86, LRE). *No tocante à certidão negativa de débito, a exigência passou a ser inarredável e condicionante à concessão da recuperação judicial.*
>
> Primeiro, que os arts. 57 e 58, LRE, e o art. 191-A, CTN, prevêem expressamente tal requisito para a concessão da recuperação judicial. Segundo, que a legislação específica a que alude o art. 68, LRE, veio com a edição da Lei n. 14.112/2020, dando nova dicção à Lei n. 10.522/2002, dispondo que a empresa recuperanda pode liquidar seus débitos mediante parcelamento. Terceiro, que o parcelamento ou a transação, além de serem meios de liquidação da dívida fiscal, servem de mecanismo de análise e controle da saúde financeira da empresa pela Fazenda Pública, autorizando a convolação da recuperação judicial em falência em caso de inadimplemento (art. 73, V e VI, LRE; art. 10-A, V, c.c. § 4º-A, IV, da Lei n. 10.522/2002) Precedentes das Câmaras Reservadas de Direito Empresarial do tjsp recurso provido, com determinação.[23]

Assim, em que pese a orientação do Superior Tribunal de Justiça pela desnecessidade da apresentação das CNDs no processo de recuperação judicial, não há como deixar de reconhecer que a Lei 14.112/2020 configura verdadeiro ius superveniens capaz de influir no julgamento da lide, e que por essa razão deve ser considerado neste processo, em obséquio

[23] TJSP. *Agravo de Instrumento nº 2210390-79.2021.8.26.0000.* Relator Desembargador Sérgio Shimura. Julgado em 04 de fevereiro de 2022. Grifo nosso.

à regra insculpida no artigo 493 do CPC/15, até que haja nova manifestação daquela Corte Superior.

Em outras palavras, o artigo 57 da Lei 11.101/05 e o artigo 191-A do Código Tributário Nacional, sob a nova roupagem que lhes deram as leis 13.043/2013 e 14.112/2020, devem ser aplicados ou terem sua inconstitucionalidade reconhecida, sendo que nada, na opinião deste Relator, autoriza a declaração de nulidade dos dispositivos da Lei 11.101 ou dos artigos das leis de parcelamento que se mostram concretamente necessários à dedução do pedido recuperacional.

Meu voto é no sentido de dar provimento ao recurso para cassar a decisão que homologou o plano de recuperação judicial sem a comprovação da regularidade fiscal.[24]

Conclusões

Com o arrefecimento da pandemia a partir da vacinação em massa da população e avanço nos tratamentos da doença, nos é dado enxergar a estabilização dos efeitos econômicos da Covid. Finaliza-se o período de adesão do Programa de Retomada Fiscal, primeiro grande programa de transação tributária após a edição da Medida Provisória n. 899, de 2019, criado pela PGFN e moldado para esse momento.

Ainda que encerrado o programa responsável pela maior parte das adesões nos primeiros dois anos de prática do instituto, a possibilidade de adesão no âmbito da União é perene, sendo constante oportunidade para os contribuintes discutirem com o ente público a melhor maneira de solucionar as lides havidas no relacionamento fiscal.

A transação tributária, agora consolidada, mostrou-se relevante como mecanismo sólido de resolução de conflitos. Seus impactos, muito além do incremento de arrecadação, alcançam a otimização dos serviços do Poder Judiciário, a facilitação da obtenção da regularidade fiscal, o fortalecimento da justiça fiscal no âmbito da cobrança e o combate aos planejamentos tributários refis-dependentes.

[24] Trecho do seguinte Acórdão: *TJRJ. Agravo de Instrumento nº 0046087-14.2020.8.19.0000.* Relator Desembargador Eduardo Gusmão Alves de Brito Neto, julgado em 06 de abril de 2021.

Referências

ASSOCIAÇÃO BRASILEIRA DE JURIMETRIA, *Processos de recuperação judicial distribuídos nas Comarcas do Estado de São Paulo entre janeiro de 2010 e julho de 2017*, disponível em https://abj.org.br/cases/2a-fase-observatorio-da-insolvencia/.

ORGANIZAÇÃO PARA A COOPERAÇÃO E DESENVOLVIMENTO ECONÔMICO (OCDE), *Compliance Risk Management: Managing and Improving Tax Compliance*, 2004. Disponível em https://www.oecd.org/tax/administration/33818656.pdf.

Parisi, Fernanda Drummond. *A Transação Tributária no Brasil — Supremacia do Interesse Público e a Liquidação do Crédito Tributário.* 1ª Edição. São Paulo: Editora IOB SAGE, 2017.

Paulsen, Leandro. *Curso de direito tributário completo.* 11ª ed. São Paulo: Saraiva Educação, 2020.

PGFN, *Nota Conjunta SEI nº 2/2021/PGDAU-CGR/PGDAU/PGFN-ME*, disponível em https://www.gov.br/pgfn/pt-br/assuntos/divida-ativa-da-uniao/estudos-sobre-a-dau/sei_me-17016922-nota-conjunta.pdf.

PGFN, *Nota SEI nº 7/2022/PGDAU-CDA-COAGED/PGDAU-CDA/PGDAU/PGFN-ME*, disponível em https://www.gov.br/pgfn/pt-br/assuntos/divida-ativa-da-uniao/estudos-sobre-a-dau/boletim-de-acompanhamento-gerencial-da-divida-ativa-da-uniao-e-do-fgts-edicao-anual-2021.pdf.

Rawls, John, *Uma Teoria da Justiça*, Tradução de Almiro Pisetta e Lenita M. R. Esteves. São Paulo: Editora Martins Fontes, 2000.

RECEITA FEDERAL DO BRASIL (RFB), *Estudo sobre os Impactos dos Parcelamentos Especiais*, disponível em https://www.gov.br/receitafederal/pt-br/assuntos/orientacao-tributaria/pagamentos-e-parcelamentos/arquivos-e-imagens-parcelamento/estudo-sobre-os-impactos-dos-parcelamentos-especiais.pdf.

Souza, Danielle Nascimento Nogueira de, *Neurodireito, Psicologia e Economia Comportamental no combate à evasão fiscal*. Rio de Janeiro: Lumen Juris, 2019.

Watson, Camila E. *Tax Procedure and Tax Fraud in a nutshell.* 4ª Edição. Estados Unidos da América: Editora West, 2011.

17.
A ARBITRAGEM COMO MÉTODO VIÁVEL PARA SOLUÇÃO DE CONTROVÉRSIAS TRIBUTÁRIAS

Priscila Faricelli de Mendonça

1. Contextualizando

O contencioso tributário, no atual contexto brasileiro, é marcado por morosidade e pela imensa quantidade de processos judiciais e administrativos pendentes de julgamento, em todas as esferas. Medidas vem sendo adotadas por parte dos fiscos para acelerar a arrecadação frente à absoluta ineficiência dos executivos fiscais. Em contrapartida, quantitativamente os impactos das demandas tributárias no Judiciário são arrebatadores.

Levantamento da Edição de 2021 do Relatório Justiça em Números do Conselho Nacional de Justiça (CNJ), os processos de execução fiscal representam, atualmente, 36% do total de casos pendentes no Poder Judiciário, com taxa de congestionamento de 73% (sem as execuções fiscais, a taxa de congestionamento seria de 66,9%).

Apenas considerando o âmbito da Procuradoria Geral da Fazenda Nacional (PGFN), em 2017 havia 9,1 milhões de executivos fiscais em andamento,[1] que concentravam a cobrança de créditos fiscais totali-

[1] Informação disponível em http://fazenda.gov.br/noticias/2017/fevereiro/pgfn-disponibiliza-edicao-2017-do-201cpgfn-em-numeros201d/201cpgfn-em-numeros201d-2017.pdf.

zando R$ 1.84 trilhões. Desse expressivo montante, 64,53% do valor em estoque vinculava-se a 0,32% dos devedores: atuação direcionada, segundo dados divulgados pela própria PGFN. E os malefícios do executivo fiscal no Judiciário brasileiro são veementes, conforme se verifica a partir de dados do Conselho Nacional de Justiça, que anualmente publica o Justiça em Números. Os dados de 2021. apontavam que em 2020, 36% dos casos em andamento são executivos fiscais. Se consideradas apenas as ações de execução, aquelas que cobram dívidas fiscais representam 75%.

O levantamento feito pelo CNJ no ano de 2020,[2] relativo aos dados de 2019, mostra que as execuções fiscais representavam cerca de 70% de todos os processos executivos em trâmite no Judiciário, e chegam a 39% de todos os processos em andamento (executivos e não executivos). Os dados de 2021, relativos a 2020, mostram redução desse percentual: as execuções fiscais eram 36% dos processos em andamento. Somente no Tribunal de Justiça do Estado de São Paulo, maior tribunal do país, os recursos que derivam de executivos fiscais correspondiam, em 2019, a 63,5% dos casos ativos (ou seja, quase 12 milhões de casos). Ou seja, boa parte da estrutura do maior tribunal nacional esgota-se para julgamento de ações executivas fiscais.

Os dados apresentados pelo CNJ em 2021[3] mostram que esse cenário não foi alterado. Para comparação, o tempo médio de tramitação de uma execução não fiscal na Justiça Estadual é de 5 anos e 8 meses, enquanto as execuções fiscais levam cerca de 8 anos e 1 mês tramitando. Na Justiça Federal, as execuções fiscais tramitam por 10 anos e 11 meses, e as execuções não fiscais tramitam por 4 anos. E o volume das execuções fiscais segue elevado, apurou o CNJ. Na Justiça Federal, os processos de execução fiscal correspondem a 46% do acervo total de primeiro grau, e na Justiça Estadual, esse percentual alcança 40% do total de casos.

E as estatísticas de arrecadação do crédito tributário não são animadoras. Especificamente no âmbito federal no mês de dezembro do ano de 2006, o valor das dívidas ativas registradas totalizava o montante de

[2] https://www.cnj.jus.br/wp-content/uploads/2020/08/WEB-V3-Justi%C3%A7a-em-N%C3%BAmeros-2020-atualizado-em-25-08-2020.pdf.

[3] chrome-extension://efaidnbmnnnibpcajpcglclefindmkaj/https://www.cnj.jus.br/wp-content/uploads/2021/09/relatorio-justica-em-numeros2021-12.pdf. acesso em 26.05.2022.

R$ 401.678.658.155,33 (quatrocentos e um bilhões, seiscentos e setenta e oito milhões, seiscentos e cinquenta e oito mil, cento e cinquenta e cinco reais e trinta e três centavos)[4].

Já o valor recuperado via cobrança judicial naquele ano atingiu o equivalente a R$ 2.434.490.731,96[5] (dois bilhões, quatrocentos e trinta e quatro milhões, quatrocentos e noventa mil, setecentos e trinta e um reais e noventa e seis centavos), ou seja, aproximadamente 0,6% do total acumulado.

Os dados divulgados pela PGFN com relação ao ano de 2020 mostram que em 2016 os valores em estoque da dívida ativa alcançavam 1,5 trilhão de reais. Em 2020, esse montante alcançou 2,5 trilhões, o que mostra clara e expressiva elevação.

Os números divulgados pela PGFN também mostram que no ano de 2020, mesmo com os impactos da pandemia de Covid, houve expressiva evolução dos valores recuperados, e desse total cerca de 45% decorreram de parcelamentos e transações, além dos valores recuperados com iniciativas extrajudiciais, tais como corresponsabilização de terceiros e protesto extrajudicial.

Ou seja, novamente fica evidente que o método adequado pode ser benéfico inclusive em se tratando de dados arrecadatórios, sobretudo se feita a contrapartida com o volume de executivos fiscais em tramitação.

Ou seja, o modelo atual não parece satisfatório ao sistema, pois o Judiciário permanece abarrotado de executivos fiscais, que não atingem valores satisfatórios de arrecadação. Momento oportuno, portanto, para se pensar em alternativas viáveis ao sistema atualmente posto.

A PGFN, em ação exitosa, implementou o RDCC (Regime Diferenciado de Cobrança de Crédito), instituído pela Portaria PGFN nº 396, de 2016, que determinou o arquivamento de ações executivas fiscais ajuizadas pela PGFN, nas quais não havia notícia de bens úteis à satisfação do crédito ou discussão acerca da exigibilidade da cobrança, com valor até R$ 1.000.000,00 para que as buscas por bens passíveis de

[4] Fonte:http://www.pgfn.fazenda.gov.br/publicacoes/estatisticas-da-divida-ativa-da-uniao/ESTOQUE%20D.A.U%20-%20VALOR.pdf/.

[5] Fonte:http://www.pgfn.fazenda.gov.br/publicacoes/estatisticas-da-divida-ativa-da-uniao/ARRECADACaO%20ANUAL%20DA%20D.A.U.pdf/, excluindo-se os valores equivalentes ao arrecadado em razão dos programas de recuperação fiscal (REFIS e PAES), bem como os valores decorrentes de arrecadação bruta da Defesa Nacional.

penhora e devedores ativos fosse feita administrativamente. Os resultados desse programa podem ser analisados em artigo publicado sobre o tema.[6]

Essa exitosa iniciativa da PGFN mostra que para solução da atual situação do contencioso tributário, é necessário que sejam disponibilizados aos fiscos e contribuintes novas formas de solução de controvérsias tributárias.

Justamente diante dessa necessidade, medidas vêm sendo adotadas pelo Conselho Nacional de Justiça para que os conflitos levados ao judiciário passem a receber tratamento adequado, como, por exemplo, se deu com a edição da Resolução 125, que prevê política para inserção de mediação e conciliação obrigatórias no âmbito do próprio Judiciário.

O Código de Processo Civil de 2015 prioriza soluções consensuais dos conflitos. Já no seu artigo 3º, o CPC estabelece que "O Estado promoverá, sempre que possível, a solução consensual dos conflitos", bem como que "A conciliação, a mediação e outros métodos de solução consensual de conflitos deverão ser estimulados por juízes, advogados, defensores públicos e membros do Ministério Público, inclusive no curso do processo judicial".

Como já tive a oportunidade de escrever,[7] as disputas tributárias envolvem muito frequentemente complexas questões técnicas. Perícias são comuns não apenas nas ações judiciais, mas também nos processos administrativos que muitas vezes baixam dos tribunais de segunda instância para diligências nas delegacias regionais tributárias. Laudos contábeis ou análises de engenharia são muito frequentemente decisivos na solução das disputas tributárias.

Eis campo bastante fértil para ser levado à arbitragem tributária. E o julgamento de aspectos fáticos nas disputas tributárias por arbitragem, desde que haja devida previsão legal, não violaria a estrita legalidade tributária nem tampouco a isonomia.[8]

[6] Redução de executivos fiscais e os impactos arrecadatórios decorrentes do Regime Diferenciado de Cobrança de Crédito instituído pela PGFN: dados resultantes da pesquisa realizada em parceria pelo Centro Brasileiro de Estudos e Pesquisas Judiciais (CEBEPEJ), pela Escola da Advocacia-Geral da União na 3ª Região, pela Procuradoria-Geral da Fazenda Nacional e pela Escola de Magistrados da Justiça Federal da 3ª Região (TRF 3ª Região).

[7] Por todos, nosso "Arbitragem e transação tributárias".

[8] Sobre a necessidade de lei dispondo sobre a arbitragem tributária, novamente remetemos ao nosso "Arbitragem e transação tributárias".

É justamente nesse contexto que o presente artigo pretende analisar alguns aspectos relacionados aos Projeto de Lei 4468/2020 (PL 4468), de iniciativa da Senadora Daniella Ribeiro, que trata da arbitragem tributária como método disponível à solução de conflitos, bem como o Projeto de Lei 4257/2019 (PL 4257), de iniciativa do Senador Antonio Anastasia, que trata da implementação da execução administrativa e da arbitragem tributária no Brasil.

2. Arbitragem e execução administrativa

O PL 4257/19, a exemplo do PL 469/2009, trata da arbitragem tributária, mas não somente. Ele introduz também da implementação de execução administrativa.

São dois institutos controversos que, no nosso entendimento, mereciam ser abordados em iniciativas legislativas distintas.

No tocante à execução administrativa, temos entendimento de que se trata de medida indubitavelmente inconstitucional, na medida em que pelo sistema constitucional e legal atuais não pode haver expropriação de bens sem observância do devido processo legal.

Nesse tocante, vale mencionar recente julgamento do STF sobre a averbação pré-executória, criada com alteração da Lei 10.522/2002 e que determina a mera anotação em órgãos de registro sobre existência de dívidas fiscais de contribuintes. As alterações promovidas na referida lei para tratar da averbação e indisponibilização de bens sem a necessidade de ato judicial teve a constitucionalidade questionada, mesmo que as normas, ressalta-se, não tratassem de qualquer espécie de desapropriação de bens (como pretende o PL 4257/19). Trata-se do julgamento das Ações Diretas de Inconstitucionalidade 5881, 5886, 5929, 5931 e 5932, ocorridos em dezembro de 2020,

Na ocasião, o STF validou a averbação, justamente por entender que não se tratava de expropriação de bens, mas já tratou de afastar a possibilidade de se decretar a indisponibilidade dos bens sem a atuação do Poder Judiciário. Ou seja, se a orientação do STF vai no sentido de que mera decretação de indisponibilidade de bens sem atuação judicial é inconstitucional, que se diga quanto à expropriação de bens, tal qual pretende o PL 4257/2019.

A arbitragem tributária é instituto que, embora não possua qualquer impedimento legal, traz questões e aspectos polêmicos. Já analisamos em profundidade o cabimento da arbitragem tributária, tendo concluído pela inexistência de óbices legais ou constitucionais, mas pela imprescindibilidade de regulamentação legal para o instituto.[9]

No entanto, a despeito de não haver barreiras legais, a arbitragem tributária certamente é instituto controverso e que não foi, até o momento da redação do presente estudo, instituído, embora haja desde 2009 projetos de lei tratando do instituto, o que evidencia a necessidade de um debate amplo sobre sua instituição.

Nesse contexto, entende-se prudente que os institutos não sejam aglutinados numa mesma iniciativa legislativa, de modo que possam ter suas tramitações legislativas sem que haja interferência entre eles.

2.1. Sistema diferenciado da arbitragem comercial

Não há vedação para que tribunais privados ou mesmo centros de conciliação e/ou mediação validem atos normativos quer sob a perspectiva legal, quer constitucional. Tanto é assim que a Lei de Arbitragem (lei 9.307/96) foi declarada constitucional pelo STF.

E desde o início da prática de arbitragem no Brasil foi viabilizada a participação do poder público. Mencione-se o famoso Caso Lage[10] julgado pelo Supremo Tribunal Federal, ocasião na qual foi ressaltado no acórdão não ser possível a interdição do Juízo Arbitral nas causas contra a Fazenda, "o que importaria numa restrição à autonomia contratual do Estado que, como toda a pessoa 'sui juris', pode prevenir o litígio pela via transacional, não se lhe podendo recusar esse direito, pelo menos na sua relação de natureza contratual ou privada, que só estas podem comportar soluções pela via arbitral, dela excluídas aquelas em que o Estado age como Poder Público que não podem ser objeto de transação",[11] o legislador optou por alterar a lei de arbitragem, em 2015, para prever expressamente que o poder público poderá solucionar seus conflitos relativos a direitos patrimoniais disponíveis por meio de arbitragem.

[9] Novamente, vale consultar nosso "Arbitragem e transação tributárias".

[10] STF. Ag 52.181. Tribunal Pleno. DJ de 13/02/1974.

[11] Vale destacar outros julgados oriundos do Superior Tribunal de Justiça que, mais recentemente, igualmente decidiram pela viabilidade de o poder púbico solucionar controvérsias por arbitragem: REsp 904.813, MS 11.308, dentre outros.

De modo que não houvesse margem de dúvidas quanto à viabilidade de o poder público utilizar a arbitragem para solucionar conflitos, foi, em 2015, inserido no art. 1º da Lei 9.306/96 o parágrafo 1º, permitindo que "*a administração pública direta e indireta poderá utilizar-se da arbitragem para dirimir conflitos relativos a direitos patrimoniais disponíveis*".

Mais adiante, o parágrafo 2º também inserido no dispositivo da Lei de Arbitragem, preceitua que "*A autoridade ou o órgão competente da administração pública direta para a celebração de convenção de arbitragem é a mesma para a realização de acordos ou transações*".

Ou seja, em se tratando de direito patrimonial disponível o poder público poderá solucionar seus conflitos por arbitragem.

No entanto, a arbitragem comercial possui contornos e garantias que a diferenciam da arbitragem tributária e, por tal razão, é importante que para implementação de arbitragem no âmbito tributário seja criado um sistema diferenciado daquele regulado pela Lei de Arbitragem.

O PL 4468 teve esse cuidado, chegando a denominar o instituto criado de "Arbitragem especial tributária", não se remetendo, assim, à Lei 9.307. Note-se que o PL 4468 traz em detalhes todo o procedimento e regras aplicáveis, sem se remeter à lei que trata da arbitragem comercial.

Entende-se recomendável esse cuidado. Afinal, a arbitragem comercial possui contornos absolutamente incompatíveis com o que seria viável em se tratando de arbitragem tributária. Para exemplificar, a arbitragem tributária jamais poderia estar prevista em cláusula compromissória, eis que a relação jurídico-tributária não decorre de relação contratual.

Outrossim, a arbitragem tributária encontra contornos necessários para se evitar quebra de isonomia que serão essenciais para o bom desenvolvimento do instituto, mas que não podem interferir na prática da arbitragem comercial regulada pela Lei 9.307.

Ademais, não se vislumbra arbitragem tributária qualquer margem de possibilidade para realização de arbitragem em tribunal *ad hoc,* diante da legalidade que permeia as relações entre fiscos e contribuintes. Já na arbitragem comercial, tal possibilidade é concreta e praticada.

Enfim, são alguns aspectos que ilustram a incompatibilidade entre os institutos, o que justifica e sugere que sejam regidos por normativos distintos.

2.2. Regulamentação legal e necessidade de adesão pelas pessoas jurídicas de direito público

A existência de lei regulamentando a arbitragem tributária é essencial para que, no âmbito da estrita legalidade tributária, seja possível a instauração adequada do instituto.

No entanto, na medida em que a arbitragem não deve ser imposta aos litigantes sem que haja manifestação de vontade pela renúncia à jurisdição estatal e, por conseguinte, adesão à arbitragem para solução da controvérsia, é recomendável que as pessoas jurídicas de direito público regulamentem sua opção pela arbitragem, trazendo em detalhes as situações nas quais a arbitragem seria método de solução de conflitos adequado, e inclusive abordando sobre aspectos relativos ao procedimento (tais quais câmaras autorizadas a julgar o conflito, regras sobre formação do tribunal etc.). Tal qual ocorre no Decreto 10.025, que regulamenta a arbitragem em litígios que envolvam a administração pública federal nos setores portuário e de transporte rodoviário, ferroviário, aquaviário e aeroportuário.

Nesse aspecto, ambos os projetos de lei determinam que as pessoas jurídicas de direito público regulamentem as situações em que poderão os conflitos tributários ser levados à solução por arbitragem. Vale, apenas, cuidar para que também haja espaço para que o contribuinte faça sua opção pelo procedimento, de modo que a solução arbitral seja decorrente de manifestação de vontade de ambas as partes envolvidas.

2.3. Arbitragem e extinção do crédito tributário

O PL 4257 prevê arbitragem após garantia do juízo do executivo fiscal, permitindo que o contribuinte que opte por solucionar a controvérsia já judicializada por meio de arbitragem. Com isso, a sentença arbitral seria fator de extinção (total ou parcial) do crédito tributário, o que não encontra previsão no artigo 156 do Código Tributário Nacional (lei recepcionada pela Constituição Federal de 1988 com status de lei complementar e que traz as hipóteses de extinção do crédito tributário).

O PL 4468, a seu turno, trata de arbitragem preventiva, em situações nas quais não haja ainda crédito tributário constituído, justamente para não esbarrar na falta de previsão legal, em lei complementar, de que a sentença arbitral é instrumento capaz de extinguir o crédito tributário.

Tratam-se, certamente, de procedimentos complementares entre si, que poderão ser adotados concomitantemente. No entanto, se entende recomendável que a sentença arbitral somente possa extinguir o crédito tributário após alteração de redação do Código Tributário Nacional, evitando-se, assim, que a constitucionalidade da arbitragem seja questionada por desalinhamento aos critérios legais.

Ademais, a instauração da arbitragem tributária demandará também ajustes nas condições que suspendem a exigibilidade do crédito tributário, e também relativas a prescrição do crédito tributário, aspectos que, conforme artigo 146 da Constituição Federal, devem ser trazidos por lei complementar.

3. Câmaras arbitrais e o tribunal arbitral

O Brasil possui câmaras arbitrais de excelência internacionalmente reconhecida, que certamente poderão receber, processar e julgar as arbitragens tributarias.

Não se vislumbra, desse modo, necessidade de que seja criado tribunal específico para julgar as arbitragens tributárias, sendo plenamente viável que as câmaras de arbitragem absorvam também os conflitos fiscais.

Até mesmo porque já existem tribunais administrativos que julgam os processos administrativos fiscais, existentes em âmbitos nacional, estaduais e municipais, sendo tribunais paritários que tramitam no âmbito das secretarias de finanças e fazendas. Ou seja, os tribunais administrativos desempenham papel absolutamente relevante no julgamento de processos e controvérsias tributárias.

No entanto, duas observações são absolutamente relevantes. A primeira delas é que deve haver critério objetivo para credenciar as câmaras privadas capacitadas à solução das controvérsias tributárias. O PL 4468 traz esse critério de forma bastante objetiva, e isso é altamente recomendável.

As câmaras arbitrais brasileiras têm excelência internacionalmente reconhecida, e certamente possuem experiência e seriedade dignas de acolher discussões tributárias, na medida em que árbitros e técnicos corretos sejam escolhidos para atuar nos casos.

Outro aspecto é o fato de que as pessoas jurídicas de direito público poderão também selecionar câmaras privadas, o que seria realizado nas regulamentações a serem elaboradas para tratar das situações nas quais a arbitragem tributária seria viável.

Conclusões

A possibilidade de o poder público dispor do crédito tributário é efetiva, existente e real, na medida em que o Código Tributário Nacional permite a anistia, remissão ou mesmo a transação. A disponibilidade e patrimonialidade necessárias à adoção da arbitragem para solução do conflito tributário, requisitos legais essenciais à definição da arbitrabilidade das controvérsias em exame, se encontram, portanto, presentes.

Ademais, afora ser o crédito tributário disponível, importante notar que a submissão de conflito tributário à solução arbitral não representará disposição do crédito tributário — o que demandaria lei regulamentadora. Nessa opção, a escolha é pela renúncia à jurisdição judicial estatal, e não pela disposição do crédito tributário.

Desse modo e pela inexistência de expresso óbice legal ou constitucional, entendemos que o ambiente legislativo brasileiro não afasta ou proíbe a adoção da arbitragem tributária, sendo recomendável que haja debate e tramitação dos projetos de lei pendentes no Congresso Nacional sobre o tema.

Devem, apenas, ser tomados cuidados, tais quais a alteração do Código Tributário Nacional para que a sentença arbitral possa inconteste de questionamentos operar suspensão da exigibilidade do crédito tributário ou mesmo sua extinção, bem como que seja criado um sistema diferenciado da arbitragem comercial, para que os institutos, embora semelhantes, preservem suas fundamentais distinções.

Afinal, é o momento de se reler a relação entre fisco e contribuinte, na medida em que os métodos de solução das controvérsias fiscais devem ser adequados e confiáveis para que a decisão técnica e juridicamente correta prevaleça — afinal, o crédito tributário é custeio estatal, mas seu ônus é arcado pelos contribuintes brasileiros. Deve haver, assim, uma tributação justa, legal e razoável. E os métodos alternativos ao jurisdicional estatal para solução de conflitos contribuem ao diálogo dos agentes envolvidos.

Referências

GRAMSTRUP, Erik Frederico; CONRADO, Paulo César; NOLASCO, Rita Dias; MENDONÇA, Priscila Faricelli de. Redução de executivos fiscais e os impactos arrecadatórios decorrentes do Regime Diferenciado de Cobrança de Crédito instituído pela PGFN: dados resultantes da pesquisa realizada em parceria pelo Centro Brasileiro de Estudos e Pesquisas Judiciais (CEBEPEJ), pela Escola da Advocacia-Geral da União na 3ª Região, pela Procuradoria-Geral da Fazenda Nacional e pela Escola de Magistrados da Justiça Federal da 3ª Região (TRF 3ª Região), in Desjudicialização, Justiça Conciliativa e Poder Público. Coord. NOLASCO, Rita Dias [et. Al.]. São Paulo: Thomson Reuters Brasil, 2021, pg. 93-110.

MENDONÇA, Priscila Faricelli de. *Arbitragem e transação tributárias.* Gazeta Jurídica. São Paulo: 2014.

18. A ADOÇÃO DA ARBITRAGEM TRIBUTÁRIA NO BRASIL NA VISÃO DO PODER EXECUTIVO

Luis Inácio Lucena Adams
Louise Dias Portes

Introdução

A relação entre os contribuintes e a Administração Tributária no Brasil tem apresentado inúmeros problemas cujo reflexo tem sido o crescente nível de litigiosidade. Conforme o Relatório "Justiça em Números", preparado pelo Conselho Nacional de Justiça ("CNJ"), os processos de execução fiscal representam, aproximadamente, 36% do total de casos pendentes e 68% das execuções pendentes no Poder Judiciário.[1] Em números totais, são 20 milhões de processos apenas referentes a execuções fiscais, em um universo de 74 milhões de processos judiciais, sem considerar todos os processos envolvendo litígios tributários.

O presente artigo examinará a utilização das formas alternativas das resoluções de conflitos tributários, com foco na arbitragem, bem como a experiência internacional sobre a matéria. A partir disso, será analisada a visão do Poder Executivo brasileiro no tocante à adoção da arbitragem na esfera tributária.

[1] BRASIL. Conselho Nacional de Justiça. Justiça em Números 2021. Disponível em: https://www.cnj.jus.br/wp-content/uploads/2021/09/relatorio-justica-em-numeros2021-12.pdf. Acesso em: 3 out. 2021.

Considerando as suas quatro funcionalidades básicas — quais sejam: fiscalização, tributação, arrecadação e armazenamento e controle das informações econômico-fiscais —, a Administração Tributária brasileira é alvo de inúmeros questionamentos relativos à forma como tais funcionalidades são conduzidas, por não promover um ambiente de confiança, responsividade com o contribuinte e segurança jurídica. Isso traduz-se em um modelo tendencialmente litigioso que força planejamentos tributários por parte de ambos os polos, Estado e contribuinte.

Dentre os fatores ensejadores da realidade da aplicação da norma tributária altamente litigiosa, o estudo conduzido pelo Instituto Brasileiro de Planejamento e Tributação (IBPT) sobre os 32 anos da Constituição Federal apresenta informações referentes à quantidade de normas tributárias editadas desde 1988, evidenciando a excessiva complexidade desse sistema.[2]

Em 1990, por exemplo, havia 123.893 normas tributárias. Esse número passou para 186.588 em 2000. Em 2020, o número de normas tributárias editadas pelas esferas federal, estadual e municipal saltou para 419.387, sendo 32.104 normas federais, 138.042 normas estaduais e 249.241 normas municipais.

A análise desses registros quantitativos leva à conclusão de que, em média, 52 novas normas tributárias são editadas a cada dia útil, o que acaba por impactar diretamente no caixa das empresas, além de gerar novas instâncias de insegurança e litígio. De acordo com o estudo do IBPT, as empresas gastam cerca de R$ 162 bilhões por ano para manter pessoal, sistemas e equipamentos no acompanhamento das modificações da legislação.

Nesse compasso, estudo divulgado pelo Banco Mundial em 2021 retratou que o Brasil é o país onde as empresas gastam mais tempo para cumprir todas as regras do Fisco, conforme a seguir:

> Em todas as 27 localidades do Brasil, as empresas despendem entre 1.483 e 1.501 horas por ano para preparar, declarar e pagar tributos, mais do que qualquer outro país. Uma legislação e obrigações complexas,

[2] IBPT. Estudo sobre a quantidade de normas editadas no Brasil desde a última constituição. Disponível em: https://ibpt.com.br/estudo-sobre-a-quantidade-de-normas-editadas-no-brasil-desde-a-ultima-constituicao-2020/. Acesso em: 3 out. 2021.

> cálculos complicados e a quantidade de informações exigidas para as declarações fiscais estão entre os principais desafios.[3]

Aliado a isso, segundo informações do Conselho Administrativo de Recursos Fiscais ("CARF"), o estoque de processos administrativos fiscais que tramitam no órgão público em julho de 2021 é de, aproximadamente, 95.900 processos, que correspondem a R$ 882 bilhões em crédito tributário.[4]

Na esfera judicial, o Relatório "Justiça em Números", elaborado pelo Departamento de Pesquisas Judiciárias do CNJ, reúne dados relevantes dos 90 órgãos do Poder Judiciário elencados no artigo 92 da Constituição Federal, excluindo o Supremo Tribunal Federal e o Conselho Nacional de Justiça, que possuem relatórios separados. Como já citado acima, constam no Relatório de 2021 dados relevantes a respeito da temática das execuções fiscais, quais sejam:

> Historicamente as execuções fiscais têm sido apontadas como o principal fator de morosidade do Poder Judiciário. [...]
>
> Os processos de execução fiscal representam, aproximadamente, 36% do total de casos pendentes e 68% das execuções pendentes no Poder Judiciário, com taxa de congestionamento de 87%. Ou seja, de cada cem processos de execução fiscal que tramitaram no ano de 2020, apenas 13 foram baixados. [...]
>
> O tempo médio de tramitação do processo de execução fiscal baixado no Poder Judiciário é de 8 anos e 1 mês. [...][5]

De forma adicional e agravante, segundo o estudo "Contencioso Tributário no Brasil", elaborado pelo Insper, estimou-se que o contencioso

[3] INTERNATIONAL BANK FOR RECONSTRUCTION AND DEVELOPMENT/THE WORLD BANK. *Doing Business Subnacional Brasil 2021.* Disponível em: https://portugues.doingbusiness.org/content/dam/doingBusiness/media/Subnational/DB2021_SNDB_Brazil_Full-report_Portuguese.pdf. Acesso em: 3 out. 2021.

[4] BRASIL. Conselho Administrativo de Recursos Fiscais. Dados Gerenciais do CARF. Disponível em: http://carf.economia.gov.br/dados-abertos/dados-abertos-202108-final.pdf. Acesso em: 3 out. 2021.

[5] BRASIL. Conselho Nacional de Justiça. Justiça em Números 2021. Disponível em: https://www.cnj.jus.br/wp-content/uploads/2021/09/relatorio-justica-em-numeros2021-12.pdf. Acesso em: 3 out. 2021.

tributário brasileiro alcançou 5,44 trilhões de reais em 2019, ou seja, 75% do Produto Interno Bruto ("PIB") daquele ano. Esse percentual foi obtido a partir da composição das estimativas de contencioso tributário, judicial e administrativo, nos três níveis federativos.[6]

Desse modo, é possível concluir que o sistema tributário brasileiro é marcado por excessiva complexidade, burocracia, alta litigiosidade, morosidade, ineficiência arrecadatória e déficit da atividade jurisdicional.

Considerando, portanto, que o tradicional modelo de resolução de conflitos no âmbito tributário, por meio de processos administrativos e judiciais, não tem atendido aos anseios da Administração, tampouco dos contribuintes, diante de processos morosos e custosos que, ao final, não trazem vantagens a nenhuma das partes e carecem de satisfatividade, surgem questionamentos acerca da possibilidade e utilidade das formas alternativas de resolução de conflitos, especialmente a arbitragem, para solucionar controvérsias em matéria tributária no Brasil.

1. Formas autocompositivas e heterocompositivas de resolução dos conflitos

No Brasil, segundo Rafael Silva Perpetuo, a autocomposição pode ser dividida em três modalidades, quais sejam, (i) a negociação (quando o acordo é firmado entre as partes, sem que haja a intervenção de terceiros); (ii) mediação (quando o acordo é firmado na presença de um terceiro imparcial, que ajudará na manutenção da ordem e do diálogo); e (iii) a conciliação (quando existe a presença de um terceiro imparcial, interferindo com fatos e informações relevantes sobre o litígio, buscando a melhor forma de solucionar o impasse).[7]

Já no caso da heterocomposição, a solução do conflito é transferida para um terceiro imparcial (árbitro ou juiz), responsável por estabelecer a resposta definitiva e impositiva em relação às partes. Assim, a heterocomposição pode ocorrer de duas formas: (i) jurisdição estatal (quando uma das partes, exercendo seu direito de ação, leva o conflito à apreciação do Poder Judiciário, que proferirá uma decisão investida de poder

[6] INSPER. Contencioso Tributário no Brasil: Relatório 2020 — Ano de Referência 2019. Disponível em: https://www.insper.edu.br/wp-content/uploads/2021/01/Contencioso_tributario_relatorio2020_vf10.pdf. Acesso em: 3 out. 2021.

[7] SILVA PERPETUO, Rafael. *et al. Os Métodos Adequados de Solução de Conflitos: mediação e conciliação. In* Revista da Faculdade de Direito de São Bernardo do Campo. v. 24. n. 2. 2018.

coercitivo); e (ii) arbitragem (quando as partes submetem o litígio à apreciação de um terceiro altamente especializado — o árbitro — que irá solucioná-lo por meio de uma decisão que vincula as partes).

A transação, enquanto método autocompositivo, já está prevista no inciso III do art. 156 do Código Tributário Nacional como modalidade extintiva do crédito tributário. Mas começou a ter dinamismo quando foi objeto de regulamentação na esfera tributária por meio da edição da Lei nº 13.988/2020, que "estabelece os requisitos e as condições para que a União, as suas autarquias e fundações, e os devedores ou as partes adversas realizem transação resolutiva de litígio relativo à cobrança de créditos da Fazenda Pública, de natureza tributária ou não tributária".[8]

Já no que se refere à opção heterocompositiva, a arbitragem, inexiste legislação a admitir a utilização da arbitragem na esfera tributária, com exceção da regra geral do § 1º do art. 1º da Lei nº 9.307/1996, introduzida pela Lei nº 13.129/2015. Apenas alguns Projetos de Lei estão em tramitação, como o PL nº 4.257/2019[9] e o PL nº 4.468/2020[10].

A Lei nº 13.129/2015[11], ao modificar a Lei nº 9.307/1996[12] (Lei de Arbitragem), permitiu à administração pública direta e indireta utilizar-se

[8] BRASIL. Lei nº 13.988, de 14 de abril de 2020. Dispõe sobre a transação nas hipóteses que especifica; e altera as Leis nºs 13.464, de 10 de julho de 2017, e 10.522, de 19 de julho de 2002. *Diário Oficial da União*: seção 1 — extra, Brasília, DF, p. 1-2, abril 2020. MPV nº 899/2019. Disponível em: http://www.planalto.gov.br/ccivil_03/_ato2019-2022/2020/lei/l13988.htm. Acesso em: 5 out. 2021.

[9] BRASIL Senado Federal. Projeto de Lei nº 4.257, de 2019. Modifica a Lei nº 6.830, de 22 de setembro de 1980, para instituir a execução fiscal administrativa e a arbitragem tributária, nas hipóteses que especifica. Brasília: Senado Federal, 2019. Disponível em: https://www25.senado.leg.br/web/atividade/materias/-/materia/137914. Acesso em: 5 out. 2021.

[10] BRASIL Senado Federal. Projeto de Lei nº 4.468, de 2020. Institui a arbitragem especial tributária e dá outras providências. Brasília: Senado Federal, 2020. Disponível em: https://www25.senado.leg.br/web/atividade/materias/-/materia/144536. Acesso em: 5 out. 2021.

[11] BRASIL. Lei nº 13.129, de 26 de maio de 2015. Altera a Lei nº 9.307, de 23 de setembro de 1996, e a Lei nº 6.404, de 15 de dezembro de 1976, para ampliar o âmbito de aplicação da arbitragem e dispor sobre a escolha dos árbitros quando as partes recorrem a órgão arbitral, a interrupção da prescrição pela instituição da arbitragem, a concessão de tutelas cautelares e de urgência nos casos de arbitragem, a carta arbitral e a sentença arbitral, e revoga dispositivos da Lei nº 9.307, de 23 de setembro de 1996. *Diário Oficial da União*: seção 1, Brasília, DF, p. 1. PL nº 7.108/2014. Disponível em: http://www.planalto.gov.br/ccivil_03/_ato2015-2018/2015/lei/l13129.htm. Acesso em: 5 out. 2021.

[12] BRASIL. Lei nº 9.307, de 23 de setembro de 1996. Dispõe sobre a arbitragem. *Diário Oficial da União*: seção 1, Brasília, DF, p. 18897. PL nº 4.018/1993. Disponível em: http://www.planalto.gov.br/ccivil_03/leis/l9307.htm. Acesso em: 5 out. 2021.

da arbitragem para dirimir conflitos relativos a direitos patrimoniais disponíveis, representando um grande avanço no tema da arbitragem administrativa. Esse dispositivo permitiu a discussão sobre a possibilidade de utilização da arbitragem na esfera tributária e também se a autorização legal contida na Lei nº 9.307/1996, com a redação dada pela Lei nº 13.129/2015, seria suficiente para permitir a arbitragem tributária (ou se é necessária previsão em lei específica).

2. Experiência Internacional no tocante à arbitragem tributária

Diversos países adotam a arbitragem como meio de solução de conflitos em âmbito tributário. A título exemplificativo, tem-se Portugal, Itália, Alemanha, Reino Unido e Peru.[13]

Destaca-se, contudo, o pioneirismo e a experiência de Portugal sobre a matéria. Conforme explicado por Conceição Gamito e Carla Castelo Trindade sobre o contexto da instituição do regime de arbitragem tributária nesse País:

[13] Nos Estados Unidos da América, de acordo com a *Administrative Dispute Resolution Act of 1996*, todos os órgãos governamentais são obrigados a buscar sessões de mediação e arbitragem como alternativas aos processos judiciais e administrativos. O *Internal Revenue Service* ("IRS") não é uma exceção a essa regra e criou dois programas distintos para resolver disputas fiscais fora do tribunal. Desse modo, a seção 7123(b)(1) e (2) do *Internal Revenue Code* ("IRC") passou a prever a partir de 1998 a existência de duas formas alternativas de resolução de disputas: a mediação e a arbitragem, tendo apenas a última caráter vinculante. *Cornell Law School. Legal Information Institute. Internal Revenue Code: 26 U.S. Code § 7123 — Appeals dispute resolution procedures.* Disponível em <https://www.law.cornell.edu/uscode/text/26/7123>. Acesso em: 5 out. 2021.
No que concerce à arbitragem, para dar cumprimento ao previsto na seção 7123(b)(2) do IRC, em 18 de janeiro de 2000, foi estabelecido um programa piloto de procedimento arbitral vinculante pelo prazo de dois anos por meio do *Announcement 2000-4*. ESTADOS UNIDOS DA AMÉRICA. *Internal Revenue Service. Test of Arbitration Procedure for Appeals.* Disponível em <https://www.irs.gov/pub/irs-drop/a-00-4.pdf>. Acesso em: 5 out. 2021.
Após várias extensões do programa piloto, o IRS constatou que, durante o período de quatorze anos em que a arbitragem esteve disponível, apenas dois casos foram resolvidos por meio de arbitragem. Por isso, dada a falta geral de demanda por arbitragem e o fato de que seu uso como uma ferramenta para resolver disputas sem litígio não foi comprovado como bem-sucedido, o IRS elminou seu programa de arbitragem por meio do *Rev. Proc. 2015-44*. ESTADOS UNIDOS DA AMÉRICA. *Internal Revenue Service. Rev. Proc. 2015-44.* Disponível em <https://www.irs.gov/pub/irs-drop/rp-15-44.pdf>. Acesso em: 5 out. 2021.

> O regime português da arbitragem tributária foi criado em 2011, ano em que Portugal foi abrangido por um Programa de Ajustamento Económico e Financeiro de três anos, que terminaria apenas em meados de 2014. O Programa incluiu assistência financeira da Comissão Europeia (CE), do Banco Central Europeu (BCE) e do Fundo Monetário Internacional (FMI) — a denominada "Troika" —, como consequência da forte pressão nos mercados financeiros que levaram a descidas da cotação das obrigações portuguesas pelas agências de *rating* e fizeram com que o país se tornasse incapaz de se refinanciar a taxas compatíveis com a sustentabilidade orçamental de longo prazo.
>
> [...]
>
> A criação da arbitragem tributária foi, deste modo, uma iniciativa do Governo português para responder às preocupações e à necessidade de eficiência e rapidez na resolução de litígios tributários.[14]

O preâmbulo do Decreto-Lei nº 10/2011, que implementou o Regime Jurídico da Arbitragem Tributária (RJAT), previu três objetivos claros para a criação de tribunais arbitrais:

> A introdução no ordenamento jurídico português da arbitragem tributária, como forma alternativa de resolução jurisdicional de conflitos no domínio fiscal, visa três objectivos principais: por um lado, reforçar a tutela eficaz dos direitos e interesses legalmente protegidos dos sujeitos passivos, por outro lado, imprimir uma maior celeridade na resolução de litígios que opõem a administração tributária ao sujeito passivo e, finalmente, reduzir a pendência de processos nos tribunais administrativos e fiscais.[15]

Nuno Villa-Lobos (Presidente do Centro de Arbitragem Administrativa — "CAAD") e Tânia Carvalhais Pereira explicam que a aprovação

[14] GAMITO, Conceição. CASTELO TRINDADE, Carla. A Experiência Portuguesa da Arbitragem Tributária: mudança do panorama das decisões em matéria de IVA. *In*: Arbitragem Tributária [livro eletrônico]: Desafios Institucionais Brasileiros e a Experiência Portuguesa. Coordenado por Tathiane Piscitelli, Andréa Mascitto e Priscila Faricelli de Mendonça. 2. ed. em e-book baseada na 2. ed. impressa. São Paulo: Thomson Reuters Brasil, 2019.

[15] PORTUGAL. Decreto-Lei nº 10/2011. Arbitragem em matéria tributária. *Diário da República*: 1ª série, n. 14, p. 370-376.

desse regime português teve relação com a superação do dogma da indisponibilidade do crédito tributário:

> A aprovação do regime da arbitragem em matéria tributária, em 2011, beneficiou, em muito, da superação do dogma da (in)disponibilidade do crédito tributário. A compatibilidade entre o princípio da indisponibilidade do crédito tributário e a possibilidade de submissão de pretensões de Direito tributário à jurisdição de tribunais arbitrais foi ampla e longamente questionada na doutrina nacional. Invocaram-se argumentos de constitucionalidade, ainda que o princípio da indisponibilidade dos créditos tributários não se encontre expressamente previsto na Constituição da República Portuguesa (CRP), podendo apenas ser entendido como corolário dos princípios da legalidade e da igualdade tributária. Defendeu-se uma reserva constitucional de *jurisdictio* em matéria tributária, prontamente refutada por J.J. Gomes Canotilho. [...]
>
> E para Samuel Almeida:
>
> [d]ecidindo os árbitros de acordo com o Direito constituído, o princípio da indisponibilidade do crédito tributário não é posto em causa por um Tribunal Arbitral, tal como não é colocado em causa por qualquer órgão jurisdicional.
>
> Entendimento que viria então a consolidar-se na doutrina nacional e que abriu as portas para a superação do dogma da indisponibilidade do crédito tributário e a consequente aprovação do regime de arbitragem em matéria tributária.
>
> O "dogma" da indisponibilidade do crédito tributário é ainda hoje apresentado como um dos principais obstáculos à introdução do regime de arbitragem tributária em Espanha, em São Tomé e Príncipe e no Brasil, para dar alguns exemplos mais próximos em termos de família jurídica e herança cultural.[16]

Desse modo, entendeu-se que o recurso à arbitragem não importa a renúncia ou disponibilidade do crédito tributário, mas a opção por uma

[16] Villa-Lobos, Nuno. Carvalhais Pereira, Tânia. A Implementação da Arbitragem Tributária em Portugal: Origens e Resultados. *In*: Arbitragem Tributária [livro eletrônico]: Desafios Institucionais Brasileiros e a Experiência Portuguesa. Coordenado por Tathiane Piscitelli, Andréa Mascitto e Priscila Faricelli de Mendonça. 2. ed. em e-book baseada na 2. ed. impressa. São Paulo: Thomson Reuters Brasil, 2019.

via alternativa ou complementar à via tradicional de resolução de litígios junto dos tribunais tributários. A manifestação de vontade das partes atua apenas em relação ao meio de reação após a verificação do conflito (opção entre a via administrativa, via judicial ou via arbitral).[17]

As principais características do modelo de arbitragem tributária português são: (i) patrimonialidade como critério da arbitrabilidade, sendo indiferente a disponibilidade do crédito ou não; (ii) apenas a legalidade do ato de liquidação de impostos (lançamento) é objeto da arbitragem (ou seja, a arbitragem é uma alternativa à impugnação administrativa do lançamento, não se aplicando a cobranças em fase judicial); (iii) questões de fato e de direito são submetidas à apreciação na arbitragem; (iv) limitação somente a impostos e créditos tributários até 10 milhões de euros, estando excluídas as taxas e as contribuições; e (v) institucionalização da arbitragem tributária, de modo que os tribunais arbitrais tributários estão baseados no Centro de Arbitragem Administrativa (CAAD).[18]

É importante ter em mente que a arbitragem tributária em Portugal é considerada como um direito exclusivo do contribuinte: é esse que opta entre a via judicial e a via arbitral, encontrando-se a Autoridade Tributária vinculada à escolha do contribuinte.[19]

Assim sendo, a doutrina especializada afirma que esse modelo português tem funcionado satisfatoriamente para a consecução dos objetivos pretendidos pela nação: reduzir a litigiosidade, tornar ágil, segura e rápida a resolução de conflitos fiscais e aumentar a arrecadação.[20]

3. Visão do poder executivo sobre a adoção da arbitragem tributária no Brasil

Ao mesmo tempo em que se observa que a adoção da arbitragem tributária possui várias consequências positivas na tentativa de solucionar os problemas do sistema tributário brasileiro, o Poder Executivo brasileiro apresenta certa resistência ao tema.

Para Hélcio Honda, a admissão da arbitragem "*resultaria em redução da litigiosidade, rapidez e segurança na solução das controvérsias fiscais, in-*

[17] VILLA-LOBOS, Nuno. CARVALHAIS PEREIRA, Tânia. *Ibidem*.

[18] HONDA, Helcio. *op cit.*

[19] GAMITO, Conceição. CASTELO TRINDADE, Carla. *op cit.*

[20] HONDA, Helcio. *op cit.*

cremento da conformidade fiscal, redução do passivo tributário e aumento da arrecadação".[21] Trata-se de medida que se coaduna com o princípio da eficiência, que rege a Administração Pública, na forma do artigo 37 da Constituição Federal.

Contudo, sob a ótica do Poder Executivo brasileiro, alguns são os óbices à implementação da arbitragem tributária.

Em primeiro lugar, destaca-se o alegado choque entre a indisponibilidade do crédito tributário e necessidade de disponibilidade dos direitos patrimoniais objeto da arbitragem.

Para Carlos Yury Araujo de Morais:

> Normalmente a indisponibilidade do tributo é compreendida como uma característica decorrente do interesse público tutelado pela norma tributária, o qual exigiria a compreensão da norma tributária sob um determinado deôntico explicado como "uma ordenação de mandatos positivos de entregar à Administração Pública determinadas quantidades em conceito de tributo que esta pode exigir dos particulares". Consequência direta desta inderrogabilidade é que a exação jamais poderá ser "objeto de um contrato, em gênero, ou de uma transação, em espécie".[22]

Desse modo, a indisponibilidade do crédito tributário estaria intrinsecamente relacionada à indisponibilidade do interesse público.

Segundo as lições do administrativista José dos Santos Carvalho Filho, a indisponibilidade do interesse público é um princípio reconhecido que guarda essência axiológica na supremacia do interesse público, haja vista que, diante da impossibilidade de equilíbrio entre os interesses, o interesse particular não pode prevalecer sobre o interesse público.[23]

Trata-se, contudo, de entendimento largamente questionado pela doutrina brasileira e também no exterior (como já mencionado no tópico

[21] Honda, Helcio. Desafios na Adoção da Arbitragem Tributária no Brasil. *In* Arbitragem em Direito Público. Organizado por Nuno Villa-Lobos e Tânia Carvalhais Pereira. FGV Projetos. Disponível em: https://fgvprojetos.fgv.br/publicacao/arbitragem-em-direito-publico. Acesso em: 5 out. 2021.

[22] Araujo De Morais, Carlos Yury. Transação e Arbitragem em Matéria Tributária: A Experiência Estrangeira e sua Aplicabilidade ao Direito Brasileiro. *Revista Tributária e de Finanças Públicas*. vol. 79/2008. Mar-Abr. 2008. p. 109-127.

[23] Carvalho Filho, José dos Santos. *Manual de Direito Administrativo*. 30. ed. São Paulo: Editora Atlas, 2016. p. 36.

anterior). Na verdade, a arbitragem é restrita a direitos patrimoniais disponíveis, o que é reconhecido pela legislação tributária quando admite a transação como causa de extinção do crédito tributário (inciso III do art. 156 do Código Tributário Nacional — "CTN") e quando da adoção da Lei de transação (consubstanciada na Lei nº 13.988/2020).

Ambos os regramentos indicam a disponibilidade patrimonial relativa ao tributo, especialmente quando verificamos a definição de transação estabelecida no art. 171 do CTN: "facultar, nas condições que estabeleça, aos sujeitos ativo e passivo da obrigação tributária celebrar transação que, mediante concessões mútuas, importe em determinação de litígio *e conseqüente extinção de crédito tributário*". A figura da concessão mútua indica claramente a disponibilidade patrimonial dada ao Estado já que as concessões são realizadas para o fim de terminação do litígio (o erro de redação do dispositivo é evidente, já que a resultante da transação não é a determinação do litigo, mas sua terminação).

Além disso, é preciso considerar que a arbitragem é uma forma de composição entre as partes, em que a eletividade é dirigida não ao todo (objeto do litígio), mas à parte (forma de resolver). A mediação e a arbitragem são instrumentos parciais do sistema de composição dos litígios pelas partes e não formas autônomas e desconexas. Se é admitido às partes resolver, mediante transação, a composição do todo (crédito tributário), igualmente é permitido, pela disponibilidade que as partes têm sobre os direitos patrimoniais, escolher a forma como o litígio será resolvido (mediação ou arbitragem).

Em outras palavras, quem pode o mais (dispor sobre todo o crédito tributário), pode o menos (dispor sobre o meio pelo qual ele será equacionado). Aliás, isto é o que dispõe o §1º do art. 1º da Lei 9.307/1996, ao determinar a possibilidade da adoção da arbitragem pelo Estado dirimir conflitos relativos a direitos patrimoniais disponíveis.

O segundo óbice apresentado pela Administração Tributária é a necessidade de lei para instituir a arbitragem tributária. Apesar de o legislador ordinário ter alterado a Lei nº 9.307/1996, por meio da edição da Lei nº 13.129/2015, de modo a prever a possibilidade de realização de arbitragem na esfera da administração pública direta e indireta, representantes do Poder Executivo defendem a indispensabilidade de legislação específica. Nas palavras de Helcio Honda:

> Outra corrente, formada por tributaristas e representantes do Poder Público, propugna pela necessidade de legislação específica, a fim de garantir maior segurança jurídica ao procedimento arbitral, tendo em vista, dentre outros motivos, que o Código Tributário Nacional, enquanto lei complementar destinada a dispor, sob reserva constitucional, do crédito tributário nada estabelece quanto à arbitragem, trazendo somente a previsão de transação em litígios fiscais.[24]

Sendo o direito tributário regido pelo princípio da legalidade, a Autoridade Fiscal pode não ter conforto ou estímulo para litigar por meio alternativo sem absoluta segurança, clareza e baliza que afaste riscos de responsabilidade funcional.[25]

Registre-se, neste ponto, os comentários acima que decorrem de o crédito tributário ser um direito patrimonial disponível, na locução dos arts. 156, inciso III, e 171, ambos do CTN, ao admitir-se o encerramento de litígio por concessões recíprocas.

Todavia, a alteração normativa no CTN serviria para aumentar a previsibilidade na resolução das disputas tributárias pela via arbitral por meio (i) da sua inclusão como causa de suspensão da exigibilidade do crédito tributário; (ii) da disposição dessa hipótese como causa de extinção do crédito; e (iii) do estabelecimento de hipótese de interrupção do prazo prescricional relacionado à exação do crédito tributário.[26]

Ainda, um terceiro ponto de receio apresentado pela Administração Tributária está atrelado às questões que seriam arbitráveis: questiona-se, por exemplo, se a arbitragem poderia alcançar a apreciação de matérias constitucionais ou abarcaria somente questões de fato. A falta de uma definição clara do alcance da decisão arbitral, o que poderia ser resolvido mediante a adequada regulamentação infralegal, torna a adoção da arbitragem um procedimento de complexa implementação.

[24] Honda, Helcio. *op cit.*

[25] Mascitto, Andréa. Sistema "Multiportas" de Disputas Tributárias no Brasil: Há Espaço para Arbitragem? *In* Arbitragem em Direito Público. Organizado por Nuno Villa-Lobos e Tânia Carvalhais Pereira. FGV Projetos. Disponível em: https://fgvprojetos.fgv.br/publicacao/arbitragem-em-direito-publico. Acesso em: 5 out. 2021.

[26] Ivankio, Isabella. Gouveia Bittebir, Lucas Manoel. A Arbitragem Tributária no Brasil: Entraves e Perspectivas. Revista Gralha Azul: Periódico Científico da 2ª Vice-Presidência do Tribunal de Justiça do Estado do Paraná. Tribunal de Justiça do Estado do Paraná. e. 2, v. 1, n. 1, Curitiba, out-nov. 2020.

Registre-se, aqui, outro ponto objeto de preocupação da Administração Tributária, relacionada à eletividade do árbitro pelas partes — enquanto a distribuição das demandas no Poder Judiciário ocorre por meio de sorteio —, o que poderia impactar o princípio da impessoalidade. Aqui é necessário que se diga que a impessoalidade é obtida pela neutralidade do órgão decisório, mediante o acordo das partes quanto à imparcialidade do painel de árbitros. A escolha é baseada fundamentalmente na competência técnica dos árbitros eleitos e não nos interesses individuais em jogo, garantindo, em decorrência, que o julgamento será uma resultante da melhor aplicação da lei em face dos fatos em discussão.

Ressalta-se, adicionalmente, que essa resistência do Poder Executivo na adoção da arbitragem tributária é verificada não só no âmbito interno, mas também internacionalmente. Vivian Daniele Rocha Gabriel afirma o que segue quanto ao posicionamento do Brasil no tocante às arbitragens em acordos para evitar a dupla tributação:

> O Brasil nunca celebrou acordo de bitributação prevendo a arbitragem e, apesar de ter o mecanismo do procedimento amigável disposto no bojo de seus tratados, nunca utilizou deste. É reconhecido pela doutrina que o país possui resistência acerca do procedimento amigável e, por certo, também da arbitragem.[27]

Ressalta-se, contudo, que essa resistência não é encontrada no mesmo grau em todos os órgãos que integram o Poder Executivo.

A título de exemplo, por meio do Parecer nº AGU/SRG-01/2008, foi solucionada controvérsia entre o Banco Central do Brasil ("BACEN") e a Secretaria da Receita Federal do Brasil ("RFB"), diante da cobrança de contribuição previdenciária incidente nas remunerações pagas ou creditadas a profissionais autônomos que prestam serviços médicos a beneficiários do Programa de Assistência à Saúde dos servidores do Banco Central do Brasil (PASBC).[28]

[27] Rocha Gabriel, Vivian Daniele. Arbitragem no Direito Tributário Internacional e no Direito Internacional dos Investimentos: uma manifestação do direito transnacional. *Revista de Direito Internacional*. v. 13, n. 3, 2016.

[28] BRASIL. Parecer nº AGU/SRG-01/2008. Publicações Eletrônicas da Escola da AGU: Coletânea de Manifestações da Consultoria-Geral da União — v. 1. Organização de Arnaldo Sampaio de Moraes Godoy; Otavio Luiz Rodrigues Junior — Brasília: 2012.

No caso acima, após questionamentos sobre a possibilidade de utilização do procedimento conciliatório em matéria tributária e de tentativas de solução conjunta da controvérsia firmada, houve o encaminhamento do processo à alternativa da arbitragem para decisão da Câmara de Conciliação e Arbitragem na Administração Federal. Trata-se de precedente de utilização da arbitragem em caso específico e dentro de uma tutela arbitral de competência limitada.

Além disso, a Procuradoria-Geral da Fazenda Nacional editou recentemente a Portaria PGFN nº 360/2018 que "*Autoriza a realização, no âmbito da Procuradoria Geral da Fazenda Nacional, de modalidades específicas de negócio jurídico processual, inclusive calendarização*".[29] Esse negócio jurídico processual é o serviço que possibilita ao contribuinte apresentar proposta de negociação, diretamente à PGFN, para regularizar os débitos inscritos em dívida ativa da União e do Fundo de Garantia do Tempo de Serviço ("FGTS").[30]

Os dois exemplos acima mostram que não há um entendimento harmônico entre todos os órgãos do Poder Executivo brasileiro no tocante à utilização de formas alternativas de resolução dos conflitos tributários, o que abarca a arbitragem.

Conclusões

Os inúmeros problemas verificados no sistema tributário brasileiro, decorrentes do tradicional modelo de resolução de conflitos no âmbito tributário, suscitam questionamentos sobre a possibilidade de adoção de formas alternativas de resolução desses conflitos de modo complementar à jurisdição estatal.

Recentemente, foi regulamentada a utilização da transação na esfera tributária por meio da Lei nº 13.988/2020, o que representou um

Disponível em: http://www.agu.gov.br/sistemas/site/TemplateTexto.aspx?idConteudo=171677&ordenacao=16&id_site=7530. Acesso em: 6 out. 2021.

[29] BRASIL. Procuradoria-Geral da Fazenda Nacional. Portaria PGFN nº 360, de 13 de junho de 2018. Autoriza a realização, no âmbito da Procuradoria Geral da Fazenda Nacional, de modalidades específicas de negócio jurídico processual, inclusive calendarização. Brasília: PGFN, 2018. Disponível em: https://www.gov.br/pgfn/pt-br/assuntos/noticias/arquivos/2018/portaria-360-2018.pdf/view. Acesso em: 5 out. 2021.

[30] BRASIL. Procuradoria-Geral da Fazenda Nacional. Disponível em: https://www.gov.br/pgfn/pt-br/servicos/orientacoes-contribuintes/negocio-juridico-processual. Acesso em: 5 out. 2021.

grande avanço, mas não resolve os problemas encontrados. Assim, surge a necessidade de avaliar o emprego da arbitragem tributária, especialmente tendo em vista a experiência internacional na sua utilização e seus resultados na resolução de problemas semelhantes aos que existem no nosso sistema tributário.

Nessa seara, Portugal tem sido pioneiro na adoção desse modelo desde 2011 para responder às preocupações e à necessidade de eficiência e rapidez na resolução de litígios tributários, apresentando resultados bastante satisfatórios, como aponta a doutrina portuguesa.

Entretanto, na esfera brasileira, observa-se certa resistência do Poder Executivo na utilização da arbitragem tributária, por entender que (i) haveria um suposto choque entre a indisponibilidade do crédito tributário e necessidade de disponibilidade dos direitos patrimoniais objeto da arbitragem; (ii) seria necessária lei específica (complementar) para instituir a arbitragem tributária; (iii) restrições a quais questões seriam arbitráveis; e (iv) possibilidade da eletividade do árbitro pelas partes impactar o princípio da impessoalidade.

Ressalta-se que isso não representa o entendimento de todos os órgãos que integram o Poder Executivo, tendo como exemplo o Parecer nº AGU/SRG-01/2008 (por meio do qual foi submetida à Câmara de Conciliação e Arbitragem na Administração Federal apreciação de controvérsia entre o Banco Central do Brasil e a Secretaria da Receita Federal do Brasil) e a Portaria PGFN nº 360/2018 (que autorizou, no âmbito do órgão, a realização de negócio jurídico processual).

Todavia, o que se verifica, na prática, é a ausência de óbices à adoção da arbitragem na esfera tributária tendo em vista (i) que o art. 1º, § 1º, da Lei nº 9.307/1996, incluído pela Lei nº 13.129/2015, admite a utilização desse método heterocompositivo de resolução de conflitos pela administração pública direta e indireta, desde que seja para dirimir conflitos relativos a direitos patrimoniais disponíveis e (ii) que o crédito tributário se trata de direito patrimonial disponível, afirmação essa que pode ser corroborada pela admissão do instituto da transação na esfera tributária.

Assim, verificada essa ausência de óbices, a promulgação da lei estabelecendo os procedimentos e requisitos para a utilização da arbitragem tributária — assim como existe a Lei nº 13.988/2020 para a transação tributária — é medida que se impõe para dar maior segurança jurídica à Administração Tributária e aos contribuintes a respeito da adoção de um procedimento arbitral. Isso porque, apesar de ser possível a utilização da arbitragem para a resolução dos litígios envolvendo matéria tributária, a Autoridade Fiscal pode não ter conforto ou estímulo para litigar por meio alternativo sem absoluta segurança, clareza e baliza que afaste riscos de responsabilidade funcional.

Referências

Araujo de Morais, Carlos Yury. Transação e Arbitragem em Matéria Tributária: A Experiência Estrangeira e sua Aplicabilidade ao Direito Brasileiro. *Revista Tributária e de Finanças Públicas*. vol. 79/2008. Mar-Abr. 2008.

BRASIL Senado Federal. Projeto de Lei nº 4.257, de 2019. Modifica a Lei nº 6.830, de 22 de setembro de 1980, para instituir a execução fiscal administrativa e a arbitragem tributária, nas hipóteses que especifica. Brasília: Senado Federal, 2019. Disponível em: https://www25.senado.leg.br/web/atividade/materias/-/materia/137914. Acesso em: 5 out. 2021.

BRASIL Senado Federal. Projeto de Lei nº 4.468, de 2020. Institui a arbitragem especial tributária e dá outras providências. Brasília: Senado Federal, 2020. Disponível em: https://www25.senado.leg.br/web/atividade/materias/-/materia/144536. Acesso em: 5 out. 2021.

BRASIL. Conselho Administrativo de Recursos Fiscais. Dados Gerenciais do CARF. Disponível em: http://carf.economia.gov.br/dados-abertos/dados-abertos-202108-final.pdf. Acesso em: 3 out. 2021.

BRASIL. Conselho Nacional de Justiça. Justiça em Números 2021. Disponível em: https://www.cnj.jus.br/wp-content/uploads/2021/09/relatorio-justica-em-numeros2021-12.pdf. Acesso em: 3 out. 2021.

BRASIL. Lei nº 13.129, de 26 de maio de 2015. Altera a Lei nº 9.307, de 23 de setembro de 1996, e a Lei nº 6.404, de 15 de dezembro de 1976, para ampliar o âmbito de aplicação da arbitragem e dispor sobre a escolha dos árbitros quando as partes recorrem a órgão arbitral, a interrupção da prescrição pela instituição da arbitragem, a concessão de tutelas cautelares e de urgência nos casos de arbitragem, a carta arbitral e a sentença arbitral, e revoga dispositivos da Lei nº 9.307, de 23 de setembro de 1996. *Diário Oficial da União*: seção 1, Brasília, DF, p. 1. PL nº 7.108/2014. Disponível em: http://www.planalto.gov.br/ccivil_03/_ato2015-2018/2015/lei/l13129.htm. Acesso em: 5 out. 2021.

BRASIL. Lei nº 13.988, de 14 de abril de 2020. Dispõe sobre a transação nas hipóteses que especifica; e altera as Leis nºs 13.464, de 10 de julho de 2017, e 10.522, de 19 de julho de 2002. *Diário Oficial da União*: seção 1 — extra, Brasília, DF, p. 1-2, abril 2020. MPV nº 899/2019. Disponível em: http://www.planalto.gov.br/ccivil_03/_ato2019-2022/2020/lei/l13988.htm. Acesso em: 5 out. 2021.

BRASIL. Lei nº 9.307, de 23 de setembro de 1996. Dispõe sobre a arbitragem. *Diário Oficial da União*: seção 1, Brasília, DF, p. 18897. PL nº 4.018/1993. Disponível em: http://www.planalto.gov.br/ccivil_03/leis/l9307.htm. Acesso em: 5 out. 2021.

BRASIL. Parecer nº AGU/SRG-01/2008. Publicações Eletrônicas da Escola da AGU: Coletânea de Manifestações da Consultoria-Geral da União — v. 1. Organização de Arnaldo Sampaio de Moraes Godoy; Otavio Luiz Rodrigues Junior — Brasília: 2012. Disponível em: http://www.agu.gov.br/sistemas/site/TemplateTexto.aspx?idConteudo=1 71677&ordenacao=16&id_site=7530. Acesso em: 6 out. 2021.

BRASIL. Procuradoria-Geral da Fazenda Nacional. Disponível em: https://www.gov.br/pgfn/pt-br/servicos/orientacoes-contribuintes/negocio-juridico-processual. Acesso em: 5 out. 2021.

BRASIL. Procuradoria-Geral da Fazenda Nacional. Portaria PGFN nº 360, de 13 de junho de 2018. Autoriza a realização, no âmbito da Procuradoria Geral da Fazenda Nacional, de modalidades específicas de negócio jurídico processual, inclusive calendarização. Brasília: PGFN, 2018. Disponível em: https://www.gov.br/pgfn/pt-br/assuntos/noticias/arquivos/2018/portaria-360-2018.pdf/view. Acesso em: 5 out. 2021.

CARVALHO FILHO, José dos Santos. *Manual de Direito Administrativo*. 30. ed. São Paulo: Editora Atlas, 2016.

ESTADOS UNIDOS DA AMÉRICA. *Cornell Law School. Legal Information Institute. Internal Revenue Code: 26 U.S. Code § 7123 — Appeals dispute resolution procedures.* Disponível em <https://www.law.cornell.edu/uscode/text/26/7123>. Acesso em: 5 out. 2021.

ESTADOS UNIDOS DA AMÉRICA. *Internal Revenue Service. Rev. Proc. 2015-44.* Disponível em <https://www.irs.gov/pub/irs-drop/rp-15-44.pdf>. Acesso em: 5 out. 2021.

ESTADOS UNIDOS DA AMÉRICA. *Internal Revenue Service. Test of Arbitration Procedure for Appeals.* Disponível em <https://www.irs.gov/pub/irs-drop/a-00-4.pdf>. Acesso em: 5 out. 2021.

GAMITO, Conceição. CASTELO TRINDADE, Carla. A Experiência Portuguesa da Arbitragem Tributária: mudança do panorama das decisões em matéria de IVA. *In*: Arbitragem Tributária [livro eletrônico]: Desafios Institucionais Brasileiros e a Experiência Portuguesa. Coordenado por Tathiane Piscitelli, Andréa Mascitto e Priscila Faricelli de Mendonça. 2. ed. em e-book baseada na 2. ed. impressa. São Paulo: Thomson Reuters Brasil, 2019.

HONDA, Helcio. Desafios na Adoção da Arbitragem Tributária no Brasil. *In* Arbitragem em Direito Público. Organizado por Nuno Villa-Lobos e Tânia Carvalhais Pereira. FGV Projetos. Disponível em: https://fgvprojetos.fgv.br/publicacao/arbitragem-em-direito-publico. Acesso em: 5 out. 2021.

IBPT. Estudo sobre a quantidade de normas editadas no Brasil desde a última constituição. Disponível em: https://ibpt.com.br/estudo-sobre-a-quantidade-de-normas-editadas-no-brasil-desde-a-ultima-constituicao-2020/. Acesso em: 3 out. 2021.

INSPER. Contencioso Tributário no Brasil: Relatório 2020 — Ano de Referência 2019. Disponível em: https://www.insper.edu.br/wp-content/uploads/2021/01/Contencioso_tributario_relatorio2020_vf10.pdf. Acesso em: 3 out. 2021.

INTERNATIONAL BANK FOR RECONSTRUCTION AND DEVELOPMENT/THE WORLD BANK. *Doing Business Subnacional Brasil 2021.* Disponível em: https://portugues.doingbusiness.org/content/dam/doingBusiness/media/Subnational/DB2021_SNDB_Brazil_Full-report_Portuguese.pdf. Acesso em: 3 out. 2021.

Ivankio, Isabella. Gouveia Bittebir, Lucas Manoel. A Arbitragem Tributária no Brasil: Entraves e Perspectivas. Revista Gralha Azul: Periódico Científico da 2ª Vice-Presidência do Tribunal de Justiça do Estado do Paraná. Tribunal de Justiça do Estado do Paraná. e. 2, v. 1, n. 1, Curitiba, out-nov. 2020.

Mascitto, Andréa. Sistema "Multiportas" de Disputas Tributárias no Brasil: Há Espaço para Arbitragem? *In* Arbitragem em Direito Público. Organizado por Nuno Villa-Lobos e Tânia Carvalhais Pereira. FGV Projetos. Disponível em: https://fgvprojetos.fgv.br/publicacao/arbitragem-em-direito-publico. Acesso em: 5 out. 2021.

PORTUGAL. Decreto-Lei nº 10/2011. Arbitragem em matéria tributária. *Diário da República*: 1ª série, n. 14.

Rocha Gabriel, Vivian Daniele. Arbitragem no Direito Tributário Internacional e no Direito Internacional dos Investimentos: uma manifestação do direito transnacional. *Revista de Direito Internacional*. v. 13, n. 3, 2016.

Silva Perpetuo, Rafael. *et al. Os Métodos Adequados de Solução de Conflitos: mediação e conciliação. In* Revista da Faculdade de Direito de São Bernardo do Campo. v. 24. n. 2. 2018.

Villa-Lobos, Nuno. Carvalhais Pereira, Tânia. A Implementação da Arbitragem Tributária em Portugal: Origens e Resultados. *In*: Arbitragem Tributária [livro eletrônico]: Desafios Institucionais Brasileiros e a Experiência Portuguesa. Coordenado por Tathiane Piscitelli, Andréa Mascitto e Priscila Faricelli de Mendonça. 2. ed. em e-book baseada na 2. ed. impressa. São Paulo: Thomson Reuters Brasil, 2019.

19.
O NEGÓCIO JURÍDICO PROCESSUAL NA VISÃO DO MERCADO: BENEFÍCIOS E EXTERNALIDADES NEGATIVAS SOB A PERSPECTIVA DA GESTÃO CORPORATIVA

RODRIGO CARDOZO MIRANDA

Introdução

O problema da litigiosidade exacerbada no Brasil é notório. São décadas de forte aumento das demandas judiciais, principalmente após o advento da Constituição de 1988, e isso também não difere na seara tributária. Nesse particular, a quantidade de casos é enorme e os valores envolvidos astronômicos, literalmente "trilionários"!

E o pior é que não se vê perspectiva de diminuição, posto que, na prática, o Estado continua errando, tanto na atividade legislativa quanto nos julgamentos administrativos de revisão do ato constitutivo do crédito tributário. A complexidade da realidade brasileira é angustiante, e isso para todos os partícipes da relação jurídico-tributária. E infelizmente a tendência do contencioso tributário é continuar aumentando.

É sabido, no entanto, que esse modelo é inviável e insustentável em um horizonte de longo prazo.

Por isso que mecanismos de redução dessa litigiosidade e de busca pela composição entre as partes são mais do que bem-vindos, na verdade são necessários.

E é nesse contexto que surge no Código de Processo Civil o chamado "negócio jurídico processual", exatamente para incentivar às partes que, de forma cooperativa e, dentro do espírito do Código, consensual, auxiliem na solução da controvérsia e tornem o processo eficiente.

O que se tem visto no campo tributário é que esse negócio jurídico processual acabou sendo utilizado pela Procuradoria da Fazenda Nacional para viabilizar a satisfação do crédito tributário, propiciando aos contribuintes alguns benefícios nessa negociação, notadamente a possibilidade de otimização da sua gestão de caixa com planos de amortização mais longos e a substituição de garantias.

Nosso propósito, destarte, é abordar no presente artigo o Negócio Jurídico Processual ("NJP") no âmbito federal, abordando a sua evolução normativa e estágio atual no âmbito da Procuradoria Geral da Fazenda Nacional. Vale notar que alguns estados também já estão adotando iniciativas similares (como São Paulo e Rio de Janeiro), mas nos limitaremos aqui à esfera federal.

Essa breve análise também busca apontar quais são os benefícios desse instituto na gestão tributária dentro das empresas, especialmente na gestão do contencioso tributário, e os aspectos negativos a serem sanados ou mitigados. Com efeito, o negócio jurídico processual tributário abriu não só um canal de diálogo com a Procuradoria Geral da Fazenda Nacional para equacionamento da dívida ativa e para regularização da situação fiscal do contribuinte, mas também possibilitou, de forma ampla, o exercício criativo de equipes corporativas interdisciplinares que cuidam da matéria tributária. Por isso, entender o NJP é fundamental para reduzir o contencioso tributário e adotar uma gestão corporativa eficiente e eficaz, otimizando recursos, reduzindo custos e alcançando os melhores resultados financeiros.

Ou seja, o diálogo franco e aberto, exercido de forma criativa, tem se mostrado vantajoso não só para a Fazenda Pública, que tem equacionado montante de dívida ativa, mas também para os contribuintes, quer seja na melhora de seu fluxo de caixa, mitigação de custos com garantias, ou, muitas vezes, viabilizando a própria sobrevivência do negócio.

Nesse sentido, serviram como importantes fontes de pesquisa as discussões travadas em *webinars* em que participaram representantes da Fazenda Nacional e dos contribuintes, em processos dialéticos que muito enriquecem e fazem pensar a evolução do negócio jurídico processual, ao lado e de forma conjunta a outros instrumentos alternativos de solução de controvérsias, notadamente a transação.

Vale destacar, outrossim, a riquíssima fonte de pesquisa que encontramos no sítio da internet da Procuradoria Geral da Fazenda Nacional, exemplo de transparência a ser seguido por toda a administração pública e instrumento verdadeiro de fomento ao tratamento isonômico dos contribuintes, considerando a situação econômico-financeira de cada um deles para, dentro da relação jurídico-processual, endereçar os interesses das partes.

Patente, assim, a relevância e importância do Negócio Jurídico Processual, valendo a reflexão para o seu aprimoramento e evolução, bem como de outros métodos para redução da litigiosidade, não só agora, mas sempre.

1. Gestão corporativa do contencioso tributário: o que isso significa na prática?

Antes de se abordar a aplicabilidade prática do negócio jurídico processual e seus impactos na gestão corporativa na área tributária, necessário se compreender com mais clareza o que essa "gestão corporativa" efetivamente significa, notadamente dentro da realidade brasileira.

Com efeito, a gestão corporativa tributária abrange diversas áreas dentro de uma empresa, bem como diversos profissionais. Normalmente a gestão é feita pelos departamentos Fiscal, Contábil, Jurídico e Tesouraria, envolvendo contadores, administradores, economistas e advogados, e isso tudo de forma complementar e integrada.

O Departamento Fiscal, usualmente parte da área de Finanças, é responsável pela conformidade legal, apuração de tributos e cumprimento de obrigações acessórias. Em muitas empresas ainda é responsável pelo planejamento tributário e pela consultoria tributária.

Já o Departamento Contábil é responsável pelo controle, escrituração e confecção das demonstrações financeiras, realizando os devidos registros contábeis e auxiliando a administração nos processos de tomada de decisão.

A Tesouraria, por sua vez, participa de todo o processo de gestão financeira e cuida diretamente da gestão de caixa, sendo responsável pelos pagamentos e depósitos em dinheiro, questões ligadas a crédito, bem como pela negociação e obtenção de garantias, tais como fianças bancárias e seguros-garantia com seguradoras.

Por último, e no que mais nos interessa, temos o Departamento Jurídico, que cuida das disputas decorrentes das questões tributárias, o chamado "contencioso tributário". A sua primeira dimensão é a que toca aos débitos tributários das empresas, ou seja, situações em que elas figuram no polo passivo da relação processual. Abrange os processos administrativos, decorrentes principalmente de autos de infração, além dos processos judiciais de cobrança, as execuções fiscais.

Nesses processos em que a Fazenda Pública é "autora", o que se tem é a exigência de um crédito tributário, quer seja através do ato de lançamento e posterior processo administrativo de revisão do respectivo ato (o chamado "Processo Administrativo Fiscal"), ou, caso seja mantida a exigência no âmbito administrativo, com a cobrança judicial. Para as empresas tais débitos em discussão são contingências passivas, que podem ou não se confirmar ao fim das discussões administrativas e judiciais.

Assim, enquanto a gestão do crédito tributário é feita pelos órgãos de Receita (Federal, Estadual e Municipal) e a cobrança por suas Procuradorias (no caso da União, pela Procuradoria da Fazenda Nacional), as empresas fazem uma "gestão corporativa" desse passivo tributário, se defendendo das exigências no processo de constituição do crédito tributário e, posteriormente, da sua cobrança em juízo.

Importante notar, além disso, que por vezes os contribuintes também podem se defender de forma proativa, após a fase administrativa, antecipando-se na esfera judicial com a propositura de ações anulatórias de débito ou mandados de segurança antes da execução fiscal. Buscam, assim, levar a questão ao Judiciário antes de sofrer qualquer tipo de constrição, as evitando através de decisões liminares ou de antecipação de tutela. Nesse contexto ainda podem apresentar garantias, tais como fianças bancárias, seguros-garantia ou mesmo realizar o depósito do montante integral discutido, notadamente para suspender a exigibilidade do crédito tributário nos termos do artigo 151 do Código Tributário Nacional.

Em outras palavras, num primeiro momento a "gestão corporativa" desse passivo tributário significa "ganhar" os processos administrativos e judiciais e não ter que pagar os valores exigidos, fazendo o uso, se for o caso, de garantias do montante exigido, inclusive depósito em dinheiro. Ou seja, aparenta ser muito mais uma questão de "vitórias" e de fluxo de caixa.

Mas a "gestão corporativa" tributária não é tão simples e não se limita a isso. Enquanto o débito é discutido e não há uma decisão definitiva, as empresas são obrigadas a dar a essas contingências passivas o apropriado tratamento contábil, constituindo, se for o caso, uma "reserva" financeira para fazer frente a um futuro desembolso. Isso é feito, em cada processo, mediante avaliação de risco de perda pelos respectivos advogados responsáveis e de acordo com os seguintes critérios: (i) se "risco provável" de perda, tem que ser constituída uma provisão e feita a "reserva"; (ii) se "risco possível" de perda, apenas tem que ser dada publicidade do caso nas demonstrações financeiras, ou seja, o devido "*disclosure*"; e (iii) risco remoto de perda, nada a fazer.

Vale ressaltar que enquanto um "risco de perda provável" já implica em um imediato impacto financeiro e, por consequência, um impacto nos resultados da empresa, um "risco de perda possível" também pode indiretamente causar impactos, às vezes até maiores, na medida em que interessados em geral (como acionistas, bancos, credores, analistas de mercado, etc., os chamados *stakeholders*) tem conhecimento de uma possível perda futura da empresa e podem vir a tomar decisões com base nessas informações, afetando negativamente essas entidades (especialmente as que tem papéis negociados em Bolsa de Valores).

A avaliação de risco das contingências passivas, destarte, é algo de suma importância na gestão corporativa, impactando diretamente os resultados da empresa. E isso porque, ainda que não haja uma saída de dinheiro, e, por consequência, impacto no seu fluxo de caixa, a constituição de uma provisão acarreta um impacto imediato para as finanças de uma empresa, caso os patronos da causa tenham um prognóstico de risco provável de perda.

Todo esse processo, aliás, é demasiado complexo, e é nesse contexto que se dá a gestão de forma integrada entre os diversos profissionais das áreas financeiras e da área jurídica apontados acima. Nenhuma decisão é tomada sem que todos os aspectos da gestão tributária sejam considerados, e o processo de governança das entidades, nesse sentido, é fundamental não só para que as decisões corretas sejam tomadas, mas também para que as informações necessárias sejam a tempo e modo devidamente disponibilizadas aos interessados, notadamente em empresas de capital aberto com papéis negociados em bolsa de valores.

Mas a "gestão corporativa" do contencioso tributário não se limita ao passivo tributário.

Com efeito, além dos processos administrativos e judiciais em que as empresas figuram no polo passivo, ou mesmo naqueles processos em que, como autores, se busca demonstrar a inexigibilidade de um crédito tributário, também faz parte da "gestão" do contencioso tributário a identificação de oportunidades de recuperação de valores pagos indevidamente e a propositura de demandas judiciais e administrativas para viabilizar essa recuperação.

Mesmo nessas situações em que o contribuinte figura no polo ativo da relação processual pode ser necessário a apresentação de alguma garantia, notadamente para se obter a suspensão da exigibilidade do crédito tributário, evitando que o autor sofra qualquer tipo de constrição durante o processo de acolhimento do seu pedido de recuperação do indébito.

Destarte, também no tocante às chamadas contingências ativas se faz necessário o trabalho colaborativo e interdisciplinar das equipes dos times fiscal, contábil, financeiro e jurídico, pois as decisões tomadas na gestão desse contencioso, ainda que não se tratando de um passivo fiscal, podem acarretar consequências financeiras e de fluxo de caixa que devem ser devidamente analisadas e submetidas ao processo de gestão mais amplo das empresas.

Em síntese, para se pensar de forma apropriada os negócios jurídicos processuais na esfera tributária, sua aplicabilidade e reflexos na "gestão corporativa", faz-se mister compreender que a gestão do contencioso tributário abrange não só a área jurídica de uma empresa, mas também outros times de profissionais, de formações diferentes e complementares, que devem trabalhar de forma interdisciplinar e colaborativa, pois lidam com questões de relevante impacto financeiro e de caixa, cruciais para a sobrevivência e desenvolvimento do negócios.

Portanto, dentro desse contexto, vale entender de que forma o negócio jurídico processual pode ser utilizado como instrumento relevante no exercício da gestão corporativa.

2. A evolução do negócio jurídico processual no âmbito tributário federal e o seu estágio atual

A figura do negócio jurídico processual no direito brasileiro não é nova. O Código de Processo Civil de 1973 já previa hipóteses típicas, específicas, tais como a eleição de foro para modificação de competência relativa (artigo 111, *caput*), a redução ou a prorrogação de prazos dilatórios (artigo 181), a suspensão do processo (artigo 265, II), a modificação do ônus da prova (artigo 333, parágrafo único), o adiamento de audiência (artigo 453, I), a alteração de prazo para razões finais (artigo 454, §1º) e, ainda, a eleição da liquidação por arbitramento (artigo 475-C, I).

A despeito disso, é só no novo Código de Processo Civil de 2015, mais especificamente nos seus artigos 190 e 191,[1] que se consagra uma cláusula geral de negociação em que se concede às partes convencionarem sobre matéria processual, passando a se admitir negócios processuais não especificados na legislação, isto é, atípicos.[2] É certo que nesses dispositivos não há menção expressa ao termo "negócio jurídico processual", mas essa denominação foi criada pela doutrina e acabou sendo aceita e adotada de forma generalizada.

Cumpre notar, entretanto, que esses dispositivos não estão soltos no Código de Processo Civil. Ao contrário, dentro da sistemática da norma, estão inseridos na Parte Geral, no Livro IV (Dos Atos Processuais), Título I (Da forma, do tempo e do lugar dos atos processuais), Capítulo I (Da forma dos atos processuais). Ou seja, tratam apenas dos atos processuais e, mais especificamente, da sua forma. Portanto, o que se pode depreender é que os "negócios jurídicos processuais" atípicos, ou seja, aqueles não previstos no referido Código, deveriam se limitar a "estipular mudanças no procedimento para ajustá-lo às especificidades da

[1] Art. 190. Versando o processo sobre direitos que admitam autocomposição, é lícito às partes plenamente capazes estipular mudanças no procedimento para ajustá-lo às especificidades da causa e convencionar sobre os seus ônus, poderes, faculdades e deveres processuais, antes ou durante o processo.
Parágrafo único. De ofício ou a requerimento, o juiz controlará a validade das convenções previstas neste artigo, recusando-lhes aplicação somente nos casos de nulidade ou de inserção abusiva em contrato de adesão ou em que alguma parte se encontre em manifesta situação de vulnerabilidade.
Art. 191. De comum acordo, o juiz e as partes podem fixar calendário para a prática dos atos processuais, quando for o caso.
§ 1º O calendário vincula as partes e o juiz, e os prazos nele previstos somente serão modificados em casos excepcionais, devidamente justificados
§ 2º Dispensa-se a intimação das partes para a prática de ato processual ou a realização de audiência cujas datas tiverem sido designadas no calendário.

[2] Recurso Especial nº 1.738.656-RJ, Relatora Ministra Nancy Andrighi, 3ª Turma, julgado no dia 03/12/2019, publicado no DJe do dia 05/12/2019.

causa e convencionar sobre os seus ônus, poderes, faculdades e deveres processuais, antes ou durante o processo" ou "fixar calendário para a prática dos atos processuais, quando for o caso".

O negócio jurídico processual ou "NJP", como vem sendo comumente chamado, desta feita, deveria refletir uma negociação entre as partes dentro de um processo, especificamente para dispor sobre atos processuais. E isso em um ambiente de cooperativismo e consensualidade, conforme o próprio Código de Processo Civil preceitua, a fim de que seja obtida de forma eficiente e justa a resolução do conflito.

O "negócio jurídico processual tributário", contudo, nos termos e no estágio atual em que se encontra, precipuamente em razão do escopo com que foi adotado na seara processual tributária, endereça não só a questão dos atos processuais. De fato, vai além, alcançando o próprio direito material e, mais especificamente, o próprio pagamento do crédito tributário.

Com efeito, o negócio jurídico processual foi inserido no contexto tributário pela Procuradoria da Fazenda Nacional, que o fez com um objetivo muito claro, qual seja, tentar viabilizar o pagamento da dívida ativa da União.

Isso é o que se verifica principalmente na Portaria PGFN nº 33, de 2018,[3] e, de forma mais explícita, na Portaria PGFN nº 742, de 2018, que disciplina "a celebração de negócio jurídico processual — NJP em sede de execução fiscal, para fins de equacionamento de débitos inscritos em dívida ativa da União". Ou seja, o negócio jurídico processual previsto no âmbito tributário, em princípio, diz respeito apenas aos processos de cobrança, ou, na perspectiva das empresas, apenas ao seu passivo tributário.

Releva destacar, por outro lado, que esses movimentos da Procuradoria da Fazenda Nacional, ainda que firmados em Portarias, foram posteriormente "legalizados" com o advento da Lei nº 13.874/2019, que alterou a Lei nº 10.522/2002, e que passou a estabelecer em seu artigo 19, §§ 12 e 13, a possibilidade de celebração de negócios jurídicos processuais, cabendo à Procuradoria-Geral da Fazenda Nacional regulamentar

[3] Art. 38. O Procurador da Fazenda Nacional poderá celebrar Negócio Jurídico Processual visando a recuperação dos débitos em tempo razoável ou obtenção de garantias em dinheiro, isoladamente ou em conjunto com bens idôneos a serem substituídos em prazo determinado, inclusive mediante penhora de faturamento, observado o procedimento disposto no regulamento expedido pela Procuradoria-Geral da Fazenda Nacional.

"a celebração de negócios jurídicos processuais em seu âmbito de atuação, inclusive na cobrança administrativa ou judicial da dívida ativa da União". Essa regulamentação, como visto, já existia desde 2018 com a Portaria PGFN nº 742/2018.

Assim, após três anos do advento da possibilidade de ser firmar negócios jurídicos processuais atípicos no Código de Processo Civil de 2015, e a despeito de discussões legais e/ou temporais, fato é que restou legalizada e regulamentada a celebração de negócios jurídicos processuais pela Procuradoria da Fazenda nacional para cobrança e equacionamento dos débitos inscritos em dívida ativa da União.

Nesse sentido, portanto, a Portaria PGFN nº 742/2018, arrimada na Lei nº 10.522/2002, estabeleceu os critérios para celebração dos negócios jurídicos processuais para pagamento dos débitos inscritos em dívida ativa, seus limites, condições e procedimento.

O Negócio Jurídico Processual poderá versar sobre os seguintes objetos (artigo 1º, § 2º):

- calendarização da execução fiscal;
- plano de amortização do débito fiscal;
- aceitação, avaliação, substituição e liberação de garantias;
- modo de constrição ou alienação de bens.

Além disso, a celebração de NJP está condicionada à "demonstração de interesse da Fazenda Nacional" de acordo com os seguintes critérios (artigo 2º):

- vinculação à capacidade econômico-financeira do devedor, ao perfil da Dívida e às peculiaridades do caso em concreto;
- previsão de prazo certo para liquidação das dívidas, quando for o caso, ou concretização de garantias e demais condições do negócio;
- imposição de obrigações ou meios indiretos que facilitem ou otimizem a fiscalização ou acompanhamento do cumprimento das condições do acordo.

Vale destacar, também, que se o NJP objetiva estabelecer plano de amortização do débito fiscal ele deverá prever, ainda, de forma cumulativa ou alternativa, dentre outras, as seguintes condições (artigo 3º):

- confissão irrevogável e irretratável dos débitos inseridos no NJP, renovada a cada pagamento periódico;

- oferecimento de depósito em dinheiro de parcela dos débitos inscritos;
- oferecimento de outras garantias idôneas, desde que observada a ordem do artigo 11 da Lei nº 6.830/1980, se não houver compromisso de gradual substituição por depósito em dinheiro, em prazo certo;
- quitação de parcela dos débitos inscritos em dívida ativa da União, ajuizados ou não;
- constrição de parcela sobre faturamento mensal ou de recebíveis futuros;
- rescisão em hipótese de superveniência de falência ou outro mecanismo de liquidação judicial ou extrajudicial;
- apresentação de garantia fidejussória dos administradores da pessoa jurídica devedora, independentemente da apresentação de outras garantias;
- prazo de vigência não superior a 120 (cento e vinte) meses, salvo autorização expressa da Coordenação-Geral de Estratégias de Recuperação de Créditos.

No tocante aos negócios jurídicos processuais já realizados pela Procuradoria da Fazenda Nacional, e de acordo com informações disponibilizadas, de forma transparente, no próprio sítio da PGFN na Internet, entre 2018 e 2022 foram firmados 65 (sessenta e cinco) NJPs, sendo que boa parte (33) foi realizada na 3ª Região, que abrange os estados de São Paulo e Mato Grosso do Sul.[4]

Além disso, quanto ao objeto, a maioria desses NJPs (mais especificamente 42) estabeleceu planos de amortização de débito fiscal com parcelamentos de até 120 meses para equacionamento da dívida. Outros temas, como calendarização da execução fiscal, substituição de garantias, modos diferenciados de constrição ou alienação de bens, aproveitamento de créditos para quitação, utilização de depósitos judiciais provenientes de penhora de faturamento, e perícias para realização de cálculos, representaram apenas 23 casos.

[4] https://www.gov.br/pgfn/pt-br/assuntos/divida-ativa-da-uniao/painel-dos-parcelamentos/termos-de-negocio-juridico-processual

Constata-se, assim, após cinco anos, que o número de negócios jurídicos processuais firmados com base na Portaria PGFN nº 742/2018, ainda que exitosos, foi relativamente pequeno, e que endereçou mais o equacionamento dos débitos inscritos em dívida ativa da União nas execuções fiscais através de planos de amortização de 120 meses, ou seja, grandes parcelamentos com prazos mais longos que o parcelamento ordinário de 60 meses.

Por outro lado, não resta claro se a baixa adoção desse instrumento se deu pelo seu escopo reduzido (apenas para equacionar débitos inscritos em dívida ativa no bojo de execuções fiscais), ou se as exigências da Portaria PGFN nº 742/2018 para celebração de NJPs, tais como inclusão de relação de bens e direitos particulares dos controladores, administradores, gestores e representantes legais do sujeito passivo, acabaram por afugentar os interessados na sua realização.

Outro fator que talvez tenha contribuído para esse baixo número tenha sido o advento da Lei nº 13.988/2020, Lei de Transação, regulamentada pela Portaria PGFN nº 9.917/2020, que disciplinou os requisitos e as condições necessárias à realização da transação na cobrança da dívida ativa da União, transação esta que pode se dar por diversas modalidades. Conforme se verifica no próprio site da PGFN, com apenas dois anos de aplicabilidade, além das transações por adesão, que somam milhares, já foram firmados 97 (noventa e sete) termos de transação individual.[5] Parece, assim, que esse instrumento vem encontrando mais aceitabilidade entre contribuintes e na própria Procuradoria.

De toda forma, ainda que seja cabível o questionamento se faz sentido falar-se em negócio jurídico processual após o advento da transação no âmbito tributário, ou mesmo em um aparente desuso do NJP, nada impede que esses instrumentos possam coexistir e, mais ainda, serem utilizados conjuntamente ou de forma complementar para atingir os objetivos da Fazenda Nacional e beneficiar o outro lado do negócio, no caso, o contribuinte.

[5] https://www.gov.br/pgfn/pt-br/assuntos/divida-ativa-da-uniao/painel-dos-parcelamentos/termos-de-transacao-individual

3. O negócio jurídico processual na visão do mercado: benefícios e externalidades negativas

Depois de esclarecido, ainda que de forma sucinta, o que está envolvido na "gestão corporativa" tributária, notadamente do contencioso tributário, e a complexidade intrínseca dessa gestão, que envolve áreas e profissionais de diversas formações, cujas responsabilidades primárias são a gestão financeira e a gestão de caixa, e após uma breve digressão sobre a evolução dos negócios jurídicos processuais na seara tributária federal, fica mais fácil entender quais são os benefícios e as externalidades negativas desse instrumento para as empresas.

Com efeito, é de se destacar que o principal benefício para os contribuintes em termos de gestão é a possibilidade de regularizar a sua situação fiscal em um quadro processual bastante delicado, qual seja, o de uma execução fiscal, que pode ser muito agravado em razão do valor da exigência, da representatividade da dívida diante da capacidade de pagamento do contribuinte e da possibilidade de gravame direto e imediato nas finanças e no caixa, mormente com penhora de faturamento.

Demais disso, a regularidade fiscal permite a emissão de certidão positiva de débitos com efeitos de negativa, o que para algumas empresas é condição indispensável para desenvolvimento da própria atividade operacional e econômica da empresa.

A calendarização da execução fiscal e o estabelecimento de um plano de amortização do débito fiscal, por outro lado, podem dar um alívio na gestão do caixa da empresa e servir de ferramenta importante de recuperação da atividade econômica. Deveras, havendo a possibilidade de alongamento da dívida em até 120 meses, em contraposição ao parcelamento ordinário de 60 meses, o contribuinte tem como amenizar os impactos na gestão da empresa e, dentro do que lhe é possível, atender o interesse da Fazenda Pública de equacionamento dos valores inscritos na dívida ativa da União. Aliás, como visto que a maioria dos negócios jurídicos processuais firmados consistem em planos de amortização, depreende-se que o principal uso do NJP tenha sido, na prática, ainda que em conjunto com outras modalidades de NJP, para celebração desses parcelamentos estendidos.

Outro benefício aos contribuintes na celebração de negócios jurídicos processuais se dá na aceitação, avaliação, substituição e liberação de garantias. Conforme se pode verificar nos negócios jurídicos processuais firmados até aqui, tirando os planos de amortização da dívida ativa, talvez seja essa a modalidade de NJP mais utilizada nas execuções fiscais, incluindo, por sinal, uma boa dose de criatividade das partes para equacionar os interesses contrapostos.

O que se vê em vários NJPs, em verdade, é uma combinação de aceitação de substituição de garantias com depósitos judiciais, penhoras de faturamento, compensações de ofício com indébitos oriundos de decisões judiciais transitadas em julgado, e outras medidas que viabilizam, até a satisfação do débito, a suspensão da execução fiscal, o impedimento de penhoras de faturamento através de bloqueios judiciais e o próprio adiamento temporário do ajuizamento de novas execuções fiscais.

Esse benefício decorrente do exercício criativo se dá, ainda, nos negócios processuais envolvendo acordos sobre os modos de constrição ou alienação de bens para equacionamento do passivo fiscal das empresas e da dívida ativa da União. De fato, essa certa flexibilidade no aceite de bens, no planejamento de substituição, constrição e, acima de tudo, na sua alienação, tem viabilizado diversos acordos no bojo da relação processual do executivo fiscal, atendendo, dentro do possível, o interesse das duas partes no processo.

Por último, ainda no tocante aos benefícios dos negócios jurídicos processuais tributários na gestão corporativa, é de se destacar a publicidade e transparência com que os NJPs vêm sendo disponibilizados à sociedade, com fácil acesso através do próprio sítio na internet da PGFN, o que enseja não só a possibilidade de pesquisa, mas também propicia a identificação de situações análogas que podem servir de referência para NJPs futuros, através do chamado *benchmarking*, que é sempre muito importante.

Mas não é só isso. A publicidade e transparência também ensejam um tratamento isonômico entre os contribuintes, na medida em que os iguais podem ser tratados igualmente e os desiguais desigualmente. Com isso resta endereçado um dos principais problemas que sempre se apontou em todas as discussões sobre transação na seara tributária, qual seja, de algum contribuinte ser beneficiado em detrimento de outros e a ele ser concedido um privilégio especial.

Todavia, nem tudo são flores, é ainda há um longo caminho para se trilhar.

No tocante às externalidades negativas dos negócios jurídicos processuais, importante destacar, inicialmente, que mesmo havendo um nítido espírito de consensualismo e diálogo dentro da PGFN, não necessariamente todos Procuradores tem o mesmo entendimento sobre o instituto. Na verdade, não se identifica unidade de entendimento na Procuradoria.

E isso não é exclusivo da PGFN. Contribuintes, e até mesmo juízes, não têm uniformidade de pensamento quanto aos negócios jurídicos processuais.

É notório, apenas, que esses negócios jurídicos processuais, como hoje dispostos na legislação e nas normas da PGFN, por vezes acabam por atender mais o interesse da Fazenda Nacional, o equacionamento da dívida ativa da União, do que o interesse dos contribuintes.

As eventuais concessões pela PGFN para realização de NJP tem como finalidade tão-somente a recuperação de débitos inscritos em dívida ativa, atendendo a contribuintes que se encontram na posição de devedor e, normalmente, em situação de dificuldade financeira. Mira-se não necessariamente amenizar a situação do sujeito passivo, mas sim obter garantias e o efetivo pagamento dos débitos.

Essa postura, aliás, de patente desequilíbrio de força entre as partes, leva muitas vezes à percepção de que a Procuradoria quer uma vantagem clara em face do sujeito passivo, o que pode não contribuir para um ambiente de negociação saudável e que também pode levar, ao final, à frustração. Negócio só é bom, verdadeiramente, quando é bom para as duas partes.

Essa frustração, demais disso, pode crescer ainda mais porque nos negócios jurídicos processuais tributários não há possibilidade de redução do principal. Isso é algo que pode até ter espaço no futuro, quer seja através do próprio NJP ou mesmo da transação tributária.

A impossibilidade de negociação e redução do principal, apesar da evolução da PGFN em termos de razoabilidade e abertura para diálogo, não contribui para um ambiente de negócios saudável.

Ainda nesse contexto, o ideal seria que a flexibilização de garantias e as suas substituições se desse de forma mais ampla, e não só quando houvesse intenção de pagamento por parte do contribuinte e, por consequência, equacionamento da dívida ativa, como hoje está previsto na legislação. Mesmo nos casos em que o contribuinte não tem intenção de pagar a dívida, mas sim continuar discutindo até uma decisão final, deveria ser possível a substituição de garantias por outras menos onerosas e que, do mesmo modo, garantem o crédito tributário.

Isso poderia ser feito se dando tratamento diferenciado, mas justificado, considerando o histórico do contribuinte, sua situação econômico-financeira e suas projeções de geração de resultados, como já é feito na realização do NJP (inciso VI do artigo 6º da Portaria PGFN nº 742/2018). Só faltaria, assim, viabilizar a substituição e liberação de depósitos em dinheiro sem que fosse necessariamente para pagamento de dívida, o que melhoraria o caixa das empresas e contribuiria positivamente nas suas finanças e no desenvolvimento da atividade econômica.

Por outro lado, mas ainda com esse mesmo desiderato, seria importante que o negócio jurídico processual pudesse se dar não só nas execuções fiscais da dívida ativa, mas também em processos de recuperação de indébito, em que o contribuinte figura no polo ativo e, muito das vezes, realiza depósitos em dinheiro, que se substituídos por garantias idôneas, poderiam reforçar seus caixas e auxiliar na gestão corporativa.

Conforme exposto anteriormente, a gestão do chamado "passivo fiscal" é apenas uma dimensão da gestão tributária corporativa, principalmente em um país como o Brasil, onde o contencioso tributário é muito intenso. Contingências ativas, em que há discussão sobre recuperação de crédito, também fazem parte da gestão corporativa e, por isso, também deveriam ser levadas em consideração em uma "negociação".

No entanto, isso tudo parece esbarrar em uma externalidade negativa crucial, anterior e que muito prejudica qualquer tipo de solução consensual: a falta de confiança entre as partes.

Ainda que não se possa generalizar, a Procuradoria normalmente vê o administrado como alguém que não tem interesse na coisa pública, mas apenas preocupação com seu interesse pessoal. Ao mesmo tempo, há um desequilíbrio de forças entre as partes, visto que a PGFN, caso o NJP não seja realizado, pode prosseguir na execução fiscal com todos os seus instrumentos para satisfação do débito, executando garantias ou mesmo solicitando a penhora de faturamento. O contribuinte, ao revés, fica exposto a todo tipo de dificuldade.

Essa falta de confiança também está presente na própria relação de direito material que antecede a relação processual contida na execução fiscal. De fato, para se buscar consenso e dirimir uma controvérsia antes mesmo que ela pudesse existir, seria importante trazer a Receita Federal para esse ambiente de diálogo, transparência e consenso, a fim de que se pudesse, de fato, existir uma negociação plena, inclusive com a possibilidade de redução do montante principal. Em outras palavras, seria a redução da litigiosidade e do próprio contencioso antes mesmo dele surgir.

Quem sabe, no futuro, possa haver um espaço de negociação mais amplo, talvez na transação tributária, inclusive com a Receita Federal?

É certo que esse relacionamento Fisco e contribuinte é complexo em qualquer tempo e em qualquer lugar do mundo, mas no Brasil ele é especialmente desafiador. Os passos dados até aqui na melhora desse diálogo e na construção de caminhos alternativos para solução dos litígios, principalmente com a Procuradoria da Fazenda Nacional, foram passos importantes, mas ainda é necessário evoluirmos. Precisamos de uma mudança cultural rápida e profunda, um novo paradigma, um novo "pacto" do Estado com os contribuintes. Precisamos, urgentemente, estimular a segurança jurídica a fim de criar e fomentar um ambiente de negócios mais acolhedor no nosso país, reduzindo a litigiosidade.

Precisamos, assim, que institutos como o negócio jurídico processual e outros instrumentos para solução de controvérsias tributárias, como a transação, e, quem sabe, a mediação e a arbitragem, evoluam cada vez mais, ao lado de importantes e necessárias mudanças culturais, a fim de que sejam mais e mais perceptíveis os benefícios da consensualidade e, cada vez menos, os impactos negativos decorrentes das deficiências do nosso sistema.

Conclusões

É nesse contexto, conforme exposto anteriormente, considerando que a "gestão corporativa" tributária, especialmente a do contencioso tributário, é muito mais do que somente administrar um passivo tributário, que nos parece que o negócio jurídico processual tem se mostrado um instrumento importante e efetivo para solução de controvérsias de forma mais ampla, não só para equacionamento da dívida ativa da União, mas também para endereçar aspectos vitais das empresas, como obtenção de alívio na gestão de caixa e regularização de situação fiscal.

Para se pensar de forma apropriada os negócios jurídicos processuais na gestão tributária a fim de aproveitar os benefícios que esse instituto proporciona, entendendo também seus aspectos negativos no processo de tomada de decisão, é que se faz necessária uma abordagem interdisciplinar, colaborativa e com a devida governança, em face de questões de relevante impacto financeiro e de caixa, cruciais para a sobrevivência e desenvolvimento dos negócios.

Digno de nota, por outro lado, que o negócio jurídico processual tributário abriu não só um canal de diálogo com a Procuradoria Geral da Fazenda Nacional para equacionamento da dívida ativa e para regularização da situação fiscal do contribuinte, mas também possibilitou, de forma ampla, o exercício criativo dessas equipes corporativas interdisciplinares que cuidam da matéria tributária. Por isso, entender o NJP é fundamental para reduzir o contencioso tributário e adotar uma gestão corporativa eficiente e eficaz, otimizando recursos, reduzindo custos e alcançando os melhores resultados financeiros.

Ou seja, o diálogo franco e aberto, exercido de forma criativa, tem se mostrado vantajoso não só para a Fazenda Pública, que tem equacionado montante de dívida ativa, mas também para os contribuintes, quer seja na melhora de seu fluxo de caixa, mitigação de custos com garantias, ou, muitas vezes, viabilizando a própria sobrevivência do negócio.

Isso tem se comprovado através não só dos planos de amortização da dívida ativa firmados em bases mais vantajosas, mas também em acordos em que se estabeleceu a combinação de aceitação de substituição de garantias com depósitos judiciais, penhoras de faturamento, compensações de ofício com indébitos oriundos de decisões judiciais transitadas em julgado, e outras medidas que viabilizam, até a satisfação do débito, a suspensão da execução fiscal, o impedimento de penhoras de faturamento através de bloqueios judiciais e o próprio adiamento temporário do ajuizamento de novas execuções fiscais.

Esse benefício decorrente do exercício criativo mostrou-se viável, ainda, através de negócios processuais envolvendo acordos sobre os modos de constrição ou alienação de bens para equacionamento do passivo fiscal das empresas e da dívida ativa da União. De fato, essa certa flexibilidade no aceite de bens, no planejamento de substituição, constrição e, acima de tudo, na sua alienação, tem viabilizado diversos acordos no bojo da relação processual do executivo fiscal, atendendo, dentro do possível, o interesse das duas partes no processo.

E isso tudo, é de se ressaltar, em um ambiente de diálogo, transparência e publicidade.

É certo, todavia, que apesar desses vários avanços ainda existem muitos desafios a serem superados.

Deveras, a despeito da falta de uniformidade entre Procuradores da Fazenda sobre o alcance do negócio jurídico processual, notadamente em um cenário de natural desequilíbrio de forças entre as partes (Estado credor *versus* contribuinte devedor), a impossibilidade de redução do montante principal por vezes enseja a percepção de que a negociação, ao final, é de certa forma frustrante.

Além disso, ter a possibilidade de substituição de garantias por outras menos gravosas apenas quando se demonstra a intenção de algum pagamento de dívida ativa não endereça as dificuldades do setor privado. O ideal, ao revés, seria possibilitar essa substituição de garantias, inclusive depósitos em dinheiro, independente de intenção de pagamento, por outras menos onerosas mas que da mesma forma garantem o crédito tributário, considerando o histórico do contribuinte, sua situação econômico-financeira e suas projeções e geração de resultados, critérios já previstos na própria legislação do NJP. Seria dar tratamento isonômico ao contribuinte considerando a sua situação específica, o que atende plenamente ao Princípio Constitucional da Isonomia.

Contudo, como apontado, isso esbarra em uma externalidade negativa crucial, anterior e que muito prejudica qualquer tipo de solução consensual: a falta de confiança entre as partes.

Essa falta de confiança, aliás, está presente na própria relação jurídico-material entre Fisco e contribuinte, antecedendo a própria relação processual executiva. Seria importante, desta feita, que a própria Receita Federal participasse desse ambiente de diálogo, transparência e consenso, a fim de que pudesse, de fato, existir uma negociação plena, inclusive com a possibilidade de redução do montante principal. Ou seja, seria a redução da litigiosidade e do próprio contencioso antes mesmo dele surgir.

Como dito anteriormente, é certo que o relacionamento entre Fisco e contribuinte é complexo em qualquer tempo e em qualquer lugar do mundo, mas no Brasil precisamos urgentemente evoluir. Precisamos de uma mudança cultural rápida e profunda, um novo paradigma, um novo "pacto", sob pena de perdermos mais posições em termos econômicos e de desenvolvimento. Precisamos ter mais espaço de diálogo e consenso, precisamos de criatividade e acreditar na boa-fé das partes.

Ao final, quem perde somos todos nós e nosso país. Enquanto outras nações caminham a passos largos em um ambiente de confiança e consenso, se nós não recuperarmos o tempo perdido, tenderemos a sofrer cada vez mais.

O dissenso pelo dissenso, a judicialização e o contencioso, portanto, precisam ser substituídos pela pacificação, pelo consenso. E é através de instrumentos como o negócio jurídico processual e outros meios alternativos de solução de controvérsia, especialmente na seara tributária, é que conseguiremos evoluir como sociedade, país e nação.

Referências

- Diálogos sobre o Negócio Jurídico Processual — NJP em Matéria Tributária, ABDF — Associação Brasileira de Direito Financeiro, transmitido em 02 de fev. de 2021, https://www.youtube.com/watch?v=_wIEw2cUV9o. Acesso em 07 de mar. de 2022;
- Webinar | Negócio jurídico processual, mediação e arbitragem em matéria tributária, FGV, transmitido em 16 de fev 2022, https://www.youtube.com/watch?v=mTPSCHEACQw. Acesso em 21 de mar. de 2022;
- Negócios Processuais Tributários- FREDIE DIDIER JR, transmitido em 01 de ago. 2020, https://www.youtube.com/watch?v=EAVP7T2XVPA. Acesso em 22 de mar. de 2022;
- Negócio Jurídico Processual e Transação Tributária, OAB RJ, transmitido em 17 de set. 2021, https://www.youtube.com/watch?v=y3gsJWo7p3k. Acesso em 25 de mar. de 2022.
- PGFN — PROCURADORIA GERAL DA FAZENDA NACIONAL. **Homepage PGFN**. Disponível em: https://www.gov.br/pgfn/pt-br. Acesso em: 10 de março de 2022.

PARTE II

Pontos Críticos relacionados ao Incremento do Contencioso Tributário Brasileiro

20. DIREITO TRIBUTÁRIO SANCIONADOR NO BRASIL: ALGUMAS CRÍTICAS E PROPOSIÇÕES

PEDRO ADAMY
BRUNO FAJERSZTAJN

Introdução

Muito se tem discutido sobre o melhor sistema de tributação para o Brasil e sobre propostas de reforma na tributação do consumo e da renda. A despeito da necessidade dessas reformas, especialmente no âmbito da tributação do consumo, nada se tem sido discutido acerca de alguns graves problemas de nosso sistema, como por exemplo as obrigações acessórias, o contencioso tributário, e as sanções.

Pretendemos com este estudo fazer algumas críticas ao sistema de imposição de sanções atualmente em vigor, com foco nas multas tributárias, as quais, muitas vezes, têm sido utilizadas de maneira indevida, com desvio de sua finalidade precípua. Vê-se atualmente a imposição de multas como forma incrementar a arrecadação do Estado, sendo que tais sanções não possuem essa função. Sem prejuízo do excesso verificado, também identificamos não haver, na legislação em vigor, mecanismos efetivos de controle da atividade sancionadora, tampouco se verifica a existência de um arcabouço de regras que permita uma maior individualização das penas em matéria tributária.

Atualmente, o que se verifica no Brasil, especialmente em relação às multas, é um sistema fechado, de imposição quase automática, de multas em percentuais sobre algumas grandezas, por exemplo, o valor do tributo que deixa de ser recolhido ou sobre o valor de uma operação que deixa de ser reportada, ou é reportada de forma incorreta, em obrigações acessórias.

Esse sistema fechado, por não conter regras expressas que permitam a graduação de penalidades de acordo com as circunstâncias de cada caso concreto, gera evidentes injustiças, colocando em pé de igualdade infratores em situação completamente distinta. Além da questão da aplicação isonômica das sanções, o sistema atual acaba gerando punições excessivas e arbitrárias, o que se revela de forma ainda mais evidente quando se verifica que a legislação tributária é extremamente complexa, devendo ser aplicada, como regra, pelo próprio contribuinte, sob posterior revisão pelo Fisco, no âmbito do lançamento por homologação. Ao contribuinte é atribuída a responsabilidade pela interpretação, aplicação da legislação e pagamento antecipado dos tributos, ficando depois sujeito ao crivo do Fisco que, em caso de qualquer irregularidade, por mais escusável que possa figurar, impõe a aplicação de multas quase sempre excessivas.

Daí porque mudanças no sistema seriam muito bem-vindas. Como apontado acima, muito se fala em reforma tributária e nada se discute sobre esse grave problema do sistema brasileiro.

O objetivo deste estudo é demonstrar que o ordenamento jurídico brasileiro é compatível com a criação de regras que venham a permitir uma maior individualização da pena em matéria tributária, o que está em harmonia com o art. 5º, incisos I e XLVI, da Constituição Federal, além de ser uma decorrência da própria concepção do Estado de Direito. Pretendemos demonstrar que não apenas a Constituição, mas também as normas gerais do Código Tributário Nacional ("CTN") comportam uma aplicação mais justa, ponderada e individualizada das multas.

A criação de mecanismos legais que sirvam de instrumento para uma maior graduação da pena certamente contribuiria para a redução dos desvios hoje existentes, como será demonstrado a seguir.

1. Mandamentos constitucionais que determinam a graduação das multas tributárias

O direito constitucional impõe obrigações a todos os ramos do direito. Assim é que, por exemplo, o direito civil não pode pretender diferenciar homens e mulheres em direitos e obrigações, sem que isso seja declarado inconstitucional. Da mesma forma, o direito penal não poderá fazer com que as penas sejam aplicadas aos sucessores do condenado, sob pena de inconstitucionalidade. Ou, para terminar uma lista que poderia ser bastante extensa, que o direito previdenciário não obedeça aos ditames sobre idades de aposentadoria e contribuição, sem ofender o texto constitucional. Como fica claro, a força normativa da Constituição se impõe sobre todos os ramos do direito, de formas e com intensidades diferentes.[1] No entanto, nenhuma área está livre de sua influência, não podendo ignorar ou não observar as disposições constitucionais.

No entanto, no que concerne às multas tributárias, estranhamente, as disposições constitucionais sobre, de um lado, individualização das penas e, de outro lado, da aplicação da igualdade entre contribuinte em situação equivalente a contribuintes em situação semelhante, simplesmente não são aplicados pelo legislador tributário.

Dessa forma, é necessário que se analisem as disposições constitucionais aplicáveis para melhor compreender a problemática — e a inconstitucionalidade dela decorrente — envolvendo a previsão e aplicação em bloco das multas tributárias, isto é, sem que as penalidades sejam graduadas de acordo com a situação individual daquele que violou a legislação tributária. É o que se passa objetivamente a analisar.

Em primeiro lugar, a previsão de multas tributárias sem quaisquer graduações viola o artigo 5°, inciso XLVI da Constituição. Com efeito, o mandamento constitucional determina que compete ao legislador regular a individualização da pena, de forma que cada conduta típica seja punida de acordo com a sua gravidade. A Constituição, igualmente, traz uma lista de penas que poderão ser usadas pelo legislador na individualização da punição, de forma que, não devem restar quaisquer dúvidas, o texto constitucional atribui ao legislador um dever de adequar a pena à gravidade da conduta.

Como já decidiu o Supremo Tribunal Federal, "a aplicação da pena, em face do sistema normativo brasileiro, não pode converter-se em instrumento de opressão judicial nem traduzir exercício arbitrário de poder"[2], uma vez que toda e qualquer punição em um estado democrá-

[1] HESSE, Konrad. *Die normative Kraft der Verfassung*. Tübingen: Mohr, 1959, p. 11 e ss.

[2] STF, 2ª Turma, HC 96.590, rel. min. Celso de Mello, j. 9-6-2009. Do voto do relator, pode-se ler: "A condenação penal há de refletir a absoluta coerência lógico-jurídica que deve

tico, como é o caso do Brasil, pressupõe que haja uma relação necessária entre a conduta do indivíduo transgressor e a punição que lhe é cominada. Sempre que o legislador se afastar deste mandamento constitucional, estar-se-á diante de uma afronta à obrigação de individualização da pena. Não é outra a lição de Fabiana Carsoni:

> "o legislador não só pode como deve, em atenção à individualização da pena, criar normas que permitam a graduação das penalidades conforme as circunstâncias de cada caso, atendendo à situação de fato e às características pessoais do infrator."[3]

Ao legislador, portanto, compete estatuir regramentos compatíveis com o mandamento constitucional que obriga à individualização das punições. Ainda que se possa debater sobre a aplicabilidade de tal dispositivo ao direito tributário — o que se admite apenas para argumentar — o legislador do CTN estava atento à essa necessidade, posteriormente prevista na Constituição.[4] Com efeito, em matéria de sanções, o artigo 112 determina que a legislação que define infrações e penalidades deve, em caso de dúvida, ser interpretada de maneira mais favorável ao acusado. Veja-se que, já no texto original do CTN, o legislador compreendeu a injustiça inerente na punição sem qualquer tipo de individualização, determinando ao aplicador que, em caso de não haver certeza sobre os fatos ou sobre a sua qualificação, deveria haver interpretação

existir entre a motivação e a parte dispositiva da decisão, eis que a análise desses elementos — que necessariamente compõem a estrutura formal da sentença — permitirá concluir, em cada caso ocorrente, se a sua fundamentação ajusta-se, ou não, de maneira harmoniosa, à base empírica que lhe deu suporte. (...) Não se revela legítima, por isso mesmo, a operação judicial de dosimetria penal, quando o magistrado, na sentença, sem nela revelar a necessária base empírica eventualmente justificadora de suas conclusões, vem a definir, mediante fixação puramente arbitrária, a pena-base, exasperando-a de modo evidentemente excessivo, sem quaisquer outras considerações."

[3] SILVA, Fabiana Carsoni Alves Fernandes da. *A Individualização da Pena no Direito Tributário Sancionador — Competência para a Graduação da Penalidade Fiscal e Princípios e Direitos que Autorizam Tal Atividade.* In: ZILVETI, Fernando Aurélio (coord). Revista Direito Tributário Atual n. 37. São Paulo: Instituto Brasileiro de Direito Tributário. 2017.

[4] Deve-se notar que a Constituição de 1946, vigente à época da edição do CTN previa a individualização da pena como uma das garantias fundamentais, em seu artigo 141, §29, nos seguintes termos: "§ 29 — A lei penal regulará a individualização da pena e só retroagirá quando beneficiar o réu."

mais benéfica ao acusado. Tal fato demonstra que, de um lado, o legislador do CTN deixou aberto o caminho para a consideração de penalidades individualizadas, de acordo com as circunstâncias fáticas do caso e, de outro lado, o legislador do CTN compreendia a necessidade de observar a máxima de que as punições devem ser adequadas às condutas dos acusados.

Não bastasse a previsão do artigo 112 acima analisada, também o artigo 142 do CTN indica que o legislador tributário bem compreendeu o mandamento da individualização das penas de acordo com as condutas do acusado. Com efeito, ao regular o lançamento tributário, o CTN determina que compete à autoridade competente "propor a aplicação da penalidade cabível". Aqui se evidencia que, de um lado, a autoridade dispõe de competência para propor uma punição cabível ao caso, isto é, aquela punição que esteja de acordo com a conduta do sujeito passivo, e não apenas a punição prevista de maneira genérica na legislação. De outro lado, a autoridade fiscal dispõe de espaço de discricionariedade, ainda que limitado pela legislação sancionatória, para determinar e propor a pena que ele considera cabível.

Novamente, o que se tem é que o legislador do CTN, cioso do dever de observar a previsão constitucional que determinava a individualização das penas, criou espaços para que o aplicador pudesse, de um lado, interpretar de maneira mais benéfica em caso de dúvida, e, de outro, propor a aplicação de uma penalidade cabível ao caso, de acordo com as circunstâncias e com a conduta do sujeito passivo.

Em segundo lugar, a previsão de multas tributárias sem quaisquer graduações viola o mandamento da igualdade tributária previsto no artigo 150, inciso II da Constituição. Com efeito, o dispositivo constitucional determina que é vedado aos entes tributantes "instituir tratamento desigual entre contribuintes que se encontrem em situação equivalente." Quer isso dizer que, de um lado, a legislação tributária deve observar a equivalência de situação entre os contribuintes e, em razão dela, instituir tratamento semelhante. De outro lado, a legislação tributária deverá instituir tratamento desigual para contribuintes que não se encontrem em situação equivalente, sob pena de violação à igualdade tributária.

Nesse sentido, ao legislador é comandado que observe a situação fática do contribuinte e, em virtude dela, institua tratamentos iguais que sejam condizentes com a equivalência da situação fática ou tratamentos desiguais que reflitam a ausência de equivalência entre as situações nas quais se encontram os contribuintes. Deve haver, portanto, compatibilidade entre a previsão legislativa que prevê a sanção e a conduta objetiva do contribuinte.[5] Trata-se, como fica óbvio, de um corolário, talvez o mais básico deles, do mandamento geral de igualdade em sua faceta tributária.

O tratamento legislativo que ignora quaisquer elementos que colocam os contribuintes em situações não equivalentes, tratando a todos de forma indiscriminada, sem considerações sobre as circunstâncias fáticas, faz com que a igualdade tributária seja violada. Assim é que, por exemplo, a aplicação de multa tributária por atraso de poucos dias no pagamento em apenas uma ocasião não pode ter a mesma gravidade da multa aplicada ao contribuinte que utiliza da inadimplência tributária como instrumento de financiamento. A violação à legislação tributária que fixa o prazo do pagamento é a mesma, as circunstâncias nas quais esta violação ocorre diferem grandemente. Dessa forma, tratar contribuintes que têm condutas bastante diversas de maneira semelhante vai de encontro ao mandamento constitucional da igualdade tributária.

Até o momento se analisou a obrigação de o legislador observar os mandamentos constitucionais que determinam a obrigatoriedade de individualização das penas e de tratamento igualitário para contribuintes em situação equivalente. Cumpre que, de maneira objetiva, se verifique se essas obrigações também se refletem na conduta do Poder Executivo, em especial na aplicação das multas tributárias.

Em primeiro lugar, não há dúvidas que a Constituição obriga a todos os poderes. Dessa forma, também o Poder Executivo está vinculado aos mandamentos constitucionais. Pode-se afirmar que, no que concerne à individualização da pena, a Constituição instituiu um dever ao legislador. Dessa forma, o Poder Executivo não estaria vinculado por esta obrigatoriedade. No entanto, a individualização da pena não decorre exclusivamente do artigo 5º, inciso XLVI. Com efeito, como acima analisado, também a igualdade tributária obriga a tratamento equivalente a contribuintes em situação semelhante e tratamentos desiguais a contribuintes em situações distintas.

[5] ÁVILA, Humberto. *Teoria da Igualdade Tributária*. 4ª ed. São Paulo, Salvador: Malheiros/JusPodium, 2020, p. 102 e ss.

A igualdade vincula o Poder Executivo. Ainda que o seu âmbito de discricionariedade seja, em grande parte, mediado e limitado pelo Poder Legislativo, ainda restam competências exclusivas do Poder Executivo que demandam uma averiguação e consideração da igualdade na aplicação da legislação. Assim é que compete ao Poder Executivo a edição de decretos e outros instrumentos normativos para dar concretude às determinações legais.

Tal concretude deverá levar em conta as particularidades que foram ignoradas — intencional ou não intencionalmente — pelo legislador, de forma que a aplicação da legislação esteja em consonância com o mandamento da igualdade.[6] Neste ponto reside a importância desempenhada pela autoridade fiscal: reconhecer as particularidades dos casos e dar tratamento isonômico a elas, de acordo com as suas semelhanças e diferenças. A competência do Poder Executivo de editar instrumentos normativos secundários serve para verificar particularidades que não estavam ao alcance do legislador, mas que se mostram de tal forma relevantes que não podem ser ignoradas. Essa a lição de Humberto Ávila ao defender que "a verificação de que o Poder Legislativo deve editar padrões legais despidos de excessivas particularidades obriga o Poder Executivo a garantir procedimentos que permitam que os contribuintes possam revelar eventuais particularidades que tenham potencial para alterar os efeitos legais."[7] Em outras palavras, como a legislação deve ser ampla e abstrata, caberá ao Poder Executivo a avaliação, com a participação do contribuinte, de quais particularidades, peculiaridades e circunstancias permitem que as multas sejam graduadas de acordo com a situação específica do contribuinte. Nesse sentido, desconsiderar particularidades relevantes é violar o próprio dever de igualdade tributária previsto na Constituição.

Passada esta etapa da análise dos mandamentos constitucionais que determinam a aplicação individualizada das multas tributárias, cumpre que verifiquemos a sua natureza e as especificidades que autorizam, ou mesmo, obrigam a uma aplicação individualizada e graduada das sanções em matéria tributária. É o que se passa a fazer.

[6] Ávila, Humberto. *Teoria da Igualdade Tributária*. 4ª ed. São Paulo, Salvador: Malheiros/Jus-Podivm, 2020, p. 195 e ss.

[7] Ávila, Humberto. *Teoria da Igualdade Tributária*. 4ª ed. São Paulo, Salvador: Malheiros/Jus-Podivm, 2020, p. 196.

2. As sanções no sistema tributário nacional.

As multas tributárias são sanções de natureza eminentemente punitiva que, representando intervenção estatal na esfera patrimonial de indivíduos e pessoas jurídicas, estão submetidas aos limites constitucionais que decorrem do disposto no art. 5º da Constituição Federal e também da própria concepção de Estado de Direito.

Apesar de as sanções tributárias não possuírem a mesma natureza jurídica das sanções penais propriamente ditas [8], é certo que ambas estão sujeitas a princípios comuns, por possuírem função essencialmente punitiva e representarem, em última análise, restrições às liberdades de indivíduos e empresas. Com efeito, a concepção de Estado de Direito resulta na aplicação de uma série de normas e postulados que dela decorrem, ainda que não estejam expressamente previstos na Constituição ou nas demais regras do ordenamento jurídico. Assim, não é necessário haver norma expressa determinando que as sanções punitivas, quaisquer que sejam, não devem ser excessivas, devendo estar sujeitas aos testes de proporcionalidade e razoabilidade.

Nesse contexto, princípios que em uma primeira análise seriam aplicáveis apenas ao Direito Penal, como a presunção de inocência, não culpabilidade, e individualização da pena, aplicam-se perfeitamente às sanções tributárias punitivas. Trata-se do que Paulo Roberto Coimbra Silva denominou "princípios gerais da repressão"[9]. Abordagem semelhante foi dada por Gustavo Masina[10].

É com base nessas premissas que devem ser interpretadas as normas gerais previstas no CTN a respeito das sanções tributárias, o que também é fundamental para o embasamento das críticas e proposições contidas neste breve estudo.

Pois bem. Como é sabido, com o objetivo de conferir uniformidade à legislação em âmbito nacional, em prestígio à segurança jurídica [11], o art.

[8] Para mais detalhes a respeito, vide FAJERSZTAJN, Bruno. *Multas no Direito Tributário*. Série Doutrina Tributária vol. XXVIII. São Paulo: Quartier Latin. 2019. p. 86 a 115.

[9] SILVA, Paulo Roberto Coimbra. *Direito Tributário Sancionador. São Paulo: 2007. Quartier Latin*. p. 265 e seguintes.

[10] MASINA, Gustavo. Sanções Tributárias. Definições e Limites. São Paulo: Malheiros. 2016. p.117.

[11] Sobre o papel da lei complementar para prestigiar a segurança jurídica, vide: RE 433352 AgR, de 20.4.2010, STF, 2ª Turma Relator Min. Joaquim Barbosa.

146, III, da Constituição Federal, estabelece competir à lei complementar estabelecer normas gerais em matéria tributária, papel hoje ocupado pela Lei n. 5.172, de 25.10.1966, o CTN, recepcionado pela ordem jurídica de 1988 com status de lei complementar[12].

Com base nessa competência, o CTN regula os preceitos básicos no âmbito da imposição de sanções, cuja compreensão é relevante para o presente estudo.

Muito embora as regras do CTN tenham se revelado insuficientes para o estabelecimento de parâmetros e limites à imposição de sanções tributárias no Brasil, é nele que encontramos o arcabouço geral de normas sobre sanções, as quais devem ser observadas nacionalmente, pelos entes federativos, ao editarem suas legislações e regulamentos a respeito das sanções. As regras do CTN também orientam a aplicação das penalidades pelas autoridades fiscais e pelos órgãos de julgamento.

Ver-se-á a seguir que, a despeito de não haver minucioso regramento do tema no CTN, as normas em vigor estão em sintonia com os princípios constitucionais citados no tópico anterior, não se apresentando como impeditivos para uma aplicação mais justa das sanções hoje previstas em lei. Tampouco o CTN impõe qualquer óbice para que, prospectivamente, sejam estabelecidas regras mais flexíveis, que estabeleçam mecanismos concretos que permitam uma maior individualização das penas em matéria tributária. Vejamos.

Inicialmente, destaca-se o art. 3º[13] do referido Código, o qual estabelece que os tributos não configuram sanção por ato ilícito. A norma esclarece o que já se poderia extrair da própria concepção e justificação teórica de tributo, mas o texto expresso do art. 3º afasta qualquer dúvida que pudesse persistir: tributo e sanções possuem naturezas distintas. A despeito disso, ambos (tributo e penalidade) integram o crédito tributário, como se depreende da interpretação conjunta dos art. 113[14]

[12] Sobre o CTN ter sido recepcionado pela ordem constitucional de 88 como lei complementar, vide RE 636972 — RS, STF, de 12.5.2011, Relator Ministro Luiz Fux.

[13] "Art. 3º Tributo é toda prestação pecuniária compulsória, em moeda ou cujo valor nela se possa exprimir, que não constitua sanção de ato ilícito, instituída em lei e cobrada mediante atividade administrativa plenamente vinculada".

[14] "Art. 113. A obrigação tributária é principal ou acessória. § 1º A obrigação principal surge com a ocorrência do fato gerador, tem por objeto o pagamento de tributo ou penalidade pecuniária e extingue-se juntamente com o crédito dela decorrente. § 2º A obrigação acessória decorre da legislação tributária e tem por objeto as prestações, positivas ou negativas, nela

e 139[15] do CTN. Muitos apontam certa contradição entre o art. 3º e o conjunto formado pelos dois outros dispositivos referidos, mas não nos parece haver qualquer incoerência neles. O Código sabiamente reconhece e reafirma que as naturezas jurídicas do tributo e da multa são distintas, mas inclui ambos no conceito de crédito tributário, o que resulta na aplicação das mesmas regras para ambos em relação à constituição e cobrança do crédito, bem como no que tange às hipóteses de suspensão da exigibilidade, extinção e privilégios, salvo disposição do próprio Código em sentido contrário.

Outra regra que merece destaque no CTN é aquela inserida no art. 157, o qual estabelece que "a imposição de penalidade não ilide o pagamento integral do crédito tributário". Significa que as penalidades em regra têm caráter punitivo, pois a sua imposição jamais substitui a obrigação referente ao tributo, ou seja, não indeniza o credor pelo tributo que deixou de ser pago, como pode ocorrer no âmbito direito privado. Esse dispositivo, pouco explorado na doutrina e na jurisprudência, reforça a natureza punitiva (e não indenizatória) das penalidades em matéria tributária[16] [17].

Uma vez verificado que as multas possuem em regra caráter punitivo, cabe afastar a ideia de que há responsabilidade objetiva por infrações tributárias, como muitos já sustentaram, à luz do disposto no art. 136 do CTN. Realmente, existem manifestações doutrinárias que admitem, apoiadas na premissa de que a sanção tributária teria natureza administrativa (e não penal), que a responsabilidade por infrações tributárias é objetiva e assim independe de culpa. Contudo, não é isso o que prevê o referido dispositivo do CTN, em cuja redação se lê, simplesmente, que "(...) salvo disposição de lei em contrário, a responsabilidade por infra-

previstas no interesse da arrecadação ou da fiscalização dos tributos. § 3º A obrigação acessória, pelo simples fato da sua inobservância, converte-se em obrigação principal relativamente à penalidade pecuniária".

15 "Art. 139. O crédito tributário decorre da obrigação principal e tem a mesma natureza desta".

16 Vide nesse sentido: Baleeiro, Aliomar. *Direito Tributário Brasileiro*. Derzi, Misabel Abreu Machado (atualizadora). 11ª Edição. Rio de janeiro: Ed. Forense. 1999. p. 862.

17 A construção é aplicável especificamente para as multas exigidas em razão da falta de recolhimento de tributos e não para as chamadas multas isoladas, exigidas por exemplo em razão do descumprimento de obrigações acessórias. Na natureza punitiva destas últimas pode ser construída com base em outros fundamentos.

ções da legislação tributária independe da intenção do agente ou do responsável e da efetividade, natureza e extensão dos efeitos do ato".

Nada há no texto do dispositivo qualquer comando que estabeleça a responsabilidade objetiva. Consta sim comando no sentido de que a responsabilidade por infrações independe da intenção do agente, o que significa, apenas, que a penalidade é cabível mesmo que a infração não tenha sido intencional, ou seja, dolosa. Isto não se confunde com responsabilidade objetiva, que é aquela que independe de haver culpa do agente e que requer apenas a demonstração da existência da conduta e do respectivo nexo causal[18].

Confirma essa interpretação o fato de que, na concepção de Estado de Direito, não há espaço para a imposição de responsabilidade puramente objetiva em matéria de punição, tendo sido a ideia refutada pela doutrina majoritária, desde Ruy Barbosa Nogueira[19], para quem tal concepção seria tirânica, arcaica, já naqueles tempos. Mais recentemente, os autores que se debruçaram de forma aprofundada sobre o tema reconhecem não haver possibilidade de o Estado punir sem que se cogite ao menos culpa, inexistindo fundamento para a aplicação de responsabilidade objetiva em matéria de sanções tributárias[20]. Confirma essa asser-

[18] Sobre responsabilidade objetiva no direito privado vide: PEREIRA, Caio Mário da Silva. *Instituições de Direito Civil.* Vol. I. 9ª Edição. Rio de Janeiro: Forense. 1986.. p. 456-462

[19] NOGUEIRA, Ruy Barbosa. *Curso de Direito Tributário.* 14ª Edição. Saraiva 1995. p. 106-107 e 196. Para Luís Eduardo Schoueri, o art. 136 exclui a cogitação quanto à prática de conduta dolosa, salvo disposição legal em contrário. Contudo, assevera, "nada diz quanto à dispensa do elemento culposo". O autor refuta a ideia de responsabilidade objetiva, destacando que o princípio da pessoalidade da pena foi adotado pelo CTN, o que remete à ideia de que a punição demanda a aferição de culpa do agente, sem a qual o Estado não tem sequer a pretensão de punir (SCHOUERI, Luís Eduardo. *Direito Tributário.* 3ª Ed. São Paulo: Saraiva. 2013. p. 778-779).

[20] Vide PAULSEN, Leandro. *Curso de Direito Tributário Completo.* 6a Ed. Porto Alegre: Ed. Livraria do Advogado. 2014. p. 203. Além disso: MASINA, Gustavo. *Sanções Tributárias. Definições e Limites.* São Paulo: Malheiros. 2016. p. 84. Vide ainda LIMA JUNIOR, João Carlos de. *Interpretação e Aplicação das Multas de Ofício Qualificada e de Ofício Agravada e Isolada.* São Paulo: Noeses, 2018. 122-128. E também TAKANO, Caio Augusto e BRANCO, Leonardo Ogassawara Araújo. *Responsabilidade por Infrações em Matéria Tributária: Reconsiderações à luz do art. 136 do Código Tributário Nacional.* In: OLIVEIRA, Ricardo Mariz de, SCHOUERI, Luís Eduardo, e ZILVETI, Fernando Aurélio (coord). Direito Tributário Atual n. 29 (Instituto Brasileiro de Direito Tributário — IBDT), São Paulo: Dialética, 2013.

tiva o disposto no art. 108, § 2º, do CTN[21], cuja interpretação a contrário senso permite, nos casos de omissão da legislação, o emprego de equidade para o afastamento de penalidades. Também o art. 172[22], ao tratar da remissão do crédito tributário, prevê que a lei pode considerar elementos como o erro escusável e a equidade para justificar o perdão total ou parcial de dívidas tributárias.

A doutrina majoritária não identifica no texto e no espírito do art. 136 a ideia de responsabilidade objetiva, sendo indispensável a identificação de um mínimo grau de culpabilidade para fins de imposição de sanções.

Assim, é possível afirmar de forma enfática: não é devida a imposição de sanção tributária, a qual tem em regra natureza punitiva, se o agente comete a infração sem ter tido um mínimo de culpabilidade, isto é, se não tiver praticado a escolha livre entre o justo e o injusto, entre o jurídico e o antijurídico.

O STJ, em alguns julgados, também já reconheceu expressamente não ser cabível a responsabilidade objetiva por infrações com base no art. 136. No julgamento do Recurso Especial n. 494.080-RJ, da 1ª Turma, de 19.10.2004, relator Ministro Teori Albino Zavascki, o Tribunal afastou a imposição de multa referente ao imposto de importação em situação na qual o contribuinte infrator havia agido com boa-fé. Outro julgado na mesma linha foi o Recurso Especial n. 1.574.489/SP, da 1ª Turma, de 21.09.2017, relator Ministro Napoleão Nunes Maia Filho, em cuja ementa se afirmou com correção que: "(...) No caso de cometimento de infrações, alvitra-se a chamada (e abominável) responsabilidade tributária objetiva, que se ancoraria (no dizer dos que a sustentam) no art. 136 do

[21] "Art. 108. Na ausência de disposição expressa, a autoridade competente para aplicar a legislação tributária utilizará sucessivamente, na ordem indicada: I — a analogia; II — os princípios gerais de direito tributário; III — os princípios gerais de direito público; IV — a eqüidade. § 1º O emprego da analogia não poderá resultar na exigência de tributo não previsto em lei. § 2º O emprego da eqüidade não poderá resultar na dispensa do pagamento de tributo devido".

[22] "Art. 172. A lei pode autorizar a autoridade administrativa a conceder, por despacho fundamentado, remissão total ou parcial do crédito tributário, atendendo: I — à situação econômica do sujeito passivo; II — ao erro ou ignorância excusáveis do sujeito passivo, quanto a matéria de fato; III — à diminuta importância do crédito tributário; IV — a considerações de eqüidade, em relação com as características pessoais ou materiais do caso; V — a condições peculiares a determinada região do território da entidade tributante".

CTN, mas essa sugestão é absolutamente contrária aos princípios do Direito Público moderno e, em especial, ao sistema do CTN, porquanto esse Código proclama, nos seus arts. 108, IV e 112, que a interpretação da lei tributária se fará com a aplicação da equidade e do princípio in dubio pro contribuinte (...)" [23].

Sem prejuízo da noção de culpabilidade para fins de identificação de um limite à imposição das sanções, tal instituo também se apresenta como critério válido para a definição da intensidade das penalidades (dosimetria/individualização da pena), configurando-se como elemento para justificar a sua graduação.

O art. 136 do CTN, ademais, não veda (nem poderia vedar) a graduação de sanções em razão do grau de reprovabilidade das condutas, o que se amolda à própria literalidade do dispositivo, o qual inclusive contém a cláusula "salvo disposição de lei em contrário".

Parece intuitiva a ideia de que a penalidade deve ser maior quanto mais reprovável for a conduta praticada. Somente assim é que as sanções cumprirão sua função precípua, que é dar efetividade às normas tributárias em geral, bem como suas funções específicas, que, segundo entendimento doutrinário, especialmente no âmbito penal, seriam as seguintes: punitiva, preventiva, didática e reeducadora[24].

Feitas essas considerações, é forçoso concluir que existe total amparo jurídico, no âmbito do Sistema Tributário Nacional, para o estabelecimento de regras mais abertas e flexíveis para a aplicação de penalidades no Brasil, seja por parte do agente fiscal, ao realizar o lançamento, seja

[23] Posteriormente, no julgamento do Embargos de Divergência em Recurso Especial n. 1.657.359/SP, de 14.03.2018, a 1ª Seção do STJ reafirmou que o art. 136 não impõe responsabilidade objetiva ao decidir, por unanimidade, que o vendedor de boa-fé, que adota as cautelas normalmente exigidas em uma operação de compra e venda destinada a outro Estado, não pode ser responsabilizado pelo tributo e penalidades devidas em virtude de infrações cometidas pelo adquirente da mercadoria, que não deu destino correto às mercadorias vendidas.

[24] NORONHA, E. Magalhães. *Direito Penal. 1º Volume.* 8ª Edição. São Paulo: Saraiva. 1972. p. 211-212. Vide também MIRABETE, Julio Fabbrini. FABBRINI, Renato. *Manual de Direito Penal, parte geral.* 24ª Ed. revista e atualizada até 31 de dezembro de 2006. São Paulo: Atlas. 2007. p. 244. E ainda REALE JÚNIOR, Miguel. *Instituições de Direito Penal.* Parte Geral. 4ª Edição. Rio de Janeiro: Forense. 2012. p. 51-53. Por fim ZAFFARONI, Eugenio Raúl; PIERANGELI, José Henrique. *Manual de Direito Penal Brasileiro:* Vol. 1. Parte Geral. 10ª edição. São Paulo: Revista dos Tribunais, 2013. p. 100-109.

por parte dos julgadores, nas esferas administrativa e judicial. Em suma, não apenas os princípios constitucionais assim dispõem, como também inexiste qualquer impeditivo no CTN.

Deve-se ter em mente que a legalidade estrita, aplicável à imposição de sanções nos termos do art. 97[25] [26], não impede a criação de normas abertas, que permitam ao aplicador o exercício de um juízo específico, com a valoração ampla do caso concreto, a partir das circunstâncias em apreço, e a imposição de penalidade a partir dos elementos de cada situação examinada, justamente como ocorre no Direito Penal. Como se sabe, na seara penal o modelo utilizado consiste na definição de tipos penais, que são as condutas tidas como ilícitas, ficando as penas estabelecidas de forma aberta (p.ex. pena de reclusão, de 2 a 6 anos), com agravantes e atenuantes, cabendo ao juiz a definição da pena exata em cada caso, permitindo-se a imposição de uma punição justa e individualizada.

Coerentemente com o quanto exposto, seria possível identificar na literalidade do art. 142 do CTN, ao tratar da constituição do crédito tributário pelo lançamento de ofício, disposição autorizando a autoridade fiscal a "propor" a penalidade cabível, o que indica ser possível, no âmbito do CTN, a graduação da sanção por autoridades julgadoras, respeitando-se o devido processo legal e o contraditório. A atividade plenamente vinculada, objeto do parágrafo único do mesmo art. 142, ficaria limitada à cobrança do tributo e dos juros de mora, o que, aliás, é coerente com o art. 3º e com o art. 161[27] [28].

[25] Art. 97. Somente a lei pode estabelecer: (...) V — a cominação de penalidades para as ações ou omissões contrárias a seus dispositivos, ou para outras infrações nela definidas; VI — as hipóteses de exclusão, suspensão e extinção de créditos tributários, ou de dispensa ou redução de penalidades.

[26] Schoueri, Luís Eduardo. *Direito Tributário.3ª ed. São Paulo: Saraiva*, p. 278-279.

[27] O art. 161 impõe a cobrança de juros sempre que houver pagamento em atraso. Veja-se: "Art. 161. O crédito não integralmente pago no vencimento é acrescido de juros de mora, **seja qual for o motivo determinante da falta**, sem prejuízo da imposição das penalidades cabíveis e da aplicação de quaisquer medidas de garantia previstas nesta Lei ou em lei tributária". g.n.

[28] Silva, Fabiana Carsoni Alves Fernandes. *A Individualização da Pena no Direito Tributário Sancionador — Competência para a Graduação da Penalidade Fiscal e Princípios e Direitos que Autorizam Tal Atividade*. In: Zilveti, Fernando Aurélio (coord). Revista Direito Tributário Atual n. 37. São Paulo: Instituto Brasileiro de Direito Tributário. 2017.

Há espaço, portanto, no âmbito do CTN, para uma aplicação mais justa e individualizada das sanções e multas tributárias.

3. A legislação posta. ausência de parâmetros concretos para uma adequada individualização

A despeito de não haver impedimento no CTN para o estabelecimento de normas mais flexíveis buscando justiça na imposição das sanções tributárias, a legislação posta, salvo raras exceções, não prevê mecanismos concretos para uma maior individualização das penas.

Atualmente, o que se verifica no Brasil, especialmente em relação às multas, é um sistema fechado, de imposição quase automática, mediante a aplicação de percentuais sobre algumas grandezas, como por exemplo o valor do tributo que deixa de ser recolhido ou sobre o valor de uma operação que deixa de ser reportada ou é reportada de forma incorreta em obrigações acessórias.

Muito embora não haja espaço neste artigo para a abordagem de todas as modalidades de multas tributárias[29], é válido tomar como exemplo a multa decorrente de lançamento de ofício nos casos de falta de recolhimento de tributos administrados pela Receita Federal do Brasil.

O art. 44 da Lei n. 9.430/96[30] estabelece multa de 75%, em caso de lançamento de ofício, devendo essa penalidade ser calculada sobre o

Ainda sobre o tema: Silva, Leandro Cabral e. *Lançamento Tributário e Pretensão Punitiva*. São Paulo: Almedina. 2021.

[29] Para maior detalhamento vide Fajersztajn, Bruno. *Multas no Direito Tributário*. Série Doutrina Tributária vol. XXVIII. São Paulo: Quartier Latin. 2019.

[30] "Art. 44. Nos casos de lançamento de ofício, serão aplicadas as seguintes multas: I — de 75% (setenta e cinco por cento) sobre a totalidade ou diferença de imposto ou contribuição nos casos de falta de pagamento ou recolhimento, de falta de declaração e nos de declaração inexata; II — de 50% (cinqüenta por cento), exigida isoladamente, sobre o valor do pagamento mensal: (...) b) na forma do art. 2o desta Lei, que deixar de ser efetuado, ainda que tenha sido apurado prejuízo fiscal ou base de cálculo negativa para a contribuição social sobre o lucro líquido, no ano-calendário correspondente, no caso de pessoa jurídica. § 1o O percentual de multa de que trata o inciso I do caput deste artigo será duplicado nos casos previstos nos arts. 71, 72 e 73 da Lei no 4.502, de 30 de novembro de 1964, independentemente de outras penalidades administrativas ou criminais cabíveis. § 2o Os percentuais de multa a que se referem o inciso I do caput e o § 1o deste artigo serão aumentados de metade, nos casos de não atendimento pela sujeito passivo, no prazo marcado, de intimação para: I — prestar esclarecimentos; II — apresentar os arquivos ou sistemas de que tratam os arts. 11 a 13 da Lei no 8.218, de 29 de agosto de 1991; III — apresentar a documentação técnica de

valor do tributo que deixar de ser recolhido, seja qual for o motivo da falta de recolhimento. Essa penalidade pode ser agravada em 50% em caso de não atendimento a intimações feitas pelo Fisco ao contribuinte para prestar esclarecimentos, o que, em geral, visa punir a obstrução aos procedimentos fiscais. Essa multa ainda pode ser duplicada em casos de sonegação fraude e conluio, nos termos do parágrafo 1º art. 44.

Não há na referida lei qualquer previsão de atenuantes ou agravantes para fins de determinação do valor das multas.

O que existe, na legislação federal em vigor, é a possibilidade de aplicação de alguns comandos previstos no próprio CTN que limitam em caráter geral a imposição de penalidades. É o caso do art. 138, que estabelece não serem devidas multas em caso de denúncia espontânea com o pagamento realizado antes do início de qualquer procedimento de fiscalização. Além disso, o art. 100, parágrafo único, do CTN, autoriza a exclusão de penalidades em caso de o contribuinte seguir normas complementares da legislação (instruções normativas, portarias, atos administrativos, etc.). E o art. 112 impõe a aplicação da legislação mais favorável ao sujeito passivo em caso de existência de dúvida (*in dubbio pro reo*). Nada mais.

Como se vê, a falta de recolhimento de um tributo administrado pela Receita Federal, quando constatada em lançamento de ofício, é conduta sujeita à multa mínima de 75% do tributo devido. Não importa qual foi a razão da infração. Pode ter havido simples erro de cálculo, ou pode ter havido uma interpretação arrojada da lei; não importa também se a interpretação pode ser tida como razoável; tampouco é relevante se a interpretação já foi encapada por algum precedente administrativo ou judicial; nem mesmo é levado em conta se a conduta praticada é pontual, isolada, ou se se trata de prática recorrente; nada importa se o contribuinte é de grande porte, com estrutura capaz de buscar a melhor aplicação da lei, ou se se trata de contribuinte de pequeno porte.

A letra da lei impõe aplicação automática, em percentual fixo, sem qualquer consideração do caso concreto. Trata-se de verdadeiro "tudo

que trata o art. 38 desta Lei. § 3º Aplicam-se às multas de que trata este artigo as reduções previstas no art. 6º da Lei nº 8.218, de 29 de agosto de 1991, e no art. 60 da Lei nº 8.383, de 30 de dezembro de 1991. § 4º As disposições deste artigo aplicam-se, inclusive, aos contribuintes que derem causa a ressarcimento indevido de tributo ou contribuição decorrente de qualquer incentivo ou benefício fiscal".

ou nada" [31], o que não parece fazer sentido à luz do que foi desenvolvido nos parágrafos anteriores.

Não se pode conceber, à luz do quanto já foi exposto, que simples erros de cálculo, ocorridos pontualmente, sejam apenados de forma idêntica a interpretações arrojadas, desprovidas de amparo jurídico e praticadas de forma reiterada. Some-se a isto o fato de que a regra geral de arrecadação de tributos é a do lançamento por homologação. Cabe ao contribuinte acompanhar a evolução legislativa, interpretar, aplicar a lei, calcular o tributo devido de recolhê-lo, tempestivamente. Isso em um sistema jurídico caótico e burocrático, dos mais complexos do mundo[32] e com uma jurisprudência que reflete esse sistema, por vezes incoerente e instável[33]. Esse conjunto de fatores revela que o simples erro na apuração do valor devido a título de tributo é fenômeno comum, factível, não podendo ser considerado, infelizmente, uma exceção à regra.

Nada disso é levado em conta em nossa legislação, como se verifica no exemplo do art. 44 da Lei n. 9.430/96.

No âmbito estadual, a legislação de São Paulo prevê, no art. 527-A do Regulamento do ICMS[34], a redução ou relevação, por órgão admi-

[31] Vide a respeito: Cezarotti, Guilherme. *Individualização das Penas e Aplicação do art. 49 do Código Penal: Novos Limites para a Imposição de Multas Tributárias.* In: Revista Dialética de Direito Tributário n. 208. São Paulo: Dialética. 2013. p. 59-68.

[32] Sobre o tema: Adamy, Pedro. Komplexität, Vereinfachung und Verbreitung des Steuerrechts (Complexidade, simplificação e divulgação do Direito Tributário). In: Kunz, Lena; Ferreira Mese, Vivianne.. (Org.). *Rechtssprache und Schwächerenschutz.* Baden-Baden: Nomos, 2018, p. 295-314. A complexidade do sistema brasileiro é notória. Apenas como referência, confira-se matéria jornalística no link a seguir: https://estudio.folha.uol.com.br/cni-custobrasil/2020/08/1988825-complexidade-e-distorcoes-tributarias-travam-inovacao.shtml. Acessado em 31.3.2022.

[33] Sobre o tema vide: Anais [recurso eletrônico] / 7º Congresso Brasileiro de Direito Tributário Atual: consistência decisória em matéria tributária nos Tribunais Superiores: aspectos materiais e processuais, 26, 27, 28 de maio de 2021 em São Paulo, SP. Coordenadores: Ricardo Mariz de Oliveira, Rodrigo Maito da Silveira — São Paulo, IBDT, 2021. Disponível em: http://ibdt.org.br/biblioteca/wp-content/uploads/2021/08/Anais-VII-CongressoBrasileiroDireitoTributarioAtual.pdf

[34] "Artigo 527-A — A multa aplicada nos termos do artigo 527 poderá ser reduzida ou relevada por órgão julgador administrativo, desde que a infração tenha sido praticada sem dolo, fraude ou simulação, e não implique falta de pagamento do imposto (Lei 6.374/89, art. 92 e § 2º, na redação da Lei 10.619/00, art. 1º, XXXI, e Lei 10.941/01, art. 44). (Acrescentado o art. 527-A pelo inciso I do art. 2º do Decreto 46.676 de 09-04-2002; DOE 10-04-2002; efeitos a partir de 01-05-2002) § 1º — Na hipótese de redução, observar-se-á o disposto no § 7º

nistrativo de julgamento, das penalidades por infrações sem dolo, fraude ou simulação e que não resultem em falta de recolhimento de tributos, desde que cumpridos alguns requisitos. Trata-se de um avanço, mas não deixa de ser uma disposição pontual, aplicada em caráter de excepcionalidade.

É necessário e urgente que haja alterações legislativas que permitam uma aplicação mais justa das sanções e multas, seja pelas autoridades fiscais, seja pelos julgadores, sob pena da manutenção de um sistema atual, repleto de excessos e desigualdades.

Por fim, cumpre destacar que, dado o arcabouço constitucional atual e também o fato de que CTN não impõe responsabilidade objetiva por infrações e tampouco impede a graduação de penalidades, a individualização poderia ocorrer por meio de decisão judicial, admitindo-se caber ao juiz aplicar o direito em cada caso concreto. Sem considerá-lo legislador positivo, o Poder Judiciário poderia em princípio exercer os juízos de razoabilidade e proporcionalidade, limitando a aplicação de sanções que se mostrem excessivas no caso concreto, de acordo com circunstâncias específicas da situação em julgamento[35].

Mas tal prática não tem se revelado comum perante o Poder Judiciário. O que se tem atualmente é um controle abstrato do excesso em alguns casos, por parte do Supremo Tribunal Federal ("STF"), ao julgar confiscatórias multas em percentuais incompatíveis com a gravidade das infrações cometidas[36].

A existência de normas expressas tornaria muito menos controvertida, também, a atuação de juízes no controle da imposição dessas multas. A ausência delas, aliás, contribui para o desvirtuamento do sistema atual, como será abordado no tópico a seguir.

do artigo 527. § 2º — Não poderão ser relevadas, na reincidência, as penalidades previstas na alínea «a» do inciso VII e na alínea «x» do inciso VIII do artigo 527. § 3º — Para aplicação deste artigo, serão levados em consideração, também, o porte econômico e os antecedentes fiscais do contribuinte".

[35] Vide nesse sentido Fajersztajn, Bruno. *Multas no Direito Tributário.* Série Doutrina Tributária vol. XXVIII. São Paulo: Quartier Latin. 2019. p. 352 a 357.

[36] Vide por exemplo Recurso Extraordinário n. 91707-MG, 2a Turma, de 11.12.1979, Relator Ministro Moreira Alves, bem como Recurso Extraordinário n. 81550-MG, relator Ministro Xavier de Albuquerque, 2a Turma, de 1975, além da ADI n. 551-RJ, em 24.10.2002, Pleno. Vide ainda ADI n. 1075, de 17.6.1998, dentre outros.

4. O panorama atual da imposição de sanções tributárias no Brasil

O resultado da ausência de disposições que permitam a individualização da pena, além de outros fatores, como a já relatada complexidade da legislação e o regime do lançamento por homologação acabaram resultando em um cenário de desvirtuamento total.

A despeito de não haver controvérsia doutrinária em relação à premissa de que as multas não possuem fins arrecadatórios e assim não se prestam a encher as burras dos Estado, como afirma com veemência Luís Eduardo Schoueri [37], vê-se na prática a imposição exagerada de multas, em valores exorbitantes, muitas vezes em razão do mero descumprimento de obrigações acessórias, ainda que as irregularidades não tenham causado qualquer prejuízo ao Erário.

A prestação de informações incorretas ou inexatas no âmbito do E-Lalur, livro auxiliar de apuração do lucro real, base de cálculo do IRPJ, por exemplo, está sujeita a multa de 3% do valor da informação incorreta, sem qualquer limitação, nos termos do art.8º-A do Decreto-lei n. 1.598/77. A depender do valor da operação reportada com incorreções, a multa pode chegar a milhões de reais.

Outro desvirtuamento vem ocorrendo em relação à imposição de multas qualificadas, exigidas em percentual duplicado de 150% na esfera federal, por exemplo, sob alegação da ocorrência de sonegação, fraude ou conluio, para casos em que o que se verifica é apenas a divergência interpretativa em relação ao alcance de uma norma. É que se nota em autuações envolvendo glosas de amortização de ágio na aquisição de participações societárias, para fins de imposto de renda e contribuição social sobre o lucro líquido. Parece evidente o descontentamento do Fisco com alcance do art. 7º da Lei n. 9.532/97 e com as vantagens tributárias que aquele dispositivo pode proporcionar. Ao invés de buscar alteração legislativa, pretende-se coibir a prática de operações, muitas vezes inquestionáveis sob a ótica legal, mediante a acusação da prática de fraudes e a exigência de penalidades em valores exorbitantes, além da formalização de representação fiscal para fins penais, imposição de responsabilidade pessoal dos administradores, inclusive com arrolamento de bens pessoais, causando diversos transtornos.

[37] SCHOUERI, Luís Eduardo: *Direito Tributário*. 3ª Ed. São Paulo: Saraiva, p. 767.

Por fim, outro relevante problema tem surgido na sobreposição de penalidades, o que também vem sendo chamado de concomitância de multas. São diversos os exemplos. Tomando-se a esfera federal como parâmetro, verifica-se que a mesma infração tem gerado a cobrança de penalidades pela falta de recolhimento das antecipações mensais do imposto de renda, de 50%, em conjunto com exigência da multa de 75% decorrente da falta de recolhimento do imposto no encerramento do período. O mesmo vale para a exigência de contribuições previdenciárias sobre determinadas verbas pagas a trabalhadores. Ao mesmo tempo que se exige a multa pela falta de recolhimento da contribuição, cobra-se multa pela falta de reporte da operação como integrante da remuneração na respectiva obrigação acessória (GFIP). Também para as glosas de compensação, exige-se a multa de 50% sobre o valor do débito indevidamente compensado bem como a multa de mora de 20% em razão do não pagamento do tributo compensado no prazo legal.

Essas distorções podem e devem ser eliminadas, seja como base nas normas atualmente em vigor, seja com base em novas normas que limitem a imposição de sanções e permitam uma aplicação mais justa e individualizada em cada caso concreto.

Conclusões

Segundo foi demonstrado, existe total amparo jurídico, no âmbito do Sistema Tributário Nacional em vigor, para um processo mais amplo e flexível de aplicação de penalidades no Brasil, seja por parte do agente fiscal, ao realizar o lançamento, seja por parte dos julgadores, nas esferas administrativa e judicial. Os princípios constitucionais assim orientam e não há impeditivo no CTN.

Muito embora as normas em vigor, se bem interpretadas, já permitam essa aplicação mais constitucionalmente adequada das sanções tributárias, o que se verifica na prática é a imposição indiscriminada das penalidades, sem qualquer graduação, seja pelos agentes fiscais, seja pelos órgãos de julgamento. Enquanto isso, cidadãos e empresas seguem sendo punidos de forma arbitrária, com evidentes excessos, desvios de finalidade e em desacordo com os mandamentos constitucionais da igualdade e da individualização das penas. Deve-se ter em mente, ainda, que as multas não se prestam a fins arrecadatórios.

Nesse sentido, mudanças legislativas seriam muito oportunas, com o objetivo de tornar mais justa e equitativa a imposição de sanções tributárias no Brasil.

Muito se fala em reforma tributária, mas sem se discutir a temática das sanções. Mudanças que prevejam penas mais abertas, graduáveis em função da gravidade da sanção e das características do infrator, com previsão de agravantes e atenuantes, além de excludentes de culpabilidade, como ocorre em direito penal, certamente tornariam o sistema muito mais racional. O objetivo deste estudo, porém, não é propor as soluções, mas sim denunciar o problema e estabelecer diretrizes gerais para uma necessária evolução.

21.
A DISSEMINAÇÃO DE CONCEITOS SUBJETIVOS NA SEARA TRIBUTÁRIA: OS REFLEXOS DA ATUAÇÃO DO DEVEDOR CONTUMAZ

Alexandre Naoki Nishioka
Tatyana Chiari Paravela

Introdução

A expressão "devedor contumaz" é rotineiramente utilizada nos tribunais administrativos e judiciais. Trata-se, porém, de um termo ainda subjetivo, já que não há previsão legal sobre o assunto. De qualquer modo, a existência do devedor contumaz instiga, para além da definição exata dos vocábulos, uma análise do Sistema Tributário Nacional brasileiro, tendo em vista que este *é extremamente complexo e moroso* e, por consequência, repleto de anomalias.

A existência de devedores contumazes produz efeitos negativos, não só em relação à arrecadação do Estado, mas também quanto aos seus efeitos concorrenciais prejudiciais. Para tanto, seguindo a tendência mundial, nota-se que a Administração *Pública brasileira tem investido em medidas de tax compliance* como forma de diminuir os problemas existentes, as quais, contudo, a despeito de serem importantes, ainda não *são suficientes para a* eliminação do devedor contumaz.

Assim, esse artigo se propõe a investigar, por meio de revisão bibliográfica, o conceito ainda subjetivo na seara tributária de devedor contumaz, bem como os seus reflexos. Dessa forma, o desdobramento se dará do seguinte modo: inicialmente, buscar-se-á compreender a expressão devedor contumaz, de modo a extrair o que se tem proposto até então nos Projetos de Lei existentes e em alguns julgados. Após, procurar-se-á entender os eventuais motivos do surgimento do devedor contumaz e se a sua existência seria uma consequência das próprias anomalias do Sistema Tributário Nacional. Em seguida, analisar-se-á um dos principais efeitos negativos que derivam da atividade do devedor contumaz, qual seja, a concorrência desleal. Posteriormente, o tema será repensado a partir do *tax compliance*. Por fim, serão apresentadas as conclusões a partir do exposto no decorrer do texto, propondo-se ao final uma análise interdisciplinar do tema.

1. A definição da expressão devedor contumaz: conceito ainda subjetivo na seara tributária

A vagueza de determinada palavra acarretará grandes possibilidades interpretativas, já que o sentido possível das palavras é vago e manipulável[1]. Nesse sentido, apesar de muito utilizada a expressão devedor contumaz nos tribunais administrativos e judiciais brasileiros, verifica-se que ainda não há qualquer instrumento normativo que defina o termo com maior precisão, dando maior liberdade ao intérprete e ao julgador. Deste modo, em um cenário de bastante insegurança jurídica e na ânsia de definir as palavras que são muito utilizadas na rotina dos profissionais que militam na esfera tributária, na maioria das vezes acompanhada de expressões como "prática reiterada" e "declaração ineficaz" — expressões também não definidas em legislação, mas muito utilizadas na rotina tributária e no mesmo contexto de devedor contumaz —, observa-se que existem projetos de lei em tramitação no Congresso Nacional que buscam tratar do termo supracitado, quais sejam, o Projeto de Lei do Senado nº 284/2017 e o Projeto de Lei da Câmara nº 1646/2019.

O primeiro projeto citado tem como escopo regulamentar o art. 146-A da Constituição Federal, de modo a prever critérios especiais de tributação a fim de prevenir desequilíbrios concorrenciais. Nesse Projeto é possível notar que o parecer apresentado em outubro de 2018 busca

[1] Galendi Júnior, Ricardo André. A consideração econômica no direito tributário. Séries Doutrinárias, nº 32. São Paulo: IBDT, 2020. P. 70-72.

definir as espécies de devedor, dividindo-os em eventual, reiterado e contumaz[2]. Em breve síntese, para o Projeto de Lei 284/2017, o devedor eventual seria aquele que não paga os tributos em caráter episódico, já o devedor reiterado seria quem frequentemente deixa de pagar tributos por circunstância do negócio ou planejamento financeiro e, por fim, o devedor contumaz seria quem atua no campo ilícito, aquele que se organiza para não pagar tributos. Com tal divisão, determinar-se-ia consequências jurídicas distintas para cada classe de devedor[3].

Já o Projeto de Lei da Câmara nº 1646/2019, de iniciativa da Procuradoria da Fazenda Nacional, possui como objetivo trazer medidas para o combate ao devedor contumaz, e, além disso, para o fortalecimento da

[2] "a) Devedor eventual: é o que simplesmente não paga tributos em caráter episódico, não rotineiro. Por vezes, assim age por possuir razões jurídicas ou econômicas relevantes, como a ilegitimidade do tributo ou dificuldades financeiras momentâneas. A atuação da Administração Tributária em relação a ele deve se dar em observância dos procedimentos regulares (inscrição em dívida ativa, execução fiscal, arrolamento de bens, medida cautelar fiscal, protesto de CDA etc.), não se lhe aplicando, por exemplo, regimes especiais de fiscalização. As garantias das Súmulas 70, 323 e 547 lhes são plenamente asseguradas. Em outras palavras, a cobrança do devedor eventual deve se dar em obediência ao devido processo legal e sem qualquer restrição à livre iniciativa; b) Devedor reiterado é aquele que frequentemente deixa de pagar tributos por circunstâncias do negócio ou planejamento financeiro. Caracteriza-se por priorizar a satisfação de obrigações com empregados, bancos e fornecedores, por exemplo, do que com o Fisco. Ou, ainda, por utilizar o tributo como forma de financiamento, em detrimento de empréstimos bancários, ficando no aguardo de programas de parcelamento que lhe permitam regularizar sua situação fiscal. Apesar de sua conduta ter aptidão para afetar o mercado, o devedor reiterado não pressupõe necessariamente organização com esse objetivo. Por isso, em regra, as Súmulas do STF também lhes são aplicáveis, a não ser que, pela repetição de sua conduta, seja prejudicada a livre concorrência. Neste caso, pode sujeitar-se a regimes especiais de pagamento, fiscalização e outros, desde que a medida imposta pelo Fisco seja proporcional, isto é, adequada, necessária e não excessiva para fazer cessar o dano ao mercado; c) Devedor contumaz: atua no campo do ilícito. Trata-se de criminoso, e não de empresário, que se organiza para não pagar tributos e, com isso, obter vantagem concorrencial, dentre outras. Para tanto, viola sistematicamente o ordenamento jurídico, praticando inúmeros ilícitos, comumente mediante a utilização de laranjas, registro de endereços e sócios falsos, possuindo, invariavelmente, patrimônio insuficiente para satisfazer obrigações tributárias, trabalhistas, etc." SENADO FEDERAL. Projeto de Lei do Senado nº 284/2017. Parecer nº 100 de 2018 da COMISSÃO DE ASSUNTOS ECONÔMICOS (CAE). Senador Ricardo Ferraço (PSDB/ES). 30/10/2018.

[3] Projeto de Lei do Senado nº 284/2017. Parecer nº 100 de 2018 da COMISSÃO DE ASSUNTOS ECONÔMICOS (CAE). Relator Senador Ricardo Ferraço (PSDB/ES). 30/10/2018.

cobrança da dívida ativa, trazendo alterações na Lei nº 6.830/1980, na Lei nº 8.397/1992 e na Lei nº 9.430/1996. Para tanto, o texto considera como devedor contumaz "*o contribuinte cujo comportamento fiscal se caracteriza pela inadimplência substancial e reiterada de tributos*". O texto ainda define como "*inadimplência substancial e reiterada de tributos*" a existência de débitos de montante igual ou superior a R$ 15.000.000,00 (quinze milhões), em situação irregular por período igual ou superior a um ano.[4]

Ambos os projetos de lei permanecem em tramitação no Congresso Nacional[5], mantendo-se a insegurança jurídica no que tange à expressão devedor contumaz[6]. Mesmo que ainda em tramitação, existem críticas sobre os projetos de lei. Por exemplo, para Gisele Bossa, o PL nº 1.646/2019 ainda deve ser aprimorado, pois, da forma como posto, traz ainda mais insegurança jurídica na conceituação do devedor contumaz, assim como não atende o seu verdadeiro escopo, isto é, intensificar a recuperação de créditos tributários[7]. De qualquer modo, verifica-se que ainda não há plena congruência em relação aos conceitos até então propostos no âmbito legislativo.

Se já não bastasse a indefinição no campo legislativo, observa-se também a utilização dos termos "devedor contumaz" de forma recorrente no Judiciário, o que também não traz maior segurança jurídica para a situação. Nesse sentido, extrai-se, especificamente, dos julgados do RHC 163.334/SC e do RE 550.769 que o devedor contumaz seria aquele que pratica atividades empresariais de maneira ilícita, já que se utiliza da inadimplência tributária como forma de diminuir seus preços de modo artificial e ampliar seu mercado, em prejuízo à sociedade, à concor-

[4] CÂMARA DOS DEPUTADOS. Projeto de Lei da Câmara nº 1.646 de 2019. Relator Deputado Arthur Oliveira Maia (DEM/BA). Apresentação em 20/03/2019.

[5] Até a elaboração deste artigo, os projetos de lei permanecem em tramitação.

[6] Alguns estados brasileiros já regulamentaram a figura do "devedor contumaz", como o Estado de Goiás que introduziu a figura do devedor contumaz no Código Tributário do próprio estado, conforme consta da Lei nº 19.665/2017, regulamentada pelo Decreto 9.004/2017.

[7] BOSSA, Gisele Barra. O conceito de devedor contumaz na prática dos tribunais superiores e a punição penal pela simples existência de dívida fiscal: RHC/SC 163.334, desafios legislativos e reflexos tributários. In: BRIGAGÃO, Gustavo; MATA, Juselder Cordeiro da (Org.). *Temas de direito tributário: Homenagem ao Prof. Gilberto de Ulhôa Canto.* 1ª ed. Vol. 1. Belo Horizonte: Arraes Editores, 2020, p. 731.

rência e ao Estado, não fazendo tais julgados a diferença entre o devedor contumaz, reiterado e eventual[8].

Por consequência, faz-se necessário compreender as possíveis justificativas da existência de tais padrões que frequentemente são encontrados no direito tributário brasileiro.

2. O devedor contumaz como consequência das anomalias do Sistema Tributário Nacional

Há que se ressaltar que existem inúmeros motivos para que um contribuinte se torne inadimplente, como problemas decorrentes da macroeconomia e microeconomia, a exemplo da inesperada pandemia de Covid-19, causada pelo novo coronavírus (Sars-CoV-2), que assolou o mundo em 2020 e 2021 e de antemão não deu chance para que as pessoas se preparassem, assim como uma má gestão ou até mesmo a estruturação de uma pessoa jurídica para fins de cometimento de sonegação fiscal, entre tantas outras circunstâncias que podem ser vislumbradas, seja no campo da licitude, como também da ilicitude.

Entretanto, importa lembrar que o Brasil possui um complexo sistema tributário que onera tanto as pessoas físicas, quanto as pessoas jurídicas. Além da alta complexidade do sistema tributário brasileiro, há a elevada morosidade do Estado, o que, de forma ilustrativa, pode-se observar pelo estudo encomendado pelo Instituto Brasileiro de Ética Concorrencial que entendeu que a conclusão de um processo tributário no Brasil leva, em média, 18 anos e 11 meses, na soma das etapas administrativas e judiciais[9].

No mesmo sentido, o CNJ também constatou que as execuções fiscais são as principais responsáveis pela alta taxa de congestionamento do Poder Judiciário, que em 2020 ficou no patamar de 87%[10]. A complexidade e a morosidade geram também elevada insegurança jurídica, o que, contudo, não é novidade em nosso sistema, tal como foi eviden-

[8] Ibid, p. 720-725.

[9] LEORATTI, Alexandre. Processos tributários duram em média 19 anos no Brasil, 28 de novembro de 2019. Disponível em: <https://www.jota.info/tributos-e-empresas/tributario/contencioso-tribuario-processos-28112019>. Acesso em janeiro de 2022.

[10] CONSELHO NACIONAL DE JUSTIÇA. Justiça em números 2021. Brasília: CNJ, 2021. P. 169.

ciado pelo Ministro Humberto Gomes de Barros em seu voto-vista ainda no ano de 2003[11].

Diante desse cenário que testemunha as anomalias do direito tributário brasileiro, o professor Heleno Taveira Torres, na Audiência Pública da Comissão Especial destinada a proferir parecer ao Projeto de Lei nº 1646, de 2019, aduziu que o devedor contumaz seria uma consequência das disfuncionalidades do Sistema Tributário Brasileiro. Nesse sentido, apontou que existiriam dificuldades do próprio Fisco em proteger as bases de tributação, que poderiam ser exemplificadas por programas de refinanciamento de dívidas tributárias consecutivos, pela própria ineficiência do Estado, pelo Simples Nacional possuir altas bases, assim como pelo uso imoderado de incentivos fiscais e a pequena sensação de punibilidade e de exequibilidade quanto às dívidas tributárias.[12]

Além disso, o professor também apontou que a carga tributária brasileira seria concentrada no consumo, havendo deste modo a massificação de conflitos. Salientou, ainda, que a abundância de litigiosidade criaria distorções, como a existência da "indústria de liminares", execuções ineficientes e a própria morosidade do Judiciário, como acima aludido. Ainda em caráter exemplificativo, apontou também que os instrumentos de

[11] "Nós somos os condutores, e eu — Ministro de um Tribunal cujas decisões os próprios Ministros não respeitam — sinto-me triste. Como contribuinte, que também sou, mergulho em insegurança, como um passageiro daquele vôo trágico em que o piloto que se perdeu no meio da noite em cima da Selva Amazônica: ele virava para a esquerda, dobrava para a direita e os passageiros sem nada saber, até que eles de repente descobriram que estavam perdidos: O avião com o Superior Tribunal de Justiça está extremamente perdido. Agora estamos a rever uma Súmula que fixamos há menos de um trimestre. Agora dizemos que está errada, porque alguém nos deu uma lição dizendo que essa Súmula não devia ter sido feita assim. Nas praias de Turismo, pelo mundo afora, existe um brinquedo em que uma enorme bóia, cheia de pessoas é arrastada por uma lancha. A função do piloto dessa lancha é fazer derrubar as pessoas montadas no dorso da bóia. Para tanto, a lancha desloca-se em linha reta e, de repente, descreve curvas de quase noventa graus. O jogo só termina, quando todos os passageiros da bóia estão dentro do mar. Pois bem, o STJ parece ter assumido o papel do piloto dessa lancha. Nosso papel tem sido derrubar os jurisdicionados." BRASIL, Superior Tribunal de Justiça. AgRg no REsp 382.736. Voto-vista do Ministro Humberto Gomes de Barros.

[12] Torres, Heleno Taveira. Audiência Pública da Comissão Especial destinada a proferir parecer ao Projeto de Lei nº 1646, de 2019, do Poder Executivo. Apresentação em 17 de setembro de 2019. Disponível em: < https://www2.camara.leg.br/atividade-legislativa/comissoes/comissoes-temporarias/especiais/56a-legislatura/pl-1646-19-devedor-contumaz/apresentacoes-em-eventos/HelenoTorresDevedorcontumaz2019CmaradeDeputadosPDF.pdf>. Acesso em janeiro de 2022.

controle, como as Certidões Negativas de Débitos (CND), não distinguiriam os efeitos entre os contribuintes, de modo que o tratamento isonômico criaria vantagens competitivas para o devedor contumaz, dentre outras consequências.[13]

Deve-se acrescentar ainda dois outros aspectos da legislação brasileira que também geram anomalias, incentivando a utilização dos processos tributários, se não como forma de planejamento tributário propriamente dito, mas como forma de planejamento financeiro.

Além dos programas de refinanciamento com perdão de multas e juros de mora, há muito tempo existentes no nosso direito, o modo de cálculo dos juros de mora decorrentes do inadimplemento, de forma simples com base na Taxa SELIC, ao contrário dos juros bancários, que são cobrados de forma composta (juros sobre juros), também acaba incentivando o litígio tributário. É mais vantajoso financeiramente "tomar empréstimo" do Estado do que dos bancos.

Se isso não bastasse, o artigo 63 da Lei 9.430/96 determina a interrupção da multa de mora nas hipóteses em que ocorre a suspensão da exigibilidade do crédito tributário por meio de decisões judiciais.

Assim, a complexidade, a insegurança jurídica, os incentivos financeiros (programas de refinanciamento com perdão de juros e multa de mora, forma de cálculo dos juros de mora e a interrupção da multa), a morosidade e a própria possibilidade de afastar sanções penais com o pagamento do débito geram um sistema tão disfuncional que acaba impossibilitando a eliminação dos devedores contumazes.

Não se quer com isso dizer que as anomalias existentes no Sistema Tributário Nacional podem ser utilizadas pelo contribuinte como justificativa para o cometimento de atos ilícitos ou para a inadimplência rotineira. O que se pretende demonstrar é que o devedor contumaz é uma consequência das disfunções do próprio ordenamento jurídico brasileiro, que deve ser sim repensado pela Administração Pública, em todas as suas esferas de poder.

[13] TORRES, Heleno Taveira. Audiência Pública da Comissão Especial destinada a proferir parecer ao Projeto de Lei nº 1646, de 2019, do Poder Executivo. Apresentação em 17 de setembro de 2019. Disponível em: < https://www2.camara.leg.br/atividade-legislativa/comissoes/comissoes-temporarias/especiais/56a-legislatura/pl-1646-19-devedor-contumaz/apresentacoes-em-eventos/HelenoTorresDevedorcontumaz2019CmaradeDeputadosPDF.pdf>. Acesso em janeiro de 2022.

Por outro lado, mesmo que das disfunções existentes no direito tributário brasileiro surjam consequências como a atuação do devedor contumaz, dessa atividade do devedor contumaz também se extrai consequências. Nesse sentido, faz-se necessário observar que o Projeto de Lei do Senado nº 284/2017 tem como escopo regulamentar o art. 146-A da Constituição Federal, de modo a prever critérios especiais de tributação a fim de prevenir desequilíbrios concorrenciais. Não por menos, tal aspecto possui elevada relevância para o tema em questão, já que a existência do devedor contumaz pode produzir efeitos deletérios no mercado. É o que se passa a analisar.

3. A concorrência desleal: um dos efeitos deletérios que deriva da atividade do devedor contumaz

A Emenda Constitucional nº 42/2003 inseriu o artigo 146-A, que dispõe que a lei complementar poderá estabelecer critérios especiais de tributação, com o objetivo de prevenir desequilíbrios da concorrência. Nesse ínterim se faz imprescindível tratar do princípio da neutralidade concorrencial da tributação, denominado assim por Fritz Neumark, que envolve aspectos positivos e negativos. No que se refere ao aspecto negativo deste princípio, a política fiscal não poderia intervir no mecanismo concorrencial, evitando efeitos indesejados à livre concorrência. Já quanto ao aspecto positivo, seria conveniente intervir por meio de política fiscal para fomentar a concorrência, quando esta última for imperfeita, e por motivos não fiscais, quando a concorrência for desvantajosa, quando observada pela ótica econômica global e/ou ético-social.[14]

Sobre o princípio da neutralidade concorrencial da tributação, ainda vale ressaltar que o fundamento constitucional deste princípio, conforme defende Tércio Sampaio Ferraz Júnior, é a livre iniciativa, e não a livre concorrência. Isto é, o princípio da neutralidade busca a neutralidade do Estado perante concorrentes que atuem em igualdade de condições no livre mercado[15]. Salienta-se que a falta de neutralidade,

[14] ROTHMANN, Gerd Willi. Tributação, sonegação e livre concorrência. In: FERRAZ, Roberto (coord.). Princípios e limites da tributação 2: os princípios da ordem econômica e a tributação. São Paulo: Quartier Latin do Brasil, 2009.

[15] FERRAZ Jr., Tercio Sampaio. Obrigação Tributária acessória e limites da imposição: razoabilidade e neutralidade concorrencial do Estado. In: FERRAZ, Roberto (coord.). Princípios e limites da tributação. São Paulo: Quartier Latin do Brasil, 2005.

ou como define Roberto Ferraz, o "dirigismo fiscal" irrestrito e/ou direcionado a determinado agente econômico pode gerar impactos na concorrência de forma a violar o princípio da igualdade, gerando distorções que atingem o desenvolvimento econômico, a busca pelo pleno emprego, a proteção às pequenas e médias empresas, a proteção do consumidor, a redução de desigualdades regionais e sociais, entre outros pontos[16].

Em realidade, a tributação desigual pode gerar deturpações concorrenciais que são contrárias ao propósito da ordem econômica[17], indo na contramão do princípio da igualdade, que, conforme Klaus Tipke bem dissertou, é inimigo dos privilégios ou prerrogativas de determinada casta[18]. Deste modo, a partir do momento em que um agente econômico age como devedor contumaz, opera-se infração não só ao princípio da neutralidade fiscal, mas também ao da igualdade, assim como aos propósitos da ordem econômica brasileira, como a livre iniciativa.

Ou seja, a atividade do devedor contumaz não só prejudica o Estado, que arrecada menos, mas também gera menor incentivo à entrada de novos agentes econômicos no mercado, assim como induz a saída de *players* prejudicados, aumentando, consequentemente, a concentração no setor afetado.[19] Além disso, gera um efeito de seleção adversa, isto é, há punição do contribuinte que paga seus tributos em dia e premia o devedor contumaz.[20] Assim, havendo impactos negativos, não só para o Estado, mas para a eficiência do mercado como um todo, faz-se necessária uma reflexão sobre o tema e as possíveis medidas a serem tomadas.

[16] FERRAZ, Roberto. Intervenção do Estado na economia por meio da tributação — a proteção da empresa e a livre concorrência. Revista de direito tributário, São Paulo: Malheiros, v. 99. 2008.

[17] ELALI, André. Um exame da desigualdade da tributação em face dos princípios da ordem econômica. Revista tributária e de finanças públicas, v. 16, n. 81, p. 11–29, jul./ago., 2008.

[18] TIPKE, Klaus. Princípio de Igualdade e Ideia de Sistema no Direito Tributário. In: MACHADO, Brandão (Coord.). Direito Tributário: Estudos em Homenagem ao Prof. Ruy Barbosa Nogueira. São Paulo: Saraiva, 1984.

[19] OYAMA, Érico. Devedor contumaz: falta de lei específica mantém prática sem punição. **Revista Jota,** 31 de agosto de 2020. Disponível em: <https://www.jota.info/coberturas-especiais/contencioso-tributario/devedor-contumaz-lei-punicao-31082020>. Acesso em janeiro de 2022.

[20] Ibid.

4. Repensando o *tax compliance* na perspectiva do devedor contumaz

O *compliance*, no Brasil, passou a ter maior destaque a partir da chamada Lei Anticorrupção (Lei nº 12.846/2013), que tinha como escopo, principalmente, a responsabilização administrativa e civil de pessoas jurídicas pela prática de atos contra a Administração Pública, nacional ou estrangeira. Nesse movimento, pode-se observar o renascimento de discussões sobre o assunto no campo tributário, que ganhou espaço com expressões como "governança tributária". O *tax compliance,* como também é conhecido, em realidade, exige mais cuidado com o bom cumprimento das normas tributárias e transparência nos procedimentos adotados internamente[21].

Historicamente, o estudo relacionado ao *tax compliance* se manteve em torno das justificativas de se pagar tributos, isto é, como estimular a conformidade fiscal ou como sancionar de modo adequado quando não há o cumprimento das normas[22]. Como Simon James *et al* abordou, em síntese, as pesquisas sobre *compliance* tributário se dividiriam entre aquelas que utilizam abordagem econômica e as que se utilizam da abordagem comportamental, sendo que a primeira entende que o pagamento ou não de tributos decorreria de uma decisão racional do agente, fazendo o balanço entre custos e benefícios, não carregando questões morais ou sociais, enquanto que a segunda estaria a considerar fatores diversos, tais como a repercussão social, de gênero, cultural, de idade etc.[23]

Contudo, em um estudo apresentado por Alex Cobham, observa-se que o *compliance* em economias em desenvolvimento é particularmente mais baixo, o que levaria a outro problema, no sentido de que pagar tributos é um ato social. Em realidade, estudos apontam que o *compliance* tributário excede significativamente o que se poderia esperar de agentes racionais maximizadores, tendo em vista os níveis existentes de multas

[21] Carvalho, Paulo de Barros. In: Dias, Karem Jureidini; Britto, Lucas Galvão de (Org.). Compliance no Direito Tributário. São Paulo: Thompson Reuters. Brasil, 2018.

[22] Dias, Karem Jureidini; Silveira, Francisco Secaf Alves. O compliance e o exercício da fiscalização tributária. In: Dias, Karem Jureidini; Britto, Lucas Galvão de (Org.). Compliance no Direito Tributário. São Paulo: Thompson Reuters. Brasil, 2018. P. 173.

[23] James, Simon et al. Developing a tax compliance strategy for revenue services. Bulletin for Internacional Fiscal Documentation, v. 55, n. 4, p. 158-164, 2001. *apud* Dias, Karem Jureidini; Silveira, Francisco Secaf Alves. O compliance e o exercício da fiscalização tributária. In: Dias, Karem Jureidini; Britto, Lucas Galvão de (Org.). Compliance no Direito Tributário. São Paulo: Thompson Reuters. Brasil, 2018. P. 173.

e chance de ser pego. Na verdade, a conformidade tributária dependeria, positivamente, do nível de redistribuição percebido ou esperado e da expectativa dos indivíduos com relação aos níveis de conformidade dos outros (*tax morality*). Portanto, o pagamento de tributos refletiria, em um grau significativo, em um desejo de participar da sociedade, não apenas da maximização econômica.[24]

A OCDE firmou cinco pilares básicos do *cooperative compliance*, sendo o *commercial awareness* o primeiro deles. Trata-se da necessidade de a autoridade fiscal conhecer a estrutura do mercado de modo a prever disfuncionalidades concorrenciais, por exemplo. O segundo é a imparcialidade, de modo que o contribuinte deve arcar com o ônus fiscal previsto legalmente, sem que haja subjetividades conceituais. O terceiro é a proporcionalidade, ou seja, a ponderação no que se refere ao planejamento e execução relativos aos procedimentos de fiscalização feitos pela autoridade fiscal.

Já o quarto pilar é a capacidade de resposta de qualidade da autoridade fiscal em tempo hábil, sendo a transparência o último dos pilares. Esta ainda é subdividida em três níveis distintos, ou seja, o individual, o cultural e o estrutural. O individual é a relação entre a autoridade fiscal e o contribuinte com confiança mútua, comunicação e transparência sobre o procedimento de fiscalização. O cultural seria uma forma de trabalhar a mudança de pensamento relativa ao aspecto institucional entre as partes. Por fim, a estrutural seria a forma de tornar mais clara e ágil a parte procedimental, não dificultando a comunicação entre autoridade e contribuinte, e vice-versa.[25]

Seguindo essa tendência mundial, observa-se que a Administração Pública brasileira tem investido em medidas de *tax compliance*. Nesse sentido, observa-se políticas de incentivos aos bons pagadores de tributos, tais como o "Programa nos Conformes" da SEFAZ de SP, do "Contribuinte Pai D'Égua" da SEFAZ do Ceará, assim como a mais recente MP do Contribuinte Legal, convertida na Lei 13.988/2020, que

[24] COBHAM, Alex. The Tax Consensus has Failed! *Tax Justice Network*. Vol. 3, nº 2. Reino Unido, janeiro de 2007. Disponível em: < https://www.taxjustice.net/cms/upload/pdf/TJF_3-2_Final.pdf>. Acesso em janeiro de 2022.

[25] NUNES, M. G.; ASSUMPÇÃO, A.; UHDRE, D.; BOSSA, G.; TRECENTI, J. ASSOCIAÇÃO BRASILEIRA DE JURIMETRIA (ABJ). Diagnóstico do contencioso tributário administrativo. São Paulo, 2022. P. 179-183.

estabelece os requisitos e as condições para que os entes federativos e os devedores ou as demais partes realizem transação resolutiva de litígio relativo à cobrança de créditos da Fazenda Pública, seja de natureza tributária ou não tributária. Em fase de elaboração ou de votação, há também os programas "Estímulo à Conformidade Tributária", "Conformidade Tributária" e "Em dia com Porto Alegre".[26]

Ainda nessa linha de programas em fase de elaboração, está sendo implementado pela Receita Federal do Brasil um programa de conformidade cooperativa fiscal denominado CONFIA, que terá seu desenvolvimento dividido em cinco fases: alinhar, desenhar, testar, implementar e expandir[27]. Este programa foi iniciado no final de 2020 com a montagem da equipe. A partir das discussões internas, assim como baseado nos estudos e recomendações da OCDE e nas experiências internacionais, a Receita Federal firmou os elementos essenciais deste programa: o modelo CONFIA, o código de boas práticas tributárias (CBPT) e o marco de controle fiscal (MCF). A partir do desenho desses trabalhos a RFB entende que poderá permitir o alinhamento entre os propósitos e os interesses dos contribuintes e da autoridade com o objetivo de um programa de conformidade cooperativa.[28]

Assim, sendo o devedor contumaz uma consequência das anomalias do Sistema Tributário Nacional que produz efeitos deletérios para a ordem econômica brasileira, o *tax compliance* se mostra com uma medida a frear essa atuação que traz prejuízos concretos à sociedade.

[26] Ibid. P. 183-184.

[27] Conforme definido pela própria Receita Federal do Brasil, as etapas de trabalho estão assim definidas, de forma crescente: (i) **alinhar** os objetivos e interesses da Administração Tributária e das grandes empresas, formar o grupo de trabalho e construir confiança; (ii) **desenhar** o modelo de conformidade cooperativa com base nas orientações da OCDE e nas melhores práticas internacionais — fase onde a RFB está até a elaboração deste artigo; (iii) testar o modelo em um grupo pequeno de empresas voluntárias através de um piloto com objetivo de validação e aperfeiçoamento; (iv) **implementar** o programa de conformidade cooperativa, inicialmente para um grupo pequeno de empresas interessadas; (v) **expandir** progressivamente o programa para um número maior de empresas interessadas de acordo com a capacidade operacional. Para ver mais <https://www.gov.br/receitafederal/pt-br/acesso-a-informacao/acoes-e-programas/confia>, acesso em 29 de maio de 2022.

[28] RECEITA FEDERAL DO BRASIL. Confia — Programa de Conformidade Cooperativa Fiscal da Receita Federal. Disponível em: <https://www.gov.br/receitafederal/pt-br/acesso-a-informacao/acoes-e-programas/confia>. Acesso em 29 de maio de 2022.

Conclusões

É inegável que há um esforço legislativo para a definição e punição mais rigorosa dos devedores contumazes. Além disso, observa-se que a Administração Pública tem expandido as medidas de governança tributária como forma de reduzir efeitos indesejados à sociedade de modo geral. Todavia, as experiências relacionadas ao *tax compliance* ainda são extremamente reduzidas no território brasileiro.

De outro lado, no mercado financeiro observamos a insurgência da sigla ESG (*Environmental, Social and Governance*) com maior enfoque. A sigla ESG procura ir além dos movimentos de sustentabilidade, ambientais, sociais ou práticas de governança, pois busca tratar também das justificativas não financeiras que repercutem na performance financeira das empresas. É nesse sentido que Alexandre Nishioka e Giulia Ramos entendem que há a necessidade da inclusão da questão tributária como pedra angular da agenda ESG. Considerando que os tributos são regularmente a maior parcela de contribuição de uma empresa para a sociedade e que a intenção do ambiente corporativo com a sigla ESG é agir em prol da coletividade, indo além da potencialização do lucro dos acionistas, é primordial que as empresas externalizem que estão trabalhando com transparência e responsabilidade tributária para transformações positivas.[29]

Essa nova guinada no mercado financeiro, se pensada junto aos esforços legislativos e administrativos, demonstram o desenvolvimento, ou ao menos uma evolução do Sistema Tributário Nacional.

Independentemente do que já se tem feito, um esforço legislativo para aprovação de lei que defina a expressão devedor contumaz é de fundamental importância, de modo a restringir as possibilidades interpretativas, assim como é imprescindível a simplificação do Sistema Tributário Nacional. Além disso, a Administração Pública deve continuar aprimorando, cada vez mais, suas medidas de *tax compliance*, seja considerando aspectos econômicos, seja considerando aspectos comportamentais, acompanhando inclusive as novas tendências que estão sob

[29] Nishioka, Alexandre Naoki; Ramos, Giulia. ESG + T: a questão tributária como pedra angular da agenda ESG In: Coelho, Fábio Ulhoa; Tepedino, Gustavo; Lemes, Selma (Org.). A evolução do Direito no século XXI: seus princípios e valores (ESG, Liberdade, Regulação, Igualdade e Segurança Jurídica). 2022. (No prelo).

destaque no mercado financeiro, como salientado em relação à sigla ESG, visto que uma interpretação holística do tema é cada vez mais urgente. Esses são apenas alguns dos caminhos a serem percorridos de forma a produzir um sistema com mais segurança jurídica.

Referências

Andrade, José Maria Arruda. Da interpretação à argumentação jurídica: as armadilhas do essencialismo. In*: A constituição cidadã e o direito tributário:* estudos em homenagem ao Ministro Carlos Ayres Britto. Belo Horizonte: Fórum, 2019. P. 285-308.

Azevedo, Camila Minutoli de Azevedo. *O conceito de devedor contumaz no Projeto de Lei nº 1.646/2019,* 03 de março de 2020. Disponível em: < https://camposebarros.adv.br/o-conceito-de-devedor-contumaz-no-projeto-de-lei-1-646-2019/>. Acesso em janeiro de 2022.

Bossa, Gisele Barra. O conceito de devedor contumaz na prática dos tribunais superiores e a punição penal pela simples existência de dívida fiscal: RHC/SC 163.334, desafios legislativos e reflexos tributários. In: Brigagão, Gustavo; MATA, Juselder Cordeiro da (Org.). *Temas de direito tributário: Canto Homenagem ao Prof. Gilberto de Ulhôa Canto.* 1ª ed. Vol. 1. Belo Horizonte: Arraes Editores, 2020, p. 717-734.

BRASIL, Superior Tribunal de Justiça. AgRg no REsp 382.736. Voto-vista do Ministro Humberto Gomes de Barros.

CÂMARA DOS DEPUTADOS. Projeto de Lei da Câmara nº 1.646 de 2019. Relator Deputado Arthur Oliveira Maia (DEM/BA). Apresentação em 20/03/2019.

CONSELHO NACIONAL DE JUSTIÇA. *Justiça em números 2021.* Brasília: CNJ, 2021.

Cobham, Alex. The Tax Consensus has Failed! *Tax Justice Network.* Vol. 3, nº 2. Reino Unido, janeiro de 2007. Disponível em: < https://www.taxjustice.net/cms/upload/pdf/TJF_3-2_Final.pdf>. Acesso em janeiro de 2022.

Dias, Karem Jureidini; Britto, Lucas Galvão de (Org.). *Compliance no Direito Tributário.* São Paulo: Thompson Reuters. Brasil, 2018.

Domingues, Juliana Oliveira; Gaban, Eduardo Molan. **Direito Antitruste.** 3ª ed. São Paulo: Saraiva, 2012.

Elali, André. Um exame da desigualdade da tributação em face dos princípios da ordem econômica. *Revista tributária e de finanças públicas,* v. 16, n. 81, p. 11–29, jul./ago., 2008.

Grau, Eros Roberto. Ensaio e discurso sobre a interpretação/aplicação do direito. São Paulo: Malheiros, 2009.

FERRAZ Jr., Tercio Sampaio. Obrigação Tributária acessória e limites da imposição: razoabilidade e neutralidade concorrencial do Estado. In: FERRAZ, Roberto (coord.). *Princípios e limites da tributação*. São Paulo: Quartier Latin do Brasil, 2005.

FERRAZ, Roberto. Intervenção do Estado na economia por meio da tributação — a proteção da empresa e a livre concorrência. *Revista de direito tributário*, São Paulo: Malheiros, v. 99. 2008.

FRIAS, Achilles Linhares de Campos. *O problema do devedor contumaz: identificação e política pública para combater.* Dissertação de Mestrado (Políticas Públicas e Governo) — Fundação Getúlio Vargas. Brasília, 2021.

GALENDI JÚNIOR, Ricardo André. *A consideração econômica no direito tributário*. Séries Doutrinárias, nº 32. São Paulo: IBDT, 2020.

GODOY, L. de S.; BASSO, J. P. Sonegação e inadimplência contumaz: prejuízo à concorrência empresarial, 2015. Disponível em: <http://www.esapergs.org.br/revistadigital/wpcontent/uploads/2015/07/SONEGAÇÃO_E_INADIMPLENCIA_CONTUMAZ.pdf>. Acesso em janeiro de 2022.

INSTITUTO BRASILEIRO DE ÉTICA CONCORRENCIAL — ETCO. *Aprimorar a relação fisco-contribuinte*, 26 de maio de 2021. Disponível em: <https://www.etco.org.br/publicacoes/revista-etco/aprimorar-a-relacao-fisco-contribuinte/>. Acesso em janeiro de 2022.

____. *Lei contra o devedor contumaz*, 26 de maio de 2021. Disponível em: https://www.etco.org.br/publicacoes/revista-etco/lei-contra-o-devedor-contumaz/. Acesso em janeiro de 2022

____. *Um mal que prejudica o ambiente de negócios e o País*, 28 de outubro de 2015. Disponível em: < https://www.etco.org.br/projetos/a-luta-contra-o-devedor-contumaz-de-tributos/>. Acesso em janeiro de 2022.

LEORATTI, Alexandre. Processos tributários duram em média 19 anos no Brasil. *Revista Jota*, 28 de novembro de 2019. Disponível em: <https://www.jota.info/tributos-e-empresas/tributario/contencioso-tribuario-processos-28112019>. Acesso em janeiro de 2022.

NISHIOKA, Alexandre Naoki; RAMOS, Giulia. ESG + T: a questão tributária como pedra angular da agenda ESG In: Coelho, Fábio Ulhoa; TEPEDINO, Gustavo; LEMES, Selma (Org.). *A evolução do Direito no século XXI: seus princípios e valores (ESG, Liberdade, Regulação, Igualdade e Segurança Jurídica)*. 2022. (No prelo).

NUNES, M. G.; ASSUMPÇÃO, A.; UHDRE, D.; BOSSA, G.; TRECENTI, J. ASSOCIAÇÃO BRASILEIRA DE JURIMETRIA (ABJ). Diagnóstico do contencioso tributário administrativo. São Paulo, 2022. P. 179-183.

Oyama, Érico. Devedor contumaz: falta de lei específica mantém prática sem punição. *Revista Jota*, 31 de agosto de 2020. Disponível em: <https://www.jota.info/coberturas-especiais/contencioso-tributario/devedor-contumaz-lei-punicao-31082020>. Acesso em janeiro de 2022.

Oyama, Érico. Emenda propõe que devedor contumaz não tenha direito a parcelamento tributário. *Revista Jota*, 05 de agosto de 2021. Disponível em: <https://www.jota.info/coberturas-especiais/contencioso-tributario/devedor-contumaz-refis-0508202>. Acesso em janeiro de 2022.

RECEITA FEDERAL DO BRASIL. Confia — Programa de Conformidade Cooperativa Fiscal da Receita Federal. Disponível em: <https://www.gov.br/receitafederal/pt-br/acesso-a-informacao/acoes-e-programas/confia>. Acesso em 29 de maio de 2022.

Rothmann, Gerd Willi. Tributação, sonegação e livre concorrência. In: Ferraz, Roberto (coord.). *Princípios e limites da tributação*: os princípios da ordem econômica e a tributação. São Paulo: Quartier Latin do Brasil, 2009.

SENADO FEDERAL. Projeto de Lei do Senado nº 284/2017. Parecer nº 100 de 2018 da COMISSÃO DE ASSUNTOS ECONÔMICOS (CAE). Relator Senador Ricardo Ferraço (PSDB/ES). 30/10/2018.

Schoueri, Luís Eduardo. Livre concorrência e tributação. In: Rocha, Valdir de Oliveira (Coord.). *Grandes questões atuais do direito tributário*. São Paulo: Dialética, 2007.

Tipke, Klaus. Princípio de Igualdade e Ideia de Sistema no Direito Tributário. In: Machado, Brandão (Coord.). *Direito Tributário:* Estudos em Homenagem ao Prof. Ruy Barbosa Nogueira. São Paulo: Saraiva, 1984.

Torres, Heleno Taveira. Audiência Pública da Comissão Especial destinada a proferir parecer ao Projeto de Lei nº 1646, de 2019, do Poder Executivo. Apresentação em 17 de setembro de 2019. Disponível em: <https://www2.camara.leg.br/atividade-legislativa/comissoes/comissoes-temporarias/especiais/56a-legislatura/pl-1646-19-devedor-contumaz/apresentacoes-em-eventos/HelenoTorresDevedorcontumaz2019CmaradeDeputadosPDF.pdf>. Acesso em janeiro de 2022.

UNITED NATIONS. *Protecting the Tax Base of Developing Countries*. Second Edition. New York, 2017.

Zagari, Daniella; Mendes, Julia Paes de Almeida. Projeto de Lei 1.646/19: combate ao devedor contumaz e cobrança da dívida ativa, 10 de setembro de 2019. Disponível em: <https://www.machadomeyer.com.br/pt/inteligencia-juridica/publicacoes-ij/tributarioij/projeto-de-lei-1-646-19-combate-ao-devedor-contumaz-e-cobranca-da-divida-ativa>. Acesso em janeiro de 2022.

22.
VARIAÇÕES EM TORNO DO CONCEITO DE "DEVEDOR CONTUMAZ": REGIMES ESPECIAIS DE FISCALIZAÇÃO E A MACROLITIGÂNCIA FISCAL

Lucas Bevilacqua
José Antonino Marinho Neto
Flávia Gomes Santolin Perim

Introdução

Honra-nos em muito o convite formulado pelos ilustres professores Gisele Barra Bossa, Zabetta Macarini Carmignani Gorissen, Gustavo Brigagão e Heleno Taveira Torres, para contribuir com a presente obra coletiva, intitulada "*Cooperative Compliance e Medidas de Redução do Contencioso*".

Cientes os autores de tal responsabilidade, o presente artigo como resultado parcial das pesquisas no âmbito do Observatório da Macrolitigância Fiscal (IDP/Brasília) pretende analisar o conceito de devedor contumaz, utilizado em várias legislações estaduais no âmbito do ICMS, em especial no que diz respeito aos regimes especiais de fiscalização (REF).

De início, serão analisados argumentos doutrinários sobre a própria validade dos REF, abordando, em breve síntese, o fundamento dos pensamentos contrários e favoráveis sobre o tema. Após, pretende-se expor o contexto da ADI 4854/RS, ainda pendente de julgamento perante o Supremo Tribunal Federal, na qual se discute a constitucionalidade do REF gaúcho.

De posse de tais considerações, busca-se extrair, seja das considerações doutrinárias, seja de um provável julgamento do Supremo, se há, de fato, um conceito seguro de devedor contumaz, inclusive considerando o atual cenário jurisprudencial, que vem reconhecendo a possibilidade de criminalização do devedor contumaz no contexto do ICMS.

Por fim, pretende-se analisar as propostas em trâmite no Congresso Nacional sobre a matéria com medida eventual de redução da macrolitigância fiscal e equilíbrio concorrencial.

1. Tributação e livre-concorrência: regimes especiais de fiscalização.

Consoante asseverado alhures, a categoria jurídica que ocupa a centralidade do presente estudo é a do devedor contumaz no âmbito do ICMS, existente em diversas legislações estaduais. Contudo, mostra-se necessário tecer considerações a respeito do contexto normativo no qual essa categoria se insere, ainda que de modo breve, considerando o objetivo deste artigo e o espaço de que dispomos, qual seja, a dos regimes especiais de fiscalização.

A definição de regimes especiais de fiscalização é dada nos seguintes termos por Paulo De Barros Carvalho:

> Os "regimes especiais" se sustentam na medida em que criam critérios específicos, constituindo exceções às regras da sistemática ordinária de fiscalização e arrecadação. Representam formas para a otimização dos fins das normas tributárias, aparecendo como flexibilizações que permitem a melhor adequação do direito à complexidade da vida social, outorgando maior rendimento ao corpo de preceitos que regem a atividade de gestão tributária. Ao mesmo tempo em que refogem da convencionais regras-matrizes, padronizadoras da incidência tributária, delineiam novas realidades jurídicas para atribuir eficácia ao aparato administrativo, no que tange a determinados cortes ou segmentos do tecido social.[1]

[1] Carvalho, Paulo de Barros. O ICMS e os "Regimes Especiais". *Revista Dialética de Direito Tributário*, n. 8, mai./1996. p. 96.

Segundo o ilustre Professor, os regimes especiais se mostram viáveis (= juridicamente válidos) "*sempre que o sujeito passivo da obrigação tributária se mostre renitente no cumprimento das prestações devidas*"[2].

Márcia Aguiar Arend E Max Zuffo, senhores de valioso artigo sobre o tema, sustentam que a instituição dos regimes especiais de fiscalização no âmbito do ICMS não apenas retira fundamento do próprio direito positivo — art. 26, II, da Lei Kandir[3] — mas também encontra-se a serviço da concretização do princípio da isonomia tributária, do combate à evasão fiscal e da preservação do princípio da livre concorrência, "*na medida em que busca colocar empresas que reiterada e abusivamente deixam de recolher tributos em situação de igualdade com aquelas que cumprem com suas obrigações tributárias*".[4]

Em sentido contrário, Raquel Cavalcanti Ramos Machado já se manifestou tecendo longas considerações sobre a abusividade e a ilegalidade dos regimes especiais de fiscalização. São argumentos trazidos pela autora (i) a existência de diversas formas de exigência, por parte do Fisco, do cumprimento das obrigações principais e acessórias por parte do contribuinte, tais como a Execução Fiscal e a Medida Cautelar Fiscal[5];

[2] CARVALHO, Paulo de Barros. *O ICMS e os "Regimes Especiais"..., op. cit.* p.97.

[3] "Art. 26. Em substituição ao regime de apuração mencionado nos arts. 24 e 25, a lei estadual poderá estabelecer: (...)
II — que o cotejo entre créditos e débitos se faça por mercadoria ou serviço em cada operação;"

[4] AREND, Mária Aguiar; ZUFFO, Max. Regime Especial de Recolhimento do ICMS: imposição justa e garantidora da igualdade dos contribuintes. *Revista Dialética de Direito Tributário*, n. 82, jul./2022, p. 79.

[5] "*No caso, o Fisco dispõe de diversos meios para obrigar o contribuinte a cumprir com suas obrigações acessórias, bem como dispõe de vários meios para cobrar o crédito tributário e para se precaver de contribuintes dos quais suspeite acerca da aptidão para adimplir suas obrigações tributárias. Com efeito, em regra, o ritmo do processo administrativo é dado pela própria administração, que pode se aparelhar tão logo entenda que a lentidão do trâmite processual lhe está sendo prejudicial. A Administração tributária pode ainda fiscalizar o contribuinte com regularidade. Definitivamente constituído o crédito tributário, o Fisco dispõe da execução fiscal, instrumento de cobrança privilegiado se comparado à execução forçada de que dispõem os credores em geral (e, em especial, se comparado à execução de que dispõe os credores da Fazenda Pública — pior pagadora que muitos sonegadores). Caso haja, por parte do contribuinte, fraude ou ocultação de informações que dificultem a atividade de lançamento, o Fisco dispõe ainda da persecução penal como forma de forçar o adimplemento de tributos. Por outro lado, caso entenda que o contribuinte pode alienar seu patrimônio em detrimento do Fisco, este pode se valer da cautelar fiscal. É importante observar, porém, que em todos esses meios, não obstante o Fisco possa exercer seu direito de garantir e exigir o cumprimento das obrigações tributárias, o contribuinte pode também exercer seu*

(ii) a indeterminação constante das legislações estaduais para conceituar o que vem a ser o devedor contumaz, o que geralmente é atribuído a um juízo discricionário dos respectivos Poderes Executivos estaduais; (iii) a violação aos princípios da inafastabilidade da jurisdição e da proporcionalidade, dado que, nos regimes especiais, usualmente possibilita-se que "a Administração tributária lavre os mais descabidos autos de infração, e exija os créditos que entende deles decorrentes, de modo oblíquo e coercitivo, sem recorrer à ação de execução fiscal"[6]; (iv) além das ofensas aos princípios da isonomia[7] e da não-cumulatividade.

Contudo, acredita-se que o debate a respeito da validade ou não dos regimes especiais de fiscalização não pode se desvencilhar da compreensão da correlação entre a tributação e o princípio constitucional da livre-concorrência.

Insculpido no art. 170, IV da CF/1988, o princípio da livre-concorrência conjuga-se com o valor da livre iniciativa e pressupõe "*a própria existência do mercado, o qual, nos termos do artigo 219 do texto constitucional, integra o patrimônio nacional*", como bem explicitado por Luís Eduar-

direito de defesa. Não é assim, porém, no caso da imposição do regime especial de fiscalização, pois só são oferecidas duas opções ao contribuinte: ou realizar o ato exigido pelo Fisco (que pode ser, como dito, desde pagar um valor tal, exigido a título de tributo, até realizar determinada obrigação acessória) ou sujeitar--se às imposições do regime. Não existe, portanto, a opção de, por exemplo, somente se sujeitar ao regime após o regular questionamento da validade ou mesmo da existência da obrigação cujo cumprimento é exigido pela Fazenda Pública, e cujo inadimplemento caracterizaria o "reiterado desrespeito à legislação tributária" (MACHADO, Raquel Cavalcanti Ramos. Algumas considerações sobre o Regime Especial de Fiscalização. *Revista Dialética de Direito Tributário*, n. 100, jan./2004. p. 97).

[6] MACHADO, Raquel Cavalcanti Ramos. *Algumas considerações sobre o Regime Especial..., op. cit.* p. 99.

[7] *"E vários são os motivos para se concluir pela não-isonomia da imposição do citado regime. O primeiro é o de que, como dito acima, a legislação de muitos Estados-membros autoriza a aplicação do regime em face de contribuintes que possuem dívida inscrita, mas não garantida, e não para contribuintes que simplesmente tiverem tantos débitos, ou débitos de tal valor, inscritos em dívida ativa. Parece não haver diferença entre essas duas hipóteses, mas existe sim, e é essa: geralmente, sujeitar-se-á ao regime especial de fiscalização não o contribuinte que reiteradamente viola as leis tributárias (mesmo que seja só o "descumprimento" sob a ótica do Estado), mas o contribuinte que tem menos capacidade econômica para garantir a alegada dívida. O segundo motivo é o fato de que pode muito bem ocorrer de a obrigação exigida pelo Fisco não ser válida ou já haver sido adimplida. Assim, com a imposição do regime, um contribuinte que, em verdade, é pontual será tratado não apenas como inadimplente que não é, como será tratado de modo distinto de outros contribuintes pontuais, que recolheram o tributo de sua mesma maneira, mas não tiveram o infortúnio de serem compelidos a adimplir obrigação inexistente ou inválida"* (MACHADO, Raquel Cavalcanti Ramos. *Algumas considerações sobre o Regime..., op. cit.* p. 101-102).

do Schoueri.[8] Contudo, não se confundem os princípios da livre iniciativa e da livre concorrência, como orienta Carlos Emmanuel Joppert Ragazzo,[9] afinal, não são todas as formas de competição lícitas e, por conseguinte, benéficas à concorrência que o texto constitucional visa proteger.

Nesse sentido, conforme o autor, é essencial que o Estado opere de modo a preservar o ambiente concorrencial sadio, coibindo práticas deletérias à sociedade como um todo. Dessa forma, o princípio da livre concorrência dá a base jurídica necessária para "*impedir que os agentes econômicos possam desvirtuar as prerrogativas de liberdade de iniciativa*" e, em sendo assim, causam prejuízo à sociedade e aos mercados.

Daí a conclusão de Ragazzo no sentido de que "a manutenção e a preservação da liberdade e da igualdade dependem da atuação do Estado na economia limitando a livre iniciativa de agentes econômicos. E isso se dá, como dito, com fundamento no princípio da livre concorrência."

Vale salientar ainda, porém, que o art. 170, IV do texto constitucional necessita ser interpretado junto aos demais fundamentos e objetivos da República, em especial no que se refere à dignidade da pessoa humana e à promoção da justiça social, como adverte Giovani Agostini Saavedra.[10]

[8] Schoeuri, Luís Eduardo. *Normas tributárias indutora e intervenção econômica*. Rio de Janeiro: Forense, 2005. p. 94.

[9] Ragazzo, Carlos Emmanuel Joppert. Notas Introdutórias sobre o Princípio da Livre Concorrência. *Scientia Iuris*, Londrina, v. 10, 2006. p. 88.

[10] *"O inc. IV do art. 170 da Constituição da República Federativa do Brasil de 1988 (doravante designada CF/88) representa uma inovação no constitucionalismo pátrio, não existindo dispositivo constitucional anterior similar. Em linhas gerais, observa-se que as Constituições brasileiras anteriores estabeleciam a garantia de alguns aspectos da livre iniciativa ou da repressão ao abuso econômico. Somente com o advento da CF/88, porém, é que a livre concorrência passa a ser compreendida como princípio estruturante da Constituição Econômica brasileira, ou seja, daquele conjunto de princípios, valores, e regras fundamentais que regulam a vida econômico-social da sociedade brasileira. Disso decorre que, sendo parte de um sistema constitucional econômico, o princípio da livre concorrência não pode ser entendido como um fim em si mesmo. Como refere o caput do art. 170, ele se insere em uma ordem econômica que é "fundada na valorização do trabalho humano e na livre iniciativa" e que tem por fim "assegurar a todos existência digna, conforme os ditames da justiça social". A eficácia do princípio da concorrência depende, portanto, desses limites e só se concretiza enquanto realizar o telos constitucional de assegurar a todos existência digna"* (Saavedra, Giovani Agostini. Comentário ao artigo, 170, IV. *In*: Canotilho,

Em matéria tributária, o princípio da livre-concorrência encontra-se umbilicalmente ligado à neutralidade fiscal, insculpida no art. 146-A[11] do texto constitucional, que, por sua vez, dá fundamento ao princípio da não-cumulatividade, vetor principal da tributação sobre o consumo no ordenamento jurídico brasileiro. Em feliz passagem, ANDRÉ MENDES MOREIRA expõe a correlação entre tributação, livre-concorrência e neutralidade fiscal:

> Deveras, o tributo molda a sociedade. A livre concorrência, a livre iniciativa e o livre mercado são os pilares da organização econômica brasileira (arts. 146-A e 170, IV, da CR/88). Assim, ainda que a tributação neutra seja inatingível por razões conceituais, ela é o ideal a ser buscado. No maior grau possível, o tributo deve ser 'indiferente tanto na competitividade e concorrência quanto na formação de preços de mercado'. Todavia, há que se recordar que a Constituição de 1988 possui viés dirigista. A sociedade se funda na igualdade positiva (art. 5º, II, da CR/88). Um dos objetivos expressos da Carta é a redução das diferenças sociais e regionais (arts. 1º e 3º da CR/88). No âmbito específico do direito tributário, tem-se mandatória observância da capacidade contributiva na gradação de impostos (art. 145, §1º, da CR/88) — preceito que deve ser estendido a todos os tributos não vinculados a uma atuação estatal. Há também dispositivos específicos que aplicam e desdobram a igualdade na seara arrecadatória (arts. 150, II, 151 e 152, da CR/88). Isso leva a uma primeira consideração: a de que um tributo com alíquota única para todas as rendas, bens e serviços (flat tax) não é admissível no ordenamento jurídico brasileiro, salvo se operada uma mudança na Constituição vigente. Ainda que o modelo econômico de tributo neutro pressuponha a uniformidade de alíquotas para não perturbar o mercado, tal ideia não é cabível no direito tributário constitucionalmente positivado. Logo, a neutralidade econômica deve ser amoldada aos princípios e regras informadores da República, dentro os quais está o artigo 145, §1º, da CR/88. Assim, o tributo no Brasil se distancia do ideal econômico de neutrali-

J. J. Gomes; MENDES, G. F.; SARLET, I.W..; STRECK, L.L. (coords.). *Comentários à Constituição do Brasil*. São Paulo: Saraiva/Almedina, 2013. p. 1802).

[11] "Art. 146-A. Lei complementar poderá estabelecer critérios especiais de tributação, com o objetivo de prevenir desequilíbrios da concorrência, sem prejuízo da competência de a União, por lei, estabelecer normas de igual objetivo".

dade, pois necessariamente induzirá comportamentos e gerará interferências no mercado, a bem da obtenção da igualdade positiva. Como há mais de século dizia Thomas Adams sobre a tributação nos Estados modernos, 'o grito por igualdade e justiça é mais alto e menos respondível do que a demanda por certeza e conveniência'".[12]

Em suma, nos parece acertada a assertiva de Caio Augusto Takano, no sentido de que a livre concorrência tem por núcleo "*assegurar a todos, no máximo possível, o livre exercício da atividade econômica (produzindo, circulando e distribuindo riquezas), sem criar ou permitir interferências indevidas que prejudiquem a livre competição dos cidadãos*".[13]

Estabelecidas tais premissas, nos parece que o grande fundamento constitucional dos Regimes Especiais de Fiscalização é exatamente a proteção da livre concorrência no âmbito da tributação. Isso porque mostra-se inequívoco que os devedores contumazes — e a este tema retornaremos mais adiante —, ao não efetuarem sistematicamente o recolhimento dos tributos devidos, encontram sensível diminuição em seus custos, o que irremediavelmente lhes proporciona uma vantagem concorrencial em face dos demais agentes de mercado.

A propósito, as provisões constitucionais que capitulam a proteção da livre concorrência não se encontram somente limitadas ao art. 170, IV ou anexas ao art. 146-A, ambos do texto constitucional. Como se verifica no § 4º do art. 173, a CRFB/1988 declara a previsão de lei que deve visar a "*reprimir o abuso do poder econômico, que vise à dominação dos mercados, à eliminação da concorrência e ao aumento arbitrário de lucros*". Assim sendo, note-se que, constitucionalmente, há tratamento específico e dedicado aos princípios em objeto no presente artigo.

Uma observação, porém, nos parece de todo necessária: a legalidade ou constitucionalidade de determinado Regime Especial de Fiscalização sempre dependerá da análise de cada caso concreto (= legislação específica), não sendo possível uma afirmativa *a priori* a este respeito. Sem dúvidas, a livre concorrência é fundamento autorizador de sua instituição. Contudo, em havendo o estabelecimento de medidas que violem os

[12] MOREIRA, André Mendes. *Neutralidade, valor acrescido e tributação*. Belo Horizonte: Fórum, 2019. p. 43-45.

[13] TAKANO, Caio Augusto. Livre Concorrência e Fiscalização Tributária. *Revista Dialética de Direito Tributário*, n.223, abr./2014. p. 58.

direitos fundamentais dos contribuintes, o princípio da proporcionalidade ou delegações indevidas ao Poder Executivo por certo lhes comprometerá a validade jurídica. Mostra-se de todo inaceitável que, no afã de proteger o ambiente concorrencial, seja lícito aos Poderes Executivo e Legislativo o estabelecimento de medidas manifestamente contrárias ao texto constitucional.

2. Por um conceito de "devedor contumaz".

Muitos dos argumentos doutrinários acima mencionados são postos em disputa no âmbito da ADI 4.854/RS. Trata-se de ação proposta em 17 de setembro de 2012, pelo Partido Social Liberal (PSL), tendo sido inicialmente distribuída ao Ministro Celso de Mello. Argumentou-se na exordial que os arts. 2º e 3º da Lei estadual gaúcha nº 13.711/2011 e arts. 1º a 4º do Decreto nº 48.494/2011 violariam os princípios da liberdade de comércio e livre iniciativa — arts. 5º, XIII e 170 da CRFB/1988.

Para o partido político autor as medidas estipuladas em sede legal e infralegal abaixo transcritas[14] equivaleriam a cobranças oblíquas do tributo, ou seja, sanções políticas, em violação às Súmulas 70, 323 e 547 do STF.[15]

[14] **Lei nº 13.711/2011** (...) Art. 2º O contribuinte será considerado como devedor contumaz e ficará submetido a Regime Especial de Fiscalização, conforme disposto em regulamento, quando qualquer de seus estabelecimentos situados no Estado, sistematicamente, deixar de recolher o ICMS devido nos prazos previstos no Regulamento do Imposto sobre Operações Relativas à Circulação de Mercadorias e sobre Prestações de Serviços de Transporte Interestadual e Intermunicipal e de Comunicação — RICMS.§ 1º Para efeitos deste artigo, considera-se como devedor contumaz o contribuinte que:
I — deixar de recolher o ICMS declarado em Guia de Informação e Apuração do ICMS — GIA —, sucessiva ou alternadamente, de débitos referentes a 8 (oito) meses de apuração do imposto, considerados os últimos 12 (doze) meses; ou II — tiver créditos tributários inscritos como Dívida Ativa que ultrapassem limite de valor definido em instruções baixadas pela Receita Estadual.
§ 2º Não serão considerados devedores contumazes, para os termos a que se refere o "caput" do art. 2.o, as pessoas físicas ou jurídicas, titulares originários de créditos oriundos de precatórios inadimplidos pelo Estado e suas autarquias, até o limite do respectivo débito tributário constante de Dívida Ativa.
§ 3º Não serão computados para os efeitos deste artigo os débitos cuja exigibilidade esteja suspensa nos termos do Código Tributário Nacional.
Art. 3º O contribuinte deixará de ser considerado como devedor contumaz se os débitos que motivaram essa condição forem extintos ou tiverem sua exigibilidade suspensa.

[15] Súmula nº 70/STF: É inadmissível a interdição de estabelecimento como meio coercitivo para cobrança de tributo.

Em suma, o PSL qualificou a ação do executivo gaúcho como "*medieval, rápida, voraz, absoluta e descontrolada*", além de adjetivar o regime especial instituído como uma medida "*sarcástica*". Por fim, requereu-se medida cautelar para suspender a eficácia dos dispositivos questionados até o julgamento de mérito pela Suprema Corte.

Em 22 de outubro de 2012, o mencionado partido promoveu um aditamento à inicial para alegar a violação aos princípios da legalidade e da separação de poderes — no que diz respeito à definição de devedor contumaz operada por meio do Decreto — bem como violação ao art. 146, III, "b" da CRFB/1988, já que a matéria versada (crédito tributário) estaria no âmbito de competência de lei complementar.

Alegou-se também que a exigência de comprovação do pagamento do tributo na etapa anterior para fins do gozo do direito de crédito de ICMS violaria o princípio da não-cumulatividade, além de que todo o "estado de coisas" consubstanciado no regime especial de fiscalização ofenderia o princípio constitucional da proporcionalidade.

Intimada a se manifestar, a Assembleia Legislativa do Rio Grande do Sul sustentou que a definição do conceito de devedor contumaz estaria no próprio diploma legislativo, de modo que o decreto cumpriria sua função regulamentar, bem como não confrontaria o CTN.

Quanto ao próprio conceito de devedor contumaz, atentou o legislativo gaúcho para o fato de que a contumácia relativa ao devedor deveria ser sistemática:

> Nem a definição de devedor contumaz, nem a descrição das situações de falta de recolhimento do ICMS, nem a submissão ao regime especial de fiscalização atentam contra a liberdade de trabalho e comércio. Registro que, para ser considerado devedor contumaz, é necessário que o estabelecimento deixe de recolher o ICMS sistematicamente, em período sucessivo ou alternado, relativos a débitos referentes a oito meses de apuração do imposto, considerados os últimos doze meses. Não se trata, portanto, de qualquer falta de recolhimento do ICMS, mas de ausência reiterada de recolhimento do tributo. Salvo melhor juízo, não

Súmula nº 323/STF: É inadmissível a apreensão de mercadorias como meio coercitivo para pagamento de tributos.
Súmula nº 547/STF: Não é lícito à autoridade proibir que o contribuinte em débito adquira estampilhas, despache mercadorias nas alfândegas e exerça suas atividades profissionais.

resta configurada, em tal conceituação e enquadramento legal, qualquer ofensa a dispositivo que vede ou viole o exercício de trabalho e comércio.

Ademais, sustentou-se que o regime instituído atenderia ao interesse público e à manutenção da livre concorrência, na medida em que o devedor contumaz, ao não recolher o tributo devido teria seu custo reduzido e, por via de consequência, condições mais favoráveis de mercado em relação aos seus competidores. Nesse sentido, o regime especial de fiscalização seria um instrumento de proteção não apenas da livre iniciativa e da livre concorrência, mas do mercado enquanto própria categoria jurídico-econômica.

Já o governo do Rio Grande do Sul, por intermédio da Procuradoria Geral do Estado, defendeu o atual papel atribuído ao Estado, consistente na necessidade de arrecadação tributária para a consecução das atividades constitucionalmente a ele atribuídas. Também se salientou a insuficiência dos métodos tradicionais de cobrança dos créditos tributários (execução fiscal e medida cautelar fiscal), bem como o impacto nos cofres públicos, evidenciado quando houve superação do valor de R$1 bilhão em fevereiro de 2014, relativo à dívida dos devedores contumazes de ICMS.

Com relação ao mérito das medidas contidas nos diplomas normativos, assim se manifestou o governo gaúcho: (i) a divulgação em sítio eletrônico dos devedores contumazes atenderia ao princípio constitucional da publicidade; (ii) a divulgação da condição do devedor contumaz nas notas fiscais também seria legítima[16]; (iii) a centralização do pagamento e a fiscalização ininterrupta adviriam do poder de polícia; (iv) a exigência do comprovante de pagamento do tributo na etapa anterior não

[16] "Nas relações privadas têm as empresas acesso aos protestos realizados. Por que não divulgar a relação de quem cobra o tributo do consumidor final e deixa de repassá-lo aos cofres públicos? Por oportuno, cumpre referir que na Lei e no Decreto atacados não existe previsão de inserção em CADIN e nos órgãos protetivos do crédito, medidas que são objeto de regulamentação própria.
O mesmo se pode afirmar da necessidade de constar na nota fiscal emitida que se trata de empresa submetida ao Regime Especial de Fiscalização. Por que se deveria omitir tal condição? Quem recebe a mercadoria tem o direito de saber as características de seu fornecedor, inclusive para avaliar a lisura do crédito fiscal. A quem interessa omitir a inadimplência contumaz? As insinuações de que há abuso de poder ou de direito, dada a ausência de prova, sequer merecem ser enfrentadas. Reafirma-se que a Fazenda age de acordo com a lei."

violaria o princípio da não cumulatividade por ausência de supressão do direito de crédito; e, por fim, (v) com relação à proteção da livre concorência.

A esta altura da exposição, pode-se concluir, com certa segurança, que o conceito de devedor contumaz não se encontra cristalizado nem em sede doutrinária, nem jurisprudencial e tampouco na seara legislativa.

Sem a pretensão de esgotar todas as legislações estaduais, sob pena de afastamento do objetivo do presente artigo, colhem-se algumas definições constantes dos ordenamentos subnacionais.

No Estado de São Paulo, o conceito de devedor contumaz consta do *caput* do art. 19 da Lei Complementar Estadual nº 1.320/2018:

> Artigo 19. Ficará sujeito a regime especial para cumprimento das obrigações tributárias, na forma e condições previstas em regulamento, o devedor contumaz, assim considerado o sujeito passivo que se enquadrar em pelo menos uma das situações:
>
> I — possuir débito de ICMS declarado e não pago, inscrito ou não em dívida ativa, relativamente a 6 (seis) períodos de apuração, consecutivos ou não, nos 12 (doze) meses anteriores;
>
> II — possuir débitos de ICMS inscritos em dívida ativa, que totalizem valor superior a 40.000 (quarenta mil) Unidades Fiscais do Estado de São Paulo — UFESPs e correspondam a mais de 30% (trinta por cento) de seu patrimônio líquido, ou a mais de 25% (vinte e cinco por cento) do valor total das operações de saídas e prestações de serviços realizadas nos 12 (doze) meses anteriores.

Em Minas Gerais, referido conceito é operado por meio do art. 52-A da Lei Estadual nº 6.763/1975:

> Art. 52-A. Observados a forma, os prazos e as condições previstos em regulamento, a autoridade fiscal poderá submeter a regime especial de controle e fiscalização o devedor contumaz, assim considerado o sujeito passivo que se enquadrar em pelo menos uma das seguintes situações:
>
> I — ter débito de imposto declarado relativamente a seis períodos de apuração em doze meses ou relativamente a dezoito períodos de apuração, consecutivos ou alternados;
>
> II — ter dois ou mais débitos tributários inscritos em dívida ativa que versem sobre a mesma matéria, totalizem valor superior a 310.000

(trezentas e dez mil) Ufemgs e correspondam a mais de 30% (trinta por cento) de seu patrimônio líquido ou a mais de 25% (vinte e cinco por cento) de seu faturamento no exercício anterior.

O Estado do Mato Grosso conceitua devedor contumaz nos §§ 1º e 2º do art. 47-L da Lei Estadual nº 7.098/1998:

> Art. 47-L. O sujeito passivo que, mediante Ato Declaratório do Secretário Adjunto da Receita Pública da Secretaria de Estado de Fazenda, for considerado devedor contumaz poderá ser submetido à sistema especial de controle, fiscalização e arrecadação.
>
> § 1º Considera-se como devedor contumaz o sujeito passivo que, após notificado dos efeitos desta condição, alternativamente:
>
> I — deixar de recolher o ICMS declarado em documento que formalizar o cumprimento de obrigação acessória, comunicando a existência de crédito tributário, por 4 (quatro) meses consecutivos ou 8 (oito) meses intercalados, nos 12 (doze) meses anteriores ao último inadimplemento;
>
> II — tiver crédito tributário inscrito em dívida ativa, relativo ao ICMS declarado e não recolhido no prazo legal, abrangendo mais de 4 (quatro) períodos de apuração, em valor e/ou percentual que exceder aos critérios mínimos fixados no regulamento desta lei.
>
> § 2º O disposto no inciso I do § 1º deste artigo somente se aplica quando o valor total do imposto e respectivos acréscimos legais excederem o valor equivalente a 750 (setecentos e cinquenta) UPF/MT.

Em Pernambuco, é ver o disposto no art. 18-A da Lei Estadual nº 11.514/1997:

> Art. 18-A. A partir de 1º de setembro de 2013, será considerado devedor contumaz o contribuinte que: (AC)
>
> I — deixar de recolher o imposto declarado, relativo às suas operações ou prestações, pelos períodos respectivamente indicados, consecutivos ou alternados:
>
> a) 3 (três) meses, na hipótese de contribuinte beneficiário de sistemáticas especiais de tributação ou programas de benefícios ou incentivos fiscais, a exemplo daqueles previstos nas Leis nº 11.675, de 11 de outubro de 1999, nº 12.431, de 29 de setembro de 2003, nº 12.710, de 18 de

novembro de 2004, nº 13.072, de 19 de julho de 2006, nº 13.179, de 29 de dezembro de 2006, nº 13.484, de 29 de junho de 2008, nº 13.942, de 4 de dezembro de 2009, e nº 14.721, de 4 de julho de 2012; ou

b) 6 (seis) meses, nos demais casos;

II — deixar de recolher, no prazo regulamentar, por 3 (três) meses, consecutivos ou alternados, o imposto retido em razão de substituição tributária; ou

III — tiver créditos tributários inscritos em Dívida Ativa, em valor que ultrapasse:

a) R$ 500.000,00 (quinhentos mil reais), considerados todos os estabelecimentos da empresa; ou

b) 30% (trinta por cento) do patrimônio conhecido da empresa, observado o disposto no § 2º.

No âmbito do CONFAZ, nos termos do Ajuste SINIEF 19/20, de 30 de julho de 2020, que estabelece procedimento para a concessão, a alteração, a renovação, a cassação e o cancelamento de inscrição no Cadastro de Contribuintes do ICMS de estabelecimento do setor de combustíveis, o §1º da Cláusula décima segunda dispõe que "*será considerado como devedor contumaz, conforme disposto em legislação, quando o estabelecimento, sistematicamente, deixar de recolher os tributos devidos*".

É de se ver, portanto, que cada Estado tem disciplinado o conceito de devedor contumaz a seu talante. Contudo, dois critérios parecem induzir a um denominador comum do que venha a ser devedor contumaz: (i) uma dívida de ICMS relacionada a um determinado período e (ii) que ultrapasse determinado valor.

Muito embora não constitua o objeto principal da ADI 4854/RS, o julgamento do STF poderá lançar luzes sobre o conceito de devedor contumaz. Em caso de improcedência do pedido formulado na ação, por exemplo, a inclusão do conceito de devedor contumaz na Lei Kandir poderia solucionar o problema ou, ao menos, fornecer critérios que contribuam para o aperfeiçoamento da segurança jurídica quanto a este tema.

3. O desafio posto ante à criminalização do "devedor contumaz" de ICMS.

Em consonância à seara legislativa acima explicitada, possuidora de um denominador comum na busca do conceito de "devedor contumaz", a jurisprudência do Supremo Tribunal Federal vem, ao longo do tempo, reconhecendo a sua criminalização. No julgamento da AC 1.657-MC/RJ, prevaleceu, por maioria de votos, o entendimento acerca da contumácia do inadimplemento que, *per se*, representa conduta ofensiva ao princípio constitucional da livre concorrência, de modo que a medida exaltada de cancelamento do registro daquele fabricante de cigarros se mostra justificada por parte da Receita Federal do Brasil. [17]

Acrescenta-se, ainda, que encontra-se pendente de julgamento a ADI nº 3.952/DF, proposta pelo Partido Trabalhista Cristão (PTC), que contesta o art. 1º da Lei nº 9.822/1999, na parte em que conferiu nova redação ao art. 2º, II, do Decreto-lei nº 1.593/1977; bem como o próprio art. 2º do Decreto-lei 1.593/77; e, também, o § 5º do art. 2º do Decreto-lei nº 1.593/1977, adicionado pela MP nº 2.158-35/2001.[18]

Em síntese, a ADI contradita lei que permite a cassação do registro de devedores contumazes também do setor de fumo. Entretanto, embora há

[17] RECURSO. Extraordinário. Efeito suspensivo. Inadmissibilidade. Estabelecimento industrial. Interdição pela Secretaria da Receita Federal. Fabricação de cigarros. Cancelamento do registro especial para produção. Legalidade aparente. Inadimplemento sistemático e isolado da obrigação de pagar Imposto sobre Produtos Industrializados — IPI. Comportamento ofensivo à livre concorrência. Singularidade do mercado e do caso. Liminar indeferida em ação cautelar. Inexistência de razoabilidade jurídica da pretensão. Votos vencidos.
Carece de razoabilidade jurídica, para efeito de emprestar efeito suspensivo a recurso extraordinário, a pretensão de indústria de cigarros que, **deixando sistemática e isoladamente de recolher o Imposto sobre Produtos Industrializados, com consequente redução do preço de venda da mercadoria e ofensa à livre concorrência, viu cancelado o registro especial e interditados os estabelecimentos**. (STF — AC 1.657-MC/RJ — Redator para o Acórdão Ministro Cezar Peluso — Julgamento em 27.6.2007- Tribunal Pleno).

[18] **Lei nº 9.822/1999** Art. 1º. Os arts. 1º, 2º e 14 do Decreto-Lei no 1.593, de 21 de dezembro de 1977, passam a vigorar com as seguintes alterações:(....) Art. 2º O registro especial poderá ser cancelado, a qualquer tempo, pela autoridade concedente, se, após a sua concessão, ocorrer um dos seguintes fatos:(...)
II - não-cumprimento de obrigação tributária principal ou acessória, relativa a tributo ou contribuição administrado pela Secretaria da Receita Federal.
Decreto- lei nº 1.593/1977 Art. 2º O registro especial poderá ser cancelado, a qualquer tempo, pela autoridade concedente, se, após a sua concessão, ocorrer um dos seguintes fatos:
I — desatendimento dos requisitos que condicionaram a concessão do registro;
II - não-cumprimento de obrigação tributária principal ou acessória, relativa a tributo ou contribuição administrado pela Secretaria da Receita Federal;
III — prática de conluio ou fraude, como definidos na Lei nº 4.502, de 30 de novembro de 1964, ou de sonegação fiscal prevista na Lei nº 4.729, de 14 de julho de 1965.

quase 15 anos de tramitação no Supremo, a ação já possui maioria formada pela constitucionalidade da cassação do registro daquelas empresas devedoras tabagistas que, de acordo com a PGFN, acumulam dívida de cerca de R$ 28 bilhões aos cofres públicos.

Contudo, o julgado do STF que mais interessa ao presente estudo é o Recurso Ordinário em Habeas Corpus nº 163.334/SC. Nesta oportunidade, a Suprema Corte, por maioria, fixou o entendimento segundo o qual "*o contribuinte que, de forma contumaz e com dolo de apreciação, deixa de recolher o ICMS cobrado do adquirente da mercadoria ou serviço incide no tipo penal do art. 2º, II, da Lei nº 8.137/1990*". Dito de outro modo, o STF criminalizou a figura do devedor contumaz no âmbito do ICMS[19]. É ver a ementa do julgado:

> Direito penal. Recurso em Habeas Corpus. Não recolhimento do valor de ICMS cobrado do adquirente da mercadoria ou serviço. Tipicidade.
>
> 1. O contribuinte que deixa de recolher o valor do ICMS cobrado do adquirente da mercadoria ou serviço apropria-se de valor de tributo, realizando o tipo penal do art. 2º, II, da Lei nº 8.137/1990.
>
> 2. Em primeiro lugar, uma interpretação semântica e sistemática da regra penal indica a adequação típica da conduta, pois a lei não faz diferenciação entre as espécies de sujeitos passivos tributários, exigindo apenas a cobrança do valor do tributo seguida da falta de seu recolhimento aos cofres públicos.
>
> 3. Em segundo lugar, uma interpretação histórica, a partir dos trabalhos legislativos, demonstra a intenção do Congresso Nacional de tipificar a conduta. De igual modo, do ponto de vista do direito comparado, constata-se não se tratar de excentricidade brasileira, pois se encontram tipos penais assemelhados em países como Itália, Portugal e EUA.

Parágrafo único — Do ato que determinar o cancelamento a que se refere este artigo caberá recurso ao Ministro da Fazenda, com efeito suspensivo, dentro do prazo de 30 (trinta) dias, contados da data de sua aplicação.
Medida provisória nº 2.158-35 Art. 2º (...)(...) § 5º Do ato que indeferir o pedido de registro especial caberá recurso ao Secretário da Receita Federal, no prazo de trinta dias, contado da data em que o contribuinte tomar ciência do indeferimento, sendo definitiva a decisão na administrativa."

[19] Por certo, na ausência de dolo não há que se falar em crime de apropriação indébita, consoante entendimento do STJ no julgamento do AgRg no REsp nº 1.867.109/SC, jul. 25/08/2020.

4. Em terceiro lugar, uma interpretação teleológica voltada à proteção da ordem tributária e uma interpretação atenta às consequências da decisão conduzem ao reconhecimento da tipicidade da conduta. Por um lado, a apropriação indébita do ICMS, o tributo mais sonegado do País, gera graves danos ao erário e à livre concorrência. Por outro lado, é virtualmente impossível que alguém seja preso por esse delito.

5. Impõe-se, porém, uma interpretação restritiva do tipo, de modo que somente se considera criminosa a inadimplência sistemática, contumaz, verdadeiro modus operandi do empresário, seja para enriquecimento ilícito, para lesar a concorrência ou para financiar as próprias atividades.

6. A caracterização do crime depende da demonstração do dolo de apropriação, a ser apurado a partir de circunstâncias objetivas factuais, tais como o inadimplemento prolongado sem tentativa de regularização dos débitos, a venda de produtos abaixo do preço de custo, a criação de obstáculos à fiscalização, a utilização de "laranjas" no quadro societário, a falta de tentativa de regularização dos débitos, o encerramento irregular das suas atividades, a existência de débitos inscritos em dívida ativa em valor superior ao capital social integralizado etc.

7. Recurso desprovido.

8. Fixação da seguinte tese: O contribuinte que deixa de recolher, de forma contumaz e com dolo de apropriação, o ICMS cobrado do adquirente da mercadoria ou serviço incide no tipo penal do art. 2º, II, da Lei nº 8.137/1990.

Descabe, nos quadrantes do presente estudo, discutir o acerto ou não do entendimento proferido pelo STF quanto à criminalização do devedor contumaz.[20] Contudo, tal decisão surte graves efeitos sobre os

[20] Com efeito, um dos autores do presente trabalho, Lucas Bevilacqua, em artigo com Leonardo Buissa, de tal modo se manifestou quanto ao tema: "*Nas relações jurídicas tributárias em matéria de ICMS há de considerar-se por presente um dolo deliberado e específico de lesar o Estado e a sociedade, sempre que determinado sujeito passivo cobra o ICMS e não repassa ao Estado. Considerando que a receita advinda do pagamento do ICMS pelo consumidor não tem despesa operacional correspondente, a utilização para pagamento de despesas outras representa financiamento público de atividade econômica em detrimento de toda coletividade. No âmbito da responsabilização penal argumento primeiro para afastar a tipificação do crime do art. 2º, II, da Lei n. 8.137/1990 consiste em espécie de "inexigibilidade de conduta diversa" para afastar o dolo de fraudar o Estado, porque decorreu da utilização do ingresso de ICMS para quitação de despesas outras ante a dificuldades financeiras do*

contribuinte. Como mencionado acima, a Lei n. 8.137/1990 prevê que constitui crime "deixar de recolher, no prazo legal, valor de tributo ou de contribuição social, descontado ou cobrado, na qualidade de sujeito passivo de obrigação e que deveria recolher aos cofres públicos". É bem sabido que, nos termos do art. 121 do CTN, por sujeito passivo entende-se tanto o contribuinte, como o responsável; razão pela qual a interpretação de que o art. 121 apenas contempla o responsável que deixa de repassar o tributo do substituído tributário não se sustenta. Nesse cenário, pouco crível a interpretação de que a conduta típica em tais casos seria apenas a do substituto tributário, de modo a excluir a tipicidade das condutas de contribuintes do tributo que retenham os valores de ICMS recebidos em operações próprias. José Alves Paulino sinaliza que esse substituto tributário, na verdade, tem a natureza jurídica de depositário fiel das importâncias retidas de terceiros para, no prazo legal, fixado por lei, fazer o recolhimento delas aos cofres públicos. Salienta o mencionado autor que "foi a lei formal que nomeou ou designou como fonte retentora desses valores os administradores, os sócios-gerentes e os diretores, ou seja, deu-lhes a incumbência de descontar ou reter o tributo ou contribuição, ao tempo em que lhes fixou prazo para o recolhimento [...]". Oportuno destacar que o tipo penal do art. 2º, inciso II, da Lei n. 8.137/1990 prescinde do elemento subjetivo específico demandando apenas o ato voluntário de deixar de repassar aos cofres públicos o valor do tributo descontado ou cobrado de terceiro na condição de sujeito passivo da obrigação, portanto, a hipótese é de crime formal. Nessa perspectiva, tem-se por evidente um dolo genérico que consiste na conduta de receber o tributo de terceiro e deixar de transferi-lo ao Estado (dolo de non facere); o que não se confunde com mero inadimplemento tributário. O legislador pátrio adotou a política criminal e fiscal de criminalização da conduta a fim de evitar a prática de não repassar ao Fisco valor que integrou o preço da mercadoria e foi descontado de terceiro com vistas a combater a sonegação fiscal. A compreensão do ICMS como imposto sobre o consumo marcado pela neutralidade que não onera uma riqueza do agente econômico é fundamental para o discernimento da necessidade de se conferir um tratamento diferenciado na esfera penal ao devedor de ICMS declarado e não pago. A nefasta prática de declarar e não pagar o ICMS rompe com a neutralidade do ICMS representando patente violação à livre concorrência. Sociedades empresárias devedoras contumazes do ICMS terminam por gozar de uma vantagem competitiva significativa na medida em que financiam suas atividades empresariais com dinheiro público que seria destinado ao pagamento do ICMS. A prática de deixar de repassar o ICMS cobrado dos consumidores ao Estado representa ainda inobservância das regras contábeis, que determinam claramente que os impostos sobre as vendas devem ser destacados da receita bruta, porque não integram patrimônio da empresa. A partir de equivocada jurisprudência que impede a responsabilização penal e tributária pessoal dos sócios pelo pagamento de tributos declarados e não pagos muitas sociedades empresárias servem-se de tal artifício para obter vantagens concorrenciais frente aos demais agentes de mercado na certeza da demora dos Estados na satisfação de seus créditos mediante execução fiscal. As execuções fiscais ajuizadas em face de devedores contumazes são em sua maioria infrutíferas na medida em que nenhum sócio-gerente que tenha deixado de recolher tributo confessadamente declarado é titular de patrimônio ou caixa disponível apto a satisfazer a execução fiscal. Expediente usualmente empreendido por devedores contumazes é o esvaziamento patrimonial da empresa com a transferência de seus ativos para outras sociedades empresárias ou mesmo pessoas físicas que integram o grupo econômico. Nesse cenário, é imposto aos Estados caminho mais tortuoso para recuperação de seus créditos tributários decorrentes de ICMS declarado e não pago mediante desconsideração da personalidade jurídica e a responsabilização dos sócios; ou mesmo através de programas de Recuperação Fiscal que não discriminam devedores contumazes em afronta ao princípio da igualdade tributária" (Buissa, Leonardo; Bevilacqua, Lucas. Neutralidade tribu-

Regimes Especiais de Fiscalização no âmbito do ICMS, uma vez que tais regimes se destinam exatamente a contribuintes que incorrem em práticas tidas por criminosas pela mais alta Corte do país.

Como superar tal desafio? A nosso sentir — e o STF não pode se descurar de tal fato quando do julgamento da ADI 4.854/RS — a solução do aparente dilema passa pela compreensão da real natureza jurídica dos Regimes Especiais de Fiscalização: o poder de polícia,[21] que fundamenta a atividade fiscalizatória da Administração Tributária, cuja base se encontra no art. 194 do CTN.[22]

Nas palavras de Celso Cordeiro Machado, saudoso Catedrático de Direito Financeiro da Faculdade de Direito da UFMG, "*a fiscalização do cumprimento da legislação tributária é providência essencial, sob o ângulo da efetividade da arrecadação dos tributos integrantes de um sistema fiscal, em níveis adequados à real ocorrência dos fatos geradores*"[23], razão pela qual, prossegue o ilustre professor, "*impõe-se, pois, da parte da administração fazendária, o exercício de uma permanente atividade de controle*".[24]

A respeito do regime especial de fiscalização, Celso Cordeiro Machado salienta exatamente o seu caráter específico, mas ainda fiscalizatório — frise-se, com a merecida ênfase — ao conceituá-lo como uma "*técnica de reforço dos processos gerais, destinado a permitir uma maior vigilância sobre as atividades do contribuinte que, pelo seu comportamento insólito, venha a ser colocado sob a mira de suspeição por parte das autoridades fazendárias*".[25]

tária no ICMS e criminalização do devedor contumaz: imposto declarado e não pago. *Revista Direito Tributário Atual*, n. 39, 2018. p. 275-277).

[21] Sobre o tema, é ver: Batista Júnior, Onofre Alves. *O poder de polícia fiscal*. Belo Horizonte: Mandamentos, 2001.

[22] Art. 194. A legislação tributária, observado o disposto nesta Lei, regulará, em caráter geral, ou especificamente em função da natureza do tributo de que se tratar, a competência e os poderes das autoridades administrativas em matéria de fiscalização da sua aplicação.

[23] Machado, Celso Cordeiro. *Garantias, preferências e privilégios do crédito tributário; Administração tributária; Dívida ativa tributária; Certidões negativas; Prazos; Crimes de sonegação fiscal*. Rio de Janeiro: Ed. Forense, 1984. p.183.

[24] Machado, Celso Cordeiro. *Garantias, preferências e privilégios do crédito tributário...*, op. cit. p. 184.

[25] Machado, Celso Cordeiro. *Garantias, preferências e privilégios do crédito tributário...*op. cit. p. 189.

E a compreensão da referida natureza fiscalizatória — o que faz com que tais regimes estejam submetidos, em especial, pelos princípios e pela dogmática do Direito Administrativo — afasta, por isso mesmo, a natureza sancionatória dos regimes especiais de fiscalização.

As sanções ao devedor contumaz, porém, submetem-se a outras regras e princípios (no caso, o Direito Penal, consoante decidido pelo próprio STF) devido à unicidade do injusto, como bem salientado por Misabel Derzi, uma vez que "*se um crime é crime, se o delito de sonegação fiscal, sendo delito, merece o mesmo tratamento dos demais*".[26]

Não por outra razão o STF exigiu, para a configuração do crime de apropriação indébita, a necessária verificação do dolo. Isso porque, ainda com firme esteio nas lições da ilustre Professora: "Nos delitos de fundo tributário, as normas que valoram, que são efetivamente lesadas, são aquelas tributárias. O comportamento descrito na lei penal — de sonegação fiscal, de infringência à ordem tributária —, se concretizado, realizará a lei penal. Mas a antijuricidade (vale dizer, o injusto ou a ilicitude ação) só se compreende por meio da interpretação e integração das leis tributárias, que definirão os deveres e direitos que devem ser observados."[27]

Nesse sentido, ainda que pressuponha um fundo tributário, deve-se salientar que o Direito Penal atrai para si a repressão da conduta praticada pelo devedor contumaz.[28] Ao Regime Especial de Fiscalização,

[26] Derzi, Misabel de Abreu Machado. Da unidade do injusto no Direito Penal Tributário. *Revista de Direito Tributário*, São Paulo, v. 63, 1994. p. 218.

[27] Derzi, Misabel de Abreu Machado. *Da unidade do injusto no Direito Penal Tributário...*, op. cit. p. 219.

[28] Misabel Derzi aponta as seguintes consequências advindas da unicidade do injusto:
"*1. Nenhuma decisão de Direito Penal pode ser tomada sem pleno conhecimento da exata extensão e compreensão das normas tributárias, relacionadas com a espécie, as quais são inteiramente aplicáveis.*
2. Aplicam-se aos delitos de natureza tributária as mesmas garantias constitucionais, jurisdicionais e legais, que representam a proteção histórica do cidadão frente às possíveis arbitrariedades do Estado, como legalidade, especificidade conceitual rígida dos delitos, irretroatividade, retroatividade da lei mais benigna, culpabilidade pessoal, benefício da dúvida, devido processo penal, admissão do erro escusável, etc. (...)
3. Em cada caso concreto, a identificação da conduta do agente à espécie penal depende não só da subsunção aos descritivos, contidos na lei penal, como àqueles complementares da norma tributária.
4. Exclui-se a existência do delito se a conduta do agente estiver autorizada pelo Direito Tributário, pois a antijuricidade penal decorre da totalidade da ordem jurídica (exercício regular do direito, p.ex).
Finalmente, convém lembrar também que o Direito brasileiro, como sucede em muitos outros países, não comina pena privativa de liberdade para as infrações, nas dívidas pecuniárias. Assim, para a mora, ou

compete apenas a imposição de deveres acessórios voltados para a própria finalidade da atividade fiscalizatória da Administração Tributária: a garantia do cumprimento dos deveres pelos contribuintes, sejam eles relativos às obrigações principais ou acessórias.

Ademais, uma compreensão sancionatória dos Regimes Especiais de Fiscalização violaria o princípio geral da repressão do *ne bis in idem*, uma vez que, diante do mesmo fato — a contumácia da dívida do ICMS — seriam cominadas duas sanções: (i) a administrativo-tributária e (ii) a penal, consoante entendimento do próprio STF.

Em passagem clássica, Paulo Roberto Coimbra Silva adverte para a impossibilidade de cumulação na aplicação de duas sanções, ainda que naturezas distintas, sobre o mesmo fato ilícito:

> Ora, ao considerar-se a possibilidade da previsão simultânea de sanções de diferentes naturezas imputáveis a um mesmo ato ilícito, não se pode aceitar a aplicação tacanha do princípio ne bis in idem, como se vedasse tão-somente a cumulação de sanções de uma mesma espécie ou natureza jurídica.
>
> A rigor, não se vislumbra qualquer razão convincente para justificar a aplicação isolada do ne bis in idem, de forma estanque, nos limites usualmente aceitos para cada um dos ramos do Direito em que se manifeste a potestade punitiva do Estado. D'outra margem, vários e robustos fundamentos determinam a sua abarcante permeabilidade aos diversos ramos do Direito nos quais se vislumbra a possibilidade de uma manifestação do poder sancionador estatal. Com efeito, sua aplicação unívoca, simultânea e universal às normas jurídicas sancionadoras, independentemente de sua espécie ou natureza, revela-se imperativa para evitar punições excessivas, desproporcionais, inadequadas e desnecessárias.[29]

De posse de tais considerações, espera-se que o STF leve o desafio acima exposto em consideração no julgamento da ADI 4.854/RS, para

para o não pagamento do tributo, total ou parcialmente, são previstas somente multa e execução forçada. Portanto, os delitos de fundo tributário exigem, para sua configuração, a prática dolosa de ações ou omissões descritas na lei penal, específicas e não somente o não recolhimento dos tributos devidos" (Derzi, Misabel de Abreu Machado. *Da unidade do injusto no Direito Penal Tributário...*, *op. cit.* p. 221).

[29] Silva, Paulo Roberto Coimbra. *Direito Tributário Sancionador*. São Paulo: Quartier Latin, 2007. p. 356.

realçar o caráter eminente fiscalizatório dos regimes especiais de...fiscalização. Medidas que consubstanciem sanções, diretas ou indiretas, devem ser afastadas, dado que o próprio Tribunal passou a reconhecer a natureza penal da contumácia da dívida no âmbito do ICMS. Caso contrário, estar-se-ia diante de manifesta violação do princípio do *ne bis in idem*.

4. Análise dos projetos em trâmite no congresso nacional.

Por fim, no âmbito de uma definição legislativa do "devedor contumaz", encontram-se em trâmite no Congresso Nacional dois projetos de lei que buscam delinear o conceito nos seguintes termos:

> Parecer (SF) nº 5/2021 relativo ao **PLS nº 284/2017**
>
> Esse sujeito passivo precisa ser qualificado de devedor contumaz, aquele que pratica inadimplência substancial, reiterada e injustificada do tributo.
>
> O devedor contumaz atua no campo do ilícito. Trata-se de criminoso, e não de empresário, que se organiza para não pagar tributos e, com isso, obter vantagem concorrencial, dentre outras.
>
> **PL nº 1.646/2019**
>
> Art. 1º.
>
> (...)
>
> Parágrafo único. Considera-se devedor contumaz o contribuinte cujo comportamento fiscal se caracteriza pela inadimplência substancial e reiterada de tributos.

Sob análise pormenorizada, o Projeto de Lei do Senado (PLS) nº 284/2017 foi apresentado pela senadora Ana Amélia (PP/RS) e tem como objetivo a regulamentação do art. 146-A da CF/88. Nesse sentido, o PLS tenciona que sejam adotadas medidas de controle a fim do integral cumprimento das obrigações tributárias, de modo a coibir práticas que obstem o funcionamento do mercado.

Para isso, são sete os critérios especiais: (i) manutenção de fiscalização ininterrupta no estabelecimento de sujeito passivo; (ii) controle especial do recolhimento do tributo, de informações econômicas, patrimoniais e financeiras, bem como da impressão e emissão de documentos comerciais e fiscais; (iii) instalação compulsória de equipamentos de controle de produção, comercialização e estoque; (iv) antecipação ou postergação do fato gerador; (v) concentração da incidência do tributo em determinada fase do ciclo econômico; (vi) adoção de alíquota específica, incidindo sobre o valor da operação ou sobre o preço que o produto ou seu similar alcançaria em uma venda em condições de livre concorrência; e (vii) adoção de regime de estimativa, assegurado ao sujeito passivo o direito de impugná-la e instaurar processo contraditório.

Com isso, tão logo nos deparemos com um inadimplemento "*substancial, reiterado e injustificado*", que afete a livre concorrência, seria o devedor, sem tardar, coibido mediante os critérios especiais de tributação a serem adotados pelos entes federados, devendo eles serem motivados com juízo de necessidade, adequação e suficiência.[30]

Vale ressaltar, aliás, que mediante substitutivo (Emenda nº 2 — Comissão de Assuntos Econômicos) da lavra do relator à época — 7 de novembro de 2018 — foram nomeados os setores de atividade econômica que, sem dúvidas, reportam desequilíbrio concorrencial: combustíveis/biocombustíveis, cigarros e bebidas, afinal, são sobre essas categorias que a maior parte do ônus tributário recai.

O PLS nº 284/2017 hoje encontra-se em tramitação no Plenário do Senado Federal, pendente de apreciação após aprovação do relatório do senador Fabiano Contarato pela Comissão de Transparência, Governança, Fiscalização e Controle e Defesa do Consumidor (CTFC).

Já na Câmara dos Deputados tramita o PL nº 1.646/2019, que também estabelece medidas para o combate ao devedor contumaz e de fortalecimento da cobrança da dívida ativa. No mesmo sentido do PLS, trata como devedor contumaz aquele cujo comportamento fiscal caracteriza-se pela inadimplência substancial, reiterada e injustificada do tributo, contudo, delimita que a contumácia resta caracterizada quando constatada a existência de débitos de valor igual ou superior a R$15.000.000,00 (quinze milhões de reais) por no mínimo um ano, em nome do próprio devedor ou de pessoa integrante do grupo econômico ou familiar.

[30] Art. 3º Os critérios especiais previstos nesta Lei Complementar:
(...)
II — deverão ser motivados, mediante demonstração dos efeitos sobre o mercado dos atos que se pretenda coibir, bem como da necessidade, adequação e suficiência das medidas adotadas para evitá-los ou suprimi-los.

Entretanto, não basta somente o débito determinado em lei para que haja a caracterização do devedor, é necessário que este esteja associado a um ato ilícito doloso, fraudulento ou simulado, comprovado após prévio processo administrativo:

> Art. 2º Os órgãos da administração tributária da União poderão instaurar procedimento administrativo para caracterização e aplicação de restrições administrativas ao devedor contumaz, quando houver:
>
> I — indícios de que a pessoa jurídica tenha sido constituída para a prática de fraude fiscal estruturada, inclusive em proveito de terceiros;
>
> II — indícios de que a pessoa jurídica esteja constituída por interpostas pessoas que não sejam os verdadeiros sócios ou acionistas ou o verdadeiro titular, na hipótese de firma individual;
>
> III — indícios de que a pessoa jurídica participe de organização constituída com o propósito de não recolher tributos ou de burlar os mecanismos de cobrança de débitos fiscais; ou
>
> IV — indícios de que a pessoa física, devedora principal ou corresponsável, deliberadamente oculta bens, receitas ou direitos, com o propósito de não recolher tributos ou de burlar os mecanismos de cobrança de débitos fiscais.

Nesse sentido, se inexistente indício de esvaziamento patrimonial fraudulento, poderá ser concedido desconto de até cinquenta por cento e parcelamento em até sessenta meses sobre o valor total da dívida de créditos inscritos em dívida ativa que, sob a luz da autoridade fazendária, sejam classificados como irrecuperáveis ou de difícil recuperação.[31]

Contudo, se presente o débito superior a quinze milhões por mais de um ano, aliado a um ato ilícito, o PL prevê restrições administrativas graves que são: (i) o cancelamento do cadastro fiscal do contribuinte pessoa jurídica ou equivalente; e (ii) o impedimento da fruição de

[31] Art. 52. A Procuradoria-Geral da Fazenda Nacional do Ministério da Economia, para recuperar créditos inscritos em dívida ativa que, a critério da autoridade fazendária, sejam classificados como irrecuperáveis ou de difícil recuperação e desde que inexistentes indícios de esvaziamento patrimonial fraudulento, poderá conceder descontos de até cinquenta por cento sobre o valor total consolidado da dívida, para pagamento à vista ou em até sessenta parcelas mensais.

benefícios fiscais, inclusive de adesão a parcelamentos, pelo prazo de dez anos.

Portanto, caso aprovado, o PL nº 1.646/2019 conjuga os dois critérios que são definidores do devedor contumaz: dívida relacionada a um determinado período, isto é, superior a um ano, bem como o débito no valor de quinze milhões de reais.

A fixação legal de um conceito hígido e consistente de "devedor contumaz" propiciará não só evitará desequilíbrios concorrenciais, mas, sobretudo, uma racionalização do contencioso tributário na medida em que evitará a formação de insolúveis passivos fiscais e intermináveis discussões judiciais, tanto nos executivos fiscais, quanto no âmbito da persecução penal; medida de *ultima ratio.*

Conclusões

Por todo o exposto, algumas conclusões a que se chegou no presente estudo podem ser, de tal modo, sumariadas: (i) a proteção da livre concorrência (art. 170, IV, CR/88) é fundamento constitucional dos Regimes Especiais de Fiscalização em matéria tributária, uma vez que os devedores contumazes, ao não efetuarem sistematicamente o recolhimento dos tributos devidos, encontram sensível diminuição em seus custos, o que irremediavelmente lhes proporciona uma vantagem concorrencial em face dos demais agentes de mercado. Contudo, a legalidade ou constitucionalidade de determinado Regime Especial de Fiscalização sempre dependerá da análise de cada legislação específica, pois havendo a previsão de medidas ofensivas aos direitos fundamentais dos contribuintes, será maculada a sua validade jurídica; (ii) o conceito de devedor contumaz, destinatário por excelência dos Regimes Especiais de Fiscalização, ainda não se encontra cristalizado nem em sede doutrinária, nem jurisprudencial e tampouco na seara legislativa dos entes estaduais; (iii) espera-se que o STF, quando do julgamento da ADI 4.854/RS, realce a natureza eminente fiscalizatória dos REF, ou seja, para acentuar que a finalidade da instituição de tais regimes consiste no cumprimento das obrigações tributárias principais e acessórias. Medidas que consubstanciem sanções, diretas ou indiretas, devem ser afastadas, dado que o próprio Tribunal passou a reconhecer a natureza penal da contumácia da dívida no âmbito do ICMS. Caso contrário, estar-se-ia diante de manifesta violação do princípio do *ne bis in idem*.

Referências

AREND, Mária Aguiar; ZUFFO, Max. Regime Especial de Recolhimento do ICMS: imposição justa e garantidora da igualdade dos contribuintes. *Revista Dialética de Direito Tributário*, n. 82, jul./2022. p. 77-88.

BATISTA JÚNIOR, Onofre Alves. *O poder de polícia fiscal*. Belo Horizonte: Mandamentos, 2001.

BUISSA, Leonardo; BEVILACQUA, Lucas. Neutralidade tributária no ICMS e criminalização do devedor contumaz: imposto declarado e não pago. *Revista Direito Tributário Atual*, n. 39, 2018, p. 263-280.

CARVALHO, Paulo de Barros. O ICMS e os "Regimes Especiais". *Revista Dialética de Direito Tributário*, n. 8, mai./1996. p. 94-98.

DERZI, Misabel de Abreu Machado. Da unidade do injusto no Direito Penal Tributário. *Revista de Direito Tributário*, São Paulo, v. 63, 1994. p. 217-229.

MACHADO, Celso Cordeiro. *Garantias, preferências e privilégios do crédito tributário; Administração tributária; Dívida ativa tributária; Certidões negativas; Prazos; Crimes de sonegação fiscal*. Rio de Janeiro: Ed. Forense, 1984.

MACHADO, Raquel Cavalcanti Ramos. Algumas considerações sobre o Regime Especial de Fiscalização. *Revista Dialética de Direito Tributário*, n.100, jan./2004. p. 95-105.

MOREIRA, André Mendes. *Neutralidade, valor acrescido e tributação*. Belo Horizonte: Fórum, 2019.

RAGAZZO, Carlos Emmanuel Joppert. Notas Introdutórias sobre o Princípio da Livre Concorrência. *Scientia Iuris*, Londrina, v. 10, 2006. p. 88.

SAAVEDRA, Giovani Agostini. Comentário ao artigo, 170, IV. *In*: CANOTILHO, J. J. Gomes; MENDES, G. F.; SARLET, I.W..; STRECK, L.L. (coords.). *Comentários à Constituição do Brasil*. São Paulo: Saraiva/Almedina, 2013. p. 1802-1808.

SCHOEURI, Luís Eduardo. *Normas tributárias indutora e intervenção econômica*. Rio de Janeiro: Forense, 2005.

SILVA, Paulo Roberto Coimbra. *Direito Tributário Sancionador*. São Paulo: Quartier Latin, 2007.

TAKANO, Caio Augusto. Livre Concorrência e Fiscalização Tributária. *Revista Dialética de Direito Tributário*, n. 223, abr./2014. p. 56-70.

23. O IMPACTO NEGATIVO DA REPRESENTAÇÃO FISCAL PARA FINS PENAIS

Micaela Dominguez Dutra

Introdução

Para enfrentar o tema posto, torna-se essencial responder as seguintes perguntas: a inadimplência é crime? Por que existem crimes contra a ordem tributária?

Num primeiro momento temos que entender por que o direito penal foi chamado a proteger o pagamento dos tributos e a resposta está nos Estados Fiscais, que predominam na atualidade.

Hoje a principal receita dos Estados advém da tributação, portanto o pagamento dos tributos representa a manutenção do Estado, bem como viabiliza que esse forneça os bens e direitos necessários a todos, em especial aos que detém menos recursos e precisam da atuação direta estatal.

Várias teorias justificam a tributação, estando mais em voga a do dever fundamental de pagar tributos e a dos custos dos direitos, que levam, apesar de origens distintas, à mesma conclusão: não existe direito sem recursos.

Inclusive, nesse ponto, vale salientar a definição que Casalta Nabais traz ao que seria dever fundamental de pagar tributos: "deveres jurídicos do homem e do cidadão que, por determinarem a posição fundamental do indivíduo, têm especial significado para a comunidade e podem por esta ser exigidos."[1]

Ou seja, o não exercício do dever fundamental de pagar tributos enseja a possibilidade de cobrança por parte da coletividade prejudicada, do que se pode extrair também que essa inadimplência gere uma atuação mais forte do Estado, com a criminalização dessa conduta. Até porque, como já dito, o Estado não se mantém sem os recursos da tributação.

Agora, que conduta será objeto do crime de sonegação fiscal: o mero não pagamento ou um não pagamento qualificado? Ora, se a tutela penal é chamada a dar apoio ao direito tributário, protegendo o pagamento de tributos, tem-se que o não pagamento deliberado é que seria perseguido pela tutela penal.

Então, se o contribuinte tem contra si lavrado um auto de infração com o qual não concorda, por entender, por exemplo, que aquele tributo é inconstitucional, já se tem claro que não existe uma questão penal a ser resolvida, mas sim o exercício democrático que todo o cidadão possui de se insurgir contra o Estado quando entende que sua conduta tem vícios.

Os crimes de sonegação fiscal e apropriação indébita, em regra arrolados nos arts. 168-A e 337-A do Código Penal e na Lei nº 8.137/1990, visam a punir a inadimplência dolosa, ou seja, a conduta do agente que de modo intencional deixa de pagar tributo que sabe ser devido, ou se apropria de receita de terceiro sabendo que não é sua.

Não existe responsabilidade penal objetiva, portanto o elemento subjetivo (dolo ou culpa) é essencial para se definir que há crime. Importante, inclusive destacar que não existe crime culposo em matéria tributária, sendo essencial realmente a comprovação do dolo de não pagar tributo devido.

Então, precisamos definir quando o tributo é devido e para quem. Ora, no âmbito da Administração o tributo é considerado devido quando o lançamento que o veicula é reputado definitivo, e isso se verifica em duas situações específicas: a) fim do contencioso administrativo com a perda do contribuinte; b) fim do prazo de 30 dias da notificação do lançamento sem que seja oferecida impugnação ou pago o tributo.

[1] O dever fundamental de pagar impostos. Almedina.

O lançamento definitivo é o que se considera justa causa para eventual ação penal, afinal só se pode reputar viável a apuração de um crime de sonegação fiscal, se o tributo sonegado era efetivamente devido, caso contrário não existe crime. E exatamente por isso, o STF fixou na súmula vinculante 24 o seguinte entendimento: "Não se tipifica crime material contra a ordem tributária, previsto no art. 1º, incisos I a IV, da Lei nº 8.137/90, antes do lançamento definitivo do tributo."

Como a súmula fala apenas sobre os crimes materiais indicados na Lei nº 8.137/90, havia dúvidas sobre a necessidade de observância do lançamento definitivo também para os crimes de sonegação fiscal previdenciária. Contudo, o STF ao julgar a ADI 4980 deixou claro que o art. 83 da Lei nº 9.430/1996 é constitucional ao prever que a representação fiscal para fins penais deve ser enviada apenas após o exaurimento da esfera administrativa também para os casos de crimes previdenciários.

Temos um posicionamento firme do STF quanto a necessidade da configuração da justa causa, que é o lançamento definitivo, para fins de apuração da ocorrência de crime.

Contudo, repita-se, não basta apenas o lançamento ser definitivo, sendo essencial que no lançamento tenha ocorrido a apuração de conduta dolosa do contribuinte no intuito de não pagar tributo que sabe ser devido. E o levantamento dessa circunstância fática é obrigação do auditor fiscal, que não deve qualificar crimes, mas apurar fatos necessários ao lançamento, bem como ao agravamento da multa aplicada em decorrência do lançamento de ofício.

Desse modo, se não existe multa qualificada por dolo, fraude, simulação, tem-se claro que aquele auto de infração foi lavrado em razão de uma inadimplência que não é qualificada, e que, portanto, não teria o condão de abrir a via da representação fiscal para fins penais, e muito menos de ensejar algum tipo de reposta por parte do direito penal.

Outro ponto essencial está no fato de que o lançamento definitivo torna o tributo devido no âmbito da administração, o que não significa que ele de fato seja devido, e que o lançamento definitivo obriga o contribuinte a pagar o tributo. Afinal, todos temos o direito de ação assegurado na Constituição no art. 5º, inciso XXXV, o qual permite ao contribuinte o questionamento da cobrança veiculada pelo Estado. Desse modo, se o contribuinte não paga o débito mas ajuíza ação questionando sua cobrança por entender não ser a mesma legítima, comporta-se como alguém que não tem dolo em não pagar o tributo, e sim que não o pagou com uma justificativa razoável, que pode ou não ser acatada pelo Poder Judiciário.

Atente-se para o fato de que não importa se o contribuinte irá vencer ou não a disputa judicial, a demonstração de que existe uma dúvida razoável sobre a cobrança já é suficiente — se não houver outro fator a demonstrar fraude ou outra conduta dolosa — para que o contribuinte não seja responsabilizado sob o prisma penal, já que não pagou o que sabia ser devido, ele não pagou aquilo que entendia não ser devido.

Contudo, não é essa a prática que tem sido verificada por parte das Secretarias de Fazenda[2], e muito menos por parte dos Ministérios Públicos[3].

1. Representação fiscal para fins penais

A representação fiscal para fins penais é o documento elaborado pelo auditor fiscal que retrata a circunstância fática em que lavrado o auto de infração e que deve ser encaminhado ao Ministério Público assim que o lançamento se tornar definitivo.

O art. 83 da Lei nº 9.430/1996 versa sobre ela e no âmbito federal temos a Portaria RFB nº 1.750/2018, que traz o procedimento a ser adotado pela fiscalização, bem como indica a possibilidade de divulgação das informações acerca das representações fiscais para fins penais encaminhadas ao Ministério Público Federal, dentre as quais se encontram: número do processo administrativo, nome e CPF ou CNPJ dos responsáveis pelas infrações, nome e CNPJ das pessoas jurídicas envolvidas, bem como a tipificação legal do ilícito penal.

Além disso, houve a publicação da Portaria PGFN nº 12072/2021, que prevê a atuação da PGFN em representações fiscais para fins penais, autorizando inclusive a atuação subsidiária da PGFN na propositura de ações penais, em caso de inércia do Ministério Público Federal.

No âmbito dos Estados também existem diversas regulamentações a respeito, sem grandes inovações quanto ao que já foi exposto até aqui.

De todo modo, essencial ter em mente que só pessoas físicas praticam crimes contra a ordem tributária, não sendo possível imputar tal

[2] Aqui usamos uma expressão genérica a abranger RFB e Secretarias de Fazenda dos Estados e DF.

[3] Usamos expressão genérica a abranger MPF e MP dos Estados.

crime a uma pessoa jurídica. Essa é uma das maiores dificuldades das autoridades, afinal em grandes grupos empresariais muitas vezes se torna difícil apontar quem seria o responsável pela ordem de sonegar, afinal nem sempre quem executa a ordem é integralmente responsável pelo resultado causado.

Exatamente por isso, as representações apontam pessoas físicas, que, em regra, são os administradores, diretores financeiros, das pessoas jurídicas envolvidas, que muitas vezes não tem qualquer responsabilidade pela conduta de sonegação, se é que houve, de fato, alguma sonegação.

2. Do desvirtuamento da representação fiscal para fins penais

Como dito a representação será feita em relação a pessoas físicas — em regra administradores — que em nome da pessoa jurídica determinaram a prática de sonegação fiscal.

Então para existir a representação necessário haver: a) descrição minudente dos fatos, com o apontamento da responsabilidade dos agentes pela conduta dolosa no sentido de não pagar aquilo que sabe ser devido; b) lançamento definitivo; c) aplicação de multa qualificada no lançamento por dolo, fraude, simulação.

Contudo, hoje, as administrações estaduais, em regra, para todos os autos de infração criam representações fiscais para fins penais, não importando se houve multa qualificada ou não, ou se houve algum fato a comprovar a efetiva sonegação fiscal: não pagamento de tributo que sabia ser devido.

Considera-se que a inadimplência por si só enseja a possibilidade de representação fiscal para fins penais, transformando a responsabilidade penal, que é subjetiva, em objetiva, pois não se questiona o elemento subjetivo do agente, mas apenas o resultado da conduta, o que claramente não é o que busca o direito penal.

Um dos exemplos clássicos disso está nas milhares de representações fiscais para fins penais expedidas pelos Estados sobre o não pagamento de ICMS na transferência entre estabelecimentos do mesmo proprietário — matéria que já tinha entendimento sumulado no verbete nº 166 da súmula de jurisprudência do STJ, que foi corroborado pelo julgamento da ADC 49 pelo Supremo Tribunal Federal.

Dessa forma desvirtua-se o direito penal para que se transforme em mais um braço de cobrança da dívida tributária, além de todos os meios oficiais (execução fiscal) e alternativos (protesto, arrolamento, medida cautelar fiscal) que possui o crédito tributário, o qual já é cercado por garantias e privilégios.

O uso indiscriminado de representações fiscais para fins penais sobrecarrega instituições para a aferição de condutas que nada tem de criminosas, mas que representam mero direito da parte de discordar, em um Estado Democrático de Direito, de uma cobrança que lhe é dirigida.

Perda de tempo, de dinheiro públicos que de fato só visam uma coisa: forçar o pagamento do tributo, afinal sabe-se do efeito psicológico que uma representação fiscal para fins penais tem sobre um cidadão comum, o qual se potencializa com a efetiva propositura de uma ação penal.

Sabe-se que nada disso, graças ao princípio da presunção de inocência, pode gerar prejuízos a parte até que haja o trânsito em julgado da sentença penal condenatória, nos termos do que prevê o art. 5º, inciso LVIII, da CRFB.

Contudo, o cidadão que age de boa-fé não consegue, na maioria das vezes, pensar em correr o risco de um processo penal, pois fica impactado com as repercussões sociais que isso lhe pode gerar. E, como, as representações vão em nome de pessoas que assumem a administração de empresas, e que precisam manter sua reputação ilibada, mais uma razão para que o braço do direito penal pressione o pagamento do tributo.

E por que o direito penal ajuda na cobrança do tributo? Porque existem normas legais que preveem que o pagamento do tributo extingue a punibilidade do crime contra a ordem tributária. Num primeiro momento exigia-se, para que esse efeito fosse observado, que o pagamento se desse até o recebimento da denúncia, vide art. 34 da Lei nº 9.249/1995.

Com o advento da Lei nº 10.684/2003, começou-se a cogitar que o pagamento para fins de extinção da punibilidade poderia ser feito a qualquer momento, já que o art. 9º, § 2º não trazia mais limite temporal. Esse entendimento prevaleceu na Terceira Seção do STJ, que ao julgar o EAREsp 1717169 / SC, 3ª Seção, Rel. Min. Ribeiro Dantas, Dje 17.05.2021, considerou que o pagamento pode ser feito até mesmo após o trânsito em julgado da ação penal e terá o efeito de extinguir a punibilidade do crime.

Então, ao prever que o pagamento extingue a punibilidade se cria uma via para o contribuinte se livrar de uma discussão penal, ao mesmo tempo em que se cria para a Administração uma via alternativa para cobrança do crédito por meio de argumentos mais fortes, afinal crime gera prisão, que acarreta a efetiva privação da liberdade do indivíduo.

O que explica representações emitidas para qualquer questão, usando como critério apenas a inadimplência do tributo, não focando mais no aspecto subjetivo do contribuinte, objetivando-se o direito penal.

3. Impacto das representações fiscais para fins penais na estratégia de contencioso tributário

Já se viu que as representações fiscais têm sido elaboradas para quaisquer casos de não pagamento de tributos, o que faz com que praticamente toda a discussão tributária seja lateralizada por um risco penal.

Exatamente por isso, é essencial ao elaborar a estratégia de judicialização tributária tentar mitigar ou eliminar o risco penal se isso for possível.

Sabe-se que litigar no âmbito tributário não é barato, sendo, na maioria das vezes, necessário o desembolso por parte do contribuinte seja para realização de depósito judicial para fins de suspensão da exigibilidade do crédito tributário (art. 151, inciso II, CTN), seja para fins de contratação de garantia a ser usada em execução fiscal — em regra limitada ao seguro garantia ou fiança bancária, considerados opções tão seguras quanto o depósito judicial.

Desse modo, se o crédito já é garantido para fins de pagamento futuro, caso o contribuinte perca, e se a Lei nº 10.684/2003 (antecedida pela Lei nº 9.249/1995) prevê a extinção da punibilidade do crime com o pagamento, seria viável prosseguir com a persecução penal se houver depósito ou garantia? Não seria o caso de extinção da ação penal?

O STJ foi convidado a debater o tema diversas vezes, e, apesar de não ter sido julgado pela Terceira Seção o tema, extrai-se por meio das decisões prolatadas por suas 5ª e 6ª turmas um entendimento firme no sentido de que as esferas cíveis e penais são independentes, portanto o mero fato de haver ação tributária e ação penal não enseja na suspensão da ação penal, apesar de sempre se ressalvar peculiaridades do caso concreto.

Ademais, entende-se que o pagamento ou depósito extinguem a punibilidade e ensejam a extinção da ação penal, afinal o depósito, conforme previsão do art. 156, inciso VI, do CTN se converte em renda gerando a extinção do crédito tributário quando o contribuinte perde a ação, e por isso se equipara ao pagamento.

Fora o depósito e pagamento, que extinguem a punibilidade e a respectiva ação penal, ou impedem que essa seja ajuizada, não existe nenhuma outra orientação geral, sendo possível encontrar decisões que suspendem ações penais com base em liminar que suspendeu a exigibilidade do tributo, ou com base em garantias financeiras apresentadas, tudo a depender das peculiaridades do caso concreto.[4]

Portanto, se o contribuinte não deseja assumir qualquer risco de desdobramento penal a alternativa é pagar e repetir ou ajuizar ação com depósito para fins de suspensão da exigibilidade do tributo[5], o que demonstra como um risco penal pode afetar na escolha da estratégia contenciosa a ser traçada para o contribuinte relativamente ao tributo que lhe está sendo indevidamente cobrado.

Obviamente que não seria essa a função do direito penal, nem deveria ser essa a consequência de seu possível acionamento. Mas tudo isso ocorre exatamente porque se está utilizando instrumentos previstos para fins não previstos, desvirtuando a finalidade dos instrumentos criados e usando de retórica para fundamentar uma suposta atuação contra sonegadores, que nada tem de sonegadores, mas sim contribuintes indignados com constantes cobranças absurdas e ilegais direcionadas pelas Administrações Tributárias.

Não é desconhecida a situação caótica do contencioso tributário nacional que envolve cerca de R$ 5,4 trilhões em disputa, o que representa hoje cerca de 75% do PIB. E o relatório de diagnóstico desse enorme contencioso deixa claro como a Administração é uma das suas grandes causas.

O relatório "Tax Certainty — IMF/OECD Report for the G20 Finance Ministers" (FMI; OCDE, 2017) apresenta como principais fatores

[4] AgRg no AREsp 1230863 / SP, 5ª Turma. Rel. Min. Jorge Mussi, Dje 07.05.2019; AgRg no AREsp 1282040 / MG, 5ª Turma. Rel. Min. Ribeiro Dantas, Dje 24.09.2019; RHC 76331 / SC, 5ª Turma, Rel. Min. Jorge Mussi, Dje 12.12.2018; RHC 91455 / SC, 6ª Turma, Rel. Min. Nefi Cordeiro, Dje 04.09.2018; RHC 87016/SC, 6ª Turma, Rel. Min. Nefi Cordeiro, Dje 04.09.2018.

[5] Também seria possível o ajuizamento de ação com o fito de garantir antecipadamente execução fiscal ainda não ajuizada, a qual ofereceria depósito ou garantia financeira, sem antecipar o mérito que seria desdobrado em futuros embargos à execução.

para a insegurança jurídica nas relações tributárias os seguintes: a) diferenças permanentes ou frequentes entre o entendimento dos legisladores e as orientações da administração tributária; b) processos com longa duração (cerca de 18 anos e 11 meses)[6]; c) alto custo do processo, que restringe a garantia da segurança jurídica às empresas de grande porte; e d) imprevisibilidade das decisões e deficiência na publicação da jurisprudência.

Com certeza, poderíamos acrescentar à listagem o uso inadequado do direito penal para fins de cobrança, tornando a inadimplência, de forma objetiva, conduta penal típica, e gerando um custo adicional ao litigar em matéria tributária, que se refere ao risco penal acoplado à discussão.

Portanto, o uso inadequado do direito penal para cobrar tributo aumenta a insegurança, aumenta o custo do contencioso tributário, inviabilizando-o muitas vezes.

4. Divulgação das informações acerca das representações fiscais para fins penais

Como se não bastasse o uso indevido de representação fiscal para fins penais para todos os casos fiscais, sem perquirição do elemento subjetivo do agente, ainda se decidiu, no âmbito federal, divulgar essas representações, expondo os envolvidos: administradores e empresas, com inclusive a menção do tipo penal envolvido.

Importante salientar que no âmbito federal, diferentemente do que se vê no estadual, existem matérias pré-selecionadas para gerar representação fiscal para fins penais: a) não pagamento de contribuições previdenciárias; b) tributos que a priori devem ser retidos e não foram; c) tributos declarados e não pagos. Contudo, veja que a separação novamente se dá por temas e não pela conduta do agente, afinal alguém pode declarar por devido um tributo e não pagá-lo porque não tem caixa para isso, e com certeza, não se poderá punir a conduta do agente por inexigibilidade de conduta adversa, por exemplo.

Por isso, frisamos ao longo do presente artigo a relevância em se focar a persecução penal no contexto fático da cobrança.

[6] Segundo pesquisa divulgada pelo Instituto Brasileiro de Ética Concorrencial (ETCO).

A divulgação de informações está prevista no art. 16 da Portaria RFB nº 1750/2018, dispositivo questionável, afinal não compete ao auditor fiscal fazer enquadramento do tipo penal, ele deve apenas levar os fatos a quem tem competência para apreciar e definir a existência ou não de crime, bem como ajuizar ação para esse fim, que é o Ministério Público, que segundo o art. 129, inciso I, da CRFB tem competência privativa para promover a ação penal pública nos termos da lei, bem como nos termos do inciso VIII do mesmo artigo, requisitar diligências investigatórias e a instauração de inquérito policial, indicados os fundamentos jurídicos de suas manifestações processuais.

Além disso, o princípio da presunção de inocência, veiculado no art. 5º, inciso LVIII, da CRFB deixa claro que não se pode considerar ninguém culpado até o trânsito em julgado de sentença condenatória.

Ora, então qual o objetivo dessa divulgação, já que o auditor não é competente para tipificar criminalmente condutas, nem muito menos tomar qualquer ação quanto à persecução penal, bem como ninguém pode ser prejudicado por uma condenação criminal até que essa seja definitiva? A resposta é simples: Causar constrangimento à pessoa jurídica e respectivos administradores arrolados, pressionando o pagamento do tributo.

Sem dúvida, essa previsão além de ilegal e inconstitucional é claramente antiética, afinal o Estado está usando meio errado e desproporcional para obter algo que conseguiria por outros meios, que é o pagamento dos tributos.

Com essa conduta antiética, atrai para si toda a responsabilidade caso a exposição na dita lista divulgada gere algum prejuízo ou dano à pessoa jurídica e administradores arrolados.

Veja, que essa disposição da Portaria não gera qualquer benefício a sociedade, já que as representações expedidas são feitas não para apurar verdadeiros crimes, mas apenas para perseguir quem ainda não pagou tributos, não importa se legitimamente ou não, ou seja, quem está listado lá não é necessariamente um sonegador.

Portanto, também tem-se uma clara mácula ao princípio da eficiência administrativa afinal se movimenta: Ministério Público, polícias civil e federal, às vezes, o Poder Judiciário, para aferir uma conduta que na maioria das vezes não tem qualquer impacto penal. Tornando a cobrança do crédito tributário ainda mais cara, e diga-se de passagem, mais ineficiente, afinal empresas de grande porte não se rendem a esse modus operandi e debatem no Judiciário o crédito enfrentando muitas vezes os desdobramentos penais veiculados.

Quem teme e arca com a cobrança para evitar risco penal, em regra, são os pequenos contribuintes, sem estrutura e dinheiro para suportar um debate tributário longo e complexo, bem como uma ação penal paralela e atrelada aos deslindes daquele.

Isso sem mencionar que não existe uma atualização das informações prestadas na lista de representações enviadas, e, torna-se comum achar processos indicados que já foram extintos por alguma razão, mas ainda constam da lista de exposição do contribuinte, o que por si só já renderia a busca por uma reparação em caso de dano à imagem já que desprovida de fundamento a exposição ali indicada.

Conclusões

De todo o exposto, vê-se que diferentemente do que se tem divulgado, a representação fiscal para fins penais tem sido desvirtuada de seu papel essencial, que é perseguir efetivamente quem pratica crimes contra a ordem tributária, para passar a ser um meio antiético de coação e cobrança por parte do Estado.

Seu uso desproporcional e fora de escopo gera um agravamento do contexto de litigância tributária, que é reputado extremamente elevado e impacta o próprio custo Brasil. Além do que aumenta o custo da judicialização, a incerteza do resultado, além de influir na estratégia contenciosa do contribuinte.

Por outro lado, gera aumento de custos também para a Administração, por envolver diversos órgãos em questões que não tem efetivamente impacto penal, além de ser desnecessária, afinal o crédito tributário tem garantias e privilégios que asseguram seu método próprio de cobrança por meio da execução fiscal. Isso sem mencionar que o crédito tributário também conta com métodos alternativos de cobrança, tais como o protesto, o arrolamento, a averbação, a medida cautelar fiscal, tudo à disposição para garantir sua adimplência.

Portanto, o uso inadequado da representação fiscal para fins penais deve ser combatido, afinal o direito penal só socorre o direito tributário quando a inadimplência é qualificada ou seja, o não pagamento se deu numa situação onde o contribuinte podia pagar e sabia que deveria pagar, mas não o fez de modo deliberado e injustificado.

Não podemos transformar a mera inadimplência em crime, afinal qualquer crime implica em conduta subjetiva dirigida a um fim, a qual precisa ser analisada e detalhada nas autuações. Sem conduta dolosa não existe crime, restando o âmbito cível para o debate da legitimidade ou não da cobrança do tributo.

24.
INCIDÊNCIA DA MULTA QUALIFICADA POR POTENCIAL CRIME CONTRA A ORDEM TRIBUTÁRIA E RESPECTIVA PERSECUÇÃO PENAL: SUPOSTOS BIS IN IDEM E O POTENCIAL NÃO CABIMENTO DA RESPONSABILIDADE PENAL DA PESSOA JURÍDICA EM MATÉRIA TRIBUTÁRIA

Roberto França Vasconcellos
Daniel de Paiva Gomes

Introdução

Este artigo tem por objetivo analisar o cabimento da cumulação de cominações impostas ao sujeito passivo da relação jurídico-tributária sob a forma de (i) multa qualificada no âmbito administrativo e (ii) persecução penal, deflagrada pela Representação Fiscal para Fins Penais (RFFP), seguida da instauração de inquérito policial e propositura da ação penal e, ainda, a viabilidade de se imputar à pessoa jurídica a responsabilidade penal por crimes contra a ordem tributária.

1. Infração tributária e crime contra a ordem tributária

Tomaremos como ponto de partida a distinção entre "infração tributária" e "crime fiscal", na medida em que a prática de cada uma destas modalidades de ilícito desencadeará um espectro de sanções de diferentes intensidades conforme a sua natureza, que vão desde a aplicação de multa administrativa ordinária, de caráter pecuniário, até a imposição de severas penas de detenção e reclusão. Assim, enquanto as infrações tributárias estão sujeitas a sanções objetivas, normalmente monetárias, os crimes fiscais sofrem sanções subjetivas, em geral privativas de liberdade.

A lei penal, justamente em virtude da amplitude do seu impacto, deverá ter aplicação excepcional, ou seja, restrita aos casos em que os outros ramos do direito se revelarem insuficientes ou inadequados para lidar com situação que exija uma resposta mais contundente por parte do Estado, funcionando assim (a lei penal) como *ultima ratio.*[1]

Isto é o que vai justificar[2] a tipicidade das condutas, o elevado rigor na produção de provas e na fixação das penas e a exclusão da responsabilidade (penal) por ato de terceiro. A sanção penal, diversamente da civil, não busca a recomposição patrimonial da vítima, mas restabelecer o equilíbrio social.

A conduta do sujeito passivo da obrigação tributária — contribuinte ou responsável — em desacordo com a legislação vigente poderá ser enquadrada como uma infração (ou ilícito) tributária, nos termos da legislação tributária ou até mesmo um crime contra a ordem tributária, previamente tipificado na lei penal.

Na infração tributária, há uma transgressão da legislação administrativa fiscal, por ação ou omissão, de conteúdo patrimonial ou não, sem que, contudo, se caracterize o fato típico descrito na lei penal, sujeitando-se assim ao escrutínio das autoridades fiscais responsáveis[3], que deverão proceder ao lançamento de ofício, através da lavratura do Auto de Infração e Imposição de Multa (AIIM), para cobrança do tributo e demais cominações, incluindo a aplicação de multa qualificada, se for o caso.

Por seu turno, os crimes tributários correspondem à prática de condutas definidas na legislação penal, com a aplicação de sanções

[1] SCAPIN, Andreia. Responsabilidade do Estado e do Agente Público por Danos Tributários. *In*: BOSSA, Gisele; RUIVO, Marcelo Almeida. **Crimes contra a ordem tributária: do Direito Tributário ao Direito Penal**. São Paulo: Almedina, 2019, p. 96.

[2] Idem, p. 96.

[3] Idem, p. 97.

exclusivamente pelo Poder Judiciário[4]. Como exemplo de conduta típica prevista e sancionada pela legislação penal, podemos citar a adulteração de registros contábeis da empresa e dos documentos que lhe dão suporte, com a intenção (dolo) de se evadir, total ou parcialmente, da obrigação tributária.

A caracterização dos crimes tributários, salvo se expressamente prevista a modalidade culposa, pressupõe dolo.

Tanto isso é verdade, a título de exemplo, que, quando voltamos nossos olhos ao tipo penal do artigo 2º, II, da Lei 8.137/1990, é possível constatar, consoante entendimento do Superior Tribunal de Justiça (Habeas Corpus 399.109) e do Supremo Tribunal Federal (Recurso em Habeas Corpus 163.334), que é indispensável o "dolo de apropriação" voltado ao não recolhimento do ICMS cobrado do adquirente da mercadoria ou serviço, para caracterização do referido tipo penal.

Não é demais lembrar que tais crimes não podem ser considerados caracterizados pelo mero não pagamento do tributo;[5] quer dizer, a simples inadimplência por parte do sujeito passivo da obrigação tributária não caracteriza crime. É necessário que a supressão, total ou parcial de tributo efetivamente devido ocorra por meio de fraude, falsidade, omissão ou outro artifício empregado de maneira dolosa.

Neste mesmo sentido, como veremos adiante, a jurisprudência do Conselho Administrativo de Recursos Fiscais (CARF) tem exigido como condição inafastável para a aplicação da multa agravada a comprovação do dolo por meio de sonegação, fraude ou conluio, consoante o disposto nos artigos 71 a 73 da Lei nº 4.502/64. Ou seja, é necessário comprovar que a conduta do sujeito passivo corresponde aos conceitos de sonegação, fraude ou concluio.[6]

[4] Idem, p. 98.

[5] Tal entendimento não é imune a críticas, na medida em que acabou por pragmaticamente, confundir o mero inadimplemento tributário com a figura do crime de apropriação indébita tributária, cuja incidência seria restrita aos casos de responsabilidade. Nesse sentido: GOMES, Daniel de Paiva; GOMES, Eduardo de Paiva; PRZEPIORKA, Michell; TAKANO, Caio. A apropriação indébita tributária na jurisprudência dos tribunais superiores. Consultor Jurídico — CONJUR. Disponível em: https://www.conjur.com.br/2020-jan-08/opiniao-apropriacao-indebita-tributaria-segundo-stf-stj Acessado em: 15 out. 2021.

[6] Nesse sentido a jurisprudência constituída nos autos dos acórdãos: 9101-005.458 — CSRF / 1ª Turma; 9101-004.932 — CSRF / 1ª Turma; 9202-009.765 — CSRF / 2ª Turma; 2202-

Nesse sentido, frise-se, criminalizar o mero inadimplemento tributário representaria violação de direitos e garantias fundamentais dos contribuintes, mais especificamente aqueles previstos no item 6 do artigo 5º e no item 7 do artigo 7º do Pacto de San José da Costa Rica.

Nos autos do ARE 999.425, a Corte Suprema reforçou que a Lei 8.137/1991 "se volta contra sonegação fiscal e fraude, realizadas mediante omissão de informações ou declaração falsa às autoridades fazendárias, praticadas com o escopo de suprimir ou reduzir tributo, ou contribuição social e qualquer acessório".

Se no curso do procedimento fiscalizatório as autoridades fiscais identificarem evidências da prática por parte do sujeito passivo de conduta que potencialmente corresponda ao tipo penal, deverão, por dever de ofício, apresentar a Representação Fiscal para Fins Penais, que será encaminhada ao Ministério Público Federal (MPF), a quem competirá, à luz dos fatos descritos e dos indícios revelados, requisitar às autoridades policiais a instauração de inquérito, que irá alicerçar a propositura da ação penal incondicionada (artigo 15 da Lei nº 8.137/90), mediante oferecimento de denúncia.

Infelizmente, a prática revela o uso da Representação Fiscal para Fins Penais em situações em que inexiste indício de dolo ou fraude, apenas para coagir o sujeito passivo a pagar tributo cuja exigibilidade é, muitas vezes, no mínimo polêmica, tal como sucede em casos envolvendo o aproveitamento de ágio interno, a constituição de pessoas jurídicas com objetivos fiscais e outras questões controvertidas da lei tributária.[7]

2. O bem jurídico tutelado nos crimes tributários

Um ponto que merece atenção diz respeito à identificação do bem jurídico tutelado pelos tipos penais traçados pela Lei nº 8.137/90.

Como observado por Mariana Paiva[8], há divergência na doutrina relativamente a este assunto. Alguns juristas, como Hugo de Brito Machado,

005.319 — 2ª Seção de Julgamento / 2ª Câmara / 2ª Turma Ordinária; 9101-005.285 — CSRF / 1ª Turma; 9101-005.687 — CSRF / 1ª Turma.

[7] PAIVA, Mariana Monte Alegre de Paiva. O Princípio da Função Social da Empresa como Baliza à Imputação da Prática de Crimes Contra a Ordem Tributária. *In*: BOSSA, Gisele; RUIVO, Marcelo Almeida. **Crimes contra a ordem tributária: do Direito Tributário ao Direito Penal**. São Paulo: Almedina, 2019, p. 31.

[8] Idem, p. 31.

negam que o bem jurídico diretamente tutelado seja a arrecadação, mas sim a ordem jurídico-tributária como um todo ("interesse público primário"), que em última instância garante a preservação do próprio Estado. Por esta perspectiva, a arrecadação corresponderia a um interesse secundário, não imediatamente tutelado pela norma penal.

Sob esta perspectiva, o interesse público primário sobrepõe-se ao mero interesse arrecadatório, o que se confirmaria, pragmaticamente, pelo fato de que o Estado acaba dispendendo mais recursos com a manutenção de sua própria existência do que, necessariamente, com a promoção de direitos transindividuais e ações sociais. O interesse público diferenciar-se-ia do interesse estatal.

Assim, ainda que seja essencial à existência do próprio Estado, a arrecadação seria um, dentre outros, meio de manutenção do Estado, não se confundindo com o próprio interesse público primário que norteia suas condutas.

Em contrapartida, há aqueles que, como Davi Tangerino e Rafael Braude Canterji,[9] afirmam que o bem jurídico efetivamente tutelado pela Lei nº 8.137/90 seria a própria arrecadação (viés patrimonialista), na medida em que tanto os tipos penais quanto as correspondentes sanções estariam direcionadas ao sujeito passivo como instrumento coercitivo que visa o incremento arrecadatório.

Para fundamentar o seu raciocínio, os referidos autores apontam a extinção da punibilidade dos crimes tributários como uma estratégia "despenalizante", o que revelaria, na sua visão, o objetivo do direito penal tributário de resguardar o erário, para daí concluir que, na realidade, o bem tutelado pelos crimes contra a ordem tributária seria a arrecadação, o interesse arrecadatório do Estado.

De fato, com a edição da Lei nº 10.684/03 passou-se a admitir a extinção da punibilidade penal com o pagamento integral do débito tributário e seus acessórios em qualquer momento da ação penal, inclusive após o oferecimento da denúncia.

Além disso, tomando como parâmetro as evidências empíricas, fica bastante clara a postura das autoridades fiscais no sentido de recorrer

[9] Tangerino, Davi; Canterji, Rafael Braude. Estado, Economia e Direito Penal: o Direito Penal Tributário no Liberalismo, no Wellfare State e no Neoliberalismo. *In*: **Direito Penal Tributário**. São Paulo: Quartier Latin, 2007, p. 43.

à Representação Fiscal para Fins Penais como instrumento coercitivo, lançando sobre o sujeito passivo a ameaça de uma ação penal com vistas a coagi-lo ao pagamento de determinado tributo, de exigibilidade muitas vezes duvidosa. Com efeito, a prática revela iniciativas de persecução penal, sem que sequer tenha sido demonstrada, no curso da fiscalização, e existência de dolo ou a prática de fraude ou outro ardil que justifique tais procedimentos.

Como bem observa Andreia Scapin[10]:

> (...) Atualmente, investigações têm sido instauradas e até mesmo denúncias tem sido oferecidas contra diretores de sociedades comerciais sem nenhuma indicação precisa da autoria do ilícito penal, mas só com fundamento no fato de tais pessoas figurarem como diretores da sociedade empresarial. Tal prática é contrária aos ditames do Direito Penal, visto que a responsabilização penal de tais sujeitos não pode decorrer da posição que ostentam dentro de uma empresa, mas sim da sua culpabilidade no que se refere à conduta praticada, ou seja: para as condutas que requerem o dolo, a presença dele, e para os crimes que admitem a culpa, a existência desta.

Mariana Paiva cita dados estatísticos que revelam que, em quase 30% dos "processos tributários", as autoridades fiscais consideraram os sócios, diretores ou administradores responsáveis pela prática de algum crime contra a ordem tributária, sendo que mais de 80% das denúncias oferecidas pelo Ministério Público Federal tem sido aceitas pelos magistrados[11]. Os números citados escancaram o elevado nível de criminalização de sócios e administradores de empresas no Brasil, inegavelmente induzida por intenções arrecadatórias.

O fato de as medidas de persecução penal estarem sendo utilizadas como instrumento coercitivo para cobrança de tributos nos levam a

[10] Scapin, Andreia. Responsabilidade do Estado e do Agente Público por Danos Tributários. *In*: Bossa, Gisele; Ruivo, Marcelo Almeida. **Crimes contra a ordem tributária: do Direito Tributário ao Direito Penal**. São Paulo: Almedina, 2019, p. 99.

[11] Paiva, Mariana Monte Alegre de Paiva. O Princípio da Função Social da Empresa como Baliza à Imputação da Prática de Crimes Contra a Ordem Tributária. *In*: BOSSA, Gisele; Ruivo, Marcelo Almeida. **Crimes contra a ordem tributária: do Direito Tributário ao Direito Penal**. São Paulo: Almedina, 2019, pp. 23-24.

concluir aprioristicamente que o bem jurídico tutelado na lei de crimes contra a ordem tributária seria realmente a arrecadação.

Uma análise mais aprofundada, acaba por confirmar a possibilidade de extinção da punibilidade mediante pagamento do tributo como evidência suficiente de que o bem jurídico tutelado é realmente a arrecadação tributária.

Célio Armando Janczeski[12] é categórico ao afirmar que "a exposição de motivos que acompanhou o projeto de lei originado pela Lei nº 8.137/90 é clara ao considerar *mais importante o recolhimento do tributo do que a preservação de qualquer interesse jurídico em abstrato*."

Isso não significa, todavia, que o mero não pagamento de tributo seja conduta penal típica, ilícita e culpável suficiente à caracterização do crime fiscal. Não é a mera "não arrecadação" o evento suficiente para macular o bem jurídico tutelado. Há de se ter, ainda, o dolo, ou seja, a intenção de fraudar o fisco mediante o não recolhimento do tributo.

Tanto é verdade que o mero não pagamento de tributo não é crime que, nos autos do Agravo em Recurso Extraordinário 999.425, julgado sob o regime da repercussão geral, a premissa adotada pelo STF para concluir que "os crimes previstos na Lei 8.137/1990 não violam o disposto no artigo 5º, LXVII, da Constituição", foi justamente no sentido de que que "as condutas tipificadas na Lei 8.137/1991 não se referem simplesmente ao não pagamento de tributos, mas aos atos praticados pelo contribuinte com o fim de sonegar o tributo devido, consubstanciados em fraude, omissão, prestação de informações falsas às autoridades fazendárias e outros ardis. Não se trata de punir a inadimplência do contribuinte, ou seja, apenas a dívida com o Fisco. Por isso, os delitos previstos na Lei 8.137/1991 não violam o artigo 5°, LXVII, da Constituição".

Além disso, os crimes contra a ordem tributária tipificados na Lei 8.137/90 não admitem a modalidade culposa. Ou seja, todos os crimes descritos na referida lei têm o dolo como elemento integrante, remanescendo a culpabilidade como condição para imposição da pena. Nesse sentido, consciência e vontade de incorrer numa das condutas previstas nos artigos 1 a 3 da lei, visando a redução ou supressão do tributo, são condições necessárias para a punibilidade.

[12] JANCZESKI, Célio Armando. Crimes Fiscais: Tipo e Elementos. *In*: Direito Penal Tributário. São Paulo: MP Editora, p. 70.

Outro ponto que não pode ser ignorado na aplicação da lei penal diz respeito à complexidade e volatilidade da legislação tributária brasileira, que muitas vezes confunde e induz o contribuinte ao erro, sem que haja qualquer traço de dolo. Caracteriza-se, neste caso, o "erro de tipo" e, como bem Célio Armando Janczeski, "como o erro sobre o elemento constitutivo do tipo legal de crime exclui o dolo, permitindo apenas a punição por crime culposo e considerando-se que não há a modalidade culposa nos crimes contra a ordem tributária, não haverá crime punível na hipótese de erro de tipo."[13]

É importante lembrar que a Lei 8.137/90 representa uma evolução relativamente à antiga Lei 4.729/65, ao exigir o efetivo resultado, ou seja, a supressão ou redução do tributo, para caracterizar o fato típico punível. A nova lei consagrou o crime tributário como um crime material, e não meramente formal (como na Lei 4.729/65). E isto tanto para os fatos descritos no artigo 1 quanto no artigo 2.

Uma questão que, nos parece, contribui para o abuso das representações fiscais para fins penais diz respeito à aplicação da Súmula CARF nº 28, segundo a qual "O CARF não é competente para se pronunciar sobre controvérsias referentes a Processo Administrativo de Representação Fiscal para Fins Penais".

Ou seja, a súmula transcrita estabelece um limite objetivo que impede o tribunal administrativo de se pronunciar sobre os aspectos penais das condutas dos contribuintes, o que, a nosso ver, faz sentido.

Contudo, não podemos deixar de especular que, tivesse o CARF a prerrogativa de analisar o cabimento das representações fiscais para fins penais, no curso dos processos administrativos, talvez as autoridades fiscais fossem mais comedidas no uso deste instrumento.

2.1. A imputação de responsabilidade penal à pessoa jurídica

A possibilidade de a pessoa jurídica cometer crimes e por eles ser responsabilizada é assunto que foi durante muitos anos debatido pelos penalistas. A visão inicialmente prevalente, partindo da premissa de que a pessoa jurídica seria uma abstração que somente manifestaria a sua vontade por meio de seus sócios, dirigentes e órgãos internos, reconhecia que somente a estes poderia ser imputada a responsabilidade penal.

[13] Idem, p. 76.

Esta concepção vinculava a responsabilidade penal da pessoa jurídica às deliberações tomadas por pessoas físicas em desacordo com a lei.

No Brasil, o debate sofreu uma grande reviravolta com a promulgação da Constituição Federal de 1988, que prevê expressamente a penalização da pessoa jurídica em razão de atos lesivos ao meio ambiente. Dois dispositivos constitucionais têm sido citados para fundamentar a responsabilidade penal das pessoas jurídicas — o § 5º do artigo 173 e o § 3º do artigo 225. O primeiro (§ 5º do artigo 173) estabelece que, sem prejuízo da reponsabilidade individual dos dirigentes da pessoa jurídica, a lei estabelecerá a responsabilidade desta, submetendo-a às **"punições"** compatíveis com a sua natureza, nas hipóteses de atos *contrários à ordem econômica e financeira e contra a economia popular*. Já o § 3 do artigo 225º estabelece que os atos lesivos ao meio ambiente submeterão os infratores, pessoas físicas ou jurídicas, **"a sanções penais"** e administrativas, independentemente da obrigação de reparar os danos causados.

Na esteira da Constituição Federal de 1988, foi editada a Lei nº 9.605/98, conhecida como Lei dos Crimes Ambientais, que atribuiu expressamente responsabilidade criminal à pessoa jurídica em decorrência de danos ambientais, prevendo em seu artigo 3º que as pessoas jurídicas poderão ser responsabilizadas administrativa, civil e penalmente, na hipótese de a infração ser cometida por decisão de seu representante legal ou contratual, ou de seu órgão colegiado, no interesse ou benefício de sua entidade. No parágrafo único do referido dispositivo, definiu-se que a responsabilidade da pessoa jurídica não afastaria a das pessoas físicas, autoras, coautoras ou partícipes do mesmo fato.

A Lei nº 9.605/98 consagrou o modelo penal cumulativo ao estabelecer que a responsabilidade da pessoa jurídica não excluiria a de seus dirigentes. Tal fato levou a jurisprudência a considerar imprescindível, para a imputação da pessoa jurídica, a concomitante responsabilização de pelo menos uma pessoa física que tenha participado do ato lesivo ao meio ambiente. Assim, a jurisprudência adotou a teoria da dupla imputação, muitas vezes declarando ineptas denúncias apresentadas apenas contra a pessoa jurídica, na medida em que a denunciação de pelo menos uma pessoa física na qualidade de coautora se fazia imprescindível.

No julgamento do Recurso Extraordinário 628.582, o Supremo Tribunal Federal, relativizou a aplicação da teoria do sistema de dupla imputação, ao permitir o prosseguimento da ação penal contra a pessoa jurídica mesmo após as pessoas físicas terem sido absolvidas. Tal entendimento foi posteriormente corroborado pelo Recurso Extraordinário 548.181/PR, no qual o Supremo Tribunal Federal voltou a admitir a responsabilização da pessoa jurídica mesmo após a absolvição da pessoa física acusada pelo mesmo delito.

Por trás da relativização da exigência da dupla imputação está o reconhecimento da dificuldade de se imputar às pessoas físicas, especialmente nas grandes corporações, com estruturas organizacionais complexas, a efetiva responsabilidade pela decisão que culminou no ato lesivo ao meio ambiente, o que invariavelmente levava à impunidade das empresas, pois na visão anterior, não se admitia a denúncia apenas contra a pessoa jurídica e, ademais, o direito penal sempre foi refratário à responsabilidade objetiva (e.g. imputação de reponsabilidade penal à alguém apenas em função do cargo que ocupa).[14]

[14] A responsabilização das pessoas físicas que ocupam cargos de direção, em tal hipótese, tem como elemento que eleva a dificuldade de sua caracterização e comprovação o fato de que, na maioria das vezes, são debatidos casos de responsabilidade por omissão. A mera existência de um dever de controle, por parte do administrador, seria suficiente para lhe imputar uma conduta criminosa, quando, supostamente, ele não exerceu adequadamente essa fiscalização daqueles que lhe são subordinados? Claramente, não é um questionamento fácil de ser respondido e que, se analisado de forma abstrata, pode levará responsabilização de pessoas pelo mero fato de "ocuparem uma determinada posição", a despeito da inexistência de qualquer prova de irregularidade. Uma sistemática moderna na responsabilização por omissão orienta-se no sentido de que a posição de garantidor advém do controle sobre uma fonte de perigo que fundamenta deveres de vigilâncias ou controle sobre a integridade de um bem e deveres de proteção. No caso das empresas, tem de ser discutida a existência de um dever de vigilância sobre a empresa como fonte de perigo. Este dever de vigilância pode ser: (i) sobre produtos; ou (ii) sobre pessoas. Neste ponto, Schuneman defende a aplicação do princípio do domínio sobre os fundamentos do resultado, o qual se decompõe no domínio sobre o desamparo de um bem jurídico (com as posições de garantidor mais específicas da comunidade de vida, comunidade de perigo e da assunção da função de guarda sobre um bem jurídico desamparado) e no domínio sobre uma causa essencial do resultado (que engloba as posições de garantidor dos deveres de asseguramento no sentido de controle sobre coisas perigosas e do domínio sobre pessoas ou funções perigosas). Schunemann enxerga sobre o dever de vigilância sobre o produto como um dever de proteção em relação aos consumidores do produto. No que se refere ao dever de vigilância sobre os produtos, vê-se que a doutrina acaba concordando no que diz respeito à existência de um dever do empresário de agir para impedir danos àqueles que consomem um produto, mas há controvérsia sobre qual o fundamento e o alcance desse dever. Além da questão relativa ao dever de vigilância sobre o produto, também temos a questão do dever de vigilância sobre subordinados. Neste ponto, tem-se como fator complicador a existência de um comportamento

Assim, atendidos certos pressupostos como (i) ato ilícito praticado por decisão do representante legal da empresa ou de seu órgão colegiado, (ii) infração praticada em proveito da empresa e relacionada à sua atividade, passou-se a admitir a responsabilização penal da pessoa jurídica.

A questão aqui é saber se o mesmo poderia acontecer em relação aos crimes contra a ordem tributária. Ou seja, se a pessoa jurídica, na qualidade de sujeito passivo da obrigação tributária, seria criminalmente imputável.

Somos forçados a reconhecer que, após a promulgação da Constituição Federal de 1988 e da edição da Lei nº 9.605/98, as pessoas jurídicas passaram a ser penalmente responsabilizadas no Brasil. Além disso, é inegável que o sistema de dupla imputação foi relativizado pela jurisprudência, que admite atualmente o prosseguimento de ação penal só contra a pessoa jurídica.

Porém, não é tão simples transpor estas premissas automaticamente para os crimes contra a ordem tributária. Inicialmente é importante frisar que, nesta seara, as denúncias penais têm sido apresentadas apenas contra pessoas físicas (sócios, administradores, diretores, dirigentes em geral), inadequadamente pautadas na responsabilidade objetiva do Direito Tributário.

livre e plenamente responsável de um terceiro. O dever de vigilância sobre subordinados é aplicável apenas sobre os delitos referidos à empresa, de modo que o delito deve ter relação com a função exercida pelo funcionário ou com a atividade exercida pela empresa. A questão torna-se deveras complexa quando se constata que o garantidor que se omite e, com isso, causa o resultado (art. 13 do CP), também concorre para o crime, nos termos do artigo 29 do CP, incidindo nas penas a cominadas, na medida de sua culpabilidade. Na responsabilidade pelo produto, irrelevante para os crimes fiscais, a regra geral é a autoria mediata, pois os executores são instrumentos que atuam sem dolo. No que se refere ao dever de vigilância sobre os subordinados, todavia, ponto relevante para os crimes fiscais que podem ser cometidos sem conhecimento dos gestores de alto escalão, há três posições sobre o assunto: (i) aquela que reconhece o omitente sempre como partícipe em delito comissivo cometido por outrem; (ii) aquela que reconhece o detentor do dever sempre como autor (defendida pelos propositores da figura dos delitos de dever), com a qual não concordamos; e (iii) a postura que faz diferenciação entre os deveres de proteção e os de vigilância, considerando haver autoria na violação dos primeiros e participação na violação dos segundos, desde que existem prova suficiente, sendo inviável a criminalização pelo mero fato de se "ocupar uma posição" (Schünemann, Bernd. Sobre a posição de garantidor nos delitos de omissão imprópria — possibilidades histórico-dogmáticas, materiais e direito comparado para escapar de um caos. *In*: Greco, Luís. **Estudos de direito penal e direito processual penal e filosofia do direito** (tradução Alaor Leite). São Paulo: Marcial Pons, 2013, p. 159-181.

Ou seja, as autoridades fiscais, no curso dos procedimentos fiscalizatórios, apresentam a Representação Fiscal para Fins Penais indicando como autores determinadas pessoas (físicas) meramente em função do cargo que ocupam, mesmo que não haja evidência de que tais pessoas agiram com dolo, fraude ou outro artifício.

Como informamos linhas atrás, muitas destas iniciativas acabam sendo convertidas em ações penais, tornando réus determinadas pessoas (físicas) meramente por força do cargo que ocupam. Há aqui, inequivocamente, uma subversão do próprio processo penal (fundado na responsabilidade subjetiva — culpabilidade).

Além disso, reforça a impossibilidade de responsabilização das pessoas jurídicas por crimes contra a ordem tributária, o quanto disposto no parágrafo 3º do artigo 225 da Constituição Federal, que é categórico ao se referir em "atos lesivos ao meio ambiente". Ou seja, lida com situação específica, posteriormente regulamentada pela Lei nº 9.605/98 — Lei de Crimes Ambientais. O legislador constitucional visou especificamente os danos ao meio ambiente ao prever a responsabilidade penal das pessoas jurídicas. E o mesmo caminho trilhou o legislador infraconstitucional.

Querer equiparar o crime ambiental ao tributário, pelo fato de serem o Direito Ambiental e Tributário ramos do Direito Público, não nos parece suficiente para imputação de responsabilidade penal diretamente à pessoa jurídica nas hipóteses de crimes contra a ordem tributária.

Por seu turno, o parágrafo 5º do artigo 173 fala em "punições" aplicáveis às infrações contra a ordem econômica e financeira e economia popular. Na nossa leitura, tal dispositivo não autoriza necessariamente a responsabilização penal da pessoa jurídica por este tipo de infração. "Punição", entendemos, tem conotação diversa de "pena" como sanção pela prática de crime, o que é reforçado pelo princípio da legalidade em matéria penal: *nullum crimen, nulla poena sine lege.*

Portanto, carece de fundamento constitucional a responsabilidade penal da pessoa jurídica por crimes contra a ordem tributária.

Além disso, é importante lembrar, foi necessária a edição da Lei nº 9.605/98 para que se pudesse efetivamente implementar o disposto no parágrafo 3º do artigo 225 da Constituição Federal, e efetivar a imputação de reponsabilidade penal à pessoa jurídica em casos de crimes contra o meio ambiente.

No caso dos crimes contra a ordem tributária, a Lei nº 8.137/90 não traz semelhante previsão. Ao contrário, no artigo 11 fala "quem, de qualquer modo, inclusive por meio de pessoa jurídica, concorre para os crimes definidos nesta lei, incide nas penas a estes cominadas, na medida da sua culpabilidade." Está claro que este dispositivo se dirige às pessoas físicas que pratiquem crime tributário, inclusive através de pessoa jurídica.

Portanto, não vemos como imputar responsabilidade penal às pessoas jurídicas por crimes contra a ordem tributária, por ausência de previsão constitucional e base legal.

3. O papel da multa qualificada

Superada a questão da impossibilidade de criminalização da pessoa jurídica por crimes contra a ordem tributária, surge, então, a necessidade de nos debruçarmos sobre a temática das multas qualificadas.

A multa qualificada de 150% prevista no artigo 44, § 1º da Lei nº 9.430/96, a nosso ver, deveria ser imposta apenas quando presentes provas cabais que demonstram o agir doloso por parte do sujeito passivo, em casos de crimes de sonegação, fraude ou conluio, em consonância com os artigos 71, 72 e 73 da Lei nº 4.502/64, independentemente de outras penalidades administrativas ou criminais.

O Conselho Administrativo de Recursos Fiscais (CARF) chegou a editar a Súmula nº 14 que, ao consolidar a jurisprudência administrativa federal a respeito do tema, exigiu com condição para a válida imposição da multa qualificada, "a comprovação do evidente intuito de fraude do sujeito passivo".

Além disso, a Súmula CARF nº 25 estabelece que a "presunção legal de omissão de receita ou de rendimentos, por si só, não autoriza a qualificação da multa de ofício, sendo necessária a comprovação de uma das hipóteses dos arts. 71, 72 e 73 da Lei nº 4.502/64".

Por óbvio, comprovar o evidente intuito de fraude por parte do sujeito passivo é tarefa muitas vezes inviável, o que não afasta o fato de que o cabimento da multa qualificada está condicionado à existência de indícios de prática criminosa contra a ordem tributária, cujo ônus da prova é do Fisco e demais autoridades responsáveis pela persecução penal.

Não vamos enveredar aqui na discussão sobre a viabilidade da prova do dolo. Mas é fato que tanto a legislação vigente, quanto a jurisprudência do CARF, exigem a comprovação do dolo associado à determinadas práticas delitivas (sonegação, fraude, conluio), que deverão ser individualizadas, para adequada imposição da multa qualificada.

Não obstante, há situações em que a presunção acaba servindo de fundamento para aplicação da multa qualificada, como consubstanciado na súmula CARF nº 34, a seguir transcrita:

"Súmula 34. Nos lançamentos em que se apura omissão de receita ou rendimentos, decorrente de depósitos bancários de origem não comprovada, é cabível a qualificação da multa de ofício, quando constatada a movimentação de recursos em contas bancárias de interpostas pessoas."

Ou seja, a movimentação de recursos através de contas bancárias de interpostas pessoas faz presumir a existência de dolo.

Em oposição ao entendimento consagrado na jurisprudência do CARF, as autoridades fiscais tem se escorado nos seguintes elementos para presumir a ocorrência de dolo e assim fundamentar a aplicação de multa agravada:

(i) prática de atividade ilícita comprovada;
(ii) da qual resulta redução do valor da obrigação tributária;
(iii) sendo tal conduta resultante de sua vontade, livre e consciente;
(iv) objetivando impedir ou retardar, total ou parcialmente, o conhecimento por parte da autoridade fazendária da ocorrência do fato gerador.

Outro ponto que vem sendo levado em consideração pelos tribunais superiores, relativamente à aplicação da multa agravada é a vedação ao confisco. Com efeito, há decisões que limitam a multa a 100% do valor do próprio tributo[15]. A partir daí, a cobrança configuraria verdadeiro confisco.

[15] TRIBUTÁRIO — MULTA — VALOR SUPERIOR AO DO TRIBUTO — CONFISCO — ARTIGO 150, INCISO IV, DA CARTA DA REPÚBLICA. Surge inconstitucional multa cujo valor é superior ao do tributo devido. Precedentes: Ação Direta de Inconstitucionalidade nº 551/RJ — Pleno, relator ministro Ilmar Galvão — e Recurso Extraordinário nº 582.461/SP — Pleno, relator ministro Gilmar Mendes, Repercussão Geral.
(RE 833106 AgR, Relator(a): Marco Aurélio, Primeira Turma, julgado em 25/11/2014, processo eletrônico dje-244 divulg 11-12-2014 public 12-12-2014)
ementa: recurso extraordinário. tributário. multa fiscal qualificada. sonegação, fraude e conluio. 150% sobre a totalidade ou diferença do imposto ou contribuição não paga, não recolhida, não declarada ou declarada de forma inexata (atual § 1º c/c o inciso i do caput do artigo 44 da lei federal nº 9.430/1996). vedação ao efeito confiscatório. matéria constitucional.

Porém, invocando o disposto na Súmula 2 CARF, o tribunal administrativo exime-se de analisar aspectos constitucionais, rejeitando a multa qualificada por outros motivos, já anteriormente expostos.

3.1. Os limites à cumulação da multa qualificada com sanções penais no contexto dos crimes contra ordem tributária: possível *bis in idem*?

Uma das propostas deste trabalho é refletir sobre um possível *bis in idem* na aplicação de multa qualificada no transcurso do procedimento fiscalizatório cumulada com atos de persecução penal.

Não há como negar a existência de dois planos distintos do ordenamento jurídico — a instância administrativa e a esfera penal — não obstante eventuais intersecções e correlações, como sucede por força da Súmula Vinculante 24, sobre a qual falaremos mais à frente. Por esta perspectiva, a imposição de multa qualificada não seria juridicamente apta ou suficiente a impedir os atos de persecução penal em face do sujeito passivo.

Nestes termos, vale citar como uma possível analogia, a controvérsia relativa aos efeitos da pena de perdimento, estabelecida em processo criminal, sobre a exigência do crédito tributário. Ou seja, se aplicada a pena de perdimento, executada ao fim do processo penal, deveria ser afastada a tributação dos frutos deste patrimônio[16]. Concordamos com Luis Henrique Toselli[17] quando afirma:

> **Não se trata, aqui, de sobreposição de normas ou bis in idem.** A hipótese tributária é concretizada pelo auferimento da renda, inclusive proveniente de rendimentos de "propina'. A hipótese do crime de corrupção, por sua vez, é concretizada em face da respectiva causa vir

questão relevante dos pontos de vista econômico e jurídico. transcendência de interesses. repercussão geral reconhecida.
(RE 736090 RG, Relator(a): Luiz Fux, Tribunal Pleno, julgado em 29/10/2015, PROCESSO ELETRÔNICO DJe-240 DIVULG 26-11-2015 PUBLIC 27-11-2015)

[16] Toselli, Luis Henrique Marotti. A tributação da "propina", efeitos penais e as práticas adotadas pela fiscalização. *In*: Bossa, Gisele; Ruivo, Marcelo Almeida. **Crimes contra a ordem tributária: do Direito Tributário ao Direito Penal**. São Paulo: Almedina, 2019, p. 136.

[17] Idem, p. 137.

a ser tipificada como "propina" no bojo de uma ação penal transitada em julgado, ação esta que pode ou não ensejar a pena de perdimento de bens do condenado.

Usamos a pena de perdimento como exemplo para sustentar que, assim como a sanção penal (pena de perdimento) não impede a tributação (e imposição de cominações) dos frutos do patrimônio angariado por meios ilícitos, a aplicação de multa agravada não deve obstar a persecução penal e vice-versa.

Acreditamos que:

a) trata-se de planos legislativos distintos — infrações descritas pela legislação tributária e crimes previstos na lei penal;
b) sanções distintas — normalmente multas pecuniárias no caso de infração tributária e penas privativas de liberdade no caso de crime;
c) possibilidade de serem bens jurídicos tutelados distintos — no caso das multas qualificadas, a preservação do erário público, ao passo que, segundo determinada corrente já acima apresentada, as sanções penais buscariam preservar a integridade da do sistema jurídico-tributário;
d) o sujeito passivo não é o mesmo — a multa qualificada como regra recai sobre a pessoa jurídica, na qualidade de sujeito passivo do tributo, ao passo que a persecução penal, nos casos de crimes contra a ordem tributária, busca a pessoa física (sócios, administradores, diretores etc) que tenha agido em desconformidade com os preceitos penais. Não haveria *bis in idem*, portanto, devido ao fato de que os sujeitos em face dos quais são aplicadas multa agravada e persecução penal, não são os mesmos.

Não obstante entendermos pela possibilidade de aplicação cumulativa da multa qualificada e a prática de atos de persecução penal, alguns paradigmas precisam ser observados:

(i) é importante que a aplicação de multa qualificada não represente excesso de exação e que a Representação Fiscal para Fins Penais não configure denunciação caluniosa;
(ii) a persecução penal demanda o prévio encerramento do processo administrativo por meio de decisão irrecorrível desfavorável ao sujeito passivo;

(iii) o processo judicial poderá ter efeitos sobre a persecução penal, seja obstando a instauração de inquérito, determinando o trancamento ou até a extinção da ação penal

(iv) o pagamento do tributo, em qualquer fase do processo penal, mesmo após o recebimento da denúncia, impõe a extinção da punibilidade.

Sobre a questão do excesso de exação e denunciação caluniosa, destaque-se interessante trabalho da lavra de Mariana Paiva[18] que utiliza o princípio da função social da empresa como "baliza à imputação da prática de crimes contra a ordem tributária". Ou seja, a função social da empresa seria um parâmetro a ser observado não só pela própria empresa, mas também pelo Estado, que teria a obrigação de preservá-la tanto quanto possível, evitando cominações exacerbadas que possam colocá-la sob risco de extinção. Neste sentido, afirma a autora[19]

> Autoridades atribuem a prática de crimes em situações quotidianas de mero descumprimento da legislação tributária, em que não há dolo, má-fé, fraude ou qualquer elemento que justifique a criminalização. Pode-se afirmar que a atribuição de crimes até mesmo é utilizada como ferramenta par coagir as empresas a realizar o pagamento das dívidas tributárias. Os sócios, administradores, diretores e indivíduos indevidamente responsabilizados sofrem uma série de consequências danosas e, no pior cenário, **a própria continuidade da empresa é ameaçada**.

No caso de ser o sujeito passivo uma pessoa física, para além da própria pena, a persecução penal poderá ter efeitos não jurídicos gravíssimos como dificuldade na recolocação no mercado de trabalho, na obtenção de crédito junto às instituições financeiras, danos reputacionais que poderão afetar o relacionamento com clientes que adotam regras de *compliance* mais rigorosas etc. Tudo isso recomenda cautela e bom senso no manejo da legislação penal.[20] E assim, arremata a autora:

[18] PAIVA, Mariana Monte Alegre de Paiva. O Princípio da Função Social da Empresa como Baliza à Imputação da Prática de Crimes Contra a Ordem Tributária. *In*: BOSSA, Gisele; RUIVO, Marcelo Almeida. **Crimes contra a ordem tributária: do Direito Tributário ao Direito Penal**. São Paulo: Almedina, 2019, p. 20.

[19] Idem, p. 20.

[20] Idem, p. 26.

> De nada adianta o Fisco exercer o seu poder-dever de fiscalização e autuar as empresas, muitas vezes impondo multas abusivas e qualificadas pela suposta má-fé ou pela existência de dolo, fraude ou simulação, realizando ainda a RFFP, com a finalidade arrecadatória, ou mesmo com o fim de proteger a ordem tributária, se esta atuação impedir que as empresas cumpram sua função social, ou seja, que exerçam sua atividade produtiva com responsabilidade social perante todos os stakeholders[21].

Outro limite às autoridades fiscais diz respeito ao crime de excesso de exação, que poderá ocorrer pela lavratura de auto de infração, ou até mesmo na aplicação de multa qualificada, em casos em que o tributo não seja devido, fato que é, ou deveria ser, de conhecimento da autoridade fiscal ou, admitimos, na hipótese de aplicação de multa qualificada sem que haja fundamento para tal.

O crime de excesso de exação encontra-se previsto no artigo 316, parágrafo 1º do Código Penal e busca tutelar a moralidade e a probidade da Administração Pública, o patrimônio particular e a liberdade individual[22]. Este crime, segundo entendemos, poderá se caracterizar pela imposição de multa qualificada aplicada abusivamente, sem respaldo legal.

Por sua vez, a apresentação da Representação Fiscal para Fins Penais também tem limites, não se admitindo o seu uso como instrumento de coação visando propósitos arrecadatórios.

É o caso, infelizmente real, de medidas de persecução penal tomadas em função de suposto crime contra a ordem tributária, a partir de lançamento viciado pelos efeitos da decadência, tão somente para "forçar" o contribuinte a pagar o tributo (obrigação extinta pela decadência) para se ver livre de uma ação penal. Claramente a lei penal está sendo empregada inadmissivelmente como instrumento coercitivo arrecadatório.

Assim, a Representação Fiscal para Fins Penais sem que haja indícios de dolo ou da efetiva prática de crime fiscal, poderá caracterizar a denunciação caluniosa[23], prevista no artigo 339 do Código Penal e que

[21] Idem, p. 31.

[22] Scapin, Andreia. Responsabilidade do Estado e do Agente Público por Danos Tributários. *In*: Bossa, Gisele; Ruivo, Marcelo Almeida. **Crimes contra a ordem tributária: do Direito Tributário ao Direito Penal**. São Paulo: Almedina, 2019, p. 101.

[23] Idem, p. 98.

se caracteriza ao "*dar causa à instauração de investigação policial, de processo judicial, instauração de investigação administrativa, inquérito civil ou ação de improbidade administrativa contra alguém, imputando-lhe crime de que sabe inocente*". A este respeito, Scapin afirma[24]:

> Todavia, estará configurada a denunciação caluniosa se, além da acusação ser contrária à verdade dos fatos, o agente público tiver pleno conhecimento acerca da inocência da pessoa à qual atribui o crime. Portanto, requer-se a presença de dolo, isto é, da vontade livre e consciente de que seja iniciada uma investigação policial ou um processo contra a vítima de que sabe inocente.

Nestes termos, a iniciativa de apresentar a Representação Fiscal para Fins Penais, que poderá desencadear a instauração de inquérito policial e a propositura de ação, sem que haja elementos como o dolo, fraude, artifícios proscritos pela lei penal, fundada apenas e tão somente na posição que a pessoa ocupa numa empresa, com a intenção de forçar o pagamento de tributo (muitas vezes indevido) poderá caracterizar o crime de denunciação caluniosa nos termos do retro citado artigo 339 do Código Penal.

Outro ponto relevante para este estudo diz respeito à controvertida relação entre o processo administrativo fiscal e a ação penal iniciada por suposto crime contra a ordem tributária, controvérsia que envolve argumentos que vão desde a relação de prejudicialidade[25] até a autonomia plena das esferas administrativa e penal.

Não pretendemos retomar a discussão em toda sua extensão, na medida em que o Supremo Tribunal Federal, através da edição da Súmula Vinculante 24, erigiu o exaurimento da esfera administrativa como pressuposto à consumação de crimes relacionados à supressão ou redução de tributo tipificados na Lei nº 8.137/90.

[24] Idem, p. 103.

[25] Acerca da prejudicialidade, o Código de Processo Penal, em seu artigo 93, prevê: Se o reconhecimento da existência da infração penal depender de decisão sobre questão diversa da prevista no artigo anterior, da competência do juízo cível, e se neste houver sido proposta ação para resolvê-la, o juiz criminal poderá, desde que essa questão seja de difícil solução e não verse sobre direito cuja prova a lei civil limite, suspender o curso do processo, após a inquirição das testemunhas e realização das outras provas de natureza urgente.

Sobre o tema, estabelece a Súmula Vinculante 24: "Não se tipifica crime material contra a ordem tributária, previsto no art. 1, incisos I a IV, da Lei n. 8.137/90, antes do lançamento definitivo do tributo."

A edição desta súmula está alicerçada nas seguintes premissas:[26]

> (i) os crimes contra a ordem tributária são crimes de resultado na medida em que dependem da confirmação da lesão ao Fisco (exatidão do débito tributário) para se consumarem;
>
> (ii) o lançamento, ou a sua ratificação ou alteração em decorrência de processo administrativo, confirma a existência e o conteúdo da obrigação tributária.

Durante o trâmite do processo administrativo fiscal que irá apurar, ao final, eventual responsabilidade do sujeito passivo da obrigação tributária, não fluirá a prescrição penal[27], haja vista a dicção do inciso I, do artigo 116 do Código Penal, que prescreve: "Antes de passar em julgado a sentença final, a prescrição não corre: I — enquanto não resolvida, em outro processo, questão de que dependa o reconhecimento da existência do crime". Ou seja, a prática do crime não escapará da aplicação da pena por transcurso do interregno prescricional decorrente da morosidade do processo administrativo.

Vale lembrar ainda que o Conselho Administrativo de Recursos Fiscais (CARF) prioriza o julgamento de casos envolvendo "circunstâncias indicativas de crime contra a ordem tributária".[28]

[26] PEREIRA, Mariana Correia. A Súmula Vinculante 24 do Supremo Tribunal Federal e a Discussão Judicial do Crédito Tributário. *In*: BOSSA, Gisele; RUIVO, Marcelo Almeida. **Crimes contra a ordem tributária: do Direito Tributário ao Direito Penal**. São Paulo: Almedina, 2019, p. 177.

[27] MACHADO SEGUNDO, Hugo de Brito; MACHADO, Raquel Cavalcanti Ramos. Abertura de Inquérito Policial na Pendência de Processo Administrativo Tributário Estadual ou Municipal: Aplicação da Súmula Vinculante 24. *In*: BOSSA, Gisele; RUIVO, Marcelo Almeida. **Crimes contra a ordem tributária: do Direito Tributário ao Direito Penal**. São Paulo: Almedina, 2019, p. 152.

[28] PAIVA, Mariana Monte Alegre de Paiva. O Princípio da Função Social da Empresa como Baliza à Imputação da Prática de Crimes Contra a Ordem Tributária. *In*: BOSSA, Gisele; RUIVO, Marcelo Almeida. **Crimes contra a ordem tributária: do Direito Tributário ao Direito Penal**. São Paulo: Almedina, 2019, p. 23.

Como esperado, a Súmula Vinculante 24 sofreu críticas e tentativas de evitar a sua aplicação, muitas vezes de setores do próprio Poder Judiciário e dos órgãos responsáveis pela persecução penal[29].

Caso as manobras para tentar contornar o disposto na referida súmula tivessem sido bem-sucedidas, ao sujeito passivo seria infligido o peso de uma ação penal simultaneamente ao processo administrativo fiscal, o que poderia levar ao paradoxo do reconhecimento da inexistência do crédito tributário por parte do tribunal administrativo, seguido de uma condenação criminal proferida pelo Poder Judiciário.

Há quem sustente que a Súmula Vinculante 24 apenas impediria a propositura de ação penal, mas não a instauração do inquérito policial, especialmente nas hipóteses em que houvesse a necessidade de investigar a prática de outros crimes não diretamente relacionados à ordem tributária, como formação de quadrilha, falsidade ideológica e lavagem de dinheiro.

Esta visão é capiciosa, pois a súmula vinculante em questão não impede a investigação de outros crimes[30].

Ora, sem que haja um tributo devido não se aperfeiçoaria a prática de crime, afirmação especialmente válida para aqueles tipificados pela Lei nº 8.137/90, na medida em que não haveria tributo a ser suprimido. E se não há crime a ser apurado, faltaria fundamento para a instauração de inquérito policial, justamente por inexistir fato típico a ser investigado[31].

Neste sentido afirmam Hugo der Brito Machado Segundo e Raquel Cavalcanti Ramos Machado[32]:

> Em síntese, se antes da conclusão do processo administrativo de revisão do lançamento não se pode sequer cogitar de crime, o mesmo óbice representado pela Súmula Vinculante 24 à propositura da ação penal impede, por igual, a instauração de inquéritos ou outros procedimentos de investigação do referido crime, ainda inexistente.

[29] Machado Segundo, Hugo de Brito; Machado, Raquel Cavalcanti Ramos. Abertura de Inquérito Policial na Pendência de Processo Administrativo Tributário Estadual ou Municipal: Aplicação da Súmula Vinculante 24. *In*: Bossa, Gisele; Ruivo, Marcelo Almeida. **Crimes contra a ordem tributária: do Direito Tributário ao Direito Penal**. São Paulo: Almedina, 2019, p. 151.

[30] Idem, p. 152.

[31] Idem, p. 157.

[32] Idem, p. 159.

Outro argumentado frequentemente suscitado para tentar relativizar a aplicação da Súmula Vinculante 24 diz respeito às situações em que o processo administrativo tramita na esfera municipal ou estadual, ao passo em que a ação penal corre perante a Justiça Federal[33].

Ora, a leitura da Súmula Vinculante 24 deixa claro não haver distinção relativamente à esfera na qual tramitará o processo administrativo fiscal — se federal, estadual ou municipal. Importa tão somente a existência de tributo devido e que ele tenha sido irregularmente suprimido pelo sujeito passivo, questões que somente serão confirmadas com o exaurimento da esfera administrativa.

O Ministério Público Federal já tentou provocar a revisão da Súmula Vinculante 24 em questão, dentre outros argumentos, pelo fato de que ela teria alterado a estrutura típica do delito, uma vez que a lei não cogitaria de "crédito tributário", mas de "tributo", sendo o lançamento condição para exigibilidade do crédito tributário, mas não do crédito em si.

Como observam Machado Segundo e Ramos Machado[34], a nosso ver corretamente, a palavra "tributo" foi usada no ordenamento jurídico brasileiro com conotações diversas, não fazendo sentido a argumentação do Ministério Público Federal. Seja como for, o Supremo Tribunal Federal manteve inalterada a Súmula Vinculante 24.

Por fim, outro ponto a ser enfrentado[35] é se a Súmula Vinculante 24 se aplicaria ao processo judicial. Ou seja, se após superada a fase do julgamento administrativo que reconheceu a exigibilidade do crédito tributário, houver a propositura de medida judicial, como por exemplo uma ação anulatória visando desconstituir o crédito tributário, seria cabível alguma medida de persecução penal — instauração de inquérito e propositura de ação penal, mediante denúncia.

Em interessante trabalho, Mariana Pereira[36] menciona a possibilidade de, mesmo esgotada a instância administrativa e restando reconhecida a exigibilidade do crédito, a conduta do sujeito passivo ser considerada

[33] Idem, p. 152.

[34] Idem, p. 153.

[35] Pereira, Mariana Correia. A Súmula Vinculante 24 do Supremo Tribunal Federal e a Discussão Judicial do Crédito Tributário. *In*: Bossa, Gisele; Ruivo, Marcelo Almeida. **Crimes contra a ordem tributária: do Direito Tributário ao Direito Penal**. São Paulo: Almedina, 2019, p. 175.

[36] Idem, p. 191.

lícita, em virtude da ausência de dolo, fraude ou outro artifício. Seria a hipótese de um planejamento tributário lícito adotado pelo contribuinte, sem evidências de fraude ou outro artifício vedado pela lei, mas do qual divergiram as autoridades fiscais e os julgadores administrativos. Uma situação como esta poderia ser levada ao Judiciário, por iniciativa do sujeito passivo, para um desenlace final.

O mesmo poderia ocorrer em relação às famosas "teses tributárias", a exemplo da, já reconhecida pelo STF, exclusão do ICMS da base de cálculo do PIS/COFINS. Os gestores de pessoas jurídicas que adotaram tal postura não podem ser penalizados pela prática de crime contra a ordem tributária.

Ainda sobre a intersecção entre processo judicial tributário e a persecução penal, Pereira invoca as garantias constitucionais de acesso ao Judiciário, devido processo legal, presunção de inocência, boa-fé, ampla defesa e contraditório, para concluir que somente após a consumação do processo judicial seria possível prosseguir com a persecução penal, na medida em que não seria admissível incriminar atos jurídicos que, embora já avaliados pela administração, fossem ainda passíveis de apreciação pelo Poder Judiciário.[37]

Neste sentido, afirma a autora:

> Nos processos judiciais tributários de conhecimento, o lançamento tributário pode ser anulado, restando totalmente descaracterizada a suposta infração fiscal e consequentemente incabível a criminalização de ilícito não comprovado.[38]

Recentemente o Supremo Tribunal Federal julgou a Ação Direta de Inconstitucionalidade (ADI) nº 4.980, promovida pela Procuradoria-Geral da República contra o artigo 83 da Lei nº 9.430/96, segundo o qual a representação fiscal para fins penais nos crimes contra a ordem tributária e a Previdência Social somente poderá ser encaminhada ao Ministério Público depois de prolatada decisão final no processo administrativo fiscal.

A Corte Constitucional, por 8 votos a 1, considerou referido dispositivo constitucional, rejeitando o argumento de que ele inibiria as ações

[37] Idem, p. 191.
[38] Idem, p. 191.

do Ministério Público. Para o STF, haveria apenas a fixação de um marco temporal para as autoridades fiscais administrativas (momento em que deverão notificar o Ministério Público), sem que isto impeça necessariamente o Ministério Público de tomar as medidas que considerar necessárias.

Vale ainda destacar a existência de precedentes, no âmbito do Superior Tribunal de Justiça, reconhecendo: (i) ora a necessidade de suspensão do processo penal, quando existente discussão quanto à constituição definitiva do crédito tributário em Ação Declaratória ou Anulatória de Débito Tributário, com a concessão de pedido de antecipação de tutela, até o julgamento definitivo na esfera cível; ora a suspensão do processo penal quando existente sentença na esfera cível desconstituindo o crédito tributário sobre o qual versa a ação penal, ainda que pendente de reexame necessário. Vejamos:

> "Recurso em habeas corpus. sonegação fiscal. crédito tributário. tutela antecipada deferida em ação anulatória de débito fiscal. suspensão da exigibilidade do crédito tributário. ação penal.suspensão do curso do processo até julgamento na esfera cível. possibilidade.
>
> 1. Nos crimes contra a ordem tributária, a constituição definitiva do crédito tributário e consequente reconhecimento de sua exigibilidade configura condição necessária para o início da persecução criminal. Inteligência da Súmula Vinculante nº 24.
>
> 2. Havendo a discussão quanto à constituição definitiva do crédito tributário em Ação Declaratória c/c Anulatória de Débito Tributário com a concessão de pedido de antecipação de tutela, suspendendo-se a exigibilidade do crédito tributário, é prudente que se determine a suspensão do processo, nos termos do art. 93 do Código de Processo Penal, até o julgamento definitivo na esfera cível. (...)" (RHC 24540/SP, Rel. MIN. OG FERNANDES, SEXTA TURMA, julgado em 19/10/2010, DJe 17/12/2010)
>
> STJ
>
> penal. processual penal. habeas corpus. sentença proferida em ação anulatória, desconstituindo o crédito tributário sobre o qual se funda a ação penal. mesmo aguardando reexame necessário, traz dúvida razoável sobre a existência do débito tributário, elementar do tipo de sone-

gação fiscal. suspensão do curso do processo até julgamento na esfera cível. possibilidade. ordem concedida.

1. Havendo sentença na esfera cível desconstituindo o crédito tributário sobre o qual versa a ação penal, ainda que pendente de reexame necessário, consubstancia-se a plausibilidade do pedido de suspensão do curso do processo formulado.

2. Versando a discussão na esfera cível sobre questão que interfere no próprio reconhecimento da justa causa para a ação penal, razoável se faz o sobrestamento do feito até a decisão final.

(...) " (HC 67269/PE, Rel. Min. Maria Thereza De Assis Moura, Sexta Turma, julgado em 05/06/2007, DJ 10/09/2007, p. 314)

Apesar de serem precedentes interessantes, ainda assim, pensamos que a correta leitura da Súmula Vinculante 24 é clara: há de se ter constituição definitiva do crédito tributário, o que, à luz das garantias constitucionais retromencionadas, demanda o trânsito em julgado da discussão, também em âmbito judicial.

Importante assinalar que, para Pereira, tal entendimento[39] deve ser estendido, inclusive, para os casos de execução fiscal, mesmo diante da presunção de liquidez e certeza da certidão de dívida ativa, argumentando que ao contribuinte deve ser assegurada a prerrogativa de desconstituir referido título executivo perante o Judiciário através dos embargos de devedor que, se procedentes, resultarão no cancelamento do lançamento tributário.

Não obstante a robustez dos seus argumentos e, como reconhecido por Pereira, e a despeito dos precedentes do STJ acima destacados, a prática tem revelado que o processo judicial, mesmo quando suspensa a exigibilidade do crédito tributário, não tem sido suficiente para obstar a abertura de inquérito policial, oferecimento da denúncia e processamento da ação penal. E, paradoxalmente, é justamente a Súmula Vinculante 24 que tem sido invocada como fundamento para negar ao processo judicial o poder de impedir os referidos atos de persecução penal em casos em que a decisão administrativa tenha sido desfavorável ao sujeito passivo.[40]

[39] Idem, p. 192.

[40] Idem, p. 193.

De todo modo, como já dissemos antes, com a Lei nº 10.684/03, a jurisprudência se consolidou no sentido de ser o pagamento do tributo e demais cominações causa extintiva da punibilidade, independentemente do status da ação penal.

Assim, mesmo que haja elementos suficientes para a imposição de multa qualificada e para a iniciativa da persecução penal, o contribuinte terá a prerrogativa de colocar um fim no desenrolar destes procedimentos através do pagamento.

Conclusões

O presente artigo buscou evidenciar a distinção, metodológica, científica e pragmática, entre as infrações fiscais e os crimes contra a ordem tributária, circunstância que, por si só, justifica o debate atinente ao suposto *bis in idem* ora analisado.

Para além disso, foi evidenciado que, no que se refere aos crimes contra a ordem tributária, é inviável, por falta de dispositivo constitucional ou ilegal em tal sentido, a responsabilização criminal das pessoas jurídicas, uma vez que estas, no cenário legislativo atual somente podem ser responsabilizadas por crimes ambientais.

No que se refere aos limites à cumulação da multa qualificada com sanções penais no contexto dos crimes contra ordem tributária, concluímos pela inexistência de *bis in idem*, haja vista que:

a) trata-se de planos legislativos distintos — infrações descritas pela legislação tributária e crimes previstos na lei penal;

b) sanções distintas — normalmente multas pecuniárias no caso infração tributária e penas privativas de liberdade no caso de crime;

c) possibilidade de serem bens jurídicos tutelados distintos — no caso das multas qualificadas, a preservação do erário público, ao passo que, segundo parte da doutrina, as sanções penais buscariam preservar a integridade do sistema jurídico-tributário;

d) o sujeito passivo não é o mesmo — a multa qualificada como regra recai sobre a pessoa jurídica, na qualidade de sujeito passivo do tributo, ao passo que a persecução penal, nos casos de crimes contra a ordem tributária, busca a pessoa física (sócios, administradores, diretores etc) que tenha agido em desconformidade com os preceitos penais. Não haveria *bis in idem*, portanto, devido ao fato de que os sujeitos em face dos quais são aplicadas multa agravada e persecução penal, não são os mesmos.

Não obstante entendermos pela possibilidade de aplicação cumulativa da multa qualificada e a prática de atos de persecução penal — neste último caso, restrita às pessoas físicas –, alguns paradigmas precisam ser observados:

(i) é importante que a aplicação de multa qualificada não represente excesso de exação e que a Representação Fiscal para Fins Penais não configure denunciação caluniosa;

(ii) a persecução penal demanda o prévio encerramento do processo administrativo por meio de decisão irrecorrível desfavorável ao sujeito passivo;

(iii) o processo judicial poderá ter efeitos sobre a persecução penal, seja obstando a instauração de inquérito, determinando o trancamento ou até a extinção da ação penal

(iv) o pagamento do tributo, em qualquer fase do processo penal, mesmo após o recebimento da denúncia, impõe a extinção da punibilidade.

Esta é a leitura multidisciplinar que, a nosso ver, melhor acomoda o tema sob análise, sem prejuízo das questões processuais e prejudiciais acima destacadas.

Referências

GOMES, Daniel de Paiva; GOMES, Eduardo de Paiva; PRZEPIORKA, Michell; TAKANO, Caio. A apropriação indébita tributária na jurisprudência dos tribunais superiores. Consultor Jurídico — CONJUR. Disponível em: https://www.conjur.com.br/2020-jan-08/opiniao-apropriacao-indebita-tributaria-segundo-stf-stj Acesso em: 15 out. 2021.

JANCZESKI, Célio Armando. Crimes Fiscais: Tipo e Elementos. *In*: Direito Penal Tributário. São Paulo: MP Editora.

MACHADO SEGUNDO, Hugo de Brito; MACHADO, Raquel Cavalcanti Ramos. Abertura de Inquérito Policial na Pendência de Processo Administrativo Tributário Estadual ou Municipal: Aplicação da Súmula Vinculante 24. *In*: BOSSA, Gisele; RUIVO, Marcelo Almeida. **Crimes contra a ordem tributária: do Direito Tributário ao Direito Penal**. São Paulo: Almedina, 2019.

PAIVA, Mariana Monte Alegre de Paiva. O Princípio da Função Social da Empresa como Baliza à Imputação da Prática de Crimes Contra a Ordem Tributária. *In*: BOSSA, Gisele; RUIVO, Marcelo Almeida. **Crimes contra a ordem tributária: do Direito Tributário ao Direito Penal**. São Paulo: Almedina, 2019.

PEREIRA, Mariana Correia. A Súmula Vinculante 24 do Supremo Tribunal Federal e a Discussão Judicial do Crédito Tributário. *In*: BOSSA, Gisele; RUIVO, Marcelo Almeida. **Crimes contra a ordem tributária: do Direito Tributário ao Direito Penal**. São Paulo: Almedina, 2019.

SCAPIN, Andreia. Responsabilidade do Estado e do Agente Público por Danos Tributários. *In*: BOSSA, Gisele; RUIVO, Marcelo Almeida. **Crimes contra a ordem tributária: do Direito Tributário ao Direito Penal**. São Paulo: Almedina, 2019, p. 96.

SCHÜNEMANN, Bernd. Sobre a posição de garantidor nos delitos de omissão imprópria — possibilidades histórico-dogmáticas, materiais e direito comparado para escapar de um caos. *In*: GRECO, Luís. **Estudos de direito penal e direito processual penal e filosofia do direito** (tradução Alaor Leite). São Paulo: Marcial Pons, 2013.

TANGERINO, Davi; CANTERJI, Rafael Braude. Estado, Economia e Direito Penal: o Direito Penal Tributário no Liberalismo, no Wellfare State e no Neoliberalismo. *In*: **Direito Penal Tributário**. São Paulo: Quartier Latin, 2007.

TOSELLI, Luis Henrique Marotti. A tributação da "propina", efeitos penais e as práticas adotadas pela fiscalização. *In*: BOSSA, Gisele; RUIVO, Marcelo Almeida. **Crimes contra a ordem tributária: do Direito Tributário ao Direito Penal**. São Paulo: Almedina, 2019.

25.
INSTITUTO DA RESPONSABILIDADE TRIBUTÁRIA POR PRÁTICA DE ATOS ILÍCITOS (ARTIGO 135 DO CTN) E A TENDÊNCIA DE APLICAÇÃO DESMEDIDA DA MULTA QUALIFICADA PREVISTA NO ARTIGO 44, §1º, DA LEI Nº 9.430/96

PRISCILA MARTO VALIN

Introdução

O sujeito passivo da obrigação tributária "é a pessoa obrigada ao pagamento de tributo ou penalidade pecuniária", como preconizado pelo artigo 121 do Código Tributário Nacional. É o contribuinte, aquele que possui relação direta com a obrigação tributária.

É possível, no entanto, que ocorra o deslocamento dessa responsabilidade para o cumprimento da obrigação tributária por pessoa diferente do contribuinte, nos termos previstos na Seção II do Capítulo IV e no Capítulo V do Código Tributário Nacional.

Este trabalho visa a explorar a responsabilidade pessoal "por atos praticados com excesso de poderes ou infração de lei, contrato social ou estatutos" nos termos do artigo 135 e da impossibilidade desse deslocamento de sujeição passiva, *per si*, justificar o enquadramento como ilícito fiscal e aplicação da multa qualificada prevista no §1º do artigo 44 da Lei nº 9.430/96. Isso porque, como será mais bem esclarecido, os dois institutos são distintos e dependem de provas específicas.

Não se pretende fazer uma análise minuciosa do instituto da responsabilidade tributária, mas discorrer, sob a ótica empresarial, acerca dos impactos trazidos pela inclusão dos sócios, diretores, gerentes, empregados, representantes da pessoa jurídica como sujeitos passivos da obrigação tributária, bem como da aplicação da penalidade majorada de 150%. Pretende-se tratar da discricionariedade utilizada na aplicação do artigo 135 do CTN e do §1º do artigo 44 da Lei nº 9.430/96, da necessidade de comprovação da conduta do agente.

Avaliar-se-á, também, o posicionamento do Conselho Administrativo de Recursos Fiscais — CARF e do Poder Judiciário sobre o tema.

1. Desconsideração da personalidade jurídica

A definição, constituição, forma de representação, administração e desconsideração de personalidade jurídica das pessoas jurídicas de direito privado são disciplinadas pelo Direito Civil e constam regulamentadas no Código Civil (Lei nº 10.406/2002) a partir do artigo 44, por isso, antes de iniciarmos a análise tributária especificamente, entende-se pertinente passarmos pela legislação civil.

A pessoa jurídica de direito privado é dotada de autonomia, sendo a forma de sua administração, seus limites e responsabilidades definidos em seus atos constitutivos, e estando, a companhia, vinculada às decisões de seus administradores quando exercidas nos limites definidos nos respectivos atos societários.

O artigo 49-A do Código Civil traz expressamente a impossibilidade de confusão da pessoa jurídica com seus sócios, associados, instituidores ou administradores, definindo sua autonomia patrimonial, inclusive para o recolhimento de tributos[1].

A vinculação aos atos dos administradores, no entanto, é relativizada em razão da atuação destes com excesso de poderes. Ocorrerá, assim, a

[1] Art. 49-A. A pessoa jurídica não se confunde com os seus sócios, associados, instituidores ou administradores. (Incluído pela Lei nº 13.874, de 2019)
Parágrafo único. A autonomia patrimonial das pessoas jurídicas é um instrumento lícito de alocação e segregação de riscos, estabelecido pela lei com a finalidade de estimular empreendimentos, para a geração de empregos, tributo, renda e inovação em benefício de todos.

desconsideração da personalidade jurídica nos termos do artigo 50 do Código Civil[2], quando houver desvio de finalidade ou confusão patrimonial, redirecionando-se a responsabilidade aos sócios ou administradores para que respondam com seus bens pessoais.

O que se pretende é evitar que a pessoa jurídica seja usada pelos sócios ou administradores para lesar credores ou para a prática de atos ilícitos, bem como impedir que o patrimônio da empresa seja confundido com o de seus sócios, utilizado indiscriminadamente para o pagamento das despesas destes, o que comprometeria a autonomia, independência, da empresa e representaria o exercício irregular de seu objeto social.

A desconsideração da personalidade jurídica e redirecionamento do cumprimento das obrigações aos sócios ou administradores da empresa não é automática, dependendo de comprovação das condições previstas no artigo 50 do CC, como já se manifestou o Superior Tribunal de Justiça:

> STJ — agravo interno. agravo em recurso especial. agravo de instrumento. desconsideração da personalidade jurídica. requisitos ausentes. dissolução irregular e ausência de bens penhoráveis. insuficiência. impugnação. artigo 1.021, § 1º, do cpc. súmula N. 182/STJ. NÃO CONHECIMENTO. 1. Esta Corte Superior firmou seu posicionamento no sentido de que a existência de indícios de encerramento irregular da sociedade aliada à falta de bens capazes de satisfazer o crédito exequendo não constituem motivos suficientes para a desconsideração da personalidade jurídica, eis que **se** *trata de medida excepcional e está subordinada à efetiva comprovação do abuso da personalidade jurídica, caracterizado pelo desvio de*

[2] Art. 50. Em caso de abuso da personalidade jurídica, caracterizado pelo desvio de finalidade ou pela confusão patrimonial, pode o juiz, a requerimento da parte, ou do Ministério Público quando lhe couber intervir no processo, desconsiderá-la para que os efeitos de certas e determinadas relações de obrigações sejam estendidos aos bens particulares de administradores ou de sócios da pessoa jurídica beneficiados direta ou indiretamente pelo abuso.
§ 1º Para os fins do disposto neste artigo, desvio de finalidade é a utilização da pessoa jurídica com o propósito de lesar credores e para a prática de atos ilícitos de qualquer natureza.
§ 2º Entende-se por confusão patrimonial a ausência de separação de fato entre os patrimônios, caracterizada por:
I — cumprimento repetitivo pela sociedade de obrigações do sócio ou do administrador ou vice-versa;
II — transferência de ativos ou de passivos sem efetivas contraprestações, exceto os de valor proporcionalmente insignificante; e
III — outros atos de descumprimento da autonomia patrimonial.

> ***finalidade ou pela confusão patrimonial.*** 2. Nos termos do art. 1021, § 1º, do Código de Processo Civil/2015 e da Súmula 182/STJ, é inviável o agravo interno que deixa de atacar especificamente os fundamentos da decisão agravada. 3. Agravo interno não conhecido.» (AgInt no Agravo em REsp nº 1.351.748 — PR — Rel. Min. Maria Isabel Galloti. Julgamento: 23/04/2019. DJe: 25/04/2019 — destacamos)

Da leitura da ementa acima transcrita, temos que a pessoa jurídica possui personalidade jurídica própria, autônoma, e responde em nome próprio por todas as obrigações constituídas no exercício regular de suas atividades. Havendo, no entanto, atuação com excesso de poderes pelos sócios que implique no desvio de finalidade da sociedade ou confusão de seu patrimônio com os das pessoas físicas, a responsabilidade pelas obrigações pode ser redirecionada a estes, que responderão pessoalmente e com seu patrimônio individual.

Em conclusão, afirmamos haver, nesse caso, a desconsideração da responsabilidade da pessoa jurídica de direito privado e o redirecionamento do cumprimento das obrigações resultantes às pessoas físicas que atuaram de forma diversa daquela delimitada nos atos constitutivos da empresa.

2. Responsabilidade tributária prevista no artigo 135 do CTN

Os ensinamentos trazidos pela legislação civil não são diferentes daqueles que se encontram na esfera tributária, se complementam. A personalidade jurídica das pessoas jurídicas de direito privado definida na legislação civil é o que justifica, para fins tributários, que ela seja o sujeito passivo da obrigação tributária, aquele que, com relação as suas operações, está obrigado ao recolhimento dos tributos nos termos do artigo 121 do Código Tributário Nacional — CTN[3]. O sujeito passivo pode ser o contribuinte originário ou o responsável.

[3] Art. 121. Sujeito passivo da obrigação principal é a pessoa obrigada ao pagamento de tributo ou penalidade pecuniária.
Parágrafo único. O sujeito passivo da obrigação principal diz-se:
I — contribuinte, quando tenha relação pessoal e direta com a situação que constitua o respectivo fato gerador;
II — responsável, quando, sem revestir a condição de contribuinte, sua obrigação decorra de disposição expressa de lei.

A extensão ou transferência da sujeição passiva a pessoas jurídicas ou pessoas físicas diferentes do contribuinte original é disciplinada pelos artigos 124 e 128 e seguintes do CTN, podendo, como definido pelo Código Civil, ocorrer a desconsideração de sua personalidade jurídica.

O objetivo deste artigo, como dito anteriormente, é tratar do contribuinte como responsável na forma estabelecida pelo artigo 135 do CTN[4] que visa a responsabilizar pessoalmente os sócios, diretores, gerentes, empregados, representantes da pessoa jurídica quando estes tiverem praticado atos com excesso de poderes ou infração de lei, contrato social ou estatutos.

A exemplo do disposto no artigo 50 do Código Civil, a legislação tributária também possibilita a desconsideração da personalidade jurídica do contribuinte original transferindo a responsabilidade pelo cumprimento da obrigação tributária à pessoa física, terceira, que tenha praticado atos em desacordo com a finalidade dos poderes que lhe tenham sido outorgados.

O disposto no artigo 135 pretende resguardar o patrimônio da empresa e responsabilizar pessoalmente o agente de atos que tenham sido exercidos com excesso de poderes ou infração de lei ou atos societários, fazendo com que terceiro figure como responsável pelo crédito tributário que tenha sido gerado por essa atuação. Exclui-se, assim, o contribuinte original, a empresa.

Não se trata de responsabilidade solidária, mas de verdadeiro redirecionamento da obrigação tributária a terceiro que lhe tenha dado causa. É responsabilidade subsidiária.

Esse entendimento se justifica, além da própria redação do artigo 135 e de sua interpretação em complemento com a legislação civil, pela disposição constante no artigo 128 do CTN[5] que, ao tratar da atribuição de

[4] Art. 135. São pessoalmente responsáveis pelos créditos correspondentes a obrigações tributárias resultantes de atos praticados com excesso de poderes ou infração de lei, contrato social ou estatutos:
I — as pessoas referidas no artigo anterior;
II — os mandatários, prepostos e empregados;
III — os diretores, gerentes ou representantes de pessoas jurídicas de direito privado.

[5] Art. 128. Sem prejuízo do disposto neste capítulo, a lei pode atribuir de modo expresso a responsabilidade pelo crédito tributário a terceira pessoa, vinculada ao fato gerador da respectiva obrigação, excluindo a responsabilidade do contribuinte ou atribuindo-a a este em caráter supletivo do cumprimento total ou parcial da referida obrigação.

responsabilidade pelo crédito tributário a terceiros, o faz reconhecendo a possibilidade de excluir o contribuinte original ou de o manter de forma supletiva.

Vale considerar, ademais, que, quando se pretende a manutenção do contribuinte original solidariamente a terceiros, a legislação tratou, expressamente, acerca dessa solidariedade, a exemplo dos artigos 124 e 134 do CTN.

A solidariedade permite o cumprimento da obrigação tributária por qualquer um dos responsáveis solidários, implica numa relação de coobrigação. Não é o que se verifica do artigo 135, que define responsabilidade pessoal, pretendendo atingir o patrimônio do agente que tenha dado causa ao crédito tributário em razão de atuação com excesso de poderes e, consequentemente, exclui o devedor originário.

Não se pode ignorar que o entendimento aqui manifestado não é pacífico. Parte da doutrina defende que a responsabilidade pessoal trazida pelo artigo 135 seria de natureza solidária[6] e não subsidiária haja vista a suposta inexistência de legislação específica para atribuição de responsabilidade pessoal, com o que não se concorda como já demonstrado.

O próprio fisco desconsidera a inexistência de responsabilidade solidária e inclui sócios, diretores, gerentes, mandatários no polo passivo do lançamento tributário, em conjunto com a pessoa jurídica e não a substituindo.

O Poder Judiciário, em muitas vezes, também trata do disposto no artigo 135 como se se referisse a responsabilidade solidária[7].

Entende-se que a definição quanto à natureza solidária ou subsidiária da responsabilidade de terceiros é importante e deveria ser mais bem

[6] JUNIOR, Efigênio de FreitaS — Relator do Proc. 10830.722551/2013-31 1ª sejul / 2ª Câmara 1ª Turma Ordinária (justifica-se com: MACHADO, Hugo de Brito Machado. Curso de direito tributário. São Paulo: Malheiros, 2007, p. 189. TORRES, Heleno Taveira. Responsabilidade de terceiros e desconsideração da personalidade jurídica em matéria tributária. In: ROCHA, Valdir de Oliveira. Grandes Questões Atuais do Direito Tributário. São Paulo: Dialética, v. 16, 2012. p. 125,127. ROCHA, Alessandro Martins dos Santos. Responsabilidade tributária de administradores com base no artigo 135, inciso III, do código tributário nacional. Revista da Receita Federal — Estudos Tributários e Aduaneiros, Brasília, 01, n. 02, jan./Jul 2015. 168-189).

[7] Cabe aqui citar a Sumula 430 do STJ que mesmo fazendo referência ao artigo 135 do CTN determina que "o inadimplemento da obrigação tributária pela sociedade não gera, por si só, a responsabilidade solidária do sócio-gerente."

aplicada para evitar que a inclusão de pessoas físicas, solidariamente, no polo passivo da obrigação tributária, fosse utilizado, muitas vezes, como método coercitivo ao pagamento de tributos, sem exclusão da pessoa jurídica que, usualmente, possui maior poder financeiro. Não se ignora que a inclusão de pessoas físicas no polo passivo de cobrança de tributos cause imenso desconforto ao empresário e, a depender do valor do débito, impulsione o pagamento pela empresa.

Importante considerar que o Superior Tribunal de Justiça — STJ já reconheceu, em diversos julgados, se tratar, o artigo 135 do CTN, de responsabilidade subsidiária: REsp 1104064[8]/RS; REsp 1101728/SP[9].

O posicionamento jurisprudencial, no entanto, não impede que as autoridades administrativas fiscais realizem o lançamento tributário com a inclusão de terceiros no polo passivo, ou que sejam ajuizadas execuções fiscais com esse mesmo procedimento. Mantém a empresa como sujeito passivo e incluem sócios, diretores, gerentes de forma solidária, muitas vezes, sem qualquer comprovação dos requisitos que justificariam o redirecionamento da cobrança às pessoas físicas.

Temos, aqui, outro ponto de majorada relevância no que se refere à responsabilidade tributária de terceiros: a comprovação da realização da conduta que a justifica — a prática de atos, pelas pessoas físicas, com excesso de poderes ou infração à lei, contrato ou estatuto.

A necessidade de produção de prova para a configuração da responsabilidade tributária de terceiros tem fundamento em dois princípios que norteiam os atos administrativos: legalidade e motivação.

Resta clara, na legislação sobre o tema (artigos 50 do Código Civil e 135 do CTN), que para a desconsideração da personalidade jurídica e redirecionamento da responsabilidade a terceira pessoa deve haver atuação com desvio de finalidade e excesso de poderes ou infração à lei, ao estatuto ou ao contrato social. Assim, a autoridade fiscal fica vinculada ao disposto na legislação pelo princípio da legalidade, devendo demonstrar a conduta da pessoa física que justifique o redirecionamento da responsabilidade a sujeito diverso do contribuinte originário. Comprovar a razão que motivou o procedimento adotado.

[8] REsp 1104064/RS — Primeira Turma STJ. Rel. Min. Luiz Fux. Julgado 02/12/2010.

[9] REsp 1101728/SP — Primeira Turma STJ. Rel. Min. Teori Albino Zavascki. Julgado 11/03/2009.

Maria Rita Ferragut é assertiva ao tratar da necessidade de motivação quando da atribuição de responsabilidade tributária a pessoas físicas[10]:

> Há muito defendemos que a responsabilidade das pessoas físicas é exceção à regra da separação patrimonial, e só pode ser adotada em casos excepcionais, consistentes na prática de atos dolosos devidamente comprovados. Por isso, requer-se cumulativamente que a lei autorize a responsabilidade pessoal e o credor prove o ilícito e a autoria.
>
> Provar o ilícito e a autoria, por sua vez, não significa apenas alegar por meio da linguagem competente: muito além disso, significa descrever de forma clara e minuciosa o pressuposto fático praticado pelo sujeito, ou seja, significa motivar o ato que requer ou autoriza a atribuição da responsabilidade.

Da mesma forma já se manifestou a Primeira Seção de Julgamento do Conselho Administrativo de Recursos Fiscais — CARF, na sessão de julgamento de 14 de abril de 2021, como segue:

> Responsabilidade tributária. conduta do administrador. infração à lei. arts. 124, ii e 135, iii do ctn. prazo. não aplicabilidade do art. 1003 do código civil.
>
> A responsabilidade tributária de dirigentes, gerentes ou representantes de pessoas jurídicas de direito privado — resumidamente sócio-gerente — não se confunde com a responsabilidade do sócio. Afinal, não é a condição de ser sócio da pessoa jurídica que atrai a responsabilidade tributária, mas sim a conduta, a atuação como gestor ou representante da pessoa jurídica e a prática de atos com excesso de poder, infração à lei, contrato social ou estatutos que resultaram em descumprimento de obrigação tributária.
>
> A conduta de reter imposto na fonte e não recolher aos cofres públicos constitui infração à lei para fins do art. 135, III, do CTN. Também são solidariamente responsáveis com o sujeito passivo os gerentes (sócios administradores) pelos créditos decorrentes do não recolhimento

[10] https://www.ibet.com.br/responsabilidade-tributaria-do-administrador-e-o-dever-de--motivacao-do-ato-administrativo-por-maria-rita-ferragut/

do imposto de renda descontado na fonte, nos termos do art. 124, II, do CTN c/c com o art. 8º do Decreto-Lei nº 1.736, de 1979.(....)

(Acórdão nº 1201-004.794 — 1ª Seção de Julgamento / 2ª Câmara / 1ª Turma Ordinária. Rel. Efigênio de Freitas Junior — destacamos)

Da leitura da referida decisão, resta claro que foi mantida a responsabilidade dos sócios em razão da atuação da autoridade fiscal que foi capaz de individualizar a conduta realizada. Vejamos:

No caso em análise, a fiscalização foi hábil em analisar a situação de cada um dos potenciais responsáveis tributários, tanto que excluiu dois sócios cotistas por ausência de poder de gerência. Por conseguinte, manteve a responsabilidade somente dos sócios administradores Fabrício Cunha Rigitano e Fernanda Rigitano Haas, os quais detinham função de gerência à época da ocorrência dos fatos geradores, **função determinante em relação aos fatos apurados pela fiscalização** (e-fls. 82; 114, 115). — destacamos.

No mesmo sentido, ou seja, em prol da comprovação da atuação da pessoa física para sua responsabilização pelo crédito tributário, já se manifestou o Supremo Tribunal Federal no julgamento do RE 562276, de relatoria da Ministra Ellen Gracie:

> (...) A responsabilidade tributária pressupõe duas normas autônomas: a regra matriz de incidência tributária e a regra matriz de responsabilidade tributária, cada uma com seu pressuposto de fato e seus sujeitos próprios. A referência ao responsável enquanto terceiro (*dritter Persone, terzo ou tercero*) evidencia que não participa da relação contributiva, mas de uma relação específica de responsabilidade tributária, inconfundível com aquela. O "terceiro" só pode ser chamado responsabilizado na hipótese de descumprimento de deveres próprios de colaboração para com a Administração Tributária, estabelecidos, ainda que a *contrario sensu*, na regra matriz de responsabilidade tributária, e desde que tenha contribuído para a situação de inadimplemento pelo contribuinte. 5. O art. 135, III, do CTN responsabiliza apenas aqueles que estejam na direção, gerência ou representação da pessoa jurídica e tão-somente quando pratiquem atos com excesso de poder ou infração à lei, contrato social ou estatutos. Desse modo, apenas o sócio com poderes de gestão ou representação da sociedade é que pode ser responsabilizado, o que res-

> guarda a pessoalidade entre o ilícito (mal gestão ou representação) e a conseqüência de ter de responder pelo tributo devido pela sociedade. (RE 562276 PR. Tribunal Pleno. Julgamento de 3 de novembro de 2010 — destacamos)

O Superior Tribunal de Justiça, na mesma linha, editou a Súmula 430 reconhecendo que "o inadimplemento da obrigação tributária pela sociedade não gera, por si só, a responsabilidade solidária do sócio-gerente."

Evidente, assim, a necessidade de comprovação da autoria pelos sócios, diretores, gerentes ou representantes da pessoa jurídica. Imprescindível demonstrar que houve a atuação com desvio de finalidade e excesso de poderes ou infração à lei, estatuto ou contrato social.

Cabe esclarecer, no entanto, que em que pese as manifestações jurisprudenciais, judiciais e administrativas, reconhecendo a necessidade de comprovação do ato praticado pelo terceiro responsabilizado pela obrigação tributária, os agentes fiscais continuam lavrando autos de infração com a inclusão de todos os sócios, diretores, sem qualquer individualização das condutas praticadas. Na maioria das vezes incluem no polo passivo do auto de infração todos os diretores relacionados no contrato social, sem qualquer individualização de atuação. Diretores que sequer possuem conhecimento da operação que gerou a obrigação tributária questionada, ou sem qualquer poder de gerência.

Esse procedimento, por certo ilegítimo, gera imenso prejuízo às empresas.

3. Multa Qualificada prevista no artigo 44, §1º, da Lei nº 9.430/96 e sua desvinculação da responsabilidade atribuída nos termos do artigo 135 do CTN

O lançamento tributário na esfera federal é realizado, de praxe, com multa regulamentar de 75%, nos termos do artigo 44, I, da Lei nº 9.430/96.

Esse percentual, no entanto, pode ser duplicado nos casos previstos nos artigos 71, 72 e 73 da Lei no 4.502, de 30 de novembro de 1964, ou seja, nos casos de sonegação, fraude e conluio.

Nos termos dos artigos citados: sonegar é a ação ou omissão, dolosa, que vise a impedir que a autoridade fiscal tenha conhecimento, total ou parcial, da ocorrência do fato gerador e/ou das condições pessoais do contribuinte que possam afetar a obrigação ou o crédito tributário; fraude, por sua vez, é atuação ou omissão, dolosa, que pretenda dificultar ou impedir a ocorrência do fato gerador; conluio é a reunião de duas ou mais pessoas, com dolo, para a prática de qualquer uma das tipificações anteriores.

Verifica-se, assim, que o que a multa qualificada visa a impedir é a prática de ações que pretendam, dolosamente, comprometer o conhecimento ou a realização do fato gerador tributário, ações que intentem a lesar o fisco. Requer dolo do agente.

É inquestionável, assim, que para a aplicação da multa agravada de 150%, em razão da necessidade de dolo na conduta, se faz necessária a comprovação da intenção do agente. Mais do que se requer quanto à prova para a responsabilidade tributária atribuída a terceiros pelo artigo 135 do CTN, a qualificação da penalidade só se suporta em provas que demonstrem a conduta dolosa da autoria, não basta ter relação com o fato gerador da obrigação tributária, ser gerente/diretor/sócio com poder de gerência, imprescindível demonstrar a intenção em sonegar, fraudar ou agir em conluio para a realização de qualquer um dos ilícitos anteriores.

Não é possível se admitir que a simples inclusão de terceiros no polo passivo do crédito tributário, ainda que exista atuação destes com excesso de poderes ou infração à lei, contrato social ou estatuto, justifiquem a aplicação da multa majorada de 150%. Imprescindível a comprovação do dolo, da intenção em cometer o crime de fraude ou sonegação.

Nesse sentido já se manifestou a Câmara Superior de Recursos Fiscais — CSRF do CARF em diversos julgados recentes:

> Ausência de comprovação de conduta dolosa. multa qualificada e decadência. Uma vez *ausente a demonstração da conduta dolosa do sujeito passivo*, definida em lei como sonegação ou fraude, a exclusão da qualificação da multa de ofício e a aplicação da regra decadencial do art. 150, §4º do CTN é medida que se impõe.
>
> (Processo nº 19515.720385/2014-67. Acórdão nº 9202-009.765 — CSRF / 2ª Turma. Sessão de 24 de agosto de 2021. Rel. Rita Eliza Reis da Costa Bacchieri — destacamos)
>
> Multa qualificada. presunção de omissão de receitas. receitas da atividade. dolo não comprovado. A qualificação da multa de ofício depende

de prova do dolo do sujeito passivo. Na infração de omissão de receitas apurada por meio de presunção legal tributária, o dolo apenas se considera provado a partir de condutas do sujeito passivo que evidenciem a sua intenção de praticar ilícitos para alcançar o resultado omissão de receitas. O fato de as receitas omitidas eventualmente serem da atividade do sujeito passivo é apenas de uma medida, graduação ou característica da própria infração omissão. Assim, a qualidade da receita, isto é, o fato de ela ser ou não oriunda da atividade operacional do sujeito passivo, nada diz sobre a efetiva prática de ilícitos para se obter o resultado de as omitir, não podendo portanto tal circunstância servir de fundamento para a exasperação da multa de ofício.

(Processo nº 10865.003578/2008-67. Acórdão nº 9101-005.687 — CSRF / 1ª Turma. Sessão de 11 de agosto de 2021. Rel. Edeli Pereira Bessa — destacamos)

Multa de ofício qualificada. planejamento tributário. Simulação. Fraude. Sonegação. Criação de sociedades em conta de participação. SCP. Emprego de ardil e estrutura contratual/societária fraudulenta visando à redução e supressão indevida de tributos. correta a duplicação legal da sanção. O Planejamento Tributário é intrínseca e conceitualmente lícito, abarcado pelo instituto da elisão fiscal, não se confundindo com a evasão fiscal, que pressupõe a prática dolosa de ilícitos, como a fraude, a simulação e a sonegação, para a obtenção indevida de vantagem tributária. *Está legalmente amparada a aplicação da multa qualificada quando fundamentada na demonstração e comprovação da prática de tais ilícitos.* A Sociedade em Conta de Participação é figura muito antiga e tradicional, sendo instrumento da maior relevância empresarial na captação de investimentos, desenvolvimento de parcerias e na ampliação de financiamento e dos resultados. Porém, se demonstrado e comprovado pela Fiscalização que o contribuinte valeu-se de estrutura contratual/societária fraudulenta, criando diversas SCP ilegítimas, fora de sua natureza e limites legais estabelecidos, visando apenas reduzir ou suprimir a carga tributária incidente nas operações praticadas pelo sócio ostensivo, está configurada a hipótese de qualificação da multa de ofício, prevista no §1º, do art. 44, da Lei nº 9.430/96, na monta de 150%.

(Processo nº 15586.720754/2013-46. Acórdão nº 9101-005.762 — CSRF / 1ª Turma. Sessão de 08 de setembro de 2021. Rel. Livia De Carli Germano — destacamos)

O que se verifica é que, independentemente de afastar ou manter a multa qualificada de 150% (existem as duas situações nos julgados anteriormente reproduzidos), o posicionamento do CARF é no sentido de haver a necessidade de comprovação do dolo, da prática do fato com a intenção de lesar o fisco. Não se admite presunção, não se admite a simples responsabilização de terceiros, nos termos do artigo 135 do CTN.

A prova a ser realizada para a aplicação da multa prevista no §1º do artigo 44 da Lei nº 9.430/96 é prova de intenção, de dolo na conduta lesiva. Diferente do que se necessita comprovar para o redirecionamento da responsabilidade tributária a terceiros que agiram com excesso de poderes ou infração a lei ou atos societários. Esta última independe da intenção específica do agente, apenas precisa demonstrar sua atuação em inobservância aos preceitos a que estava obrigado.

Não há que se falar, assim, que a simples possibilidade de redirecionamento da responsabilidade tributária a terceiros nos termos do artigo 135 do CTN pressupõe a aplicação da multa agravada de 150%, visto que a majoração da penalidade não pode ser presumida, exige prova de conduta dolosa.

Conclusões

Considerando todas as ponderações acima, conclui-se que é imprescindível a atuação fiscal no sentido de apresentar provas robustas e legítimas para a configuração de responsabilidade de terceiros nos termos do artigo 135 do CTN, bem como para a configuração da conduta dolosa do agente a fim de aplicação da multa qualificada prevista no §1º do artigo 44 da Lei nº 9.430/96.

Conclui-se, também, que a existência de comprovação da atuação dos sócios, diretores, gerentes ou representantes da pessoa jurídica com excesso de poderes, infração à lei, contrato ou estatuto social, justificando o redirecionamento da responsabilidade tributária às referidas pessoas físicas não justifica, *per si*, conduta dolosa exigida para a aplicação da multa majorada de 150%. São institutos distintos que exigem comprovações muito diferentes, na primeira a mera atuação, na segunda o dolo, intenção lesiva, na atuação.

Em que pesem o arrazoado e toda a posição jurisprudencial, cabe ressaltar que a autoridade fiscal, muitas vezes, possui uma atuação negligente, com inclusão de terceiros no polo passivo do lançamento tributário sem apresentação de motivação subsistente. Da mesma forma, aplica-se a multa de 150% sem demonstração da intenção do agente em lesar o fisco.

Essa postura possui imensuráveis impactos para as companhias brasileiras, traz insegurança para as pessoas físicas que as representam (societariamente ou por mandato), implicando em diversos custos que acabam sendo absorvidos como custos administrativos (o chamado "custo Brasil").

Importante considerar que, além dos altos custos, principalmente os de imagem, o procedimento muitas vezes adotado pelo fisco não respeita o princípio da isonomia, na medida em que trata sonegadores e não-sonegadores como iguais, com aplicação das mesmas penalidades, com imposição das mesmas exigências e responsabilizações.

Outrossim, a inclusão das pessoas físicas no polo passivo do lançamento tributário, diante dos impactos acima mencionados e do desconforto gerado, acaba tendo poder coercitivo para pagamento do tributo. As pessoas jurídicas, a depender do valor envolvido no lançamento tributário *versus* desgaste na defesa de seus diretores, optam pelo pagamento deste, valendo-se, eventualmente, de descontos, para resolver definitivamente a questão e não ter processo em curso por vários anos, impactando sua imagem e a das pessoas físicas que deixam de ter certidão negativa e podem enfrentar empecilhos em sua vida financeira.

O que se defende não é a ausência de responsabilização daquele sócio, diretor, administrador que não age dentro dos limites definidos nos atos societários da empresa ou daquele indivíduo que dolosamente atua para lesar o fisco. O que se defende, por certo, é que sejam separados os sonegadores, fraudadores, maus contribuintes, daqueles que, legitimamente, exercem suas atividades e tomam procedimentos visando a ter uma melhor eficiência tributária. Pretende-se, dessa forma, sejam penalizados os sonegadores, os fraudadores, aqueles que usam as pessoas jurídicas para obter benefício próprio, mas que sejam reconhecidos os planejamentos tributários legítimos, não evasivos, garantindo-se a segurança jurídica e o livre exercício das atividades econômicas pelos contribuintes sérios e que fazem o Brasil crescer.

Referências

Torres, Heleno Taveira; Queiroz, Mary Elbe (coordenadores). Desconsideração da personalidade jurídica em matéria tributária. São Paulo. Quartier Latin, 2005.

FERRAGUT, Maria Rita. Responsabilidade Tributária do Administrador e o Dever de Motivação do Ato Administrativo. 30 Anos da Constituição Federal e o Sistema Tributário Brasileiro. P. 853 — 867. São Paulo. IBET.

SILVA, Ana Flávia Carneiro da Cunha e. O Interesse Comum e a Responsabilidade Tributária dos Grupos Econômicos segundo a Jurisprudência e o Parecer Normativo COSIT n. 04/2018 da Receita Federal do Brasil. RDTA nº 42, ano 37, p.25-47. São Paulo. IBDT 2019.

https://www.migalhas.com.br/depeso/336020/a-importancia-da-prova-para-a-desconsideracao-da-personalidade-juridica-a-luz-da-lei-da-liberdade-economica

www.conjur.com.br/2020-out-28/direito-carf-responsabilidade-tributaria-precedentes-carf